LES
LOIX CIVILES
DANS
LEUR ORDRE
NATUREL.
SECONDE EDITION.

TOME I.

A PARIS,

Chez

Pierre Auboüin, Libraire de
Messeigneurs les Enfans de France,
Pierre Emery,
&
Charles Clouzier.

Quay des Augustins
à l'Écu de France.

M. DC. XCVII.

AVEC PRIVILEGE DU ROY.

Justitia firmatur Solium. Prou. 16. 12

AU ROY.

IRE,

Comme Dieu fait les Roys pour tenir *sa*
place au deſſus des hommes, il ne les éleve à
ce rang que pour le faire regner luy-même,

ã ij

EPITRE.

par l'empire de la justice qu'il met en leurs mains : & c'est pour soûtenir la grandeur d'un ministere si auguste qu'il leur communique toute la puissance, & toute la gloire qui les environne. Cette conduite de Dieu éclate singulierement en la Personne sacrée de VÔTRE MAJESTE'. Il vous a rendu, SIRE, le plus grand Prince du monde, & le plus puissant, afin d'accompagner de cette grandeur & de cette puissance, le don bien plus grand qu'il vous a fait de l'amour de la justice, pour la faire regner. La force des armes, les victoires, les conquêtes, les triomphes, & tout ce qui fait la gloire des Princes, n'a son usage naturel que pour la justice. VÔTRE MAJESTE' en jugea ainsi dés les premieres occasions qui l'obligerent à prendre les armes : & ces grandes forces qui dissiperent si glorieusement celles de ses ennemis, & qui en d'autres mains auroient pû conquerir l'Europe, ne servirent dans les siennes que pour faire admirer sa moderation. L'amour de la justice borna vos conquêtes ; & vôtre clemence, SIRE, vous fit remettre à vos ennemis ce que vos victoires vous avoient acquis. C'est cet usage si grand & des armes, & de la clemence, & tout ce que VÔTRE MAJESTE' a fait de si glorieux pour

EPITRE.

la justice, qui luy attirent la distinction que Dieu fait aujourd'huy entr'Elle & tous les autres Princes du monde. Tout est en armes contre la justice & contre la Religion: L'une & l'autre sont attaquées par les ligues des heretiques, & par le plus grand attentat que le monde ait vû: tous les Princes qui devoient s'unir pour les defendre, s'unissent pour les opprimer: Et dans le temps qu'ils se joignent en aveugles au party de l'heresie, & a celuy d'un usurpateur, Dieu vous choisit, S I R E, & vous choisit seul pour defendre & la Religion, & la justice, contre les forces unies de toute l'Europe. C'est de ce comble de gloire que Dieu recompense ce que VÔTRE MAJESTE' a fait pendant tout son Regne pour établir celuy de la justice, & pour l'affermir. Elle commença par purger son Royaume de la licence des crimes, & des violences, & sur tout de la fureur de ce crime, qui par l'illusion d'une fausse gloire, s'étant mis au dessus des Loix, ne pouvoit être reprimé que par la sagesse, & la fermeté d'un Roy qui pût rendre & à la veritable gloire l'estime qu'on doit en avoir, & à la justice son autorité. Ces heureux commencemens ont eu les suites qu'on en attendoit.

á iij

EPITRE.

Les anciennes loix ont repris leur force: les abus les plus inveterez ont été abolis: & VôTRE MAJESTE' a fait par toutes ses Ordonnances une Police universelle qui s'étend à tout, & qui regle tout. La paix a suivi ce regne de la justice: & la tranquillité publique a fait fleurir dans la France les sciences, les arts, le commerce, & tout ce qui peut faire la gloire de l'Etat, & celle du Prince. Il restoit de pourvoir aux injustices qui troublent le repos des particuliers; & VôTRE MAJESTE' ne pouvant donner au détail des differens qui les divisent les soins qu'Elle doit à tout le Royaume, il falloit que ce fût l'ouvrage des Juges à qui Elle commet le ministere de la justice; & tout ce que peuvent la sagesse & l'autorité a été employé pour faire de bons Juges, & pour les engager à imiter l'exemple de VôTRE MAJESTE' dans leur ministere. Elle leur apprend par son amour pour la Justice, que sans cet amour ils sont indignes de tenir ce rang: Elle les oblige d'étudier, & de sçavoir les Loix, & veut que personne ne soit reçû à la dignité de Juge, s'il ne joint la science à la probité. Cette application de VôTRE MAJESTE' à tout ce

EPITRE.

qui regarde la justice & le bien public, inspirant à tant de personnes le desir de contribuer à ses grands desseins ; j'ay crû qu'il me seroit permis d'entrer dans ses intentions, en essayant de rendre plus facile la science des Loix. J'ose esperer, *SIRE*, que VÔTRE MAJESTE', qui m'a fait l'honneur d'agréer le commencement de ce travail, & de m'en ordonner la continuation, voudra bien souffrir que je luy offre ce témoignage de mon Zele pour son service, & pour sa gloire ; & que je fasse paroître sous la protection de son auguste Nom, un Ouvrage qui est tout à Elle, puis qu'il renferme tous les principes & toutes les regles de cette justice qu'elle fait regner. Je suis avec une tres-profonde veneration ;

SIRE,

DE VÔTRE MAJESTE'

Le tres-humble, tres-obeïssant
& tres-fidelle serviteur &
sujet ****

PREFACE
SUR LE DESSEIN DE CE LIVRE.

Caufes des d'fficul-
tez de l'étude des
Loix Civiles.

IL paroît bien étrange que les Loix Civiles, dont l'ufage eft fi neceffaire, foient fi peu connuës, & que n'étant prefque toutes que des regles de l'équité, dont la connoiffance nous eft naturelle, l'étude qui devroit en être également facile & agreable, foit fi difficile & fi épineufe.

Cependant il faut reconnoître que de la maniere dont ces loix font recuëillies dans les livres du Droit Romain, qui en font l'unique dépôt, il n'eft pas aifé de les bien apprendre. Et c'eft ce qui fait que parmy ceux que leur profeffion oblige à les fçavoir, plufieurs les ignorent, & que perfonne n'y devient habile que par une longue & penible étude.

Tome I. č

PREFACE.

On ne doit pas neanmoins tirer de cette verité une conſequence contre l'eſtime & le reſpect même qu'on doit à ces livres ; puiſque d'une part on peut y admirer les lumieres que Dieu a données à des Infideles, dont il a voulu ſe ſervir pour compoſer une ſcience du Droit naturel, & que de l'autre on doit avoüer que cette ſcience n'a pû ſe former que d'une maniere qui a fait naître les difficultez de la bien entendre. Et pour en juger il faut premierement conſiderer comment les Autheurs de ces loix les ont compoſées, & voir enſuite comment elles ſont compilées dans le Droit Romain : & puis on expliquera le deſſein qu'on s'eſt propoſé de rendre l'étude des Loix Civiles, facile & agreable.

Tout ce qu'on a de loix & de regles ſur toutes les matieres du Droit, a été le fruit d'une infinité de reflexions ſur les évenemens d'où ſont venus les differens de toute nature. On a commencé par la vûë des principes naturels & immuables de l'équité, comme ſont, par exemple, ces veritez generales ; Qu'il ne faut faire tort à perſonne : Qu'il faut rendre à chacun ce qui luy appartient : Qu'il faut être ſincere dans les conventions, & fidelle en toute ſorte d'engagemens. Et on eſt enſuite deſcendu aux regles particulieres, comme ſont par exemple celles-cy ; Que tout vendeur doit garentir : Que la perte & le gain doivent ſe communiquer entre les aſſociez : Que celuy qui emprunte quelque choſe d'un autre doit en avoir

foin : Que le tuteur doit fervir de pere au mineur à qui il en tient lieu, & mille autres femblables loix qui font les regles naturelles de la focieté des hommes.

Et parce qu'on a eu befoin de fixer par des reglemens de certaines difficultez, où les loix naturelles ne déterminent pas précifément à ce qui eft jufte ; il a été neceffaire d'y pourvoir par d'autres loix. Ainfi, par exemple, la loy naturelle veut que ceux qui n'ont pas affez d'âge, & d'experience, ne puiffent entrer dans des engagemens qui leur foient nuifibles ; mais comme tous n'acquierent pas cette experience dans le même tems, & qu'on n'a pas pû faire à chacun fa regle, on en a fait une commune, qui marque pour tous un moment de l'âge où l'on eft capable des engagemens. Ainfi on a été obligé de regler le tems des prefcriptions, les formalitez des teftamens, & d'autres femblables difficultez qui demandoient des regles. Et c'eft ce qu'on a fait par des loix qu'on appelle arbitraires, parce qu'elles dépendent de la prudence de ceux qui ont droit de les établir, qu'elles font differentes en divers lieux, & que dans les mêmes elles font fujettes à des changemens. " Mais ces regles arbitraires font en petit nombre dans les Loix Civiles : & tout ce qu'il y a dans le Droit Romain qui foit de nôtre ufage, ne confifte prefque qu'au Droit

a V. l'origine des loix arbitraires, & les caufes qui les ont rendüës neceffaires, dans le Traité des Loix chap. xj.

naturel , & ne comprend que peu de loix arbi-traires.

C'eſt ainſi que toutes les Nations ſe ſont fait des loix : & on ſçait de quelle maniere les Ro-mains ont emprunté des autres , & cultivé chez eux la ſcience du Droit, & que ce n'a été que par une infinité d'evenemens pendant pluſieurs ſie-cles, & dans l'étenduë du plus grand Empire qui ait jamais été, que l'application d'un grand nom-bre de perſonnes habiles , a pû recuëillir les faits qui ont fait naître les differens, remarquer les prin-cipes dont on s'eſt ſervi pour les décider, former des regles ſur ces principes , les diverſifier ſelon que les differens faits obligent à les diſtinguer , rapporter ces regles à leurs matieres , & par l'aſ-ſemblage de ces matieres & de leurs regles , com-poſer une ſcience qui a pour objet tout ce qui ſe paſſe dans la ſocieté des hommes , & qui peut faire naître entr'eux quelques differens.

Il eſt facile de comprendre par cette maniere dont il a été neceſſaire de compoſer les Loix Civi-les, qu'il n'a pas été poſſible que tant d'ouvrages de tant de perſonnes , faits en divers temps par de differentes vûës, ſur divers ſujets , & par un progrés inſenſible de remarques particulieres ſur des faits de toute nature, formaſſent un corps de loix dans l'ordre qu'elles ont en effet entr'elles , & tel que doivent l'avoir naturellement des veritez qui ſont les regles de la ſocieté civile.

Iuſtinien ſe propoſa de compoſer un corps de

diverſes pièces de ces ouvrages infinis , & il en fit
ſon Digeſte, où il en compila divers fragmens, y
donnant la force de loix, de même qu'il recuëillit
dans ſon Code un grand nombre de loix, de conſtitutions , & de reſcrits des Empereurs qui l'a-
voient précedé. Mais on voit dans ces deux recuëils qu'ils étoient principalement faits pour conſerver ce dépôt de loix & de regles qui y ſont recuëillies, & que l'ordre naturel qui les lie entr'elles,
n'a pas été la vûë qu'on s'y eſt propoſée.

On voit dans ces deux compilations que les
mêmes matieres ſont ramaſſées d'une maniere
dans le Digeſte, & d'une autre dans le Code tout
differemment : Que dans l'un & l'autre de ces
deux recuëils pluſieurs matieres ſont hors de leurs
lieux, étant jointes à d'autres ſans rapport entre
elles : & que quelques-unes même ſont diſperſées
en divers endroits.

Que pour le détail de chaque matiere, on ne
trouve dans aucune un ordre parfait de ſes définitions , de ſes principes , & de ſes regles , ſelon
qu'elles dépendent les unes des autres, ou que le
rapport de l'un à l'autre fait leur liaiſon ; mais on
y voit ſeulement un amas de pluſieurs regles, la
plûpart ſans ſuite.

Que pluſieurs regles generales & communes à
diverſes matieres , s'y trouvent ſous des titres de
matieres particulieres : & que pluſieurs regles particulieres d'une matiere ont été miſes ſous des titres d'autres toutes differentes.

Que parmy toutes ces regles il y en a peu qui
foient dans leur jour; mais la plûpart font enve-
lopées dans des décifions de faits particuliers fans
y paroître en regles, & il faut les en tirer, en y
confiderant par de differentes reflexions, les raifons de douter, pour y reconnoître celles qui décident, & qui doivent former les regles.

Que plufieurs de ces regles ne donnent pas la
vûë de leur fens entier; mais on a fouvent befoin
de ramaffer de divers endroits les differentes parties d'une regle feule. Et qu'au contraire en quelques lieux, deux regles qu'il faut feparer, fe trouvent renfermées fous un texte unique, qui ne fait
pas fentir leur diftinction.

Que les regles mêmes qu'on a mifes fous un
dernier titre des regles du Droit, comme pour
raffembler ce qu'il eft plus neceffaire de retenir,
y ont fi peu d'ordre, qu'on auroit peine à y en
trouver deux de fuite fur une matiere; & que plu-
-fieurs y paroiffent comme des regles generales &
communes à diverfes matieres, qui ne font propres
qu'à une feule; ce qui met en danger d'en faire
de fauffes applications.

Que dans prefque toutes les matieres on trouve
mêlé avec ce qu'il y a d'utile & de neceffaire,
beaucoup d'inutile & de fuperflu, & plufieurs re-
dites: & on y voit auffi en divers endroits de ces
fortes de fubtilitez du Droit Romain, qui ne font
ni naturelles, ni de nôtre ufage; ce qui multiplie
le travail de l'étude, puifque pour la rendre utile,

il faut joindre à plufieurs lectures , une grande application , & beaucoup de difcernement , pour dégager les principes & les regles de toutes ces épines qui les enveloppent , & pour s'en former de juftes idées.

Que par une fuite de ce défaut d'ordre plufieurs regles font obfcures , parce qu'elles font éloignées des principes d'où elles dépendent : que d'autres étant feparées des exceptions neceffaires pour borner leur fens trop vague & trop étendu , peuvent être facilement détournées aux cas exceptez : que quelques-unes femblent contraires entr'elles , foit qu'en effet il y ait quelque contrarieté , ou que n'étant pas affez nettement & pleinement exprimées , il y en paroiffe à ceux qui ne font pas affez habiles pour les concilier : & qu'enfin il y en a plufieurs qui pour n'être ni dans leurs lieux , ni dans leur jour , ni en leur entier , peuvent être mal entenduës , & mal appliquées.

Ce font ces difficultez de l'étude des loix dans les livres de Juftinien , qui ont été la caufe qu'on a fi mal gardé les défenfes qu'il avoit faites de les commenter , à peine de faux & de fuppreffion des livres *, & on pourroit ajoûter encore d'autres remarques que celles qu'on vient de faire fur ce fujet. Mais ce peu fuffit pour faire comprendre que dans la lecture de ces livres , la memoire fe trouvant chargée , & le jugement embarraffé de ce

a De confirm. Digeft. ad Senat. & omn. pop. §. 21. de confirm. Digeft. ad magn. Senat. §. 21.

vafte détail en confufion, il eft difficile de fe former un fyfteme net & précis de chaque matiere,
& de ranger dans fon efprit ce qui eft fi dérangé
dans les livres où il faut l'apprendre. Et c'eft ce
qui fait que plufieurs fe dégoûtent de cette étude,
que peu y reüffiffent, & que quelques-uns même
font de mauvais ufages des loix, par l'occafion que
cette maniere dont elles font recuëillies peut en
donner, & à ceux qui manquent de lumiere, & à
ceux qui manquent de fincerité. Et comme il n'y
a point de fcience humaine où la confequence
des égaremens foit plus importante qu'en celle
des loix, & que l'interêt qui dépend de la maniere
de les appliquer, fait que le cœur y prenant party
tourne à fes vûës celles de l'efprit; on voit quels
font les abus que font des loix ceux qui épou-
fent ou la défenfe, ou la protection des mauvaifes caufes.

Tout ce qu'on a dit jufqu'icy fait affez voir
quelle eft d'une part l'utilité des livres du Droit
Romain, qui font le dépôt des regles naturelles
de l'équité, & quels font auffi de l'autre les inconveniens du peu d'ordre qu'on voit dans ces livres.
Ce qui nous découvre en même tems les caufes
de deux manieres fi differentes, & même fi oppofées, dont on regarde ces livres en France. Car
d'un côté, comme ils contiennent le droit naturel & la raifon écrite, on les cite dans les Tribunaux, on les enfeigne publiquement, & c'eft fur
l'étude de ces livres qu'on donne les degrez, &
qu'on

qu'on examine ceux qui veulent entrer dans des
charges de judicature. Mais d'autre part les difficultez qui ont été remarquées, & ce qu'il y a de
contraire à nos Loix & à nos Coûtumes dans le
Droit Romain, font de juftes caufes de ce qu'il n'a
pas en France une autorité fixe & abfoluë, à la referve des Provinces où il fert de Coûtume, felon
qu'elles en reçoivent les difpofitions. De forte qu'à
caufe de l'utilité de ces Livres, plufieurs y puifent
fans difcernement, & y prennent pour principes,
ou des fubtilitez qui ne font pas de nôtre ufage,
ou des regles mal entenduës : & d'autres abufant
de ce que ces Livres n'ont pas l'autorité qu'ont, ou
les Coûtumes, ou les Ordonnances, rejettent fouvent les meilleures regles, & n'y fentent pas même
l'autorité des loix naturelles, parce qu'ils ne regardent comme Loix que celles qui font publiées &
enregiftrées.

On peut ajoûter pour une derniere reflexion
fur le Droit Romain, que le défaut d'ordre dans
les compilations qu'en a faites Juftinien, n'ayant
pas permis de voir nettement & de fuite le détail
entier de chaque matiere, il y eft refté des vuides,
où il manque des regles pour de certaines queftions generales qui arrivent fouvent, & qui font
naître plufieurs procés que des regles fixes auroient prévenus. Et comme en faifant le recuëil
du Code on y infera quelques décifions que fit cet
Empereur de quelques-unes de ces fortes de difficultez, qui ne fe trouvoient pas reglées dans l'an-

cien droit, & qui divifoient même les Jurifconful-
tes ; on y laiffa divers autres vuides qui ont donné
fujet à la jurifprudence des Arrêts. Mais comme les
Arrêts ne font rendus que fur des differens particuliers, & qu'ils ne font pas en forme de reglemens,
on ne laiffe pas de faire renaître les mêmes queftions, fous prétexte que les Arrêts peuvent être
rendus dans des circonftances particulieres. Et on
voit même que quelques queftions font differemment jugées en divers Parlemens.

On ne fait icy cette remarque que par occafion,
comme une fuite des autres qu'on vient de faire, &
feulement pour faire voir que ces fortes de difficultez ayant befoin d'autant de regles, il feroit à fou-
haiter qu'il y fût pourvû par des regles fixes, & uniformes.

On a été obligé de faire toutes ces reflexions fur
l'utilité des livres du Droit Romain, & fur les difficultez de bien apprendre les loix dans ces livres,
pour rendre raifon des motifs qui ont engagé à
l'entreprife de mettre les loix civiles en ordre, dans
l'efperance d'en rendre l'étude plus facile, plus utile, & plus agréable.

Perfonne n'ignore quel eft en toutes chofes l'u-
fage de l'ordre, & que fi dans les chofes même
qui ne font que l'objet des fens, le jufte affemblage des parties qui forment un tout, eft neceffaire
pour les mettre en vûë ; l'ordre eft bien plus neceffaire pour faire entrer dans l'efprit le détail infini des veritez qui compofent une fcience. Car

c'eſt leur nature qu'elles ont entr'elles des rapports, & des liaiſons , qui font qu'elles n'entrent dans l'eſprit que les unes par les autres : que quelques-unes qui doivent s'entendre par elles-mêmes, & qui font les ſources des autres, doivent les préceder: que les autres doivent ſuivre, ſelon qu'elles dépendent de ces premieres , & qu'elles ſont liées entr'elles : & qu'ainſi l'eſprit devant ſe conduire des unes aux autres , doit les voir en ordre ; & c'eſt cet ordre que fait l'arrangement des définitions , des principes & du détail. D'où il eſt facile de juger combien il y a de difference entre la maniere de voir le détail des veritez qui compoſent une ſcience mis en confuſion , & la vûë de ce même détail rangé dans ſon ordre ; puis qu'on peut dire qu'il n'y en a pas moins qu'entre la vûë d'un tas confus de materiaux deſtinez pour un édifice, & la vûë de l'édifice élevé dans ſa ſymmetrie.

Le deſſein qu'on s'eſt propoſé dans ce Livre eſt donc de mettre les loix civiles dans leur ordre : de diſtinguer les matieres du Droit , & les aſſembler ſelon le rang qu'elles ont dans le corps qu'elles compoſent naturellement : diviſer chaque matiere ſelon ſes parties : & ranger en chaque partie le détail de ſes définitions , de ſes principes , & de ſes regles , n'avançant rien qui ne ſoit ou clair par ſoy-même , ou précedé de tout ce qui peut être neceſſaire pour le faire entendre. Ainſi ce n'eſt pas un abbregé qu'on s'eſt propoſé de faire , ou de ſimples Inſtitutions ; mais on a tâché d'y com-

Deſſein de ce Livre.

prendre tout le détail des matieres dont on doit traiter.

On s'eſt propoſé deux premiers effets de cet ordre, la brieveté par le retranchement de l'inutile & du ſuperflu, & la clarté par le ſimple effet de l'arrangement. Et on a eſperé que par cette brieveté & cette clarté, il ſeroit facile d'apprendre les loix ſolidement, & en peu de temps ; & que même l'étude en devenant facile, ſeroit agréable. Car comme la verité eſt l'objet naturel de l'eſprit de l'homme, c'eſt la vûë de la verité qui fait ſon plaiſir ; & ce plaiſir eſt plus grand à proportion que les veritez ſont plus naturelles à nôtre raiſon, & qu'elles les voit dans leur jour ſans peine.

On ne s'arrêtera pas à expliquer au long les avantages qui peuvent ſuivre de la facilité d'apprendre des loix, dont la connoiſſance eſt ſi neceſſaire à pluſieurs perſonnes. Car l'uſage n'en eſt pas ſimplement borné au miniſtere de la juſtice dans les Tribunaux Laïques ; les Juges Eccleſiaſtiques, les Paſteurs, les Docteurs & les Directeurs ont beſoin de l'uſage des loix civiles, ſoit pour juger, ou pour conſulter, & décider des queſtions de conſcience, qui dépendent de ces loix, que les emplois de ces perſonnes ne leur permettent pas d'étudier dans le Droit Romain. Et les particuliers même peuvent utilement apprendre ces loix pour leur propre uſage, & les conſulter pour ſe juger eux-mêmes, ou pour prévenir de mauvais procés.

C'eſt par toutes ces vûës qu'on s'eſt engagé au

deſſein de mettre les loix civiles en ordre. Mais les difficultez infinies de cette entrepriſe font craindre avec raiſon que l'ouvrage n'y réponde pas autant qu'on l'a ſouhaité : & ce n'eſt pas tant pour le faire valoir , que l'on a remarqué l'utilité qu'on s'y eſt propoſée, que pour excuſer par l'utilité du deſſein les défauts de l'ouvrage.

Il eſt peut-être neceſſaire pour quelques perſonnes de rendre raiſon de ce qu'on a mis les loix en Langue Françoiſe. Toutes les loix , & ſur tout celles qui ne font que les regles naturelles de l'équité, font pour toutes les nations , & pour tous les hommes , & elles ſont par conſequent de toutes les Langues. Juſtinien permit de mettre le Digeſte & le Code en Grec ª, pour les Provinces de ſon Empire, où cette Langue étoit en uſage. Et comme la Langue Françoiſe eſt aujourd'huy dans une perfection qui égale, & ſurpaſſe même en beaucoup de choſes les Langues anciennes , que par cette raiſon elle eſt devenuë commune à toutes les nations , & qu'elle a ſingulierement la clarté, la juſteſſe, l'exactitude, & la dignité , qui font les caracteres eſſentiels aux expreſſions des loix , il n'y a point de Langue qui leur ſoit plus propre , & les défauts d'expreſſion qu'on pourra trouver dans ce Livre, ſeront de l'Auteur , & non de la Langue.

Quelques-uns de ceux qui liront ce Livre, pourront être ſurpris d'y trouver en pluſieurs endroits

ª De confirm. Digeſt. ad Senat. & omn. pop. §. 21. de confirm. Digeſt. ad magn. Senat. §. 21.

ĩ iij

des veritez fi communes & fi faciles , qu'il leur
paroîtra qu'il étoit inutile de les y mettre , puifque
perfonne ne les ignore. Mais ils pourront apprendre
de ceux qui fçavent l'ordre des fciences , que c'eft
par ces fortes de veritez fi fimples , & fi évidentes,
qu'on vient à la connoiffance de celles qui le font
moins , & que pour le détail d'une fcience , il faut
les recuëillir toutes , & former le corps entier , qui
doit être compofé de leur affemblage. Ainfi , dans
la Geometrie il faut commencer par apprendre
que le tout eft plus grand qu'aucune de fes parties ,
que deux grandeurs égales à une troifiéme font
égales entr'elles , & d'autres veritez que les enfans
fçavent , mais dont l'ufage eft neceffaire pour en
penetrer d'autres moins évidentes , & plufieurs fi
profondes , que tous les efprits n'en font pas capables.

    Si quelqu'un trouvoit à redire de ce qu'on n'a
pas fait une table des matieres , c'eft affez d'avertir
que celle des Titres , & de leurs Sections , qui eft à
la tête du Livre , fuffit pour trouver en fon lieu ce
qu'on cherchera.

    Il ne refte que de rendre compte de la maniere
dont on a cité fur chaque article les textes des
loix. Il eft facile de juger par les remarques qui
ont été faites fur la maniere dont les loix font recuëillies dans le Droit Romain , qu'il n'a pas été
poffible de citer fur chaque article un texte unique qui y répondît , & qu'il a été neceffaire en
plufieurs endroits d'affembler divers textes pour

former le fens d'une regle ; comme au contraire on
a été obligé en d'autres de donner à la regle plus
d'étenduë que n'en a le texte, pour le faire entendre. Mais on n'a pas laiffé de garder par tout une
exacte fidelité, pour ne détourner aucun texte hors
de fon fens, & pour ne rien avancer fans autorité ;
parce qu'encore que les regles qu'on a tirées des
textes des loix, portent le caractere de la verité par
l'équité naturelle qui en eft l'efprit ; il eft neceffaire
de les affermir par l'autorité de ces textes des loix
du Droit Romain, qui ajoûte cet effet à leur certitude que l'efprit fe met en repos, voyant déja la verité par luy-même, & s'afsûrant encore que fon jugement eft foûtenu de celuy de tant de perfonnes
habiles qui ont été les Auteurs de ces loix, & de
l'approbation univerfelle qu'elles ont par tout depuis tant de fiecles.

Pourquoy on a fait un Traité des Loix.

LE deffein de mettre les loix civiles en ordre, a
engagé à compofer un Traité des Loix, qu'on
a jugé auffi neceffaire pour bien entendre les loix
civiles, que l'eft pour apprendre la Geographie,
une connoiffance au moins generale du fyfteme
entier du monde, telle que nous la donne la Cof-
mographie.

Toutes les loix ont leur fource dans les premiers
principes, qui font les fondemens de l'ordre de la
focieté des hommes, & on ne fçauroit bien entendre la nature, & l'ufage des differentes efpeces de

loix, que par la vûë de leur enchaînement à ces principes, & de leur rapport à l'ordre de cette société dont elles font les regles. C'eſt donc dans le ſyſteme & dans le plan de cet ordre univerſel qu'il faut reconnoître la ſituation, & l'étenduë des loix civiles, ce qu'elles ont de commun avec les autres eſpeces de loix, ce qui les en diſtingue, & pluſieurs veritez eſſentielles pour les bien entendre, & pour en faire de juſtes applications dans les matieres où elles ſe rapportent. C'eſt auſſi dans ce même plan qu'on diſtingue quelles ſont ces matieres, & quel eſt leur ordre ; & toutes ces vûës & des loix, & de leurs matieres feront le ſujet de ce Traité des Loix.

Quelques perſonnes pourront penſer que le deſſein de ce Traité n'étoit pas neceſſaire pour l'étude des loix civiles, & que la plûpart les apprennent ſans entrer dans ces connoiſſances, & on avoit douté par cette raiſon ſi on devoit joindre à ce Livre ce Traité des loix. Mais des perſonnes que leur rang, & leur habileté en a rendu juges, ont eſtimé que ce Traité ne devoit pas être ſeparé du corps de ce Livre, & que ſon utilité l'y rend neceſſaire.

On ne doit pas expliquer icy en quoy peut conſiſter cette utilité ; car ce n'eſt que par la lecture qu'il en faut juger ; & on ſe contente d'avertir ceux qui voudront lire ce Traité, qu'ils n'auront qu'à parcourir la Table des Chapitres, & les Sommaires de chaque Chapitre, pour juger de l'uſage qu'ils pourront faire de cette lecture,

TABLE

TABLE DES CHAPITRES

DU TRAITÉ DES LOIX.

TRAITÉ
DES LOIX.

CHAPITRE I.

Des premiers principes de toutes les loix.

SOMMAIRES.

I. *Les premiers principes des loix ont été inconnus aux Payens.*

II. *Certitude des principes des loix.*

III. *Connoiſſance des premiers principes des loix, par la*

connoiſſance de l'homme.

IV. *Nature de l'homme.*

V. *Religion de l'homme.*

VI. *Premiere loy de l'homme.*

VII. *Seconde loy de l'homme.*

VIII. *Fondement de la ſocieté des hommes ſur ces deux loix.*

I L ſemble que rien ne devroit être plus connû des hommes, que les premiers principes des loix qui reglent & la conduite de chacun en particulier , & l'ordre de la ſocieté qu'ils forment enſemble : & que ceux même qui n'ont pas les lumieres de la Religion où nous apprenons quels ſont ces principes, de-

Tome I. a

vroient au moins les reconnoître en eux-mêmes, puisqu'ils font gravez dans le fond de nôtre nature. Cependant on voit que les plus habiles de ceux qui ont ignoré ce que nous en enseigne la Religion, les ont si peu connus, qu'ils ont étably des regles qui les violent, & qui les détruisent.

Ainsi, les Romains qui entre toutes les Nations ont le plus cultivé les Loix civiles, & qui en ont fait un si grand nombre de tres-justes, s'étoient donné, comme les autres peuples, la licence d'ôter la vie & à leurs esclaves, & à leurs propres enfans a. Comme si la puissance que donnent la qualité de pere & celle de maître, pouvoit dispenser des loix de l'humanité.

Cette opposition si extréme entre l'équité qui luit dans les loix si justes qu'ont fait les Romains, & l'inhumanité de cette licence, fait bien voir qu'ils ignoroient les sources de la justice même qu'ils connoissoient, puisqu'ils blessoient si grossierement par ces loix barbares, l'esprit de ces principes, qui sont les fondemens de tout ce qu'il y a de justice & d'équité dans leurs autres loix.

Cet égarement n'est pas le seul d'où l'on peut juger combien ils étoient éloignez de la connoissance de ces principes; on en voit une autre preuve bien remarquable dans l'idée que leurs Philosophes leur avoient donnée de l'origine de la societé des hommes, dont ces principes sont les fondemens. Car bien loin de les reconnoître, & d'y voir comment ils doivent former l'union des hommes; ils s'étoient imaginez que les hommes avoient premierement vécu comme des bêtes sauvages dans les champs, sans communication & sans liaison, jusqu'à ce qu'un d'eux s'avisa qu'on pouvoit les mettre en societé: & commença de les apprivoiser pour en former une b.

On ne s'arrêtera pas à considerer les causes de cette contrarieté si étrange de lumiere & de tenebres dans les hommes les plus éclairez de tous ceux qui ont vécu dans le paganisme: & comment ils pouvoient connoître tant de regles de la justice & de l'équité, sans y sentir les prin-

a V. l. ult. C. de patr. pot. §. 1. & 2. inst. de his qui s. v. al. i. s.
b Cic. de inv. L. 1. §. 2.

cipes d'où elles dépendent. Les premiers élemens de la Religion Chrétienne expliquent cette enigme : & ce qu'elle nous apprend de l'état de l'homme, nous fait connoître les causes de cet aveuglement, & nous découvre en même temps quels sont ces premiers principes que Dieu a établis pour les fondemens de l'ordre de la societé des hommes, & qui sont les sources de toutes les regles de la justice & de l'équité.

Mais quoyque ces principes ne nous soient connûs que par la lumiere de la Religion, elle nous les fait voir dans nôtre nature même avec tant de clarté, qu'on voit que l'homme ne les ignore, que parce qu'il s'ignore luy-même : & qu'ainsi rien n'est plus étonnant que l'aveuglement qui luy en ôte la vûë.

Comme il n'y a donc rien de plus necessaire dans les sciences, que d'en posseder les premiers principes, & qu'en chacune on commence par établir les siens, & par y donner le jour qui met en vûë leur verité & leur certitude, pour servir de fondement à tout le détail qui doit en dépendre ; il est important de considerer quels sont ceux des loix, pour connoître quelle est la nature & la fermeté des regles qui en dépendent. Et on jugera du caractere de la certitude de ces principes par la double impression que doivent faire sur nôtre esprit des veritez que Dieu nous enseigne par la Religion, & qu'il nous fait sentir par nôtre raison. De sorte qu'on peut dire, que les premiers principes des loix ont un caractere de verité, qui touche & persuade plus que celle des principes des autres sciences humaines : Et qu'au lieu que les principes des autres sciences, & le détail des veritez qui en dépendent ne sont que l'objet de l'esprit, & non pas du cœur, & qu'elles n'entrent pas même dans tous les esprits ; les premiers principes des loix, & le détail des regles essentielles à ces principes ont un caractere de verité dont personne n'est incapable, & qui touche également l'esprit & le cœur. Ainsi, l'homme entier en est plus penetré, & plus fortement persuadé que des veritez de toutes les autres sciences humaines.

I I.
Certitude des principes des loix.

Il n'y a perfonne, par exemple, qui ne fente & par l'efprit, & par le cœur, qu'il n'eſt pas permis de le tuer, ou de le voler, ni de tuer ou voler les autres, & qui ne foit plus pleinement perfuadé de ces veritez qu'on ſçauroit l'être d'un theoreme de geometrie. Cependant ces veritez même, que l'homicide & le vol font illicites, toutes évidentes qu'elles font, n'ont pas le caractere d'une certitude égale à celle des premiers principes d'où elles dépendent. Puifqu'au lieu que ces principes font des regles dont il n'y a point de difpenfe, ni d'exception, celles-cy font fujettes à des exceptions, & à des difpenfes. Car, par exemple, Abraham pouvoit tuer juftement fon fils, lorfque le Maître de la vie & de la mort le luy commanda *: Et les Hebreux prirent fans crime les richeſſes des Egyptiens par l'ordre du maître de l'univers, qui les leur donna [b].

III.
Connoiffance des premiers principes des loix par la connoiffance de l'homme.

On ne peut prendre une voye plus fimple, & plus feure pour découvrir les premiers principes des loix, qu'en fuppofant deux premieres veritez, qui ne font que de fimples definitions. L'une, que les loix de l'homme ne font autre chofe, que les regles de fa conduite : & l'autre, que cette conduite n'eſt autre chofe que les demarches de l'homme vers fa fin.

Pour découvrir donc les premiers fondemens des loix de l'homme, il faut connoître quelle eſt fa fin ; parce que fa deſtination à cette fin, fera la premiere regle de la voye, & des demarches qui l'y conduifent, & par confequent fa premiere loy, & le fondement de toutes les autres.

Connoître la fin d'une chofe, c'eſt fimplement ſçavoir pourquoy elle eſt faite. Et on connoît pourquoy une chofe eſt faite, fi voyant comment elle eſt faite, on découvre à quoy fa ſtructure peut fe rapporter. Parce qu'il eſt certain que Dieu a proportionné la nature de chaque chofe à la fin pour laquelle il l'a deſtinée.

Nous ſçavons, & fentons tous, que l'homme a une ame qui anime un corps : & que dans cette ame il a deux

a Gen. 22. 2.
b Exod. 11. 2. 12. 36.

puiſſances, un entendement propre pour connoître, &
une volonté propre pour aimer. Ainſi nous voyons que
c'eſt pour connoître, & pour aimer que Dieu a fait l'homme : Que c'eſt par conſequent pour s'unir à quelque objet
dont la connoiſſance & l'amour doivent faire ſon repos
& ſon bonheur : Et que c'eſt vers cet objet que toutes
ſes demarches doivent le conduire. D'où il s'enſuit que
la premiere loy de l'homme eſt ſa deſtination à la recherche & à l'amour de cet objet, qui doit eſtre ſa fin, & où
il doit trouver ſa felicité : & que c'eſt cette loy qui étant
la regle de toutes ſes demarches, doit être le principe de
toutes ſes loix.

Pour connoître donc quelle eſt cette premiere loy ,
quel en eſt l'eſprit, & comment elle eſt le fondement de
toutes les autres; il faut voir à quel objet elle nous deſtine.

De tous les objets qui s'offrent à l'homme dans tout
l'univers, en y comprenant l'homme luy-même, il ne
trouvera rien qui ſoit digne d'être ſa fin. Car en luy-
même, loin d'y trouver ſa felicité, il n'y verra que les ſe-
mences des miſeres & de la mort : & autour de luy, ſi nous
parcourons tout cet univers, nous trouverons que rien
ne peut y tenir lieu de fin ni à nôtre eſprit, ni à nôtre
cœur : & que bien loin que les choſes que nous y voyons
puiſſent être regardées comme nôtre fin, nous ſommes
la leur : & ce n'eſt que pour nous que Dieu les a faites *.
Car tout ce que renferment la terre & les cieux n'eſt qu'un
appareil pour tous nos beſoins, qui perira quand ils ceſſe-
ront. Auſſi voyons-nous que tout y eſt ſi peu digne & de
nôtre eſprit & de nôtre cœur; que pour l'eſprit, Dieu
luy a caché toute autre connoiſſance des creatures, que
de ce qui regarde les manieres d'en bien uſer : & que les
ſciences qui s'appliquent à la connoiſſance de leur nature,
n'y découvrent que ce qui peut être de nôtre uſage, &
s'obſcurciſſent à meſure qu'elles veulent penetrer ce qui

a Ne forte elevatis oculis ad cælum, videas ſolem & lunam, & omnia aſtra
cæli, & errore deceptus, adores ea & colas, quæ creavit Deus tuus in miniſterium cunctis gentibus, quæ ſub cælo ſunt. *Deuter.* 4. 19.

n'en est pas *. Et pour le cœur personne n'ignore que le monde entier n'est pas capable de le remplir : & que jamais il n'a pû faire le bonheur d'aucun de ceux qui l'ont le plus aimé, & qui en ont le plus possedé. Cette verité se fait si bien sentir à chacun, que personne n'a besoin qu'on l'en persuade : Et il faut enfin apprendre de celuy qui a formé l'homme, que c'est luy seul qui étant son principe, est aussi sa fin *b* : & qu'il n'y a que Dieu seul qui puisse remplir le vuide infini de cet esprit, & de ce cœur qu'il a fait pour luy *c*.

C'est donc pour Dieu même, que Dieu a fait l'homme *d*. C'est pour le connoître, qu'il luy a donné un entendement : C'est pour l'aimer, qu'il luy a donné une volonté, & c'est par les liens de cette connoissance, & de cet amour qu'il veut que les hommes s'unissent à luy, pour trouver en luy & leur veritable vie, & leur unique felicité *e*.

C'est cette construction de l'homme formé pour connoître & pour aimer Dieu, qui fait sa ressemblance à Dieu *f*. Car comme Dieu est seul le souverain bien, c'est sa nature qu'il se connoisse & s'aime soy-même : & c'est dans cette connoissance, & dans cet amour que consiste sa felicité. Ainsi c'est luy ressembler, que d'être d'une nature capable de le connoître & de l'aimer : Et c'est participer à sa beatitude, que d'arriver à la perfection de cette connoissance & de cet amour *g*.

---

a Quæ præcèpit tibi Deus, illa cogita semper : & in pluribus operibus ejus, ne fueris curiosus. Non est enim tibi necessarium, quæ abscondita sunt, videre oculis tuis. *Eccli.* 3. 22.

b Ego sum α, & ω, primus, & novissimus : principium, & finis. *Apoc.* 22. 13. *Is.* 41. 4.

c Satiabor, cùm apparuerit gloria tua. *Ps.* 16. 17.

d Universa propter semetipsum operatus est Dominus. *Prov.* 16. 4. Et faciet te excelsiorem cunctis gentibus, quas creavit in laudem, & nomen, & gloriam suam *Deuter.* 26. 19. Et omnem qui invocat nomen meum, in gloriam meam creavi eum, formavi eum, & feci eum. *Is.* 43. 7.

e Ipse est enim vita tua. *Deuter.* 30. 10. Hæc est vita æterna, ut cognoscant &c. *Joan.* 17. 3.

f Faciamus hominem ad imaginem, & similitudinem nostram. *Gen.* 1. 26. *Sap.* 2. 23. *Eccli.* 17. 1. *Coloss.* 3. 10.

g Scimus quoniam cùm apparuerit, similes ei erimus : quoniam videbimus eum sicuti est. 1. *Joan.* 3. 2.

Ainfi, nous découvrons dans cette reffemblance de l'homme à Dieu, en quoy confifte fa nature, en quoy confifte fa religion, en quoy confifte fa premiere loy. Car fa nature n'eft autre chofe que cet eftre créé à l'image de Dieu, & capable de poffeder ce fouverain bien qui doit être fa vie, & fa beatitude. Sa Religion, qui eft l'affemblage de toutes fes loix, n'eft autre chofe que la lumiere, & la voye qui le conduifent à cette vie *a* : Et fa premiere loy, qui eft l'efprit de fa Religion, eft celle qui luy commande la recherche & l'amour de ce fouverain bien où il doit s'élever de toutes les forces de fon efprit, & de fon cœur qui font faits pour le poffeder *b*.

IV.
Nature de l'homme.

V.
Religion de l'homme.

VI.
Premiere loy de l'homme.

C'eft cette premiere loy qui eft le fondement, & le premier principe de toutes les autres. Car cette loy qui commande à l'homme la recherche & l'amour du fouverain bien, étant commune à tous les hommes, elle en renferme une feconde, qui les oblige à s'unir, & s'aimer entre eux; parce qu'étant deftinez pour être unis dans la poffeffion d'un bien unique, qui doit faire leur commune felicité, & pour y eftre unis fi étroitement, qu'il eft dit qu'ils ne feront qu'un *c*; ils ne peuvent être dignes de cette unité dans la poffeffion de leur fin commune, s'ils ne commencent leur union, en fe liant d'un amour mutuel dans la voye qui les y conduit. Et il n'y a pas d'autre loy qui commande à chacun de s'aimer foy-même, parce qu'on ne peut s'aimer mieux, qu'en gardant la premiere loy, & fe conduifant au bien où elle nous appelle.

VII.
Seconde loy de l'homme.

C'eft par l'efprit de ces deux premieres loix que Dieu deftinant les hommes à l'union dans la poffeffion de leur fin commune, il a commencé de lier entre eux une premiere union, dans l'ufage des moyens qui les y conduifent. Et il a fait dépendre cette derniere union, qui doit faire leur beatitude, du bon ufage de cette premiere qui doit former leur focieté.

VIII.
Fondement de la focieté des hommes fur ces deux loix.

a Lex lux, & via vitæ. *Prov. 6. 23.*
b Hoc eft maximum, & primum mandatum. *Matth. 22. 38.* Dilectio cuftodia legum illius eft. *Sap. 6. 19.*
c. Ut omnes unum fint, ficut tu pater in me, & ego in te, ut & ipfi in nobis unum fint. *Joan. 17. 21.*

C'eſt pour les lier dans cette ſocieté, qu'il l'a renduë eſſentielle à leur nature. Et comme on voit dans la nature de l'homme ſa deſtination au ſouverain bien, on y verra auſſi ſa deſtination à la ſocieté, & les divers biens qui l'y engagent de toutes parts : & que ces liens, qui ſont des ſuites de la deſtination de l'homme à l'exercice des deux premieres loix, ſont en même temps les fondemens du détail des regles de tous ſes devoirs, & les ſources de toutes les loix.

Mais avant que de paſſer outre, & de faire voir l'enchaînement qui lie toutes les loix à ces deux premieres, il faut prevenir la reflexion qu'il eſt naturel de faire ſur l'état de cette ſocieté, qui devant être fondée ſur les deux premieres loix, ne laiſſe pas de ſubſiſter ſans que l'eſprit de ces loix y regne beaucoup ; de ſorte qu'il ſemble qu'elle ſe maintienne par d'autres principes. Cependant, quoyque les hommes ayent violé ces loix capitales, & que la ſocieté ſoit dans un état étrangement different de celuy qui devoit être élevé ſur ces fondemens, & cimenté par cette union ; il eſt toûjours vray que ces loix divines, & eſſentielles à la nature de l'homme ſubſiſtent immuables, & qu'elles n'ont pas ceſſé d'obliger les hommes à les obſerver : & il eſt certain auſſi, comme la ſuite le fera voir, que tout ce qu'il y a de loix qui reglent la ſocieté dans l'état même où nous la voyons, ne ſont que des ſuites de ces premieres. Ainſi, il a été neceſſaire d'établir ces premiers principes : & d'ailleurs il n'eſt pas poſſible de bien comprendre la maniere dont on voit maintenant ſubſiſter la ſocieté, ſans connoître l'état naturel où elle devroit être ; & y conſiderer l'union, que les diviſions des hommes ont rompuë, & l'ordre qu'elles ont troublé.

Pour juger donc de l'eſprit, & de l'uſage des loix qui maintiennent la ſocieté dans l'état preſent, il eſt necefſaire de tracer un plan de cette ſocieté ſur le fondement des deux premieres loix, afin d'y découvrir l'ordre de toutes les autres, & leurs liaiſons à ces deux premieres. Et puis on verra de quelle maniere Dieu a pourvû a faire

ſubſiſter

subfifter la focieté dans l'état où nous la voyons, &
parmy ceux qui ne s'y conduifant pas par l'efprit des
loix capitales, ruinent les fondemens qu'il y avoit mis.

CHAPITRE II.

*Plan de la focieté fur le fondement des deux premieres
loix par deux efpeces d'engagemens.*

SOMMAIRES.

I. *Rapport de l'état de l'homme en cette vie, à l'exercice de la premiere loy.*	*la feconde loy.* III. *Deftination de l'homme à la focieté par deux efpeces*
II. *Rapport de ce même état de l'homme, à l'exercice de*	*d'engagemens.*

Quoyque l'homme foit fait pour connoître, & pour
aimer le fouverain bien, Dieu ne l'a pas mis d'abord
dans la poffeffion de cette fin, mais il l'a mis auparavant
dans cette vie, comme dans une voye pour y parvenir. Et
comme l'homme ne peut fe porter à aucun objet par
d'autres demarches que par les vûës de fon entendement,
& par les mouvemens de fa volonté ; Dieu a fait depen-
dre la connoiffance claire, & l'amour immuable du fouverain bien qui doit faire la felicité de l'efprit & du
cœur de l'homme, de l'obeïffance à la loy qui luy commande de mediter, & d'aimer ce bien unique, autant qu'il
peut en être capable pendant cette vie, & il ne la luy
donne que pour en tourner tout l'ufage à la recherche
de cet objet, feul digne d'attirer & toutes fes vûës, &
tous fes defirs *a*.

*I.
Rapport de l'état
de l'homme en cet-
te vie à l'exercice de
la premiere loy.*

---

a Audi Ifraël, Dominus Deus nofter Deus unus eft. Diliges Dominum Deum
tuum ex toto corde tuo, & ex tota anima tua, & ex tota fortitudine tua. Eruntque verba hæc, quæ ego præcipio tibi hodie, in corde tuo : & narrabis ea filiis
tuis : & meditaberis fedens in domo tua, & ambulans in itinere, dormiens, atque
confurgens : & ligabis ea quafi fignum in manu tua : eruntque, & movebuntur
ante oculos tuos. Scribefque ea in limine, & oftiis domûs tuæ. *Deuter.* 6. 4.
Ibid. 11. 17.

On n'entre pas icy dans l'explication des veritez que la Religion nous apprend sur la maniere dont Dieu conduit & éleve l'homme à cette recherche. Il suffit pour donner l'idée du plan de la societé, de les supposer, & de remarquer que c'est tellement pour occuper l'homme à l'exercice de cette premiere loy & de la seconde, que Dieu luy donne l'usage de la vie dans cet univers, que tout ce qu'il peut y voir, & en soy-même, & dans tout le reste des creatures, sont autant d'objets qui luy sont donnez pour l'y engager. Car pour la premiere loy, il doit sentir dans la vûë & dans l'usage de tous ces objets, qu'ils sont autant de traits & d'images de ce que Dieu veut qu'on connoisse, & qu'on aime en luy. Et pour la seconde loy Dieu a tellement assorti les hommes entr'eux, & l'univers à tous les hommes, que les mêmes objets qui doivent les exciter à l'amour du souverain bien, les engagent aussi à la societé, & à l'amour mutuel entr'eux. Car on ne voit, & on ne connoît rien, ni hors de l'homme, ni dans l'homme, qui ne marque sa destination à la societé.

Ainsi hors de l'homme, les cieux, les astres, la lumiere, l'air, sont des objets qui s'étalent aux hommes comme un bien commun à tous, & dont chacun a tout son usage. Et toutes les choses que la terre & les eaux portent ou produisent, sont d'un usage commun aussi ; mais de telle sorte qu'aucune ne passe à nôtre usage, que par le travail de plusieurs personnes. Ce qui rend les hommes necessaires les uns aux autres : & forme entr'eux les differentes liaisons pour les usages de l'agriculture, du commerce, des arts, des sciences, & pour toutes les autres communications que les divers besoins de la vie peuvent demander.

Ainsi, dans l'homme, on voit que Dieu l'a formé par un lien inconcevable de l'esprit & de la matiere : & qu'il l'a composé, par l'union d'une ame & d'un corps, pour faire de ce corps uni à l'esprit, & de cette structure divine des sens & des membres, l'instrument de deux usages essentiels à la societé.

Le premier de ces deux ufages eft celuy de lier les efprits & les cœurs des hommes entr'eux ; ce qui fe fait par une fuite naturelle de l'union de l'ame & du corps. Car c'eft par l'ufage des fens unis à l'efprit, & par les impreffions de l'efprit fur les fens, & des fens fur l'efprit, que les hommes fe communiquent les uns aux autres leurs penfées, & leurs fentimens. Ainfi, le corps eft en même temps & l'inftrument, & l'image de cet efprit & de ce cœur qui font l'image de Dieu.

Le fecond ufage du corps eft celuy d'appliquer les hommes à tous les differens travaux que Dieu a rendus neceffaires pour tous leurs befoins ; car c'eft pour le travail que Dieu nous a donné des fens & des membres, & quoy qu'il foit vray que les travaux qui exercent maintenant l'homme luy font une peine dont Dieu le punit, & que Dieu n'ait pas donné à l'homme un corps propre au travail, pour le punir par le travail même ; il eft certain que l'homme eft fi naturellement deftiné au travail, qu'il luy étoit commandé de travailler dans l'état d'innocence [a]. Mais l'une des differences des travaux de ce premier état, & de ceux du nôtre confifte en ce que le travail de l'homme innocent étoit une occupation agreable, fans peine, fans dégoût, fans laffitude, & que le nôtre nous a été impofé comme une peine [b]. Ainfi, la loy du travail eft également effentielle & à la nature de l'homme & à l'état où la mis fa chûte : & cette loy eft auffi une fuite naturelle des deux premieres, qui appliquant l'homme à la focieté, l'engagent au travail, qui en eft le lien, & ordonnent à chacun le fien, pour diftinguer par les differens travaux, les divers emplois, & les differentes conditions qui doivent compofer la focieté.

C'eft ainfi que Dieu deftinant les hommes à la focieté, il a formé les liens qui les y engagent. Et comme les liaifons generales qu'il fait entre tous les hommes par leur nature, & par leur deftination à une même fin, fous les

III.
Deftination de l'homme à la focieté par deux efpeces d'engagemens.

[a] Pofuit eum in paradifo voluptatis, ut operaretur, & cuftodiret illum, Genef. 2. 15.

[b] In fudore vultus tui vefceris pane. Genef. 3. 19.

mêmes loix, font communes à tout le genre humain, &
qu'elles ne forment en chacun aucune relation finguliere
qui l'engage aux uns plus qu'aux autres : il ajoûte à ces
liaifons generales & communes à tous, d'autres liaifons,
& d'autres engagemens particuliers de diverfes fortes,
par où il lie de plus prés les hommes entr'eux, & deter-
mine chacun à exercer effectivement envers quelques-
uns, les devoirs de cet amour, qu'aucun ne peut exercer
envers tous les autres. De forte que ces engagemens font
à chacun comme fes loix particulieres, qui luy marquent
ce que la feconde loy demande de luy, & qui par confequent reglent fes devoirs. Car les devoirs des hommes
entr'eux ne font autre chofe que les effets de l'amour
fincere que tout homme doit à tout autre, felon les engagemens où il fe rencontre.

Ces engagemens particuliers font de deux efpeces. La
premiere eft de ceux qui fe forment par les liaifons naturelles du mariage entre le mary & la femme, & de la
naiffance entre les parens & les enfans : & cette efpece
comprend auffi les engagemens des parentez, & des
alliances qui font la fuite de la naiffance, & du mariage.

La feconde efpece renferme toutes les autres fortes
d'engagemens qui approchent de toute forte de perfonnes
les uns des autres, & qui fe forment differemment, foit
dans les diverfes communications qui fe font entre les
hommes, de leur travail, de leur induftrie, & de toute forte d'offices, de fervices, & d'autres fecours : ou dans celles
qui regardent l'ufage des chofes. Ce qui renferme tous les
differens ufages des arts, des emplois, & des profeffions de
toute nature, & tout ce qui peut lier les perfonnes, felon
les differens befoins de la vie ; foit par des communications
gratuites, ou par des commerces.

C'eft par tous ces engagemens de ces deux efpeces, que
Dieu forme l'ordre de la focieté des hommes, pour les
lier dans l'exercice de la feconde loy. Et comme il marque en chaque engagement ce qu'il prefcrit à ceux qu'il y
met ; on reconnoît dans les caracteres des differentes.

sortes d'engagemens, les fondemens des diverses regles de
ée que la justice & l'équité demandent de chaque personne selon les conjonctures où la mettent les siens.

CHAPITRE III.

De la premiere espece d'engagemens.

SOMMAIRES.

L'Engagement que fait le mariage entre le mary &
la femme, & celuy que fait la naissance entr'eux &
leurs enfans, forment une societé particuliere dans chaque famille, où Dieu lie ces personnes plus étroitement,
pour les engager à un usage continuel des divers devoirs
de l'amour mutuel. C'est dans ce dessein qu'il n'a pas
créé tous les hommes comme le premier ; mais qu'il a
voulu les faire naître de l'union qu'il a formée entre les
deux sexes dans le mariage, & les mettre au monde dans
un état de mille besoins, où le secours de ces deux sexes
leur est necessaire pendant un long temps. Et c'est dans
les manieres dont Dieu a formé ces deux liaisons du mariage & de la naissance qu'il faut découvrir les fondemens
des loix qui les regardent.

Pour former l'union entre l'homme & la femme, &
instituer le mariage qui devoit estre la source de la multiplication, & en même temps de la liaison du genre humain : Et pour donner à cette union des fondemens
proportionnez aux caracteres de l'amour qui devoit en
estre le lien ; Dieu ne forma premierement que l'homme

I.
Engagemens na-
turels du mariage,
& de la naissance.

II.
Institution divine
du mariage, & les
divers principes des
loix qui en dépen-
dent.

feul ª, & puis il tira de luy un fecond fexe, & forma la
femme d'une des côtes de l'homme ᵇ, pour marquer par
l'unité de leur origine, qu'ils font un feul tout, où la
femme eft tirée de l'homme, & luy eft donnée de la main
de Dieu ᶜ comme une compagne, & un fecours femblable
à luy ᵈ, & formé de luy ᵉ. C'eft ainfi qu'il les lia par cette
union fi étroite, & fi fainte, dont il eft dit, que c'eft Dieu
luy-même qui les a conjoints ᶠ: & qui les a mis deux en
une chair ᵍ. Il rendit l'homme le chef de ce tout ʰ, & il
affermit leur union, défendant aux hommes de feparer ce
qu'il avoit luy-même conjoint ⁱ.

Ce font ces manieres myfterieufes dont Dieu a formé
l'engagement du mariage qui font les fondemens, non
feulement des loix qui reglent tous les devoirs du mary,
& de la femme, mais auffi des loix de l'Eglife, & des loix
civiles qui regardent le mariage, & les matieres qui en dependent, ou qui s'y rapportent.

Ainfi le mariage étant un lien formé de la main de
Dieu, il doit être celebré d'une maniere digne de la
fainteté de l'inftitution divine qui l'a établi. Et c'eft une
fuite naturelle de cet ordre divin, que le mariage foit
précedé & accompagné de l'honnêteté, du chois reciproque des perfonnes qui s'y engagent, du confentement des
parens qui tiennent en plufieurs manieres la place de
Dieu : & qu'il foit celebré par le miniftere de l'Eglife,
ou cette union doit recevoir les effets du Sacrement qui
en eft le lien.

ª Formavit igitur Dominus Deus hominem de limo terræ. *Genef.* 2. 7.

ᵇ Tulit unam de coftis ejus, & replevit carnem pro ea. Et, ædificavit Dominus
Deus, coftam quam tulerat de Adam in mulierem. *Genef.* 2. 21.

ᶜ Adduxit eam ad Adam. *Genef.* 2. 22.

ᵈ Non eft bonum effe hominem folum. Faciamus ei adjutorium fimile fibi.
Genef. 2. 18. *Eccl.* 17. 5.

ᵉ Hoc nunc os ex offibus meis, & caro de carne mea : hæc vocabitur virago,
quoniam de viro fumpta eft. *Genef.* 2. 23.

ᶠ Quod ergo Deus conjunxit, homo non feparet. *Matth.* 19. 6.

ᵍ Et erunt duo in carne una. *Gen.* 2. 24. Itaque jam non funt duo, fed una caro
Matth. 19. 5. *Ephef.* 5. 31. *Marc.* 10. 8.

ʰ Caput autem mulieris vir. 1. *Cor.* 11. 3. Mulieres viris fubditæ fint, ficut Domino. Quoniam vir caput eft mulieris : ficut Chriftus caput eft Ecclefiæ. *Ephef.* 5.
22. Sub viri poteftate eris. *Genef.* 3. 16. 1. *Cor.* 14. 34.

ⁱ Quod ergo Deus conjunxit, homo non feparet. *Matth.* 19. 6.

Ainſi le mary & la femme étant donnez l'un à l'autre de la main de Dieu qui les unit en un ſeul tout, que rien ne peut ſeparer, on ne peut jamais diſſoudre un mariage, qui a été une fois contracté legitimement.

Ainſi cette union des perſonnes dans le mariage, eſt le fondement de la ſocieté civile qui les unit dans l'uſage de leurs biens, & de toutes choſes.

Ainſi le mary étant par l'ordre divin le chef de la femme, il a ſur elle une puiſſance proportionnée à ce qu'il eſt dans leur union : & cette puiſſance eſt le fondement de l'autorité que les loix civiles donnent au mary, & des effets de cette autorité dans les matieres où elle a ſon uſage.

Ainſi le mariage étant inſtitué pour la multiplication du genre humain, par l'union de l'homme & de la femme, liez de la maniere dont Dieu les unit ; toute conjonction hors du mariage eſt illicite, & ne peut donner qu'une naiſſance illegitime. Et cette verité eſt le fondement des loix de la Religion, & de la Police, contre les conjonctions illicites : & de celles qui reglent l'état des enfans qui en naiſſent.

Le lien du mariage qui unit les deux ſexes, eſt ſuivy de celuy de la naiſſance, qui lie au mary & à la femme les enfans qui naiſſent de leur mariage.

C'eſt pour former ce lien que Dieu veut que l'homme reçoive la vie de ſes parens, dans le ſein d'une mere : Que ſa naiſſance ſoit le fruit des peines & des travaux de cette mere : Qu'il naiſſe incapable de conſerver cette vie où il eſt entré : Qu'il y ſoit long-temps dans un état de foibleſſe & de beſoin du ſecours de ſes parens pour y ſubſiſter, & y être élevé. Et comme c'eſt par cette naiſſance que Dieu forme l'amour mutuel, qui unit ſi étroitement celuy qui engendrant ſon ſemblable luy donne la vie, & celuy qui la reçoit ; il donne à l'amour des parens un caractere proportionné à l'état des enfans dans leur naiſſance, & à tous les beſoins qui ſont les ſuites de cette vie qu'ils leur ont donnée, pour les lier, par cet amour, aux devoirs de l'éducation, de l'inſtruction, & à tous les autres,

III.
Lien de la naiſſance, & les principes des loix qui en ſont les ſuites.

Et il donne à l'amour des enfans un caractere proportioné aux devoirs de dépendance, d'obeïſſance, de reconnoiſſance, & à tous les autres, où les engage le bienfait
de la vie, qu'ils tiennent tellement des parens, dont Dieu
les fait naître, qu'il nous apprend que ſans eux, ils ne l'auroient point ª, ce qui les oblige à rendre aux parens tous
les ſecours, & tous les ſervices dans leurs beſoins : & ſur
tout en ceux du déclin de l'âge, & des autres foibleſſes,
infirmitez, & neceſſitez, où les enfans peuvent rendre à
leurs parens des devoirs qui répondent aux premiers bienfaits qu'ils en ont receus.

C'eſt cet ordre de la naiſſance qui formant les engagemens entre les parens & les enfans, eſt le fondement de
tous leurs devoirs, dont il eſt facile de voir l'étenduë par
les caracteres de ces differens engagemens. Et c'eſt de ces
mêmes principes que depend tout ce que les loix civiles
ont reglé des effets de la puiſſance paternelle, & des devoirs réciproques des parens envers les enfans, & des enfans envers les parens ; ſelon que ce ſont des matieres de
la police, comme le ſont les droits que les loix & les coûtumes donnent aux peres pour la conduite de leurs enfans pour la celebration de leurs mariages, pour l'adminiſtration & la joüiſſance de leurs biens, les rebellions des
enfans contre l'obeïſſance aux parens, l'injuſtice des parens ou des enfans qui ſe refuſent les alimens, & les autres
ſemblables.

C'eſt encore ſur ce même ordre dont Dieu s'eſt ſervy
pour donner la vie aux enfans par leurs parens, que ſont
fondées les loix qui font paſſer aux enfans, les biens des
parens aprés leur mort ; parce que les biens étant donnez aux hommes pour tous les differens beſoins de la vie,
& n'étant qu'une ſuite de ce bienfait ; il eſt de l'ordre
naturel, qu'aprés la mort des parens, les enfans recuëillent leurs biens, comme un acceſſoire de la vie qu'ils ont
receu d'eux.

ª In toto corde tuo honora patrem tuum, & gemitus matris tuæ ne obliviſcaris ;
memento quoniam niſi per illos natus non fuiſſes, & retribue illis quo modo &
illi tibi. Eccl. 7. 29.

Lc

Le lien de la naiſſance qui unit les peres & les meres à leurs enfans, les lie encore à ceux qui naiſſent & deſcendent de leurs enfans. Et cette liaiſon fait conſiderer tous les deſcendans, comme les enfans, & tous les aſcendans comme étant dans le rang de peres, ou de meres.

On peut remarquer ſur la difference des caraƈteres de l'amour qui unit le mary & la femme, & de celuy qui lie les parens & les enfans, que c'eſt l'oppoſition de ces differens caraƈteres, qui eſt le fondement des loix qui rendent illicite le mariage entre les aſcendans & les deſcendans en tous degrez, & entre les collateraux en quelques degrez: & il eſt facile d'en voir les raiſons par de ſimples reflexions ſur ce qu'on vient de remarquer de ces caraƈteres, ſurquoy il n'eſt pas neceſſaire de s'étendre icy.

I V.
Liaiſons des parentez & des alliances, & leurs principes.

Le mariage & la naiſſance qui uniſſent ſi étroitement le mary & la femme, & les parens avec les enfans, forment auſſi deux autres ſortes de liaiſons naturelles qui en ſont des ſuites. La premiere eſt celle des collateraux qu'on appelle parenté, & la ſeconde eſt celle des alliez qu'on appelle alliance ou affinité.

La parenté lie les collateraux, qui ſont ceux dont la naiſſance a ſon origine d'un même aſcendant commun. On les appelle ainſi, parce qu'au lieu que les aſcendans & deſcendans ſont dans une même ligne de pere en fils, les collateraux ont chacun la leur qui va ſe joindre à l'aſcendant commun. Ainſi ils ſont l'un à côté de l'autre, & le fondement de leur liaiſon & de leur parenté, eſt leur union commune aux mêmes parens dont ils ont leur naiſſance.

Il n'eſt pas de ce lieu d'expliquer les degrez des parentez, c'eſt une matiere qui fait partie de celle des ſucceſſions. Et il ſuffit de remarquer icy, que cette liaiſon des parentez, eſt le fondement de diverſes loix, comme de celles qui défendent le mariage entre les proches: de celles qui les appellent aux ſucceſſions, & aux tutelles: de celles des recuſations des Juges, & des reproches des témoins parens des parties, & des autres ſemblables.

Les alliances ſont les liaiſons, & les relations qui ſe font entre le mary, & tous les parens de la femme: & entre la

femme , & tous les parens du mary. Le fondement de
cette liaifon eft l'union fi étroite entre le mary & la femme , qui fait que ceux qui font liez par la parenté , à l'un
des deux, font par confequent liez à l'autre : & cette alliance fait que le mary confidere le pere & la mere de fa
femme comme luy tenant lieu de pere & de mere : & fes
freres , & fes fœurs , & fes autres proches comme luy tenant lieu de freres, de fœurs , & de proches ; & que la
femme regarde de même le pere & la mere , & tous les
proches de fon mary.

Cette relation des alliances eft le fondement des loix
qui défendent le mariage entre les alliez en ligne directe
de defcendants & d'afcendants en tous degrez : & entre
les collateraux, jufqu'à l'étenduë de certains degrez &
auffi des loix qui appellent les alliez aux tutelles : de celles qui rejettent les Juges & les témoins alliez des parties , & des autres femblables.

CHAPITRE IV.

De la feconde efpece d'engagemens.

SOMMAIRES.

I. *Quels font ces engagemens,*
& comment Dieu met cha-
cun dans les fiens.

II. *Ces engagemens font de*
deux fortes, ceux qui font vo-
lontaires , & ceux qui font
indépendans de la volonté.

III. *Engagemens volontaires.*

IV. *Engagemens indépendans*

de la volonté.

V. *Efprit de la feconde loy ,*
dans tous les engagemens.

VI. *Ordre du gouvernement*
pour contenir les hommes
dans leurs engagemens.

VII. *Les engagemens font*
les fondemens des loix par-
ticulieres qui les regardent.

I.
Quels font ces en-
gagemens , & com-
ment Dieu met cha-
cun dans les fiens.

COmme les engagemens du mariage & de la naiffance, des parentez & des alliances , font bornez entre
certaines perfonnes ; & que Dieu a mis les hommes en
focieté , pour les y lier par l'amour mutuel , de telle

maniere que tout homme foit difpofé à produire envers tout autre les effets de cet amour, felon que
l'occafion peut l'y obliger ; il a rendu neceffaire dans
la focieté une feconde efpece d'engagemens qui approchent & lient differemment toute forte de perfonnes,
& fouvent même ceux qui font l'un à l'autre le plus
étrangers *a*.

C'eft pour former cette feconde forte d'engagemens
que Dieu multiplie les befoins des hommes : & qu'il les
rend neceffaires les uns aux autres pour tous ces befoins.
Et il fe fert de deux voyes pour mettre chacun dans l'ordre des engagemens où il le deftine.

La premiere de ces deux voyes, eft l'arrengement qu'il
fait des perfonnes, dans la focieté, où il donne à chacun
fa place pour luy marquer par fa fituation les relations
qui le lient aux autres, & quels font les devoirs propres
au rang qu'il occupe ; & il place chacun dans le fien, par
la naiffance, par l'éducation, par les inclinations, &
par les autres effets de fa conduite, qui rangent les hommes. C'eft cette premiere voye qui fait à tous les hommes
les engagemens generaux des conditions, des profeffions,
des emplois, & qui met chaque perfonne dans un certain
état de vie, dont fes engagemens particuliers doivent
être les fuites.

La feconde voye eft la difpofition des évenemens, &
des conjonctures, qui déterminent chacun aux engagemens particuliers, felon les occafions, & les circonftances où il fe rencontre.

Toutes ces fortes d'engagemens de cette feconde efpece font ou volontaires, ou involontaires. Car comme
l'homme eft libre, il y a des engagemens où il entre par
fa volonté : & comme il eft dépendant de l'ordre divin ;
il y en a où Dieu le met fans fon propre choix. Mais foit
que les engagemens dépendent de la volonté, ou qu'ils en
foient indépendans dans leur origine ; c'eft par fa liberté
que l'homme agit dans les uns & dans les autres : & toute
fa conduite renferme toûjours ces deux caracteres, l'un de

II.
Ces engagemens
font de deux fortes,
ceux qui font volon-
taires, & ceux qui
font indépendans de
la volonté.

a Luca 10. 33.

la dépendance de Dieu, dont il doit suivre l'ordre; &
l'autre de sa liberté qui doit l'y porter. Ainsi toutes ces
sortes d'engagemens sont proportionnez & à la nature de
l'homme, & à son état pendant cette vie.

III.
Engagemens vo-
lontaires.

Les engagemens volontaires sont de deux sortes. Quelques-uns se forment mutuellement entre deux ou plusieurs personnes, qui se lient, & s'engagent reciproquement l'un à l'autre par leur volonté: & d'autres se forment par la volonté d'un seul, qui s'engage envers
d'autres personnes, sans que ces personnes traitent avec
luy.

On distinguera facilement ces deux sortes d'engagemens, par quelques exemples, ainsi pour les engagemens
volontaires & mutuels, on voit que pour les divers besoins
qu'ont les hommes de se communiquer les uns aux autres
leur industrie, & leur travail, & pour les differens commerces de toutes choses, ils s'associent, loüent, vendent,
achetent, échangent, & font entre eux toutes les autres
sortes de conventions.

Ainsi, pour les engagemens qui se forment par la volonté d'un seul, on voit que celuy qui se rend heritier,
s'oblige envers les creanciers de la succession: Que celuy
qui entreprend la conduite de l'affaire d'un absent à son
insceu, s'oblige aux suites de l'affaire qu'il a commencée:
Et qu'en general, tous ceux qui entrent volontairement
dans quelques emplois, s'obligent aux engagemens qui
en sont les suites.

IV.
Engagemens in-
dépendans de la
volonté.

Les engagemens involontaires sont ceux où Dieu met
les hommes sans leur propre choix. Ainsi ceux qui sont
nommez à ces charges qu'on appelle Municipales, comme
d'Eschevins, Consuls & autres, & ceux que la justice engage dans quelques commissions, sont obligez de les exercer, & ne peuvent s'en dispenser, s'ils n'ont des excu-
ses. Ainsi celuy qui est appellé à une tutelle, est obligé
indépendemment de sa volonté, à tenir lieu de pere à
l'orphelin qu'on met sous sa charge. Ainsi celuy dont l'affaire a été conduite en son absence, & à son insçû par
un amy, qui en a pris le soin, est obligé envers cet amy

de luy rendre ce qu'il a raisonnablement dépensé, & de ratifier ce qu'il a bien geré. Ainsi celuy dont la marchandise a été sauvée d'un naufrage par la décharge du vaisseau, d'où l'on a jetté d'autres marchandises, est obligé de porter sa part de la perte des autres, à proportion de ce qui a été garenti pour luy. Ainsi l'état de ceux qui se trouvent dans la societé, & sans biens, & dans l'impuissance de travailler pour y subsister, fait un engagement à tous les autres d'exercer envers eux l'amour mutuel, en leur faisant part d'un bien où ils ont droit. Car tout homme étant de la societé, il a droit d'y vivre : & ce qui est necessaire à ceux qui n'ont rien, & qui ne peuvent gagner leur vie, est par consequent entre les mains des autres ; d'où il s'ensuit qu'ils ne peuvent sans injustice le leur retenir. Et c'est à cause de cet engagement que dans les necessitez publiques on oblige les particuliers, même par des contraintes, à secourir les pauvres selon les besoins. Ainsi l'état de ceux qui souffrent quelque injustice, & qui sont dans l'oppression, est un engagement à ceux qui ont le ministere & l'authorité de la justice, de la mettre en usage pour les proteger.

On voit dans toutes ces sortes d'engagemens, & dans tous les autres qu'on sçauroit penser, que Dieu ne les forme, & n'y met les hommes, que pour les lier à l'exercice de l'amour mutuel : & que tous les differens devoirs que prescrivent les engagemens, ne font autre chose que les divers effets que doit produire cet amour, selon les conjonctures, & les circonstances. Ainsi en general les regles qui commandent de rendre à chacun ce qui luy appartient, de ne faire tort à personne, de garder toûjours la fidelité & la sincerité, & les autres semblables, ne commandent que des effets de l'amour mutuel. Car aimer, c'est vouloir & faire du bien ; & on n'aime point ceux à qui on fait quelque tort, ny ceux à qui on n'est pas fidelle & sincere. Ainsi en particulier les regles qui ordonnent au tuteur de prendre soin de la personne & des biens du mineur qui est sous sa charge, ne luy commandent que les effets de l'amour qu'il doit avoir pour cet

V.
Esprit de la seconde loy dans tous les engagemens.

orphelin. Ainſi les regles des devoirs de ceux qui ſont
dans des charges, & dans toute autre ſorte d'engagemens generaux ou particuliers, ne leur preſcrivent que
ce que demande la ſeconde loy, comme il eſt facile de le
reconnoître dans le détail des engagemens. Et il eſt ſi
vray que c'eſt le commandement d'aimer qui eſt le principe de toutes les regles des engagemens, & que l'eſprit
de ces regles n'eſt autre choſe que l'ordre de l'amour
qu'on ſe doit reciproquement ; que s'il arrive qu'on ne
puiſſe, par exemple, rendre à un autre ce qu'on a de luy,
ſans bleſſer cet ordre ; ce devoir eſt ſuſpendu juſqu'à ce
qu'on puiſſe l'accomplir ſelon cet eſprit. Ainſi celuy qui a
l'épée d'une perſonne inſenſée, ou d'un autre qui la demande dans l'emportement d'une paſſion, ne doit pas la
luy rendre, juſqu'à ce que cette perſonne ſoit en état de
n'en pas faire un mauvais uſage ; car ce ne ſeroit pas l'aimer que la luy donner dans ces circonſtances.

C'eſt ainſi que la ſeconde loy commande aux hommes
de s'entr'aimer. Car l'eſprit de cette loy, n'eſt pas d'o-
bliger chacun d'avoir pour tous les autres cette inclina-
tion qu'attirent les qualitez qui rendent aimable, mais
l'amour qu'elle ordonne conſiſte à deſirer aux autres leur
vray bien, & à le leur procurer, autant qu'on le peut.
Et c'eſt par cette raiſon que comme ce commandement
eſt indépendant du merite de ceux que l'on doit aimer, &
qu'il n'excepte qui que ce ſoit ; il oblige d'aimer ceux qui
ſont le moins aimables, & ceux même qui nous haïſſent.
Car la loy qu'ils violent ſubſiſte pour nous, & nous devons
ſouhaitter leur vray bien, & le procurer ª, autant par
l'eſperance de les ramener à leur devoir, que pour ne pas
violer le nôtre.

On a fait icy ces reflexions, pour faire voir que comme
c'eſt la ſeconde loy qui eſt le principe & l'eſprit de toutes

---

a Non oderis fratrem tuum in corde tuo. *Levit.* 19. 17. Non quæras ultio-
nem, nec memor eris injuriæ civium tuorum. *Ibid.* 18. Si occurreris bovi inimici
tui, aut aſino erranti, reduc ad eum. Si videris aſinum odientis te jacere ſub
onere, non pertranſibis, ſed ſublevabis cum eo. *Exod.* 23. 4ʃ. Si reddidi retri-
buentibus mihi mala. *Pſ.* 7. ʃ. Si eſurierit inimicus tuus ciba illum : ſi ſitit da ei
aquam bibere. *Prov.* 2ʃ. 22. *Rom.* 12. 20. *Matth.* ʃ. 44.

celles qui regardent les engagemens, ce n'eſt pas aſſez de ſçavoir, comme ſçavent les plus barbares, qu'il faut rendre à chacun ce qui luy appartient, qu'il ne faut faire tort à perſonne, qu'il faut être ſincere & fidelle, & les autres regles ſemblables ; mais qu'il faut de plus conſiderer l'eſprit de ces regles, & la ſource de leur verité dans la ſeconde loy, pour leur donner toute l'étenduë qu'elles doivent avoir. Car on voit ſouvent, que faute de ce principe, pluſieurs Juges qui ne regardent ces regles que comme des loix politiques, ſans en penetrer l'eſprit qui oblige à une juſtice plus abondante, ne leur donnent pas leur juſte étenduë, & tolerent des infidelitez & des injuſtices qu'ils reprimeroient, ſi l'eſprit de la ſeconde loy étoit leur principe.

Il faut ajoûter à ces remarques ſur ce qui regarde les engagemens, qu'ils demandent l'uſage d'un gouvernement qui contienne chacun dans l'ordre des ſiens. C'eſt pour ce gouvernement que Dieu a étably l'authorité des puiſſances neceſſaires pour maintenir la ſocieté, comme on le verra dans le Chapitre dixiéme. Et il faut ſeulement remarquer icy, ſur le ſujet du gouvernement & à l'occaſion des engagemens, qu'il y en a pluſieurs qui ſe forment par cet ordre du gouvernement, comme entre les Princes & les ſujets, entre ceux qui ſont dans les dignitez & charges publiques & les particuliers, & d'autres encore qui ſont de cet ordre.

V I.
Ordre du gouvernement pour contenir les hommes dans leurs engagemens.

Il a été neceſſaire de donner cette idée generale de toutes ces diverſes ſortes d'engagemens dont il a été parlé juſqu'à cette heure. Car comme c'eſt par ces liens que Dieu applique les hommes à tous leurs differens devoirs, & qu'il a mis dans chaque engagement les fondemens des devoirs qui en dépendent ; c'eſt dans ces ſources qu'on doit reconnoître les principes & l'eſprit des loix ſelon les engagemens où elles ſe rapportent. On a vû dans les engagemens du mariage & de la naiſſance, les principes des loix qui les regardent, & il faut découvrir dans les autres engagemens qu'on vient d'expliquer, les principes des loix qui leur ſont propres.

V I I.
Les engagemens ſont les fondemens des loix particulieres qui les regardent.

On se reduira à ceux qui se rapportent aux loix civiles ; & comme la plus grande partie des matieres du droit civil sont des suites des engagemens dont on a parlé dans ce Chapitre, on expliquera dans le Chapitre suivant quelques regles generales qui suivent de la nature de ces engagemens, & qui sont en même temps les principes des regles particulieres des matieres qui naissent de ces mêmes engagemens.

CHAPITRE V.

*De quelques regles generales qui suivent des enga-
gemens dont on a parlé dans le Chapitre précedent,
& qui sont autant de principes des loix civiles.*

SOMMAIRES,

I. 1re Regle. *Les engagemens
tiennent lieu de loix.*

II. 2e Regle. *Soûmission aux
puissances.*

III. 3e Regle. *Ne faire rien
en son particulier qui blesse
l'ordre public.*

IV. 4e Regle. *Ne faire tort à
personne, & rendre à cha-
cun ce qui luy appartient.*

V. 5e Regle. *Sincerité & bonne foy dans les engagemens
volontaires & mutuels.*

VI. 6e Regle. *Fidelité à ce
que demandent les engage-*

mens involontaires.

VII. 7e Regle. *Tout dol illicite en toute sorte d'engagemens.*

VIII. 8e Regle. *Engage-
mens où la justice peut contraindre.*

IX. 9e Regle. *Liberté de toutes sortes de conventions.*

X. 10e Regle. *Tous engagemens qui blessent les loix
& les bonnes mœurs sont
illicites.*

XI. *Transition au Chapitre
suivant.*

CEs Regles generales dont on vient de parler, & qui se tirent de tout ce qui a été dit dans le Chapitre pré-cedent, & aussi dans les autres, sont celles qui suivent: &

on les expliquera en autant d'articles, comme des confequences des principes qu'on a établis. Il s'enfuit donc de
ces principes.

Que tout homme étant un membre du corps de la focieté, chacun doit y remplir fes devoirs, & fes fonctions,
felon qu'il y eft déterminé par le rang qu'il occupe, &
par fes autres engagemens. D'où il s'enfuit, que les engagemens de chacun luy font comme fes loix propres.

Que chaque particulier étant lié à ce corps de la focieté dont il eft un membre, il ne doit rien entreprendre qui
en blefle l'ordre ; ce qui renferme l'engagement de la foûmiffion, & de l'obeïffance aux puiffances que Dieu a établies pour maintenir cet ordre *a*.

Que l'engagement de chaque particulier à ce qui regarde l'ordre de la focieté dont il fait partie, ne l'oblige
pas feulement à ne rien faire à l'égard des autres qui bleffent cet ordre, mais l'oblige auffi de fe contenir dans fon
rang de telle maniere qu'il ne faffe aucun mauvais ufage
ny de foy-même, ny de ce qui eft à luy. Car il eft dans
la focieté ce qu'eft un membre dans le corps. Ainfi ceux
qui fans faire tort à d'autres, tombent dans quelque déreglement qui offenfe le public, foit en leurs perfonnes, ou
fur leurs biens, comme font ceux qui fe defefperent, ceux
qui blafphement, ou qui jurent, ceux qui prodiguent
leurs biens, & tous ceux enfin qui violent les bonnes
mœurs, la pudeur ou l'honêteté d'une maniere qui blefle
l'ordre exterieur, font juftement punis par les loix civiles, felon la qualité du déreglement *b*.

Que dans tous les engagemens de perfonne à perfonne,
foit volontaires ou involontaires, qui peuvent être des
matieres des loix civiles, on fe doit reciproquement ce
que demandent les deux préceptes que renferme la feconde loy; l'un de faire aux autres ce que nous voudrions

a Omnis anima poteftatibus fublimioribus fubdita fit : non eft enim poteftas
nifi à Deo. *Rom.* 13. 1. *Tit.* 3. 1. 1. *Petr.* 2. 13. *Sap.* 6. 4.
b Mane in loco tuo. *Eccli.* 11. 22. Omnia autem honeftè, & fecundùm ord-
nem fiant in vobis. 1. *Cor.* 14. 40. Juris præcepta funt hæc honeftè vivere, &c.
l. 10. §. 1. *ff. de Juft. & jur.* §. 3. *inft. eod.* Expedit enim reipublicæ ne fua re quis
malè utatur. §. 2. *inft. de his qui fui vel al. jur. f.*

qu'ils fiſſent pour nous *a*, & l'autre de ne faire à perſonne ce que nous ne voudrions pas que d'autres nous fiſſent *b*. Ce qui comprend la regle de ne faire tort à perſonne, & celle de rendre à chacun ce qui luy appartient *c*.

Que dans les engagemens volontaires & mutuels, ceux qui traitent enſemble ſe doivent la ſincerité pour ſe faire entendre reciproquement à quoy ils s'engagent, la fidelité pour l'executer *d*, & tout ce que peuvent demander les ſuites des engagemens où ils ſont entrez *e*. Ainſi le vendeur doit declarer ſincerement les qualitez de la choſe qu'il vend, il doit la conſerver juſqu'à ce qu'il la délivre, & il doit la garentir après qu'il l'a délivrée.

Que dans les engagemens involontaires l'obligation eſt proportionée à la nature, & aux ſuites de l'engagement, ſoit qu'il conſiſte à faire, ou donner, ou en autre ſorte d'obligation *f*. Ainſi, le tuteur eſt obligé à la conduite de la perſonne, & à l'adminiſtration des biens de l'orphelin qui eſt ſous ſa charge, & à tout ce que cette conduite, & cette adminiſtration rendent neceſſaire. Ainſi, celuy qui eſt appellé à une charge publique, quoyque contre ſon gré, doit s'en acquitter. Ainſi, ceux qui ſans convention ſe trouvent avoir quelque choſe de commun enſemble, comme des coheritiers & autres, ſe doivent reciproquement ce que leurs engagemens peuvent demander.

Qu'en toute ſorte d'engagemens, ſoit volontaires, ou involontaires il eſt défendu d'uſer d'infidelité, de dupli-

a Omnia ergo quæcumque vultis ut faciant vobis homines, & vos facite illis. *Matth.* 7. 12. Et prout vultis ut faciant vobis homines, & vos facite illis ſimiliter. *Luc.* 6. 31.

b Quod ab alio oderis fieri tibi, vide ne tu aliquando alteri facias. *Tob.* 4. 16.

c Alterum non lædere, ſuum cuique tribuere. *l.* 10. §. 1. *ff. de Juſt. & jure* §. 3. *inſt. eod.*

d Ut ſitis ſinceri. *Philipp.* 1. 10. Abominatio eſt Domino labia mendacia, qui autem fideliter agunt, placent ei. *Prov.* 12. 22. Confirma verbum, & fideliter age cum illo proximo tuo. *Eccli.* 29. 3.

e Alter alteri obligatur, de eo, quod alterum alteri, ex bono & æquo præſtare oportet. *l.* 2. §. ult. *ff. de obl. & act.*

f Obligationum ſubſtantia non in eo conſiſtit, ut aliquod corpus noſtrum, aut ſervitutem noſtram faciat: ſed ut alium nobis obſtringat ad dandum aliquid vel faciendum, vel præſtandum. l. 3. ff. de obl. & act.

cité , de dol , de mauvaiſe foy , & de toute autre maniere
de nuire , & de faire tort *a*.

Que tous les particuliers compoſant enſemble la ſocieté , tout ce qui en regarde l'ordre fait à chacun un engagement de ce que cet ordre demande de luy : & il peut y
être obligé par l'authorité de la juſtice , s'il n'y ſatisfait
volontairement. Ainſi on contraint aux charges publiques
dans les Villes & les autres lieux , ceux qui ſont appellez
aux fonctions d'Eſchevins , Conſuls & autres ſemblables
charges, ou commiſſions *b*. Ainſi on oblige ceux qui ſont
appellez à une tutelle à l'accepter,& s'en acquiter *c*. Ainſi
on contraint les particuliers à vendre ce qu'ils ſe trouvent
avoir de neceſſaire pour quelque uſage où le public eſt
intereſſé *d*. Ainſi on exige juſtement des particuliers les
tributs, & les impoſitions pour les charges publiques *e*.

Que les engagemens volontaires entre les particuliers
devant être proportionez aux differens beſoins qui leur
en rendent l'uſage neceſſaire ; il eſt libre à toutes perſonnes capables des engagemens , de ſe lier par toute ſorte
de conventions, comme bon leur ſemble , & de les diverſifier ſelon les differences des affaires de toute nature,
& ſelon la diverſité infinie des combinaiſons que font
dans les affaires les conjonctures , & les circonſtances *f*,
pourvû ſeulement que la convention n'ait rien de contraire à la regle qui ſuit.

a Ne quis ſupergrediatur , neque circumveniat in negotio fratrem ſuum.
Theſſal. 4. 6.
Quæ dolo malo facta eſſe dicentur , ſi de his rebus alia actio non erit , & juſta
cauſa eſſe videbitur , judicium dabo. l. 1. §. 1. ff. de dolo.
b Paulus reſpondit , eum qui injunctum munus à magiſtratibus ſuſcipere ſu-
perſedit , poſſe conveniri eo nomine , propter damnum reipublicæ. l. 11.ff. ad
municip.
c Gerere atque adminiſtrare tutelam extra ordinem tutor cogi ſolet. l. 1. ff. de
adm. & per. tut.
d V. l. 11. ff. de evict. in verb. Poſſeſſiones ex præcepto principali diſtractas.
V. l. 12. ff. de Relig. Poſſeſſiones quas pro Eccleſiis , aut domibus Eccleſiarum
parochialium &c. V. l'Ordonnance de Philippe le Bel de 1303.
e Reddite quæ ſunt Cæſaris, Cæſari. Matth. 12. 21. Cui tributum , tributum.
Rom. 13. 7.
f Quid tam congruum fidei humanæ , quàm ea quæ inter eos placuerunt ſervare. l. 1. ff. de pact. Ait prætor, pacta conventa, quæ neque dolo malo , neque
adverſus leges , Plebiſcita, Senatuſconſulta, Edicta principum , neque quo fraus
cui eorum fiat , facta erunt , ſervabo. l. 7. §. 7. ff. de pact.

X. 10ᵉ Regle.

Tous engagemens qui bleſſent les loix & les bonnes mœurs ſont illicites.

Que tout engagement n'eſt licite qu'à proportion qu'il eſt conforme à l'ordre de la ſocieté : & que ceux qui le bleſſent ſont illicites, & puniſſables ſelon qu'ils y ſont oppoſez. Ainſi, les emplois contraires à cet ordre ſont des engagemens criminels. Ainſi les promeſſes & les conventions qui violent les loix où les bonnes mœurs n'obligent à rien, qu'aux peines que peuvent meriter ceux qui les ont faites [a].

On verra dans le détail des matieres des loix civiles quel eſt l'uſage de tous ces principes, & c'eſt aſſez de les marquer icy, comme des regles generales, d'où dependent une infinité de regles particulieres dans tout ce détail.

X I.

Tranſition au Chapitre ſuivant.

On n'a pas voulu mêler parmy les engagemens dont on a parlé juſqu'à cette heure, une autre eſpece de liaiſon qui unit les hommes plus étroitement qu'aucun de tous les engagemens, à la reſerve de ceux du mariage & de la naiſſance. C'eſt la liaiſon des amitiez, qui produiſent dans la ſocieté une infinité de bons effets, & par les offices, & les ſervices que les amis ſe rendent l'un à l'autre, & par le ſecours que chacun tire des perſonnes qui ſe trouvent liées à ſes amis. Mais quoyque les amitiez faſſent un enchaînement de liaiſons & de relations d'une grande étenduë, & d'un grand uſage dans la ſocieté ; on n'a pas dû mêler les amitiez avec les engagemens, parce qu'elles ſont d'une nature qui en eſt diſtinguée par deux caracteres. L'un qu'il n'y a point d'amitié où l'amour ne ſoit reciproque ; au lieu que dans les engagemens, l'amour qui devroit y être mutuel, ne l'eſt pas toûjours : Et l'autre que les amitiez ne ſont pas une eſpece particuliere d'engagement ; mais ſont des ſuites qui naiſſent des engagemens. Ainſi les liaiſons de parenté, d'alliance, de charges, de commerces, d'affaires, & autres ſont les occaſions, & les cauſes des amitiez : & elles ſuppoſent toûjours quelque autre engagement, qui approche ceux qui deviennent amis.

a Pacta quæ contra leges, conſtitutioneſque, vel contra bonos mores fiunt, nullam vim habere indubitati juris eſt. *l. 6. C. de pact.* Tel étoit l'engagement de ce Prince qui pour tenir ſa parole, fit mourir Saint Jean. Matth. 14.

C'eſt cet uſage des amitiez ſi naturel, & ſi neceſſaire
dans la ſocieté qui ne permet pas de n'en point parler : &
c'eſt cette difference de leur nature & de celle des engagemens, qui a obligé de les diſtinguer. Ainſi on en a fait
la matiere du Chapitre ſuivant.

CHAPITRE VI.

De la nature des amitiez, & de leur uſage dans
la ſocieté.

SOMMAIRES.

L'Amitié eſt une union qui ſe forme entre deux perſonnes par l'amour reciproque de l'une envers l'autre. Et comme il y a deux principes qui font aimer, les
amitiez ſont de deux eſpeces. L'une de celles qui ont pour
principe l'eſprit des premieres loix : & l'autre de toutes
celles qui n'étant pas fondées ſur ce principe, ne ſçauroient en avoir d'autre, que l'amour propre. Car ſi l'a-
mitié manque de l'attrait qui tourne l'union des amis à
la recherche du ſouverain bien, elle aura d'autres vûes
qui ramperont ſur des biens qu'on ne ſçauroit aimer que
par l'amour propre. Ainſi, ceux qui ſans amour du ſouverain bien, paroiſſent n'aimer leurs amis, que par l'eſtime

I.
Nature des ami-
tiez & leurs eſpeces.

d iij

de leur merite, ou par le defir de leur faire du bien, &
ceux même qui donnent pour leurs amis leur bien, & leur
vie, trouvent dans ces effets de leur amitié, ou quelque
gloire, ou quelque plaifir, ou quelque autre attrait qui eft
leur bien propre, & qui fe trouve toûjours mêlé à celuy
que leurs amis peuvent tirer d'eux. Au lieu que ceux qui
s'entr'aiment par l'efprit de l'union au fouverain bien, ne
regardent pas leur bien propre, mais un bien commun à
l'un & à l'autre, & un bien dont la nature eft en cela
differente de celle de tout autre bien, qu'aucun ne peut
l'avoir pour foy, s'il ne le defire auffi pour les autres, &
s'il ne fait fincerement tout ce qui dépend de luy pour les
aider à y parvenir. Ainfi ceux qui font unis à leurs amis par
ce lien, cherchent réellement le bien & l'avantage de
ceux qu'ils aiment ; & comme ils méprifent tout autre
bien, que ce feul, qu'ils aiment uniquement & de tout leur
cœur, ils font bien plus difpofez à donner & leurs biens,
& leurs vies, pour leurs amis, s'il en eft befoin, que ne fçau-
roient l'être ceux qui n'aiment que par l'amour propre.

Cette diftinction des amitiez qui fe lient par l'efprit
des premieres loix, & de celles que fait l'amour propre
n'eft pas fi exacte qu'on puiffe dire que toute amitié foit
ou entierement de l'une, ou entierement de l'autre de
ces deux efpeces. Car dans le petit nombre de celles où fe
trouve l'efprit des premieres loix, il y en a peu de fi accomplies, que l'amour propre n'y ait quelque part, & on voit
même des amitiez où l'un des amis ne met de fa part
que de l'amour propre, quoyque l'autre y foit conduit
par un autre efprit : & toutes ces fortes d'amitiez s'affortiffent à l'état prefent de la focieté, felon les differentes difpofitions de ceux qu'elles lient.

I I.
Difference entre
l'amit'é & l'amour
que commande la
feconde loy.

Il eft facile de juger par cette nature de l'amitié, que
comme c'eft une liaifon reciproque entre deux perfonnes,
il y a bien de la difference entre l'amitié, & l'amour que
commande la feconde loy. Car le devoir de cet amour
eft indépendant de l'amour reciproque de celuy qu'on
eft obligé d'aimer : & quoyque de fa part il n'aime point,
ou que même il haïffe, la loy veut qu'on l'aime, mais

l'amitié ne pouvant se former que par un amour reciproque, elle n'est commandée à personne en particulier.
Car ce qui dépend de deux personnes, ne peut être matiere de commandement à un des deux seul : & d'ailleurs
comme l'amitié ne peut se former que par l'attrait que
chacun des amis trouve en son ami, personne n'est obligé
de lier une amitié où cet attrait ne se trouve point. Et
aussi ne voit-on aucune amitié qui n'ait pour fondement
les qualitez que les amis cherchent l'un dans l'autre, &
qui ne s'entretienne par les offices, les services, les bienfaits, & les autres avantages qui sont en chaque ami le
merite qui attire & entretient l'estime, & l'amour de
l'autre.

C'est à cause de cette correspondance necessaire entre
les amis, que les amitiez ne se forment qu'entre les personnes qui se rencontrant dans quelques engagemens où
ils s'approchent les uns des autres, se trouvent d'ailleurs
dans des dispositions propres à les unir ; comme l'égalité
de conditions, la conformité d'âge, de mœurs, d'inclinations & de sentimens, la pente reciproque à aimer &
à servir, & les autres semblables. Et on voit au contraire
que les amitiez ne se lient & ne s'entretiennent que difficilement, & assez rarement entre les personnes que leurs
conditions, leur âge & les autres qualitez distinguent de
sorte que l'état naturel de l'amitié ne s'y trouve pas, par
le défaut des correspondances, & de la liberté que doivent avoir les amis d'user l'un de l'autre.

Mais quoyqu'il soit vray que les amitiez ne sont com-
mandées à personne en particulier, elles ne laissent pas
d'être une suite naturelle de la seconde loy. Car cette loy
commandant à chacun d'aimer son prochain, elle renferme le commandement de l'amour mutuel a : Et lorsque
les engagemens particuliers lient des personnes qui sont
animées de l'esprit de cette loy, il se forme d'abord entre eux une union proportionée aux devoirs reci-
proques des engagemens où ils se rencontrent : & si
chacun trouve dans l'autre des qualitez propres à les

III.
*Le commandement
de la seconde loy con-
duit aux amitiez.*

a Hoc est præceptum meum ut diligatis invicem. *Joan.* 15. 12.

unir plus étroitement, leur liaison forme l'amitié.

On voit par ces remarques sur la nature des amitiez qu'elles ont deux caractères essentiels, l'un, qu'elles doivent être réciproques, & l'autre, qu'elles doivent être libres. Elles sont réciproques, puis qu'elles ne peuvent se former que par l'amour mutuel de deux personnes : & elles sont libres, puis qu'on n'est pas obligé de se lier à ceux qui n'ont pas les qualitez qui peuvent former l'amitié.

Il s'ensuit de ces deux caractères des amitiez, que devant être réciproques & libres, on est toûjours dans la liberté de ne pas s'engager dans des amitiez, & qu'on doit même éviter celles qui pourroient avoir de mauvaises suites. Et il s'ensuit aussi, que les amitiez les plus solides, & les plus étroites, peuvent s'affoiblir & s'anéantir, si la conduite de l'un des amis y donne sujet. Et non seulement les refroidissemens, & les ruptures ne sont pas illicites ; mais quelquefois même elles sont nécessaires, & par conséquent justes à l'égard de celuy des amis qui ne manque de sa part à aucun devoir. Ainsi lors qu'un des amis viole l'amitié ou par quelque infidélité, ou manquant à des devoirs essentiels, ou exigeant des choses injustes ; il est libre à l'autre de ne plus considerer comme ami, celuy qui en effet a cessé de l'être, & selon les causes des refroidissemens & des ruptures, on peut ou rompre l'amitié, ou la dissoudre sans rupture, pourvû seulement que celuy qui en a un juste sujet de la part de l'autre, n'en donne point de la sienne, & que dans ce changement il conserve au lieu de l'amitié cette autre espece d'amour dont rien ne dispense.

Tous ces caractères de l'amitié, qu'il est libre de former, & libre de rompre, & qui ne subsiste que par la correspondance mutuelle des deux amis, font voir qu'on ne peut donner le nom d'amitié à l'amour qui unit le mari & la femme, ny à celuy qui lie les parens à leurs enfans, & les enfans à leurs parens. Car ces liaisons forment un amour d'une autre nature, bien different de celuy qui fait l'amitié, & qui est bien plus fort. Et quoy qu'il

soit

foit vray que le mary & la femme fe choififfent l'un l'autre, & s'engagent librement dans le mariage ; leur union étant formée, elle devient neceffaire, & indiffoluble.

On voit bien auffi quelles font les differences qui diftinguent l'amitié de l'amour des parens envers les enfans, & des enfans envers les parens. Car outre que cet amour n'eft pas reciproque pendant que les enfans ne font pas encore capables d'aimer, il a d'autres caracteres qui font affez voir qu'il eft d'une nature toute differente de celle des amitiez. Et quoyque le choix des perfonnes ne s'y trouve pas, il a d'autres fondemens bien plus folides que les amitiez les plus fermes, & les plus étroites.

V I.
Difference entre l'amitié, & l'amour des parens & des enfans.

Ce qu'on vient de remarquer des diftinctions entre les amitiez, & l'amour que forment les liaifons du mariage & de la naiffance, ne s'étend pas à l'amour des freres, & des autres proches. Car encore que la nature forme entre eux une liaifon fans leur propre choix, qui les oblige naturellement à l'amour mutuel ; cet engagement n'eft fuivi de l'amitié que lors qu'ils trouvent l'un dans l'autre de quoy la fonder. Mais lors que la proximité fe trouve jointe aux autres qualitez qui font les amis, les amitiez des freres, & des autres proches, font beaucoup plus fermes que celles des autres.

On voit par ce peu de remarques generales fur les amitiez, quelle eft leur nature, & les principes qui en dépendent ; mais comme ce n'eft pas une matiere des loix civiles, on ne doit pas entrer dans le détail des regles particulieres des devoirs des amis, il fuffit d'avoir remarqué fur les amitiez ce qui s'en rapporte à l'ordre de la focieté, & on voit que comme les amitiez naiffent des diverfes liaifons qui affemblent les hommes, elles font en même temps les fources d'une infinité d'offices, & de fervices qui entretiennent ces liaifons même, & qui contribuent en mille manieres à l'ordre & aux ufages de la focieté, & par l'union des amis entre eux, & par les avantages que chaque perfonne peut trouver dans les liaifons qu'ont fes amis à d'autres perfonnes.

V I I.
Ufage des amitiez dans la focieté.

Pour achever le plan de la focieté, il refte de donner

V I I I.
Tranfition aux Chapitres fuivans.

Tome I.   e

l'idée des fuccheffions qui la perpetuent, & celle des troubles qui en bleffent l'ordre : & on verra enfuite comment Dieu la fait fubfifter dans l'état prefent.

CHAPITRE VII.

Des Succeffions.

SOMMAIRES.

I. Neceffité des fucceffions, & leur ufage.
II. Deux manieres de fucceder.

III. Les fucceffions doivent être diftinguées des engagemens.

ON ne parle pas icy des fucceffions pour entrer dans le détail de cette matiere ; mais pour en donner feulement la vûë dans le plan de la focieté, où elle doit être diftinguée, parce que les fucceffions font une grande partie de ce qui fe paffe dans la focieté, & qu'elles font une des plus amples matieres des Loix Civiles.

I.
Neceffité des fucceffions, & leur ufage.

L'ordre des fucceffions eft fondé fur la neceffité de continuer, & de tranfmettre l'état de la focieté de la generation qui paffe à celle qui fuit ; ce qui fe fait infenfiblement faifant fucceder de certaines perfonnes à la place de ceux qui meurent, pour entrer dans leurs droits, dans leurs charges, & dans leurs relations & engagemens qui peuvent paffer à des fucceffeurs.

II.
Deux manieres de fucceder.

Ce n'eft pas icy le lieu d'expliquer les differentes manieres de fucceder, foit par l'ordre naturel, & celuy des loix, qui appellent aux fucceffions, les defcendans, les afcendans & les autres proches : ou par la volonté de ceux qui meurent, & qui nomment des heritiers. On verra dans le plan des matieres du droit la diftinction de ces manieres de fucceder, & l'ordre du détail de la matiere des fucceffions. Et il faut feulement remarquer icy,

III.
Les fucceffions doivent être diftinguées des engagemens.

que les fucceffions doivent être diftinguées des engage-

mens, qui ont fait la matiere des Chapitres précedens.
Car encore que les fucceffions faffent un engagement où
entrent ceux qui fuccedent à d'autres, qui les oblige à
leurs charges, à leurs dettes, & aux autres fuites; ce
n'eft pas fous l'idée des engagemens qu'il faut confiderer
les fucceffions, mais elles doivent être regardées par la
vûë du changement qui fait paffer les biens, les droits,
les charges, les engagemens de ceux qui meurent à leurs
fucceffeurs. Ce qui renferme une diverfité de matieres
d'un fi grand détail, qu'elles feront une des deux parties
du livre des Loix Civiles.

CHAPITRE VIII.

De trois fortes de troubles, qui bleffent l'ordre de la focieté.

SOMMAIRES.

ON voit dans la focieté, trois fortes de troubles qui
en bleffent l'ordre. Les procés, les crimes, les
guerres.

Les procés font de deux fortes, felon les deux manieres dont les hommes fe divifent, & entreprenent les uns
fur les autres. Ceux qui ne regardent que le fimple interêt, qu'on appelle procés civils : & ceux qui font les fuites des querelles, des delits, des crimes, qu'on appelle
procés criminels. C'eft affez de marquer icy en general,
que toute forte de procés font une des matieres des loix
civiles, qui reglent les manieres dont les procés s'inten-
tent, s'inftruifent, & fe terminent, ce qui s'appelle l'ordre judiciaire.

I.
Troubles qui blef-
fent l'ordre de la fo-
cieté.
II.
Procés.

e ij

Les crimes, & les delits font infinis, felon qu'ils regardent differemment l'honneur, la perfonne, les biens. Et la punition des crimes eft encore une matiere des loix civiles, qui ont pourvû par trois differentes vûës à les reprimer. L'une de corriger les coupables, l'autre de reparer autant qu'il fe peut les maux qu'ils ont faits, & la troifiéme de retenir les méchans par l'exemple des punitions. Et c'eft par ces trois veües que les loix ont proportioné les peines aux crimes, & aux divers delits.

Les guerres font une fuite ordinaire des differents qui arrivent entre les Souverains de deux nations, qui étant independans les uns des autres, & n'ayant pas de Juges communs, fe font eux-mêmes juftice, par la force des armes, quand ils ne peuvent, ou ne veulent pas avoir de Mediateurs qui faffent leur paix. Car alors ils prenent pour loix, & pour decifions de leurs differents les évenemens que Dieu donne aux guerres. Il y a auffi une autre forte de guerres qui ne font qu'un pur effet de la violence, & des entreprifes d'un Prince ou d'un Etat fur fes voifins: & il y en a enfin qui ne font que des rebellions des fujets revoltez contre leurs Princes.

Les guerres ont leurs loix dans le droit des gens, & il y a des fuites des guerres qui font des matieres des loix civiles.

Il ne refte pour finir le plan de la focieté que de confiderer comment elle fubfifte dans l'état prefent, avec fi peu d'ufage de l'efprit des premieres loix, qui devoient en être l'unique lien.

CHAPITRE IX.

*De l'état de la société aprés la chûte de l'homme,
& comment Dieu la fait subsister.*

SOMMAIRES.

I. *Tous les troubles de la
société ont été une suite de
la desobeïssance à la premiere loy.*

II. *Dereglement de l'amour,
source du dereglement de la
société.*

III. *De l'amour propre,
qui est le poison de la societé, Dieu en a fait un
remede qui contribuë à la*

faire subsister.

IV. *Quatre fondemens de
l'ordre de la société dans
l'état present.*

V. *La connoissance naturelle
de l'équité.*

VI. *La conduite de Dieu sur
la société.*

VII. *L'authorité que Dieu
donne aux puissances.*

VIII. *La Religion.*

TOut ce qu'on voit dans la société de contraire à l'ordre, est une suite naturelle de la desobeïssance de l'homme à la premiere loy qui luy commande l'amour de Dieu. Car comme cette loy est le fondement de la seconde, qui commande aux hommes de s'aimer entre eux ; l'homme n'a pû violer la premiere de ces deux loix, sans tomber en même temps dans un état qui l'a porté à violer aussi la seconde, & à troubler par consequent la société.

La premiere loy devoit unir les hommes dans la possession du souverain bien : & ils trouvoient dans ce bien deux perfections qui devoient faire leur commune felicité : l'une qu'il peut être possedé de tous, & l'autre qu'il peut faire le bonheur entier de chacun. Mais l'homme ayant violé la premiere loy, & s'étant égaré de la veritable felicité qu'il ne pouvoit trouver qu'en Dieu seul, il l'a recherchée dans les biens sensibles où il a trouvé deux

I.
*Tous les troubles de
la société ont été une
suite de la desobeïs-
sance à la premiere
loy.*

e iij

défauts oppofez à ces deux caracteres du fouverain bien ;
l'un que ces biens ne peuvent être poffedez de tous, &
l'autre qu'ils ne peuvent faire le bonheur d'aucun. Et
c'eft un effet naturel de l'amour & de la recherche des
biens où fe trouvent ces deux défauts, qu'ils portent à la
divifion ceux qui s'y attachent. Car comme l'étenduë de
l'efprit & du cœur de l'homme, formé pour la poffeffion
d'un bien infini, ne fçauroit être remplie de ces biens
bornez, qui ne peuvent être à plufieurs, ni fuffire à un
feul, pour le rendre heureux ; c'eft une fuite de cet état
où l'homme s'eft mis, que ceux qui mettent leur bonheur
à poffeder des biens de cette nature, venant à fe rencontrer dans la recherche des mêmes objets, fe divifent entre eux, & violent toutes fortes de liaifons & d'engagemens, felon les engagemens contraires où les met l'amour
du bien qu'ils recherchent.

II.
*Dereglement de
l'amour, fource du
dereglement de la
focieté.*

C'eft ainfi que l'homme ayant mis d'autres biens à la
place de Dieu qui devoit être fon unique bien, & qui
devoit faire fa felicité ; il a fait de ces biens apparens,
fon bien fouverain, où il a placé fon amour, & où il
établit fa beatitude, ce qui eft en faire fa divinité [a]. Et
c'eft ainfi que par l'éloignement de ce feul vray bien, qui
devoit unir les hommes, leur égarement à la recherche
d'autres biens les a divifez [b].

C'eft donc le dereglement de l'amour qui a dereglé la
focieté : & au lieu de cet amour mutuel, dont le caractere étoit d'unir les hommes dans la recherche de leur bien
commun ; on voit regner un autre amour tout oppofé,
dont le caractere luy a juftement donné le nom d'amour
propre ; parce que celuy en qui cet amour domine ne
recherche que des biens qu'il fe rend propres, & qu'il
n'aime dans les autres que ce qu'il en peut rapporter à
foy.

C'eft le venin de cet amour qui engourdit le cœur de

---

a Quorum fpecie delectati Deos putaverunt. *Sap.* 13. 13.
b Unde bella & lites in vobis ? nonne hinc ex concupifcentiis veftris. *Jacob.* 4.
1. Concupifcitis, & non habetis : occiditis, & zelatis ; & non poteftis adipifci :
litigatis, & belligeratis. *Ibid.* 2.

l'homme, & l'apefantit : & qui ôtant à ceux qu'il poffede
la vûë & l'amour de leur vray bien, & bornant toutes
leurs vûës, & tous leurs defirs au bien particulier où il
les attache, eft comme une pefte univerfelle, & la fource de tous les maux qui inondent la focieté. De forte
qu'il femble que comme l'amour propre en ruine les fondemens, il devoit la détruire ; ce qui oblige à confiderer
de quelle maniere Dieu foûtient la focieté dans le deluge
des maux qu'y fait l'amour propre.

On fçait que Dieu n'a laiffé arriver le mal, que parce
qu'il étoit de fa toute-puiffance, & de fa fageffe d'en tirer
le bien, & un plus grand bien que n'auroit été un état
de biens, fans aucun mélange de maux. La religion nous
apprend les biens infinis, que Dieu a tirez d'un auffi
grand mal que l'état où le peché avoit reduit l'homme :
& que le remede incomprehenfible dont Dieu s'eft fervi
pour l'en retirer, l'a élevé à un état plus heureux, que
celuy qui avoit précedé fa chûte. Mais au lieu que Dieu
a fait ce changement par une bonne caufe, & qui n'eft
que de luy ; on voit dans fa conduite fur la focieté, que
d'une auffi méchante caufe que nôtre amour propre, &
d'un poifon fi contraire à l'amour mutuel qui devoit être
le fondement de la focieté, Dieu en a fait un des remedes qui la font fubfifter. Car c'eft de ce principe de divifion qu'il a fait un lien qui unit les hommes en mille manieres, & qui entretient la plus grande partie des engagemens. On pourra juger de cet ufage de l'amour propre dans la focieté, & du rapport d'une telle caufe à un
tel effet, par les reflexions qu'il fera facile de faire fur la
remarque qui fuit.

La chûte de l'homme ne l'ayant pas dégagé de fes
befoins, & les ayant au contraire multipliez, elle a auffi
augmenté la neceffité des travaux, & des commerces, &
en même temps la neceffité des engagemens, & des liaifons ; car aucun ne pouvant fe fuffire feul, la diverfité des
befoins engage les hommes à une infinité de liaifons fans
lefquelles ils ne pourroient vivre.

Cet état des hommes porte ceux qui ne fe conduifent

III.
De l'amour pro-
pre, qui eft le poifon
de la focieté, Dieu
en a fait un remede
qui contribuë à la
faire fubfifter.

que par l'amour propre, à s'affujettir aux travaux, aux commerces, & aux liaifons que leurs befoins rendent neceffaires. Et pour fe les rendre utiles, & y menager & leur honneur, & leur interêt, ils y gardent la bonne foy, la fidelité, la fincerité; de forte que l'amour propre s'accommode à tout, pour s'accommoder de tout. Et il fçait fi bien affortir fes differentes démarches à toutes fes vûës qu'il fe plie à tous les devoirs, jufqu'à contrefaire toutes les vertus : & chacun voit dans les autres, & s'il s'étudioit, verroit en foy-même ces manieres fi fines que l'amour propre fçait mettre en ufage pour fe cacher, & s'enveloper fous les apparences des vertus mêmes qui luy font les plus oppofées.

On voit donc dans l'amour propre, que ce principe de tous les maux eft dans l'état prefent de la focieté une caufe d'où elle tire une infinité de bons effets, qui de leur nature étant de vrais biens, devroient avoir un meilleur principe. Et qu'ainfi on peut regarder ce venin de la focieté, comme un remede dont Dieu s'eft fervi pour la foûtenir; puis qu'encore qu'il ne produife en ceux qu'il anime que des fruits corrompus, il donne à la focieté tous ces avantages.

Toutes les autres caufes dont Dieu fe fert pour faire fubfifter la focieté font differentes de l'amour propre, en ce qu'au lieu que l'amour propre eft un vray mal dont Dieu tire de bons effets, les autres font des fondemens naturels de l'ordre; & on peut en remarquer quatre de different genre, qui comprenent tout ce qui maintient la focieté.

Le premier eft la Religion, qui fait tout ce qu'on peut voir dans le monde, qui foit reglé par l'efprit des premieres loix.

Le fecond eft la conduite fecrete de Dieu fur la focieté dans tout l'univers.

Le troifiéme eft l'autorité que Dieu donne aux puiffances.

Le quatriéme eft cette lumiere reftée à l'homme aprés fa chûte, qui luy fait connoître les regles naturelles de l'équité, l'équité. Et c'est par ce dernier qu'il faut commencer pour remonter aux autres.

C'est cette lumiere de la raison qui faisant sentir à tous les hommes les regles communes de la justice & de l'équité, leur tient lieu d'une loy *a* qui est restée dans tous les esprits, au milieu des tenebres que l'amour propre y a répanduës. Ainsi tous les hommes ont dans l'esprit les impressions de la verité, & de l'autorité de ces loix naturelles : Qu'il ne faut faire tort à personne : Qu'il faut rendre à chacun ce qui luy appartient : Qu'il faut être sincere dans les engagemens, fidelle à executer ses promesses, & des autres regles semblables de la justice & de l'équité. Car la connoissance de ces regles est inseparable de la raison, ou plûtôt la raison n'est elle-même que la veuë, & l'usage de toutes ces regles.

Et quoyque cette lumiere de la raison, qui donne la veuë de ces veritez à ceux même qui en ignorent les premiers principes, ne regne pas en chacun de telle sorte qu'il en fasse la regle de sa conduite ; elle regne en tous de telle maniere que les plus injustes aiment assez la justice pour condamner l'injustice des autres, & pour la haïr. Et chacun ayant interêt que les autres gardent ces regles, la multitude prend leur party pour y assujettir ceux qui y resistent, & qui font tort aux autres. Ce qui fait sentir que Dieu a gravé dans tous les esprits cette espece de connoissance, & d'amour de la justice, sans quoy la societé ne pouvoit durer. Et c'est par cette connoissance des loix naturelles, que les nations même qui ont ignoré la Religion, ont fait subsister leur societé.

Cette lumiere de la raison que Dieu donne à tous les hommes, & ces bons effets qu'il tire de leur amour propre, sont des causes qui contribuent à soûtenir la societé des hommes, par les hommes même. Mais on doit y reconnoître un fondement plus essentiel, & bien plus solide, qui est la conduite de Dieu sur les hommes, & cet

VI.
La conduite de
Dieu sur la societé.

---

a Cùm enim gentes, quæ legem non habent, naturaliter ea quæ legis sunt faciunt, ejusmodi legem non habentes, ipsi sibi sunt lex. Ro.n. 2. 14. Ratio naturalis, quasi lex quædam tacita. l. 7. ff. de bon. damm.

ordre où il conferve la focieté dans tous les temps, & dans tous les lieux par fa toute-puiffance, & par fa fageffe.

C'eft par la force infinie de cette toute-puiffance, que contenant l'univers comme une goutte d'eau, & un grain de fable *a*, il eft prefent à tout : & c'eft par la douceur de cette fageffe, qu'il difpofe, & ordonne tout *b*.

C'eft par fa providence univerfelle fur le genre humain, qu'il partage la terre aux hommes, & qu'il diftingue les Nations, par cette diverfité d'Empires, de Royaumes, de Republiques, & d'autres Etats : qu'il en regle & l'étenduë & la durée par les évenemens qui leur donnent leur naiffance, leur progrés, leur fin : & que parmi tous ces changemens, il forme & foûtient la focieté civile dans chaque Etat, par les diftinctions qu'il fait des perfonnes pour remplir tous les emplois, & toutes les places : & par les autres manieres, dont il regle tout *c*.

VII.
L'autorité que Dieu donne aux puiffances.

C'eft cette même providence qui pour maintenir la focieté, y établit deux fortes de puiffances propres à contenir les hommes dans l'ordre de leurs engagemens.

La premiere eft celle des puiffances naturelles, qui regardent les engagemens naturels ; comme eft la puiffance que donne le mariage au mari fur la femme *d*, & celle que donne la naiffance aux parens fur leurs enfans *e*. Mais ces puiffances étant bornées dans les familles, & reftreintes à l'ordre de ces engagemens naturels ; il a été neceffaire qu'il y eût une autre forte de puiffance d'une autorité plus generale, & plus étenduë. Et comme la nature qui diftingue le mari de la femme, & les parens des enfans, ne diftingue pas de même les autres hommes, mais les rend égaux *f*; Dieu en diftingue quelques-uns

---

a Ecce gentes quafi ftilla fitulæ, & quafi momentum ftateræ reputatæ funt : Ecce infulæ quafi pulvis exiguus. *If.* 40. 15

b Attingit à fine ufque ad finem fortiter, & difponit omnia fuaviter. *Sap.* 8. 1.

c Dans ftatum populo. *If.* 42. 5.

d Vir caput eft mulieris. *Ephef.* 5. 22. 1. *Cor.* 11. 3. Sub viri poteftate eris. *Gen.* 3. 16.

e Filii obedite parentibus veftris in Domino. *Ephef.* 6. 1. Qui timet Dominum honorat parentes, & quafi dominis ferviet his, qui fe genuerunt. *Eccli.* 3. 8.

f Quod ad jus naturale attinet, omnes homines æquales funt. *l.* 32. *ff. de reg. jur.*

pour leur donner une autre forte de puiffance dont le miniftere s'étend à l'ordre univerfel de toutes les efpeces d'engagemens, & à tout ce qui regarde la focieté : & il donne differemment cette puiffance dans les royaumes, dans les Republiques, & dans les autres Etats, aux Rois, aux Princes, & aux autres perfonnes qu'il y éleve *a*, par la naiffance, par des élections, & par les autres manieres dont il ordonne, ou permet que ceux qu'il deftine à ce rang y foient appellez. Car c'eft toûjours la conduite toute puiffante de Dieu, qui difpofe de cette fuite, & de cet enchaînement d'évenemens, qui precedent l'élevation de ceux qu'il appelle au gouvernement. Ainfi c'eft toûjours luy qui les y place : c'eft de luy feul qu'ils tiennent tout ce qu'ils ont de puiffance & d'autorité : & c'eft le miniftere de fa juftice qui leur eft commis *b*. Et comme c'eft Dieu même qu'ils reprefentent dans le rang qui les éleve au deffus des autres. Il veut qu'ils foient confiderez comme tenant fa place dans leurs fonctions. Et c'eft par cette raifon qu'il appelle luy-même des Dieux ceux à qui il communique ce droit de gouverner les hommes, & de les juger ; parce que c'eft un droit qui n'eft naturel qu'à luy *c*.

C'eft pour l'exercice de cette puiffance que Dieu met dans les mains de ceux qui tiennent la premiere place du gouvernement l'autorité fouveraine, & les divers droits neceffaires pour maintenir l'ordre de la focieté fuivant les loix qu'il y a établies *d*.

C'eft pour cet ordre qu'il leur donne le droit de faire les loix *e*, & les reglemens neceffaires pour le bien public,

a In unamquamque gentem præpofuit rectorem. *Eccli.* 17. 14.

b Data eft à Domino poteftas vobis. *Sap.* 6. 4. Non eft poteftas nifi à Deo. *Rom.* 13. 1. *Joar.* 19.11.

Dei enim minifter eft. *Rom.* 13. 4. Venit ad me populus quærens fententiam Dei. *Exod.* 18. 15. Videte quid faciatis, non enim hominis exercetis judicium fed Domini. 2. *Paral.* 19. 6.

c Diis non detrahes. *Exod.* 22. 28. Ego dixi dii eftis. *Pfal.* 81. 6. *Joan.* 10. 35. *Exod.* 22. 8.

d Miniftri Regni illius. *Sap.* 6. 5. Difcat timere Dominum Deum fuum, & cuftodire verba, & ceremonias ejus, quæ in lege præcepta funt. *Deuter.* 17. 19.

e Per me Reges regnant, & legum conditores jufta decernunt. *Prov.* 8. 15.

selon les temps & selon les lieux : & la puissance d'imposer des peines aux crimes *a*.

C'est pour ce même ordre qu'il leur donne le droit de
communiquer, & partager à diverses personnes l'exercice
de cette autorité, qu'ils ne peuvent seuls exercer dans
tout le détail : & qu'ils ont le pouvoir d'établir les differentes sortes de magistrats, de juges, & d'officiers necessaires pour l'administration de la justice, & pour toutes
les autres fonctions publiques *b*.

C'est pour ce même ordre qu'afin de soûtenir au de-
dans les dépenses de l'Etat, & de le défendre au dehors
contre les entreprises des étrangers, les souverains ont le
droit de lever les tributs necessaires selon les besoins *c*.

C'est pour affermir tous ces usages de l'autorité des
puissances temporelles, que Dieu commande à tous les
hommes d'y être soûmis *d*.

On doit enfin regarder la Religion comme le fondement le plus naturel de l'ordre de la societé. Car c'est
l'esprit de la Religion qui est le principe du veritable
ordre où elle devroit être. Mais il y a cette difference
entre la Religion, & tous les autres fondemens de la societé, qu'au lieu que les autres sont communs par tout, la
vraye Religion n'est connuë & receuë qu'en quelques
Etats : & dans ceux même où elle est connuë, son esprit
n'y regne pas de sorte que tous en suivent les regles. Mais
il est vray que dans les lieux où l'on professe la veritable Religion, la societé est dans l'état le plus naturel, &
le plus propre pour être maintenuë dans le bon ordre par
le concours de la religion & de la police, & par l'union
du ministere des puissances spirituelles & temporelles.

VIII.
La Religion.

---

a Non enim sine causa gladium portat. Dei enim minister est, vindex in
iram, ei qui malum agit. *Rom.* 13. 4.

b Provide de omni plebe viros potentes & timentes Deum in quibus sit veritas : & qui oderint avaritiam, & constitue ex eis tribunos, centuriones, & quin-
quagenarios, & decanos, qui judicent populum omni tempore..... & electis
viris strenuis de cuncto Israël, constituit eos principes populi. *Exod.* 18. 21.

c Reddite quæ sunt Cæsaris Cæsari. *Matth.* 22. 21.
Cui tributum, tributum : cui vectigal, vectigal. *Rom.* 13. 6. 7.

d Omnis anima potestatibus sublimioribus subdita sit. *Rom.* 13. 1. 1. *Pet.* 2. 13.
Admone illos principibus, & potestatibus subditos esse. *Tit.* 3. 1.

Comme c'eſt donc l'eſprit de la religion qui eſt le principe de l'ordre où devroit être la ſocieté, & qu'elle doit
ſubſiſter par l'union de la Religion & de la Police ; il eſt
important de conſiderer comment la Religion & la Police s'accordent entr'elles , & comment elles ſe diſtinguent
pour former cet ordre : & quel eſt le miniſtere des Puiſſances ſpirituelles & temporelles. Et parce que cette matiere fait une partie eſſentielle du plan de la ſocieté, &
qui a beaucoup de rapport aux Loix Civiles, elle ſera le
ſujet du Chapitre ſuivant.

CHAPITRE X.

De la Religion, & de la Police : & du miniſtere des Puiſſances ſpirituelles, & temporelles.

SOMMAIRES.

ON ne peut douter que la Religion & la Police
n'ayent leur fondement commun dans l'ordre de
Dieu; car un Prophete nous apprend que c'eſt luy qui eſt

I.
La Religion & la Police fondées ſur l'ordre de Dieu.

nôtre Juge, nôtre Legiſlateur, & nôtre Roy, & que c'eſt auſſi luy qui ſauve les hommes *a*. Ainſi, c'eſt luy qui dans l'ordre ſpirituel de la Religion établit le miniſtere des Puiſſances Eccleſiaſtiques *b*. Ainſi, c'eſt luy qui dans l'ordre temporel de la Police fait regner les Rois *c*, & donne aux Souverains tout ce qu'ils ont de puiſſance & d'autorité. D'où il s'enſuit que la Religion & la Police n'ayant que ce même principe commun de l'ordre divin, elles doivent s'accorder, & même ſe ſoûtenir mutuellement, & de telle ſorte que les particuliers puiſſent obeïr exactement, & fidellement à l'une & à l'autre : & que ceux qui ſont dans le miniſtere de l'une ou de l'autre, puiſſent l'exercer dans l'eſprit & les regles qui les concilient. Et auſſi eſt-il vray que la vraye Religion, & la bonne Police ſont toûjours unies.

11.
Eſprit de la Religion.

On ſçait que l'eſprit de la Religion eſt de ramener les hommes à Dieu par la lumiere des veritez qu'elle enſeigne, & de les tirer des égaremens de l'amour propre, pour les unir dans l'exercice des deux premieres loix, & qu'ainſi l'eſſentiel de la Religion regarde principalement l'interieur de l'eſprit & du cœur de l'homme, dont les bonnes diſpoſitions devroient être le principe de l'ordre exterieur de la ſocieté. Mais comme tous les hommes n'ont pas cet eſprit de la Religion, & que pluſieurs ſe portent même à troubler cet ordre exterieur ; L'eſprit

III.
Eſprit de la Police.

de la Police eſt de maintenir la tranquillité publique entre tous les hommes *d*, & de les contenir dans cet ordre indépendemment de leurs diſpoſitions dans l'interieur, en employant même la force, & les peines ſelon le beſoin : & c'eſt pour ces deux differens uſages de la Religion & de la Police, que Dieu a étably, dans l'une & dans l'autre des Puiſſances dont il a proportioné le miniſtere à leur eſprit, & à leurs fins.

a Dominus Judex noſter, Dominus Legifer noſter, Dominus Rex noſter, ipſe ſalvabit nos. *Iſ.* 33. 22.

b Sicut miſit me Pater, & ego mitto vos. &c. *Joan.* 20. 23. *Matth.* 10. 16. Sic nos exiſtimet homo ut miniſtros Chriſti, & diſpenſatores myſteriorum Dei. *1. Cor.* 4. 1.

c Per me reges regnant. *Prov.* 8. 15.

d Ut quietam, & tranquillam vitam agamus. *Timoth.* 2. 2.

Ainfi, comme la Religion ne tend qu'à former les bonnes difpofitions dans l'interieur, Dieu donne aux puiffances qui en exercent le miniftere, une autorité fpirituelle, qui ne tend qu'à regler l'efprit, & le cœur, & à infinuer l'amour de la juftice, fans l'ufage d'aucune force temporelle fur l'exterieur *a*. Mais le miniftere des puiffances temporelles de la Police, qui ne tend qu'à regler l'ordre exterieur, s'exerce avec la force neceffaire pour reprimer ceux qui n'aimant pas la juftice, fe portent à des excés qui troublent cet ordre *b*.

Ainfi les puiffances fpirituelles inftruifent, exhortent, lient, & delient dans l'interieur : & exercent les autres fonctions propres à ce miniftere. Et les puiffances temporelles commandent, & défendent dans l'exterieur : maintiennent chacun dans fes droits, dépoffedent les ufurpateurs : châtient les coupables, & puniffent les crimes par l'ufage des peines & des fupplices proportionnez à ce que demande le repos public.

Ainfi, les puiffances fpirituelles de la Religion, dont l'efprit demande que les plus méchants vivent pour devenir bons, n'ont pas d'autres voyes pour punir les hommes, que d'impofer des peines propres à les ramener dans les devoirs qu'ils ont violez : & les puiffances temporelles qui doivent pourvoir au repos public, ordonnent les peines neceffaires pour le maintenir, & puniffent même du dernier fupplice ceux qui troublent l'ordre d'une maniere qui merite ce châtiment.

Mais ces differences entre l'efprit de la Religion, & l'efprit de la Police, & entre le miniftere des puiffances fpirituelles, & celuy des puiffances temporelles, n'ont rien de contraire à leur union, & les mêmes puiffances fpirituelles & temporelles, qui font diftinguées dans leur miniftere, font unies dans leur fin commune de maintenir l'ordre, & elles s'y entr'aident reciproquement. Car c'eft une loy de la Religion, & un devoir de ceux qui en exer-

a Argue, obfecra, increpa, in omni patientia, & doctrina. 1. *Timoth.* 4. 2. Non quia dominamur fidei veftræ. 2. *Cor.* 1. 23.
b Non fine caufa gladium portat, Dei enim minifter eft, vindex in iram ei qui malum agit. *Rom.* 13. 4.

I V.
Diftinction du miniftere des puiffances fpirituelles & temporelles.

V.
Leur union pour maintenir l'ordre.

cent le miniſtere, d'inſpirer & de commander à chacun
l'obeïſſance aux puiſſances temporelles, non ſeulement
par un ſentiment de crainte de leur autorité, & des peines qu'elles impoſent, mais par un devoir eſſentiel, &
par un ſentiment de conſcience a, & d'amour de l'ordre.
Et c'eſt une loy de la Police temporelle, & un devoir de
ceux qui en exercent le miniſtere, de maintenir l'exercice
de la Religion, & d'employer même l'autorité temporelle, & la force contre ceux qui en troublent l'ordre.
Ainſi ces deux miniſteres s'accordent, & ſe ſoûtiennent
mutuellement. Et lors même que l'eſprit du miniſtere ſpirituel paroît demander quelque choſe de contraire à celuy de la Police temporelle, comme lorſque les miniſtres
de la puiſſance ſpirituelle demandent la vie des plus criminels, qu'eux ne condamnent qu'à des penitences, &
que la Police condamne à la mort ; ce même eſprit du
miniſtere ſpirituel de la Religion, qui veut que les Princes
& les Juges faſſent leur devoir, ne les oblige pas à l'uſage
de cette clemence ; & les Juges temporels condamnent
juſtement au dernier ſupplice, ceux que les Juges Eccleſiaſtiques ne condamnent qu'à la priſon, à des jeûnes, &
à d'autres œuvres de penitence.

    C'eſt à cauſe de ces differences entre l'eſprit de la Re-
ligion & celuy de la Police, que Dieu en a ſeparé les miniſteres ; afin que l'eſprit de la Religion, qui regle l'interieur, & qui doit s'inſinuer dans les cœurs des hommes
par l'amour de la juſtice, & par le mépris des biens temporels, fût inſpiré par d'autres miniſtres que les puiſſances temporelles, qui ſont armées de la terreur des peines
& des ſupplices pour maintenir l'ordre exterieur, & dont
le miniſtere regarde principalement l'uſage des biens temporels. Et il a été ſi eſſentiel à l'ordre de ces deux miniſteres qu'ils fuſſent diſtinguez, & que la puiſſance ſpirituelle fût ſeparée de la temporelle, qu'encore qu'elles

a Omnis anima poteſtatibus ſublimioribus ſubdita ſit : non eſt enim poteſtas
niſi à Deo, quæ autem ſunt à Deo, ordinata ſunt. Itaque qui reſiſtit poteſta-
ti, Dei ordinationi reſiſtit. Rom. 13. 1. Ideo neceſſitate ſubditi eſtote, non
ſolùm propter iram, ſed etiam propter conſcientiam. Rom. 13. 5. 1. Pet. 2. 13.
Sap. 6. 4.

                                                            ſoient

soient naturellement unies en Dieu, quand il s'est rendu visible pour établir son regne spirituel, il s'est abstenu de l'exercice de sa puissance sur le temporel. Et tout ce qu'il a mis en usage de sa grandeur & de sa puissance, a été tout opposé à la grandeur & à la puissance qui convenoient au regne temporel. Car en même temps qu'il a fait éclater la grandeur divine de ce regne spirituel par la lumiere des veritez de sa doctrine *a*, par la gloire de ses miracles *b*, & par tout cet appareil des circonstances de sa venuë, qu'il avoit fait prédire par ses Prophetes; & qui devoient accompagner le regne d'un Prince de paix *c*, qui venoit donner aux hommes d'autres biens que ceux qui les divisent *d*; il n'a pris aucune des marques de la puissance temporelle: il n'en a fait aucune fonction: & il a même refusé de se rendre juge entre deux freres dont l'un l'en prioit *e*. Et pour marquer que l'usage de la puissance temporelle devoit être separé de son regne spirituel, il laissa cette puissance aux Princes, & il voulut même leur obeïr. Ainsi dans sa naissance il fit dépendre la circonstance du lieu où il devoit naître, de son obeïssance à une loy d'un Prince infidelle *f*. Ainsi pendant sa vie il apprit à rendre aux Princes ce qui leur est dû : & il paya même le tribut, quoy qu'il ne le dût point, par la raison qu'il en dit dans le même tems qu'il fit un miracle pour avoir de quoy le payer *g*. Et dans le temps de sa mort il apprit à celuy qui exerçoit la puissance temporelle, & qui en abusoit si injustement, qu'il n'auroit pas eu cette puissance, si elle ne luy eût été donnée de Dieu *h*. Et il luy marqua aussi la distinction entre son regne spirituel, & l'empire temporel des Princes *i*.

Il est vray que dans une occasion il a donné une mar-

a Ego sum lux mundi. *Joan.* 6. 12. Ecce dedi te in lucem gentium. *Is.* 49. 6.
b Omnis populus gaudebat in universis quæ gloriosè fiebant ab co. *Luc.* 13. 17.
c Princeps pacis. *Isa.* 9. 6.
d Pontifex futurorum bonorum. *Hebr.* 9. 11.
e *Luc.* 12. 13.
f *Luc.* 2. 1.
g *Matth.* 17. 23.
h *Joan.* 19. 11.
i *Joan.* 18. 36.

Tome I.

que viſible de ſon empire ſur le temporel *a*, & d'un em‑
pire plus abſolu, que celuy qu'il confie aux Princes, en
faiſant un miracle, qui cauſa quelque perte aux habitans
du lieu où il le fit. Mais ce miracle même, qui faiſoit bien
voir ſa toute‑puiſſance ſur le temporel, ſervoit de preu‑
ves qu'il ne s'abſtenoit de tout autre uſage de cette puiſ‑
ſance, que pour marquer la diſtinction entre le regne ſpi‑
rituel qu'il venoit établir, & l'empire temporel qu'il laiſ‑
ſoit aux Princes.

On ſçait enfin que lorſqu'il a établi les miniſtres de ſon
regne ſpirituel, & qu'il leur a donné les regles de leur con‑
duite, & marqué l'étenduë de la puiſſance qu'il leur con‑
fioit ; il ne leur en a donné aucune ſur le temporel. Et
auſſi voit‑on qu'aucun d'eux n'a pris la moindre part au
miniſtere de la puiſſance temporelle : qu'au contraire,
ils s'y ſont ſoûmis : & qu'en même tems qu'ils exerçoient
leur miniſtere ſpirituel ſans aucun égard à l'autorité des
puiſſances temporelles qui s'y oppoſoient, ils enſeignoient,
& obſervoient eux‑mêmes l'obeïſſance à ces puiſſances
en ce qui étoit de leur miniſtere.

Il s'enſuit de toutes ces veritez, que les puiſſances ſpiri‑
tuelles ont leur exercice dans ce qui regarde le ſpirituel *b* :
& qu'elles ne s'ingerent pas dans le temporel : & qu'auſſi
les puiſſances temporelles ont leur exercice dans le tem‑
porel *c*, & n'entreprennent rien dans le ſpirituel : que les
deux miniſteres ſont établis immediatement de la main
de Dieu : Et que ceux qui exercent la puiſſance dans l'un
des deux ſont ſoûmis à ceux qui exercent la puiſſance de
l'autre, en ce qui en dépend. Et auſſi voit‑on que ceux

qui ont été animez de l'eſprit de Dieu, ont formé leur
conduite ſur ces mêmes regles, & ont marqué la ſoû‑
miſſion dûë à chacune des puiſſances de ces deux ordres.
Ainſi, lorſque Dieu choiſit Nathan pour le miniſtere ſpi‑

a Matth. 8. 28. Marc. 5. Luc. 8. 32.
b Applica quoque ad te Aaron fratrem tuam, cum filiis ſuis de medio filio‑
rum Iſraël, ut ſacerdotio fungantur mihi. Exod. 28. 1. Sacerdos, & Pontifex,
in his quæ ad Deum pertinent, præſidebit. 2. Paralip. 19. 13. Omnis namque
Pontifex, ex hominibus aſſumptus, pro hominibus conſtituitur, in his quæ
ſunt ad Deum, &c. Hebr. 5. 1.
c Quæ ad Regis Officium pertinent. 2. Paralip. 19. 11.

rituel de la correction de David, la puiſſance temporelle
de ce Roy n'empêcha pas que ce Prophete ne luy parlât
avec une force digne de l'autorité du miniſtere qu'il exerçoit, & ce Prince auſſi reçut avec humilité la correction [a].
Mais au contraire, lorſque ce même Prophete voulut
ſçavoir l'intention de ce même Prince ſur le choix de ſon
ſucceſſeur, & s'il vouloit que ce fût, ou Salomon, ou
Adonias, il s'en approcha ſe proſternant avec un profond
reſpect, pour le ſupplier de faire connoître lequel des
deux il luy plairoit de choiſir pour regner après luy [b].

Il ſeroit facile de remarquer de pareils exemples pour
faire voir comment il faut diſtinguer l'autorité des puiſſances ſpirituelles, & celle des puiſſances temporelles : &
de quelle maniere les ont exercées ceux qui ſe ſont con-
duits par les juſtes regles, en ſe bornant à leur miniſtere,
ſans toucher à l'autre. Mais il ſuffit pour le deſſein qu'on
s'eſt propoſé, d'avoir donné cette idée generale des deux
miniſteres de la Religion, & de la Police, pour y diſcerner l'eſprit & l'uſage de l'une & de l'autre, pour y voir
les principes qui les concilient, & qui les diſtinguent, &
pour juger par toutes ces vûës, des manieres dont elles
concourent à l'ordre de la ſocieté.

On pourra penſer que les puiſſances ſpirituelles, ont fait
des regles ſur des matieres temporelles, comme ſont dans
le droit Canonique celles qui regardent les contracts, les
teſtamens, les preſcriptions, les crimes, l'ordre judiciaire,
les regles du droit, & d'autres matieres ſemblables : &
qu'auſſi l'on voit des loix établies par des puiſſances temporelles dans des matieres qui regardent le ſpirituel, comme ſont quelques conſtitutions des premiers Empereurs
Chrêtiens, & des Ordonnances de nos Rois ſur des matieres de la foy, & de la diſcipline Eccleſiaſtique. Mais ce
qu'il y a dans le droit Canonique qui regarde ces matieres
temporelles, ne ſçauroit prouver que les puiſſances Eccleſiaſtiques reglent le temporel. Il paroît au contraire, qu'au commencement du droit Canonique, où l'on a

X.
*Obeïſſance aux
deux miniſteres.*

X I.
*Loix des puiſſances
ſpirituelles, où il pa-
roît de l'autorité ſur
le temporel.*

X I I.
*Loix des puiſſances
temporelles qui regar-
dent le ſpirituel*

[a] 2. Reg. 12.
[b] 3. Regum. 1. 23.

rapporté la diſtinction des loix divines & des loix humaines, il eſt dit que les loix humaines ſont les loix
des Princes : Que c'eſt par ces loix que ſe reglent les
droits ſur tout ce que les hommes peuvent poſſeder :
Et que les biens même de l'Egliſe ne luy ſont conſervez
que par l'autorité de ces loix ; parce que c'eſt aux Princes que Dieu a donné le miniſtere du gouvernement
pour le temporel *. Puis qu'il ne peut donc y avoir rien
dans le droit Canonique qui renverſe cette regle, il faut
que celles qu'on y voit ſur le temporel puiſſent s'accorder
avec ce principe, & c'eſt ce qui n'eſt pas difficile, ſi on
fait reflexion ſur l'uſage qu'ont les regles qui regardent
le temporel dans le droit Canonique. Car on y verra
que, par exemple, celles de l'ordre judiciaire ſe rapportent à la juriſdiction Eccleſiaſtique : Que celles des
crimes y établiſſent les peines canoniques, c'eſt-à-dire,
les peines que l'Egliſe ordonne pour la penitence des criminels : Que les regles qui regardent les contracts, les
teſtamens, les preſcriptions, & les autres matieres ſemblables, ne les regardent que par rapport au ſpirituel ;
comme à cauſe des défenſes de certains commerces aux
Eccleſiaſtiques, de la religion du ſerment, de l'uſage des
conventions pour les Egliſes & les particuliers Eccleſiaſtiques, & par d'autres ſemblables vûës : Que quelques-unes
de ces regles ne ſont que des réponſes des Papes à des
conſultations : Et qu'enfin ce qu'il peut y avoir de regles
qui regardent purement le temporel entre laïques, ne
doit être conſideré comme regles que dans les terres du
Saint Siege, où les Papes ſont Princes temporels : & hors de
cette étenduë elles n'ont pas d'autre autorité, que celle
que leur donnent les Princes qui en reçoivent l'uſage entre leurs ſujets ; ſurquoy on peut remarquer, que ces ſortes de conſtitutions canoniques ſur le temporel font aſſez
connoître qu'elles ſont naturellement de l'autorité tem-

a Quo jure defendis villas Eccleſiæ ? divino, an humano ? Divinum jus in
ſcripturis divinis habemus : humanum in legibus regum. Unde quiſque poſſidet
quod poſſidet ? nonne jure humano ? Diſtinct. 8. can. 2. Jura autem humana,
jura imperatorum ſunt : quare ? quia ipſa jura humana per imperatores & recto-
res ſæculi Deus diſtribuit humano generi. Ibid.

porelle, puifque la plûpart ont été tirées du droit Romain, quoy qu'il foit vray que quelques-unes s'y trouvent contraires. Mais c'eft dequoy il n'eft pas neceffaire de parler icy.

Pour ce qui eft des reglemens que les Princes peuvent avoir faits fur des matieres fpirituelles, ils n'ont pas étendu leur autorité au miniftere fpirituel refervé aux puiffances Ecclefiaftiques, mais ils ont feulement employé leur autorité temporelle, pour faire executer dans l'ordre exterieur de la Police, les loix de l'Eglife. Et ces Ordonnances que nos Rois appellent eux-mêmes des loix politiques *a*, ne tendent qu'à maintenir cet ordre, & à reprimer ceux qui le troublent en violant les loix de l'Eglife. Et auffi paroît-il dans ces Ordonnances, que les Rois n'y ordonnent qu'en ce qui eft de leur puiffance, & s'y qualifiant protecteurs, gardes, confervateurs, & executeurs de ce que l'Eglife enfeigne & ordonne *b*.

On pourra encore faire une autre difficulté fur quelques matieres où il femble que la jurifdiction fpirituelle & la temporelle entreprennent l'une fur l'autre ; comme par exemple, lorfque la jurifdiction temporelle connoît du poffeffoire des Benefices : & lorfque la jurifdiction Ecclefiaftique connoît du temporel entre Ecclefiaftiques, mais pour ce qui regarde le poffeffoire des benefices, c'eft une matiere de la jurifdiction temporelle qui feule a le droit de joindre la force à l'autorité pour empêcher les voyes de fait, & pour reprimer les ufurpateurs. Et pour ce qui eft du droit qu'ont les Juges Ecclefiaftiques de connoître des matieres temporelles dans les caufes des Ecclefiaftiques, c'eft un privilege que les Princes ont accordé à la jurifdiction fpirituelle, en faveur de l'Eglife.

On a tâché par tout ce qui a été dit dans les Chapitres précedens & dans celuy-cy, de donner une idée generale du plan de la focieté des hommes fur les fondemens naturels de l'ordre que Dieu y a établi : & de faire voir que les premiers principes de cet ordre font les deux

XIII.
Rois protecteurs, confervateurs, & exe-cuteurs des loix de l'Eglife.

XIV.
Accord de la jurif-diction fpirituelle avec la temporelle.

XV.
Tranfition au Cha-pitre fuivant.

a Charles IX. 17. Janvier 1561.
b François I. en Juillet 1543.

premieres loix : que les engagemens qui lient les hommes en focieté font des fuites de ces deux loix,& qu'ils font en même temps les fources de tous les devoirs, & les fonde-mens des differentes efpeces de loix : & on a commencé de defcendre de ces principes generaux, à ceux qui font propres aux Loix Civiles. Il refte maintenant,avant que de paffer au détail de ces loix, & de leurs matieres, de confiderer de plus prés, la nature & l'efprit des loix en general, & les caracteres qui diftinguent leurs differentes efpeces ; afin d'y découvrir les fondemens de plufieurs re-gles effentielles pour la connoiffance, & le bon ufage des Loix Civiles : & ce fera la matiere des deux Chapitres fui-vans.

CHAPITRE XI.

De la nature, & de l'efprit des loix, & de leurs differentes efpeces.

SOMMAIRES.

I.
Deux sortes de loix, les loix immuables, & les loix arbitrai-res , nature de ces loix.

Toutes les differentes idées qu'on peut concevoir des diverses sortes de loix , qui s'expriment par les noms de loix divines & humaines, naturelles & positives, de la Religion, & de la Police, du droit des gens, du droit civil, & par tous les autres noms qu'on peut leur donner, se re-duisent à deux especes , qui comprennent toutes les loix de toute nature: l'une des loix qui sont immuables, & l'au-tre des loix qui sont arbitraires. Car il n'y en a aucune qui n'ait l'un ou l'autre de ces deux caracteres , qu'il est im-portant de considerer, non seulement pour concevoir cette premiere distinction generale des loix en ces deux especes, qui doit preceder les autres manieres de les di-stinguer ; mais parce que ce sont ces deux caracteres qui font dans toutes les loix , ce qu'elles ont de plus essen-tiel dans leur nature : & qu'ainsi la connoissance en est necessaire , & d'un grand usage dans les Loix Civiles.

Les loix immuables s'appellent ainsi , parce qu'elles sont naturelles & tellement justes toûjours, & par tout, qu'aucune autorité ne peut ny les changer, ny les abolir : & les loix arbitraires sont celles qu'une autorité legitime peut établir, changer , & abolir , selon le besoin.

Ces loix immuables ou naturelles sont toutes celles
qui

qui font des fuites neceffaires des deux premieres, & qui
font tellement effentielles aux engagemens qui forment
l'ordre de la focieté, qu'on ne fçauroit les changer fans
ruiner les fondemens de cet ordre : & les loix arbitraires
font celles qui peuvent être differemment établies, changées, & même abolies, fans violer l'efprit des premieres
loix, & fans bleffer les principes de l'ordre de la focieté.
Ainfi, comme c'eft une fuite de la premiere loy, qu'il
faut obeïr aux puiffances, parce que c'eft Dieu qui les a
établies ; & que c'eft une fuite de la feconde loy qu'il ne
faut faire tort à perfonne, & qu'il faut rendre à chacun
ce qui luy appartient, & que toutes ces regles font effentielles à l'ordre de la focieté, elles font par cette raifon
des loix immuables. Et il en eft de même de toutes les
regles particulieres, qui font effentielles à ce même ordre, & aux engagemens qui fuivent des premieres loix.
Ainfi, c'eft une regle effentielle à l'engagement d'un tuteur, que tenant lieu de pere à l'orphelin qui eft fous fa
charge, il doit veiller à la conduite de la perfonne, &
des biens de cet orphelin ; & c'eft auffi une loy immuable, que le tuteur doit prendre ce foin. Ainfi c'eft une
regle effentielle à l'engagement de celuy qui emprunte
quelque chofe d'un autre, qu'il doit la conferver ; & c'eft
auffi une loy immuable, qu'il doit répondre des fautes
qu'il aura faites contre ce devoir.

II.
Exemples des loix immuables.

Mais les loix qui font indifferentes aux deux premieres, & aux engagemens qui en font les fuites, font des
loix arbitraires. Ainfi, comme il eft indifferent à ces
deux loix, & à l'ordre des engagemens, qu'il y ait ou
cinq, ou fix, ou fept témoins dans un teftament : que la
prefcription s'acquiere par vingt, par trente, ou par qua-
rante ans : que la monnoye vaille plus ou moins ; ce font
feulement des loix arbitraires qui reglent ces fortes de
chofes, & on les regle differemment felon les temps, &
felon les lieux.

III.
Exemples des loix arbitraires.

On voit par cette premiere idée de la nature des Loix
immuables, qu'elles ont leur origine dans les deux premieres loix, dont elles ne font qu'une extenfion : & que,

IV.
Origine des loix immuables.

Tome I.   h par exemple, ces regles naturelles de l'équité qui ont été remarquées, & les autres semblables, ne sont autre chose que ce que l'esprit de la seconde loy demande en chaque engagement, & ce qu'il y marque d'essentiel, & de necessaire.

Pour les loix arbitraires on peut remarquer deux differentes causes qui en ont rendu l'usage necessaire dans la societé, & qui ont été les sources de cette multitude infinie de loix arbitraires qu'on voit dans le monde.

La premiere de ces deux causes est la necessité de regler de certaines difficultez qui naissent dans l'application des loix immuables, lorsque ces difficultez sont telles, qu'il ne peut y être pourvû que par des loix, & que les loix immuables ne les reglent point. On jugera de ces sortes de difficultez par quelques exemples.

Ainsi, pour un premier exemple de la necessité des loix arbitraires, c'est une loy naturelle & immuable que les peres doivent laisser leurs biens à leurs enfans aprés leur mort : & c'est aussi une autre loy qu'on met communément au nombre des loix naturelles, qu'on puisse disposer de ses biens par un testament. Si on donne à la premiere de ces deux loix une étenduë sans aucunes bornes ; un pere ne pourra disposer de rien : Et si on étend la seconde à une liberté indefinie de disposer de tout, comme faisoit l'ancien Droit Romain ; un pere pourra priver ses enfans de toute part en sa succession, & donner tous ses biens à des étrangers.

On voit par ces consequences si opposées qui suivroient de ces deux loix entenduës indefiniment, qu'il est necessaire de donner à l'une & à l'autre quelques bornes qui les concilient. Et si tous les hommes se conduisoient par la prudence, & par l'esprit des premieres loix, chacun seroit un juste interprete de ce que demanderoit de luy la loy, qui veut que les enfans succedent aux peres, & de ce que demanderoit aussi celle qui permet de disposer par un testament. Car il sçauroit proportioner ses dispositions à l'état de ses biens, & de sa famille, & à ses devoirs envers ses enfans, & envers les autres personnes, selon qu'il pourroit être obligé ou à quelque reconnoiſſance, ou à quelque liberalité. Mais parce que tous ne ſe conſuiſent pas par cet eſprit des premieres loix, ny par la prudence, & que quelques-uns abuſans de la liberté de diſpoſer de leurs biens, ou même ignorant l'état de leurs biens, & de leurs affaires, bleſſent leur devoir envers leurs enfans. Comme il n'eſt pas juſte de laiſſer une liberté indefinie à ceux qui peuvent en abuſer, & qu'il n'eſt pas poſſible de faire pour chacun une regle particuliere ; il a été neceſſaire pour concilier ces deux loix, & les reduire en regles communes pour tous, qu'on fit une loy arbitraire, qui bornât la liberté de diſpoſer au préjudice des enfans, & qui leur conſervât une certaine portion des biens de leurs parens, dont ils ne puſſent être privez : & c'eſt cette portion fixée par une loy arbitraire qu'on appelle la legitime.

Ainſi, pour un autre exemple, c'eſt une loy naturelle & immuable, que celuy qui eſt le maître d'une choſe, en demeure toûjours le maître, juſqu'à ce qu'il s'en dépoüille volontairement, ou qu'il en ſoit dépoüillé par quelque voye juſte & legitime : & c'eſt une autre loy naturelle & immuable auſſi, que les poſſeſſeurs ne ſoient pas toûjours en peril d'être troublez juſqu'à l'infini : & que celuy qui a poſſedé long-tems une choſe en ſoit crû le maître, parce que les hommes ont naturellement ſoin de ne pas abandonner à d'autres ce qui leur appartient, & qu'on ne doit pas préſumer ſans preuves, qu'un poſſeſſeur ſoit uſurpateur.

V I I I.
Second exemple.

Si on étend trop la premiere de ces deux loix, qui veut que le maître d'une choſe ne puiſſe en être dépoüillé que par de juſtes titres, il s'enſuivra que quiconque pourra montrer, que luy ou ceux dont il a les droits, ont été les maîtres d'un heritage, quand il y auroit plus d'un ſiecle qu'ils euſſent ceſſé de le poſſeder, rentrera dans cet heritage, & en dépoüillera le poſſeſſeur, ſi avec cette longue poſſeſſion, il ne peut montrer un titre qui ait ôté le droit de ce premier maître. Et ſi au contraire on étend trop la regle qui fait préſumer que les poſſeſſeurs ſont les maîtres de ce qu'ils poſſedent ; on fera perdre injuſtement

la proprieté à tous ceux qui ne se trouveront pas en pof-
feſſion.

Il eſt évident que la contrarieté où conduiroient ces
deux loix, dont l'une rétabliroit ce premier maître contre
un ancien poſſeſſeur, & dont l'autre maintiendroit le nouveau poſſeſſeur contre le vray maître, demandoit qu'on
reglât par une loy arbitraire, que ceux qui n'étant pas
poſſeſſeurs ſe prétendroient proprietaires, ſeroient tenus
de juſtifier de leur droit dans un certain temps : & qu'a-
prés ce temps les poſſeſſeurs qui n'auroient point été troublez ſeroient maintenus. Et c'eſt ce qu'on a fait par les
loix arbitraires qui reglent les temps des preſcriptions.

Ainſi pour un troiſiéme exemple, il eſt du droit naturel,
& c'eſt une loy immuable, que les perſonnes qui n'ont pas
encore un uſage aſſez ferme de la raiſon par le défaut d'â-
ge, d'inſtruction, & d'experience, ne puiſſent avoir la conduite de leurs biens, & de leurs affaires : & qu'ils puiſſent
l'avoir, aprés qu'ils auront aſſez de raiſon & d'experience.
Mais comme la nature ne forme pas en tous dans le même âge cette plenitude de raiſon, qui eſt neceſſaire pour
la conduite des affaires, & qu'en quelques-uns c'eſt plûtôt, & en d'autres plus tard ; l'uſage de cette loy a rendu
neceſſaire celuy d'une loy arbitraire qui fit une regle commune pour tous. Ainſi il y a eu des Polices qui ont laiſſé
aux peres la liberté de regler juſqu'à quel âge leurs enfans devroient demeurer ſous la conduite d'un tuteur [a] :
& d'autres ont fixé un moment de l'âge, au deſſous duquel les perſonnes fuſſent dans cet état qu'on appelle minorité, & aprés lequel on devint majeur.

Ainſi, pour un dernier exemple il eſt du droit naturel,
que celuy qui achete n'abuſe pas de la neceſſité où ſe
trouve celuy qui vend, & n'achete pas à un trop vil prix [b].
Mais parce qu'il ſeroit d'une conſequence trop incommode dans le commerce, de rompre toutes les ventes où
la choſe venduë ne ſeroit pas à ſon juſte prix ; on a reglé

[a] Sub tutoribus, & actoribus eſt, uſque ad præfinitum tempus à patre. Gal. 4. 2.
[b] Quando vendes quippiam civi tuo, vel emes ab eo, ne contriſtes fratrem
tuum. Levit. 25. 14.

par une loy arbitraire, que les ventes ne pourroient être
refoluës à caufe de la vilité du prix, que dans le cas où un
heritage fe trouveroit vendu au deffous de la moitié de
fa jufte valeur. Et on diffimule pour le bien public l'injuftice des acheteurs au deffous de cette lefion, s'il ne
s'y trouve pas d'autres circonftances particulieres qui
obligent à rompre la vente.

Il faut remarquer dans tous ces exemples, & dans les
autres femblables des loix arbitraires, qui font des fuites
des loix immuables, que chacune de ces loix arbitraires
a deux caracteres, qu'il eft important d'y reconnoître, &
de diftinguer, & qui font comme deux loix en une. Car
il y a dans ces loix une partie de ce qu'elles ordonnent,
qui eft du droit naturel, & il y en a une autre qui eft arbitraire. Ainfi, la loy qui regle la legitime des enfans
renferme deux difpofitions ; l'une qui ordonne que les
enfans ayent part dans la fucceffion de leurs peres, &
c'eft une loy immuable : & l'autre qui regle cette portion
à un tiers, ou une moitié, ou plus, ou moins, & celle-cy
eft une regle arbitraire. Car ce pouvoit être ou les
deux tiers, ou les trois quarts, fi le legiflateur l'eût ainfi
reglé.

La feconde caufe des loix arbitraires a été l'invention
de certains ufages, qu'on a crû utiles dans la focieté.
Ainfi, par exemple, on a inventé les fiefs, les cens, les
rentes conftituées à prix d'argent, les retraits, les fubftitutions, & d'autres femblables ufages, dont l'établiffement a été arbitraire. Et ces matieres qui font de l'invention des hommes, & qu'on pourroit appeller par cette
raifon des matieres arbitraires, font reglées par un vafte
détail de loix de même nature.

Ainfi, l'on voit dans la focieté l'ufage de deux fortes de
matieres. Car il y en a plufieurs qui font fi naturelles, &
fi effentielles aux befoins les plus frequens, qu'elles ont
été toûjours en ufage, dans tous les lieux ; comme font
l'échange, le loüage, le dépôt, le prêt à ufage, & plufieurs autres conventions : les tutelles, les fucceffions,
& plufieurs autres matieres : & on a auffi l'ufage de ces

X I.
Loix immuables
renfermées dans ces
fortes de loix arbi-
traires.

X I I.
Seconde caufe des
loix arbitraires, les
matieres dont l'ufa-
ge a été inventé.

matieres inventées. Mais il faut remarquer que ces matieres même, dont les hommes ont inventé l'usage, ont toûjours leur fondement dans quelque principe de l'ordre de la societé. Ainsi, par exemple, les Fiefs ont leur fondement, non seulement sur la liberté generale de faire toute sorte de conventions, mais aussi sur l'utilité publique d'engager au service du Prince dans le temps de guerre ceux à qui les Fiefs & les Arrierefiefs ont été donnez, & leurs successeurs.

Ainsi les substitutions ont pour fondement la liberté generale de disposer de ses biens, la veuë de conserver les biens dans les familles, l'utilité d'ôter à de certains heritiers, ou legataires la liberté de disposer, dont ils pourroient faire un mauvais usage, & d'autres motifs semblables.

Il faut remarquer aussi sur le sujet de ces matieres inventées, qu'encore qu'il semble qu'elles ne doivent être reglées que par des loix arbitraires, elles ont neanmoins plusieurs loix immuables : de même qu'on voit que les autres matieres qu'on peut appeller naturelles ne sont pas seulement reglées par des loix naturelles & immuables, mais qu'elles ont aussi des loix arbitraires. Ainsi, c'est

une loy immuable dans la matiere des Fiefs, qu'on doit y garder les conditions reglées par le titre de la concession du fief. Ainsi dans la matiere naturelle des tutelles, c'est par une loy arbitraire qu'on a reglé le nombre des enfans qui exempte de cette charge. Desorte qu'on voit par ces exemples, & par les autres qui ont été déja remarquez, que dans toutes les matieres, & naturelles, & autres on a l'usage mêlé de loix immuables, & de loix arbitraires ; mais avec cette difference que dans les matieres na-

turelles il y a peu de loix arbitraires, & que la pluspart y sont des loix immuables : & qu'au contraire, il y a une infinité de loix arbitraires dans ces autres matieres qui ont été inventées. Ainsi, on voit dans le Droit Romain

que comme la pluspart des matieres qui s'y trouvent de nôtre usage, sont des matieres naturelles, les regles en sont aussi presque toutes des loix naturelles : & qu'au contraire

comme la plufpart des matieres de nos Coûtumes, font
de ces matieres arbitraires, la plus grande partie de leurs
regles, font arbitraires auffi, & differentes en divers lieux :
& on voit de même dans les matieres arbitraires qui
font reglées par les Ordonnances, que prefque toutes
leurs regles font auffi arbitraires.

Les loix arbitraires font donc de deux fortes, felon les
deux caufes qui les ont établies. La premiere eft de ces
loix arbitraires, qui ont été des fuites des loix naturelles,
comme celles qui reglent la legitime des enfans, l'âge de
majorité, & les autres femblables, & la feconde eft de
celles qui ont été inventées pour regler les matieres arbitraires, comme font les loix qui reglent les degrez de
fubftitutions, les droits de relief dans les fiefs, & les
autres femblables.

Toutes les loix arbitraires de ces deux efpeces font
contenuës dans quatre fortes de livres, dont nous avons
l'ufage en France, qui font les livres du Droit Romain,
le Droit Canonique, les Ordonnances, & les Coûtumes.
Ce qui fait que nous pouvons diftinguer, par une autre
vûë, quatre efpeces de loix arbitraires qui font en ufage
dans ce Royaume.

La premiere comprend quelques loix arbitraires du
Droit Romain que nous avons reçûës, & qui ont leur autorité par cet ufage que nous leur donnons, comme eft,
par exemple, cette loy, qui a été remarquée, de la refcifion
des ventes par la lefion de plus de moitié du jufte prix :
les loix qui reglent les formes des teftamens, le temps des
prefcriptions, & les autres qui font reçûës ou dans tout
le Royaume, ou feulement en quelques Provinces.

La feconde forte eft celle des regles arbitraires du
Droit Canonique, qui ont été reçûës dans nôtre ufage.
Comme font plufieurs regles dans les matieres beneficia-
les, & dans d'autres matieres Ecclefiaftiques : & quelques-unes même dans des matieres du Droit Civil.

La troifiéme eft des loix arbitraires qui font établies par
les Ordonnances de nos Rois. Comme celles qui reglent
les droits du domaine, les peines des crimes, l'ordre

XIX.

Le détail des ï
du droit naturel
recuëilly que da
Droit Romain.

XX.

Justice & a:
de toutes les ï
difference entre
des loix natu
& c.lles des
arb.traire;.

judiciaire, & plusieurs autres matieres de diverses natures.

La quatriéme sorte de loix arbitraires est de celles qu'on appelle coûtumes, telles qu'on en voit en la plûpart des Provinces, & qui reglent diverses matieres ; comme les fiefs, la communauté de biens entre le mary & la femme, les doüaires, les legitimes des enfans, le retrait lignager, le retrait feodal, & plusieurs autres. Et toutes ces Coûtumes sont autant de loix arbitraires, qui sur les mêmes matieres sont differentes en divers lieux. Et parce que ces coûtumes étoient une espece de loix, qui n'étant pas écrites, ne se conservoient que par l'usage, & que souvent cet usage étoit incertain, les Rois ont fait recuëillir, & rediger par écrit en chaque Province, & en chaque lieu les Coûtumes qui y étoient établies : & leur ont confirmé l'autorité de loix & de regles.

Nous avons donc en France, comme par tout ailleurs, l'usage des loix naturelles, & des loix arbitraires. Mais avec cette difference entre ces deux sortes de loix, que tout ce que nous avons de loix arbitraires, étant compris dans les Ordonnances, & dans les Coûtumes, & dans ces loix arbitraires du Droit Romain & du Droit Canonique que nous observons comme des Coûtumes ; toutes ces loix ont une autorité fixe & reglée. Mais pour les loix naturelles, comme nous n'en avons le détail que dans les livres du Droit Romain, & qu'elles y sont avec peu d'ordre, & mêlées avec beaucoup d'autres qui ne sont ni naturelles ni de nôtre usage ; leur autorité s'y trouve affoiblie par ce mélange, qui fait que plusieurs ou ne veulent, ou ne sçavent pas discerner ce qui est seurement juste & naturel, de ce que la raison & nôtre usage ne reçoivent point. Surquoy on peut remarquer ce qui en a été dit dans la Preface de ce livre.

On peut reconnoître par cette distinction des loix naturelles, & des loix arbitraires, & par les remarques qui ont été faites sur ces deux especes de loix, quels sont les differens caracteres de leur justice, & de leur autorité. Et comme c'est la justice, & l'autorité des loix qui leur donnent

nent

nent la force qu'elles doivent avoir fur nôtre raifon ; il eft important de confiderer , & de diftinguer quelle eft la juftice & l'autorité des loix naturelles , & quelle eft la juftice & l'autorité des loix arbitraires.

La juftice univerfelle de toutes les loix confifte dans leur rapport à l'ordre de la focieté dont elles font les regles. Mais il y a cette difference entre la juftice des loix naturelles , & la juftice des loix arbitraires , que les loix naturelles étant effentielles aux deux premieres loix , & aux engagemens qui en font les fuites, elles font effentiellement juftes : & que leur juftice eft toûjours la même , dans tous les temps & dans tous les lieux. Mais les loix arbitraires étant indifferentes à ces fondemens de l'ordre de la focieté , de forte qu'il n'y en a aucune qui ne puiffe être changée ou abolie fans les renverfer ; la juftice de ces loix confifte dans l'utilité particuliere qui fe trouve à les établir , felon que les temps & les lieux peuvent y obliger.

L'autorité univerfelle de toutes les loix confifte dans l'ordre Divin qui foûmet les hommes à les obferver, mais comme il y a de la difference entre la juftice des loix naturelles , & la juftice des loix arbitraires ; leur autorité fe diftingue auffi , d'une maniere proportionnée à la difference de leur juftice.

Les loix naturelles étant la juftice même, elles ont une autorité naturelle fur nôtre raifon. Car elle ne nous eft donnée que pour fentir la juftice & la verité, & nous y foûmettre. Mais parce que tous les hommes n'ont pas toûjours la raifon affez pure pour reconnoître cette juftice, ou le cœur affez droit pour y obeïr ; la Police donne à ces loix un autre empire indépendant de l'approbation des hommes , par l'autorité des puiffances temporelles qui les font garder. Mais l'autorité des loix arbitraires confifte feulement dans la force que leur donne la puiffance de ceux qui ont droit de faire des loix , & dans l'ordre de Dieu qui commande de leur obeïr.

Cette difference entre la juftice & l'autorité des loix naturelles & celle des loix arbitraires a cet effet, qu'au

lieu que les loix arbitraires ne pouvant être naturellement connuës aux hommes, elles font comme des faits
qu'on peut ignorer ; les loix naturelles étant eſſentiellement juſtes, & l'objet naturel de la raiſon ; on ne peut
dire qu'on les ignore, non plus qu'on ne peut dire qu'on
manque de la lumiere de la raiſon qui nous les enſeigne. Et
c'eſt pourquoy les loix arbitraires ne commencent d'avoir
leur effet qu'aprés qu'elles ont été publiées. Mais les loix
naturelles ont toûjours le leur ſans qu'on les publie. Et
comme on ne peut ni les changer, ni les abolir, & qu'elles
ont d'elles-mêmes leur autorité, elles obligent toûjours
les hommes, ſans qu'ils puiſſent prétendre de les ignorer.

XXI.
Remarque ſur la
diſtinction des loix
immuables qui ne
ſouffrent ni diſpen-
ſes, ni exceptions,
& de celles qui en
ſouffrent.

Mais quoyque les loix naturelles ou immuables ſoient
eſſentiellement juſtes, & qu'elles ne puiſſent être changées, il faut prendre garde de ne pas concevoir par cette
idée des loix naturelles, que parce qu'elles ſont immuables, & qu'elles ne ſouffrent point de changement, elles
ſoient telles, qu'il ne puiſſe y avoir d'exception d'aucune
des loix qui ont ce caractere. Car il y a pluſieurs loix immuables dont il y a des exceptions & des diſpenſes, ſans
que neanmoins elles perdent le caractere de loix immuables, comme au contraire il y en a pluſieurs qui ne ſouffrent ni de diſpenſe ni d'exception.

Cette difference qui diſtingue ces deux ſortes de loix a
ſon fondement ſur ce que les loix n'ont de juſtice & d'autorité, que par leur rapport à l'ordre de la ſocieté, & à
l'eſprit des premieres loix : de ſorte que s'il arrive qu'il
ſoit de cet ordre & de cet eſprit, d'en reſtreindre quelques-
unes ou par des exceptions, ou par des diſpenſes, elles reçoivent ces temperamens : & ſi rien ne peut être changé
ſans bleſſer cet eſprit, & cet ordre, elles ne ſouffrent ni de
diſpenſe ni d'exception. Mais celles même qui en ſouffrent, ne laiſſent pas d'être immuables, car il eſt toûjours vray qu'elles ne peuvent être abolies, & qu'elles
ſont toûjours des regles ſeures & irrevocables, quoy qu'elles ſoient moins generales à cauſe de ces exceptions, &
de ces diſpenſes. On reconnoîtra toutes ces veritez par
quelques exemples.

Ainſi les loix qui ordonnent la bonne foy, la fidelité, la ſincerité, & qui défendent le dol, la fraude, & toute ſurpriſe, ſont des loix dont il ne peut y avoir ni de diſpenſe, ni d'exception.

Ainſi au contraire, la loy qui défend de jurer ſouffre la diſpenſe du ſerment en juſtice, lorſqu'il faut rendre témoignage d'une verité : & on ſe ſert auſſi du ſerment pour affermir l'engagement de ceux qui entrent dans des Charges.

Ainſi la loy qui ordonne d'executer les conventions, ſouffre l'exception & la diſpenſe du mineur qui s'eſt legerement engagé contre ſon interêt.

Ainſi la loy qui ordonne que le vendeur garentiſſe ce qu'il a vendu de tout droit que tout autre pourroit y prétendre, ſouffre qu'on déroge à cette garentie, par une convention expreſſe qui décharge le vendeur de toute autre garentie que de ſon fait : ou parce qu'il vend par cette raiſon à un moindre prix, ou par d'autres motifs qui rendent juſte la décharge de la garentie.

Il eſt facile de reconnoître par ce peu d'exemples que ces exceptions, & ces diſpenſes ont leur fondement ſur l'eſprit des loix: & qu'elles ſont elles-mêmes d'autres loix qui n'alterent point le caractere des loix immuables dont elles ſont des exceptions. Et qu'ainſi toutes les loix ſe concilient les unes les autres, & s'accordent entre elles par l'eſprit commun qui fait la juſtice de toutes enſemble. Car la juſtice de chaque loy eſt renfermée dans ſes bornes, & aucune ne s'étend à ce qui eſt autrement reglé par une autre loy. Et il paroîtra dans toute ſorte d'exceptions, & de diſpenſes, qui ſont raiſonnables, qu'elles ſont fondées ſur quelques loix. De ſorte qu'il faut conſiderer les loix qui ſouffrent des exceptions, comme des loix generales qui reglent tout ce qui arrive communément; & les loix qui font des exceptions & des diſpenſes, comme des regles particulieres qui ſont propres à de certains cas ; mais les unes & les autres ſont des loix & des regles également juſtes, ſelon leur uſage, & leur étenduë.

XXII.
Fondement des exceptions, & des diſpenſes ; & leur nature.

i ij

Toutes ces reflexions fur la diftinction des loix immuables, & des loix arbitraires, fur leur nature,leur juftice, leur autorité, font aſſez voir combien il eſt important de conſiderer par toutes ces vûës quel eſt l'eſprit de
toutes les loix : de diſcerner leurs caracteres de loix immuables, ou de loix arbitraires : de diftinguer les regles
generales, & les exceptions, & de faire les autres diftinctions qu'on a remarquées, & on peut en dire le même
de celles dont il fera parlé dans la fuite. Cependant on
voit aſſez par l'experience, qu'encore qu'il n'y ait rien
de plus naturel, & de plus réel que les fondemens de
toutes ces remarques, pluſieurs paroiſſent ou les ignorer,
ou les mépriſer; & ne fentent pas même la ſimple difference entre les loix immuables, & les loix arbitraires.
De forte qu'ils les regardent toutes indiftinctement, comme n'ayant que la même nature,la même juftice, la même autorité, & le même effet. Car comme elles compofent toutes un mélange infini de regles de toutes les matieres & naturelles & inventées, & qu'elles n'ont qu'un
feul nom de loix; ils méconnoiſſent dans ce mélange les
caracteres qui les diftinguent, & prennent fouvent des
regles naturelles pour de ſimples loix arbitraires, fur tout
lorſque ces regles n'ont pas l'évidence des premiers principes dont elles dépendent, & qu'elles n'en font que des
conſequences un peu éloignées. Car alors n'appercevant
point la liaiſon de ces regles à leurs principes, ils ne
voyent pas auſſi le fondement, & la certitude de leur
verité.

Et comme au contraire les loix arbitraires font toûjours
en évidence, parce qu'elles font écrites, & qu'elles ne
contiennent que des diſpoſitions fenſibles, & qui la plûpart fe comprennent fans raiſonnement; ils reçoivent
bien plus d'impreſſion de l'autorité des loix arbitraires,
que de ces regles naturelles qui n'entrent pas toûjours
dans l'eſprit ſi fenſiblement : & lors qu'il arrive que le
défaut de cette veuë, & des autres reflexions neceſſaires pour le bon uſage des loix, & pour donner à chacune
fon jufte effet, fe trouve dans des eſprits peu juftes, &

remplis de la memoire d'un grand détail de loix de toute nature, il est dangereux qu'ils ne les regardent par de
fausses veuës, & qu'ils n'en fassent de mauvaises applications, sur tout lors qu'ils tâchent, comme le font plusieurs, de trouver des loix non pour la raison, mais pour
le parti qu'ils ont embrassé, & qu'ils ne pensent qu'à donner aux regles une étenduë proportionnée au sens dont ils
ont besoin.

Il est facile de voir par l'experience les manieres dont
s'égarent ceux qui confondent ainsi les loix : & on verra
par de simples reflexions sur les divers sentimens dans les
questions de toute nature, que ceux qui tombent dans
quelque erreur, ne s'y engagent que par le défaut de
quelqu'une de ces veuës : & que ceux qui raisonnent
juste, ne découvrent la verité, que parce qu'ils discer-
nent les manieres de distinguer, de choisir, & d'appliquer les regles, lors même qu'ils ne font pas de reflexi-
xions sur les principes naturels qui leur donnent ce difcernement.

Mais quoy qu'il soit aisé de concevoir, sans le secours
d'aucun exemple particulier, combien il est important
dans l'application des regles, de connoître leur nature,
leur esprit, & leur usage ; comme on pourroit croire, que
de tout ce qu'il est necessaire de considerer dans les loix,
rien n'est plus facile à voir que la distinction de celles qui
font naturelles & immuables, & de celles qui font arbitraires : & qu'il semble qu'on ne sçauroit se tromper par
le défaut de cette veuë ; il est important de faire voir,
par un exemple assez remarquable, qu'il y a souvent du
danger qu'on ne s'égare faute de ce discernement, quoyque si facile.

Tous ceux qui ont quelque connoissance du droit Romain, peuvent sçavoir cette loy tirée d'une decision de
Papinien, qui veut, que la substitution pupillaire excluë
la mere de sa legitime. C'est à dire, que si un pere substituë
ou un parent, ou un étranger à son fils, pour luy succeder en cas qu'il meure avant l'âge de puberté ; ce substitué luy succedera, quand même la mere de cet enfant

luy auroit survêcu : & par cette substitution elle sera privée de sa legitime *a*.

Cette decision est fondée sur cette pensée de Papinien, que ce n'est pas le fils qui prive sa mere de ses biens, mais que c'est le pere, qui par la liberté qu'il avoit d'en disposer, les a fait passer au substitué.

Si on examine cette decision, il paroîtra que ce qui faisoit la question, étoit l'opposition apparente entre une loy naturelle & une loy arbitraire : & qu'on a préferé à la loy naturelle qui appelloit la mere à la succession de son fils, la loy arbitraire qui permettoit au pere de substituer, étendant cette liberté jusqu'à priver la mere de sa legitime pour faire passer les biens au substitué.

On ne rapporte pas icy cet exemple pour diminuer l'estime de ce Jurisconsulte si celebre. Mais on sçait qu'il jugeoit ainsi, selon les principes de cette ancienne Jurisprudence des Romains, qui favorisoit la liberté de disposer par un testament, & qui avoit été au commencement jusqu'à cet excés, que les peres pouvoient desheriter leurs enfans sans cause. C'étoit par l'esprit de ce principe, qu'il inventa cette subtilité, que ce n'étoit pas le fils qui faisoit ce tort à sa mere, mais que c'étoit le pere, *quia pater hoc ei fecit.*

Ainsi cette decision n'étant fondée que sur le principe de cette liberté sans bornes de disposer de ses biens par un testament, au préjudice même de la legitime des enfans, qui est un principe qui n'est ni naturel, ni de nôtre usage ; nous ne devons pas prendre pour regle une subtilité, qui pour favoriser ce principe, privoit ce fils de sa legitime sur les biens de son pere, & la mere de la sienne sur ceux de son fils ; car cette decision faisoit passer tous les biens du testateur au substitué, sans que le fils en pût rien transmettre à ses heritiers.

On peut donc mettre cette subtilité au nombre de plusieurs autres du droit Romain que nous rejettons, parce qu'il n'est reçû en France que comme la raison écrite, &

---

a Sed nec impuberis filii mater, inofficiosum testamentum dicit, quia pater hoc ei fecit, & ita Papinianus respondit. *l.* 8. §. 5. *ff. de inoff. test.*

que ces subtilitez bleſſant le droit naturel, bleſſent la raiſon. Et quoy qu'on n'ait pas beſoin d'autorité pour prouver qu'on doit préferer à ces ſubtilitez le droit naturel,
on pourroit fonder cette verité ſur l'autorité de ce même
Juriſconſulte, qui dans une autre queſtion aſſez ſemblable a decidé en faveur du droit naturel. C'étoit dans une
autre ſubſtitution faite par un pere à ſon petit fils, en cas
qu'il mourût avant l'âge de trente ans, & qui vouloit
qu'en ce cas les biens fuſſent rendus à un fils de ce teſtateur, oncle de ce petit fils. Le cas arriva, il mourut avant
l'âge de trente ans, mais laiſſant des enfans. Et par cette
circonſtance Papinien decida en faveur de ces enfans,
que la ſubſtitution étoit aneantie ; par cette raiſon qu'il
étoit de l'équité de conjecturer, que le teſtateur ne s'é-
toit pas aſſez exprimé, & qu'encore qu'il n'eût pas parlé
du cas où ſon petit fils auroit des enfans, il n'avoit pas
entendu priver ces enfans de la ſucceſſion de leur pere [a].
Une pareille conjecture dans le premier cas de la ſubſtitution pupillaire auroit pû faire préſumer, que le pere
n'avoit pas prévû que le fils dût mourir avant ſa mere : &
il étoit plus facile au pere dans le ſecond cas, de prévoir
que ſon petit fils pourroit avant trente ans avoir des enfans, qu'à l'autre dans le premier cas de la ſubſtitution
pupillaire de prévoir que le petit fils ne dût pas ſurvivre
à ſa mere. Ainſi on pourroit préſumer que ſon intention
n'étoit d'appeller le ſubſtitué qu'en cas que la mere ne
fût pas vivante quand le fils mourroit.

Que s'il eſt important de ne pas bleſſer l'équité naturelle par des ſubtilitez, & de fauſſes conſequences tirées
des loix arbitraires, comme on le voit dans cet exemple, &
qu'il ſeroit aiſé de le voir en d'autres ; il faut prendre garde
auſſi, que ſous prétexte de préferer les loix naturelles aux
loix arbitraires, on n'étende une loy naturelle au delà
des juſtes bornes que luy donne une loy arbitraire qui la

X X V.
*Peril de bleſſer le
droit naturel, ſous
l'apparence de le pré-
ferer à une loy arbi-
traire.*

---

[a] Cùm avus filium ac nepotem ex altero filio heredes inſtituiſſet, à nepote
petiit, ut, ſi intra annum trigeſimum moreretur, hereditatem patruo ſuo reſti-
tueret. Nepos liberis relictis, intra ætatem ſupraſcriptam vita deceſſit, fidei-
commiſſi conditionem, conjectura pietatis, reſpondi defeciſſe, quod minus
ſcriptum, quàm dictum fuerat, inveniretur. *l*. 102. *ff. de condit. & demonſt.*

concilie avec une autre loy naturelle, & qui donne à l'une
& l'autre leur juste effet. Et qu'ainsi on ne blesse cette autre loy naturelle pensant ne toucher qu'à la loy arbitraire. Ainsi, par exemple, c'est une loy naturelle, que celuy
qui a donné sujet à quelque dommage, soit obligé à le reparer. Mais si on donnoit à cette loy une telle étenduë
qu'on obligeât le debiteur qui n'auroit pas payé au terme, à reparer tout le dommage que souffriroit le creancier faute de son payement; comme si son bien avoit été
saisi & vendu, ou si sa maison étoit tombée en ruine pour
n'avoir pas eu cet argent qu'il auroit employé à la reparer; une semblable application de cette loy toute juste &
toute naturelle, qui oblige à reparer le dommage qu'on
a causé, seroit injuste, parce qu'elle blesseroit une loy arbitraire qui regle tous les dommages, où le debiteur peut
être obligé faute de payement, à ce dédommagement
qu'on appelle interêt & qui est fixé à une certaine portion
de la somme deuë, qui est presentement la vingtiéme : &
qu'en blessant cette loy arbitraire, on blesseroit deux loix
naturelles qui en sont le fondement. L'une qui ne permet
pas que les hommes répondent des évenemens imprévûs,
qui sont plûtôt des effets de l'ordre divin & des cas fortuits, que des suites qu'on puisse leur imputer raisonnablement : & l'autre qui veut que la diversité infinie des differens dommages que souffrent les creanciers qui ne sont
pas payez, soit reglée à un dédommagement uniforme &
commun à tous les cas qui ont cette même cause commune du défaut de payement au terme, sans qu'on distingue
les évenemens qui causent les differentes especes de pertes. Car outre que la difference des pertes est un effet de
la difference des cas fortuits, dont personne ne doit répondre; la diversité des dédommagemens seroit une source d'autant de procés, qu'il y auroit de creanciers qui
prétendroient se distinguer par la qualité de la perte que
le défaut de payement leur auroit causée a.

On voit de nouveau dans cet exemple, comme on a

déja

déja vû dans les autres qui ont été rapportez pour faire
voir la neceffité des loix arbitraires, qu'il y a des difficultez où il eft neceffaire de fixer un reglement general par
une loy arbitraire. Mais il y a une infinité d'autres fortes
de difficultez qui naiffent tous les jours dans l'application
des loix fur les differens entre particuliers, où il n'eft ni
neceffaire, ni poffible d'établir des regles précifes, & les
decifions de ces fortes de difficultez dépendent de ceux
qui ont à les juger, ce qui demande d'une part la jufteffe
du fens, & de l'autre une connoiffance des principes & du
détail des regles, pour juger de l'oppofition apparente
entre les regles qui fondent les fentimens contraires, &
qui font naître la difficulté, & pour difcerner par l'efprit
de ces regles, les bornes & l'étenduë qu'il faut leur donner, & les confequences qui fuivront de borner trop l'u-
ne ou l'autre, ou de la trop étendre. C'eft par ces vûës,
& les autres des principes de l'interpretation des loix,
dont on a déja parlé, & de ceux qui feront expliquez en
leurs lieux, qu'on peut fe déterminer à de juftes applications des regles.

Ce qu'on remarque icy de la neceffité de connoître le
détail des loix, regarde principalement les loix naturelles.
Car encore qu'il femble que la raifon enfeigne les loix
naturelles, & qu'il foit plus facile de les bien entendre
que les loix arbitraires, qui font naturellement inconnuës; il eft bien plus difficile, & auffi plus important
de bien fçavoir les loix naturelles que les loix arbitraires,
parce qu'au lieu que celles-cy font plus bornées, &
qu'il ne faut pour les apprendre que de la memoire; les
loix naturelles, qui reglent les matieres plus communes
& plus importantes, font en bien plus grand nombre:
& elles font proprement l'objet de l'entendement. Ainfi
il y a deux caufes qui rendent neceffaire une étude folide
de ces loix.

La premiere de ces caufes eft que ces regles naturelles
étant en tres-grand nombre, leur diverfité & leur multitude fait qu'elles ne fe prefentent pas toutes à la vûë de
tout le monde: & la raifon feule ne fuffit à perfonne pour

XXVIII.
Néceffité de l'étude des loix naturelles, caufes de cette necef- fité.

les trouver, & les appliquer à tous les befoins, comme
on le verra par la fimple lecture de toutes ces regles dans
le détail des matieres.

La feconde caufe de la neceffité de bien fçavoir les loix
naturelles, eft que ces loix font les fondemens de toute la
fcience du Droit : & que c'eft toûjours par des raifonnemens tirez des loix naturelles qu'on examine, & qu'on
refout les queftions de toute nature, foit qu'elles naiffent
de l'oppofition apparente des deux loix naturelles, ou de
celle d'une loy naturelle à une loy arbitraire, ou feulement
de l'oppofition entre deux loix arbitraires ; car il en naît
une infinité de toutes ces fortes. Et il eft facile de voir que
comme pour decider les queftions il faut raifonner fur la
nature & l'efprit des regles, fur leur ufage, fur leurs bornes, fur leur étenduë, & fur d'autres femblables vûës ; on
ne peut fonder les raifonnemens, ni former les decifions,
que fur les principes naturels de la juftice & de l'équité.

Il faut encore remarquer fur cette neceffité de l'étude
des loix naturelles, qu'elles font de deux fortes. L'une eft
de celles dont l'efprit eft convaincu fans raifonnement par
l'évidence de leur verité, telles que font ces regles, que
les conventions tiennent lieu de loix à ceux qui les font,
que le vendeur doit garentir, que le depofitaire doit rendre le depôt. Et l'autre eft de ces regles qui n'ont pas
cette évidence, & dont on ne découvre la certitude que
par quelque raifonnement, qui faffe voir leur liaifon aux
principes d'où elles dépendent. On reconnoîtra par des
exemples cette feconde forte de regles, & la neceffité de
l'étude pour les fçavoir.

Si une perfonne qui n'a point d'enfans fait une donation
de fes biens, & qu'aprés elle ait des enfans ; c'eft une regle que la donation ne fubfifte plus : & cette regle eft d'une
équité toute naturelle & toute évidente. Car la nature
deftine aux enfans les biens de leurs peres *a* : & il étoit fous-
entendu, que celuy qui donnoit n'ayant point d'enfans,
n'auroit pas donné s'il en avoit eu, ou efperé d'en avoir, ce
qui faifoit une condition tacite dans fa donation, qu'elle

a Si filii & heredes. *Rom.* 8. 17. *Efd.* 1. 9. 12.

ne fubfifteroit qu'en cas qu'il n'eût point d'enfans. Mais
s'il arrive que ces enfans furvenus aprés la donation, meurent avant que le donateur ait fait aucune démarche pour
la revoquer ; il naît un doute de fçavoir fi la donation eft
confirmée par cette mort des enfans, ou fi elle demeure
nulle. Et il n'eft pas fi clair que la donation foit nulle en
ce cas, comme il eft clair qu'elle eft nulle quand les enfans vivent. Car comme la donation n'étoit revoquée
qu'en faveur des enfans, on peut douter fi ce motif ceffant quand ils ne font plus, la loy qui annulloit la donation doit ceffer auffi, & fi la donation ne doit pas reprendre fes forces : ou fi au contraire la donation une fois
aneantie par la naiffance des enfans, ne l'eft pas pour toûjours ; de forte que cette naiffance faffe revenir les biens
dans la famille pour y demeurer, felon l'expreffion de la
loy du Droit Romain qui a fait la regle de la revocation
des donations par la naiffance des enfans. Car il eft dit
dans cette loy, que les biens retournent au donateur pour
en demeurer le maître, & en difpofer à fa volonté *a*. Ce
qui femble decider tacitement que la donation demeure
annullée : & cette regle eft du nombre de celles dont l'é-
vidence n'eft pas fi parfaite.

On n'ajoûtera qu'un fecond exemple entre mille femblables qu'on voit dans les loix. Si deux perfonnes qui
plaident enfemble, tranfigent & reglent leur different ;
perfonne ne doute qu'il ne faille executer la tranfaction.
Et c'eft une regle qui s'entend, fans qu'on en raifonne.
Mais s'il arrive que le procés étant en état d'être jugé,
il foit rendu un Arreft avant que les parties ayent tranfigé, & qu'elles tranfigent enfuite, dans l'ignorance de cet
Arreft ; on ne voit pas avec la même évidence, fi la tranfaction annulle l'Arreft, ou fi l'Arreft annulle la tranfaction. Car en general la regle veut qu'on execute les tranfactions, mais dans le cas d'une tranfaction fur un procés
qui étoit déja terminé par un Arreft, cette regle ceffe ;
parce qu'on ne tranfige que fur les differents qui font
indecis : & qu'on ne fe relâche de fon droit que par la

a V. l'article 4. de la Section 3. des donations.

crainte & dans le peril d'un évenement defavantageux.
Ainfi dans le cas où le different n'eft plus indecis,& où il
n'y a plus d'incertitude, ni de peril, l'ignorance où étoit
celuy en faveur de qui l'Arreft a jugé, ne doit pas empêcher l'effet que donne l'autorité de la chofe jugée à la
verité & à la juftice. Et c'eft ainfi que la loy le regle quand
ce font des jugemens dont il n'y a point d'appel. Et cette
regle eft encore de celles qui n'ont pas d'elles-mêmes une
telle évidence, que perfonne ne puiffe en douter *.

On voit dans ces deux exemples la difference entre les
regles dont l'équité fe reconnoît d'abord fans raifonnement, & celles où cette équité ne fe découvre que par
quelques reflexions. Mais quoy qu'il foit vray dans ces
exemples,& en une infinité d'autres femblables, que dans
les cas où l'équité naturelle ne forme pas fi évidemment
la decifion,il femble qu'on pourroit indifferemment prendre pour regle & l'un & l'autre des avis contraires, &
qu'ainfi la regle qui eft choifie ne devroit pas être regardée comme une loy naturelle, mais feulement comme une
loy arbitraire; il eft pourtant vray que toutes les regles de
cette nature, dont il y a un fi grand nombre dans le Droit
Romain,& qui déterminent à l'une des opinions oppofées
par quelque principe de l'équité naturelle, font confiderées non comme des loix fimplement arbitraires, mais
comme des loix naturelles & où la raifon de l'équité a
prévalu & formé la decifion. Et auffi regardons-nous toutes ces fortes de loix comme la raifon écrite, c'eft-à-dire,
ce que la raifon choifit entre les fentimens oppofez. Et
nous ne confiderons comme loix fimplement arbitraires,
que celles dont les difpofitions font telles, qu'on ne fçauroit dire qu'une loy differente fût contraire aux principes
de l'équité. Ainfi, par exemple, il eft tout à fait indifferent
à l'équité naturelle, que pour les mutations des fiefs il foit
dû un droit de relief, ou autre femblable, ou qu'il n'en
foit dû aucun autre que le fimple hommage : que les lots
foient dûs feulement pour les ventes, ou qu'ils foient dûs
pour toutes fortes d'acquifitions : qu'il y ait un douaire

* V. l'article 7. de la Se.1 2. des Tranfactions.

coûtumier fans convention , ou qu'il n'y en ait point, fi
on n'en convient. Et auffi ces fortes de chofes, & les autres femblables font differemment reglées en divers
lieux , fans qu'en aucun on puiffe prétendre que ces re-
g.es foient des loix naturelles : & on ne les reçoit que par
la fimple autorité de l'ufage, & comme des loix purement
arbitraires. Mais les regles qui fe tirent des decifions
rapportées dans le Droit Romain , telles que font celles
qu'on vient de remarquer , ont le caractere de loix naturelles, par les principes de l'équité naturelle d'où elles
font tirées.

C'eft encore une remarque neceffaire fur le fujet de
la diftinction des loix naturelles & des loix pofitives ou
arbitraires, qu'il y a quelques regles du droit naturel
qui femblent quelquefois être abolies par des loix contraires, comme fi c'étoient feulement des loix arbitraires.
Ainfi, la loy qui appelle à la fucceffion d'un pere les filles
avec les mâles , eft une loy toute naturelle, & cependant
elle étoit fans ufage dans la loy que Dieu même avoit
donnée aux Juifs , car les filles ne fuccedoient point à
leurs peres, quand il y avoit des mâles. Et ce fut même
une queftion digne d'avoir Dieu pour Juge, de fçavoir fi
des filles fe trouvant fans freres pouvoient fucceder aux
biens de leurs peres. Et Dieu commanda qu'en ce cas
elles fuccedaffent *a*.

Mais quoy qu'il femble par cette loy qui excluoit ainfi
les filles, qu'on puiffe dire ou qu'il n'eft donc pas du droit
naturel que les filles fuccedent , ou que le droit naturel
peut être aboli ; il eft pourtant vray qu'il a toûjours été,
& fera toûjours du droit naturel que les filles , qui font
du nombre des enfans , fuccedent à leurs peres : & toûjours vray auffi, que le droit naturel ne s'abolit point.
Mais un autre principe d'équité naturelle excluoit les filles de fucceder avec leurs freres,& fans qu'il fût fait d'injuftice aux filles. Car au lieu du droit de fucceder, la loy
leur donnoit une dot pour les marier *b*, & cette condition

XXX.
*Loix naturelles qui
femblent quelquefois
abolies.*

a *Num. 27.*
b *Exod. 21. 9. 22. 17.*

k iij

des filles n'avoit rien qui ne fût jufte, & qui ne fût même naturel, parce qu'avec leur dot elles trouvoient dans la famille où elles entroient les avantages qu'elles pouvoient laiffer à leurs freres. Et nous voyons des Coûtumes dans ce Royaume, où les filles mariées par leurs peres, même fans dot, font privées de toutes fucceffions, quoy qu'elles n'y renoncent pas, fi ce n'eft que le droit de fucceder leur foit refervé, parce que les peres ayant placé leurs filles dans d'autres familles par le mariage, cet établiffement leur tient lieu de tout patrimoine, & de toute part aux fucceffions. Ainfi ces loix qui excluent les filles quand il y a des mâles, ne derogent pas au droit naturel qui appelle les filles aux fucceffions; mais elles leur donnent au lieu de ce droit, un autre avantage qui leur en tient lieu.

XXXI.
Differens effets de quelques loix naturelles.

Il faut enfin remarquer fur ce même fujet des loix naturelles, qu'il y en a quelques-unes qui, quoy qu'elles foient reconnuës pour telles dans toutes les polices, n'ont pas neanmoins par tout la même étenduë, & le même ufage. Ainfi, il n'y a point de Police, où l'on ne reconnoiffe qu'il eft du droit naturel que les freres, & les autres collateraux fuccedent à ceux qui ne laiffent ni defcendans, ni afcendans; mais ce droit eft confideré bien differemment en divers lieux. Car dans les Provinces de ce Royaume qui fe reglent par les Coûtumes, le droit des heritiers du fang eft tellement regardé comme une loy naturelle, que ces Coûtumes ne reconnoiffent pas même d'autres heritiers, & qu'elles leur affectent une partie des biens plus grande en quelques lieux, & moindre en d'autres, mais qui dans toutes ces Coûtumes eft appellée l'heredité qu'on ne peut leur ôter; de forte qu'on ne peut difpofer à leur préjudice, que du refte des biens. Mais dans les autres Provinces, qui ont pour leur Coûtume le droit écrit, chacun a la liberté de priver fes collateraux, & même fes freres de tous fes biens, & de les donner à des étrangers. De forte que la loy naturelle qui appelle les heritiers du fang, perd fon ufage dans ces Provinces, lors qu'ils font exclus par un teftament, &

n'a son effet que pour les successions ab intestat.

On voit par cette étenduë que donnent ces Coûtumes au droit naturel qui appelle les collateraux , & par les bornes que donne le droit écrit à ce même droit , qu'on n'a pas par tout la même idée du droit naturel qui appelle les collateraux aux successions ; au lieu que par tout on a la même idée de presque toutes les autres regles du droit naturel , & qu'on leur donne le même effet. Car , par exemple , toutes les polices reçoivent également les regles naturelles de l'équité , qui obligent les heritiers à acquiter les charges de la succession, & les contractans à executer leurs conventions , & autres semblables.

Cette difference entre l'usage uniforme par tout de presque toutes les regles naturelles de l'équité , & les diverses manieres d'étendre ou borner celle qui appelle les collateraux aux successions, vient de ce qu'il n'y a aucune regle qui conduise à rien de contraire à ces sortes de regles qui s'observent de même par tout, au lieu qu'il y a une regle qui conduit à borner celle qui appelle les collateraux aux successions. Car les loix permettent qu'on fasse des dispositions de ses biens par un testament , & l'usage de cette liberté diminuë necessairement le droit des heritiers du sang. Et comme la nature ne fixe pas cette liberté à un certain point, le droit écrit l'a étenduë jusqu'à disposer de tous les biens au préjudice des collateraux : Et les Coûtumes l'ont bornée à une certaine partie des biens ; quoyque ces mêmes Coûtumes permettent de priver les collateraux de toute part aux successions par des donations entre-vifs ; parce qu'il y a cette difference entre les donations entre-vifs , & les dispositions à cause de mort, qu'en celles cy on ne dépoüille que son heritier, & que dans les autres on se dépoüille soy-même de ce que l'on donne.

Il ne reste pour finir cette premiere distinction des loix immuables , & des loix arbitraires , que de remarquer , que cette distinction renferme celle des loix divines & humaines, & encore celle des loix naturelles & positives , ou plûtôt que ces trois distinctions n'en font qu'une

XXXII. Loix divines & humaines , naturelles & positives.

feule, car il n'y a de loix naturelles , & immuables que
celles qui viennent de Dieu : & les loix humaines font
des loix pofitives & arbitraires , parce que les hommes
peuvent les établir, les changer, & les abolir.

XXXIII.
Remarque fur ce mot de loix divines.

On pourra penſer que les loix divines ne font pas toutes immuables, puiſque Dieu a luy-même aboli pluſieurs de celles qu'il avoit données aux Juifs, parce qu'elles ne convenoient pas à l'état de la loy nouvelle. Mais il
eſt toûjours vray que ces loix même étoient immuables à
l'égard des hommes, & que les loix divines qui reglent
nôtre état preſent, ne font plus fuſceptibles d'aucun
changement. Sur quoy il faut remarquer, qu'on reſerve
la dignité de ce nom de loix divines à celles qui regardent les devoirs de la Religion , comme font les deux
premieres loix , le Decalogue, & tout ce qu'il y a de
préceptes dans les Livres faints fur la foy , & les mœurs :
Et que pour le détail des regles immuables de l'équité,
qui regardent les matieres des contracts, des teſtamens,
des preſcriptions, & des autres matieres des Loix Civiles ; quoique ces regles ayent leur juſtice dans la loy divine qui en eſt la ſource, on ne leur donne que le nom
de loix naturelles, ou du droit naturel, parce que Dieu
les a gravées dans nôtre nature, & qu'il les a renduës
tellement inféparables de la raiſon, qu'elle fuffit pour
les connoître, & que ceux-même qui ignorent les premiers préceptes, & l'eſprit de la loy divine, connoiſſent
ces regles, & s'en font des loix.

XXXIV.
Diſtinction des loix de la Religion, & des loix de la Police.

Aprés cette premiere diſtinction des loix immuables &
des loix arbitraires, il en faut remarquer une ſeconde qui
comprend auſſi toutes les loix fous deux autres idées : l'une
des loix de la Religion, & l'autre des loix de la Police :
& ce font deux diſtinctions qu'il ne faut pas confondre,
comme ſi toutes les loix de la Religion, étoient des loix
immuables, & que toutes les loix de la Police fuſſent
feulement des loix arbitraires. Car il y dans la Religion
pluſieurs loix arbitraires, & la Police a beaucoup de loix
immuables. Ainſi, il y a dans la Religion des loix qui
reglent de certaines ceremonies de l'exterieur du culte
.divin

divin, ou quelques points de la difcipline Ecclefiaftique,
qui font des loix arbitraires établies par l'autorité des
puiffances fpirituelles : & il y a dans la Police des loix
immuables, telles que font celles qui commandent l'o-
beïffance aux puiffances, celles qui ordonnent de rendre
à chacun ce qui luy appartient, & de ne faire tort à perfonne : celles qui commandent la bonne foy, la fincerité,
la fidelité, & qui condamnent le dol & les tromperies :
& une infinité de regles particulieres qui dépendent de
ces premieres. De forte qu'il eft commun & à la Religion,
& à la Police d'avoir tout enfemble l'ufage des loix immuables, & celuy des loix arbitraires, & qu'il faut par
confequent diftinguer par d'autres vûës les loix de la Religion, & celles de la Police.

Les loix de la Religion font celles qui reglent la conduite de l'homme par l'efprit des deux premieres loix, &
par les difpofitions interieures qui le portent à tous fes
devoirs, & envers Dieu, & envers foy-même, & envers
les autres, foit dans le particulier, ou en ce qui regarde
l'ordre public. Ce qui comprend toutes les regles de la
foy & des mœurs, & auffi toutes celles de l'exterieur du
culte divin, & de la difcipline Ecclefiaftique.

Les loix de la Police font celles qui reglent l'ordre exterieur de la focieté entre tous les hommes, foit qu'ils
connoiffent, ou qu'ils ignorent la Religion, foit qu'ils en
obfervent les loix, ou qu'ils les méprifent.

On peut juger par ces premieres remarques des loix
de la Religion & de celles de la Police, qu'elles ont des
regles qui leur font communes, & que l'une & l'autre en
ont qui leur font propres.

X X X V.
La Religion & la
Police ont des loix
communes, & cha-
cune a fes loix pro-
pres, Exemples de
ces trois fortes.

Ainfi les loix qui commandent la foûmiffion à la puiffance naturelle des parens, & à l'autorité des puiffances
fpirituelles & temporelles,felon l'étenduë de leur miniftere : celles qui ordonnent la fincerité, & la fidelité dans
le commerce : celles qui défendent l'homicide, le larcin,
l'ufure, le dol, & les autres femblables font des loix qui
font de la Religion, parce qu'elles font effentielles aux
deux premieres loix, & elles font auffi de la Police,parce

qu'elles font effentielles à l'ordre de la focieté ; ainfi elles font communes & à la Religion, & à la Police. Mais les loix qui regardent la foy, & l'interieur des mœurs, & celles qui reglent les ceremonies du culte divin, & la difcipline Ecclefiaftique, font des loix propres à la Religion : & les loix qui reglent les formalitez des teftamens, le temps des prefcriptions, la valeur de la monnoye publique, & les autres femblables, font des loix propres à la Police.

XXXVI.
Les loix communes à la Religion & à la Police ont leurs fins differentes dans l'une & dans l'autre.

Mais il faut remarquer fur le fujet des loix qui font communes & à la Religion, & à la Police, qu'elles ont en chacune un ufage different de celuy qu'elles ont dans l'autre. Car dans la Religion ces loix obligent à une intention droite dans le cœur, qui n'en accompliffe pas feulement la lettre dans l'exterieur, mais qui en obferve l'efprit dans l'interieur : & dans la Police, on y fatisfait en les obfervant dans l'exterieur, & n'entreprenant rien contre leurs défenfes. De forte qu'encore que la Religion & la Police ayent leur principe commun dans l'ordre divin, & leur fin commune de regler les hommes; elles font diftinguées dans leur conduite, en ce que la Religion regle l'interieur & les mœurs de l'homme pour le porter à tous fes devoirs, & que la Police n'exerce fon miniftere que fur l'exterieur indépendamment de l'interieur.

XXXVII.
Differences entre les loix arbitraires de la Religion, & les loix arbitraires de la Police.

Il faut auffi remarquer cette difference, entre les loix arbitraires de la Religion, & les loix arbitraires de la Police, que celles-cy s'appellent communément des loix humaines, parce que ce font des loix que les hommes ont établies, & que c'eft la raifon humaine, qui en eft le principe ; mais qu'encore que les loix arbitraires de la Religion foient établies auffi par des hommes, on ne les appelle pas des loix humaines, mais des conftitutions canoniques, ou des loix de l'Eglife, parce qu'elles ont leur principe dans la conduite de l'efprit divin qui regle l'Eglife.

Il n'eft pas neceffaire de s'étendre davantage icy fur cette diftinction des loix de la Religion & des loix de la Police. Il ne refte que de confiderer l'ordre general des

loix de la Police temporelle, pour y reconnoître le rang
des loix civiles.

Les loix de la Police temporelle font de plufieurs fortes, felon les differentes parties de l'ordre de la focieté
dont elles font les regles.

X X X V I I I.
*Des loix de la
Police temporelle.*

Comme tout le genre humain compofe une focieté univerfelle, divifée en diverfes Nations qui ont leurs gou-
vernemens feparez, & que les Nations ont entre elles de
differentes communications; il a été neceffaire qu'il y
eût des loix qui reglaffent l'ordre de ces communications,
& pour les Princes entre eux, & pour leurs fujets, ce qui
renferme l'ufage des Ambaffades, des Negociations, des
Traitez de Paix, & toutes les manieres dont les Princes
& leurs fujets entretiennent les commerces, & les autres
liaifons avec leurs voifins. Et dans les guerres même il y a
des loix qui reglent les manieres de declarer la guerre,
qui moderent les actes d'hoftilité, qui maintiennent l'u-
fage des Mediations, des Treves, des Sufpenfions d'armes, des Compofitions, de la feureté des ôtages, & d'autres femblables.

X X X I Xr
Droit des gens.

Toutes ces chofes n'ont pû être reglées que par quelques loix : & comme les Nations n'ont aucune autorité
pour s'en impofer les unes aux autres; il y a deux fortes
de loix, qui leur fervent de regles. L'une des loix naturelles de l'humanité, de l'hofpitalité, de la fidelité, &
toutes celles qui dépendent de ces premieres, & qui reglent les manieres dont les peuples de differentes Nations doivent ufer entre eux en paix, & en guerre. Et l'autre eft celle des reglemens dont les Nations conviennent
par des traitez, ou par des ufages qu'elles établiffent &
qu'elles obfervent reciproquement. Et les infractions de
ces loix, de ces traitez, & de ces ufages font reprimées
par des guerres ouvertes, par des reprefailles, & par
d'autres voyes proportionnées aux ruptures, & aux entreprifes.

Ce font ces loix communes entre les Nations qu'on
peut appeller & que nous appellons communément le
droit des gens; quoique ce mot foit pris en un autre fens

dans le Droit Romain, où l'on comprend sous le droit des gens les contracts même ; comme les ventes, les loüages, la societé, le dépôt, & autres, par cette raison qu'ils sont en usage dans toutes les Nations *a*.

La Police universelle de la societé qui regle les liaisons entre les Nations par le droit des gens, regle chaque Nation par deux sortes de loix.

X L.
Droit public.

La premiere est de celles qui regardent l'ordre public du gouvernement, comme sont ces loix qu'on appelle les loix de l'Etat, qui reglent les manieres dont les Princes Souverains sont appellez au gouvernement, ou par succession, ou par élection : celles qui reglent les distinctions, & les fonctions des charges publiques, pour l'administration de la justice, pour la milice, pour les finances, & de ces charges qu'on appelle Municipales : celles qui regardent les droits du Prince, son domaine, ses revenus : la Police des Villes, & tous les autres reglemens publics.

X L I.
Droit privé, ou qui regle les affaires entre particuliers.

La seconde est de ces loix qu'on appelle le droit privé, qui comprend les loix qui reglent entre les particuliers les conventions, les contracts de toute nature, les tutelles, les prescriptions, les hypotheques, les successions, les testamens, & les autres matieres semblables.

X L I I.
Droit Civil, ou loix civiles.

Ce sont ces loix, qui reglent ces matieres entre particuliers, & les differens qui en peuvent naître, qu'il semble que la plûpart entendent communément par le Droit Civil. Mais cette idée comprendroit aussi dans le Droit Civil plusieurs matieres du droit public, du droit des gens, & même du droit Ecclesiastique, puis qu'il arrive souvent des affaires & des differens entre les particuliers dans des matieres du droit public, comme par exemple, dans les fonctions des charges, dans la levée des deniers publics, & en d'autres semblables : & qu'il en arrive aussi dans des matieres du droit des gens, par des suites des guerres, des represailles, des traitez de paix : & même dans des matieres Ecclesiastiques, comme pour les Benefices, & autres. Et enfin la distribution de la justice aux particuliers renferme l'usage de plusieurs loix qui sont

a l. 5. ff. de just. & jur. §. 2. in fine inst. de jur. nat. gent. & civ.

des reglemens generaux de l'ordre public , comme celles qui établissent les peines des crimes , celles qui reglent l'ordre judiciaire, les devoirs des Juges , & leurs differentes jurifdictions. De forte qu'il eft difficile de fe former une jufte idée , qui diftingue nettement & précifement les loix civiles du droit public , & des autres efpeces de loix.

C'eft ce mélange de toutes ces diverfes fortes de loix qui diverfifie les manieres de les diftinguer , & qui fait qu'il eft difficile d'accorder le fens qu'on donnoit dans le Droit Romain à ce mot de Droit Civil, avec celuy que nous y donnons : comme il eft difficile auffi de concilier les idées que nous avons communément du droit naturel , & du droit des gens , avec celles qu'en donnent les diftinctions qu'on en trouve dans le Droit Romain.

On diftinguoit les loix dans le Droit Romain en droit public , qui regardoit l'état de la Republique , & en droit privé qui regardoit les particuliers [a] : on divifoit celuy-cy en trois parties, la premiere du droit naturel, la feconde du droit des gens , & la troifiéme du Droit Civil [b]. On reduifoit le droit naturel à ce qui eft commun aux hommes & aux bêtes [c]. On étendoit le droit des gens à toutes les loix qui font communes à tous les peuples , & on y comprenoit les contracts dont toutes les Nations connoiffent l'ufage [d] : & on reftreignoit le Droit Civil aux loix qui font propres à un peuple [e] , ce qui devoit exclurre du Droit Civil, les contracts, & les autres matieres qui font communes à tous les peuples , & qui étoient comprifes dans le droit des gens.

On voit que cette diftinction , de la maniere qu'elle eft expliquée dans le Droit Romain, femble differente de nôtre ufage qui ne met pas au nombre des loix qu'on appelle le droit des gens , celles qui reglent les matieres des conventions , & qui ne borne pas le droit naturel à

XLIII. Diverfes manieres de concevoir les loix qui compofent le Droit Civil.

XLIV. Divifion des loix dans le Droit Romain.

XLV. Diverfes manieres de divifer les loix par diverfes vûës.

---

a. l. 1. §. 2. ff. de juft. & jur. §. 4. inft. eod.
b. l. 1. §. 2. in fin. ff. de juft. & jur. §. ult. inft. eod.
c. l. 1. §. 3. ff. de juft. & jur. inft. de jure nat. gent. & civ.
d. l. 5. ff. de juft. & jure §. 2. inft. de jure nat. gent. & civ.
e. §. 1. & 2. inft. de jure nat. gent. & civ. l. 9. ff. de juft. & jure.

cette idée qu'on en donne dans le Droit Romain. Mais
comme il n'y a rien de plus arbitraire que les manieres
de diviser, & de diftinguer les chofes qui peuvent être
regardées par diverfes vûës, & que les differentes diftinctions peuvent avoir leurs divers ufages, pourvû qu'on ne
conçoive pas de fauffes idées de ce qui eft effentiel dans
la nature des chofes ; il importe peu de s'arréter aux reflexions qu'on pourroit faire fur ces differentes manieres de diftinguer les loix, & il fuffit d'avoir fait les remarques qui font les plus effentielles fur leur nature &
leurs caracteres d'en avoir donné ces idées generales, fur
lefquelles chacun peut s'en former les diftinctions qui luy
paroîtront les plus juftes, & les plus naturelles. Et pour
ce qui eft de l'idée qu'on doit concevoir du Droit Civil,
il fuffit de remarquer que nous ne bornons jamais le fens
de ce mot aux loix propres d'une Ville, ou d'un peuple,
& que nous ne l'étendons pas auffi à toutes les loix qui
reglent les matieres où il peut naître des differents entre
particuliers. Car, par exemple, nous diftinguons le Droit
Civil du Droit Canonique, & même des Coûtumes, &
des Ordonnances : & la fignification de ce mot paroît
fixée aux loix qui font recüeillies dans le Droit Romain,
pour les diftinguer de nos autres loix. Et auffi donne-t-on
fimplement le nom du Droit Civil aux Livres du Droit
Romain : & c'eft de ce nom qu'on les intitule, quoique
ce mot foit reftreint dans ces mêmes Livres à un autre
fens, comme on vient de le remarquer. Ainfi, le Droit
Civil en ce fens comprendra plufieurs matieres du droit
public, & même des matieres Ecclefiaftiques qui fe trouvent recüeillies dans les Livres du Droit Romain : & il
comprendra auffi tout ce qu'il y a dans ces Livres qui
n'eft pas de nôtre ufage, & qui ne laiffe pas d'être une
matiere d'étude à ceux qui apprennent le Droit Romain,
à caufe du rapport qu'on peut en faire aux matieres qui
font de nôtre ufage.

XLVI.
Droit écrit, Coû-
tumes.

Il ne refte que de remarquer une derniere diftinction
des loix, qui eft celle qu'on fait communément du Droit
écrit, & des Coûtumes. On appelle Droit écrit les loix

qui font écrites, & on donne particulierement ce nom à celles qui font écrites dans le Droit Romain. Les Coûtumes font les loix qui dans leur origine n'ont pas été écries, mais qui se font établies, ou par le confentement d'un peuple & par une efpece de convention de les obferver, ou par un ufage infenfible qui les a autorifées.

On verra dans le Chapitre treiziéme quelles font les matieres de toutes les efpeces de loix, de quelque maniere qu'on les diftingue, & quelles font parmy toutes ces matieres, celles qu'on a choifies pour lex expliquer dans ce livre : & on en fera le plan dans le Chapitre 14.

Avant que de finir cette matiere de la nature & de l'efprit des loix, il eft neceffaire de remarquer une differen-ce qui diftingue l'ufage de quelques-uns des principes qu'on a expliquez de celuy des autres, & qui confifte en ce qu'il y a plufieurs de ces principes qui font tels, qu'il eft facile & neceffaire de les reduire en regles fixes, & dont il eft aifé de faire l'application. Au lieu que les autres ne peuvent fe reduire en de telles regles.

X L V I I.
Deux fortes de principes, l'une de ceux qui peuvent fe reduire en regles : & l'autre de ceux qu'on ne peut fixer en regles.

Ces principes, par exemple, que les loix arbitraires font comme des faits qu'on ignore naturellement, & qu'il n'eft pas permis d'ignorer les loix naturelles, font deux veritez qui peuvent fe reduire en deux regles fixes, d'un ufage aifé. L'une que les loix arbitraires n'obligent, & n'ont leur effet qu'aprés qu'elles ont été publiées : & l'autre que les loix naturelles ont leur effet indépendemment de toute publication.

Mais il y a d'autres principes qu'on ne fçauroit reduire de même en regles fixes dont il foit facile de faire l'application. Ainfi, par exemple, ces principes, qu'il faut reconnoître dans les queftions quelles font les caufes qui font naître les difficultez, qu'il faut difcerner les regles qui doivent former les décifions, balancer en chacune fon ufage, & les bornes ou l'étenduë qu'elle doit avoir, ne peuvent pas fe reduire en regles précifes, qui déterminent aux décifions. Et il y a plufieurs autres principes de diverfes fortes, dont il n'eft pas facile de faire des regles & d'en fixer l'ufage, comme on le reconnoîtra par

X 1
Rem
deux f
pes : ?
Chapit

la fimple lecture de ces principes dans les lieux où ils ont été rapportez. Mais ils ne laiffent pas d'avoir leur ufage par les differentes vûës qu'ils peuvent donner dans l'application particuliere de toutes les regles.

Voy. l. I.
*arques fur ces
'tes de princi-
'ranfition au
e fuivant.*

Cette difference entre les principes d'où l'on peut tirer des regles précifes, & ceux qui ne peuvent fe fixer de cette maniere, a obligé d'ajoûter icy quelques reflexions fur une partie des principes qu'on a établis, afin d'y reconnoître des veritez dont on peut former plufieurs regles neceffaires pour bien entendre les loix civiles, & pour en faire de juftes applications. Et parce que ces regles font une partie importante du Droit Civil, & qu'elles feront placées dans le premier titre du livre préliminaire, où elles doivent être dégagées de ces reflexions qui font voir leur liaifon aux principes d'où elles dépendent, ces reflexions feront la matiere du Chapitre fuivant.

Et pour ce qui regarde cette autre efpece de principes, qui ne peuvent pas fe reduire en regles, il fuffit de remarquer en general, que le bon ufage de ces fortes de veritez doit dépendre du bon fens, & du jugement, & des diverfes vûës que peuvent donner l'étude, l'experience, & les differentes reflexions fur les faits & les circonftances d'où naiffent les difficultez que l'on doit regler. Et c'eft dans cet ufage du jugement & dans la jufteffe du fens éclairé de toutes ces vûës que confifte la partie la plus effentielle de la fcience des loix, qui n'eft autre chofe que l'art du difcernement de la juftice & de l'équité *a*.

---

a Jus eft ars boni & æqui. *l.* 1. *ff. de juft. & jur.*

CHAPITRE

CHAPITRE XII.

Reflexions sur quelques remarques du Chapitre précedent, pour le fondement de diverses regles de l'usage & de l'interpretation des loix.

SOMMAIRES.

Tome I. m

i.
Les loix naturelles
reglent & le paffé ,
& l'avenir , fans
qu'on les publie ; &
les loix arbitraires ne
reglent que l'avenir
aprés leur publication.

ON a vû que les loix naturelles font des veritez
que la nature & la raifon enfeignent aux hommes, qu'elles ont d'elles-mêmes la juftice & l'autorité
qui obligent à les obferver , & que perfonne ne peut
s'excufer fur l'ignorance de ces loix : Qu'au contraire,
les loix arbitraires font comme des faits naturellement
inconnûs aux hommes, & qui n'obligent qu'aprés qu'elles font publiées. D'où il s'enfuit, que les loix naturelles reglent & tout l'avenir & tout le paffé *a*. Mais les
loix arbitraires ne touchent point au paffé, qui fe regle
par les loix précedentes , & n'ont leur effet que pour
l'avenir *b* : & c'eft pour leur donner cet effet qu'on les
écrit, qu'on les publie, qu'on les enregiftre , afin que
perfonne ne puiffe prétendre de les ignorer *c*. Et parce qu'il n'eft pas poffible qu'on les faffe connoître à
chacun en particulier, il fuffit pour leur donner la force de loix , que le public en foit averti. Car alors elles deviennent des regles publiques que tout le monde
doit obferver. Et les inconveniens qui peuvent arriver
à quelques particuliers faute de les fçavoir ne balancent
pas leur utilité.

II.
Lorfque les loix nou-
velles fe rapportent
aux anciennes , elles
s'interpretent les unes
par les autres.

Mais quoyque les loix arbitraires n'ayent leur effet
que pour l'avenir, fi ce qu'elles ordonnent fe trouve conforme au droit naturel, ou à quelque loy arbitraire, qui
foit en ufage, elles ont à l'égard du paffé l'effet que peut
leur donner leur conformité & leur rapport au droit naturel, & aux anciennes regles *d*. Et elles fervent auffi à
les interpreter, de même que les anciennes regles fervent
à l'interpretation de celles qui font nouvellement établies.

a V. l'art. 12. de la Sect. 1. des regles du Droit.
b V. l'art. 13. & l'art. 14. de la même Section.
c V. l'art. 9. de la même Section.
d V. l'art. 14. de la même Section.

Et c'eſt ainſi que les loix ſe ſoûtiennent & s'expliquent mutuellement *a*.

On a vû que les loix arbitraires, ſoit qu'elles ſoient établies par ceux qui ont le droit de faire des loix , ou par quelque uſage , & quelque coûtume, ont leur fondement ſur quelque utilité , ſoit pour prevenir ou faire ceſſer des inconveniens, ou pour quelque autre vûë du bien public ; d'où il s'enſuit, qu'encore qu'il arrive de ces loix d'autres inconveniens, que ceux qu'elles font ceſſer , & que quelquefois même on ignore quels ont été les motifs de ces ſortes de loix , & quelle eſt leur utilité, on doit préſumer que la loy qui eſt en uſage eſt utile & juſte *b* , juſqu'à ce qu'elle ſoit abrogée par une autre loy, ou abolie par le non-uſage.

On a vû que les coûtumes , & les uſages ſervent de loix *c*, d'où il s'enſuit que ſi les coûtumes, & les uſages ont la force de loix ; ils ſervent auſſi à plus forte raiſon de regles pour l'interpretation des autres loix. Et il n'y a pas de meilleure regle pour expliquer les loix obſcures, ou ambiguës, que la maniere dont la coûtume & l'uſage les ont interpretées *d*.

On a vû que l'autorité des coûtumes & des uſages eſt fondée ſur cette raiſon qu'on doit préſumer que ce qui a été long-temps obſervé, eſt utile & juſte *e* ; d'où il s'enſuit, que ſi quelque loy, ou quelque coûtume a ceſſé long-temps d'être en uſage, elle eſt abolie *f*. Et comme elle avoit eu ſon autorité ſur le long uſage ; cette même cauſe peut la luy ôter. Car elle fait voir que ce qu'on a ceſſé d'obſerver n'étoit plus utile.

Il s'enſuit auſſi de cette même préſomption , qui fait juger que ce qui a été long-temps obſervé eſt utile & juſte, que ſi dans quelques Provinces, ou quelques lieux, on manque de regles en de certaines difficultez dans des

a V. l'art. 9. & l'art. 18. de la Sect. 2. au même titre.
b V. l'art. 13. de la même Sect.
c V. les art. 10. & 11. de la Sect. 1.
d V. l'art. 18. de la Sect. 2.
e V. l'art. 10. de la Sect. 1.
f V. l'art. 17. de la Sect. 1.

matieres qui y font en ufage, mais dont le détail n'y eft pas reglé jufqu'à ces fortes de difficultez, & qu'elles fe trouvent reglées en d'autres lieux, où ces mêmes matieres font aufli en ufage; il eft naturel d'en fuivre l'exemple, & principalement celuy des principales villes. Ainfi, on voit dans le Droit Romain, que les Provinces fe conformoient à ce qui étoit en ufage à Rome.[a]

VII.
Il faut juger du fens & de l'efprit d'une loy, par toute fa teneur.

On a vû que c'eft par l'efprit & l'intention des loix qu'il faut les entendre, & en faire l'application : que pour bien juger du fens d'une loy, on doit confiderer quel eft fon motif, quels font les inconveniens où elle pourvoit, l'utilité qui en peut naître; fon rapport aux anciennes loix, les changemens qu'elle y apporte; & faire les autres reflexions, par où l'on peut entendre fon fens, d'où il s'enfuit en premier lieu, que pour reconnoître par toutes ces vûës l'intention & l'efprit des loix, il faut examiner ce qu'elles expofent, ce qu'elles ordonnent, & juger toûjours du fens de la loy & de fon efprit, par toute la fuite, & par la teneur entiere de toutes fes parties, fans en rien tronquer [b].

VIII.
Il faut s'attacher plus au fens de la loy, qu'à ce que les termes paroiffent avoir de contraire.

Il s'enfuit aufli de cette remarque de l'efprit de la loy & de fon motif, que s'il arrive que quelques termes, ou quelques expreflions d'une loy paroiffent avoir un fens different de celuy qui eft d'ailleurs évidemment marqué par la teneur de la loy entiere; il faut s'arrêter à ce vray fens, & rejetter l'autre, qui paroît dans les termes, & qui fe trouve contraire à l'intention [c].

IX.
Suppléer au défaut d'expreffion par l'efprit de la loy.

Il s'enfuit encore de cette même remarque, que lorfque les expreflions des loix font défectueufes, il faut y fuppléer pour en remplir le fens felon leur efprit [d].

X.
Loix qui s'étendent favorablement.

C'eft aufli une fuite de cette même remarque de l'efprit des loix, qu'il y en a qui doivent s'interpreter de telle maniere, qu'on leur donne toute l'étenduë qu'elles peuvent avoir, fans bleffer la juftice & l'équité : & qu'au

a V. l'art. 20. de la Sect. 2.
b V. l'art. 10. de la même Sect. 2.
c V. l'art. 3. & l'art. 12. de la Section 2. V. dans cet article 12. les cas où il faut recourir au Prince pour l'interpretation de la loy.
d V. l'art. 11. de la Section 2.

contraire il y en a d'autres qu'on doit reſtreindre à un
ſens plus borné. Ainſi les loix qui regardent en general
ce qui eſt de la liberté naturelle , celles qui permettent toutes ſortes de conventions, & toutes celles qui
favoriſent l'équité, s'interpretent avec toute l'étenduë
qu'on peut leur donner , ſans bleſſer les autres loix, &
les bonnes mœurs *ᵃ*. C'eſt pourquoy on appelle favorables , les cauſes que les loix favoriſent de cette maniere.
Mais les loix qui dérogent à cette liberté , celles qui

X I.
Loix qui ſe reſtrei-
gnent.

défendent ce qui de ſoy-même n'eſt pas illicite, celles
qui dérogent au droit commun, celles qui font des exceptions, qui accordent des diſpenſes, & les autres ſemblables, doivent ſe reſtreindre au cas qu'elles reglent ,
& à ce qui ſe trouve expreſſément compris dans leurs
diſpoſitions *ᵇ*.

On peut rapporter à ces differentes interpretations qui
donnent quelque étenduë aux loix,ou qui les reſtreignent,
les regles qui regardent les temperamens de l'équité ,
dont on peut uſer en quelques occaſions, & la rigueur du
droit qu'il faut ſuivre en d'autres.

X I I.
Equité , rigueur de
droit.

Mais on ne s'arrête pas icy à donner des exemples de
ces diverſes interpretations, ni à expliquer la difference
entre l'équité & la rigueur du droit, & ce qui regarde l'u-
ſage de l'une & de l'autre. Ce détail ſera expliqué en ſon
lieu *ᶜ*. Il faut ſeulement remarquer ſur ces ſortes de cauſes qu'on appelle ordinairement favorables, comme ſont
celles des veuves, des orphelins, des Egliſes , des Hôpi-
taux , des dots , des teſtamens, & autres ſemblables, que
cette faveur doit être toûjours entenduë, de ſorte qu'on
ne bleſſe en rien l'interêt des tierces perſonnes, & qu'on
n'étende point la faveur de ces ſortes de cauſes au delà
des bornes de la juſtice & de l'équité.

C'eſt de ce même principe de l'interpretation favorable
de quelques loix, & des bornes plus étroites qu'on donne
à d'autres, que dépend la regle de deux differentes in-

X I I I.
Interpretation des
bienfaits des Princes.

ᵃ V. l'article 14. *de la Sect.* 2. Prætor favet naturali æquitati. *l.* 1. *ff. de conſt.*
pecuniæ.

ᵇ V. l'article 15. *de la Sect.* 2.

ᶜ V. les art. 4. 5. 6. 7. *&* 8. *de la Section* 2.

terpretations de la volonté des Princes, dans les dons &
les privileges qu'ils accordent à quelques personnes. Car
lorsque ces dons sont tels, qu'on peut leur donner une
étenduë pleine & entiere, sans faire aucun préjudice à
d'autres personnes; l'interpretation s'en fait toûjours en
faveur de celuy que le Prince a voulu honorer de ce bienfait, & on y donne une étenduë proportionnée à ce que
demande la liberalité naturelle aux Princes. Mais si c'est
un don ou un privilege qu'on ne pût interpreter de cette
maniere, sans faire préjudice à d'autres personnes, il faut
le restreindre à ce qui peut être accordé sans leur faire
tort *a*.

XIV.
*Divers effets ou usa-
ges des loix ; ordon-
ner : défendre : per-
mettre : punir.*

On a vû quels sont les fondemens de la justice & de
l'autorité des loix, & qu'étant les regles de l'ordre de
la societé, elles doivent diversifier les effets de cette autorité, selon les divers usages necessaires pour former
cet ordre, & le maintenir. C'est ce qui fait que plusieurs
loix ordonnent; que quelques-unes défendent : que d'autres permettent, & que toutes punissent & repriment
ceux qui blessent leurs differentes dispositions; soit qu'ils
n'accomplissent pas ce qu'elles prescrivent; ou qu'ils entreprennent ce qu'elles défendent; ou qu'ils passent les
bornes de ce qu'elles permettent. Et selon les manieres
dont on contrevient à leurs dispositions, & à leur esprit,
elles privent de leurs effets ceux qui manquent à ce qu'elles ordonnent : elles punissent ceux qui font ce qu'elles
défendent, ou qui ne font pas ce qu'elles commandent :
elles annullent ce qui est fait contre l'ordre qu'elles ont
prescrit : Elles reparent les suites des contraventions : Elles vengent tout ce qui blesse leurs dispositions : Et elles
maintiennent enfin leur autorité par toutes les voyes necessaires pour conserver l'ordre *b*.

XV.
*Les loix repriment,
non seulement ce qui
est directement con-
traire à leurs dispo-
sitions, mais aussi ce
qui blesse indirecte-
ment leur intention.*

Il s'ensuit aussi de cette même remarque de la justice
& de l'autorité des loix, qu'elles repriment non seulement ce qui est directement contraire à leurs dispositions

a V. l'article 17. de la Sect. 2.
b V. l'art. 18. & l'art. 20. de la Sect. 1.

expreſſes, mais auſſi ce qui contrevient indirectement à leur intention. Et ſoit qu'il paroiſſe qu'on ait bleſſé & l'eſprit & la lettre de la loy, ou que même on en bleſſe ſeulement l'eſprit, paroiſſant en garder la lettre, c'eſt en avoir encouru la peine *a*.

C'eſt encore une ſuite de ce que les loix ſont les regles de l'ordre univerſel de la ſocieté, qu'aucune loy n'eſt faite pour ſervir ſeulement ou à une ſeule perſonne, ou à un ſeul cas, & à un ſeul fait particulier & ſingulier; mais elles pourvoyent en general à ce qui peut arriver: & leurs diſpoſitions regardent toutes les perſonnes, & tous les cas où elles s'étendent *b*. C'eſt pourquoy les volontez des Princes, qui ſont bornées à des perſonnes particulieres, & à des faits ſinguliers, comme une abolition, un don, une exemption, & les autres ſemblables, ſont des graces, des conceſſions, des privileges, mais non pas des loix. Et quoique ſouvent ce ſoient des cas ſinguliers, qui ſont les motifs des nouvelles loix; elles ne reglent pas même ces cas qui en ont été les occaſions, & qui ſe trouvoient autrement reglez par les loix precedentes; mais elles pourvoyent ſeulement à regler pour l'avenir les cas ſemblables à ceux qui y ont donné lieu. Ainſi, l'Edit des Meres, & celuy des ſecondes nôces, ont pourvû aux inconveniens à venir, & les cas precedens ont été reglez ſuivant les diſpoſitions des loix qui auparavant étoient en uſage *c*.

C'eſt enfin une autre ſuite de la remarque precedente, que comme les loix ſont des regles generales, elles ne ſçauroient regler l'avenir de telle maniere qu'elles pourvoyent expreſſément à tous les évenemens qui ſont infinis, & que leurs diſpoſitions marquent tous les cas poſſibles; mais il eſt ſeulement de la prudence, & du devoir du legiſlateur, de prévoir les évenemens plus naturels, & plus ordinaires, & de former ſes diſpoſitions de telle maniere, que ſans entrer dans le détail des cas ſinguliers, il

X V I.
Les loix ſont faites pour ce qui arrive communément, & non pour un ſeul cas.

X V I I.
Etendüe des loix ſelon leur eſprit.

a V. l'art. 19. de la Sect. 1.
b V. les art. 21. & 22. de la Sect. 1.
c V. les art. 13. & 14. de la Sect. 1.

établisse des regles communes à tous, en discernant ce qui merite ou des exceptions, ou des dispositions particulieres *a*. Et il est ensuite du devoir des Juges, d'appliquer les loix non seulement à ce qui paroît reglé par leurs dispositions expresses, mais à tous les cas où l'on peut en faire une juste application, & qui se trouvent ou dans le sens exprès de la loy, ou dans les consequences qu'on peut en tirer.

XVIII.
*Il y a des regles ge-
nerales & communes
à toutes matieres,
d'autres communes à
plusieurs matieres, &
d'autres propres à une.*

On a vû que toutes les loix ont leur source dans les deux premieres, que plusieurs dépendent d'autres dont elles sont les suites, & que toutes reglent ou en general, ou en particulier les differentes parties de l'ordre de la societé, & les matieres de toute nature. D'où il s'ensuit, que les loix sont plus generales à mesure qu'elles approchent plus des premieres, & qu'à proportion qu'elles descendent dans le détail, elles le sont moins. Ainsi, quelques unes sont communes à toute sorte de matieres, comme celles qui ordonnent la bonne foy, & qui défendent le dol & la fraude, & autres semblables. D'autres sont communes à plusieurs matieres, mais non pas à toutes : ainsi cette regle, que les conventions tiennent lieu de loix à ceux qui les font, convient aux ventes, échanges, loüages, transactions, & à toutes les autres especes de conventions, mais n'a pas de rapport à la matiere des tutelles, ni à celle des prescriptions. Ainsi la regle de la rescision, par la lesion de plus de moitié du juste prix, qui a lieu dans l'alienation d'un heritage faite par une vente, n'a pas de lieu dans une alienation faite par une transaction *b*.

XIX.
*Importance de dis-
tinguer ces trois sortes
de loix.*

Il s'ensuit de cette remarque qu'il est important dans l'étude & l'application des loix, de reconnoître, & distinguer les regles qui sont communes à toutes les matieres indistinctement, celles qui s'étendent à plusieurs matieres, mais non pas à toutes, & celles qui sont propres seulement à une ; afin de ne pas étendre, comme font plusieurs, une regle propre à une matiere, à une autre où

a V. les articles 21. & 22. de la Sect. 1.
b V. cette distinction des loix dans l'art. 5. de la Sect. 1.

elle

elle eſt ſans uſage, & où même elle ſeroit fauſſe. Ainſi,
par exemple, on trouve cette regle dans le Droit Romain,
que dans les expreſſions ambiguës il faut principalement
conſiderer l'intention de celuy qui parle *a* : cette regle indefinie ſe trouvant dans un titre de diverſes regles de
toutes matieres, & ne marquant pas à laquelle elle eſt
propre ; elle paroît generale & commune à toutes : & ſi
on l'applique à toutes indiſtinctement, on en conclurra
autant dans les conventions que dans les teſtamens, qu'il
faut interpreter l'expreſſion ambiguë par l'intention de
celuy de qui elle doit expliquer la volonté. Cependant
cette application qui ſera toûjours juſte dans les teſtamens *b*, ſe trouvera ſouvent fauſſe dans les conventions :
car dans les teſtamens, c'eſt un ſeul qui parle, & ſa volonté
doit ſervir de loy. Mais dans les conventions, c'eſt l'intention de l'un & de l'autre qui eſt la loy commune. Ainſi l'intention de l'un doit répondre à celle de l'autre, & il faut
qu'ils s'entendent, & qu'ils conviennent enſemble. Et ſuivant ce principe, il arrive ſouvent que ce n'eſt pas par
l'intention de celuy qui s'exprime que l'on interprete la
clauſe ambiguë ; mais que c'eſt plûtôt par l'intention raiſonnable de l'autre. Ainſi, dans une vente, ſi le vendeur
s'eſt ſervi d'une expreſſion ambiguë ſur des qualitez de
la choſe venduë, comme ſi vendant une maiſon, il a dit
qu'il la vendoit avec ſes ſervitudes, ſans diſtinguer, ſi ce
ſont des ſervitudes que la maiſon doive, ou qui y ſoient
dûës, & que la maiſon ſe trouve ſujette à une ſervitude
cachée, comme à un droit de paſſage, à une ſervitude de
ne pouvoir être hauſſée, ou autre ſemblable, dont la trop
grande incommodité auroit fait que l'acheteur ou n'auroit pas acheté, ou n'auroit acheté qu'à un moindre prix,
s'il l'avoit connuë ; cette ambiguité de l'expreſſion du vendeur ne s'interpretera pas par ſon intention, mais par
l'intention de l'acheteur, qui n'a pas dû entendre que la
maiſon fût ſujette à une telle ſervitude. Et ce vendeur

_a_ In ambiguis orationibus, maximè ſententia ſpectanda eſt, ejus qui cas pro-
tuliſſet. _l._ 96. _ff. de reg. jur._
_b_ Il eſt remarquable que cette loy 96. ff. de reg. jur. eſt tirée d'un traité de Mecien
ſur les fideicommis.

xcviij TRAITÉ DES LOIX. Chap. XII.
fera tenu des effets de la garentie , fuivant les regles de
cette matiere *a*.

Difcernement des
exceptions.

On a vû que quelques loix font tellement generales ,
& fi feures par tout , qu'elles ne fouffrent aucune exception : & qu'au contraire il y a plufieurs loix dont il y a
des exceptions. Il s'enfuit de cette regle, qu'il ne faut pas
indiftinctement appliquer les regles generales à tous les
cas que leurs difpofitions paroiffent comprendre , de
crainte qu'on ne les étende à des cas qui en font exceptez.
Ce qui rend neceffaire la connoiffance des exceptions.

Deux fortes d'ex-
ceptions , les naturel-
les , & les arbitraires.

Il eft important de remarquer fur le fujet des exceptions , qu'il y en a de deux fortes. Celles que font des
loix arbitraires , & celles que font des loix naturelles *b*.
Ainfi, c'eft une loy arbitraire dans le Droit Romain, qui
excepte les teftamens militaires des regles generales pour
les formalitez des teftamens ; & c'eft une autre regle arbitraire auffi dans nôtre ufage, que la refcifion par la lefion de plus de moitié du jufte prix n'a pas de lieu dans
les ventes faites par decret. Ainfi, c'eft une loy naturelle
qu'on ne peut faire de conventions contraires aux loix
& aux bonnes mœurs, & cette loy fait une exception à
la regle generale qu'on peut faire toute forte de conventions. Et c'eft par une autre loy naturelle qu'on excepte
de la regle de la reftitution des mineurs , les engagemens
où une conduite raifonnable les a fait entrer.

Il eft facile de voir que les exceptions que font des
loix arbitraires fe remarquent , & s'apprennent par la
fimple lecture, & par la memoire, & qu'ainfi c'eft par l'é-
tude qu'il faut les apprendre. Mais le difcernement des
exceptions qui font du droit naturel, ne dépend pas toûjours de la fimple lecture, & il demande le raifonnement.
Car il y a des exceptions naturelles qui ne fe trouvent
pas écrites en loix : Et celles même qui font écrites ne
font pas toûjours jointes aux regles qu'elles reftreignent.
De forte que la connoiffance fi neceffaire des exceptions

a V. l'art. 14. de la Sect. 2. des Conventions , l'art. 14. de la Sect. 11. du Contract de
vente , & l'art. 10. de l Sect. 3. du Loüage.
b V. les art. 6. 7. & 8. de la Sect. 1. des Regles du Droit.

demande également & l'étude en general, & en particulier l'attention à l'esprit des loix dont il faut faire l'application ; afin qu'on ne blesse pas les exceptions, en
donnant trop d'étenduë aux regles generales.

On peut ajoûter pour une derniere remarque, & qui
est une suite de toutes les autres, que toutes les differentes vûës dont l'usage est si necessaire pour l'application
des loix, demandent la connoissance de leurs principes
& de leur détail ; ce qui renferme la lumiere du bon sens
avec l'étude, & l'experience. Car sans ce fonds on est en
danger de faire de fausses applications des loix, soit en
les détournant à d'autres matieres que celles où elles se
rapportent : ou ne discernant pas les bornes que leur
donnent les exceptions : ou donnant trop d'étenduë à
l'équité contre la rigueur du Droit, ou à cette rigueur
contre l'équité ; ou par le défaut des autres vûës qui doivent regler l'usage des loix [a].

[a] *V. l'art. dernier de la Sect. 2. des Regles du Droit.*

CHAPITRE XIII.

*Idée generale des matieres de toutes les loix : Raisons
du choix de celles dont on traitera dans ce Livre.*

SOMMAIRES.

I. *Toutes les matieres des loix
font ou de la Religion, ou
de la Police temporelle.*

II. *Matieres propres de la Religion.*

III. *Matieres propres de la
Police.*

IV. *Matieres communes à la
Religion & à la Police.*

V. *Trois sortes de matieres de
la Police temporelle.*

VI. *Celles du droit des gens.*

VII. *Celles du droit public.*

VIII. *Celles du droit privé.*

IX. *Remarque sur les Ordonnances, les Coûtumes, le
Droit Romain, & le Droit*

Canonique , pour faire entendre quelles font les matieres de ce deſſein.

X. Quelles font ces matieres ;
Raiſons du choix qu'on en
a fait.

I.
*Toutes les matieres
des loix font ou de la
Religion , ou de la
Police temporelle.*

COmme on a déja vû que toutes les differentes fortes de loix ſe reduiſent à deux eſpeces qui les comprennent toutes, l'une des loix de la Religion, & l'autre
des loix de la Police temporelle : & que de ces loix quelques-unes font communes à l'une & à l'autre ; on doit
auſſi diſtinguer toutes les matieres des loix en deux eſpeces, l'une des matieres des loix de la Religion, & l'autre
des matieres des loix de la Police, en concevant que parmy toutes ces matieres, il y en a qui font communes à
toutes les deux.

II.
*Matieres propres de
la Religion.*

III.
*Matieres propres de
la Police.*

Ainſi, les matieres qui regardent les myſteres de la foy,
les Sacremens, l'interieur des mœurs, la diſcipline Eccleſiaſtique, font des matieres ſpirituelles, qui font propres
à la Religion : & celles qui regardent les formalitez des
teſtamens, les diſtinctions des biens paternels & maternels, des propres & acquêts, les preſcriptions, les retraits,
les fiefs, la communauté de biens entre le mary & la femme, & les autres ſemblables, font des matieres temporelles propres à la Police. Mais les matieres qui regardent
l'obeïſſance aux Princes, la fidelité dans toute ſorte d'engagemens, la bonne foy dans les conventions & dans les
commerces, font des matieres communes à la Religion
& à la Police, & où l'une & l'autre établiſſent des loix,
ſelon leurs fins, ainſi qu'il a déja été remarqué.

IV.
*Matieres commu-
nes, à la Religion,
& à la Police.*

On ne doit pas entrer icy dans une explication plus
étenduë des matieres qui font propres aux loix de la Religion, & il faut paſſer à celles des loix de la Police temporelle, pour y reconnoître celles dont on doit traiter
dans ce Livre.

V.
*Trois ſortes de ma-
tieres de la Police.
temporelle.*

VI.
*Celles du droit des
gens.*

Les matieres de la Police temporelle font de trois ſortes, ſelon les trois eſpeces de loix de cette Police, dont il
a été déja parlé, qui font le droit des gens, le droit public, & le droit privé.

Les matieres du droit des gens, au ſens qu'a ce mot

felon nôtre ufage, comme il a déja été remarqué, font les manieres dont on exerce les differentes communications d'une Nation à l'autre; comme les Traitez de paix, les Treves, les Sufpenfions d'Armes, la foy des Negociations, la feureté des Ambafladeurs, les engagemens des ôtages, les manieres de déclarer & faire la guerre, la liberté des commerces, & les autres femblables.

Les matieres du droit public, font celles qui regardent l'ordre du gouvernement de chaque Etat, les manieres d'appeller à la puiffance fouveraine les Rois, les Princes, & les autres Potentats, par fucceffion, par élection : les droits du Souverain, l'adminiftration de la juftice, la milice, les finances, les differentes fonctions des Magiftrats, & des autres Officiers, la Police des Villes, & les autres femblables.

VII.
Celles du droit public.

Les matieres du droit privé, font les engagemens entre particuliers, leurs commerces, & tout ce qu'il peut être neceffaire de regler entre eux, ou pour prévenir des differens, ou pour les finir; comme font les contracts & conventions de toute nature, les hypotheques, les prefcriptions, les tutelles, les fucceffions, les teftamens, & autres matieres.

VIII.
Celles du droit privé.

Pour expliquer quelles font toutes les matieres qui feront traitées dans ce Livre, & les raifons du choix qu'on en a fait, il eft neceffaire de faire auparavant une remarque fur les diverfes loix qui font en ufage dans ce Royaume.

IX.
Remarques fur les Ordonnances, les Coûtumes, le Droit Romain, & le Droit Canonique, pour faire entendre quelles font les matieres de ce deffein.

Nous avons en France quatre differentes efpeces de loix, les Ordonnances, & les Coûtumes, qui font nos loix propres : & ce que nous obfervons du Droit Romain, & du Droit Canonique.

Ces quatre fortes de loix reglent toutes les matieres de toute nature; mais leur autorité eft bien differente.

Les Ordonnances ont une autorité univerfelle dans toute le Royaume, & elles s'obfervent toutes par tout, à la referve de quelques-unes, dont les difpofitions ne regardent que quelques Provinces.

Les Coûtumes ont leur autorité particuliere, & chacune eſt bornée dans l'étenduë de la Province, ou du lieu où elle s'obſerve.

Le Droit Romain a dans ce Royaume deux differens uſages, & il a pour chacun ſon autorité.

L'un de ces uſages eſt qu'il eſt obſervé comme Coûtume en pluſieurs Provinces, & qu'il y tient lieu de loix en pluſieurs matieres. Ce ſont ces Provinces dont on dit qu'elles ſe regiſſent par le Droit écrit ; & pour cet uſage le Droit Romain y a la même autorité qu'ont dans les autres leurs Coûtumes propres.

L'autre uſage du Droit Romain en France, s'étend à toutes les Provinces, & comprend toutes les matieres : & il conſiſte en ce qu'on obſerve par tout ces regles de la juſtice & de l'équité qu'on appelle le Droit écrit, parce qu'elles ſont écrites dans le Droit Romain. Ainſi pour ce ſecond uſage il a la même autorité qu'ont la juſtice & l'équité ſur nôtre raiſon.

Le Droit Canonique contient un tres-grand nombre de regles que nous obſervons, mais il s'y en trouve auſſi quelques-unes que nous rejettons. Ainſi, nous en obſervons tous les Canons qui regardent la foy, & les mœurs, & qui ſont tirez de l'Ecriture, des Conciles, & des Peres : & nous en recevons auſſi un tres grand nombre de Conſtitutions qui regardent la diſcipline Eccleſiaſtique. Et nôtre uſage en a même reçû quelques-unes qui ne regardent que la Police temporelle. Mais nous en rejettons d'autres diſpoſitions, ou parce qu'elles ne ſont pas de nôtre uſage, ou que même quelques-unes ſont contraires au droit & aux libertez de l'Egliſe de France.

X.
Quelles ſont ces matieres : Raiſons du choix qu'on en a fait.

Il eſt maintenant facile de faire connoître, aprés ces remarques, quelle a été la vûë qu'on s'eſt propoſée pour le choix des matieres qu'on a crû devoir comprendre dans ce livre, & pour les diſtinguer de celles qu'on a jugé devoir en exclurre.

Parmy toutes les matieres qui ſont reglées par ces quatre ſortes de loix que nous avons en France, Ordonnances, Coûtumes, Droit Canonique, & Droit Romain, il y en a un tres-grand nombre qui ſont diſtinguées de toutes les autres d'une maniere qui a été la raison du choix qu'on en a fait.

Ces matieres ainſi diſtinguées des autres ſont celles des contracts, ventes, échanges, loüage, prêt, ſocieté, dépôt, & toutes autres conventions : Des tutelles, preſcriptions, hypotheques : Des ſucceſſions, teſtamens, legs, ſubſtitutions : Des preuves & preſomptions : De l'état des perſonnes : Des diſtinctions des choſes : Des manieres d'interpreter les loix, & pluſieurs autres qui ont cela de commun, que l'uſage en eſt plus frequent, & plus neceſſaire que celuy des autres matieres.

On a conſideré que ces matieres ſont diſtinguées de toutes les autres, non ſeulement en ce que l'uſage en eſt plus frequent, mais particulierement en ce que leurs principes & leurs regles ſont preſque toutes des regles naturelles de l'équité, qui ſont les fondemens des regles des matieres des Ordonnances & des Coûtumes, & de celles même qui ſont inconnuës dans le Droit Romain ; car toutes les matieres des Ordonnances, & des Coûtumes n'y ont pas d'autres loix, que quelques regles arbitraires, & c'eſt de ces regles naturelles de l'équité que dépend la principale juriſprudence de ces matieres. Ainſi, par exemple, dans les matieres des Fiefs, les Coûtumes en reglent ſeulement les conditions differentes en divers lieux ; mais c'eſt par les regles naturelles des conventions, & par d'autres regles de l'équité que ſe décident les queſtions de ces matieres. Ainſi, dans la matiere des teſtamens, les Coûtumes en reglent les formalitez & les diſpoſitions que peuvent ou ne peuvent pas faire les teſtateurs ; mais c'eſt par les regles de l'équité que ſe décident les queſtions qui regardent les engagemens des heritiers, l'interpretation des volontez des teſtateurs, & toutes les autres où il ſe peut trouver des difficultez. Car comme il a été remarqué en un autre lieu, c'eſt toûjours par ces regles qu'on diſcute & qu'on juge les queſtions de toute nature.

Comme c'eſt donc dans le Droit Romain que ces regles naturelles de l'équité ont été recuëillies, & qu'elles y font de la maniere qu'on a remarquée dans la Preface, & qui en rend l'étude si difficile ; c'est ce qui a engagé au dessein de ce Livre, & au choix de ces matieres, dont on verra le plan dans le Chapitre qui suit.

CHAPITRE XIV.

Plan des matieres de ce Livre des Loix Civiles.

SOMMAIRES.

I. *Toutes les matieres du droit ont un ordre naturel.*

II. *Fondement de cet ordre.*

III. *Division generale des matieres de ce dessein, en deux parties : la premiere des engagemens, & la seconde des successions.*

IV. *Ces deux parties sont précedées d'un Livre préliminaire des Regles du Droit en general, des personnes, & des choses.*

V. *Division des matieres de la premiere partie en quatre Livres.*

VI. *Premier Livre des Engagemens par les conventions.*

VII. *Deuxiéme Livre des Engagemens sans convention.*

VIII. *Troisiéme Livre des suites des Engagemens qui les augmentent, ou les affermissent.*

IX. *Quatriéme Livre des suites des Engagemens qui les diminuent, ou les ancantissent.*

X. *Matieres du Premier Livre.*

XI. *Matieres du Second Livre.*

XII. *Matieres du Troisiéme Livre.*

XIII. *Matieres du Quatriéme Livre.*

XIV. *Seconde partie qui est des Successions.*

XV. *Division des matieres de la seconde partie en cinq Livres.*

XVI. *Premier Livre des matieres communes aux Successions legitimes, & testamentaires.*

XVII. *Deuxiéme Livre des Successions legitimes.*

XVIII. *Troisiéme Livre des Successions testamentaires.*

XIX. *Quatriéme Livre des legs, & donations à cause de mort.*

XX.

TOutes les matieres du Droit Civil ont entre elles un ordre simple & naturel qui en forme un corps , où il est facile de les voir toutes, & de concevoir d'une seule vûë en quelle partie chacune a sa place. Et cet ordre a ses fondemens dans le plan de la societé, qu'on a expliqué.

I.
Toutes les matieres du Droit ont un ordre naturel.

On a vû dans ce plan que l'ordre de la societé se conserve dans tous les lieux par les engagemens dont Dieu lie les hommes, & qu'il se perpetuë dans tous les temps par les successions , qui appellent de certaines personnes à la place de ceux qui meurent, pour tout ce qui peut passer à des successeurs. Et cette premiere idée fait une premiere distinction generale de toutes les matieres en deux especes. L'une des engagemens , & l'autre des successions.

II.
Fondement de cet ordre.

Toutes les matieres de ces deux especes doivent être précedées de trois sortes de matieres generales qui sont communes à toutes les autres , & necessaires pour entendre tout le détail des loix.

La premiere comprend de certaines regles generales qui regardent la nature , l'usage & l'interpretation des loix, comme sont celles dont il a été parlé dans le Chapitre XII.

La seconde regarde les manieres dont les Loix Civiles considerent & distinguent les personnes par de certaines qualitez qui se rapportent aux engagemens , ou aux successions ; comme , par exemple , les qualitez de pere de famille ou fils de famille , de majeur ou mineur , celles de legitime ou bâtard , & autres semblables , qui font ce qu'on appelle l'état des personnes.

Tome I.   o

La troifiéme comprend les manieres dont les Loix Civiles diftinguent les chofes qui font à l'ufage des hommes,
par rapport aux engagemens, & aux fucceffions. Ainfi,
par rapport aux engagemens, les loix diftinguent les chofes qui entrent dans le commerce, de celles qui n'y entrent
point, comme font les chofes publiques, & les chofes facrées: & par rapport aux fucceffions, on diftingue les biens
paternels & maternels, les acquêts, & les propres.

III.
*Divifion generale
des matieres de ce
deffein en deux par-
ties. La premiere des
engagemens: & la
feconde des fuccef-
fions.*

IV.
*Ces deux parties
font précedées d'un
Livre préliminaire
des regles du Droit
en general, des per-
fonnes, & des chofes.*

Selon cet ordre on divifera toutes les matieres de ce
Livre en deux parties. La premiere fera des engagemens,
& la feconde des fucceffions. Et l'une & l'autre feront précedées d'un Livre préliminaire, dont le premier Titre
contiendra ces regles generales de la nature & de l'interpretation des loix, le fecond fera des perfonnes, & le
troifiéme des chofes.

Pour la diftinction des matieres de la premiere partie,
qui eft des engagemens, il faut remarquer, comme on l'a
déja vû dans le plan de la focieté que les engagemens
font de deux efpeces.

La premiere eft de ceux qui fe forment mutuellement
entre deux ou plufieurs perfonnes, par leur volonté ; ce
qui fe fait par les conventions, lorfque les hommes s'engagent mutuellement, & volontairement dans les ventes, échanges, loüages, tranfactions, compromis, & autres contracts, & conventions de toute nature.

La feconde eft des engagemens qui fe forment autrement que par le confentement mutuel, comme font tous
ceux qui fe font ou par la volonté d'une feule perfonne, ou
fans la volonté de l'un ni de l'autre. Ainfi, celuy qui entreprend l'affaire de fon amy abfent, s'engage par fa volonté, fans celle de cet abfent. Ainfi le tuteur eft engagé
envers fon mineur, indépendemment de la volonté de l'un
& de l'autre. Et il y a divers autres engagemens qui fe forment fans la volonté mutuelle de ceux qui s'y trouvent.

Toutes ces fortes d'engagemens foit volontaires, ou involontaires ont diverfes fuites, qui fe reduifent à deux efpeces. La premiere eft de ces fortes de fuites qui ajoûtent
aux engagemens, ou qui les affermiffent, comme font les

hypotheques, les privileges des creanciers, les obligations folidaires, les cautions, & autres qui ont ce caractere d'a-joûter aux engagemens, ou de les affermir.

La feconde efpece de fuites des engagemens eft de cel-les qui les aneantiffent, ou qui les changent, ou les dimi-nuënt, comme font les payemens, les compenfations, les novations, les refcifions, les reftitutions en entier.

C'eft à ces deux efpeces d'engagemens, & à ces deux efpeces de leurs fuites, que fe reduifent toutes les matie-res de cette premiere partie : & elles y feront rangées en quatre livres.

Le premier fera des conventions, qui font les engage-mens volontaires & mutuels.

Le fecond des engagemens qui fe forment fans conven-tion.

Le troifiéme des fuites qui ajoûtent aux engagemens, ou qui les affermiffent.

Le quatriéme des fuites qui aneantiffent, diminuënt, ou changent les engagemens.

Ce premier livre des conventions fera commencé par un premier Titre des conventions en general. Car com-me il y a plufieurs principes, & plufieurs regles qui font communes à toutes les efpeces de conventions ; il eft de l'ordre, de ne pas repeter en chacune ces regles commu-nes, & de les recuëillir toutes en un feul endroit : on pla-cera enfuite fous des titres particuliers les differentes ef-peces de conventions : Et on ajoûtera à la fin de ce pre-mier Livre un dernier Titre des vices des conventions, comme font le dol, le Stellionat, & autres, où il fera traité de l'effet que doivent avoir dans les conventions l'erreur & l'ignorance du fait ou du droit, la force & la contrainte, & les autres vices qui peuvent s'y trouver.

On a compris dans ce premier Livre des conventions la matiere de l'ufufruit, & celle des fervitudes, parce que l'ufufruit & les fervitudes s'acquierent fouvent par des conventions, comme par des donations, par des ventes, par des échanges, par des tranfactions, & par d'autres contracts. Ainfi, quoiqu'on puiffe acquerir un ufufruit &

une servitude par un testament, il est naturel que ces matieres qui ne doivent être qu'en un seul lieu, soient placées dans le premier où elles se rapportent.

XI.
Matieres du Second Livre.

Le second Livre, qui sera des engagemens sans convention, comprendra ceux qui se forment sans une volonté mutuelle, tels que sont les engagemens des tuteurs, ceux des curateurs qu'on nomme ou aux personnes comme à des prodigues, à des insensez & autres, ou à des biens, comme à une succession vacante: l'engagement des personnes qui font les affaires des autres en leur absence & à leur insceu, & celuy de ces personnes de qui on a geré les affaires: ceux des personnes qui se trouvent avoir quelque chose de commun ensemble sans convention: Et il y a diverses autres sortes d'engagemens involontaires, & quelques-uns même qui se forment par des cas fortuits.

XII.
Matieres du Troisiéme Livre.

Le troisiéme Livre sera des suites des engagemens, soit volontaires ou involontaires, qui y ajoûtent ou les affermissent, & comprendra les diverses matieres qui ont ce caractere; comme les hypotheques, les privileges des creanciers, la solidité entre coobligez, les cautions, les interêts & dommages & interêts. On comprendra aussi dans ce Livre la matiere des preuves & des presomptions, & du serment, qui sont des suites de toutes sortes d'engagemens, & qui les affermissent. Et quoique les preuves, & le serment servent aussi à resoudre les engagemens, cette matiere, qui ne doit pas être mise en divers lieux, doit être placée dans le premier où sa situation se trouve naturelle. On mettra encore au nombre des suites qui affermissent les engagemens, les possessions, & les prescriptions qui confirment les droits qu'on acquiert par des conventions, & par d'autres titres. Et quoique les prescriptions ayent aussi l'effet d'aneantir les engagemens; il est naturel de les placer en ce lieu par la même raison qui fait qu'on y met les preuves.

XIII.
Matieres du Quatriéme Livre.

Le quatriéme & dernier Livre de cette premiere partie sera des suites qui diminuënt, changent, ou aneantissent les engagemens, & contiendra les matieres qui ont ce caractere; comme les payemens, les compensations,

les novations, les delegations, les refcifions & les reftitutions en entier.

La feconde partie, qui doit être des fucceffions, comprend un affez grand nombre de matieres, & affez differentes pour en faire une divifion en cinq Livres.

Pour concevoir l'ordre de ces cinq Livres. Il faut confiderer qu'il y a deux manieres de fucceder : L'une des
fucceffions qu'on appelle legitimes, c'eft à dire, reglées
par les loix qui font paffer les biens de ceux qui meurent
aux perfonnes qu'elles y appellent : & l'autre des fucceffions teftamentaires qui font paffer les biens à ceux qu'on
peut inftituer heritiers par un teftament.

Et parce qu'il y a quelques matieres qui font communes & aux fucceffions legitimes, & aux fucceffions teftamentaires ; ces matieres devant précéder, elles feront
comprifes dans un premier Livre, qui fera fuivi du fecond,
où l'on expliquera les fucceffions legitimes, & du troifiéme qui contiendra les fucceffions teftamentaires.

Comme il arrive fouvent que les perfonnes qui nomment des heritiers, & celles auffi qui n'en veulent pas d'autres que ceux de leur fang, ne laiffent pas tous leurs biens
à leurs heritiers, mais font des dons particuliers à d'autres perfonnes par des teftamens, ou des codicilles, & autres difpofitions à caufe de mort ; ces fortes de difpofitions
feront le fujet d'un quatriéme Livre.

Et enfin comme les loix ont ajoûté à la liberté de faire
des heritiers & des legataires, celle des fubftitutions &
des fideicommis, qui appellent un fecond fucceffeur au
lieu du premier heritier, ou du premier legataire ; cette
matiere des fubftitutions & des fideicommis fera le fujet
d'un cinquiéme Livre.

Le premier de ces cinq Livres qui fera des fucceffions
en general, contiendra les matieres communes aux deux
efpeces de fucceffions, comme font les engagemens de la
qualité d'heritier, le benefice d'inventaire, comment on
acquiert une heredité, ou comment on y renonce, les
partages entre coheritiers.

Le fecond Livre qui fera des fucceffions legitimes, ex-

o iij

pliquera l'ordre de ces fucceffions, & comment y font appellez les enfans & les defcendans; les peres, les meres & les afcendans, les freres, les fœurs, & les autres collateraux. Ces fucceffions legitimes s'appellent auffi fuçceffions ab inteftat: & ce mot eft particulierement en ufage dans le droit écrit, parce que les heritiers legitimes, qui font les heritiers du fang, n'y fuccedent que lorfqu'il n'y a pas de teftament, ce qu'il ne faut pas entendre des perfonnes à qui il eft dû une legitime.

Le troifiéme Livre qui fera des fucceffions teftamentaires, contiendra les matieres qui regardent les teftamens, leurs formalitez, l'exheredation, les teftamens inofficieux, la legitime, les difpofitions de ceux qui ont convolé en fecondes nôces.

Le quatriéme Livre, fera des legs & autres difpofitions à caufe de mort: & il y fera traité des codicilles, des donations à caufe de mort, & des legs.

Le cinquiéme Livre contiendra les matieres qui regardent les diverfes efpeces de fubftitutions, & de fideicommis.

Ce font toutes ces diverfes matieres, dont on vient de faire le plan, qui feront traitées dans ce Livre des Loix Civiles. On ne s'eft pas étendu à expliquer particulierement la nature de ces matieres; on expliquera dans chacune, & à la tête de chaque Titre, ce qu'il fera neceffaire d'en fçavoir avant que d'en lire les regles.

On ne s'eft pas arrêté non plus à rendre raifon de l'ordre qu'on a donné en particulier aux matieres de chaque Livre. On a tâché par diverfes vûës de les ranger ou felon que leur nature peut faire leur fuite, ou felon qu'on a jugé neceffaire que les unes précedent les autres pour les faire mieux entendre. Ainfi, par exemple, dans le premier Livre de la premiere partie où font expliquées les diverfes fortes de conventions, après le Titre des conventions en general, on a placé celuy du contract de vente; parce que de toutes les conventions il n'y en a aucune qui contienne un auffi grand détail que la vente, & que les regles de ce contract conviennent à plufieurs au-

tres conventions, & donnent beaucoup d'ouverture pour
les autres matieres. Ainſi, par d'autres ſemblables conſiderations on a rangé toutes les matieres ; mais ce ſeroit
une longueur inutile de rendre raiſon ſur chacune de la
ſituation qu'on luy a donnée. On remarquera ſeulement
qu'encore que l'hypotheque pût être miſe au nombre des
conventions, à cauſe que c'eſt d'ordinaire par des conventions que s'acquiert le droit d'hypotheque, on a dû
mettre cette matiere en un autre lieu, parce que l'hypotheque n'eſt jamais une premiere convention, & un engagement principal, & qu'elle eſt toûjours un acceſſoire de
quelque autre engagement, & ſouvent même des engagemens ſans convention, comme de ceux des tuteurs &
des curateurs, & d'autres auſſi, où elle s'acquiert par
juſtice. Ainſi cette matiere a naturellement ſon ordre
dans le troiſiéme Livre : & ces mêmes raiſons ont obligé à placer la matiere des cautions & celles de la ſolidité
dans le même rang.

XXVII.
Remarque ſur les
matieres qui ne ſont
pas de ce deſſein.

Il faut enfin remarquer qu'outre les matieres qui doivent être traitées dans ce Livre, ſelon le plan qu'on vient
d'en faire, il y en a d'autres qui ſont & du Droit Romain
& de nôtre uſage, & qu'il ſemble par cette raiſon qu'on
devoit y avoir compriſes, comme ſont les matieres fiſcales, & municipales, les matieres criminelles, l'ordre judiciaire, les devoirs des Juges. Mais comme ces matieres ſont
reglées par les Ordonnances, & qu'elles ſont du Droit
public, on n'a pas dû les mêler icy. Et parce qu'il y a dans
le Droit Romain pluſieurs regles eſſentielles de ces matieres, & qui étant naturelles ſont de nôtre uſage, mais ne
ſe trouvent pas dans les Ordonnances; on pourra en faire
un autre Livre ſeparé. Et on peut cependant marquer icy
le rang de ces matieres, & auſſi de celles de nos Coûtumes qui ſont inconnuës dans le Droit Romain.

Toutes ces matieres du Droit public doivent être précedées de celles qui ſeront expliquées dans ce Livre. Car
outre qu'elles ſuppoſent pluſieurs regles qui y ſeront expliquées ; il eſt naturel que le Droit public ſe rapportant
aux particuliers, les matieres qui regardent les particu-

liers précedent celles qui font du Droit public ; & c'eft
vray-femblablement par ces raifons que dans le Droit
Romain les matieres fifcales & municipales, & les matieres criminelles ont été placées à la fin des autres. Ainfi,
aprés les matieres de ce Livre on peut placer ces matieres
fifcales, & municipales qui regardent les droits du Prince
& la Police des Villes, celles qui regardent les Univerfitez
& les autres Corps & Communautez, & les matieres criminelles; & pour l'ordre judiciaire, qui comprend les procedures civiles & criminelles & les fonctions & devoirs
des Juges, comme c'eft une matiere qui fe rapporte à
toutes les autres, il femble que c'eft par celle-là que l'on
doit finir.

Pour ce qui eft des matieres qui font propres à nos
Coûtumes, comme font les fiefs, le retrait lignager, la
garde-noble ou bourgeoife, la communauté de biens entre le mary & la femme, les inftitutions contractuelles,
la prohibition de difpofer à caufe de mort d'une partie des
biens au préjudice des heritiers du fang, les renonciations
des filles aux fucceffions, & tout ce que les Coûtumes ont
de particulier pour les fucceffions, pour les donations, &
pour les autres matieres, il n'eft pas neceffaire d'en marquer le rang, car il eft facile de juger que ces matieres fe
rapportent ou aux engagemens, ou aux fucceffions. Ainfi,
les Fiefs ont été dans leur origine des conventions entre
le Seigneur & le Vaffal. Ainfi, le retrait lignager eft une
fuite du contract de vente. Ainfi, la garde noble ou bourgeoife, eft une efpece d'ufufruit joint à une tutelle. Ainfi la
communauté de biens entre le mary & la femme, & le
doüaire font des conventions ou expreffes ou tacites,
qui ont leur liaifon avec la matiere des dots. Ainfi, les
inftitutions contractuelles font une matiere compofée de
la nature des teftamens, & de celle des conventions, & qui
a fes regles de ces deux fortes. Ainfi, chacune de toutes
les autres matieres des Coûtumes a fon rang reglé : & il
eft facile d'en reconnoître l'ordre dans le plan qu'on a
expliqué.

TABLE

Tome I.   p

FIN.

TABLE

DES TITRES DE CE TOME,
& de leurs Sections.

p iij

TABLE DES TITRES

TITRE II.

Du Contrat de vente.

TITRE III.

De l'Echange.

TITRE IV.

Du loüage, & des diverfes efpeces de Baux. 184

TABLE DES TITRES

TABLE DES TITRES & DES SECTIONS.

FIN.

LES

LES
LOIX CIVILES
DANS
LEUR ORDRE NATUREL.

LIVRE PRÉLIMINAIRE

*Où il est traité des regles du Droit en general,
des personnes, & des choses.*

N a donné à ce Livre le nom de préliminaire, parce qu'il contient trois fortes de matieres, qui étant communes à toutes les autres, & necessaires pour les bien entendre, doivent les préceder. Et aussi les matieres de ce

Matieres de ce Livre.

Tome I.   A

Livre font comme les premiers élemens du Droit ;
car avant qu'on entre dans le détail des regles,
il eft premierement neceffaire de connoître en
general les efpeces & la nature de ces regles, &
les manieres de les bien entendre , & de les bien
appliquer, & ce fera la matiere du premier Titre
de ce Livre.

Et parce que dans tout le détail des matieres du
Droit & de leurs Loix, il faut toûjours confiderer
les perfonnes que ces matieres & ces Loix regardent, & qu'il y a dans toutes les perfonnes de certaines qualitez felon lefquelles les Loix Civiles les
confiderent , & les diftinguent , & qui ont un
rapport particulier à toutes les matieres du Droit ;
ces qualitez & ces diftinctions des perfonnes , feront la matiere du fecond Titre de ce Livre. Et le
troifiéme contiendra les manieres dont les Loix
confiderent, & diftinguent les diverfes fortes de
chofes, par les qualitez qui fe rapportent à l'ufage, & aux commerces qu'en font les perfonnes : &
felon que ces ufages, & ces commerces entrent
dans l'ordre reglé par les Loix Civiles.

TITRE I.
DES REGLES DU DROIT
en general.

Matiere de ce Titre.

Es regles qui feront expliquées dans ce Titre regardent en general la nature, l'ufage, & l'interpretation des loix. Et comme ces regles font communes à toutes les matieres, & qu'elles font d'un ufage tres-frequent; il ne faudra pas fe contenter de n'en faire qu'une premiere & fimple lecture, mais il fera utile de les re-lire de temps en temps, & d'y recourir dans les occafions. On pourra auffi joindre à cette lecture, celle des chapitres XI. & XII. du Traité des Loix.

SECTION I.

Des diverfes fortes de regles, & de leur nature.

Des idées que donnent les mots de loix & de regles.

ON entend communément par ces mots de *loix* & de *regles*, ce qui eft jufte, ce qui eft ordonné, ce qui eft reglé. Et il faut feulement remarquer que comme les loix doivent être écrites, afin que l'écrit fixe le fens de la loy, & détermine l'efprit à la jufte idée de ce qui eft reglé, & qu'il ne foit pas libre à chacun de former la loy comme il l'entendroit; on peut diftinguer deux idées que donne le mot de *loy*, & celuy de *regle*. L'une eft l'idée de ce que l'on conçoit être jufte, quoy qu'on ne faffe pas de reflexion fur les termes de la loy : & l'autre eft l'idée des termes de la loy : & felon cette feconde idée, on appelle la *regle* ou la *loy*, *l'expreffion du Legiflateur.*

On ufera toûjours indiftinctement du mot de Loix, & du mot de Regles, en l'un & l'autre de ces deux fens, & dans ce livre préliminaire, & dans toute la fuite, felon

A ij

l'occasion. Car il y a plusieurs loix écrites, telles que sont les loix arbitraires : & il y a plusieurs regles naturelles de l'équité, qui ne sont pas écrites.

Il n'est pas necessaire après tout ce qui a été dit des loix, & des regles dans le Traité des Loix, de définir de nouveau dans ce Titre ce que c'est que Loy, & que Regle. Mais il suffira d'y donner l'idée des regles du Droit dans le sens qui signifie les regles écrites ; parce que c'est dans la connoissance de ce que nous avons de regles écrites, que consiste toute la science, & toute l'étude des loix.

SOMMAIRES.

I.

Es regles du Droit font des expreffions courtes & claires de ce que demande la juftice dans les divers cas. Et chaque regle a fon ufage pour ceux où fa difpofition peut fe rapporter. Ainfi, par exemple, plufieurs évenemens font que l'acheteur eft dépoüillé de ce qu'il achete, ou qu'il y eft troublé par ceux qui prétendent en être les maîtres, ou y avoir quelqu'autre droit. Et la juftice commune à toutes ces fortes d'évenemens, qui veut que le vendeur y faffe ceffer les évictions & les autres troubles, eft comprife dans l'expreffion de cette regle, Que tout vendeur doit garentir ce qu'il a vendu *a*.

1. *Définition des regles.*

a Regula eft, quæ rem quæ eft breviter enarrat, *l.* 1. *ff. de reg. jur.* ex jure quod eft regula fiat. Per regulam igitur brevis rerum narratio traditur, *d. l.* Rei appellatione & caufæ, & jura continentur. *l.* 23. *ff. de verb. fign.*

II.

Les loix ou les regles font de deux fortes, l'une de celles qui font du droit naturel & de l'équité, & l'autre de celles qui font du droit pofitif, qu'on appelle autrement des loix humaines & arbitraires, parce que les hommes les ont établies *b*. Ainfi, c'eft une regle du droit naturel, qu'une donation peut être revoquée par l'ingratitude du donataire : & c'eft une regle du droit pofitif, que les donations entre-vifs doivent être infinuées.

2. *Deux fortes de regles, les naturelles, & les arbitraires.*

b Omnes populi, qui legibus & moribus reguntur, partim fuo proprio, partim communi omnium hominum jure utuntur. Nam quod quifque populus ipfe fibi jus conftituit, id ipfius proprium civitatis eft. *l.* 9. *ff. de juft. & jur.* Quod verò naturalis ratio inter omnes homines conftituit, id apud omnes peræquè cuftoditur. *d. l.* 9. Jus pluribus modis dicitur. Uno modo cùm id, quod femper æquum ac bonum eft, jus dicitur : ut jus naturale. Altero modo, quod omnibus, aut pluribus in quaque civitate utile eft, ut eft jus Civile, nec minus jus rectè appellatur in civitate noftra, jus honorarium. *l.* 11. *ff. de juft. & jur.* V. le Ch. 11. du Traité des Loix.

III.

Les regles du droit naturel font celles que Dieu a luy-même établies, & qu'il enfeigne aux hommes par la lumiere de la raifon. Ce font ces loix qui ont une juftice immuable, & qui eft la même toûjours & par tout : & foit qu'elles fe trouvent écrites, ou non, aucune autorité humaine ne peut les abolir, ni en rien changer. Ainfi,

3. *Quelles font les regles naturelles.*

la regle qui oblige le dépositaire à conferver & à rendre le dépôt, celle qui oblige à prendre foin de la chofe empruntée, & les autres femblables, font des regles naturelles, & immuables qu'on obferve par tout [a].

[a] Naturalia jura, quæ apud omnes gentes peræque obfervantur, divina quadam providentia conftituta, femper firma, atque immutabilia permanent. §. 11. inft. de jur. nat. gent. & civ. Quod naturalis ratio inter omnes homines conftituit, l. 9. ff. de juft. & jur. Id quod femper æquum ac bonum eft jus dicitur ut, jus naturale. l. 11. eod. Civilis ratio naturalia jura corrumpere non poteft. l. 8. ff. de cap. min.

IV.

Les regles arbitraires font toutes celles que les hommes ont établies, & qui font telles, que fans bleffer l'équité naturelle, elles peuvent difpofer ou d'une maniere, ou d'une autre toute differente. Ainfi, par exemple, on pouvoit ou établir, ou ne pas établir l'ufage des Fiefs. Ainfi on pouvoit regler les prefcriptions à plus ou moins de temps, & les témoins d'un teftament à un plus grand ou plus petit nombre. Et cette diverfité que la nature ne fixe pas, fait que ces loix ont leur autorité dans le reglement arbitraire qu'a fait le Legiflateur qui les a établies, & qu'elles font par confequent fujettes à des changemens [b].

[b] Ea vero quæ ipfa fibi quæque civitas conftituit, fæpe mutari folent. §. 11. inft. de jur. nat. gent. & civ.

V.

Les regles du droit, foit naturelles, ou arbitraires, font de trois fortes. Quelques-unes font generales, qui conviennent à toutes les matieres : d'autres font communes à plufieurs matieres, & non pas à toutes : & plufieurs font propres à une, & n'ont point de rapport aux autres. Ces regles, par exemple, de l'équité naturelle; qu'il ne faut faire tort à perfonne, qu'il faut rendre à chacun ce qui luy appartient, font generales, & s'étendent à toutes fortes de matieres. Cette regle, que les conventions tiennent lieu de loix, eft commune à plufieurs matieres, car elle convient à toutes les efpeces de contracts, de conventions, de pactes; mais elle ne convient pas aux teftamens, ni à plufieurs autres matieres. Et la regle de la

refcifion des ventes, à caufe de la lefion de plus de moitié
du jufte prix, eft une regle propre au contract de vente *a*.
Ainfi dans l'ufage & l'application des regles, il faut difcerner en chacune, & fes bornes, & fon étenduë.

a Exemple des regles generales, Juris præcepta funt hæc, honeftè vivere, alterum non lædere, fuum cuique tribuere. *l.* 10. §. 1. *ff. de juft. & jure.* §. 3. *inft. eod.*
Exemple des regles communes à plufieurs matieres, Contractus legem ex conventione
accipiunt. *l.* 1. §. 6. *ff. depof. Pour les regles particulieres*, chaque titre a les fiennes.
v. l. 2. *Cod. de refc. vend.*

VI.

Toutes les regles ceffent d'avoir leur effet, non feulement fi on les applique hors de leurs bornes, & dans des
matieres où elles ne fe rapportent point ; mais auffi lors
que dans leurs matieres on les détourne à une application
fauffe, ou vicieufe contre leur efprit. Ainfi, cette regle
de la refcifion des ventes à caufe de la lefion de plus de
moitié du jufte prix, feroit mal appliquée à une vente faite pour un accommodement dans une tranfaction *b*.

b Simul cùm in aliquo vitiata eft [regula] perdit officium fuum. *l.* 1. *in f. ff.*
de reg. jur.

VII.

Les exceptions font des regles qui bornent l'étenduë
des autres, & elles difpofent autrement par des vûës particulieres qui rendent ou jufte, ou injufte ce que la regle
entenduë fans exception rendroit au contraire ou injufte
ou jufte. Ainfi, par exemple, la regle generale, qu'on
peut faire toutes fortes de conventions, eft bornée par la
regle qui défend celles qui bleffent l'équité & les bonnes
mœurs. Ainfi la défenfe d'aliener les chofes facrées eft
bornée par la regle qui permet de les vendre pour des
caufes neceffaires & en gardant les formes *c*.

c Quid tam congruum fidei humanæ, quàm ea quæ inter eos placuerunt, fervare. *l.* 1. *ff. de pact.*
Omnia quæ contra bonos mores, vel in pactum, vel in ftipulationem dedu-
cuntur, nullius momenti funt. *l.* 4. *C. de inut. ftip. l.* 7. §. 7. *ff. de pact. l.* 6. *Cod.*
eod. Sancimus nemini licere fanctiffima atque arcana vafa, vel veftes, cæteraque
donaria, quæ ad divinam religionem neceffaria funt . . . . . vel ad venditionem,
vel hypothecam, vel pignus trahere . . . . . excepta caufa captivitatis, & famis.
l. 21. *C. de Sacro-fanc. Eccl. v. l.* 14. *& auth. hoc jus eod.*

VIII.

3. *Deux fortes d'exceptions.*

Les exceptions comme les regles font de deux fortes. Il y en a qui font du droit naturel, & les autres font du droit pofitif. Comme il fe voit par les exemples de l'article précedent, & par toutes les autres exceptions, dont chacune eft ou de l'une, ou de l'autre de ces deux efpeces *a*.

a C'eft une fuite de l'article précedent & du fecond de cette Section.

IX.

9. *Les loix doivent être connuës.*

Toutes les regles doivent être ou connuës, ou tellement expofées à la connoiffance de tout le monde, que perfonne ne puiffe impunément y contrevenir, fous prétexte de les ignorer. Ainfi les regles naturelles étant des veritez immuables, dont la connoiffance eft effentielle à la raifon; on ne peut dire qu'on les ait ignorées, comme on ne peut dire qu'on ait manqué de la raifon qui les fait connoître. Mais les loix arbitraires n'ont leur effet, qu'aprés que le Legiflateur a fait tout ce qui eft poffible pour les faire connoître; ce qui fe fait par les voyes qui font en ufage, pour la publication de ces fortes de loix; & aprés qu'elles font publiées, on les tient pour connuës à tout le monde, & elles obligent autant ceux qui prétendroient les ignorer, que ceux qui les fçavent *b*.

b Leges facratiffimæ, quæ conftringunt hominum vitas, intelligi ab omnibus debent. Ut univerfi præfcripto, earum manifeftius cognito, vel inhibita declinent, vel permiffa fectentur. *l. 9. Cod. de legib.*

Conftitutiones principum nec ignorare quemquam, nec diffimulare, permittimus. *l. 11. Cod. de jur. & fact. ign.*

Omnes verò populi legibus tam à nobis promulgatis, quam compofitis reguntur. *§. 1. in fin. in proæm. inft.*

Nec in ea re rufticitati venia præbeatur, *cùm naturali ratione* honor hujufmodi perfonis *debeatur. l. 2. C. de in jus voc.*

X.

10. *Deux fortes de loix arbitraires; les loix écrites, & les coûtumes.*

Les loix arbitraires font de deux fortes. L'une de celles qui dans leur origine ont été établies, écrites, & publiées par ceux qui en avoient l'autorité; comme font en France les Ordonnances des Rois; & l'autre de celles

celles dont il ne paroît point d'origine, & de premier
établissement ; mais qui se trouvent reçûës par l'approbation universelle, & l'usage immemorial qu'en a fait le
peuple, & ce sont ces loix, ou regles que l'on appelle coûtumes *a*.

a Constat autem jus nostrum quo utimur, aut scripto, aut sine scripto. ut
apud Græcos τῶν νόμων οἱ μὲν ἔγγραφοι, οἱ δ᾽ ἄγραφοι. i. e. legum sunt scriptæ
aliæ, aliæ non scriptæ. Scriptum autem jus est lex, plebiscitum, senatusconsultum, principum placita, magistratuum edicta, responsa prudentum. §. 3. inst.
de jur. nat. gent. & civili.
Sine scripto jus venit, quod usus approbavit. Nam diuturni mores, consensu
utentium comprobati, legem imitantur. §. 9. eod.

XI.

Les coûtumes tirent leur autorité du consentement
universel du peuple qui les a reçûës, lors que c'est le
peuple qui a l'autorité, comme dans les Republiques.
Mais dans les Etats sujets à un Souverain, les coûtumes
ne s'établissent ou ne s'affermissent en force de loix, que
de son autorité. Ainsi, en France les Rois ont fait arrêter & rediger par écrit, & ont confirmé en loix toutes les
coûtumes, conservant aux Provinces les loix qu'elles
tiennent ou de l'ancien consentement des peuples qui les
habitoient, ou des Princes qui y gouvernoient *b*.

11. Fondement de l'autorité des coûtumes.

b Id custodiri oportet, quod moribus, & consuetudine inductum est. l. 32.
ff. de legib. inveterata consuetudo pro lege, non immeritò, custoditur. Nam
cùm ipsæ leges, nulla alia ex causa nos teneant, quàm quod judicio populi receptæ sunt : meritò & ea quæ sine ullo scripto populus probavit, tenebunt omnes. Nam quid interest suffragio populus voluntatem suam declaret, an rebus
ipsis & factis ? d. l. 32. §. 1. ff. de legib. tam conditor, quam interpres legum solus
imperator justè existimabitur : nihil hac lege derogante veteris juris conditori-
bus, quia & eis hæc majestas Imperialis permisit. l. ult. in fin. Cod. de leg. & const.
prin. Communis reipublicæ sponsio. l. 1. & l. 2. ff. de legib.
Quoique ces dernieres paroles soient dites des loix, & non des coûtumes, elles convien-
nent aux coûtumes autant ou plus qu'aux loix. Voyez l'Ordonnance de Charles VII.
de 1453. art. 125. & de Loüis XII. de 1510. art. 49. pour rediger les coûtumes.

XII.

Les loix naturelles ayant leur justice, & leur autorité
qui est toûjours la même, elles reglent également & tout
l'avenir, & tout ce qu'il peut avoir du passé qui reste indécis *c*.

12. Les loix natu-relles reglent le passé & l'avenir.

c Sed naturalia quidem jura quæ apud omnes gentes peræquè observantur,
divina quadam providentia constituta, semper firma, atque immutabilia per-

Tome I.   B

manent. §. 11. inst. de jur. nat. gen. & civ. id quod semper æquum ac bonum est. l. 11. ff. de just. & jur.

XIII.

Quoique la justice des loix arbitraires soit fondée sur l'utilité publique & sur l'équité des motifs qui y donnent lieu ; comme elles n'ont leur autorité que par la puissance du Legislateur, qui détermine à ce qu'il ordonne, & qu'elles n'ont leur effet qu'après qu'elles ont été publiées pour être connuës ; elles ne reglent que l'avenir sans toucher au passé *a*.

a Leges & constitutiones futuris certum est dare formam negotii, non ad facta præterita revocari. l. 7. C. de legib.

XIV.

Les affaires qui se trouvent pendantes & indécises lors qu'il survient de nouvelles loix, se jugent par les dispositions des loix précedentes ; si ce n'est que par quelques motifs particuliers, les nouvelles loix marquent expressément que leurs dispositions auront lieu même pour le passé. Ou que sans cette expression, elles dûssent servir de regle au passé, comme si ces loix ne faisoient que rétablir une loy ancienne, ou une regle de l'équité naturelle, dont quelque abus avoit alteré l'usage, ou qu'elles reglassent des questions pour lesquelles il n'y avoit aucune loy, ni aucune coûtume. Ainsi, par exemple, lorsque le Roy ordonna que le prix des Offices se distribuëroit par ordre d'hypotheques, cette loy servit de regle pour les procés qui étoient indécis dans les Provinces où il n'y avoit pas de coûtume contraire qui servît de regle *b*.

b Leges & constitutiones futuris certum est dare formam negotiis, non ad facta præterita revocari : nisi nominatim & de præterito tempore, & adhuc pendentibus negotiis cautum sit. l. 7. C. de legib. & const. princ. l. 7. C. de nat. liber. Sancimus, nemini licere sacratissima atque arcana vasa, vel vestes, cæteraque donaria, quæ ad divinam religionem necessaria sunt, cùm etiam veteres leges ea quæ juris divini sunt, humanis nexibus non illigari sanxerint, vel ad venditionem, vel hypothecam, vel pignus trahere. Sed ab his, qui hæc suscipere ausi fuerint, modis omnibus vindicari. Hoc obtinente, non solùm in futuris negotiis. Sed etiam judiciis pendentibus. l. 21. C. de Sacro-sanct. Ecclef. l. 23. in f. cod.

Quicumque administrationem, in hac florentissima urbe gerunt, emere quidem mobiles res, vel immobiles, vel domos extruere, non aliter possunt, nisi specialem nostri numinis, hoc eis permittentem divinam rescriptionem me-

ruerint..... *Quæ etiam ad præterita negotia referri sancimus.* Nisi transactionibus vel
judicationibus sopita sint. *l. tax. C. de contr. jud.* quoniam inter alias captiones,
præcipuè commissoriæ pignorum legis, crescit asperitas. ... *Si quis igitur tali*
contractu laborat, hac sanctione respiret. Quæ cum præteritis, præsentia quoque
repellit, & futura prohibet. *l. ult. C. de tax. pign. & de lege com. in pr.*

XV.

Comme les loix nouvelles reglent l'avenir, elles peuvent selon le besoin changer les suites que devoient avoir les loix précedentes. Mais c'est toûjours sans donner atteinte au droit qui étoit acquis à quelques personnes. Ainsi, par exemple, avant l'Ordonnance d'Orleans on pouvoit faire des substitutions en plusieurs degrez jusqu'à l'infini, & elle borna les substitutions qui se feroient à l'avenir, à deux degrez outre l'institution. Mais comme cette Ordonnance ne faisoit pas cesser pour l'avenir l'effet des substitutions, qui étoient déja faites, l'Ordonnance de Moulins réduisit au quatriéme degré, outre l'institution, les substitutions qui avoient été faites avant l'Ordonnance d'Orleans. Et en même temps elle excepta les substitutions dont le droit étoit déja échû & acquis, quoyque ce fût au delà du quatriéme degré *a*.

a Futuris certum est dare formam negotiis. *l. 7. C. de legib.* Voyez l'Ordonnance d'Orleans art. 59. & celle de Moulins art. 57.

XVI.

Les loix arbitraires commencent d'avoir leur effet pour l'avenir, ou dés le temps de leur publication, ou seulement aprés le delay qu'elles ordonnent. Ainsi, quelques loix qui font des changemens dont une prompte execution causeroit des inconveniens, comme la prohibition de quelque commerce, une augmentation, ou diminution de la valeur des monnoyes, & autres semblables, laissent pendant quelque temps les choses dans le même état où elles étoient, & marquent le temps où elles commenceront d'être executées *b*.

b C'est une suite des regles precedentes, & un effet naturel de l'autorité & de la prudence du Legislateur.

XVII.

Les loix arbitraires, soit qu'elles soient établies par un Legislateur, ou par une Coûtume, peuvent être abolies

ou changées en deux manieres, ou par une loy expresse
qui les abroge, ou qui y fasse quelque changement, ou
par un long usage qui les change, ou les abolisse *a*.

a Mutari solent, vel tacito consensu populi, vel alia postea lege lata. §. 11. *inst.*
de jur. nat. gent. & cit. rectissimè etiam illud receptum est, ut leges non solùm
suffragio legislatoris, sed etiam tacito consensu omnium per desuetudinem abro-
gentur. *l. 32. in f. ff. de legib.*

XVIII.

18. Divers effets
des loix.

L'usage & l'autorité de toutes les loix, soit naturelles,
ou arbitraires, consiste à ordonner, défendre, permettre,
& punir *b*.

b Legis virtus hæc est, imperare, vetare, permittere, punire. *l. 7. ff. de*
legib.

XIX.

19. Les loix repri-
ment ce qui est fait
en fraude de leurs
dispositions.

Les loix repriment & punissent non seulement ce qui
blesse évidemment le sens de leurs termes, mais encore
tout ce qui paroissant n'avoir rien de contraire aux termes, blesseroit directement, ou indirectement leur intention, & tout ce qui seroit fait en fraude de la loy,
& pour l'éluder *c*. Ainsi, les loix qui défendent de donner, ou leguer à de certaines personnes, annullent les
dispositions faites au profit d'autres personnes interposées, pour faire passer la liberalité à ceux à qui on ne
peut donner.

c Non dubium est in legem committere eum, qui verba legis amplexus, contra legis nititur voluntatem. Nec pœnas insertas legibus evitabit, qui se contra
juris sententiam, sæva prærogativa verborum, fraudulenter excusat. *l. 5. C. de*
legib. Contra legem facit, qui id facit, quod lex prohibet, in fraudem verò,
qui salvis verbis legis, sententiam ejus circumvenit. *l. 29. ff. eod.* fraus enim
legi fit, ubi quod fieri noluit, fieri autem non vetuit, id fit, & quod distat
ῥητὸν ἀπὸ διανοίας. *i. e.* dictum à sententia, hoc distat fraus, ab eo quod contra
legem fit. *l. 30. eod.*

XX.

20. Les loix an-
nullent ou repriment
ce qui est fait contre
leurs défenses.

Si une loy défend ou en general à toutes personnes,
ou en particulier à quelque sorte de personnes, de certaines conventions, de certains commerces, ou qu'elle
fasse d'autres défenses quelles qu'elles soient; tout ce qui
sera fait contre ces défenses, avec toutes les suites, sera
ou annullé, ou reprimé, selon la qualité des défenses, &
celle de la contravention; quand même la loy n'expri-

meroit pas la peine de nullité, & qu'elle laisseroit les autres peines indéterminées *a*.

a Nullum pactum , nullam conventionem, nullum contractum inter eos videri volumus subsecutum , qui contrahunt , lege contrahere prohibente. Quod ad omnes etiam legum interpretationes , tam veteres , quàm novellas trahi generaliter imperamus. Ut legislatori , quod fieri non vult tantùm prohibuisse sufficiat. Cæteraque , quasi expressa , ex legis liceat voluntate colligere. Hoc est , ut ea quæ lege fieri prohibentur , si fuerint facta , non solùm inutilia , sed pro infectis etiam habeantur. Licèt legislator fieri prohibuerit tantùm : nec specialiter dixerit , inutile esse debere , quod factum est. Sed & si quid fuerit subsecutum , ex eo , vel ob id , quod interdicente lege factum est , illud quoque cassum, atque inutile esse præcipimus. *l. 5. C. de legib.* La loy seroit trop imparfaite , qui n'annulleroit pas ce qui seroit fait contre ses défenses , & qui laisseroit impunie la contravention. Minus quàm perfecta lex est , quæ vetat aliquid fieri , & si factum sit , non rescindit. *Ulp. T. 1. §. 2. v. l. 63. ff. de rit. nupt.*

XXI.

Les loix ne sont jamais faites pour une personne particuliere, ni bornées à un cas singulier. Mais elles sont faites pour le bien commun , & ordonnent en general ce qui est de plus utile dans ce qui arrive ordinairement *b*.

21. Les loix sont generales , & non pour un cas ou une personne.

b Lex est commune præceptum. *l. 1. ff. de legib.* Jura non in singulas personas, sed generaliter constituuntur. *l. 8. ff. eod.*

Jura constitui oportet, ut dixit Theophrastus, in his quæ ἐπὶ ὃ πλῆϛον, id est , ut plurimùm accidunt , non quæ ἐκ ϑαλόγϛ , id est , ex inopinato. *l. 3. & seq. ff. eod.* Ea quæ communiter omnibus prosunt , iis quæ specialiter quibusdam utilia sunt , præponimus. *Novell. 39. cap. 1.* V. l'art. suivant.

XXII.

Comme les loix regardent en general tous les cas où leur intention peut s'appliquer , elles n'expriment point les divers cas en particulier. Car ce détail , qui est impossible, seroit inutile. Mais elles comprennent generalement tous les évenemens où leur intention peut servir de regle *c*.

22. Suite de la regle précedente.

c Neque leges, neque Senatusconsulta ita scribi possunt , ut omnes casus , qui quandóque inciderint , comprehendantur : sed sufficit , ea quæ plerumque accidunt , contineri. *l. 10. ff. de legib.* non possunt omnes articuli sigillatim aut legibus , aut Senatusconsultis comprehendi : sed cùm in aliqua causa sententia eorum manifesta est, is qui jurisdictioni præest , ad similia procedere , atque ita jus dicere debet. *l. 12. eod.* semper quasi hoc legibus inesse credi oportet , ut ad eas quoque personas, & ad eas res pertinerent , quæ quandóque similes erunt. *l. 27. eod. v. l. 12. C. eod. l. 32. ff. ad legem Aquiliam.*

XXIII.

S'il pouvoit arriver quelque cas qui ne fût reglé par

23. L'équité est la loy universelle.

aucune loy expresse & écrite, il auroit pour loy les principes naturels de l'équité, qui est la loy universelle qui s'étend à tout *a*.

a Hæc æquitas suggerit etsi jure deficiamur. *l. 2. §. 5. in fin. ff. de aqua & aqua pluv. arc.*
  Ratio naturalis quasi lex quædam tacita. *l. 7. ff. de bon. damnat.*
  Sufficit firmare ex ipsa naturali justitia. *l. 13. §. 7. ff. de excus. tut.*

SECTION II.

De l'usage, & de l'interpretation des regles.

Causes de la necessité d'interpreter les loix.

ON appelle icy l'usage des regles la maniere de les appliquer aux questions qui sont à juger : & l'application des regles demande souvent qu'on les interprete.

Il arrive en deux sortes de cas, qu'il est necessaire d'interpreter les Loix. L'un est lors qu'il se rencontre dans une loy quelque obscurité, quelque ambiguité, ou quelque autre défaut d'expression; car alors il faut l'interpreter pour découvrir quel est son vray sens. Et cette espece d'interpretation se borne à l'expression, pour faire entendre ce que dit la loy. Et l'autre est lors qu'il arrive que le sens d'une loy, tout évident qu'il paroît dans les termes, conduiroit à de fausses consequences, & à des décisions qui seroient injustes, si elle étoit indistinctement appliquée à tout ce qui semble compris dans l'expression. Car alors l'évidence de l'injustice qui suivroit de ce sens apparent, oblige à découvrir par une espece d'interpretation, non ce que dit la loy, mais ce qu'elle veut, & à juger par son intention, quelle est l'étenduë, & quelles sont les bornes que doit avoir son sens. Et cette maniere d'interpretation dépend toûjours du temperament que quelque autre regle apporte à la loy qu'on seroit en danger de mal appliquer, si on ne l'expliquoit. Car c'est ce temperament qui donne à cette loy son usage, & sa verité. Ce qu'on ne sçauroit mieux entendre que par des exemples. Et pour les rendre plus utiles à ceux qui ont moins de lumiere & d'experience, il faut en donner un où perſonne ne puiſſe manquer de reconnoître qu'il ne faut pas toûjours prendre la loy au ſens de la lettre , & en ajoûter un autre où il ne ſoit pas ſi facile de faire ce diſcernement.

Exemples.

C'eſt une regle des plus claires & des plus ſeures, qu'un dépoſitaire doit rendre le dépôt à celuy qui l'a confié , quand il luy plaira de le retirer ; mais ſi le maître de l'argent dépoſé avoit perdu le ſens quand il demande ſon argent , perſonne n'ignore que ce ſeroit une injuſtice de le luy donner. Car qui ne voit pas qu'une autre regle défend de donner à un inſenſé une choſe qui pourra perir en ſes mains , ou dont il pourra faire un mauvais uſage , & que c'eſt luy faire tort que de la luy rendre. Ainſi, c'eſt par cette ſeconde regle qu'on interprete , & qu'on borne le ſens de l'autre.

C'eſt une autre regle des plus certaines, que l'heritier ſuccede aux droits du défunt ; mais cette regle ſeroit mal appliquée pour l'heritier d'un aſſocié , qui prétendroit ſucceder à cette qualité , car elle ne paſſe point à l'heritier ; ce qui eſt fondé ſur une autre regle qui veut que les Aſſociez ſe choiſiſſent reciproquement ; & par cette regle, il ſeroit injuſte que l'heritier d'un aſſocié fût aſſocié , s'il n'étoit agréé des autres , & ſi luy auſſi ne les agréoit. Ainſi , cette ſeconde regle oblige à interpreter le ſens de l'autre , & à le borner. Et on voit dans ce ſecond exemple , qu'il n'y eſt pas ſi facile que dans le premier, de découvrir le principe qui fait cette interpretation , & qui donne à chacune de ces regles , ſon juſte effet, en bornant le ſens de la premiere.

On voit par ces exemples , & il ſe verra de même dans tous les autres , où il eſt neceſſaire d'interpreter le ſens d'une loy , que cette interpretation qui donne à la loy ſon juſte effet , eſt toûjours fondée ſur une autre regle qui veut autre choſe que ce qui paroiſſoit reglé par ce ſens mal pris.

Il s'enſuit de cette remarque , que pour bien entendre une regle , ce n'eſt pas aſſez de concevoir le ſens apparent des termes , & de la voir ſeule ; mais il faut

La vûë de l'équité eſt la premiere voye pour interpreter les loix.

auſſi conſiderer ſi d'autres regles ne la bornent point. Car il eſt certain que toute regle ayant ſa juſtice qui ne ſçauroit être contraire à celle d'aucune autre regle, chacune a la ſienne dans ſon étenduë. Et c'eſt ſeulement la liaiſon de toutes enſemble qui fait leur juſtice, & borne leur uſage. Ou plûtôt c'eſt l'équité naturelle, qui étant l'eſprit univerſel de la juſtice, fait toutes les regles, & donne à chacune ſon uſage propre. D'où il faut conclure, que c'eſt la connoiſſance de cette équité, & la vûë generale de cet eſprit des loix, qui eſt le premier fondement de l'uſage, & de l'interpretation particuliere de toutes les regles.

Ce principe de l'interpretation des loix par l'équité, ne regarde pas ſeulement les loix naturelles, mais il s'étend auſſi aux loix arbitraires, parce qu'elles ont toutes leurs fondemens dans les loix naturelles, comme il a été remarqué dans le chapitre XI. du Traité des Loix. Mais il faut ajoûter à ce principe de l'équité, pour ce qui regarde l'interpretation des loix arbitraires, un autre

principe qui leur eſt propre, c'eſt l'intention du Legiſlateur, qui fixe en ce qu'elles reglent l'uſage & l'interpretation de cette équité. Car dans ces ſortes de loix, les temperamens de l'équité ſont reſtreints à ce qui peut s'accorder avec l'intention du Legiſlateur, & ne s'étendent pas à tout ce qui auroit pû paroître équitable, avant que la loy arbitraire eût été établie. Ainſi, par

exemple, il eſt de l'équité que celuy qui a obligeamment prêté ſon argent, ſans en retirer de reconnoiſſance, & à qui le debiteur dénie le prêt, puiſſe être reçû à prouver le prêt, s'il en a d'autres preuves que l'écrit qui luy manque. Et cette même équité demande auſſi cet uſage des preuves dans les autres eſpeces de conventions. Mais parce qu'il eſt de l'intereſt public, & de l'équité de ne pas laiſſer d'occaſion à la facilité des fauſſes preuves, & qu'il ſuffit d'avertir ceux qui prêtent, ou qui font d'autres conventions de prendre un écrit; l'Ordonnance de Moulins, & celle de 1667. qui ont défendu les preuves des conventions ſans écrit au deſſus

de

de cent livres, ont donné par là de juftes bornes à la
liberté de recevoir les preuves des conventions. Et fi
l'on reçoit quelques preuves contre la lettre de cette
Ordonnance, comme dans le cas d'un dépôt neceffaire, tel qu'eft celuy qui fe fait dans un incendie; c'eft que
fon intention ne s'étend point à ce cas, où il a été neceffaire de faire le dépôt, & impoffible d'en prendre un
écrit.

Ainfi, pour un autre exemple de l'effet de la volonté *Autre exemple.*
du Legiflateur, en ce qui regarde l'interpretation des
loix arbitraires par l'équité naturelle, il eft de cette
équité qu'un acheteur ne fe prévale pas de la neceffité
du vendeur pour acheter à vil prix. Et fur ce principe,
il fembleroit jufte d'annuller les ventes dont le prix feroit moindre, ou d'un tiers, ou d'un quart que le jufte
prix, ou même de moins felon les circonftances. Mais
les inconveniens de caffer toutes les ventes où il fe trouveroit de pareilles lefions, ont donné fujet à une loy qui
a reftreint la liberté de refoudre les ventes par la vilité du
prix, à celles des immeubles où la lefion feroit plus grande que de la moitié du jufte prix de la chofe venduë.
Et cette loy fait ceffer tout autre ufage, & toute autre
application de l'équité pour la lefion dans le prix des
ventes.

Ce n'eft donc pas affez pour le bon ufage de ce pre- *Diverfes vûës ne-*
mier fondement de l'interpretation des loix, qui eft l'é- *ceffaires pour l'inter-*
quité, de fentir en chaque regle ce que la lumiere de la *pretation des loix.*
raifon trouve d'équitable dans fon expreffion, & dans
l'étenduë qu'elle paroît avoir; mais il faut joindre à ce
fentiment une vûë generale de l'équité univerfelle, pour
difcerner dans les cas qui font à regler, fi d'autres regles
ne demandent pas une juftice differente, afin de n'en
détourner aucune hors de fon ufage, & d'appliquer aux
faits & aux circonftances, les regles qui y conviennent.
Et fi ce font des loix naturelles, les concilier par l'étenduë & les bornes de leur verité: ou fi ce font des loix
arbitraires, fixer cette équité par l'intention du Legiflateur.

Tome I.   C

Il faut prendre garde de ne pas confondre ces sortes
d'interpretations des loix dont on vient de parler, avec
celles qui sont reservées au Prince , dont il sera parlé
dans l'Article XII. de cette Section. Et il sera facile de
comprendre la différence entre ces deux sortes d'interpretation , par les regles qui seront expliquées dans cette
Section.

SOMMAIRES.

I.

Toutes les regles, soit naturelles, ou arbitraires, ont leur usage tel que donne à chacune la justice universelle qui en est l'esprit. Ainsi, l'application doit s'en faire par le discernement de ce que demande cet esprit, qui dans les loix naturelles est l'équité, & dans les loix arbitraires l'intention du legislateur. Et c'est aussi dans ce discernement que consiste principalement la science du Droit *a*.

1. *Esprit des loix.*

a In omnibus quidem, maximè tamen in jure, *aquitas spectanda. l. 90. ff. de reg. jur.* In summa æquitatem ante oculos habere debet judex. *l. 4. §. 1. ff. de eo quod certo loco.*
Benignius leges interpretandæ sunt, quò voluntas earum conservetur. *l. 18. ff. de legib.* mens legislatoris. *l. 13. §. 2. ff. de excus. tutor.* Scire leges non hoc est verba earum tenere, sed *vim ac potestatem. l. 17. ff. de legib.* Ratio naturalis quasi lex quædam tacita. *l. 7. ff. de bon. damnat.* Jus est ars boni & æqui. *l. 1. ff. de Just. & jur.*

I I.

S'il arrive qu'une regle naturelle étant appliquée à quelque cas qu'elle paroît comprendre, il s'ensuive une décision contraire à l'équité ; il en faut conclurre que la regle est mal appliquée, & que c'est par quelque autre que ce cas doit être jugé. Ainsi, par exemple, la regle qui veut que celuy qui a prêté quelque chose à un autre pour en user, puisse la retirer quand il luy plaira, pro-duiroit une consequence qui blesseroit l'équité, si on luy permettoit de reprendre la chose prêtée, pendant

2. *Les loix natu-relles font mal appli-quées, lors qu'on en tire des consequences contre l'équité.*

qu'elle sert actuellement à l'usage pour lequel il l'avoit donnée, & d'où elle ne pourroit être tirée sans quelque dommage. Car cette regle cesse en ce cas par une autre qui veut que celuy qui prête laisse joüir de la grace qu'il fait & qu'il ne puisse tourner son bienfait en une injustice.

a Ubi æquitas evidens poscit, subveniendum est. *l.* 183. *ff. de reg. jur.* In omnibus quidem, maximé tamen in jure æquitas spectanda. *l.* 90. *eod.* Intempestivè usum commodatæ rei auferre non officium tantùm impedit, sed & suscepta obligatio inter dandum, accipiendumque. *l.* 17. §. 3. *ff. commod.* Voyez l'art. 1. de la Sect. 3. du prêt à usage.

III.

Si une loy arbitraire étant appliquée à un cas qu'elle paroît comprendre, il en arrive une consequence qui blesse l'intention du legislateur ; la regle ne doit point s'étendre à ce cas. Ainsi, par exemple, l'Ordonnance de Moulins qui annulle indistinctement les substitutions par le défaut de publication, sans marquer à l'égard de quelles personnes elles seront nulles, ne les rend pas telles à l'égard de l'heritier chargé de la substitution, car une autre regle obligeoit cet heritier à faire faire la publication comme étant chargé d'executer les dispositions du testateur, & il ne doit pas profiter de sa negligence ou de sa mauvaise foy *b*.

b Et si maximè verbâ legis hunc habent intellectum, tamen mens legislatoris aliud vult. *l.* 13. §. 2. *ff. de excuf. tut.* Voyez l'Ordonnance de Moulins art. 57. & celle de Henry II. en 1553. art. 4. De Sophistica legum interpretatione, & cavillatione. *v. l.* 12. §. 3. *C. de adif. priv.*

IV.

Il ne faut pas prendre pour des injustices contraires à l'équité, ou à l'intention du legislateur, les décisions qui paroissent avoir quelque dureté qu'on appelle rigueur de droit, lors qu'il est évident que cette rigueur est essentielle à la loy d'où elle suit, & qu'on ne pourroit apporter de temperament à cette loy, sans l'anéantir. Ainsi, par exemple, si un testateur ayant dicté son testament, & l'ayant relû en presence des Notaires, & des Témoins, & prenant la plume pour le signer, meurt dans ce moment, ou qu'aprés qu'il aura signé, on oublie de faire signer l'un

des témoins , ou qu'enfin il manque au teſtament quelqu'une des formalitez preſcrites par les loix , ou par les
coûtumes ; ce teſtament ſera abſolument nul,quelque certitude qu'il y ait de la volonté du teſtateur , & quelques
favorables que puſſent être ſes diſpoſitions , parce que ces
formalitez ſont la ſeule voye que les loix reçoivent pour
faire la preuve de la volonté d'un teſtateur. Ainſi la rigueur
qui annulle tous les teſtamens où manquent les formes
que les loix preſcrivent,eſt eſſentielle à ces mêmes loix,&
ce ſeroit les anéantir que d'y apporter un temperament *a*.

a Quod quidem perquam durum eſt,ſed ita lex ſcripta eſt. *l.* 12. §; 1. *ff. qui &*
à quib. man.

V.

5. Temperament
de la rigueur du
Droit.

Si la dureté ou la rigueur du Droit n'eſt pas une ſuite
eſſentielle de la loy , & qui en ſoit inſéparable , mais que
la loy puiſſe avoir ſon effet par une interpretation qui modere cette rigueur , & par quelque temperament que demande l'équité, qui eſt l'eſprit de la loy; il faut alors préferer l'équité à cette rigueur que paroît demander la lettre , & ſuivre plûtôt l'eſprit & l'intention de la loy , que
la maniere étroite & dure de l'interpreter *b*. Ainſi , dans
le cas d'un teſtateur qui ordonne que ſi ſa femme qu'il
laiſſe groſſe accouche d'un fils , il aura les deux tiers de ſa
ſucceſſion , & elle le tiers : & que ſi c'eſt une fille,la mere
& la fille partageront également la ſucceſſion; s'il arrive
qu'il naiſſe un fils & une fille , la rigueur du Droit paroît
exclurre la mere , parce qu'elle n'étoit pas appellée au cas
qui eſt arrivé. Mais il eſt de l'équité que le pere ayant
voulu que la mere eût part en ſes biens , ſoit qu'elle eût

b Placuit in omnibus rebus præcipuam eſſe juſtitiæ æquitatiſque,quàm ſtricti
juris rationem. *l.* 8. *C. de juac.* Benigniùs leges interpretandæ ſunt,quò voluntas
earum conſervetur. *l.* 18. *ff. de legib.* Etſi maximè verba legis hunc habent intellectum , tamen mens legiſlatoris aliud vult. *l.* 13. §. 2. *ff. de excuſ. tut.* Hæc æquitas ſuggerit , etſi jure deficiamur. *l.* 2. §. 5. *in f. j, de aqua & aqua pluv. arc.* Ubicumque judicem æquitas moverit. *l.* 21. *ff. de interrog.*

Naturalem potiùs in ſe , quàm civilem habet æquitatem. Siquidem civilis deficit
ctio , ſed natura æquum eſt. *l.* 1. §. 1. *ff. ſi is qui teſt. lib.* Benigniorem interpretationem ſequi, non minùs juſtius eſt , quàm tutius. *l.* 192. §. 1. *ff. de reg. jur.*

Semper in dubiis benigniora præferenda ſunt. *l.* 56. *eod.* Rapienda occaſio eſt ,
quæ præbet benignius reſponſum. *l.* 168. *eod.*

C iij

un fils, ou bien une fille, & luy ayant donné la moitié
moins qu'auroit le fils, & autant qu'auroit la fille ; cette
volonté soit executée en la maniere qu'elle peut l'être. Et
que pour cela le fils ait la moitié, & la mere & la fille chacun un quatriéme *a*. Ainsi, pour un autre exemple, si
un pere & un fils meurent en même temps, comme dans
une bataille, sans qu'il soit possible de sçavoir lequel a survêcu : & que la veuve mere de ce fils demande contre les
heritiers du pere les biens qui seroient écheus au fils de la
succession de son pere, s'il étoit certain que le fils luy eût
survêcu, la rigueur du Droit exclurroit la mere, parce
que le pere & le fils étant morts ensemble, sans qu'il paroisse que le fils ait survêcu, on ne peut pas dire qu'il ait
succedé au pere. Ainsi les biens du pere iroient à ses heritiers. Mais l'équité veut que dans ce doute il soit présumé
en faveur de la mere, que c'est le pere qui est mort le premier, & c'est aussi l'ordre naturel *b*.

a Si ita scriptum sit, si filius mihi natus fuerit, ex besse heres esto, ex reliqua
parte uxor mea heres esto. Si verò filia mihi nata fuerit, ex triente heres esto, ex
reliqua parte uxor heres esto: & filius & filia nati essent, dicendum est assem distri-
buendum esse in septem partes, ut ex his filius quatuor, uxor duas, filia unam partem habeat. Ita enim secundùm voluntatem testantis, filius altero tantò ampliùs
habebit quàm uxor : item uxor altero tantò ampliùs quàm filia. Licèt enim subti-
lis juris regulæ conveniebat, ruptum fieri testamentum, attamen cùm ex utroque
nato testator voluerit uxorem aliquid habere : ideo ad hujusmodi sententiam hu-
manitate suggerente decursum est. *l.* 13. *ff. de lib. & post.*

*On a changé l'espece de cette loy a l'égard de la fille, parce que cette loy, qui est de l'an-
cien Droit, ne luy donnoit pas sa legitime.*

b Cùm bello pater cum filio perisset, materque filii, quasi postea mortui, bona vindicaret, agnati verò patris, quasi filius antè perisset. Divus Hadrianus credidit patrem priùs mortuum. *l.* 9. *§.* 1. *ff. de reb. dub.*

*Il faut remarquer sur ce second exemple, qu'il ne doit s'entendre que des biens ausquels
les meres succedent, suivant l'Ordonnance de Charles IX. vulgairement appellée l'Edit des
meres.*

VI.

*6. Quand il faut
suivre ou l'équité, ou
la rigueur du Droit.*

Il s'ensuit des regles précedentes, qu'on ne peut fixer
pour regle generale, ni que la rigueur du Droit doive
être toûjours suivie contre les temperamens de l'équité,
ni qu'elle doive y ceder toûjours. Mais cette rigueur devient injustice dans les cas où la loy souffre qu'on l'interprete par l'équité : & elle est au contraire une juste
regle, dans les cas où cette interpretation blesseroit la

loy *. Ainſi ce mot de rigueur du droit ſe prend ou pour une dureté injuſte & odieuſe ; & qui n'eſt pas de l'eſprit des loix, ou pour une regle infléxible, mais qui a ſa juſti- ce. Et il ne faut jamais confondre l'uſage de ces deux idées ; mais on doit diſcerner, & appliquer ou la juſte ſe- verité, ou le temperament de l'équité, ſuivant les regles précedentes, & celles qui ſuivent.

a Cet article eſt une ſuite des regles précedentes.

V I I.

Il n'eſt jamais libre & indifferent de choiſir ou la ri- gueur du Droit, ou bien l'équité ; de ſorte qu'on puiſſe dans le même cas appliquer ou l'une, ou l'autre indiſtin- ctement, & ſans injuſtice. Mais dans chaque fait, il faut ſe déterminer ou à l'une, ou à l'autre, ſelon les circonſ- tances, & ce que demande l'eſprit de la loy. Ainſi, il faut juger par la rigueur du Droit, ſi la loy ne ſouffre point de temperament : ou par le temperament de l'équité, ſi la loy le ſouffre *b* .

7. Il n'eſt pas libre indifferemment de ſuivre ou la rigueur du Droit, ou l'équité.

b Cet article eſt auſſi une ſuite des regles précedentes.

V I I I.

Quoyque la rigueur du Droit ſemble diſtinguée de l'é- quité, & qu'elle y paroiſſe même oppoſée, il eſt toûjours vray, dans les cas où cette rigueur doit être ſuivie, qu'une autre vûë de l'équité luy donne ſa juſtice. Et comme il n'arrive jamais que ce qui eſt équitable bleſſe la juſtice, il n'arrive jamais auſſi que ce qui eſt juſte bleſſe l'é- quité. Ainſi dans l'exemple de l'article quatriéme, il eſt juſte qu'on annulle le teſtament où manquent les formali- tez que les loix preſcrivent, parce qu'un acte de cette con- ſequence doit être accompagné de circonſtances ſérieu- ſes, & de preuves fermes de ſa verité. Et cette juſtice a ſon équité dans le bien public, & dans l'intereſt même qu'ont les teſtateurs, ſur tout les malades, qu'on ne puiſſe pas ai- ſément prendre pour leur volonté ce qu'il ne ſeroit pas bien ſeur qu'ils euſſent voulu *c* .

8. La rigueur du Droit, quand il faut la ſuivre, a ſon équi- té.

c Cet article eſt encore une ſuite des regles précedentes.

I X

Les obſcuritez, les ambiguitez, & les autres défauts

9. Interpretati-

d'expreſſion qui peuvent rendre douteux le ſens d'une loy, & toutes les autres difficultez de bien entendre, & de bien appliquer les loix, doivent ſe reſoudre par le ſens le plus naturel, qui ſe rapporte le plus au ſujet, qui eſt le plus conforme à l'intention du legiſlateur, & que l'équité favoriſe le plus. Ce qui ſe découvre par les diverſes vûës de la nature de la loy, de ſon motif, de ſon rapport aux autres loix, des exceptions qui peuvent la reſtreindre, & des autres ſemblables reflexions, qui peuvent en découvrir l'eſprit & le ſens *a*.

a In ambigua voce legis, ea potiùs accipienda eſt ſignificatio, quæ vitio caret. Præſertim cùm etiam voluntas legis, ex hoc colligi poſſit. *l. 19. ff. de legib.*

Quoties idem ſermo duas ſententias exprimit, ea potiſſimum excipiatur, quæ rei gerendæ aptior eſt. *l. 67. ff. de reg. jur.* Prior atque potentior eſt quàm vox, mens dicentis. *l. 7. in f. ff. de ſuppell. leg.* Benigniùs leges interpretandæ ſunt, quò voluntas earum conſervetur. *l. 18. ff. de legib.* Scire leges non hoc eſt verba earum tenere, ſed vim ac poteſtatem. *l. 17. eod.* Voyez les articles 1. 2. 3. de cette Section, & les ſuivans.

X.

Pour bien entendre le ſens d'une loy, il faut en peſer tous les termes, & le préambule lors qu'il y en a, afin de juger de ſes diſpoſitions, par ſes motifs, & par toute la ſuite de ce qu'elle ordonne: & ne pas borner ſon ſens à ce qui pourroit paroître different de ſon intention ou dans une partie de la loy tronquée, ou dans le défaut d'une expreſſion. Mais il faut préferer à ce ſens étranger d'une expreſſion défectueuſe, celuy qui paroît d'ailleurs évident par l'eſprit de la loy entiere. Ainſi, c'eſt bleſſer les regles & l'eſprit des loix, que de ſe ſervir, ou pour juger, ou pour conſeiller, d'une partie détachée d'une loy, & détournée à un autre ſens que celuy que luy donne ſa liaiſon au tout *b*.

b Incivile eſt niſi totà lege perſpectà, unà aliquà particulà ejus propoſità, judicare, vel reſpondere. *l. 24. ff. de legib.* Verbum *ex legibus*, ſic accipiendum eſt, tam ex legum ſententia, quàm ex verbis. *l. 6. §. 1. ff. de verb. ſign.* Etſi maximè verba legis hunc habent intellectum, tamen mens legiſlatoris aliud vult. *l. 13. §. 2. ff. de excuſ. tut.* V. les articles précedens. V. ſur le mot préambule, *la loy 134. §. 1. ff. de verb. obl.*

X I.

Si dans quelque loy il ſe trouve une omiſſion d'une choſe

chose qui soit essentielle à la loy, ou qui soit une suite necessaire de sa disposition, & qui tende à donner à la loy son entier effet, selon son motif ; on peut en ce cas suppléer ce qui manque à l'expression, & étendre la disposition de la loy à ce qui étant compris dans son intention, manquoit dans les termes *a*.

peut suppléer à la loy.

a Quod legibus omissum est, non omittetur religione judicantium. *l. 13. ff. de testib.*
  Quoties lege aliquid unum vel alterum introductum est, bona occasio est, cætera quæ tendunt ad eamdem utilitatem, vel interpretatione, vel certè jurisdictione suppleri. *l. 13. ff. de legib.* Supplet prætor in eo quod legi deest. *l. 11. ff. de præsc. verb.* Licèt orationis sub Divo Marco habitæ verba deficiant, is tamen qui post contractas nuptias nurui suæ curator datur, excusare se debet, ne manifestam sententiam ejus offendat. *l. 17. C. de excus. tut.* Edicti quidem verba cessabunt : Pomponius autem ait, sententiam edicti porrigendam esse ad hæc. *l. 7. §. 2. ff. de jurisd. V. cy-après les articles* 21. 22. *& 23. qui servent d'exemples.*

XII.

Si les termes d'une loy en expriment nettement le sens & l'intention, il faut s'y tenir. Que si le vray sens de la loy ne peut être assez entendu par les interpretations qui peuvent s'en faire selon les regles qu'on vient d'expliquer, ou que ce sens étant clair, il en naisse des inconveniens contre l'utilité publique ; il faut alors recourir au Prince, pour apprendre de luy son intention, sur ce qui peut être sujet à *interpretation, declaration*, ou *moderation*. Soit pour faire entendre la loy, ou pour y apporter du temperament *b*.

12. Quand il faut recourir au Prince pour l'interpretation de la loy.

b Leges sacratissimæ quæ constringunt hominum vitas, intelligi ab omnibus debent, ut universi præscripto earum manifestiùs cognito, vel inhibitâ declinent, vel permissa sectentur. Si quid verò in iisdem legibus latum fortassis obscuriùs fuerit, oportet id ab imperatoria interpretatione patefieri, duritiamque legum, nostræ humanitati incongruam, emendari. *l. 9. C. de leg.* Inter æquitatem, jusque interpositam interpretationem, nobis solis & oportet, & licet inspicere. *l. 1. eod.* Si enim leges condere soli imperatori concessum est, & leges interpretari, solo dignum imperio esse oportet. *l. ult. eod. Nov.* 143. De his quæ primò constituuntur, aut interpretatione, aut constitutione optimi principis certiùs statuendum est. *l. 11. ff. eod.*
  Ainsi, *le Parlement fit des remontrances à Charles VII. sur les Declarations, interpretations, modifications, qui étoient à faire aux anciennes Ordonnances, sur quoy intervint celle de* 1446.
  Ainsi, *l'Ordonnance de Moulins art.* 1. *& celle de* 1667. *T.* 1. *art.* 3. *& art.* 7. *veulent que les Parlemens, & les autres Cours fassent leurs remontrances au Roy, sur ce qui pourroit se trouver dans les Ordonnances de contraire à l'utilité, ou commodité publique, ou sujet à* interpretation, declaration, *ou* moderation. *Voyez l'article* 33. *de l'Ordonnance de Philippe VI. en* 1349. *portant pouvoir au Conseil, & à la Chan...*

bre des Comptes, de faire les declarations, & interpretations qui seroient à faire sur cette Ordonnance.

De *interpretatione* Canonum Ecclesiasticorum , si quid dubietatis emerserit. *V. l. 6. C. de sacros. Eccl.* De *dubietate* quæ in canonibus emerserit. *v. l. 6. C. de Sacros. Eccles.*

XIII.

Si la disposition d'une loy étant bien connuë, quoyque le motif en soit inconnû , il paroît en naître quelque inconvenient qu'on ne puisse éviter par une interpretation raisonnable, il faut présumer que la loy a d'ailleurs son utilité, & son équité, par quelque vûë du bien public, qui doit faire préferer son sens, & son autorité aux raisonnemens qui pourroient y être contraires. Car autrement plusieurs loix tres-utiles & bien établies seroient renversées , ou par d'autres vûës de l'équité, ou par la subtilité des raisonnemens *a*.

a Non omnium quæ à majoribus constituta sunt ratio reddi potest. *l. 20. ff. de legib.* & ideo rationes eorum quæ constituuntur , inquiri non oportet, alioquin multa ex his quæ certa sunt , subvertuntur. *l. 21. eod.* Disputare de principali judicio non oportet. *l. 3. C. de crim. sacnl.* Multa jure civili contra rationem disputandi , pro utilitate communi recepta esse , innumerabilibus rebus probari potest. *l. 51. §. 2. ff. ad l. Aquil.*

XIV.

Les loix qui favorisent ce que l'utilité publique, l'humanité, la religion, la liberté des conventions , & des testamens, & d'autres semblables motifs rendent favorable, & celles dont les dispositions sont en faveur de quelques personnes, doivent s'interpreter avec l'étenduë que peut y donner la faveur de ces motifs jointe à l'équité : & ne doivent pas s'interpreter durement, ni s'appliquer d'une maniere qui tourne au préjudice des personnes que leurs dispositions veulent favoriser *b*.

b Nulla juris ratio, aut æquitatis benignitas patitur, ut quæ salubriter pro utilitate hominum introducuntur, ea nos duriore interpretatione , contra ipsorum commodum producamus ad severitatem. *l. 25. ff. de legib.* Aliam causam esse institutionis quæ benignè acciperetur. *l. 19. ff. de lib. & post.* Propter publicam utilitatem .... strictam rationem insuper habemus , quæ nonnumquam in ambiguis religionum quæstionibus omitti solet. Nam summam esse rationem quæ pro religione facit. *l. 43. ff. de relig. & sumpt. funerum.* Quod favore quorumdam constitutum est , quibusdam casibus ad læsionem eorum nolumus inventum videri. *l. 6. C. de legib.* legem enim utilem reipublicæ .... adjuvandam interpretatione. *l. 64. §. 1. ff. de condit. & dem.* Voyez un exemple de la derniere partie de cette regle dans l'art. 9. de la Sect. 3. du contract de vente, & un autre dans la *loy 3. §. 5. ff. de carb. ed.* le reste n'a pas besoin d'exemple.

X V.

Les loix qui reftreignent la liberté naturelle, comme celles qui défendent ce qui de foy n'eft pas illicite, ou qui dérogent autrement au droit commun, les loix qui établiffent les peines des crimes & des delits, ou des peines en matiere civile, celles qui prefcrivent de certaines formalitez, les regles dont les difpofitions paroiffent avoir quelque dureté; celles qui permettent l'exheredation, & les autres femblables s'interpretent de forte qu'on ne les applique pas au delà de leurs difpofitions à des confequences pour des cas où elles ne s'étendent point. Et qu'au contraire on y donne les temperamens d'équité, & d'humanité qu'elles peuvent fouffrir *a*.

a C'eft une fuite des regles précedentes. Interpretatione legum pœnæ molliendæ funt, potiufquam afperandæ. *l.* 42. *ff. de pœn.* In pœnalibus caufis benigniùs interpretandum eft. *l.* 155. §. *ult.ff. de reg. jur.* In levioribus caufis proniores ad lenitatem judices effe debent, in gravioribus pœnis, feveritatem legum, cum aliquo temperamento benignitatis, fubfequi. *l.* 11. *ff. de pœn. v. l.* 51. *eod.* Aliam caufam effe inftitutionis quæ benignè acciperetur : exheredationes autem non effent adjuvandæ. *l.* 19. *ff. de lib. & poft.* Si ita libertatem acceperit ancilla, fi primum marem pepererit, libera efto : & hæc, uno utero marem & fœminam peperiffet, fiquidem certum eft quid priùs edidiffet, non debet de ipfius ftatu ambigi, utrùm libera effet necne. Sed nec filiæ, nam fi poftea edita eft, erit ingenua. Sin autem hoc incertum eft, nec poteft nec per fubtilitatem judicialem manifeftari, in ambiguis rebus humaniorem fententiam fequi oportet. Ut tam ipfa libertatem confequatur, quàm filia ejus ingenuitatem. Quafi per præfumptionem priore mafculo edito. *l.* 10. §. 1. *ff. de reb. dub.* Quod contra rationem juris receptum eft, non eft producendum ad confequentias. *l.* 14. *ff. de legib.* in quorum finibus emere quis prohibetur, pignus accipere non prohibetur. *l.* 24. *ff. de pig.* *Quoyque l'exemple de cette efclave foit rapporté dans cette loy* 10. §. 1. *ff. de reb. dub. fur la matiere des teftamens, on peut auffi l'appliquer en ce lieu.*

X V I.

Si quelque loy, ou quelque coûtume fe trouve établie, par des confiderations particulieres, contre d'autres regles, ou contre le droit commun, elle ne doit être tirée à aucune confequence hors des cas que fa difpofition marque expreffément. Ainfi l'Ordonnance qui défend de recevoir la preuve des conventions au deffus de cent livres, & la preuve des faits qui font differens de ce qui a été convenu, ne s'étend pas à des faits d'une autre nature, où il ne s'agiroit point de convention *b*.

b Quod contra rationem juris receptum eft, non eft producendum ad confequentias. *l.* 141. *de reg. jur. l.* 14. *ff. de leg. b. v. l.* 39. *eod.*

D ij

XVII.

Les bienfaits , & les dons des Princes s'interpretent favorablement : & ont toute l'étenduë raisonnable que peut leur donner la presomption de la liberalité naturelle aux Princes ; pourveu qu'on ne les étende pas d'une maniere qui fasse préjudice à d'autres personnes *a*.

a Beneficium imperatoris , quod à divina scilicet ejus indulgentia proficiscitur, quàm plenissimè interpretari debemus. l. 3. ff. de conct. princip. v. l. 2. C. de bon. vac. Si quis à principe simpliciter impetraverit , ut in publico loco ædificet, non est credendus sic ædificare , ut cum incommodo alicujus , id fiat. l. 2. §. 16. ff. ne quid in loco publ. fiat.

XVIII.

Si les loix où il se trouve quelque doute ou quelque autre difficulté, ont quelque rapport à d'autres loix qui puissent en éclaircir le sens , il faut préferer à toute autre interpretation celle dont les autres loix donnent l'ouverture. Ainsi, lorsque des loix nouvelles se rapportent aux anciennes, ou à d'anciennes coûtumes, ou les anciennes aux nouvelles, elles s'interpretent les unes par les autres, selon leur intention commune , en ce que les dernieres n'ont pas abrogé *b*.

b Non est novum ut priores leges ad posteriores trahantur. l. 26. ff. de legib. Sed & posteriores leges ad. priores pertinent : nisi contrariæ sint. Idque multis argumentis probatur. l. 28. eod.

XIX.

Si les difficultez qui peuvent arriver dans l'interpretation d'une loy, ou d'une coûtume se trouvent expliquées par un ancien usage qui en ait fixé le sens, & qui se trouve confirmé par une suite perpetuelle de jugemens uniformes ; il faut s'en tenir au sens déclaré par l'usage , qui est le meilleur interprete des loix *c*.

c Si de interpretatione legis quæratur, in primis inspiciendum est quo jure civitas retro in ejusmodi casibus usa fuisset : optima enim est legum interpres consuetudo. l. 37. ff. de legib. Nam imperator noster Severus rescripsit in ambiguitatibus , quæ ex legibus proficiscuntur , consuetudinem , aut rerum perpetuò similiter judicatarum authoritatem , vim legis obtinere debere. l. 38. eod.

XX.

Si quelques Provinces ou quelques lieux manquent de regles certaines pour des difficultez dans des matieres qui y sont en usage , & que ces difficultez ne soient pas

reglées par le droit naturel, ou les loix écrites , mais *de regles aux autres*
qu'elles dépendent des coûtumes & des usages; on doit *lieux.*
s'y regler par les principes qui suivent des coûtumes de
ces lieux mêmes. Et si cela ne regle pas la difficulté, il
faut suivre ce qui s'en trouve reglé par les coûtumes
voisines qui en disposent, & sur tout par celles des principales Villes *a*..

a De quibus caufis fcriptis legibus non utimur , id cuftodiri oportet, quod
moribus & confuetudine inductum eft. Eft fi qua in re hoc deficeret, tunc quod
proximum , & confequens ei eft. Si nec id quidem appareat , tunc jus quo urbs
Roma utitur, fervari oportet. *l. 32. ff. de legib.*

XXI.

Toutes les loix s'étendent à tout ce qui eft effentiel à *21. Les loix s'é-*
leur intention. Ainfi , la loy permettant le mariage aux *tendent 'a ce qui eft*
garçons à l'âge de quatorze ans accomplis, & aux filles à *effentiel à leur inten-*
douze, c'eft une fuite de ces loix, que ceux qui fe ma- *tion.*
rient puiffent s'obliger, quoyque mineurs, aux conventions du mariage qui regardent la dot, le doüaire , la
communauté de biens , & les autres femblables. Ainfi ,
les Juges étant établis pour rendre la juftice, leur autorité s'étend à tout ce qui devient neceffaire pour l'exercice de leurs fonctions ; comme eft le droit de reprimer
par des peines ceux qui refiftent aux ordres de la juftice,
& il en eft de même de toutes les autres fuites de leur
miniftere *b*.

b Hæc æquitas fuggerit , etfi jure deficiamur. *l. 2. §. 5. in f. ff. de aqua , &*
aqua pluviâ arcend.
Edicti quidem verba ceffabunt : Pomponius autem ait , fententiam edicti porrigendam effe ad hæc. *l. 7. §. 2. ff. de jurifd.* Cui jurifdictio data eft , ea quoque
conceffa effe videntur, fine quibus jurifdictio explicari non potuit. *l. 2. eod.*

XXII.

Dans les loix qui permettent, on tire la confequence *22. Les loix qui*
du plus au moins. Ainfi , ceux qui ont le droit de don- *permettent s'étendent*
ner leurs biens, ont à plus forte raifon le droit de les *du plus au moins.*
vendre. Et de même ceux qui ont le droit d'inftituer des
heritiers par un teftament, ont à plus forte raifon le droit
de faire des legs *c*.

c Non debet cui plùs licet , quod minus eft non licere. *l. 21. ff. de reg. jur.*
Cujus eft donandi, eidem & vendendi , & concedendi jus eft. *l. 163. ff. de reg.*
jur. Qui poteft invitis alienare, multò magis & ignorantibus, & abfentibus poteft. *l. 26. ff. de reg. jur, V. les deux articles fuivans.*

XXIII.

Dans les loix qui défendent, on tire la confequence du moins au plus. Ainfi, les prodigues à qui on a interdit l'adminiftration de leursbiens, ne peuvent à plus forte raifon les aliener. Ainfi, ceux qui font déclarez indignes de quelque Charge, ou de quelque honneur, font à plus forte raifon indignes d'une plus grande Charge, & d'un honneur plus confiderable *a*.

a Qui indignus eft inferiore ordine, indignior eft fuperiore. *l.* 4. *ff. de Senatorib.* Eft enim perquam ridiculum, eum qui minoribus pœnæ caufâ prohibitus fit, ad majores afpirare. *l.* 7. *§. ult. ff. de interd. & releg. l.* 5. *ff. de ferv. export.* V. *l'article fuivant.*

XXIV.

Cette étenduë des loix du moins au plus, & du plus au moins eft bornée aux chofes qui font de même genre, que celles dont la loy difpofe, ou qui font telles que fon motif doive s'y étendre, comme dans les exemples des articles précedens *b*. Mais il ne faut pas tirer la confequence ni du plus au moins, ni du moins au plus, quand ce font des chofes de different genre, ou qui font telles que l'efprit de la loy ne s'y applique point *c*. Ainfi, la loy qui permet aux adultes de s'engager dans le mariage, & d'y obliger leursbiens pour les conventions qui en font les fuites, quoy qu'ils foient mineurs, feroit mal appliquée à d'autres fortes de conventions, quoyque moins importantes. Ainfi, la liberté qu'a un adulte en minorité, de donner tous fes biens par une difpofition à

b In eo quod plus fit femper ineft & minus. *l.* 110. *ff. de reg. jur.* Cùm quis poffit alienare, poterit & confentire alienationi. *l.* 165. *eod.*
Lex Julia quæ de dotali prædio profpexit, ne id marito liceat obligare, aut alienare, pleniùs interpretanda eft, ut etiam de fponfo idem Juris fit, quod de marito. *l.* 4. *ff. de fundo dot.*
c Ainfi dans l'ancien Droit Romain, la licence qu'avoient les peres d'ôter la vie à leurs enfans, ne s'étendoit pas à la licence de les priver de la liberté & les vendre efclaves. Libertati à majoribus tantùm impenfum eft, ut patribus, quibus jus vitæ in liberos necifque poteftas olim erat permiffa, libertatem eripere non liceret. *l. ult. C. de patr. poteft. Ainfi, dans le même Droit Romain, il étoit permis de donner à fa concubine, mais non à fa femme.* V. la loy 58. & tot. Tit. ff. de donat. inter vir. & uxor. *Ainfi, dans ce même Droit il étoit permis au mary de vendre le fonds dotal de fa femme, fi elle y confentoit, mais non pas de l'hypothequer, quoy qu'elle y confentit.* Lex Julia fundi dotalis italici alienationem prohibebat fieri à marito non confentiente muliere : hypothecam autem, nec fi mulier confentiebat. *l. un. §.* 15. *C. de rei ux. act.*

cauſe de mort , ſeroit mal étenduë à la liberté de donner
entre-vifs une partie de ſes biens. Ainſi, le pouvoir du
haut Juſticier ſeroit mal étendu à ce qui eſt de la moyen-
ne, ou baſſe juſtice. Ainſi, les loix qui notent d'infamie,
ſeroient mal appliquées à la privation des biens, encore
que l'honneur ſoit plus que le bien.

XXV.

Si quelque loy faiſoit ceſſer la recherche de quelque
abus, le pardonnant pour le paſſé ; ce ſeroit le défendre
pour l'avenir *a*.

a Cùm lex in præteritum quid indulget, in futurum vetat. *l.* 22. *ff. de legib.*
La loy ſeroit bien imparfaite ſi diſſimulant le paſſé elle n'ajoûtoit les défenſes pour l'avenir. Ainſi, l'Edit de 1606. qui remit la recherche de ceux qui avoient pris des interêts
d'obligations à cauſe de prêt, & les convertit en rentes ; ne manqua pas de défendre ces
interêts pour l'avenir. v. Nov. 154.

XXVI.

Lors qu'un droit vient à quelque perſonne par la diſpoſition d'une loy, ce droit luy eſt acquis par l'effet de la
loy ; ſoit que cette perſonne ſçache ou ignore cette loy :
& ſoit auſſi qu'elle ſçache, ou ignore le fait d'où dépend
le droit que la loy luy donne. Ainſi, le creancier de qui
le debiteur vient à mourir, a ſon droit acquis contre
l'heritier, quoy qu'il ignore la mort de ſon debiteur, &
quand il ne ſçauroit pas même que la loy engage l'heritier aux dettes de celuy à qui il ſuccede. Ainſi, le fils eſt
heritier de ſon pere, quoy qu'il ignore ſon droit de ſucceder, & qu'il ne ſçache pas la mort de ſon pere. Et c'eſt
une ſuite de cette regle, que les droits de cette nature,
qui ſont acquis aux perſonnes par l'effet de la loy, paſſent à leurs heritiers, s'il arrive qu'ils meurent avant que
d'avoir exercé, ni connu leur droit *b*.

b Cùm evidentiſſimè lux duodecim tabularum heredes huic rei (æri alieno
defuncti) faciat obnoxios. *l. ult. C. de hæred. act.* Item vobis acquiritur quod
ſervi veſtri ex traditione nanciſcuntur : ſive quid ſtipulentur, ſive ex donatione,
vel ex legato, vel ex qualibet alia cauſa acquirant. Hoc enim, vobis ignorantibus & invitis obvenit. §. 3. *inſt. per quas perſ. nob. acq.*
Si infanti, id eſt, minori ſeptem annis, in poteſtate patris vel avi vel proavi
conſtituto, vel conſtitutæ, hæreditas ſit derelicta, vel ab inteſtato delata à matre, vel linea ex qua mater deſcendit, vel aliis quibuſcumque perſonis, licebit
parentibus ejus, ſub quorum poteſtate eſt, adire ejus nomine hereditatem,
vel bonorum poſſeſſionem petere. Sed, ſi hoc parens neglexerit & in memorata
ætate infans deceſſerit, tunc parentem quidem ſuperſtitem omnia ex quacum-

que succeſſione ad eundem infantem devoluta jure patrio, quaſi jam infanti, quæſita, capere. *l. 18. C. de jur. deliber. v. l. 5. ff. ſi pars hæred. pet. l. 30. §. 6. ff. de acq. vel om. hered.* Prætor ventrem mittit in poſſeſſionem. *d. l. §. 1. & tit. de ventr. in poſſ. mitt.* Teſtamento jure facto, multis inſtitutis heredibus, & invicem ſubſtitutis: adeuntibus ſuam portionem : etiam invitis coheredum repudiantium accreſcit portio. *l. 6. C. de impub. & al. ſubſt.* Illud ſciendum eſt, ſi mulier prægnans non ſit, exiſtimatur autem prægnans eſſe, interim filium heredem eſſe ex aſſe, quamquam ignoret ſe ex aſſe heredem aſſe. *l. 5. ff. ſi pars her. pet. d. l. §. 1. l. 30. §. 6. ff. de acq. vel om. her.* Ignorans hæres ſit. *l. 3. §. 10. ff. de ſuis & leg. v. l. un. C. de his qui ante ap. tab.*

Il faut entendre cette regle, ainſi qu'elle eſt exprimée, des droits acquis par la diſpoſition d'une loy, & non pas en general de ce qui eſt acquis par d'autres voyes, que les loix auto-riſent, comme ſeroit un legs acquis par la volonté d'un teſtateur. C'eſt de cette regle que depend celle de nos coûtumes, le mort ſaiſit le vif, qui ſignifie que les heritiers du ſang ont leur droit acquis à la ſucceſſion, quoiqu'ils ignorent la mort de celuy à qui ils ſuccedent, parce que c'eſt la loy qui les appelle à la ſucceſſion. Mais les legataires & les her-tiers teſtamentaires n'étant appellez que par la volonté du teſtateur, & non par la loy, leur droit n'eſt pas le même, & on expliquera cette difference en ſon lieu dans les ſucceſſions. v. l. un. C. de his qui ante ap. tab.

XXVII.

27. Comment on peut renoncer au droit acquis par une loy.

Il eſt libre aux perſonnes capables d'uſer de leurs droits de renoncer à ce que les loix établiſſent en leur faveur. Ainſi, un majeur qui n'a aucune incapacité, comme ſeroit la demence, ou une interdiction, peut renoncer à une ſucceſſion où la loy l'appelle. Ainſi, ceux qui ont des privileges accordez ou par des loix, ou par des graces particulieres peuvent ne s'en pas ſervir *. Mais cette liberté de renoncer à ſon droit ne s'étend point aux cas où des perſonnes tierces ſeroient intereſſées, ni à ceux où la renonciation à ſon droit ſeroit contraire à l'équité, ou aux bonnes mœurs, ou à la défenſe de quelque loy.

a Regula eſt juris antiqui, omnes licentiam habere, his quæ pro ſe indulta ſunt, renuntiare. *l. 51. C. de Epiſc. & Cler. l. 29. C. de pact.*

Licet ſui juris perſecutionem, aut ſpem futuræ perceptionis, deteriorem con-ſtituere. *l. 46. ff. de pact. v. l. 4. §. 4. ff. ſi quis caut. l. 8. ff. de tranſact.* Venditor fundi Geroniani, fundo Botroiano, quem retinebat, legem dederat, ne contra eum piſcatio Thynnaria exerceatur. Quamvis mari, quod natura omnibus pa-tet, ſervitus imponi privata lege non poteſt : quia tamen bona fides contractûs, legem ſervari venditionis expoſcit : perſonæ poſſidentium, aut in jus eorum ſuc-cedentium, per ſtipulationis, vel venditionis legem obligantur. *l. 13. ff. comm. præd. V. l'art. ſuivant & l'art. 2. de la Section 4. des vices des conventions.*

XXVIII.

28. Les diſpoſitions des particuliers ne peuvent empêcher celles des loix.

Les loix ont leur effet indépendemment de la vo-lonté des particuliers. Et perſonne ne peut empêcher, ni par des conventions, ni par des diſpoſitions à cauſe de mort, ni autrement que les loix ne reglent ce qui le

regarde,

regarde. Ainſi, un teſtateur ne peut empêcher par aucune précaution, que les loix n'ayent leur effet contre les
diſpoſitions qu'il pourroit faire contraires à celles des loix.
Ainſi, les conventions qui bleſſent les regles n'ont aucun
effet ᵃ.

ᵃ Jus publicum privatorum pactis mutari non poteſt. *l.* 38. *ff. de pact. l.* 20. *ff.*
de religioſis. Privatorum conventio juri publico non derogat. *l.* 45. §. 1. *ff. de reg. jur.*
Frater, cùm heredem ſororem ſcriberet, alium ab ea, cui donatum volebat,
ſtipulari curavit, ne Falcidia uteretur : & ut certam pecuniam, ſi contra feciſſet
præſtaret. Privatorum cautione, legibus non eſſe refragandum conſtitit. Et ideo
ſororem jure publico, retentionem habituram, & actionem ex ſtipulatu denegan-
dam. *l.* 15. §. 1. *ff. ad leg. falc.* Nullum pactum, nullam conventionem, nullum
contractum inter eos videri volumus ſubſecutum, qui contrahunt lege contrahe-
re prohibente. *l.* 5. *C. de legib. La nouvelle* 1. *c.* 2. in f. *permet aux teſtateurs de priver*
leurs heritiers de la falcidie ; mais cette permiſſion même marque qu'autrement leur diſpoſi-
tion auroit été inutile, comme contraire à la loy, qui veut que l'heritier ait au moins la
falcidie, qui eſt le quart des biens.
Il ne faut pas donner à la regle expliquée dans cet article une étenduë qui eût quelque
choſe de contraire à l'article précedent.

XXIX.

De toutes les regles qui ont été expliquées dans ce Titre on peut conclurre, & ç'en eſt une derniere, qu'il eſt
dangereux qu'on n'applique mal les regles du droit, ſi on
manque d'une connoiſſance aſſez étenduë de leur détail,
& des diverſes vûës neceſſaires pour les interpreter, &
les appliquer ᵇ.

29. *Diſcernement*
neceſſaire pour le bon
uſage des regles.

ᵇ Omnis definitio in jure civili periculoſa eſt. Parum eſt enim, ut non ſubverti
poſſet. *l.* 202. *ff. de reg. jur.*
Ainſi, on doit prendre garde à ne pas appliquer une regle hors de ſon étenduë, & 'a des
matieres où elle n'a point de rapport. Ainſi, on doit reconnoître les exceptions qui bornent les
regles. Ainſi, on doit ou ſe tenir à la lettre de la loy, ou l'interpreter ſelon les regles expli-
quées dans ce titre, & en obſerver les autres remarques.

TITRE II.

DES PERSONNES.

Comment les loix civiles diftinguent les perfonnes.

QUoique les loix civiles reconnoiſſent une eſpece d'égalité que met le droit naturel entre tous les hommes [a] ; elles diſtinguent les perſonnes par de certaines qualitez, qui ont un rapport particulier aux matieres du droit civil , & qui font ce qu'on appelle *l'état des perſonnes*. Ce ſont ces qualitez dont il eſt parlé dans le Droit Romain, ſous le titre *de Statu hom*. Mais on ne trouve ni dans ce titre , ni dans aucun autre, ce que c'eſt proprement que l'état des perſonnes. On voit ſeulement qu'il y a de differentes qualitez , comme celles de libre, & d'eſclave, de pere de famille, & de fils de famille, & autres dont il eſt dit qu'elles font l'état des perſonnes. Mais on ne voit rien qui marque ce qu'il y a de commun dans ces qualitez, par où l'on puiſſe concevoir une idée juſte & préciſe du caractere neceſſaire dans une qualité, pour pouvoir dire qu'elle regarde ou ne regarde pas l'état d'une perſonne.

C'eſt ce qui a obligé de conſiderer dans toutes ces qualitez , ce qu'elles ont de commun entr'elles , & ce qui les diſtingue des autres qualitez qui ne font pas le même effet. Et il paroît que la diſtinction de ces qualitez qui font l'état des perſonnes , & de celles qui n'y ont point de rapport , eſt une ſuite toute naturelle de l'ordre de la ſocieté , & de celuy des matieres des loix civiles. Car comme on a vû dans le plan de ces matieres , que les loix civiles ont pour leur objet les engagemens , & les ſucceſſions ; on verra que les qualitez que ces loix conſiderent pour diſtinguer l'état des perſonnes , ont auſſi un rapport particulier aux engagemens & aux ſucceſſions ,

[a] Quod ad jus naturale attinet , omnes homines æquales ſunt. *l. 32. ff. de reg. jur.*

& qu'elles ont toutes cela de commun , qu'elles rendent les perſonnes capables , ou incapables ou de tous engagemens , ou de quelques-uns , ou des ſucceſſions. Ainſi , pour les engagemens , les majeurs ſont capables de tous engagemens volontaires & autres, des conventions , des tutelles , des charges publiques : & les mineurs ſont incapables de pluſieurs ſortes d'engagemens , & ſur tout de ceux qui ne tournent pas à leur avantage. Ainſi, pour les ſucceſſions , les enfans legitimes ſont capables de ſucceder , & les bâtards en ſont incapables , & on verra dans toutes les autres qualitez qui ſont l'état des perſonnes , qu'elles ſont en même temps quelque capacité , ou incapacité. De ſorte qu'on peut dire , que l'état des perſonnes , conſiſte dans cette capacité, ou incapacité, qu'il eſt facile de reconnoître par ces qualitez ; car elles ſont de telle nature , que chacune eſt comme en parallele à une autre qui luy eſt oppoſée : & que l'une des deux oppoſées ſe rencontre toûjours en chaque perſonne. Ainſi il n'y a perſonne qui ne ſoit ou majeur ou mineur , ou legitime , ou bâtard. Et il en eſt de même de toutes les autres, comme la ſuite le fera voir.

Ce que c'eſt que l'état des perſonnes.

Les diſtinctions que ſont entre les perſonnes les qualitez qui reglent leur état , ſont de deux ſortes. La premiere eſt de celles qui ſont naturelles , & reglées par des qualitez que la nature même marque , & diſtingue en chaque perſonne. Ainſi , c'eſt la nature qui diſtingue les deux ſexes , & ceux qu'on appelle hermaphrodites. Et la ſeconde eſt des diſtinctions qui ſont établies par des loix humaines. Ainſi, l'eſclavage eſt un état qui n'eſt pas naturel *ª* , & que les hommes ont étably. Et ſelon les differentes diſtinctions de ces deux eſpeces , chaque perſonne a ſon état reglé par l'ordre de la nature , & par celuy des loix.

Deux ſortes de qualitez qui ſont l'état des perſonnes.

Il faut remarquer qu'on a mis dans ce titre quelques diſtinctions des perſonnes , qui ne ſont pas miſes dans le droit Romain , parmy celles qui ſont l'état des perſonnes.

Remarques ſur l'état des perſonnes par le Droit Romain, & par nôtre uſage.

ª Servitus eſt conſtitutio juris gentium , qua quis dominio alieno, contra naturam ſubjicitur. *l.* 4. §. 1. ſſ. *de ſtat. hom.*

E ij

Car par exemple, il eſt dit dans le Droit Romain, que la
demence ne change pas l'état *a* : & on y voit auſſi, que
dans le titre de l'état des perſonnes, il n'eſt point parlé
de la majorité & de la minorité. Mais cependant la demence, & la minorité regardent l'état des perſonnes, ſelon les principes même du Droit Romain. Car dans le
premier Livre des Inſtitutes, où ſont les diſtinctions des
perſonnes libres & des eſclaves, des peres de famille, &
des fils de famille, on y a mis auſſi les mineurs *b*, & ceux
qui ſont en demence *c*. Et en effet, ces perſonnes ſont
dans une incapacité qui leur rend neceſſaire la conduite
d'un tuteur, ou d'un curateur. Ainſi, cette regle, que
la demence ne change pas l'état, ſignifie qu'elle ne change pas l'état que font les autres qualitez, & qu'elle n'empêche pas, par exemple, qu'un inſenſé ne ſoit libre, &
qu'il ne ſoit pere de famille. Et enfin, dans nôtre uſage,
s'il s'agiſſoit de ſçavoir ſi une perſonne eſt inſenſée, on ap-
pelleroit cette queſtion, une cauſe d'état ; comme on appelle de ce nom toutes les cauſes où il s'agit de l'état des
perſonnes.

a Qui furere cœpit, & ſtatum, & dignitatem in qua fuit, & magiſtratum,
& poteſtatem videtur retinere : ſicut rei ſuæ dominium retinet. *l. 20. ff. de ſtat.
hom.*

b Tranſeamus nunc ad aliam diviſionem perſonarum. Nam ex his perſonis,
quæ in poteſtate non ſunt, quædam vel in tutela ſunt, vel in curatione : quædam
neutro jure tenentur. *Inſt. de t.t.*

c Furioſi quoque & prodigi licet majores viginti quinque annis ſiat, tamen in
curatione ſunt. *§. 3. inſt. de curat.*

SECTION I.

De l'état des perſonnes par la nature.

L Es diſtinctions qui font l'état des perſonnes par la
nature ſont fondées ſur le ſexe, ſur la naiſſance, &
ſur l'âge de chaque perſonne, en comprenant ſous les
diſtinctions que fait la naiſſance, celles qui dépendent
de certains défauts ou vices de conformation qu'on a de
naiſſance. Comme ſont, le double ſexe dans les hermaphrodites, l'incapacité d'engendrer, & quelques autres.

Et quoique quelques-uns de ces défauts puissent aussi survenir par des accidens aprés la naissance ; de quelque maniere qu'on les considere , les distinctions qu'ils font des personnes sont toûjours de l'ordre de celles que fait la nature , & elles ont leur place dans cette Section.

SOMMAIRES.

I.

LE sexe, qui distingue l'homme & la femme, fait entre eux cette difference, pour ce qui regarde leur état , que les hommes sont capables de toute sorte d'engagemens, & de fonctions, si ce n'est que quelqu'un en soit exclus par des obstacles particuliers , & que les femmes sont incapables par la seule raison du sexe de plusieurs sortes d'engagemens , & de fonctions. Ainsi , les femmes ne peuvent exercer une magistrature, ni être témoins dans un testament, ni postuler en justice, ni être tutrices que de leurs enfans. Ce qui rend leur condition en plusieurs choses moins avantageuse , & en d'autres aussi moins onereuse , que celle des hommes [a].

1. Distinctions des personnes par le sexe.

a Fœminæ ab omnibus officiis civilibus, vel publicis remotæ sunt. Et ideo nec judices esse possunt, nec magistratum gerere, nec postulare , nec pro alio intervenire, nec procuratores existere. l. 2. ff. de reg. jur. Mulier testimonium dicere in testamento non poterit. l. 20. §. 6. ff. qui test. facere poss. Fœminæ tutores dari

E iij

non poſſunt,quia id munus maſculorum eſt. Niſi à principe filiorum tutelam ſpecialiter poſtulent. *l. ult. ff. de tut.* In multis juris noſtri articulis, deterior eſt conditio fœminarum , quam maſculorum. *l. 9. ff. de ſtat. hom.*

Par l'ancien *Droit Romain* , en la loy des douze tables , la femme étoit en perpetuelle
tutelle, ce qui fut enſuite aboli. v. *in fragm.* 12. tab. tit. 18. §. 6. Ulp. Tit. 11. §. 18.
*Et par ce même droit les femmes ne ſuccedoient point , non pas même à leurs enfans , ni
leurs enfans à elles ce qui fut encore aboli.* Inſt. de Senat. Tertull. *Et par le Senatuſcon-
ſulte Velleien , les femmes ne pouvoient s'obliger pour d'autres.* Tit. ff. & Cod. ad Senat.
Vell. *Ce qui a été aboli dans la plûpart des Provinces de ce Royaume , par l'Edit
du mois d'Aouſt 1606. qui a défendu l'uſage d'énoncer dans les obligations des femmes la renonciation au Velleien , & qui a validé leurs obligations ſans cette renonciation.*

Par nôtre uſage les femmes mariées ſont ſous la puiſſance de leurs maris. *Ce qui eſt
du droit naturel , & du droit divin.* Sub viri poteſtate eris. Gen. 3. 16. Mulieres
viris ſuis ſubditæ ſint , ſicut domino, quoniam vir caput eſt mulieris. Eph. 5. 23.
1. Cor. 11. 3. 1. Pet. 3. 1. C'eſt à cauſe de cette puiſſance du mary ſur la femme , que
par nôtre uſage elle ne peut s'obliger ſans l'autorité du mary, ſinon en de certains cas. *Ainſi
la femme qui eſt marchande publique , & qui fait un commerce ſeparé de celuy de ſon mary , peut s'obliger ſans être expreſſément autoriſée. Car c'eſt par le conſentement du mary
qu'elle fait ce commerce. Ainſi , dans quelques Provinces les femmes peuvent s'obliger ſans
l'autorité de leurs maris , pour ce qui regarde leurs biens qui ne ſont pas dotaux.* v. la Sect.
4. du titre des dots.

C'eſt encore à cauſe de cette même puiſſance du mary , qu'en quelques Provinces les femmes mariées ne peuvent s'obliger , & non pas même avec le conſentement & l'autorité du
mary , de crainte que l'uſage de cette puiſſance ne tournât à la perte , ou à la diminution de
leur bien dotal.

Cette autorité du mary ſur la femme , n'étoit pas la même dans le *Droit Romain* ,
où la femme mariée demeuroit ſous la puiſſance de ſon pere , s'il ne l'émancipoit en la
mariant. *l. 5. C. de cond. inſert. tam leg. qu. f. l. 7. C. de nupt. l. 1. C. de
bon. quæ lib. 1. §. 1. ff. de agn. lib. l. 1. §. ult. ff. de lib. exhib. Et au lieu de cette
puiſſance du mary ſur la femme , & des effets que nous y donnons , on ne reconnoiſſoit
dans le Droit Romain qu'un devoir de reſpect , & des offices qui en ſont les ſuites.*
Cujus matrimonio conſenſit , in officio mariti eſſe debet. *l. 48. ff. de op. lib.* Recepta reverentia quæ maritis exhibenda eſt. *l. 14. in f. ff. ſol. matr. Car il ne faut
pas conſiderer comme un uſage du Droit Romain , qu'on doive rapporter au nôtre,
cette ancienne maniere de celebrer le mariage , qui dans l'ancien Droit Romain mettoit
la femme ſous la puiſſance du mary , comme ſont les enfans ſous la puiſſance du
pere ; & qui la rendoit même heritiere du mary.* v. Tit. 12. Ulp. §. 14. & tit. 9.
Mais pour ce qui regarde nôtre uſage qui rend neceſſaire l'autorité du mary , pour rendre
valide l'obligation de la femme dans les lieux , & dans les cas où elle peut s'o-
bliger ; il n'en étoit pas de même dans le Droit Romain : & on y voit au contraire
en la loy 6. C. de revoc. donat. Que dans le cas d'une donation faite par une femme
à ſon fils , en l'abſence de ſon mary , & qui voulant la revoquer , tiroit de cette circonſtance un de ſes moyens ; il eſt dit que cette abſence n'empêchoit pas l'effet de la
donation , & qu'ainſi la femme avoit pû diſpoſer de ſon bien , ſans l'autorité de ſon
mary.* Deſine poſtulare , ut donatio quam perfeceras , revocetur , prætextu
mariti , & liberorum abſentia : cum hujus firmitas ipſorum præſentia non in-
digeat. *d. l.*

On ne s'étend pas davantage icy ſur ce qui regarde la puiſſance , & l'autorité du mary,
ou dans le Droit Romain , ou dans nôtre uſage. Mais on a été obligé de faire ces remarques
ſur les différences entre nôtre uſage & le Droit Romain pour l'état des femmes , parce que
ce ſont les fondemens des regles que nous obſervons pour la capacité ou pour l'incapacité des
femmes à l'égard des engagemens.

I I.

La naiſſance met les enfans ſous la puiſſance de ceux de qui ils naiſſent. Et les effets naturels de cette puiſſance ſont reglez par la nature, & la loy divine, qui marque les devoirs des enfans envers les parens *a*. Mais il y a quelques effets que les loix civiles donnent à la puiſſance des peres ſur leurs enfans legitimes. Et ces effets ſont un caractere particulier de puiſſance paternelle *b* qui fait l'état des fils de famille, dont la diſtinction ſera expliquée dans la Section II.

a Honora patrem tuum, & matrem tuam. *Exod. 20. 12.* memento quoniam niſi per illos, natus non fuiſſes. *Eccli. 7. 30.* quaſi dominis ſerviet his qui ſe genuerunt. *Eccli. 3. 8.*

b In poteſtate noſtra ſunt liberi noſtri, quos ex juſtis nuptiis procreavimus. *Inſt. de patr. poteſt. l. 3. ff. de his q. ſ. v. al. j. ſ.* Jus autem poteſtatis quod in liberos habemus, proprium eſt civium Romanorum. Nulli enim alii ſunt homines, qui talem in liberos habeant poteſtatem, qualem nos habemus. §. 2. *inſt. de patr. poteſt.*

I I I.

Les enfans legitimes ſont ceux qui naiſſent d'un mariage legitimement contracté *c*. Et les bâtards ſont ceux qui naiſſent hors d'un mariage legitime *d*.

c Filium eum definimus, qui ex viro & uxore ejus naſcitur, *l. 6. ff. de his qui ſui vel al. j. ſ.*

d Vulgo concepti dicuntur, qui patrem demonſtrare non poſſunt. Vel qui poſſunt quidem, ſed eum habent, quem habere non licet: qui & ſpurii appellantur. τὸγ' τῦ ἀπογερε· *l. 23. ff. de ſtat. hom.* Non ingredietur Manzer, hoc eſt, de ſcorto natus, in Eccleſiam domini, uſque ad decimam generationem. *Deuter. 23. 2.*

Le mariage étant la ſeule voye legitime de la propagation du genre humain, il eſt juſte de diſtinguer la condition des bâtards, de celle des enfans legitimes. Et c'eſt à cauſe de cette diſtinction que les loix rendent les bâtards incapables des ſucceſſions ab inteſtat, & que comme ils ne ſuccedent à perſonne, n'étant d'aucune famille; perſonne auſſi ne leur ſuccede que leurs enfans legitimes; ainſi qu'il ſera expliqué en ſon lieu. V. l'Ordonnance de Charles VI. de 1386.

I V.

Les enfans qui naiſſent morts ſont conſiderez comme s'ils n'avoient été ni nez, ni conceus *e*.

e Qui mortui naſcuntur, neque nati, neque procreati videntur: quia nunquam liberi appellari potuerunt. *l. 129. ff. de verb. ſignif.* Uxoris abortu teſtamentum mariti non ſolvi: poſtumo verò præterito, quamvis natus illico deceſſerit, non reſtitui ruptum, juris evidentiſſimi eſt. *l. 2. C. de poſt hered. inſt.*

Les enfans morts-nez ſont tellement conſiderez comme s'ils n'avoient jamais été conceus, que les ſucceſſions même qui leur étoient écheuës pendant qu'ils vivoient dans le ſein de leurs meres, paſſent aux perſonnes à qui elles auroient appartenu, ſi ces enfans n'euffent pas été conceus ; & ils ne les tranfmettent pas à leurs heritiers ; parce que le droit qu'ils avoient à ces fucceffions , n'étoit qu'une efperance , qui renfermoit la condi- tion , qu'ils vinffent au monde pour en être capables. V. cy-après l'art. 6.

V.

1. Avortons.

Les avortons font ceux qu'une naiffance prématurée fait naître ou morts , ou incapables de vivre [a].

a L'état des avortons peut être confideré par deux vûës , L'une de fçavoir fi étant legiti- mes , & ayant eu vie , ils font capables de fucceder , & de tranfmettre une fucceffion , ce qui fera expliqué en fon lieu ; Et l'autre , de fçavoir par où l'on peut juger quel eft le temps de groffeffe neceffaire pour former un enfant qui puiffe vivre ; ce qui fert à regler fi les enfans qui vivent , quoyque nez avant le terme ordinaire , à compter depuis le mariage , doivent être reputez legitimes , ou non. Et on tient pour legitimes ceux qui vivent quoyque nez au commencement du feptiéme mois. De eo qui centefimo octogefimo fecundo die natus eft , Hippocrates fcripfit , & divus Pius Pontificibus refcripfit , jufto tempore videri natum. l. 3. §. ult. ff. de fuis & legib. hered. Septimo menfe nafci perfectum partum jam receptum eft propter auctoritatem doctiffimi viri Hippocratis. Et ideo credendum eft , eum , qui ex juftis nuptiis feptimo menfe natus eft , juftum filium effe. l. 12. ff. de ftat. hom.

VI.

6. L'enfant qui n'eft pas né.

Les enfans qui font encore dans le fein de leurs meres n'ont pas leur état reglé : & il ne doit l'être, que par la naiffance. Et jufques-là ils ne peuvent être comptez pour des enfans : non pas même pour acquerir à leurs peres les droits que donne le nombre des enfans [b]. Mais l'efpe- rance qu'ils naîtront vivans fait qu'on les confidere en ce qui les regarde eux-mêmes, comme s'ils étoient déja nez. Ainfi, on leur conferve les fucceffions écheuës avant leur naiffance , & qui les regardent : & on leur nomme des curateurs , pour prendre foin de ces fucceffions [c]. Ainfi on punit comme homicide la mere qui procure fon avortement [d].

b Partus antequam edatur , mulieris portio eft , vel vifcerum. l. 1. §. 1. ff. de infp. ve t. Partus nondum editus , homo non recte fuiffe dicitur. l. 9. in f. ff. ad leg. falc. Spes animantis. l. 2. ff. de mort. infer.

Qui in utero eft , perinde ac fi in rebus humanis effet , cuftoditur , quoties de commodis ipfius partus quæritur. Quamquam alii , nequaquam nafcatur , nequa- quam profit. l. 7. ff. de Stat. hom. Qui in ventre eft , etfi in multis partibus legum comparatur jam natis , tamen , neque in præfenti quæftione , [excufationis à tu- tela] neque in reliquis civilibus muneribus , prodeft patri. Et hoc dictum eft in Conftitutione divi Severi. l. 2. §. 6. ff. de excuf.

c Sicuti liberorum eorum qui jam in rebus humanis funt , curam prætor ha- buit , ita etiam eos qui nondum nati funt , propter fpem nafcendi non neglexit. Nam & hac parte edicti eos tuitus eft, dum ventrem mittit in poffeffionem. l. 1. ff. de vent. in poff. mitt. bonorum ventris nomine curatorem dari oportet. l. 8. ff. de cu- ra. fur. & al. l. 20. ff. de tut. & cur. dat. ab his q.

d Cicero in oratione pro Cluentio Avito , fcripfit , Milefiam quamdam

mulierem

mulierem cùm esset in Asia, quod ab heredibus secundis accepta pecunia partum sibi medicamentis ipsa abegisset , rei capitalis esse damnatam. l. 39. ff. de pœn.

Ce qui est dit dans cet article pour les successions s'entend sous la condition que ces enfans viennent à naître vivans. V. cy-devant l'art. 4. Ainsi, cet état rend incertaine leur capacité ou incapacité des successions jusqu'à leur naissance.

VII.

Les postumes sont ceux qui naissent aprés la mort de leur pere : & qui par cette naissance sont distinguez de ceux qui naissent pendant que leur pere est encore vivant, en ce que les postumes ne se trouvent jamais sous la puissance de leur pere : & ne sont pas du nombre des fils de famille, dont il sera parlé dans l'art. 5. de la Section 2 *a*.

7. Postumes

a Posthumos dicimus eos duntaxat , qui post mortem parentis nascuntur. l. 3. §. 1. ff. de inj. rupt.

VIII.

Ceux qui naissent aprés la mort de leurs meres, & qu'on tire du ventre de la mere morte , sont de la condition des autres enfans *b*.

8. Ceux qui naissent aprés la mort de leur mere.

b Natum accipe , & si execto ventre editus sit. Nam & hic rumpit testamentum. l. 12. ff. de lib. & post l. 6. ff. de inoff. test.

IX.

Les hermaphrodites sont ceux qui ont les marques des deux sexes, & ils sont reputez de celuy qui prévaut en eux *c*.

9. Hermaphrodites.

c Quæritur hermaphroditum cui comparamus? & magis puto, ejus sexus æstimandum , qui in eo, prævalet. l. 10. ff. de stat. hom. hermaphroditus an ad testamentum adhiberi possit, qualitas sexus incalescentis ostendet. l. 15. §. 1. ff. de testib. v. l. 6. in f. ff. de lib. & post.

X.

Les Eunuques sont ceux qu'un vice de conformation , soit de naissance, ou d'autre cause rend incapables d'engendrer *d*.

10. Eunuques.

d Generare non possunt spadones. §. 9. inst. de adopt. Spadonum generalis appellatio est. Quo nomine , tam hi qui natura spadones sunt , item thlibiæ, thlasiæ , sed & si quod aliud genus spadonum est , continentur. l. 128. ff. de verb. sig. Non intrabit Eunuchus , attritis , vel amputatis testiculis , & absciso veretro in Ecclesiam Domini. Deuter. 23. 1. On voit par ces textes quels sont ceux qu'on peut mettre au nombre des Eunuques , & pourquoy ils sont incapables du mariage.

XI.

Les insensez sont ceux qui sont privez de l'usage de la raison, aprés l'âge où ils devroient l'avoir. Soit par

11. Insensez.

un défaut de naiſſance, ou par accident. Et comme cet
état les rend incapables de tout engagement & de l'adminiſtration de leurs biens, on les met ſous la conduite d'un
curateur *a*.

a Furioſi nulla voluntas eſt. *l.* 40. *ff. de reg. jur.* Furioſus nullum negotium contrahere poteſt. *l.* 5. *eod.* Furioſi in curatione ſunt. §. 3. *inſt. de curat. l.* 2. *& l.* 7. *ff.*
de curat. fur. v. l'art. 1. *de la Seĉt.* 1. *des curateurs, & l'art.* 13. *de cette Section.*

XII.

12. Sourds &
muets, & autres
qui ont de pareilles
infirmitez.

Ceux qui ſont tout enſemble ſourds & muets, ou que
d'autres infirmitez rendent incapables de leurs affaires,
ſont dans un état qui, comme la démence, oblige à leur
nommer des curateurs, qui prennent ſoin de leurs affaires, & de leurs perſonnes ſelon le beſoin *b*.

b Et ſurdis, & mutis, & qui perpetuo morbo laborant, quia rebus ſuis ſuper-
eſſe non poſſunt curatores dandi ſunt. §. 4. *inſt. de curat. l.* 2. *ff. de curat. fur. l.* 19.
in f. l. 20. *l.* 21. *ff. de reb. auĉt. jud. poſſ.*

XIII.

13. Comment la
démence & l'imbe-
cilité ne changent
pas l'état.

Ceux qui ſont en démence, & dans ces autres imbecil-
litez, ne perdent pas l'état que leur donnent leurs autres qualitez. Et ils conſervent leurs dignitez, leurs privileges, la capacité de ſucceder, leurs droits ſur leurs
biens, & les effets même de la puiſſance paternelle qui
peuvent ſubſiſter avec cet état *c*.

c Qui furere cœpit & ſtatum, & dignitatem in qua fuit, & magiſtra-um, &
poteſtatem videtur retinere : ſicut rei ſuæ dominium retinet. *l.* 20. *ff. de ſtat.*
hom. Patre furioſo, liberi nihilominus in patris ſui poteſtate ſunt. *l.* 8. *ff. de his*
qui ſui vel ai. f. ſ.

XIV.

14. Monſtres.

Les monſtres, qui n'ont pas la forme humaine, ne ſont
pas reputez du nombre des perſonnes, & ne tiennent pas
lieu d'enfans à ceux de qui ils naiſſent *d*. Mais ceux qui
ayant l'eſſentiel de la forme humaine, ont ſeulement
quelque excés, ou quelque défeĉtuoſité de conformation, ſont mis au nombre des autres enfans *e*.

d Non ſunt liberi, qui contra formam humani generis, converſo more, pro-
creantur. Veluti ſi mulier monſtroſum aliquid, aut prodigioſum enixa ſit. *l.* 14.
ff. de ſtat. hom.
e Partus autem qui membrorum humanorum officia ampliavit, aliquatenus
videtur effeĉtus : & ideo inter liberos connumeratur. *d. l.* 14.

X V.

Quoyque les monftres qui n'ont pas la forme humaine ne foient pas mis au nombre des perfonnes, & qu'ils ne foient pas confiderez comme des enfans; ils en tiennent lieu à l'égard des parens, & ils font comptez pour remplir le nombre des enfans, lors qu'il s'agit de quelque privilege ou exemption qui eft attribuée aux peres ou aux meres pour le nombre des enfans *a*.

15. Cas où les monftres font mis au nombre des enfans.

a Quæret aliquis fi portentofum, vel monftrofum, vel debile mulier ediderit : vel qualem vifu, vel vagitu novum, non humanæ figuræ, fed alterius magis animalis, quàm hominis partum : an, quia enixa eft, prodeffe ei debeat, & magis eft, ut hæc quoque parentibus profint. Nec enim eft quod eis imputetur, quæ qualiter potuerunt, ftatutis obtemperaverunt. Neque id quod fataliter acceffit, matri damnum injungere debet. *l.* 135. *ff. de verb. fignif.* On peut ajoûter pour une autre raifon de cette regle, que ces monftres font plus à charge, que ne font les autres enfans.

X V I.

L'âge diftingue entre les perfonnes ceux qui n'ayant pas la raifon affez ferme, ni affez d'experience, font incapables de fe conduire eux-mêmes : & ceux à qui l'âge a donné affez de maturité pour en être capables *b*. Mais parce que la nature ne marque pas en chacun le temps de cette maturité ; les Loix Civiles ont reglé les temps où les perfonnes font jugées capables & du mariage, & des autres engagemens. Et on verra dans la Section fuivante les diftinctions qu'elles ont faites des mineurs, & des majeurs : des impuberes, & des adultes *c*.

16. Diftinction par l'âge.

b Hoc Edictum [de minoribus] prætor, naturalem æquitatem fecutus, propofuit. Quo tutelam minorum fufcepit. Nam, cùm inter omnes conftet, fragile effe, & infirmum hujufmodi ætatum confilium, & multis captionibus fuppofitum, multorum infidiis expofitum : auxilium eis prætor, hoc edicto, pollicitus eft. Et adverfus captiones opitulationem. *l.* 1. *ff. de min.*

c V. les art. 8. & 9. de la Sect. 2.

SECTION II.

De l'état des personnes par les Loix Civiles.

LEs distinctions de l'état des personnes, par les Loix Civiles, sont celles qui sont établies par des loix arbitraires; soit que ces distinctions n'ayent aucun fondement dans la nature, comme celles des personnes libres & des esclaves; ou que quelques qualitez naturelles y ayent donné lieu, comme sont la majorité & la minorité.

On consideroit dans le Droit Romain principalement trois choses en chaque personne. *La liberté, la cité, la famille* : & par ces trois vûës, on faisoit trois distinctions des personnes. La premiere des libres, & des esclaves : la seconde des citoyens Romains & des étrangers, ou de ceux qui avoient perdu le droit de cité, par une mort civile : & la troisiéme des peres de famille, & des fils de familles. Ces deux dernieres distinctions sont de nôtre usage, quoyque nous y observions des regles differentes de celles du Droit Romain. Et pour l'esclavage, quoyqu'il n'y ait point d'esclaves en France; il est necessaire de connoître la nature de cet état. Ainsi, on mettra dans ce Titre ces trois distinctions, & les autres que nous avons communes avec le Droit Romain.

Nous avons en France une distinction des personnes qui n'est pas du Droit Romain, ou qui est bien differente de ce qu'on y en trouve. Et comme par cette raison elle ne sera pas mise dans les articles de cette Section, & qu'elle est considerée comme regardant l'état des personnes; on expliquera icy cette distinction en peu de paroles. C'est celle que fait la noblesse entre les Gentilshommes, & ceux

qui ne le sont pas, qu'on appelle roturiers. La noblesse donne à ceux qui sont de cet ordre divers privileges, & exemptions, & la capacité de certaines charges, & benefices affectez aux Gentilshommes, & dont ceux qui ne sont pas nobles sont incapables. Et la noblesse fait aussi dans quelques Coûtumes des differences pour les succesfions. Cette nobleſſe s'acquiert ou par la naiſſance, qui rend Gentilshommes tous les enfans de ceux qui le font : ou par de certaines charges qui anobliſſent les deſcendans de ceux qui les ont poſſedées *a*. Ou enfin, par des Lettres d'anobliſſement qu'on obtient du Roy pour quelques ſervices.

On diſtingue encore en France les habitans des Villes, *Bourgeois.* qui ont quelques droits, quelques exemptions, quelques privileges attachez au droit de bourgeoiſie de ces Villes avec la capacité d'en porter les charges : & les gens de la campagne , & des petits lieux qui n'ont pas les mêmes privileges & les mêmes droits.

Il faut ajoûter à ces diſtinctions, celles que font quel- *Perſonnes de condi-* ques Coûtumes, des perſonnes de condition ſerve ou ſer- *tion ſerve.* vile qui les diſtingue de ceux qui ſont de condition franche, en ce qu'ils ſont engagez par ces Coûtumes à quelques ſervitudes perſonnelles qui regardent les mariages, les teſtamens, les ſucceſſions. Mais ces ſervitudes étant differemment reglées par ces Coûtumes , & inconnuës dans les autres Provinces ; il n'eſt pas neceſſaire d'en dire davantage, & il ſuffit d'en avoir fait la ſimple remarque. A quoy il faut ajoûter que cette diſtinction de ces perſonnes ſerves n'a pas ſon fondement ſur quelques qualitez perſonnelles, mais ſeulement ſur le domicile de ces perſonnes, & la qualité de leurs biens ſujets à ces conditions ſerviles. De même que les qualitez de Vaſſal, juſticiable, *Vaſſal, juſticiable,* emphyteote, ne ſont pas proprement des qualitez perſon- *emphyteote.* nelles, mais des ſuites ou du domicile, ou de la nature des biens qu'on poſſede.

a V. l. 7. §. ult. ff. de Senat.

SOMMAIRES.

I.

1. Efclaves.

L'Efclave eft celuy qui eft fous la puiſſance d'un maître, & qui luy appartient, de forte que le maître peut le vendre, & difpofer de fa perfonne, de fon induſtrie, de fon travail, fans qu'il puiſſe rien faire, rien avoir, ni rien acquerir, qui ne foit à fon maître [a].

[a] Servitus eſt conſtitutio juris gentium, qua quis dominio alieno, contra naturam ſubjicitur. *l.* 4. §. 1. *ff. de ſtat. hom.* §. 2. *inſt. de jur. perſ.* Vobis acquiritur quod ſervi veſtri ex traditione nanciſcuntur. Sive quid ſtipulentur, ſive ex donatione, vel ex legato, vel ex qualibet alia cauſa acquirant. §. 3. *inſt. per quas perſ. cuique acq. l.* 1. §. 1. *ff. de his qui ſui vel al. jur. ſ.*

II.

2. Libres.

Les perfonnes libres font tous ceux qui ne font point efclaves, & qui ont conſervé la liberté naturelle, qui confiſte au droit de faire tout ce qu'on veut, à la reſerve de ce qui eſt défendu par les loix, ou de ce qu'une violence empêche de faire [b].

[b] Libertas eſt naturalis facultas ejus quod cuique facere libet, niſi ſi quid vi, aut jure prohibetur. *l.* 4. *ff. de ſtat. hom.* §. 1. *inſt. de jur. perſ.*

III.

3. Caufes de l'efclavage.

Les hommes tombent dans l'efclavage par la captivité dans la guerre, parmy les Nations où c'eſt l'uſage, que le vainqueur, ſauvant la vie au vaincu, s'en rend le maître, & en fait fon efclave. Et c'eſt une ſuite de l'efclavage des femmes, que leurs enfans font efclaves par la naiſſance [c].

[c] Jure gentium ſervi noſtri ſunt qui ab hoſtibus capiuntur, aut qui ex ancillis noſtris naſcuntur. *l.* 5. §. 1. *ff. de ſtat. hom.* §. 4. *inſt. de jur. perſ.*
Celuy qui ayant 20. *ans accomplis ſe laiſſoit vendre, pour avoir le prix de ſa liberté, devenoit efclave dans le Droit Romain, quoy qu'il ne pût à cet âge difpofer de ſes biens.* Jure Civili ſi quis ſe major viginti annis, ad pretium participandum, venire paſſus eſt [ſervus fit.] *l.* 5. §. 1. *ff. de ſtat. hom.*

IV.

4. Affranchis.

Les affranchis font ceux qui ayant été efclaves font parvenus à la liberté [d].

[d] Libertini ſunt, qui ex juſta ſervitute manumiſſi ſunt. *l.* 6. *ff. de ſtat. hom. inſt. de libert.*

V.

Les fils & filles de famille font les personnes qui font fous la puiſſance paternelle : & les peres, ou meres de famille, que nous appellons auſſi chefs de famille, font les perſonnes qui ne font pas ſous cette puiſſance *a* ; ſoit qu'ils ayent des enfans, ou non : & ſoit qu'ils ayent été dégagez de la puiſſance paternelle par une émancipation *b*, ou par la mort naturelle *c*, ou par la mort civile du pere *d*. Et en quelque bas âge que ſoient ces perſonnes, on les conſidere comme chefs de famille, de forte que pluſieurs enfans d'un ſeul pere, font autant de chefs de famille aprés la mort du pere *e*.

5. Quels ſont les peres de famille, & les fils de famille.

a Patres familiarum ſunt, qui ſunt ſuæ poteſtatis ſive puberes, ſive impuberes. Simili modo matres familiarum, filii familiarum, & filiæ, quæ ſunt in aliena poteſtate. *l.* 4. *ff. de his qui ſui vel al. Jur. ſ.*

b Emancipatione deſinunt liberi in poteſtate parentum eſſe. §. 6. *inſt. quib. mod. jus patr. pot. ſolv.*

c Qui in poteſtate parentis ſunt, mortuo eo ſui juris fiunt. *inſt. eod.*

d Cum autem is qui ob aliquod maleficium in inſulam deportatur civitatem amittit, ſequitur ut qui eo modo ex numero Civium Romanorum tollitur, perinde quaſi eo mortuo, deſinant liberi in poteſtate ejus eſſe. §. 1. *eod.* Pœnæ ſervus effectus, filios in poteſtate habere deſinit. §. 3. *eod. Sur la mort civile.* V. cy-aprés l'art. 12.

e Denique & pupillum patrem familias appellamus. Et cum pater familias moritur, quotquot capita ei ſubjecta fuerint, ſingulas familias incipiunt habere. Singuli enim patrum familiarum nomen ſubeunt, idemque eveniet, & in eo qui emancipatus eſt. Nam & hic ſui juris effectus, propriam familiam habet. *l.* 195. §. 2. *ff. de verb. ſignif.*

La puiſſance paternelle eſt le fondement de diverſes incapacitez dans les fils de famille, mais qui ſont differentes dans le Droit Romain, & dans nôtre uſage. Ainſi, dans le Droit Romain les fils de famille furent premierement incapables de rien acquerir. Mais tout ce qui leur étoit acquis, en quelque maniere que ce fût, étoit à leurs peres, à la reſerve du pecule, ſi le pere leur en laiſſoit la liberté. Et enſuite ils eurent le pouvoir d'acquerir, & les peres avoient l'uſufruit de tout ce que pouvoient acquerir les fils de famille. Et puis il y eut des exceptions, & les peres n'avoient pas l'uſufruit de certains biens. Mais il n'eſt pas neceſſaire d'expliquer icy tous ces changemens, ni la diverſité de l'uſufruit des peres ſur les biens des enfans dans les Provinces de ce Royaume, ou ſous le nom d'uſufruit, ou ſous le nom de garde-noble, ou garde-bourgeoiſe.

Ainſi, encore dans le Droit Romain, les fils de famille ne pouvoient s'obliger à cauſe de preſt. Toto. tit. ad Senatuſc. Maced. Ainſi, en France les fils de famille ne peuvent ſe marier, ſans le conſentement de leurs peres & meres, qu'aprés l'âge de 30. ans : & les filles aprés 25. ans, ſuivant les Ordonnances de 1556. de Blois, & de 1539.

Ainſi, en France le mariage émancipe, & dans le Droit Romain le fils, & la fille mariez demeuroient ſous la puiſſance de leur pere, s'il ne les émancipoit en les mariant. *l.* 5. C. de cond. inſ. tam leg. q. fid. l. 7. C. de nupt. l. 1. C. de bon. quæ lib.

VI.

L'émancipation, & les autres voyes qui mettent le fils, ou la fille hors de la puissance paternelle, ne regardent que les effets que les Loix Civiles donnent à cette puissance, mais ne changent rien pour ceux qui sont du droit naturel *a*.

a Eas obligationes quæ naturalem præstationem habere intelliguntur, palam est capitis diminutione non perire : quia civilis ratio naturalia jura corrumpere non potest. *l*. 8. *ff. de cap. minut.*

VII.

Selon ces deux distinctions des libres & des esclaves, des peres de famille & des fils de famille, il n'y a personne qui ne soit ou sous la puissance d'un autre, ou en la sienne propre, c'est-à-dire, maître de ses droits *b*. Ce qui n'empêche pas que le fils émancipé ne soit sous la puissance que donne à son pere le droit naturel : & que le mineur, qui se trouve pere de famille, ne soit sous la conduite & l'autorité d'un tuteur, ou d'un curateur.

b Quædam personæ juris sunt, quædam alieno juri subjectæ. Rursus earum quæ alieno juri subjectæ sunt, aliæ in potestate parentum, aliæ in potestate dominorum. *Inst. de his qui sui vel al. j. s. l*. 1. *ff. eod. l*. 3. *ff. de stat. hom.*

VIII.

Les impuberes sont les garçons qui n'ont pas encore quatorze ans accomplis, & les filles qui n'en ont pas douze. Et les adultes sont les garçons à quatorze ans accomplis, & les filles à douze *c*.

c Nostra sancta constitutione promulgata, pubertatem in masculis post decimum quartum annum completum illico initium accipere disposuimus : antiquitatis normam in fœminis bene positam, in suo ordine relinquentes, ut post duodecim annos completos viri potentes esse credantur. *Inst. quib. mod. tut. fin. l. ult. C. quand. tut. vel cur. esse des.*

C'est la puberté qui fait cesser l'incapacité du mariage, que faisoit le défaut d'âge. Mais on distingue de cette puberté qui suffit pour rendre le mariage licite, La pleine puberté, qui le rend plus honnête. Cette puberté pour les mâles est à l'âge de 18. ans accomplis, & pour les filles à 14. ans. Non tantùm cùm quis adoptat, sed & cùm adrogat, major esse debet eo quem sibi per adrogationem vel per adoptionem filium facit, & utique plenæ pubertatis, id est, decem & octo annis eum præcedere debet. l. 40. §. 1. ff. de adop. §. 4. inst. eod. Pour les autres effets de la pleine puberté. v. l. 14. §. 1. ff. de alim. leg. l. 57. ff. de re jud. l. 1. §. 3. ff. de post.

IX.

Les mineurs sont ceux des deux sexes qui n'ont pas encore

encore vingt-cinq ans accomplis , quoy qu'ils ſoient adultes : & ils ſont en tutelle juſqu'à cet âge. Et les majeurs
ſont ceux qui ont paſſé le dernier moment de la vingt-
cinquiéme année *a*.

a Maſculi quidem puberes , & fœminæ viri potentes uſque ad viceſimum quintum annum completum curatores accipiunt. Quia licèt puberes ſint , adhuc tamen ejus ætatis ſunt , ut ſua negotia tueri non poſſint. *inſt. de curat.* à momento
in momentum tempus ſpectetur. *l.* 3. §. 3. *ff. de min.*

On ſe ſert icy du mot de tutelle pour les adultes , quoyque dans le Droit Romain ils fuſſent
hors de tutelle , & qu'on ne leur donnât que des curateurs , ainſi qu'il ſera expliqué dans
le titre des tuteurs. Mais par nôtre uſage la tutelle ne finit qu'à vingt-cinq ans , excepté
dans quelques coûtumes qui font ceſſer plûtôt la minorité.

X.

On doit mettre au rang des mineurs ceux qui ſont interdits comme prodigues , quoy qu'ils ſoient majeurs ,
parce que leur mauvaiſe conduite les rend incapables de
l'adminiſtration de leurs biens , & des engagemens qui en
ſont les ſuites : & cette adminiſtration eſt commiſe à la
conduite d'un Curateur *b*.

10. Prodigues.

b Prodigi licèt majores viginti quinque annis ſint , tamen in curatione ſunt. §.
3. *inſt. de curat.* Prodigo interdicitur bonorum ſuorum adminiſtratio. *l.* 1. *ff. de
curat. fur.* ejus cui bonis interdictum ſit nulla voluntas eſt. *l.* 40. *ff. de reg. jur.*

X I.

Nous appellons Regnicoles les ſujets du Roy : & les
étrangers ſont ceux qui ſont ſujets d'un autre Prince , ou
d'un autre Etat. Et ceux de cette qualité , qui n'ont pas
été naturaliſez par Lettres du Roy , ſont dans les incapacitez qui ſont reglées par les Ordonnances , & par nôtre
uſage *c*.

11. Regnicoles, &
étrangers.

c In orbe Romano qui ſunt , ex conſtitutione Imperatoris Antonini , cives Romani effecti ſunt. *l.* 17. *ff. de ſtat. hom. nov.* 78. *c.* 5. Peregrini capere non poſſunt
(hereditatem) *l.* 1. *C. de hered. inſt. l.* 6. §. 2. *ff. eod.* Nec teſtari. *l.* 1. *in verbo* cives
Romani. *ff. ad leg. falc. v. auth.* omnes peregrini. *C. comm. deſucceſſ.*

En France les étrangers qu'on appelle Aubains , alibi nati , ſont incapables de ſucceder,
& de diſpoſer par teſtament : ils ne peuvent poſſeder de Charges , ni de Benefices , & ils ſont
dans les autres incapac tez reglées par les Ordonnances , & par nôtre uſage. V. l'Ordonnance de 1386. celle de 1431. & celle de Blois art. 4. Il faut excepter de ces incapacitez quelques étrangers à qui les Rois ont accordé les droits des Regnicoles , & naturels
François.

X I I.

On appelle Mort civile l'état de ceux qui ſont condam-

12. Mort civile.

Tome I.   G

nez à la mort, ou à d'autres peines qui emportent la confiscation des biens. Ce qui fait que cet état est comparé
à la mort naturelle, parce qu'il retranche de la societé, &
de la vie civile, ceux qui y tombent, & les rend comme
esclave de la peine qui leur est imposée *a*.

a Qui ultimo supplicio damnantur, statim & civitatem, & libertatim perdunt.
Itaque præoccupat hic casus mortem. *l. 29. ff. de pœn.* Servi pœnæ. *§. 3. inst. quib.
mod. jus patr. pot. solv.* Is qui ob aliquod maleficium, in insulam deportatur, civitatem amittit. *§. 1. inst. quib. mod. jus. patr. pot. solv.* ex numero civium Romanorum tollitur. *d. §.* Servi pœnæ efficiuntur, qui in metallum damnantur, & qui
bestiis subjiciuntur. *§. 3. eod.* Sunt quidam servi pœnæ, ut sunt in metallum dati,
& in opus metalli, & si quid eis testamento datum fuerit, pro non scripto est :
quasi, non Cæsaris servo datum, sed pœnæ. *l. 17. ff. de pœn. l. 1. C. de hæred inst.*

XIII.

13. *Religieux pro-*
fés.

Les Religieux profés sont dans une autre espece de mort
civile volontaire, où ils entrent par leurs vœux, qui les
rendent incapables du mariage, de toute proprieté des
biens temporels, & des engagemens qui en sont les suites *b*.

b Ingressi monasteria, ipso ingressu, se suâque dedicant Deo. Nec ergo de his
testantur, utpote nec domini rerum. *Auth. ingressiex Nov. 5. cap. 5. C. de Sacros. Eccl.*
Nov. 76.

En France les biens de celuy qui fait profession en religion ne sont pas acquis au Monaste-
re, mais à ses heritiers ou à ceux à qui il veut les donner. Et il ne peut en disposer au profit
du Monastere.

XIV.

14. *Ecclesiastiques.*

Les Ecclesiastiques sont ceux qui sont destinez au ministere du culte divin, comme les Evêques, les Prêtres,
Diacres, Sous-diacres, & ceux qui sont appellez aux
autres ordres. Et cet état, qui les distingue des Laïques,
fait l'incapacité du mariage en ceux qui ont les ordres
sacrez : & fait aussi d'autres incapacitez des commerces
défendus aux Ecclesiastiques, & leur donne les privileges,
& les exemptions que les Canons, les Ordonnances, &
nôtre usage leur ont accordées *c*.

c Presbyteros, Diaconos, Subdiaconos, atque exorcistas, & lectores, ostia-
rios, & acolythos etiam personalium munerum expertes esse præcipimus. *l. 6. C.*
de Episc. & Cler. Ordonnance de S. Loüis 1228. Ordonnance de Blois art. 59. *v. l.*
1. & seq. & l. 2. d. Tit. C. de Episc. & Cler.

XV.

15. *Communautez.*

Les Communautez Ecclesiastiques, & Laïques sont des

affemblées de plufieurs perfonnes unies en un corps, formé par la permiffion du Prince, fans laquelle ces fortes
d'affemblées feroient illicites *a*. Et ces Corps, & Communautez tels que font les Chapitres, les Univerfitez,
les Monafteres, & autres maifons Religieufes, les Corps
de Ville, les Corps de Métier, & autres, font établis pour
former des focietez utiles ou à la Religion *b*, ou à la Police *c* : & tiennent lieu de Perfonnes *d*, qui ont leurs biens,
leurs droits, leurs privileges. Et entre autres differences
qui les diftinguent des perfonnes particulieres, ces Corps
font dans quelques incapacitez, qui font acceffoires, &
naturelles à cet état. Comme eft celle d'aliener leurs fonds
fans de juftes caufes *e*.

a Mandatis principalibus, præcipitur præfidibus provinciarum, ne patiantur
effe collegia. *l.* 1. *& l.* 2. *ff. de col'. & corp. l.* 3. *§.* 1. *eod. l.* 1. *ff. quod cujufque univ. l.*
2. *ff. de extr. crim.*

b Religionis causâ coire non prohibentur. Dum tamen per hoc non fiat contra
Senatufconfultum, quo illicita collegia arcentur. *l.* 1. *§.* 1. *ff. de coll. & corp. tot. tit.*
C. *de Epifc. & Cler.*

c Item collegia Romæ certa funt, quorum corpus Senatufconfultis, atque
conftitutionibus principalibus confirmatum eft, velut piftorum, & quorumdam
aliorum, & naviculariorum, qui & in provinciis funt. *l.* 1. *ff. quod cujufque univ.*
Des Corps de Villes. *v.* l. 3. ff. quod cujufque univ. tit. ff. ad Munic.

d Perfonæ vice fungitur municipium, & decuria. *l.* 22. *ff. de fidejuff.*

e Les Corps Ecclefiaftiques & Laïques étant établis pour un bien public, & pour durer
toûjours ; il leur eft défendu d'aliener leurs biens, fans de juftes caufes. l. 14. C. de Sacr.
Eccl. Et c'eft à caufe de cette perpetuité, & de ces défenfes d'aliener qu'ils font appellez en
France, Gens de main morte, parce que ce qu'ils acquierent demeurant toûjours en leur
poffeffion, le Roy & les Seigneurs des fiefs & des cenfves perdent leurs droits pour les mutations, & alienations de ce qui eft une fois entré dans les biens de ces Communautez. Ce qui a
fait qu'il ne leur eft permis d'acquerir des immeubles, qu'en payant un droit au Roy qui
s'appelle Amortiffement, & l'indemnité au Seigneur, à caufe de la perte des droits pour les
mutations à venir. Voyez les Ordonnances de Philippes III. 1275. Charles VI.
1371. & autres.

TITRE III.

DES CHOSES.

Es loix civiles étendent les diftinctions qu'elles font des chofes à tout ce que Dieu a créé pour l'homme. Et comme c'eft pour nôtre ufage qu'il a fait tout cet univers, & qu'il deftine à nos befoins tout ce que contiennent la terre & les Cieux * ; c'eft cette deftination de toutes chofes à tous nos differens befoins qui eft le fondement des differentes manieres dont les loix confiderent, & diftinguent les differentes efpeces des chofes, pour regler les divers ufages, & les commerces qu'en font les hommes.

L'ordre divin qui forme une fociété univerfelle du genre humain, & qui le partage en Nations, en Villes, & autres lieux, & place en chacun les familles, & les particuliers qui les compofent ; diftingue auffi, & difpofe tellement toutes les chofes qui font pour l'homme, que plufieurs font d'un ufage commun à tout le genre humain: d'autres font communes à une Nation : quelques-unes à une Ville, ou un autre lieu : & que les autres entrent dans la poffeffion, & dans le commerce des particuliers.

Ce font ces diftinctions des chofes, & les autres differentes manieres dont elles fe rapportent à l'ufage des hommes, & à leurs commerces, qui feront la matiere de ce Titre. Et parce qu'il y a des diftinctions des chofes qui font toutes naturelles; & d'autres que les loix ont établies; on expliquera dans la premiere Section de ce Titre, les diftinctions que fait la nature, & dans la feconde celles que font les loix.

---

* Ne forte elévatis oculis ad cælum, videas folém, & lunam, & omnia aftra cœli, & errore deceptus, adores ea, & colas, quæ creavit Dóminus Deus tuus in minifterium cunctis gentibus quæ fub cœlo funt. *Deut.* 4. 19. Sapientia tua conftituifti hominem, ut dominaretur creaturæ quæ à te facta eft. *Sap.* 9, 2.

SECTION I.

Distinctions des choses par la nature.

SOMMAIRES.

I.

LEs Cieux , les astres , la lumiere , l'air , & la mer, font des biens tellement commun à toute la société des hommes , qu'aucun ne peut s'en rendre le maître, ni en priver les autres. Et aussi la nature , & la situation de toutes ces choses est toute proportionnée à cet usage commun pour tous *a.*

a Quæ creavit Dominus Deus tuus in ministerium cunctis gentibus , quæ sub cœlo sunt. *Deut.* 4. 19. Naturali jure communia sunt omnium hæc , aër , aqua profluens , & mare , & per hoc litora maris. §. 1. inst. de rer. div. l. 2. §. 1. eod.

Il faut remarquer sur cet article , & les deux suivans , que nos loix reglent autrement que le Droit Romain , l'usage des Mers , à la reserve de ce qui regarde cet usage naturel de la communication de toutes les Nations de l'une à l'autre par les navigations libres sur toutes les mers. Ainsi , au lieu que le Droit Romain permettoit la pesche aux particuliers & dans la mer , & dans les rivieres. §. 2. inst. de rer. div. *de même qu'il permettoit la chasse , §. 12. eod. nos loix les défendent. Et les Ordonnances en ont fait divers reglemens ; dont l'origine a eu entre autres causes la necessité de prévenir les inconveniens de la liberté de la chasse , & de la pesche à toutes personnes. Et il faut aussi remarquer en general dans l'usage des mers , des ports , des fleuves , des grands chemins , des murs & des fossez des Villes , & des autres choses semblables , que les Ordonnances y ont fait divers reglemens. Comme sont ceux qui regardent l'Amirauté , les Eaux & Forêts , les Chasses , les Pesches, & les autres semblables , qui ne sont pas du nombre des matieres de ce dessein.*

G iij

I I.

2. Chofes publi-
ques.

Les fleuves, les rivieres, les rivages, les grands chemins, font des chofes publiques, & qui font à l'ufage de tous les particuliers, fuivant les loix des Païs. Et ces fortes de cho-fes n'appartiennent à aucun particulier, & font hors du commerce *a*. Mais c'eft le Prince qui en regle l'ufage.

a Flumina autem omnia & portus publica funt. §. 2. *inft. de rer. div.* Riparum quoque ufus publicus eft. §. 4. *eod.* litorum quoque ufus publicus eft. §. 5. *eod.* Publicas vias dicimus quas Græci βασιλικὸς, id eft, regias, noftri prætorias, alii confulares vias appellant. *l. 2. §. 22. ff. ne quid in loc. publ. vel itin. f.* Viam pu-blicam populus non utendo amittere non poteft. *l. 2. ff. de via publ.* V. la remar-que fur l'article précedent.

I I I.

3. Chofes des Villes
ou autres lieux.

On met au nombre des chofes publiques, & qui font auffi hors du commerce, celles qui font à l'ufage commun des habitans d'une Ville, ou d'un autre lieu : & où les particuliers ne peuvent avoir aucun droit de proprieté, comme font les murs, les foffez, les maifons de Ville, & les places publiques *b*.

b Univerfitatis funt, non fingulorum, quæ in civitatibus funt theatra, ftadia, & fi qua alia funt communia civitatum. §. 6. *inft. de rer. div. l. 1. ff. eod.* Sanctæ quoque res, veluti muri, & portæ civitatis, quodammodo divini juris funt. Et ideo nullius in bonis funt. Ideo autem muros fanctos dicimus, quia pœna capitis conftituta eft in eos, qui aliquid in muros deliquerint. Ideo, & legum eas partes, quibus pœnas conftituimus adversùs eos qui contra leges fecerint, fanctiones vo-camus. §. 10. *inft. eod. v. l. 8. & d. l. 8. §. 1. ff. de div. rer. l. 9. §. 3. eod. l. ult. eod.* V. la remarque fur l'art. 1.

On appelloit dans le Droit Romain les murs, & les portes des Villes des chofes faintes, ce qui ne doit pas s'entendre au fens qu'a parmy nous ce mot, mais au fens expliqué dans le texte cité fur cet article.

La diftinction des chofes dont il eft parlé dans cet article, eft plus de l'ordre des loix que de la nature : mais comme elle y a fon fondement, & qu'elle fe rapporte à l'article précedent, on l'a mife en ce lieu.

I V.

4. Diftinction des
immeubles & des
meubles.

La terre étant donnée aux hommes pour leur demeure, & pour produire toutes les chofes neceffaires pour tous leurs befoins; on y diftingue les portions de la furface de la terre que chacun occupe, & toutes les chofes que nous pouvons en feparer, pour tous nos ufages. Et c'eft ce qui fait la diftinction de ce que nous appellons immeubles, ou meubles, ou chofes mobiliaires *c*.

c Labeo fcribit, Edictum ædilium curulium, de venditionibus rerum, effe tam earum quæ foli funt, quàm earum quæ mobiles l. 1. ff. de æd. ed. l. 8. §. 4. C. de bon. quæ lib. l. 30. C. de Jur. dot. l. 93. ff. de verb. fign.

V.

Les immeubles font toutes les parties de la furface de la terre, de quelque maniere qu'elles foient diftinguées : ou en places pour des bâtimens, ou en bois, prez, ter-res, vignes, ou autrement ; & à qui que ce foit qu'elles appartiennent *a*.

a Quæ foli. *l.* 1. *ff. de ad. ed.* quæ terra continentur. *l.* 17. §. 8. *ff. de act. empt. & ve.id.*

5. Immeubles.

VI.

On comprend auffi fous le nom d'immeubles tout ce qui eft adherant à la furface de la terre, ou par la nature, comme les arbres, ou par la main des hommes comme les maifons, & autres bâtimens ; quoyque ces fortes de cho-fes puiffent en être feparées, & devenir meubles *b*.

b V. les deux articles fuivans.

6. Arbres & bâti.n e is.

VII.

Les fruits pendans par les racines, c'eft-à-dire, qui ne font pas encore cüeillis, ni tombez, mais qui tiennent à l'arbre, font partie du fonds *c*.

c Fructus pendentes, pars fundi videntur. *l.* 44. *ff. de rei vend.*

7. Les fruits pen-dans font partie du fond.

VIII.

Tout ce qui tient aux maifons, & autres bâtimens, comme ce qui eft attaché à fer, plomb, plâtre, ou autre-ment, à perpetuelle demeure, eft reputé immeuble *d*.

d Fundi nihil eft, nifi quod terra fe tenet. *l.* 17. *ff. de act. empt. & vend.* Quæ tabulæ pictæ protectorio includuntur, itemque cruftæ marmoreæ ædium funt, *d. l.* §. 3. Item conftat figilla, columnas quoque, & perfonas ex quorum roftris aqua falire folet, villæ effe. *d. l.* §. 9. Labeo generaliter fcribit, ea quæ perpetui usûs causâ in ædificiis funt, ædificii effe. *d. l.* §. 7.

8. Accessoires des bâtim.ns.

IX.

Les meubles ou chofes mobiliaires font toutes celles qui font feparées de la terre, & des eaux. Soit qu'elles en ayent été détachées, comme les arbres tombez ou cou-pez, les fruits cüeillis, les pierres tirées des carrieres ; ou qu'elles en foient naturellement feparées, comme les animaux *e*.

e Quæ foli, quæ mobiles. *l.* 1. *ff. de adil. ed.* v. l'art. 4. de cette Section.

9. Meubles.

X.

Les chofes mobiliaires font de deux fortes. Il y en a

10. Meubles vifs & meubles morts.

qui vivent & se meuvent elles-mêmes, comme les animaux:
& les meubles morts, sont toutes les choses inanimées *a*.

a Mobiles , aut se moventes, l. 1. ff. de ad. ed. l. 30. C. de jur. dot. l. 93. ff. de verb. signif.

XI.

Les animaux sont de deux sortes. L'une de ceux qui
sont privez , & à l'usage ordinaire des hommes, & en leur
puissance : comme les chevaux, les bœufs , les moutons,
& autres. Et l'autre des animaux qui sont dans leur liberté naturelle, hors de la puissance des hommes : comme
les bêtes sauvages, les oiseaux, & les poissons. Et ceux de
cette seconde sorte passent à l'usage, & à la puissance des
hommes par la chasse, & par la pesche, selon que l'usage
peut en être permis.

b Feræ bestiæ , & volucres, & pisces, & omnia animalia quæ mari , cœlo , & terra nascuntur , simul atque ab aliquo capta fuerint, jure gentium statim illius esse incipiunt, §. 12. inst. de rer. divis.

Il faut entendre cecy selon les Ordonnances pour la chasse, & la pesche.

XII.

st. Choses mobiliaires qui se consument par l'usage.

Parmi les choses mobiliaires , on distingue celles dont
on peut user sans qu'elles perissent, comme un cheval ,
une tapisserie, des tables , des lits, & autres semblables:
& celles dont on ne peut user sans les consumer, comme
les fruits, les grains, le vin , l'huile, & autres *c*.

c Quæ usu tolluntur , vel minuuntur. l. 1. ff. de usufr. ear. rer. quæ us. conf. v. min.

SECTION II.

Distinctions des choses par les loix civiles.

Difference entre les distinctions de la Section précedente , & celles-cy.

Quoyque les distinctions des choses qui ont été expliquées dans la Section précedente , ayent été
faites par les loix civiles, on a dû les separer de celles
qui font la matiere de cette Section. Car celles de la
Section précedente sont formées par la nature , & les
loix n'ont fait que les remarquer , ou y ajoûter. Comme,
par exemple, ce qui a été expliqué dans l'article 3. &

dans

dans l'article 8. Mais celles-cy font principalement établies par les loix.

SOMMAIRES.

I.

L Es loix reduiſent toutes les choſes en deux eſpeces.
L'une de celles qui n'entrent point dans le commerce, & que perſonne ne peut avoir en propre; comme ſont
celles qui ont été expliquées dans les trois premiers articles de la Section précedente. Et l'autre de celles qui entrent en commerce, & dont on peut ſe rendre le maître *a*.

a Modo videamus de rebus, quæ vel in noſtro patrimonio, vel extra patrimonium noſtrum habentur. *inſt. de rer. div. l. 1. ff. eod.*

II.

La Religion, & les loix civiles qui s'y conforment,
diſtinguent les choſes qui ſont deſtinées au culte divin, de
toutes les autres. Et parmi celles qui ſervent à ce culte,
on diſtingue les choſes ſacrées, comme ſont les Egliſes, &
les vaſes ſacrez, & les choſes ſaintes, & benîtes, comme
les cimetieres, les ornemens, les oblations, & autres choſes dediées au ſervice divin. Et toutes ces ſortes de choſes ſont hors du commerce, pendant qu'elles demeurent
dans ce ſervice *b*.

b Summa rerum diviſio in duos articulos deducitur. Nam aliæ ſunt divini
juris, aliæ humani. Divini juris ſunt, veluti res ſacræ & religioſæ. *l. 1. ff. de
div. rer.* Sacræ res ſunt, quæ ritè, per pontifices Deo conſecratæ ſunt. Veluti
ædes ſacræ, & donaria, quæ ritè ad miniſterium Dei dedicata ſunt. Quæ etiam

Tome I.   H

per noſtras conſtitutiones alienari, & obligari prohibuimus : excepta cauſa re-
demptionis captivorum. §. 8. inſt. de rer. div. Voyez l'art. 6. de la Section 8. du
contract de vente ſur la vente des choſes ſacrées.

III.

Les loix civiles font une autre diſtinction generale des
choſes, en celles qui ſont ſenſibles, & corporelles, & celles qu'on appelle incorporelles, pour diſtinguer de tout
ce qui eſt ſenſible, de certaines choſes, qui n'ont leur nature, & leur exiſtence, que par les loix. Comme ſont
une heredité, une obligation, une hypotheque, un uſufruit, une ſervitude : & en general tout ce qui ne conſiſte
qu'en un certain droit *a*.

a Quædam præterea res corporales ſunt, quædam incorporales. Corporales,
hæ ſunt quæ tangi poſſunt : veluti fundus, homo, veſtis, aurum, argentum, &
denique aliæ res innumerabiles. Incorporales autem ſunt, quæ tangi non poſſunt : qualia ſunt ea quæ in jure conſiſtunt : ſicut hereditas, uſusfructus, uſus, &
obligationes quoquo modo contractæ. inſt. de reb. corp. & incorp. Eodem numero
ſunt jura prædiorum urbanorum, & ruſticorum, quæ etiam ſervitutes vocantur.
§. ult. eod. l. 1. §. 1. ff. de div. iſ. rer.

IV.

Parmy les immeubles qui ſont en commerce, & à l'uſage commun des hommes, il y en a quelques-uns que les
particuliers peuvent poſſeder de plein droit, ſans aucune
charge. Et il y en a d'autres qui ſont affectez à de certaines charges & redevances, qui en ſont inſeparables. Ainſi,
on a dans ce Royaume des heritages qu'on appelle allodiaux, qui ne doivent ni cens, ni autres charges ſemblables *b*. Et il y en a d'autres, qui ayant été originairement
donnez à la charge d'un cens non rachetable *c*, ou à d'autres conditions, comme celles des fiefs, paſſent avec ces
charges à toute ſorte de poſſeſſeurs.

b Solum immune. l. ult. §. 7. ff. de cenſib.

c De tributis, ſtipendiis, cenſibus, & prædiis juris Italici. V. Tit. 19. Ulp. de
dom. & acq. rer. §. 40. inſt. de rer. div1ſ. l. 13. ff. de impenſ. in res dot. l. 27. §. 1. ff.
de verb. ſignif. l. 1. C. de uſuc. transform. Toto t.t. ff. de cenſib. Toto tit. C. ſi propt. publ.
penſ.

L'origine de ces charges ſur les heritages dans le Droit Romain, étoit une ſuite des conquêtes des Provinces dont on diſtribuoit les fonds, à la charge d'un tribut, à quoy n'étoient
pas aſſujettis ceux de l'Italie, & de quelques autres Provinces, diſtinguées par des exemptions. d. Tit. de cenſib.

Il y a des Provinces en France, où tous les heritages ſont reputez allodiaux,

l'ans charge de fens , s'ils n'y font affervis par quelque titre : & d'autres où l'on ne reconnoît
point d'allodiaux.

Il ne faut pas mettre au nombre des heritages affervis , ceux qui font fujets à la dixme
Ecclefiaftique. Car c'eſt une charge d'une autre nature , & dont les heritages allodiaux ne
font pas exempts.

V.

On peut mettre au nombre des fonds que les particuliers ne peuvent poffeder de plein droit , ceux où fe trouvent des mines d'or , d'argent , & d'autres métaux , ou
matieres fur lefquelles le Prince a fon droit *a*.

a Cuncti qui privatorum loca , faxorum venam laboriofis effoffionibus perfe-
quentur , decimas fifco , decimas etiam domino repræfentent. Cætero modo propriis fuis defideriis vindicando. *l. 3. C. de metallar. & metal.* V. les Ordonnances
de Charles IX. de 1563. & autres fur le fait des mines.

V I.

On peut remarquer parmy les chofes que les loix diftinguent , la monnoye publique , qui eſt une piece d'or ou
d'argent , ou d'autre métal , de la forme , du poids , & de
la valeur reglée par le Prince , pour faire le prix de toutes les chofes qui font en commerce *b*.

b Electa materia eſt , cujus publica , ac perpetua æftimatio , difficultatibus pers-
mutationum , æqualitate quantitatis fubveniret. Eaque materia , forma publica
percuffa. *l. 1. ff. de contr. empt.*

V I I.

On diftingue encore dans l'ordre des loix , ce qu'on
appelle un Tréfor. C'eſt-à-dire , felon l'expreffion des
loix , un ancien dépôt d'argent , ou d'autres chofes pré-
cieufes , mifes en quelque lieu caché , où quelque évenement les fait découvrir , & dont on ne peut fçavoir qui
en eſt le maître *c*.

c Thefaurus eſt vetus quædam depofitio pecuniæ , cujus non extat memoria ,
ut jam dominum non habeat. *l. 31. §. 1. ff. de acq. rer. dom.*
Il n'eſt pas de ce lieu d'expliquer à qui le tréfor doit appartenir. v. *l.* un. *C. de Thef.*

V I I I.

Outre les diftinctions des chofes dont il a été parlé
dans les articles précedens, les loix confiderent par d'autres vûës , & par d'autres diftinctions generales , les biens

H ij

que poſſedent les particuliers. Ainſi, on diſtingue dans les biens des particuliers les acquêts, & les propres : & entre les propres, les paternels, & les maternels *a*.

a V. les articles ſuivans, & la remarque ſur le dernier.

I X.

9. Acquêts.

On appelle acquêts, ce qu'avoit acquis celuy des biens duquel il s'agit *b*.

b Quæ ex liberalitate fortunæ, vel laboribus ſuis ad eum perveniant. l. 6. C. de bon. quæ lib. l. 8. ff. pro ſocio.

X.

10. Propres.

Les propres ſont les biens venus de ceux à qui on devoit ſucceder *c*.

c Debitum naturale. l. un. C. de impon. lucr. deſcr. Quaſi debitum nobis hereditas [à parente] obvenit. l. 10. ff. pro ſcio v. l. 3. C. de bon. quæ lib.

X I.

11. Biens paternels.

Les biens paternels ſont les biens venus du pere, ou autres aſcendans, ou collateraux de l'eſtoc paternel *d*.

d Prædia à patre. l. 16. C. de prob. l. 10. ff. pro ſoc.

X I I.

12. Biens maternels.

Les biens maternels ſont les biens venus de la mere ou autres aſcendans, ou collateraux de l'eſtoc maternel *e*.

e Res quæ ex matris ſucceſſione ſive ex teſtamento, ſive ab inteſtato fuerint ad filios devolutæ. l. 1. C. de bon. mat. Quæ ad ipſum ex matre, vel ab ejus linea pervenerint. l. 3. C. de bon. quæ lib.

Quoyque les textes qui ſont citez ſur ces quatre derniers articles, ſe rapportent à ces diverſes ſortes de biens ; cette diſtinction n'a pas le même uſage dans le Droit Romain, que dans nos coûtumes qui font de differens heritiers, des acquêts, des propres, & des biens paternels, & des maternels. Cette diſtinction ſe rapporte auſſi à la matiere du retrait lignager.

LES
LOIX CIVILES
DANS
LEUR ORDRE NATUREL.
PREMIERE PARTIE.
DES ENGAGEMENS.

LIVRE PREMIER.

Des engagemens volontaires & mutuels par les conventions.

L Es conventions font les engagemens, qui fe forment par le confentement mutuel de deux, ou plufieurs perfonnes, qui fe font entr'eux une loy d'executer ce qu'ils fe promettent.

Nature des conventions.

L'ufage des conventions eft une fuite naturelle de l'ordre de la focieté civile, & des liaifons que Dieu forme entre les hommes. Car comme il a rendu

Ufage des conventions.

H iij

neceſſaire pour tous leurs beſoins l'uſage reciproque de
leur induſtrie & de leur travail,& les differens commerces
des choſes;c'eſt principalement par les conventions qu'ils
s'en accommodent. Ainſi,pour l'uſage de l'induſtrie,& du
travail, les hommes s'aſſocient , ſe loüent,& agiſſent differemment les uns pour les autres. Ainſi, pour l'uſage des
choſes, lors qu'ils ont beſoin de les acquerir , ou de s'en
défaire, ils en font commerce par des ventes , & par des
échanges : & lors qu'ils n'ont beſoin de les avoir que
pour un temps , ils les loüent, ou les empruntent : &
ſelon les autres divers beſoins , ils y aſſortiſſent les differentes ſortes de conventions.

Diverſes eſpeces de conventions.
On voit par cette idée generale des conventions , que
ce mot comprend non ſeulement tous les contracts , &
traitez de toute nature , comme la vente , l'échange, le
loüage, la ſocieté , le dépôt , & tous autres ; mais auſſi
tous les pactes particuliers, qu'on peut ajoûter à chaque
contract, comme ſont les conditions , les charges , les
reſerves, les clauſes reſolutoires, & tous autres. Et ce
mot de conventions comprend auſſi les actes même par
leſquels on reſout , ou change, par un nouveau conſentement , les contracts, les traitez, les pactes où l'on étoit
déja engagé.

Ordre de ce Livre des conventions.
Ce ſont toutes ces ſortes de conventions, qui feront la
matiere de ce Livre. Et parce qu'il y a pluſieurs regles qui
conviennent à toutes les eſpeces de conventions, comme
ſont celles qui regardent leur nature en general , les manieres dont elles ſe forment,l'interpretation de celles qui
ſont obſcures, ou ambiguës, & quelques autres ; ces ſortes de regles communes, feront la matiere d'un premier
Titre, qui ſera des conventions en general. On expliquera enſuite le détail des regles particulieres de chaque eſpece de conventions ſous ſon Titre propre : & on y ajoûtera un dernier Titre des vices des conventions; car c'eſt
une matiere qui fait une partie eſſentielle de celles de ce
Livre.

TITRE I.
DES CONVENTIONS
en general.
SECTION I.

De la nature des conventions : & des manieres dont elles se forment.

SOMMAIRES.

I.

CE mot de convention est un nom general, qui comprend toute sorte de contracts, traitez, & pactes de toute nature *a*.

1. Signification du mot de convention.

a Conventionis verbum generale est, ad omnia pertinens, de quibus negotii contrahendi, transigendique causa, consentiunt qui inter se agunt. *l. 1. §. 3. ff. de pact.*

I I.

La convention eſt le conſentement de deux, ou pluſieurs perſonnes *a*, pour former entr'eux quelque engagement *b*, ou pour en reſoudre un précedent, ou pour y changer *c*.

a Eſt pactio duorum, pluriúmve in idem placitum conſenſus. *l.*1.§ 2.*ff. de pact.*
b Negotii contrahendi, tranſigendíque cauſa. *d. l.* §. 3. ut alium nobis obſtringat. *l.* 3. *ff. de obl. & act.*
c Nudi conſenſus obligatio, contrario conſenſu diſſolvitur, *l.* 35. *ff. de reg. jur.* Obligationes quæ conſenſu contrahuntur, contraria voluntate diſſolvuntur. §. *ult. Inſt. quib. mod. toll. obl.*

I I I.

La matiere des conventions eſt la diverſité infinie des manieres volontaires dont les hommes reglent entr'eux les communications, & les commerces de leur induſtrie, & de leur travail, & de toutes choſes, ſelon leurs beſoins *d*.

d Conventionis verbum generale eſt, ad omnia pertinens. *l.* 1. §. 3. *ff. de pact.*
Non ſolùm res, in ſtipulatum deduci poſſunt, ſed etiam facta. §. *ult. Inſt. de verb. obl.*

I V.

Les communications & les commerces pour l'uſage des perſonnes, & celuy des choſes ſont de quatre ſortes, qui font quatre eſpeces de conventions. Car ceux qui traitent enſemble, ou ſe donnent reciproquement une choſe pour une autre *e*, comme dans une vente, & dans un échange. Ou font quelque choſe l'un pour l'autre *f*, comme s'ils ſe chargent de l'affaire l'un de l'autre. Ou bien l'un fait, l'autre donne *g*, comme lors qu'un mercenaire donne ſon travail pour un certain prix : Ou enfin, un ſeul fait, ou donne, l'autre ne faiſant, & ne donnant rien, comme lors qu'une perſonne ſe charge gratuitement de l'affaire d'un autre *h*, ou que l'on fait une donation par une pure liberalité *i*.

e Aut do tibi, ut des. *l.* 5. *ff. de præſcr. verb.*
f Aut facio, ut facias. *d. l.*
g Aut facio, ut des. *d. l.* aut do ut facias. *d. l.* Stipulationum quædam in dando quædam in faciendo conſiſtunt. *l.* 2. *ff. de verb. obl. l.* 3. *ff. de obl. & act.*
h Mandatum niſi gratuitum, nullum eſt. *l.* 1. §. 4. *ff. mand.*
i Propter nullam aliam cauſam facit, quam ut liberalitatem, & munificentiam exerceat. Hæc propriè donatio appellatur. *l.* 1. *ff. de don.* donatio eſt contractus. *l.* 7. *C. de his quæ vi metuſve cauſ. g. ſ.*
.On ne fait icy qu'une ſeule combinaiſon du cas où l'un fait & l'autre donne, au
lieu

lieu que le Droit Romain en diſtingue deux ; une de faire pour donner, & une autre de donner pour faire. Mais dans la verité ce n'eſt qu'un ſeul caractere de convention, & une ſeule combinaiſon de donner d'une part, & faire de l'autre, lequel que ce ſoit des deux qui commence de ſa part à faire ou donner. Et la diſtinction qu'on y faiſoit dans le Droit Romain, étant fondée ſur une raiſon qui n'eſt pas de nôtre uſage, il n'eſt pas neceſſaire de l'expliquer.

V.

Dans ces trois premieres ſortes de conventions, il ſe fait un commerce où rien n'eſt gratuit, & l'engagement de l'un eſt le fondement de celuy de l'autre. Et dans les conventions même, où un ſeul paroît obligé, comme dans le prêt d'argent, l'obligation de celuy qui emprunte a été precedée de la part de l'autre de ce qu'il devoit donner, pour former la convention. Ainſi, l'obligation qui ſe forme dans ces ſortes de conventions, au profit de l'un des contractans, a toûjours ſa cauſe de la part de l'autre *a*: & l'obligation ſeroit nulle ſi dans la verité elle étoit ſans cauſe *b*.

5. Aucune convention n'oblige ſans cauſe.

a Do ut. facio ut. *d. l. 5. ff. de præſcr. verb.* Ultrò citróque obligatio *l. 19. ff. de verb. ſign.*
.Aſſentimur alienam fidem ſecuti, mox recepturi quid ex hoc contractu. *l. 1. ff. de reb. cred.*
b Cùm nulla ſubeſt cauſa, propter conventionem, hîc conſtat non poſſe conſtitui obligationem. *l. 7. §. 4. ff. de pact.*
Eſt & hæc ſpecies condictionis, ſi quis ſine cauſa promiſerit. *l. 1. ff. de cond. ſine cau.* Qui autem promiſit ſine cauſa, condicere quantitatem non poteſt, quam non dedit, ſed ipſam obligationem. *d. l.*

VI.

Dans les donations, & dans les autres contracts où l'un ſeul fait, ou donne: & où l'autre ne fait, & ne donne rien ; l'acceptation forme la convention *c*. Et l'engagement de celuy qui donne, a ſon fondement ſur quelque motif raiſonnable & juſte, comme un ſervice rendu, ou quelque autre merite du donataire *d*, ou le ſeul plaiſir de faire du bien *e*. Et ce motif tient lieu de cauſe de la part de celuy qui reçoit & ne donne rien *f*.

6. Les donations ont leur cauſe.

c Si ei vivus libertus *donavit*, ille *accepit*. *l. 8. §. 3. ff. de bon. lib.* Si neſcit rem quæ apud ſe eſt, ſibi eſſe donatam, vel miſſam ſibi non acceperit, donatæ rei dominus non fit. *l. 10. ff. de don.* Non poteſt liberalitas nolenti acquiri. *l. 19. §. 2. eod.*
d Non ſine cauſa, obveniunt [donationes] ſed ob meritum aliquod accedunt. *l. 9. ff. pro ſoc.* Erga bene merentes. *l. 5. ff. de donat.*
e Ut liberalitatem & munificentiam exerceat. *l. 1. ff. de don.*
f Cauſa donandi. *l. 3. eod.*

VII.

7. Quelques conventions ont un nom propre, & d'autres n'en ont point, mais toutes obligent à ce qui est convenu.

De ces differentes sortes de conventions, quelques-unes sont d'un usage si frequent & si connu par tout, qu'elles ont un nom propre : comme la vente, le loüage, le prêt, le dépôt, la societé, & autres *a* : & il y en a qui n'ont pas de nom propre, comme si une personne donne à quelqu'un une chose à vendre à un certain prix, à condition qu'il retiendra pour luy ce qu'il pourra en avoir de plus *b*. Mais toutes les conventions, soit qu'elles ayent, ou n'ayent point de nom, ont toûjours leur effet, & elles obligent à ce qui est convenu *c*.

a Conventionum pleræque in aliud nomen transeunt, velut in emptionem, in locationem, in pignus. *l.* 1. §. *ult. ff. de pact.*

b Naturâ enim rerum conditum est, ut plura sint negotia, quàm vocabula. *l.* 4. *ff. de tr. verb.* Si tibi rem vendendam, certo pretio dedissem, ut quò pluris vendidisses, tibi haberes. *l.* 13. *ff. de pr. verb. V. d. l.* §. 1.

c Quid tam congruum fidei humanæ, quàm ea, quæ inter eos placuerunt, servare. *l.* 1. *ff. de pact.*

Il n'est pas necessaire d'expliquer icy la difference qu'on faisoit dans le Droit Romain entre les contracts qui avoient un nom, & ceux qui n'en avoient point. Ces subtilitez, qui ne sont pas de nôtre usage, embarrasseroient inutilement.

VIII.

8. Le consentement fait la convention.

Les conventions s'accomplissent par le consentement mutuel, donné & arrêté reciproquement *d*. Ainsi la vente est accomplie par le seul consentement, quoyque la marchandise ne soit pas délivrée, ni le prix payé *e*.

d Sufficit eos qui negotia gerunt, consentire. *l.* 2. §. 1. *ff. de obl. & act. l.* 48. *eod.* Etiam nudus consensus sufficit obligationi. *l.* 52. §. 9. *eod.*

e Emptio & venditio contrahitur, simulatque de pretio convenerit : quamvis nondum pretium numeratum sit. *Inst. de empt. & vend.* Quid enim tam congruum fidei humanæ, quàm ea quæ inter eos placuerunt, servare. *l.* 1. *ff. de pact. Pour l'accomplissement des conventions.* V. l'art. suivant, & les articles 2. de la Section 1. & 10. de la Sect. 2. du contract de vente.

IX.

9. Conventions qui obligent par la chose.

Dans les conventions qui obligent à rendre ce qu'on a receu, soit la même chose comme dans le prêt à usage, & dans le dépôt : soit une autre chose de la même nature, comme dans le prêt d'argent ou de denrées ; l'obligation ne se forme que quand la délivrance accompagne le consentement. C'est pourquoy on dit que ces sortes d'obli-

gations se contractent par la chose *a*, quoyque le consentement y soit necessaire *b*.

a Re contrahitur obligatio , veluti mutui datione : *Inst. quib. mod. re contr. obl.*
Item is cui res aliqua utenda datur, id est commodatur, re obligatur. §. 2. *eod.* Præterea & is apud quem res aliqua deponitur. Re obligatur. §. 3. *eod. l.* 1. §. 2. 3. 4. 5.
ff. de obl. & a 7. Mutuum damus recepturi non eamdem speciem quam dedimus
[alioquin commodatum erit, aut depositum] sed idem genus. *l.* 2. *ff. de reb. cr.*
b Ex contractu obligationes, non tantùm re consistunt, sed etiam verbis, & consensu. *l.* 4. *ff. de obl. & act.* Eleganter dicit Pedius, nullum esse contractum , nullam obligationem , quæ non habeat in se conventionem: sive re , sive verbis fiat.
l. 1. §. 3. *ff. de pact.*

X.

Le consentement qui fait la convention se donne ou
sans écrit, ou par écrit *c*. La convention sans écrit se fait
ou verbalement, ou par quelque autre voye, qui marque, ou présuppose le consentement. Ainsi, celuy qui
reçoit un dépôt, quoyque sans parler, s'oblige aux engagemens des dépositaires *d*.

c Sive scriptis , sive sine scriptis. *Inst. de empt. & vend.* Neque scriptura opus est.
§. 1. *Inst. de obl. ex cons. l.* 2. §. 1. *ff. de obl. & act. l.* 17. *C. de pact.*
d Tacité consensu convenire. *l.* 2. *ff. de pact.* Sed & nutu solo pleraque consistunt. *l.* 52. §. 10. *ff. de obl.* & *act.* Pactum quod bona fide interpositum docebi-
tur, etsi scriptura non existente, tamen si aliis probationibus rei gestæ veritas com-
probari potest , Præses Provinciæ secundùm jus custodiri efficiet. *l.* 17. *C. de pact.*

X I.

Les conventions par écrit se font ou pardevant Notaires *e*, ou sous seing privé ; soit que ceux qui font la convention l'écrivent de leur main , ou que seulement ils si-
gnent *f*.

11. Conventions écri-
tes , ou pardevant
Notaires , ou sous
seing privé.

e Per tabellionem *l.* 16. *C. de fide instr. inst. de empt. & vend.*
f Vel manu propria contrahentium , vel ab alio quidem scripta, à contrahentibus autem subscripta. *Inst. de empt. & vend. d. l.* 16. *C. de fide instr.*

X I I.

Si la verité d'une convention sans écrit est contestée,
on peut en faire preuve, ou par témoins, ou par les autres voyes que prescrivent les regles des preuves *g*.

g Instrumentis etiam non intervenientibus , semel divisio rectè facta, non habetur irrita. *l.* 9. *l.* 10. *& seq. C. de fide instr.*
Par le *Droit Romain* toutes conventions valoient sans écrit. Mais l'*Ordonnance de
Moulins* , art. 54. *& celle de* 1667. Tit. 20. art. 2. ont défendu de recevoir les preuves
des conventions au dessus de cent livres.

XIII.

13. Les conventions pardevant Notaires, portent leur preuve.

Les conventions pardevant Notaires, portent la preuve de leur verité, par la signature de l'Officier public *a*.

a V. l. 16. C. de fid. instr. inst. de empt. & vend.
Les contracts pardevant Notaires sont executoires. Ord. de 1539. art. 65. & 66.

XIV.

14. Verification du seing contesté.

Si la signature d'une convention sous seing privé est contestée, il faut la verifier *b*.

b V. l. 17. C. si cert. petat. Ord. de 1539, art. 91.

XV.

15. Par où se fait l'accomplissement des conventions pardevant Notaires.

Les conventions pardevant Notaires ne sont accomplies qu'aprés que tout est écrit, & que ceux qui doivent signer, y ont mis leurs seings: & les Notaires le leur *c*.

c (Contractus quos) in instrumento recipi convenit, non aliter vires habere sancimus, nisi instrumenta in mundum recepta, subscriptionibusque partium confirmata, & si per tabellionem conscribantur, etiam ab ipso completa, & postremò à patribus absoluta sint. l. 17. C. de fid. instr. inst. de empt. & vend.
Pour les formes des contracts. V. les Ord. de 1539, art. 67. Orleans art. 84. Blois 165. &c.

XVI.

16. Conventions entre absens.

Les conventions peuvent se faire non seulement entre presens, mais aussi entre absens *d*, par procureur *e*, ou autre mediateur *f*, ou même par lettres *g*.

d Inter absentes talia negotia contrahuntur. l. 2. §. 2. ff. de obl. & act. l. 2. ff. de pact.
e Trebatius putat sicuti pactum procuratoris mihi nocet, ita & prodesse. l. 10. in fine. ff. de pact.
f Vel per nuntium. d. l. 2. §. 2. de obl. & act. §. 1. inst. de obl. ex conf. l. 2. ff. de pact.
g Vel per epistolam. dd. ll.

SECTION II.

Des Principes qui suivent de la nature des conven-
tions. Et des regles pour les interpreter.

SOMMAIRES.

I.

1. Qui peut faire des conventions, & quelles.

LEs conventions devant être proportionnées aux beſoins où elles ſe rapportent, elles ſont arbitraires, & telles qu'on veut : & toutes perſonnes peuvent faire toute ſorte de conventions *a*, pourvû ſeulement que la perſonne ne ſoit pas incapable de contracter *b*, & que la convention n'ait rien de contraire aux loix, & aux bonnes mœurs *c*.

a Quid tam congruum fidei humanæ, quàm ea quæ inter eos placuerunt ſervare. *l. 1. ff. de pact.*

b Ainſi quelques-uns ſont incapables de toutes conventions, comme les inſenſez. Furioſus nullum negotium gerere poteſt, quia non intelligit quod agit. *§. 8. Inſt. de inut. ſtip. l. 1. §. 12. ff. de obl. & act.* D'autres ne peuvent faire de conventions à leur préjudice, comme ceux qui ſont en bas âge. Contra Juris Civilis regulas pacta conventa rata non habentur, veluti ſi pupillus ſine tutoris authoritate pactus ſit ne à debitore ſuo peteret. *l. 28. ff. de pact.*

c Pacta quæ contra leges, conſtitutioneſque, vel contra bonos mores fiunt, nullam vim habere, indubitati juris eſt. *l. 6. C. de pact. l. 7. §. 7. ff. de pact. l. 27. §. 4. eod. §. 23. inſt. de inut. ſtip.* Ait prætor. Pacta conventa, quæ neque dolo malo, neque adverſùs leges, plebiſcita, ſenatuſconſulta, Edicta Principum, neque quo fraus cui eorum fiat, facta erunt, ſervabo. *l. 7. §. 7. ff. de pact.* V. la Section 4. des vices des conventions.

II.

2. Les conventions doivent être faites avec connoiſſance, & avec liberté.

Les conventions étant des engagemens volontaires, qui ſe forment par le conſentement, elles doivent être faites avec connoiſſance, & avec liberté : & ſi elles manquent de l'un ou de l'autre de ces caracteres, comme ſi elles ſont faites par erreur *d*, ou par force *e* ; elles ſont nulles, ſuivant les regles qui ſeront expliquées dans la Section V.

d In omnibus negotiis contrahendis, ſive bona fide ſint, ſive non ſint, ſi error aliquis intervenit, ut aliud ſentiat putà qui emit, aut qui conducit, aliud qui cum his contrahit, nihil valet quod acti ſit. *l. 57. ff. de obl. & act.* non videntur qui errant conſentire. *l. 116. §. 2. ff. de reg. jur. v. l. 9. ff. de cont. empt.*

e Nihil conſenſui tam contrarium eſt, qui & bonæ fidei judicia ſuſtinet, quàm vis atque metus. *d. l. 116. de reg. jur. v. tit.* quod metus cauſa. V. le titre des vices des conventions.

III.

Comme les conventions se forment par le consente- ment, personne ne peut en faire pour un autre, s'il n'a pouvoir de luy. Et on peut encore moins faire préjudice par des conventions à des tierces personnes *a*.

3. Personne ne peut faire de conventions pour d'autres, ni à leur préjudice.

a Alteri stipulari nemo potest. *l. 38. §. 17. ff. de verb. obl. §. 18. inst. de inut. stip. l. 9. § 4. ff. de reb. cred.* Nec paciscendo, nec legem dicendo, nec stipulando, quisquam alteri cavere potest. *l. 73. §. ult. ff. de reg. jur.* Certissimum est ex alterius contractu, neminem obligari. *l. 3. C. ne ux. pr. mar.*

Non debet alii nocere, quod inter alios actum est. *l. 10. ff. de jurej.* Non debet alteri, per alterum iniqua conditio inferri. *l. 74. ff. de reg. jur.* Ante omnia enim animadvertendum est, ne conventio in alia re facta, aut cum alia persona, in alia re, aliáve persona noceat. *l. 27. §. 4. ff. de pact.* V. les deux articles suivans.

IV.

On peut faire des conventions pour ceux de qui l'on a charge *b*: & on les engage selon le pouvoir qu'ils en ont donné *c*.

4. IIe Exception, de celuy, qui a charge d'un autre.

b Sicuti pactum procuratoris mihi nocet, ita & prodest. *l. 10. in fine ff. de pact.*
c Diligenter fines mandati custodiendi sunt, nam qui excessit, aliud quid facere videtur. *l. 5. ff. mand.* Interdum melior, deterior verò nunquam (causa mandantis fieri potest) *l. 3. eod.* V. les art. 2. & 3. de la sect. 3. des procurations.

V.

Les tuteurs & curateurs, les administrateurs, & les chefs des communautez, le maître d'une société, les commis & préposez à quelque commerce, & toutes les personnes qui en ont d'autres sous leur puissance, ou sous leur conduite, ou qui les représentent, peuvent faire pour eux des conventions, selon l'étenduë de leur ministere, ou de leur pouvoir *d*, ainsi qu'il sera expliqué en son lieu à l'égard de chacune de ces sortes de personnes.

5. 2e Exception, de ceux qui ont droit de traiter pour d'autres.

d Tutoris pactum pupillo prodest. *l. 15. ff. de pact.*
Magistri societatum pactum, & prodesse, & obesse constat. *l. 14. ff. de pact.* V. l'art. 5. & les suivans de la sect. 2. des tuteurs, l'art. 5. de la sect. 1. & les articles 1. & 3. de la sect. 3. des Syndics, directeurs & autres adm. les art. 16. & 17. de la sect. 4. de la société, & les art. 1. & 2. de la sect. 3. des personnes qui exercent quelq. com. pub.

VI.

Si un tiers traite pour un absent, sans avoir son ordre, mais s'en faisant fort; l'absent n'entre dans la convention, que lors qu'il ratifie; & s'il ne le fait, celuy qui s'est obli-

6. De celuy qui traite pour un autre s'en faisant fort.

gé fera tenu, ou de la peine à laquelle il fe fera foumis, ou du dommage qu'il aura caufé, felon la qualité de la convention, les fuites où il aura donné lieu, & les autres circonftances. Mais après que l'abfent a ratifié ce qui a été geré pour luy, quoy qu'à fon préjudice, il ne peut plus s'en plaindre *a*.

a Pomponius fcribit, fi negotium à te, quamvis malè geftum, probavero, negotiorum tamen geftorum te mihi non teneri. *l. 9. ff. de neg. geft.* Quod reprobare non poffem femel probatum & quemadmodum quod utiliter geftum eft, neceffe eft apud judicem pro rato haberi, ita omne quod ab ipfo probatum eft. *d. l.* Si quis alium daturum facturumve quid promiferit, non obligabitur veluti fi fpondeat Titium quinque aureos daturum, quod fi effecturum fe ut Titius daret fpoponderit, obligatur. *§. 3. inft. de inut. ftip.* Qui alium facturum promifit, videtur in ea effe caufa ut non teneatur, nifi pœnam ipfe promiferit. *§. 20. eod.*

VII.

7. *Les conventions tiennent lieu de loix.*

Les conventions étant formées, tout ce qui a été convenu tient lieu de loy à ceux qui les ont faites *b* : & elles ne peuvent être revoquées que de leur confentement commun *c*, ou par les autres voyes qui feront expliquées dans la Section VI.

b Hoc fervabitur, quod initio convenit, legem enim contractus dedit. *l. 23. ff. de reg. jur.* Contractus legem ex conventione accipiunt. *l. 1. §. 6. ff. depofiti.* Quid tam congruum fidei humanæ, quàm ea quæ inter eos placuerunt, fervare. *l. 1. ff. de pact. l. 34. ff. de reg. jur.* V. l'art. 22. de cette Section.

c Contraria voluntate diffolvuntur. *§. ult. inft. quib. mod. toll. obl. l. 35. ff. de reg. jur.*

VIII.

Regles de l'interpretation des conventions.
1re Regle.
8. *Les obfcuritez & les doutes s'interpretent par l'intention commune des contractans.*

Les conventions devant être formées par le confentement mutuel de ceux qui traitent enfemble, chacun doit y expliquer fincerement & clairement ce qu'il promet, & ce qu'il prétend *d*. Et c'eft par leur intention commune, qu'on explique ce que la convention peut avoir d'obfcur, ou de douteux *e*.

d In quorum fuit poteftate legem apertiùs confcribere. *l. 39. ff. de pact. l. 21. ff. de cont. empt.* Liberum fuit verba latè concipere. *l. 99. ff. de verb. obl.*

e Semper in ftipulationibus, & in cæteris contractibus, id fequimur quod actum eft. *l. 34. ff. de reg. jur.* Quod factum eft, cùm in obfcuro fit, ex affectione cujufque capit interpretationem. *l. 168. §. 1. eod.*

IX.

2e Regle.
9. *Interpretation par les ufages, ou autres voyes.*

Si l'intention commune des parties ne fe découvre pas par l'expreffion, & qu'on puiffe l'interpreter par
quelque

quelque ufage des lieux , ou des perfonnes qui ont fait la
convention , ou par d'autres voyes , il faut s'en tenir à ce
qui fera de plus vray-femblable , felon toutes ces vûës *a*.

a Si non appareat , quid actum eft , erit confequens ut id fequamur , quod in
regione in qua actum eft frequentatur. *l.* 34. *ff. de reg. jur.* In obfcuris infpici folet
quod verifimilius eft , aut quod plerumque fieri folet. *l.* 114. *eod.*

X.

Toutes les claufes des conventions s'interpretent les
unes par les autres , en donnant à chacune le fens qui re-
fulte de toute la fuite de l'acte entier : & même de ce qui
eft énoncé dans les préambules *b*.

b De même que l'on interprete les diverfes parties d'une loy. Incivile eft nifi tota lege
perfpecta , una aliqua particula ejus propofita , judicare , vel refpondere. *l.* 24. *ff.*
de legib. Plerumque ea quæ præfationibus conveniffe concipiuntur , etiam in ftipulationibus repetita creduntur. *l.* 134. *§.* 1. *ff. de verb. obl.*

X I.

Si les termes d'une convention paroiffent contraires à
l'intention des contractans , d'ailleurs évidente ; il faut
fuivre cette intention , plûtôt que les termes *c*.

c In conventionibus , contrahentium voluntatem , potius quàm verba fpectari
placuit. *l.* 219. *ff. de verb. fig.* V. exemplum in d. *l.* Potius id quod actum , quàm
id quod dictum fit , fequendum eft. *l.* 6. *§.* 1. *ff. de contr. empt.* Prior atque potentior eft quàm vox , mens dicentis. *l.* 7. *inf. ff. de fuppell. leg.*

X I I.

Si les termes d'une convention ont un double fens , il
faut prendre celuy qui eft le plus conforme à l'intention
commune des contractans : & qui fe rapporte le plus au
fujet de la convention *d*.

d. Quoties idem fermo duas fententias exprimit , ea potiffimùm excipiatur, quæ
rei gerendæ aptior eft. *l.* 67. *ff. de reg. jur.* Quoties in ftipulationibus ambigua oratio eft , commodiffimum eft id accipi , quo res , qua de agitur , in tuto fit. *l.* 80.
ff. de verb. obl.

X I I I.

Les obfcuritez , & les incertitudes des claufes qui obligent , s'interpretent en faveur de celuy qui eft obligé , &
il faut reftreindre l'obligation au fens qui la diminuë *e*.
Car celuy qui s'oblige ne veut que le moins, & l'autre a dû

e Arrianus ait multum intereffe , quæras utrum aliquis obligetur , an aliquis li-
beretur , ubi de obligando quæritur , propenfiores effe debere nos , fi habeamus
occafionem , ad negandum. Ubi de liberando ex diverfo , ut facilior fis ad libera-
tionem. *l.* 47. *ff. de obl. & act.* In ftipulationibus cùm quæritur quid actum fit ,
verba contra ftipulatorem interpretanda funt. *l.* 38. *§.* 18 *ff. de verb. obl.*

K

faire expliquer clairement ce qu'il prétendoit *a*. Mais
si d'autres regles veulent qu'on interprete contre celuy
qui est obligé, comme dans le cas de l'article suivant, on
étend l'obligation selon les circonstances. Et en general
quand l'engagement est assez entendu ; on ne doit ni
l'étendre, ni le restreindre au préjudice de l'un pour
favoriser l'autre *b*.

a Ferè secundùm promissorem interpretamur, quia stipulatori liberum fuit
verba latè concipere. *l.* 99. *ff. end.* Si ita stipulatus fuero, decem aut quindecim
dabis? Decem debentur. Item si ita, post annum, aut biennium dabis? Post
biennium debentur, quia in stipulationibus id servatur, ut quod minus esset,
quodque longius, esse videretur in obligationem deductum. *l.* 109. *ff. de verb. obl.*

b Cum quid mutuum dederimus, etsi non cavemus ut æquè bonum nobis redderetur, non licet debitori deteriorem rem quæ ex eodem genere sit, reddere, veluti vinum novum pro vetere. Nam in contrahendo, quod agitur pro cauto habendum est, id autem agi intelligitur, ut ejusdem generis, & eadem bonitate
solvatur qua datum sit. *l.* 3. *ff. de reb. cred.*

XIV.

Si l'obscurité, l'ambiguité, ou tout autre vice d'une
expression, est un effet de la mauvaise foy, ou de la faute
de celuy qui doit expliquer son intention ; l'interpretation s'en fait contre luy, parce qu'il a dû faire entendre
nettement ce qu'il entendoit. Ainsi, lors qu'un vendeur
se sert d'une expression équivoque sur les qualitez de la
chose venduë l'explication s'en fait contre luy *c*.

c Veteribus placet, pactionem obscuram, vel ambiguam venditori, & qui locavit nocere, in quorum fuit potestate, legem apertius conscribere. *l.* 39. *ff. de pact.*
Obscuritatem pacti nocere potius debere venditori, qui id dixerit, quàm emptori :
quia potuit re integra apertius dicere. *l.* 21. *ff. de contr. empt.* Cùm in lege venditionis ita sit scriptum, flumina, stillicidia, uti nunc sint, ut ita sint : nec additur,
quæ flumina, vel stillicidia ; primùm spectari oportet, quid acti sit ; si non id appareat, tunc id accipitur, quod venditori nocet, ambigua enim oratio est. *l.* 33.
ff. de contr. empt. l. 172. *ff. de reg. jur.* v. *l.* 69. §. 5. *ff. de evict.* Servitutes, si quæ
debentur, debebuntur. Etenim juris auctores responderunt. Si certus venditor
quibusdam personis, certas servitutes debere, non admonuisset emptorem, exem-
to eum teneri debere. *l.* 39. *ff. de act. empt. & vend.* V. l'art. 10. de la Sect. 3. du
loüage & l'art. 14. de la Sect. 11. du contract de vente.

XV.

Si quelqu'un est obligé indéterminément à l'une, ou à
l'autre de deux choses, il a la liberté de donner celle
qu'il voudra, si la convention n'a rien de contraire. *d*.

d Cum illa, aut illa res promittitur, rei electio est utram præstet. *l.* 10. *in*

fine.ff. de jur. dot. Si ita res diſtrahatur illa aut illa res : utram eliget venditor hæc
erit empta. *l. 25. ff. de contr. empt. v. l. 21. in fine. ff. de act. empt.*

X V I.

9. Regle.

Dans les conventions où l'on s'oblige à des choſes,
dont la valeur peut aller à plus ou à moins, ſelon la difference de leurs qualitez, comme les denrées *a*, ou quelques ouvrages *b* ou autres choſes, l'obligation ne s'étend
pas au meilleur & du plus grand prix, mais on la modere
à ce qui s'appelle bon & marchand *c*. Et le debiteur, par
exemple, qui doit du froment s'acquite s'il en donne de
cette qualité, car on préſume que les contractans n'ont
penſé qu'à ce qui eſt de l'uſage ordinaire. Mais ſi la convention regle les qualitez de ce qui eſt dû, ou que l'intention des contractans paroiſſe par les circonſtances il
faut s'y tenir *d*.

*16. Obligations de
choſes dont la bonté,
& la valeur peuvent
aller à plus ou à
moins.*

a Ergo ſi quis fundum, ſine propria appellatione, vel hominem generaliter, ſine
proprio nomine, aut vinum, frumentumve, ſine qualitate, dari ſibi ſtipulatur, incertum deducit in obligationem. *l. 75. §. 1. ff. de verb. obl.* Uſque adeo ut ſi quis ita ſtipulatus ſit tritici Africi boni modios centum : vini Campani boni amphoras centum ; incertum videatur ſtipulari, quia bono melius inveniri poteſt. Quo fit ut
boni appellatio non ſit certæ rei ſignificativa : cùm id quod bono melius ſit, ipſum
quoque bonum ſit. *d. l. §. 2.* Fidejuſſorem ſi ſine adjectione bonitatis tritici, pro
altero triticum ſpopondit, quodlibet triticum dando reum liberare poſſe exiſtimo.
l. 52. ff. mand. Ce qu'il faut entendre pourvû qu'il ſoit bon & marchand.
b Operarum ſtipulatio, ſimilis eſt his ſtipulationibus in quibus genera compre-
henduntur. *l. 54. §. 1. ff. de verb. obl.*
c Si quis artificem promiſerit, vel dixerit non utique perfectum cum præſtare debet, ſed ad aliquem modum peritum : ut neque conſummatæ ſcientiæ accipias, neque rurſum indoctum in artificium. Sufficiet igitur talem eſſe, quales vulgò ar-
tifices dicuntur. *l. 19. §. 4. ff. de ad. ed.* Hæc omnia ex bono & æquo modicè de-
ſiderentur. *l. 18. eod.* Qui ſimpliciter cocum eſſe dixerit ſatisfacere videtur etiamſi
mediocrem cocum præſtet. *d. l. 18. §. 1. l. 16. §. 1. ff. de op. lib.*
d At cùm optimum quiſque ſtipulatur, id ſtipulari intelligitur, cujus bonitas
principalem gradum bonitatis habet. *d. l. 75. §. 2. ff. de verb. ob. v. l. 52. ff. mand.*

X V I I.

Si dans une convention on laiſſe à regler le prix d'une
choſe *e*, l'eſtimation ne s'en fera ni au plus haut prix ni
au plus bas, mais au prix commun *f*, ſans aucun égard

10. Regle.
*17. Comment ſe
regle le prix des
choſes.*

e Juſto pretio tunc æſtimandam *l. 16. §. ult. ff. de pign.*
f Ex præſenti æſtimatione (juſta pretia) conſtitui. *l. 3. §. 5. ff. de jur. fiſc.*
ſecundùm rei veritatem æſtimanda erunt. Hoc eſt ſecundùm præſens pretium.
l. 62. §. 1. ff. ad leg. falc. Rei verum pretium. *l. 50. ff. de fart.*

aux circonftances particulieres de l'attachement que l'un ou l'autre des contractans pourroit avoir pour la chofe qu'il faut eftimer, ni de fon befoin *a*. Mais il faut feulement confiderer ce qu'elle vaut dans la verité *b* : ce qu'elle vaudroit dans fon ufage commun pour qui que ce fût : & ce qu'elle pourroit être juftement venduë *c*.

a Pretia rerum non ex affectu, nec utilitate fingulorum, fed communiter funguntur. *l.* 63. *ff. ad leg. fal. l.* 33. *ff. ad leg. Aquil.*
b Secundùm rei veritatem. *d. l.* 62. §. 1. *ad leg. fal.*
c Non affectiones æftimandas effe puto, veluti fi filium tuum naturalem quis occiderit, quem tu magno emptum velles : fed quanti omnibus valeret. *d. l.* 33. *ff. ad leg. Aq.* Quanti emptorem poteft invenire. *l.* 52. §. 29. *ff. de furt.*

XVIII.

11. Regle.
18. *Du temps & du lieu de l'eftimation.*

Les eftimations de chofes qui n'ont pas été delivrées en temps & lieu, comme du vin, des grains, & autres femblables, fe font fur le pied de leur valeur, au temps & au lieu où la délivrance en devoit être faite *d*.

d Si merx aliqua, quæ certo die dari debebat, petita fit, veluti vinum, oleum, frumentum : tanti litem æftimandam Caffius ait, quanti fuiffet eo die, quo dari debuit. *l.* 4. *ff. de cond. tritic. l.* 22. *ff. de reb. cred.* Idemque juris in loco effe : ut æftimatio fumatur ejus loci quo dari debuit. *dd. ll.*

XIX.

12. Regle.
19. *Expreffions qui n'ont aucun fens.*

Les expreffions qui ne peuvent avoir aucun fens par aucune voye, font rejettées, comme fi elles n'avoient pas été écrites *e*.

e De même que dans les teftamens. Quæ in teftamento ita funt fcripta, ut intelligi non poffint, perinde funt, ac fi fcripta non effent. *l.* 73. §. 3. *ff. de reg. jur.*

XX.

13. Regle.
20. *Fautes d'écriture.*

Les fautes d'écriture qui peuvent être reparées par le fens affez entendu, n'empêchent pas l'effet que doit avoir la convention *f*.

f Si librarius in tranfcribendis ftipulationis verbis erraffet, nihil nocere. *l.* 92. *ff. de reg. jur.*

XXI.

14. Regle.
21. *Les conventions ont leurs bornes dans leurs fujets.*

Toutes les claufes des conventions ont leur fens borné au fujet dont on y traite : & ne doivent pas être étenduës à des chofes où il n'a pas été penfé. Ainfi, une quittance

g Ante omnia enim animadvertendum eft, ne conventio in alia re facta aut cum alia perfona, in alia re aliave perfona noceat. *l.* 27. §. 4. *ff. de pact.* Iniquum eft perimi pacto id de quo cogitatum non docetur. *l.* 9. *in fine. ff. de tranf.*

generale relative à un compte de recepte & de dépenſe,
n'annulle pas des obligations dont on n'a point compté *a*.
Ainſi, une tranſaction eſt bornée aux differens dont on
a traité : & ne s'étend pas à d'autres dont il ne s'agiſſoit
point. Car on ne doit préſumer ni qu'une perſonne s'engage, ni qu'elle en décharge un autre de ſon engagement, ſans que ſa volonté paroiſſe expliquée, & bien
entenduë *b*.

a Si tantùm ratio accepti atque expenſi eſſet computata, cæteras obligationes
manere in ſua cauſa. *l. 47. in f. ff. de paét.*
b Tranſaétio quæcumque ſit, de his tantùm de quibus inter convenientes placuit, interpoſita creditur. *l. 9. §. 1. ff. de tranſ.*
Cum Aquiliana ſtipulatio interponitur, quæ ex conſenſu redditur, lites de quibus non eſt cogitatum, in ſuo ſtatu retinentur. Liberalitatem enim captioſam,
interpretatio prudentium fregit. *l. 5. ff. de tranſ. l. 3. C. eod.* de quo cogitatum
non docetur. *d. l. 9. in f. de tranſ.*

XXII.

S'il arrive qu'une convention ne ſoit faite que pour executer un ordre de juſtice, comme ſi un Juge ordonne
qu'un demandeur fera quelque ſoûmiſſion pour recevoir
ce qu'il demande, qu'il ſera donné caution de certaines
choſes, dans ces cas & autres ſemblables, ſi l'acte ou le
traité qui contient l'engagement ordonné par une Sentence, ou par un Arrêt, ſe trouve avoir quelque ambiguité, ou obſcurité, l'interpretation doit en être faite
par l'intention de la Sentence ou de l'Arrêt que l'on execute *c*.

15. Regle.
22. *Interpretation*
des conventions judi-
ciaires.

c. In prætoriis ſtipulationibus ſi ambiguus ſermo acciderit, Prætoris erit interpretatio ejus enim mens æſtimanda eſt. *l. 9. ff. de ſtip. præt.* In conventionalibus
ſtipulationibus contraétui formam contrahentes dant. Enim verò prætoriæ ſtipulationes legem accipiunt de mente prætoris qui eas propoſuit. *l. 52. ff. de verb.*
obl.

SECTION III.

Des engagemens qui suivent naturellement des conventions, quoy qu'ils n'y soient pas exprimez.

SOMMAIRES.

1. *Trois sortes d'engagemens dans les conventions.*
2. *Execution reciproque des conventions.*
3. *Exception de la regle precedente.*
4. *Peines de l'inexecution des conventions.*
5. *Obligation sans terme.*
6. *Lieu du payement, ou autre execution des conventions.*
7. *Le delay dure jusqu'au dernier moment du terme expiré.*
8. *Du soin qu'on doit avoir de ce qui est à d'autres, lorsqu'on en est chargé par*

quelque convention.
9. *Personne n'est tenu des cas fortuits.*
10. *Celuy qui a le profit, doit souffrir la perte.*
11. *Estimation au dire d'une personne.*
12. *Bonne foy entiere en toute sorte de conventions.*
13. *Bonne foy envers les tierces personnes.*
14. *En quel sens il faut entendre qu'on peut se tromper l'un l'autre.*
15. *Delais arbitraires pour l'execution des conventions selon l'état des choses.*

I.

1. *Trois sortes d'engagemens dans les conventions.*

LEs conventions obligent non seulement à ce qui y est exprimé, mais encore à tout ce que demande la nature de la convention : & à toutes les suites que l'équité, les loix, & l'usage donnent à l'obligation où l'on est entré [a]. De sorte qu'on peut distinguer trois sortes d'engagemens dans les conventions. Ceux qui sont exprimez : Ceux qui sont des suites naturelles des conventions : Et

a Alter alteri obligatur, de eo quod alterum alteri, ex bono & æquo præstare oportet. *l.* 2. §. *ult. ff. de obl. & act.* Ea quæ sunt moris, & consuetudinis, in bonæ fidei judiciis debent venire. *l.* 31. §. 20. *ff. de ad. ed. l.* 17. §. 1. *ff. de aqua & aq. pl.*

ceux qui font reglez par quelque loy, ou quelque coûtume. Ainſi, c'eſt par l'équité naturelle que l'aſſocié eſt obligé de prendre ſoin de l'affaire commune, qui eſt en ſes mains : Que celuy qui emprunte une choſe pour en uſer, doit la conſerver : Que le vendeur doit garentir ce qu'il a vendu; quoy que les conventions n'en expriment rien *a*. Ainſi, c'eſt par une loy, que celuy qui achete un heritage au deſſous de la moitié de ſon juſte prix, doit ou le rendre, ou parfaire le prix. Ainſi dans le loüage d'une maiſon quelques coûtumes continuent le bail au delà du terme pendant un certain temps, ſi les contractans n'y ont dérogé : Et toutes ces ſuites des conventions ſont comme des pactes tacites, & ſouſentendus, qui en ſont partie. Car les contractans conſentent à tout ce qui eſt eſſentiel à leurs engagemens *b*.

a Quod ſi nihil convenit, tunc ea præſtabuntur quæ naturaliter inſunt hujus judicii poteſtate, & imprimis ipſam rem præſtare venditorem oportet. *l.* 11. §. 1. *ff. de act. empt.*

b Quaſi id tacitè convenerit. *l.* 4. *ff. in quib. cauſ. pign. vel hyp. &c.* ea quæ tacitè inſunt ſtipulationibus. *l.* 2. §. 3. *ff. de eo quod cert. loc.* Plerumque id accidit, ut extra id quod ageretur tacita obligatio naſcatur. *l.* 13. *in f. ff. commod.* in contrahendo, quod agitur, pro cauto habendum eſt. *l.* 3. *ff. de reb. cred.* quædam in ſermone tacitè excipiuntur. *l.* 9. *ff. de ſervit.*

II.

2. Execution reciproque des conventions.

En toutes conventions l'engagement de l'un étant le fondement de celuy de l'autre, le premier effet de la convention, eſt que chacun des contractans peut obliger l'autre à executer ſon engagement, en executant le ſien de ſa part, ſelon que l'un & l'autre y ſont obligez, par la convention. Soit que l'execution doive ſe faire de part & d'autre dans le même temps, comme s'il eſt convenu, dans une vente que le prix ſera payé lors de la délivrance; ou que l'execution doive préceder de la part de l'un, comme ſi le vendeur doit délivrer, & a donné terme pour le payement, ou de la part de l'autre, comme ſi l'acheteur doit payer par avance, avant que la choſe luy ſoit délivrée *c*.

a Contractum, ultrò citroque obligationem, quod Græci συνάλλαγμα vocant *l.* 19. *ff. de verb. ſign.* Alter alteri obligatur, de eo quod alterum alteri, ex bono & æquo præſtare oportet, *l.* 2. §. ult. *ff. de obl. & act.* Quod ab initio ſponte

fcriptum , aut in pollicitatiouem deductum eft , hoc ab invitis poftea compleatur.
l. ult. C. ad vell. Id quod convenit fervabitur. *l. 1. C. qu. dec. non. eft op.* Sicut ab initio libera poteftas unicuique eft habendi vel non habendi contractus, ita renuntiare femel conftitutæ obligationi , adverfario non confentiente , nemo poteft. *l. 5. C. de obl. & act.*

III.

3. Exception de la regle précedente.

Si la convention n'étant pas encore executée , ou ne l'étant que d'une part , il arrive un changement , qui doive fufpendre l'execution , ou ce qui en refte à faire ; il eft foufentendu par la volonté tacite des contractans , que l'execution doit être furfife , jufqu'à ce que l'obftacle fe trouve levé. Ainfi l'acheteur qui après la vente, découvre un peril d'éviction avant le payement du prix, ne fera pas tenu de payer jufqu'à ce qu'il ait été pourvû à fa feureté *a*.

a Ante pretium folutum , dominii quæftione mota , pretium emptor folvere non cogetur , nifi fidejuffores idonei , à venditore ejus evictionis , offerantur. *l. 18. §. 1. ff. de per. & com. r. v. V. l. 17. §. 2. ff. de doli mal. exc.* V. l'art. 11. de la fect. 3. du contract de vente.

IV.

4. Peines de l'inexecution des conventions.

En toutes conventions ; c'eft le fecond effet des engagemens , que celui qui manque à ceux où il eft entré , ou qui eft en demeure , foit qu'il ne le puiffe , ou qu'il ne le veüille , fera tenu des dommages & interêts de l'autre, felon la nature de la convention , la qualité de l'inexecution , ou du retardement , & les circonftances *b*. Et s'il y a lieu de refoudre la convention , elle fera refoluë avec les peines qui en devront fuivre contre celui qui aura manqué d'executer fon engagement *c*.

b Ut damneris mihi quanti intereft mea , illud de quo convenit accipere. *l. 5. §. 1. ff. de præfc. ver.* Quanti ea res erit. *l. 29. §. 2. ff. de ad. ed.* V. fur les dommages & interêts les art. 17. & 18. de la Sect. 2. du contract de vente.
c Vel fi meum recipere velim , repetatur quod datum eft , quafi ob rem datum, re non fecuta. *l. 5. §. 1. dig. de præfcr. verb.* Omnia in integrum reftituuntur. *l. 60. dig. de ad. ed.* Non impleta promiffi fide , dominii tui jus in fuam caufam reverti convenit. *l. 6. C. de pact. int. empt. & vend. comp.* Quoniam contractus fidem fregit , ex empto actione conventus , quanti tua intereft præftare cogetur. *l. 6. C. de her. vel act.* V. Caufa omnis reftituenda. *l. 31. dig. de reb. cred.*

V.

5. Obligation fans terme.

Si l'on avoit obmis dans une convention d'exprimer le terme du payement , ou d'une autre chofe promife , c'eft une fuite de la convention , que comme le terme

ne

ne s'ajoûte qu'en faveur de celuy qui eſt obligé, s'il ne
luy eſt pas donné de temps, pour ce qu'il doit faire ou
donner, il le doit d'abord & ſans terme. Si ce n'eſt que
l'execution renfermât la neceſſité d'un délay, comme ſi
elle devoit être faite dans un autre lieu, que celuy où ſe
fait la convention *a*.

a In omnibus obligationibus in quibus dies non ponitur, præſenti die debetur.
l. 14. *ff. de reg. jur.* Quoties in obligationibus dies non ponitur, præſenti die pecunia debetur : niſi ſi locus adjectus ſpatium temporis inducat, quo illô poſſit
perveniri. *l.* 41. §. 1. *ff. de verb. obl.* §. 2. *inſt. eod.* Dici adjectionem pro reo eſſe,
non pro ſtipulatore. *d. l.* 41. §. 1. *inſ.*

V I.

Si dans une convention qui oblige à la délivrance d'u-
ne choſe mobiliaire, on avoit omis d'exprimer le lieu où
cette délivrance devra être faite ; la choſe ſera délivrée
dans le lieu où elle ſe trouvera ; ſi ce n'eſt que par la mauvaiſe foy de celuy qui doit la délivrer elle eût été miſe
hors du lieu où elle devoit être, ou que l'intention des
contractans obligeât à faire la délivrance dans un autre
lieu *b*.

b Depoſitum eo loco reſtitui debet, in quo ſine dolo malo ejus eſt, apud quem
depoſitum eſt. *l.* 12. §. 1. *ff. depoſ.* Eadem dicenda ſunt communiter & in omnibus bonæ fidei judiciis. *d.* §. Ibi dari debet ubi eſt, (quod legatur) *l.* 38. *ff. de*
jud. V. ll. 10. 11. 12. *ff. de rei vind.* Is qui certo loco dare promittit, nullo alio
loco, quàm in quo promiſit, ſolvere invito ſtipulatore poteſt. *l.* 9. *ff. de eo quod*
cert. loc.

V I I.

Celuy qui a un terme pour payer, ou pour délivrer,
ou pour faire une autre choſe, n'eſt pas en demeure, &
ne peut être pourſuivy, qu'aprés le dernier moment du
terme expiré. Car on ne peut pas dire, qu'il n'ait point
ſatisfait, juſqu'à ce que le délay entier ſe ſoit écoulé.
Ainſi, celuy qui doit dans une année, dans un mois,
dans un jour, a pour ſon délay tous les momens de l'année, du mois, & du jour *c*.

c Ne eo quidem ipſo die, in quem ſtipulatio facta eſt peti poteſt : quia totus
is dies arbitrio ſolventis tribui debet. Neque enim certum eſt, eo die in quem
promiſſum eſt, datum non eſſe, priuſquàm is præterierit. §. 2. *inſt. de verb. obl.*
Quod quis aliquo anno dare promittit, aut dare damnatur, ei poteſtas eſt quolibet ejus anni die dandi. *l.* 50. *ff. de obl. & act. l.* 42. *ff. de verb. obl.*

VIII.

C'eſt une fuite naturelle de pluſieurs conventions , que ceux qui ſe trouvent chargez ou d'une choſe, ou d'une affaire d'une autre perſonne, ou qui leur eſt commune, ſont tenus d'en prendre ſoin : & répondent de leur mauvaiſe foy , de leurs fautes, de leurs negligences, mais differemment *a* , ſelon les differentes cauſes qui les en chargent, ou pour leur interêt ſeul, comme celuy qui emprunte une choſe d'un autre pour ſon uſage *b* : ou pour le ſeul interêt du maître , comme le dépoſitaire *c* : ou pour l'interêt commun, comme l'aſſocié *d*. Et ils ſont obligez à plus ou moins de ſoin & de diligence, ſuivant les regles qui ſeront expliquées en chaque eſpece de convention. Mais ſi on a reglé par la convention, le ſoin que doit avoir celuy qui eſt chargé de quelque affaire, ou de quelque choſe d'une autre perſonne , ou qui leur ſoit commune, il faut s'y tenir *e*.

a Contractus quidam , dolum malum dumtaxat recipiunt: quidam & dolum & culpam. *l. 23. ff. de reg. jur. l. 5. §. 2. ff. com nod.*

b Commodatum plerumque ſolam utilitatem continet , ejus cui commodatur. *d. l. 5. §. 2.*

c Nulla utilitas ejus verſatur, apud quem deponitur. *d. §. 2.*

d Sed ubi utriuſque utilitas vertitur ut in . . . . . ſocietate. *d. §. 2.*

e Sed hæc ita , niſi ſi quid nominatim convenit , vel plus, vel minus in ſingulis contractibus. Nam hoc ſervabitur quod initio convenit. *d. l. 23. ff. de reg. jur.*

IX.

Perſonne n'eſt tenu dans aucune eſpece de conventions, de répondre des pertes, & des dommages cauſez par des cas fortuits, comme ſont un coup de foudre , un débordement, un torrent , une violence, & autres ſemblables évenemens : & la perte de la choſe qui perit, ou qui eſt endommagée par un cas fortuit, tombe ſur celuy qui en eſt le maître, ſi ce n'eſt qu'il eût été autrement convenu *f*, ou que la perte ou le dommage puiſſent être im-

f Rapinæ , tumultus, incendia , aquarum magnitudines , impetus prædonum, à nullo præſtantur. *l. 23. ff. de reg. jur. inf.* Ea quidem quæ vi majore auferuntur, detrimento eorum quibus res commodantur , imputari non ſolent. Sed cùm is qui à te commodari ſibi bovem poſtulabat , hoſtilis incurſionis contemplatione , periculum amiſſionis, ac fortunam futuri damni in ſe ſuſcepiſſe proponatur: Præſes Provinciæ , ſi probaveris eum indemnitatem tibi promiſiſſe , placitum conventionis implere eum compellet. *l. 1. C. de commod. v. l. 39. ff. mand.* V, l'art. *4. de la Sect. 2. du Prêt à uſage.*

putez à quelque faute, dont l'un des contractans doive répondre, comme si une chose qui devoit être délivrée, vient à perir, pendant que celuy qui doit la délivrer n'y satisfait point *a*.

a Quod te mihi dare oporteat, si id postea perit, quàm per te factum erit, quo minus id mihi dares ; tuum fore id detrimentum constat. *l. 5. ff. de reb. cred. v. l. 11. §. 1. ff. locat. cond. l. 11. ff. de neg. gest. l. 1. §. 4. ff. de obl. & act.*

X.

Comme il arrive souvent dans la suite des conventions, que la même chose, ou la même affaire est une occasion de gain, ou de perte, selon la diversité des évenemens ; il est toûjours sous-entendu, que celuy qui doit profiter du gain, doit souffrir la perte *b*. Si ce n'est qu'elle doive être imputée à la faute de l'autre. Ainsi, comme l'acheteur aprés la vente, profite des changemens qui rendent la chose meilleure ; il souffre aussi la perte de ceux qui la rendent pire *c*. Si ce n'est que la perte puisse être imputée au vendeur : comme si la chose perit, ou est diminuée, pendant qu'il est en demeure de la délivrer *d*.

10. Celuy qui a le profit, doit souffrir la perte.

b Secundùm naturam est, commoda cujusque rei eum sequi, quem sequuntur incommoda. *l. 10. ff. de reg. jur.* Commodum ejus esse debet, cujus periculum est. *§. 3. inst. de empt. & vend.* Si quem quæstum fecit, qui experiendum quid accepit : veluti si jumenta fuerint, eaque locata sint, id ipsum præstabit ei qui experiendum dedit. Neque enim ante eam rem quæstui cuique esse oportet, priusquam periculo ejus sit. *l. 13. §. 1. ff. commod.*

c Post perfectam venditionem, omne commodum & incommodum, quod rei venditæ contingit, ad emptorem pertinet. *l. 1. C. de per. & com. r. v.*

d Quòd si neque traditi essent, neque emptor in mora fuisset, quominùs traderentur, venditoris periculum erit. *l. 14. ff. de per. & com.*

XI.

Dans les conventions où il faut faire quelque estimation, comme du prix d'une vente, de la valeur d'un loyer, de la qualité d'un ouvrage, des portions de gain ou de perte que doivent avoir des associez, & autres semblables ; si les contractans s'en rapportent à ce qui sera arbitré par une tierce personne, soit qu'on la nomme, ou non : ou même à l'arbitrage de la partie ; il en est de même, que si on s'étoit remis à ce qui seroit reglé par des personnes de probité, & qui s'y connussent. Et ce qui sera arbitré contre cette regle, n'aura pas de lieu.

11. Estimation au dire d'une personne.

L ij

Parce que l'intention de ceux qui se rapportent de ces sortes de choses, à d'autres personnes, renferme la condition que ce qui sera reglé, sera raisonnable : & leur dessein n'est pas de s'obliger à ce qui pourroit être arbitré au delà des bornes de la raison, & de l'équité *a*. Que si la personne nommée ne pouvoit, ou ne vouloit faire l'estimation, ou venoit à mourir avant que de la faire, la convention demeureroit nulle. Car elle renfermoit la condition, que l'estimation seroit faite par cette personne *b*.

a Ad boni viri arbitrium redigi debet : etsi nominatim persona sit comprehensa, cujus arbitratu fiat. *l.* 76. *& seq. ff. pro socio.*

Si in lege locationis comprehensum sit, ut arbitratu domini, opus approbetur : perinde habetur, ac si viri boni arbitrium comprehensum fuisset. Idemque servatur, si alterius cujuslibet arbitrium comprehensum sit. Nam fides bona exigit, ut arbitrium tale præstetur, quale viro bono convenit. *l.* 24. *ff. loc.*

Ea mens est personam arbitrio substituentium, ut quia sperent eum rectè arbitraturum, id faciant : non quia vel immodicè obligari velint. *l.* 30. *ff. de op. lib.*

Il faut remarquer icy la difference entre ces sortes d'arbitres, & les arbitres compromissaires, & ce qui en sera d'it au Titre des Compromis. V. *l.* 76. ff. pro soc.

b Si coita sit societas ex his partibus, quas Titius arbitratus fuerit : si Titius antequam arbitraretur decesserit, nihil agitur. Nam idipsum actum est, ne aliter societas sit, quàm ut Titius arbitratus sit. *l.* 75. *ff. pro socio.* Sin autem vel ipse Titius noluerit, vel non potuerit pretium venditionis definire, tunc pro nihilo esse venditionem. *l. ult. C. de contr. empt.*

XII.

Il n'y a aucune espece de convention, où il ne soit sousentendu, que l'un doit à l'autre la bonne foy, avec tous les effets que l'équité peut y demander *c*, tant en la maniere de s'exprimer dans la convention, que pour l'execution de ce qui est convenu, & de toutes les suites *d*. Et quoy qu'en quelques conventions cette bonne foy ait plus d'étenduë, & en d'autres moins ; elle doit être entiere en toutes : & chacun est obligé à tout ce qu'elle demande, selon la nature de la convention, & les suites qu'elle peut avoir *e*. Ainsi, dans la vente la bonne foy forme un plus grand nombre d'engagemens, que dans le prêt.

c Bonam fidem in contractibus considerari, æquum est. *l.* 4. *C. de ob'. & act.*

Bona fides quæ in contractibus exigitur, æquitatem summam desiderat. *l.* 31. *ff. depo'.*

d Alter alteri obligatur, de eo quod alterum alteri ex bono, & æquo præstare oportet. *l.* 2. §. *ult. ff. de obl. & act.*

e Ea præstabuntur quæ naturaliter insunt. *l. 11.* §. 1. *ff. de act. empt. & vend.*

d'argent. Car le vendeur eft obligé à délivrer la chofe venduë *a* : A la garder, jufqu'à la délivrance *b* : A la garentir *c* : A la reprendre, fi elle a des défauts, qui foient tels que la vente doive être refoluë *d*. Et l'acheteur a auffi fes engagemens, qui feront expliquez en leur lieu. Mais dans le prêt d'argent, celuy qui emprunte, n'eft obligé, qu'à rendre la même fomme *e*, & les interêts, s'il ne paye au terme aprés la demande *f*.

a Imprimis ipfam rem præftare venditorem oportet. *d. l.* 11. §. 1.
b Cuftodiam & diligentiam præftare debet. *l.* 36. *ff. de act. empt. & vend.*
c Evictionem præftabimus. *l.* 39. §. 2. *ff. de evict.*
d Redhibitionem quoque contineri empti judicio. *l.* 11. §. 3. *ff. de act. empt. & vend.*
e Mutuum damus, recepturi idem genus. *l.* 2. *ff. de reb. cred. l.* 1. §. 2. *ff. de obl. & act.*
f In his judiciis, quæ non funt arbitraria, nec bonæ fidei, poft litem conteftatam actori caufa præftanda eft. *l.* 3. §. 1. *ff. de ufur.*

Cette difference entre le plus ou le moins d'étenduë de la bonne foy felon les differences des conventions eft le fondement de la diftinction qu'on fait dans le Droit Romain, entre les contracts qu'on y appelle contracts de bonne foy, & ceux qu'on dit être de droit étroit. Mais par la nature, & par nôtre ufage, tout contract eft de bonne foy. En ce qu'elle y a toute l'étenduë que l'équité peut y demander. Ne propter nimiam fubtilitatem verborum, latitudo voluntatis contrahentium impediatur. *l. un. C. ut act. & ab her. & contr. her. v. l.* 111. *ff. de verb. obl.*

XIII.

La bonne foy neceffaire dans les conventions, n'eft pas bornée à ce qui regarde les contractans ; mais ils la doivent auffi à tous ceux, qui peuvent avoir interêt à ce qui fe paffe entre eux. Ainfi, par exemple, fi un dépofitaire découvre que celuy qui a fait le dépôt, avoit volé la chofe dépofée ; la bonne foy l'oblige à la refufer à ce voleur, qui l'a luy a confiée, & à la rendre à celuy qui s'en trouve le maître *g*.

13. Bonne foy envers les tierces perfonnes.

g Incurrit hîc & alia infpectio, bonam fidem inter eos tantùm quos contractum eft, nullo extrinfecus affumpto, æftimare debemus: an refpectu etiam aliarum perfonarum, ad quas, id quod geritur, pertinet ? exempli loco, latro fpolia quæ mihi abftulit, pofuit apud Sejum, infcium de malitia deponentis. Utrum latroni, an mihi reftituere Sejus debeat ? Si per fe, dantem, accipientémque intuemur: hæc eft bona fides, ut commiffam rem recipiat is qui dedit. Si totius rei æquitatem, quæ ex omnibus perfonis quæ negotio ifto contingitur, impletur, mihi reddenda funt, quæ facto fceleftiffimo adempta funt. Et probo hanc effe juftitiam, quæ fuum cuique ita tribuit, ut non diftrahatur ab ullius perfonæ juftiore repetitione. *l.* 31. §. 1. *ff. de pof.* V. à la fin de la Section 3. du Dépôt.

XIV.

Les manieres dont chacun menage ses interêts lors de la convention, & la resistance de l'un aux prétentions de l'autre, dans l'étenduë de ce qui est incertain, & arbitraire, & qu'il faut regler, n'ont rien de contraire à la bonne foy. Et ce qu'on dit qu'il est permis, par exemple, dans les ventes de se tromper l'un l'autre, se doit entendre, de ce que l'un emporte sur l'autre, dans cette étenduë incertaine & arbitraire : comme dans le plus ou le moins du prix *a*, mais il ne faut pas étendre cette liberté à aucune fraude.

a In pretio emptionis, & venditionis naturaliter licet contrahentibus se circumvenire. *l. 16. §. 4. ff. de min.*

Dolus qualitate facti, non quantitate pretii æstimatur. *l. 10. C. de resc. vend.* Quemadmodum in emendo, & vendendo naturaliter concessum est quod pluris sit, minoris emere : quod minoris sit pluris vendere, & ita invicem se circumscribere ; ita in locationibus quoque & conductionibus juris est. *l. 22. §. ult. ff. locat. v. l. 8. C. de resc. vend.*

XV.

En toutes conventions où l'un des contractans est obligé à faire ou donner, ou autrement accomplir ce qui est convenu : & sur tout en celles, dont l'inexecution doit être suivie ou de la resolution du contract, ou de quelque autre peine, il est de l'équité & de l'interêt public, que les conventions ne soient pas d'abord resoluës, ni les peines encouruës pour toute inexecution indistinctement. Ainsi, par exemple, si l'acheteur ne paye pas le prix au terme, la vente ne sera pas d'abord resoluë, quand même il auroit été ainsi convenu ; mais on accorde un temps à l'acheteur pour payer le prix avant que de resoudre la vente. Et dans les autres cas de retardement, soit d'un payement, ou d'autre chose, il est de la prudence du Juge d'accorder les delais qui peuvent être justes selon les circonstances *b*.

b Modicum spatium datum videri. Hoc idem dicendum, & cùm quid ea lege venierit, ut nisi ad diem pretium solutum fuerit, inempta res fiat. *l. 23. in f. ff. de obl. & act.*

Dilationem negari non placuit. Cujus rei æstimatio arbitrio judicantis conceditur. *l. 45. §. 10. ff. de jur. fisc.* Quod omne ad judicis cognitionem remittendum est. *l. 135. §. 2. ff. de verb. obl.* Nihil ex obligatione, paucorum dierum mota minuet (si omnia in integro sunt.) *l. 24. §. 4. ff. locat.* V. l'art. 15. & l'art. 16. de la Section 4.

SECTION IV.

Des diverses sortes de pactes qu'on peut ajoûter aux conventions : & particulierement des Conditions.

PArmi les diverses sortes de pactes qu'on peut ajoûter à toute sorte de conventions, quelques-uns sont d'un usage commun à toutes les especes de conventions, comme les Conditions, les clauses resolutoires, & autres : & il y en a qui sont propres à quelques especes de conventions, comme la faculté de rachat au contract de vente. On ne mettra icy que ce qui est commun à toute sorte de conventions : & ce qui est propre à quelques-unes sera mis en son lieu.

SOMMAIRES.

I.

1. *Liberté indefinie de toute sorte de pactes.*

COmme les conventions sont arbitraires, & se diversifient selon les besoins ; on peut en toute sorte de conventions, de contracts, & de traitez ajoûter toute sorte de pactes, conditions, restrictions, reserves, quitances generales, & autres, pourvû qu'il n'y ait rien de contraire aux loix, & aux bonnes mœurs *a*.

a V. sup. Sect. 2. art. 2. Quid tam congruum fidei humanæ, quàm ea, quæ inter eos placuerunt servare. *l. 1. ff. de pact.* Hoc servabitur, quod initio convenit : legem enim contractus dedit. *l. 23. ff. de reg. jur.* Contractus legem ex conventione accipiunt. *l. 1. §. 6. ff. depos.* Pacta quæ turpem causam continent, non sunt observanda. *l. 27. §. 4. ff. de pact.*

I I.

2. *On peut ajoûter aux engagemens ordinaires, ou les diminuer.*

On peut aussi changer les engagemens naturels & ordinaires des conventions, & les augmenter, ou diminuer, & même y déroger. Ainsi, dans les contracts de vente, dépôt, societé, & autres, les loix ont reglé de quelle maniere l'un répond à l'autre de sa faute, ou de sa negligence ; mais on peut se charger, plus ou moins du soin, & de la diligence selon qu'il en est convenu *b*. Ainsi le vendeur, quoyque naturellement obligé à la garentie, peut se décharger de toute garentie autre que de son fait *c*. Et ces conventions ont le fondement de leur équité sur les motifs parriculiers des contractans. Ce vendeur par exemple est déchargé de la garentie, parce qu'il donne à un moindre prix.

b Contractus quidam, dolum malum dumtaxat recipiunt : quidam & dolum, & culpam. *l. 23. ff. de reg. jur.* Sed hæc ita, nisi si quid nominatim convenit, vel plus vel minus, in singulis contractibus. Nam hoc servabitur, quod initio convenit. *d. l.*

c Qui habere licere vendidit, videamus quid debeat præstare. Et multùm interesse arbitror, utrum hoc polliceatur ; per se, venientesque à se personas non fieri, quo minus habere liceat : an verò per omnes. Nam si per se, non

videtur

videtur id præftare, ne alius evincat. *l.* 11. §. 18. *ff. de act. empt. & vend.* Voyez les articles 5. 6. & 7. de la Sect. 10. du contract de vente.

III.

La liberté d'augmenter, ou diminuer les engagemens eft toûjours bornée à ce qui fe peut dans la bonne foy, & fans dol ni fraude. Et le dol eft toûjours exclus de toute forte de conventions *a*.

5. Exception de ce qui blefferoit la bonne foy.

a Id nulla pactione effici poteft, ne dolus præftetur. *l.* 27. §. 3. *ff. de pact. l.* 1. §. 7. *ff. dep. l.* 23. *ff. de reg. jur. l.* 69. *ff. de verb. fign.* Pacta conventa, quæ *neque dolo malo*, neque adverfus leges . . . . . . facta erunt, fervabo. *l.* 7. §. 7. *ff. de pact.*

IV.

En toutes conventions chacun peut renoncer à fon droit, & à ce qui eft à fon avantage *b*; pourvû que ce foit fans bleffer l'équité, les loix, & les bonnes mœurs, ni l'interêt d'un tiers *c*.

4. Chacun peut renoncer à fon droit.

b Licet fui juris perfecutionem : aut fpem futuræ perceptionis, deteriorem conftituere. *l.* 46. *ff. de pact.* Omnes licentiam habent, his quæ pro fe introducta funt, renuntiare. *l.* 29. *C. eod. l.* 41. *ff. de min.*

c Non debet alteri per alterum iniqua conditio inferri. *l.* 74. *ff. de reg. jur.* Ante omnia animadvertendum eft, ne conventio facta cum alia perfona, in alia perfona noceat. *l.* 27. §. 4. *ff. de pact.* V. Sect. 2. art. 3. *v. l.* 4. §. 4. *ff. fi quis caut. v. l.* 3. *ff. de tranf.*

V.

Les pactes particuliers qu'on ajoûte dans les contracts, font bornez au fujet qui y donne lieu : & ne s'étendent pas à ce que les contractans n'ont pas eu en vûë *d*.

5. Les pactes bornez à leur fujet.

d V. l'art. 21. de la Sect. 2. Ante omnia animadvertendum eft, ne conventio in alia re facta, in alia re noceat. *l.* 27. §. 4. *ff. de pact.*

Des Conditions.

COmme il eft affez ordinaire dans les conventions, qu'on prévoit des évenemens qui pourront faire quelque changement où l'on veut pourvoir ; on regle ce qui fera fait fi ces cas arrivent. Et c'eft ce qui fe fait par l'ufage des conditions.

6. Définition des conditions, leur ufage, & leurs differens effets.

Les conditions font donc des pactes qui reglent ce que les contractans veulent être fait, fi un cas qu'ils prévoyent arrive. Ainfi, s'il eft dit, qu'en cas qu'une maifon venduë fe trouve fujete à une telle fervitude, la vente fera refoluë,

Tome I.   M.

ou le prix diminué, c'eft une condition. Car on prévoit un cas, & on y pourvoit. Ainfi, fi une maifon eft venduë à condition que l'acquereur ne pourra la hauffer, le vendeur prévoit que l'acquereur pourroit faire ce changement, & il y pourvoit, pour conferver les jours d'une autre maifon que celle qu'il vend.

On a ajoûté ce fecond exemple, pour faire remarquer que les charges qu'on s'impofe l'un à l'autre dans les conventions, tiennent de la nature des conditions. Car c'eft proprement une charge impofée à l'acquereur, de ne pouvoir hauffer; mais cette charge renferme une condition, comme fi on avoit dit, en cas que l'acheteur veüille hauffer la maifon, le vendeur pourra l'empêcher. Et c'eft pourquoy on fe fert fouvent & du mot de condition, & du mot de charge indiftinctement. Et on dit à telle condition, ou à telle charge. Et on ufe aufli du mot de conditions au pluriel, pour fignifier les differentes conventions d'un traité, parce qu'elles obligent toutes de telles maniere que s'il arrive qu'on y manque, ou qu'on y contrevienne, on eft fujet aux peines de l'inexecution.

Les évenemens prévûs par les conditions, font de trois fortes. Quelques-uns dépendent du fait des perfonnes qui traitent enfemble, comme s'il eft dit, en cas qu'un aflocié s'engage dans une autre focieté. D'autres font indépendans de la volonté des contractans, tels que font les cas fortuits, comme s'il eft dit, en cas qu'il arrive une gelée, une grêle, une fterilité. Et il y en a qui dépendent en partie du fait des contractans, & en partie des cas fortuits, comme s'il eft dit, en cas qu'une marchandife arrive un tel jour.

Les conditions font de trois fortes, felon trois differens effets qu'elles peuvent avoir. L'une, de celles qui accompliflent les conventions, qu'on en fait dépendre: comme s'il eft dit, qu'une vente aura lieu, en cas que la marchandife foit délivrée un tel jour. La feconde, de celles qui refolvent les conventions, comme s'il eft dit, que fi une telle perfonne arrive en tel temps, le bail d'une maifon fera refolu. Et la troifiéme forte eft de celles qui n'accompliſſent, ni ne reſolvent pas les conventions ; mais qui ſeulement y apportent d'autres changemens. Comme s'il eſt dit, que ſi une maiſon loüée eſt donnée ſans des meubles promis, le loyer ſera diminué de tant.

Il y a des conditions expreſſes, & il y en a de tacites, & qui ſont ſouſentenduës. Les conditions expreſſes, ſont toutes celles qui ſont expliquées, comme quand il eſt dit, ſi telle choſe eſt faite, ou non : ſi telle choſe arrive, on non. Les conditions tacites, ſont celles qui ſe trouvent renfermées dans une convention, ſans y être exprimées. Comme s'il eſt dit dans une vente d'un heritage, que le vendeur ſe reſerve les fruits de l'année ; cette reſerve renferme la condition, qu'il naiſſe des fruits, de même que s'il avoit été dit, qu'il reſervoit les fruits en cas qu'il y en eût *.

* Interdum pura ſtipulatio ex reipſa dilationem capit. Veluti ſi id quod in utero ſit, aut fructus futuros, aut domum ædificari ſtipulatus ſit. Tunc enim incipit actio, cùm ea per rerum naturam præſtari poteſt. l. 73. ff. de verb. obl. ineſt conditio. l. 1. §. 3. ff. de cond. & dem.

VI.

Dans les conventions dont l'accompliſſement dépend de l'évenement d'une condition, toutes choſes demeurent en ſuſpens, & au même état que s'il n'y avoit pas eu de convention ; juſqu'à ce que la condition ſoit arrivée. Ainſi, dans une vente qui doit s'accomplir par l'évenement d'une condition, l'acheteur n'a cependant qu'une eſperance ſans aucun droit ni de joüir, ni de preſcrire *a*. Mais le vendeur demeure le maître de la choſe venduë, & les fruits ſont à luy *b*. Et ſi la condition n'arrive pas, la convention eſt anéantie *c*.

7. De la condition d'où dépend l'accompliſſement d'une convention.

a Ubi conditionalis venditio eſt, negat Pomponius (emptorem) uſucapere poſſe, nec fructus ad eum pertinere. l. 4. ff. de in diem add. Ex conditionali ſtipulatione, tantum ſpes eſt debitum iri. §. 4. inſt. de verb. obl. Conditionales creditores dicuntur & hi, quibus nondum competit actio : eſt autem competitura. Vel qui ſpem habent ut competat. l. 54. ff. de verb. ſign.

b Fructus medii temporis, venditoris ſunt. l. 8. ff. de per. & com. r. v.

c Sub conditione facta venditio, nulla eſt ſi conditio defecerit. l. 37. ff. de contr. empt. l. 8. ff. de per. & com. r. v.

VII.

La condition qui doit accomplir une convention, étant arrivée, elle donne l'effet à la convention, &

8. Effet de l'évenement de cette condition.

M ij

produit les changemens qui en doivent fuivre. Ainfi, une vente étant accomplie par l'évenement d'une condition, l'acheteur devient en même temps le maître : & ce changement a les autres fuites, qui font les effets de la convention.*

a Conditionales venditiones tunc perficiuntur, cùm impleta fuerit conditio. *l. 7. ff. de contr. empt.*
Si (conditio) extiterit, Proculus & Octavenus emptoris effe periculum aiunt. *l. 8. ff. de per. & com. r. v.*
L'évenement de la condition a quelquefois un effet retroactif. Ainfi, l'hypotheque ftipulée dans une obligation conditionnelle aura fon effet du jour de l'obligation, lorfque la condition fera arrivée. Voyez l'article 17. de la Sect. 3. des Hypotheques.

VIII.

9. De la condition d'où dépend la refolution d'une convention.

Dans les conventions déja accomplies, mais qui peuvent être refoluës par l'évenement d'une condition ; toutes chofes demeurent cependant dans l'état de la convention : & l'effet de la condition eft en fufpens, jufqu'à ce qu'elle arrive. Ainfi, s'il eft dit qu'une vente accomplie fera refoluë, en cas que dans un certain temps, un tiers donne un plus haut prix de la chofe venduë ; l'acheteur jufque-là demeure le maître ; il prefcrit ; il joüit ; & fi la chofe perit, il en fouffre la perte. *b*

b Si hoc actum eft, ut meliore allata conditione difcedatur, erit pura emptio ; quæ fub conditione refolvitur. *l. 2. ff. de in diem add.* Ubi igitur, fecundùm quod diftinximus, pura venditio eft, Julianus fcribit, hunc, cui res in diem addicta eft & ufucapere poffe : & fructus, & acceffiones lucrari : & periculum ad eum pertinere, fi res interierit. *d. l. 2. §. 1.*

I X.

10. Effet de l'évenement de cette condition.

Le cas de la condition, qui doit refoudre une convention, étant arrivé, la convention fera refoluë *c*. Et ce changement aura les effets qui en doivent fuivre, felon les regles qui feront expliquées dans la Section 6. & la regle qui fuit.

c Conditione refolvitur. *l. 2. ff. de in diem add. l. 3. ff. de contr. empt.*

X.

11. Comment fe reglent les fuites des conventions conditionnelles.

Tout ce qui arrive ou avant, ou aprés l'évenement de la condition, eft reglé felon l'état où fe trouvent les chofes. Ainfi, lors qu'une vente eft accomplie, & qu'elle doit être refoluë en cas qu'une condition arrive ; l'acheteur eft cependant maître de la chofe ; & il prefcrit ;

& joüit : & si elle vient à perir , il en souffre la perte.
Parce que la vente subsiste encore ; & que la chose est
par consequent à luy , jusqu'à ce que la vente soit resoluë par l'évenement de la condition *. Et au contraire ,
lors que l'accomplissement d'une vente, dépend d'une
condition ; si avant l'évenement de cette condition la
chose perit, c'est le vendeur qui en souffre la perte, car
il demeure le maître, jusqu'à ce que l'évenement de la
condition accomplisse la vente *. Et aprés que la condition est arrivée , tous les évenemens de gain , ou de perte
regardent celuy qui se trouve alors maître de la chose ;
soit que la condition accomplisse , ou qu'elle resolve la
convention. Ainsi , c'est toûjours l'état où se trouvent
les choses lors que la condition arrive , & l'effet qu'elle
doit avoir, qui reglent les suites des conventions condi-
tionelles *.

a Ubi igitur , secundùm quod distinximus , pura venditio est , Julianus scribit
hunc , cui res in diem addicta est , & usucapere posse : & fructus , & accessiones
lucrari:& periculum ad eum pertinere,si res interierit. *l.* 2. §. 1. *ff. de in diem add.*
b Nam , cùm sit conditionalis venditio , pendente autem conditione , mors
(mancipii) contingens extinguat venditionem : consequens est dicere mulieri
perisse , quia nundum erat impleta venditio. *l.* 10. §. 5. *ff. de jur. dot.*
c Necessariò sciendum est , quando perfecta sit emptio. Tunc enim sciemus ,
cujus periculum sit. Nam perfecta emptione periculum ad emptorem respiciet.
Et si id quod venierit appareat , quid , quale , quantum sit , sit & pretium , &
purè venit , perfecta est emptio. Quòd si sub conditione res venierit , siquidem
defecerit conditio , nulla est emptio. Sicuti nec stipulatio. Quòd si extiterit ,
Proculus & Octavenus emptoris esse periculum aiunt. Idem Pomponius libro
nono probat , quòd si pendente conditione , emptor , vel venditor decesserit ,
constat , si extiterit conditio , heredes quoque obligatos esse quasi jam contracta
emptione in præteritum. Quòd si pendente conditione res tradita sit, emptor non
poterit eam usucapere pro emptore : & quod pretii solutum est , repetetur : at
fructus medii temporis venditoris sunt. Sicuti stipulationes , & legata conditio-
nalia perimuntur , si pendente conditione res extincta fuerit. Sanè si exter res,
licèt deterior effecta , potest dici esse damnum emptoris. *l.* 8. *ff. de peric. & comm.*
t. v.

X I.

Les conditions qui ne se rapportent pas à l'avenir,mais
au present ,ou au passé, ont d'abord leur effet. Et la convention est en même temps ou accomplie , ou annullée ,
selon l'effet que doit luy donner la condition. Ainsi , par
exemple , si une marchandise est venduë , à condition que
la vente n'aura lieu qu'en cas que la marchandise soit

12. Des conditions qui se rapportent au present , ou au passé.

déja arrivée à un tel port ; la vente eſt ou d'abord accomplie, ſi la marchandiſe eſt au port : ou d'abord nulle,
ſi elle n'y eſt point. Et la convention n'eſt pas ſuſpenduë ;
quoyque ceux qui traitent ſous de telles conditions, ignorent s'ils ſont obligez ou non. Mais c'eſt ſeulement l'execution qui eſt ſuſpenduë, juſqu'à ce qu'ils ſçachent, ſi la
condition eſt arrivée ou non *.

a Cùm ad præſens tempus conditio confertur ; ſtipulatio non ſuſpenditur. Et
ſi conditio vera ſit, ſtipulatio tenet ; quamvis tenere, contrahentes conditionem
ignorent. Veluti, ſi Rex Parthorum vivit, centum millia dare ſpondes ? Eadem
ſunt, & cùm in præteritum : conditio confertur. *l.* 37. *ff. de vel. cred. v. l.* 38. *&
39. eod.* Conditio in præteritum : non tantùm præſens tempus relata, ſtatim, aut
perimit obligationem : aut omnino non differt. *l.* 100. *ff. de verb. obl.*

X I I.

13. *Conditions im-
poſſibles.*

Les conditions impoſſibles annullent les conventions
où l'on les ajoûte *b*.

b Non ſolùm ſtipulationes impoſſibili conditioni appl'catæ nullius momenti
ſunt, ſed etiam cœteri quoque contractus. *l.* 31. *ff. de obl. & act.*

X I I I.

14. *L'effet des con-
ditions paſſe aux he-
r.tier.*

Si les conditions n'arrivent qu'aprés le decés des contractans, elles ont leur effet à l'égard de leurs heritiers *c*.

c Cùm quis ſub aliqua conditione ſtipulatus fuerit, licèt ante conditionem deceſſerit, poſtea exiſtente conditione, heres ejus agere poteſt. *§.* 24. *inſt. de inut. ſtip.*
Si pendente conditione, emptor, vel venditor deceſſerit, conſtat, ſi extiterit conditio, heredes quoque obligatos eſſe. *l.* 8. *ff. de per. & con. r. v.*

X I V.

15. *Les conditions
indépendantes du fait
des contractans ont
d'abord leur effet.*

Si la condition d'où il dépend qu'une convention ſoit
accomplie, ou reſoluë, ou qu'il y ſoit fait quelque changement, eſt indépendante du fait des contractans, elle a
ſon effet d'abord qu'elle eſt arrivée, ou qu'elle eſt connuë. Ainſi, par exemple, s'il eſt convenu qu'une vente
de fourrages n'aura ſon effet, qu'en cas qu'un Regiment
de Cavalerie arrive dans un tel temps, elle aura ſon effet
d'abord que le Regiment ſera arrivé, où elle demeurera
nulle s'il n'arrive point. Ainſi, lors qu'un heritage eſt vendu à condition que s'il ſe trouve ſujet à une telle charge, la vente ſera reſoluë ; il dépendra de l'acheteur de
rompre la vente, ſi l'heritage ſe trouve ſujet à cette

charge *a* ; fi ce n'eft qu'elle fût telle , que le vendeur pût
la faire ceffer , & que par les circonftances il fût jufte de
luy en donner le temps.

a Sub conditione ftipulatione fit cùm in aliquem cafum differtur obligatio : ut
fi aliquid factum fuerit vel non fuerit, committatur ftipulatio veluti fi Titius Conful fuerit factus. §. 4. *inft. de verb. obl.* V. fur cet article & fur le fuivant l'art. 16.
de la Sect. 5. & le 14. de la Sect. 6.

X V.

Si la condition dépend ou entierement , ou en partie
du fait de l'un des contractans: & qu'il n'y ait pas fatisfait
dans le temps ; il eft foufentendu , que dans les cas où il
feroit de l'équité de donner un délay , il doit être accordé felon les circonftances ; comme lorfque le retardement
n'a caufé aucun dommage , ou que s'il y en a , il peut être
reparé. Ainfi lors qu'un bail à ferme , ou à loyer eft fait à
condition que le proprietaire fera quelques reparations
dans un certain temps, le bail ne fera pas d'abord refolu,
quoyque les reparations ne foient pas achevées précifément dans le temps. Mais il eft de la prudence du Juge
d'accorder un délay felon les circonftances , ou fans défintereffement , fi le fermier ou le locataire n'en ont fouffert aucun préjudice , ou avec un défintereffement du
dommage que le retardement aura pû caufer *b*.

16. *Les conditions qui dépendent du fait des contractans, peuvent fouffrir un délai.*

b Spatium datum videri. Hoc idem dicendum , & cùm quid ea lege venierit ,
ut nifi ad diem pretium folutum fuerit, inempta res fiat. *l.* 23. *ff. de obl. & act.*
Neque enim magnum damnum eft in mora modici temporis; *l.* 21. *ff. de jud.* V.
l'art. fuivant & l'art. 15. de la Sect. 3.

X V I.

Si le délay d'executer une condition ne pouvoit être
accordé , fans bleffer l'effentiel de la convention : ou fans
caufer un dommage confiderable, la condition aura fon
effet fans retardement , foit qu'elle dépende du fait de
l'un des contractans , ou qu'elle en foit indépendante.
Ainfi , par exemple , fi une vente de marchandifes eft faite à condition que le vendeur les délivrera dans un tel
jour , pour un embarquement , ou pour une foire : &
que le prix en fera payé comptant par l'acheteur ; il dépendra de l'acheteur de refoudre la vente , fi le vendeur
ne délivre au jour la chofe venduë : & du vendeur de

17. *Exception*

même, si l'acheteur ne paye comptant. Ainsi, dans tous les cas, c'est par les circonstances qu'il faut juger s'il y a lieu d'accorder un delay pour executer une condition, ou autre engagement *a*.

a V. l'art. 15. de la Section 3.

XVII.

18. De celuy qui empêche que la condition ne soit accomplie.

Si l'évenement, ou l'accomplissement d'une condition est empêché par celuy des contractans qui a interêt qu'elle n'arrive point, soit qu'elle dépende de son fait, ou non; la condition à son égard sera tenuë pour accomplie. Et il sera obligé à ce qu'il devoit faire, ou donner, ou souffrir au cas de la condition *b*.

b Jure civili receptum est, quoties per eum, cujus interest conditionem non impleri, fiat, quominus impleatur, perinde haberi, ac si impleta conditio fuisset. Quod ad libertatem, & legata, & ad heredum institutiones perducitur. Quibus exemplis, stipulationes quoque committuntur, cùm per promissorem factum esset, quominus stipulator conditioni pareret. l. 161. ff. de reg. jur.

Des clauses resolutoires : & des clauses penales.

Les clauses resolutoires, sont celles par lesquelles on convient que la convention sera resoluë en un certain cas. Comme, s'il est dit qu'une transaction sera annullée, si telle chose n'est faite, ou donnée, dans un tel temps.

Les clauses penales, sont celles qui ajoûtent une peine, pour le défaut d'execution de ce qui est convenu. Comme est en general la peine des dommages & interêts, & en particulier la peine d'une certaine somme.

XVIII.

19. Effet des clauses resolutoires, & des clauses penales.

Les clauses resolutoires, & les clauses penales, ne s'executent pas toûjours à la rigueur : & les conventions ne sont pas resoluës, ni les peines encouruës, au moment que le porte la convention; quand il seroit même convenu, que la resolution sera encouruë par le seul fait, & sans ministere de justice. Mais ces sortes de clauses ont leur effet à l'arbitrage du Juge *c*, selon la qualité des conventions, & les circonstances, suivant les regles precedentes.

c Quod omne ad judicis cognitionem remittendum est. l. 135. §. 2. ff. de verb. obl. Voyez les regles precedentes.

XIX. S'il

X I X.

S'il eſt dit qu'une convention ſera reſoluë, en cas que l'un des contractans manque d'executer de ſa part quelqu'un de ſes engagemens ; la clauſe reſolutoire n'aura pas cet effet, qu'il dépende de luy de reſoudre la convention en n'executant pas ce qu'il a promis. Mais il dépendra de l'autre, ou de le contraindre à l'execution, ou de faire reſoudre la convention, avec les dommages & interêts, qui pourront être dûs. Ainſi, lors qu'il eſt dit qu'une vente, une tranſaction, ou un autre contract ſera reſolu faute de payement ; il ne dépendra pas de celuy qui doit payer, d'annuller la convention, en ne payant point *a*.

20. *Il ne dépend pas de celuy qui n'execute point ce qu'il a promis, de reſoudre la convention par l'inexecution.*

a Cùm venditor fundi in lege caverit, ſi ad diem pecunia ſoluta non ſit, ut fundus inemptus ſit. Ita accipitur, inemptus eſſe fundus, ſi venditor, inemptum eum eſſe velit. Quia id venditoris cauſâ caveretur. *l. 2. ff. de leg. commiſſ.*

X X.

Dans les conventions où l'on traite d'un droit, ou d'autre choſe qui dépende de quelque évenement incertain ; & d'où il puiſſe arriver ou du profit, ou de la perte, ſelon la difference des évenemens ; il eſt libre d'en traiter de ſorte que l'un, par exemple, renonce à tout profit, & ſe décharge de toute perte : ou qu'il prenne une ſomme, pour tout ce qu'il pouvoit attendre de gain : ou qu'il ſe charge d'une perte reglée, pour toutes celles qu'il avoit à craindre. Ainſi, un aſſocié voulant ſe retirer d'une ſocieté, peut regler avec les autres aſſociez ce qu'il aura de profit preſent & certain, ou ce qu'il portera de perte, quelque évenement qui puiſſe arriver. Ainſi, un heritier peut traiter avec ſes coheritiers de tous ſes droits en la ſucceſſion, pour une certaine ſomme, & les obliger à le garentir de toutes les charges. Et ces ſortes de conventions ont leur juſtice ſur ce que l'un préfere un parti certain & connû, ſoit de profit, ou de perte, à l'attente incertaine des évenemens : & que l'autre au contraire trouve ſon avantage dans le parti d'eſperer une meilleure condition. Ainſi, il ſe fait entr'eux une eſpece d'égalité de leurs partis, qui rend juſte leur convention *b*.

21. *Conventions ſur l'avenir incertain.*

b V. *l.* 1. *ff. de tranſ. in verbo*, de re dubia. *l.* 12. C. *eod. l.* 17. C. *de uſur. in verbo*, propter incertum. V. *l.* 11. C. *de tranſ.*

Tome I.   N

Sicuti lucrum omne ad emptorem hereditatis respicit , ita damnum quoque debet ad eumdem respicere. *l. 2. §. 9. ff. de her. vel act. vend. l. 1. C. de evict.*

C'est sur la regle expliquée dans cet article , qu'est fondée la validité des transactions, qu'on authorise nonobstant les lesions qui peuvent s'y rencontrer parce qu'on balance ces lesions par l'avantage que trouvent ceux qui transigent de se tirer d'un procés , & d'établir le repos de leurs familles.

Nous nous servons aussi de cette même regle , entre les autres considerations , qui ont fait recevoir dans nôtre usage les renonciations des filles dans les contracts de mariage , contre la disposition du Droit Romain. V. l. 3. C. de collat.

Il faut prendre garde dans l'usage de cette regle des traitez sur les évenemens incertains , de ne pas l'étendre à des cas , où les consequences blesseroient les loix ou les bonnes mœurs. Comme , par exemple , si deux heritiers presomptifs traitoient entre eux de la succession fu-ture de celuy à qui ils doivent succeder. Car cette convention seroit illicite , si ce n'est qu'elle fut faite par la volonté expresse de celuy de la succession de qui on traiteroit , comme il sera expliqué en son lieu. V. l. 30. C. de pact.

SECTION V.

Des conventions qui sont nulles dans leur origine*.

* V. le Titre des vices des Conventions.

SOMMAIRES.

I.

LEs conventions nulles, font celles qui manquant de quelque caractere effentiel, n'ont pas la nature d'une convention. Comme fi un des contractans étoit dans quelque imbecillité d'efprit ou de corps qui le rendît incapable de connoître à quoy il s'engage *a*. Si on avoit vendu une chofe publique, une chofe facrée, ou autre qui ne fût point en commerce. Ou fi la chofe venduë étoit déja propre à l'acheteur *b*.

a Furiofus, nullum negotium gerere poteft: quia non intelligit, quod agit. §. 8. *inft. de inut. ftip.*

b Idem juris eft [id eft, inutilis erit ftipulatio] fi rem facram, aut religiofam quam humani juris effe credebat, vel rem publicam quæ ufibus populi perpetuò expofita fit, ut forum, vel theatrum: vel liberum hominem, quem fervum effe credebat, vel cujus commercium non habuerit: vel rem fuam dari quis ftipuletur. §. 2. *eod.* V. l'art. 1. de la Sect. 6.

II.

Les conventions qui font nulles dans leur origine, font en effet telles, foit que la nullité puiffe d'abord être reconnuë, ou que la convention paroiffe fubfifter, & avoir quelque effet: ainfi, lorfqu'un infenfé vend fon heritage, la vente eft d'abord nulle dans fon origine, quoyque l'acheteur poffede, & joüiffe, & qu'au temps de la vente cet état du vendeur ne fût pas connû. Et il en eft de même, fi l'un des contractans a été forcé *e*.

e Protinus inutilis. §. 2. *inft. de inut. ftip.* Nec ftatim ab initio talis ftipulatio valebit. *d. §. 2.*

Si pater tuus, per vim coactus, domum vendidit, ratum non habebitur, quod non bona fide geftum eft, malæ fidei enim emptio irrita eft. *l. 1. C. de refc. vend.*

III.

Les conventions font nulles, ou par l'incapacité des perfonnes, comme dans l'exemple de l'article précédent: ou par quelque vice de la convention, comme fi elle eft contraire aux bonnes mœurs *d*: ou par quelque autre défaut, comme fi elle ne devoit être accomplie que par l'évenement d'une condition qui ne foit point arrivée *e*: ou par d'autres caufes *f*.

d Quod turpi ex caufa promiffum eft, veluti fi quis homicidium, vel facrilegium fe facturum, promittat, non valet. §. 24. *inft. de inut. ftip.* V. l'art. 3. de la Sect. 1.

e Similis erit fub conditione factæ venditioni, *qua nulla eft*, fi conditio defecerit. *l. 37. ff. de cont. empt. l. 8. ff. de peric. & comm. r. v.*

f V. l'art. 1. & les fuivans.

N ij

IV.

4. Incapacité des personnes.

Les personnes peuvent être incapables de contracter, ou par la nature : ou par quelque loy. Ainsi, par la nature les infensez *a*, & les personnes que quelque défaut met dans l'impuissance de s'exprimer *b*, sont naturellement incapables de toute sorte de conventions. Ainsi, par les défenses des loix, les prodigues interdits, sont incapables de faire des conventions à leur préjudice *c*.

a §. 8. inst. de inut. stip.

b v. §. 7. eod.

c Prodigo interdicitur bonorum suorum administratio. *l. 1. ff. de cur. fur.* Is cui bonis interdictum est, stipulando sibi acquirit : tradere verò non potest, vel promittendo obligari. *l. 6. ff. de verb. obl.*

Il y a d'autres causes d'incapacité. Comme la minorité, la mort civile & autres. V. le Titre des Personnes.

V.

5. Différentes incapacitez des personnes.

Les incapacitez des personnes sont differentes, & ont divers effets. Quelques-uns sont incapables de toutes conventions, comme les infensez, & ceux qui ne peuvent s'exprimer. D'autres seulement de celles qui leur nuisent, comme les mineurs, & les prodigues. Et les femmes qui sont en puissance de mari ne peuvent s'obliger du tout dans quelques coûtumes : & ne le peuvent dans les autres, si le mari ne les authorise *d*.

d Cecy resulte des articles précedens. V. sur ce qui est dit icy, de la femme en puissance de mari, ce qui a été remarqué sur l'art. 1. de la Sect. 1. des Personnes. Et dans le préambule de la Sect. 4. du Titre des Dots.

VI.

6. Deux sortes de nullitez, ou par la nature, ou par quelque loy.

Les nullitez des conventions sont ou naturelles, ou dépendantes de la disposition de quelque loy. Ainsi, les conventions contraires aux bonnes mœurs, comme un traité sur la succession future d'une personne vivante *e* : & celles qui sont impossibles, sont naturellement vitieuses, & nulles. Ainsi c'est par une loy que la vente d'un bien substitué, est illicite, & nulle *f*.

e Ex eo instrumento, nullam vos habere actionem, in quo contra bonos mores de successione futura, interposita fuit stipulatio, manifestum est. *l. 4. C. de inut. stip. V. l. 30. C. de pact.* & l'apostile de l'art. 20. de la Sect. 4.

f Impossibilium, nulla obligatio est. *l. 185. ff. de reg. jur. v. l. 7. C. de reb. al. n. al.*

VII.

7. Conventions nulles d'une part,

Il y a des conventions, qui peuvent être déclarées nulles de la part de l'un des contractans : & qui subsistent

& obligent irrevocablement de la part de l'autre. Ainſi, *& dont la nullité n'eſt pas reciproque.* le contract entre un majeur, & un mineur peut être annullé à l'égard du mineur, s'il n'eſt pas à ſon avantage [a] : & il ſubſiſte à l'égard du majeur, ſi le mineur ne demande pas d'être relevé [b]. Et cette inégalité de la condition des contractans, n'a rien d'injuſte. Car le majeur a ſçû ou dû ſçavoir la condition de celuy avec qui il traitoit [c].

[a] Sancimus, ſive lex alienationem inhibuerit, ſive teſtator hoc fecerit, ſive pactio contrahentium hoc admiſerit, non ſolùm dominii alienationem, vel mancipiorum manumiſſionem eſſe prohibendam : ſed etiam uſusfructus dationem, vel hypothecam, vel pignoris nexum, prohiberi. *l. 7. C. de reb. al. non al.*

[b] Si quis à pupillo, ſine tutoris authoritate emerit, ex uno latere conſtat contractus. Nam qui emit, obligatus eſt pupillo : pupillum ſibi non obligat. *l. 13. §. 29. ff. de act. empt. & vend.*

[c] Qui cum alio contrahit, vel eſt, vel debet eſſe non ignarus conditionis ejus. *l. 19. ff. de reg. jur.*

VIII.

Les conventions qui étoient ſujettes à être annullées par l'incapacité des perſonnes, ſont validées dans la ſuite, *8. Conventions nulles qui peuvent être validées.* ſi l'incapacité ceſſant, elles ratifient, ou approuvent la convention. Ainſi, lors que le mineur, devenu majeur ratifie, ou execute le contract qu'il avoit fait en minorité ; ce contract devient irrevocable, comme s'il l'avoit fait en majorité [d].

[d] Si ſuæ ætatis factus, comprobaverit emptionem, contractus valet. *l. 5. §. 2. ff. auth. & conſ. tut. & cur.*
Qui poſt vigeſimum quintum annum ætatis, ea quæ in minori ætate geſta ſunt, rata habuerint, fruſtra reſciſionem eorum poſtulant. *l. 2. C. ſi maj. factrat. hab. l. 3 §. 1. ff. de min.*

IX.

Ceux que la nature ne rend pas incapables de contracter, & qui ne le ſont que par la défenſe de quelque loy, *9. Obligation naturelle.* ne laiſſent pas de s'engager par leur convention à une obligation naturelle, qui ſelon les circonſtances peut avoir cet effet ; qu'encore qu'ils ne puiſſent être condamnez à ce qu'ils ont promis ; s'ils ſatisfont à leur engagement, ils ne peuvent en être relevez [e]. Ainſi, par exemple

[e] Naturales obligationes, non eo ſolo æſtimantur, ſi actio aliqua earum nomine competit : verùm etiam eo, ſi ſoluta pecunia repeti non poſſit. *l. 10. ff. de obl. & act. l. 16. §. 4. ff. de fidejuſſ.*
Id quod naturâ hereditati debetur, & peti quidem non poteſt, ſolutum verò non repetitur. *l. 1. §. 17. ff. ad leg. falc.* Cauſa quæ peti quidem non poterat, ex ſolutione autem petitionem non præſtat. *l. 94. §. 3. ff. de ſolv. v. l. 10. ff. de verb. ſignif. & l. 84. §. 1. ff. de reg. jur.*

ple, dans le droit Romain le fils de famille, même majeur, ne peut s'obliger à caufe de preft; mais s'il paye ce qu'il a emprunté, il ne peut le repeter *a*. Ainfi dans les coûtumes où la femme mariée ne peut s'obliger, même avec l'autorité de fon mari, fi aprés la mort du mari, elle paye ce qu'elle avoit promis ; elle ne pourra fe fervir de la nullité de fon engagement, pour le repeter.

a Quamquam folvendo non repetant, quia naturalis obligatio manet. *l. 9. in f. & l. 10. ff. de Senat. Maced.*

X.

10. *L'erreur & la force annullent les conventions.*

Les conventions, où les perfonnes, même capables de contracter, n'ont pas connû ce qu'il étoit neceffaire de fçavoir, pour former leur engagement, ou n'ont pas eu la liberté pour y confentir, font nulles. Ainfi, les conventions où les contractans errent dans le fens, l'un entendant traiter d'une chofe, & l'autre d'une autre, font nulles par le défaut de connoiffance, & de confentement à la même chofe *b*. Ainfi, celles où la liberté eft bleffée par quelque violence, font nulles auffi *c*.

b Si de alia re ftipulator fenferit, de alia promiffor, nulla contrahitur obligatio. *§. 22. inft. de inut. ftip.*
In omnibus negotiis contrahendis, five bona fide fint, five non fint : fi error aliquis intervenit, ut aliud fentiat putà qui emit, aut qui conducit, aliud qui cum his contrahit, nihil valet quod acti fit. *l. 57. ff. de obl. & act.* Non videntur, qui errant confentire. *l. 116. §. 2. ff. de reg. jur. v. l. 137. §. 1. ff. de verb. obl.* Si Stichum ftipulatus, de alio fentiam, tu de alio, nihil actum erit. *l. 83. §. 1. ff. de verb. obl.* Cùm in corpore diffentiatur, apparet nullam effe emptionem. *l. 9. ff. de contr. empt.*
c Si pater tuus, per vim coactus, domum vendidit, ratum non habebitur quod non bona fide geftum eft : malæ fidei enim emptio irrita eft. *l. 1. C. de refc. vend.* Nihil confenfui tam contrarium eft, qui & bonæ fidei judicia fuftinet, quàm vis atque metus. *d. l. 116. ff. de reg. jur.* V. le Titre des vices des conventions.

X I.

11. *Les conventions fur ce qui n'eft pas en commerce, font nulles.*

Les conventions où l'on met en commerce ce qui n'y entre point, comme les chofes facrées, les chofes publiques, font nulles *d*.

d Sacram vel religiofam rem, vel ufibus publicis in perpetuum relictam, ut forum, aut Bafilicam, aut hominem liberum inutiliter ftipulor : quamvis facra profana fieri : & ufibus publicis relicta, in privatos ufus reverti, & ex libero fervus fieri poteft. *l. 83. §. 5. ff. de verb. obl. §. 2. inft. de inut. ftip.*

X I I.

12. *Convention annullée par le*

Si dans une convention l'un eft obligé de donner une

chose à l'autre, & qu'avant la délivrance, la chose cesse *changement de la chose vendüe.* d'être en commerce, sans le fait de celuy qui devoit la donner, la convention sera annullée. Ainsi, la vente d'un heritage demeurera sans effet, & deviendra nulle, si cet heritage est destiné pour un ouvrage public, sans le fait du vendeur *a*.

a Item contrà, licèt initio utiliter res in stipulatum deducta sit : si tamen posteà, in aliquam eorum causam, de quibus suprà dictum est, sine facto promissoris devenerit, extinguitur stipulatio. §. 2. inst. de inut. stip. l. 83. §. 5. ff. de verb. obl.

XIII.

Dans les conventions où quelqu'un se trouve obligé *13. Les obligations sans cause sont nulles.* sans aucune cause, l'obligation est nulle *b*. Et il en est de même, si la cause vient à cesser *c*. Mais c'est par les circonstances qu'il faut juger si l'obligation a sa cause ou non.

b V. l'art. 5. de la Sect. 1.
c Nihil refert, utrùmne ab initio sine causâ quid datum sit, an causâ propter quam datum sit, secuta non sit. l. 4. ff. de cond. sin. cauf.

XIV.

Les conventions qui se trouvent nulles par quelque *14. Effet des conventions nulles par le fait de l'un des contractans.* cause dont un des contractans doive répondre, comme s'il a aliené une chose sacrée, ou publique, ont cet effet, quoyque nulles, d'obliger aux dommages & interêts, celuy qui y donne lieu *d*.

d Loca sacra, vel religiosa, item publica, veluti forum, Basilicam, frustrà quis sciens emit. Quæ tamen si pro profanis, vel privatis deceptus à venditore quis emerit, habebit actionem ex empto, quod non habere ei liceat. Ut consequatur quod sua interest, cum deceptum non esse. §. ult. inst. De emptione & venditione. v. l. 3. C. de reb. alien. non alien.

XV.

Si une convention, quoyque nulle, a eu quelque sui- *15. Suites des conventions annullées.* te, & quelque effet, & qu'elle soit annullée ; les contractans sont remis dans l'état où ils auroient été, s'il n'y avoit pas eu de convention, autant que les circonstances peuvent le permettre, & avec les restitutions qui peuvent être à faire, contre celuy qui en sera tenu *e*.

e Deceptis, sine culpa sua, maximè si fraus ab adversario intervenerit, succurri oportebit : cùm etiam de dolo malo actio competere soleat. Et boni prætoris est, potius restituere litem, ut & ratio, & æquitas postulabit. l. 7. §. 1. ff. de in int. restit.

XVI.

16. *Ministere de la justice pour annuller les conventions.*

Quoyqu'une convention se trouve nulle, celuy qui s'en plaint, ne peut se remettre luy-même dans ses droits, si l'autre n'y consent. Mais il faut qu'il recoure à l'autorité de la justice, soit pour faire juger de la nullité, & le rétablir en son droit, ou pour mettre à execution ce qui sera ordonné, en cas qu'il s'y trouve quelque resistance *a*. Car quand il faut user de la force, la justice n'en souffre aucune, si elle-même ne la met en usage.

a Extat enim decretum Divi Marci in hæc verba, Optimum est, ut si quas putas te habere petitiones, actionibus experiaris. Cùm Marcianus diceret, vim nullam feci. Cæsar dixit, tu vim putas esse solùm, si homines vulnerentur, vis est & tunc, quoties quis id, quod deberi sibi putat, non per judicem reposcit. Quisquis igitur probatus mihi fuerit, rem ullam debitoris, vel pecuniam debitam, non ab ipso sibi sponte datam, sine ullo judice temerè possidere, vel accepisse, isque sibi jus in eam rem dixisse : jus crediti non habebit. *l.* 13. *ff. quod met. cauf.* Si pater tuus, per vim coactus, domum vendidit, ratum non habebitur, quod non bona fide gestum est : malæ fidei enim emptio irrita est. Aditus itaque nomine tuo, Præses Provinciæ, auctoritatem suam interponet. *l.* 1. *C. de resc. vend. V. l.* 9. *C. sol. mat. V. l.* 1. *ff. uti possid.* V. l'art. 14. de la Section suivante, & la Sect. 2. des vices des Conventions.

XVII.

17. *Les conventions nulles, sont inutiles aux tierces personnes, qui en devoient profiter.*

Si les conventions qui acquierent quelque droit à des tierces personnes, se trouvent nulles, elles n'ont pas plus d'effet à l'égard de ces personnes qu'à l'égard des contractans. Ainsi, le creancier n'a aucune hypotheque sur l'heritage que son debiteur avoit acquis par un contract nul *b*.

b Cette regle est une suite, & un effet naturel & necessaire de la nullité.

SECTION VI.

De la Refolution des conventions, qui n'étoient
pas nulles.

SOMMAIRES.

I.

IL y a cette difference entre la nullité & la refolution des conventions, que la nullité fait qu'il n'y a eu que l'apparence d'une convention *a*, & que la refolution anéantit une convention qui avoit fubfifté *b*.

1. Difference entre les conventions nulles, & celles qui font refoluës.

a Protinus inutilis. §. 2. inft. de inut. ftip. Nec ftatim ab initio talis ftipulatio valebit. d. §.
b Si placita obfervata non effent, donatio refolveretur. l. 2. C. de cond. ob cauf.
dat.

II.

Les conventions qui ont fubfifté peuvent fe refoudre, ou par le confentement des contractans qui changent de

2. Diverfes caufes qui refolvent les conventions.

Tome I.   O

volonté *a* : ou par l'effet de quelque pacte, qui soit dans la convention même, comme d'une faculté de rachat *b*, d'une clause refolutoire *c* : ou par l'évenement d'une condition *d* : ou par une reftitution en entier *e* : ou par une refcifion à caufe de quelque dol, ou autre lefion, comme par la vilité du prix dans une vente *f*, ou par d'autres caufes, comme on le verra dans les articles fuivans.

a Contrario confenfu. *l. 35. ff. de reg. jur.* Contraria voluntate. *§. ult. inft. quib. mod. toll. obl.*
b V. l. 2. C. de pacl. int. empt. & vend. c. l. 7. eod.
c V. l'art. 15. de la Secl. 3. & l'art. 18. de la Secl. 4.
d Sub conditione refolvitur. *l. 2. ff. de in diem add.*
e Tit. de in int. reft.
f Tit. de dol. l. 2. C. de refc. vend.

III.

3. Les dernieres conventions derogent aux premieres.

Les dernieres conventions qui refolvent les precedentes, ou qui les changent, ou qui y derogent, ont l'effet que veulent les contractans. Soit pour annuller, ou pour changer ce qui avoit été convenu : & elles les mettent dans l'état où ils veulent fe mettre par ces changemens, felon que les circonftances peuvent le permettre *g*.

g Pacta noviffima, fervari oportere, tam juris, quàm ipfius rei æquitas poftulat. *l. 12. C. de pacl.*

IV.

4. Les nouvelles conventions ne peuvent faire préjudice au droit acquis par les premieres à des tierces perfonnes.

Les changemens que font les contractans à leurs conventions par d'autres enfuite ne font aucun préjudice aux droits qui étoient acquis à des tierces perfonnes, par les premieres conventions. Ainfi, une vente déja accomplie, & fuivie d'une entiere execution, n'étant refoluë que par la feule volonté du vendeur & de l'acheteur ; le creancier de l'acheteur conferve fon hypotheque fur l'heritage, qui retourne au vendeur, par la refolution purement volontaire du contract de vente *h*. Mais fi la convention étoit refoluë par l'effet d'une claufe du contract, comme par l'évenement d'une condition, ou par une faculté de rachat dans une vente ; cette hypotheque s'évanoüiroit ; & les contractans rentreroient en leurs droits par l'effet même de leur convention.

h Actio quæfita non intercidit. *l. 63. ff. de jur. dot.* Non debet alterius collufione, aut inertia alterius jus corrumpi. *l. 9. ff. de l.l. cauf.* Non debet alii nocere, quod inter alios actum eft. *l. 10. ff. de jurejur.* V. les articles 14. & 15. de la Sect. 12. du Contract de vente, & les remarques qu'on y a faites.

V.

Les conventions accomplies, mais fous une condition que fi un tel cas arrive, elles feront refoluës, fubfiftent jufqu'à ce que la condition foit arrivée, & alors elles font refoluës, fuivant les regles expliquées dans les articles 14. & 15. de la Section 4 *a*.

a Voyez les articles 14. & 15. de la Sect. 4. & l'article 14. de celle-cy.

V I.

Si dans une convention il eft dit qu'elle fera refoluë, en cas que l'un des contractans manque d'executer quelque engagement, le défaut d'execution ne refout & n'annulle la convention, que fuivant les regles expliquées dans les articles 18. & 19. de la Section 4 *b*.

b. Voyez les articles 18. & 19. de la Sect. 4. & le 14. de celle-cy.

V I I.

Si une convention laiffe la liberté à un des contractans de refilir dans un certain temps, ou qu'il y ait une faculté de rachat, ou d'autres claufes qui puiffent faire refoudre la convention par quelque autre voye; l'execution de ces claufes, refout & annulle la convention, felon que les contractans en étoient convenus *c*.

c Si quid ita venierit, ut nifi placuerit, intrà præfinitum tempus redhibeatur, ea conventio rata habetur. l. 31. §. 22. ff. de ad. ed. l. 3. ff. de contr. empt. l. 2. §. 5. ff. pro em'.
Si fundum parentes tui, ea lege vendiderunt, ut five ipfi, five heredes eorum, emptori pretium quandocumque, vel intra certa tempora obtuliffent, reftitueretur; teque parato fatisfacere conditioni dictæ, heres emptoris non paret, ut contractus fides fervetur, actio præfcriptis verbis, vel ex vendito tibi dabitur. l. 2. & 7. C. de pact. int. empt & vend. c. V. l'art. 16. de la Sect. 5. & l'art. dernier de cette Section.

V I I I.

Les conventions où l'un des contractans eft furpris, & trompé par le dol de l'autre, ou par quelque autre mauvaife voye, font refoluës, & annullées lors qu'il s'en plaint, & qu'il en fait preuve *d*.

d Tot. tit. de dolo. V. l'art. 10. de la Sect. précédente, & la Sect. 3. des Vices des conventions.

I X.

Il y a des conventions, où la fimple lefion, quoyque fans dol, fuffit pour refoudre la convention. Ainfi, par

Marginal notes:

5. Convention refoluë par l'évenement d'une condition.

6. Effet des claufes refolutoires.

7. Refolution conventionnelle.

8. Refcifion par le dol.

9. Lefion fans dol qu'on appelle dolus reipfa.

exemple, un partage entre coheritiers est resolu, par une trop grande inégalité *a* : & une vente, par la vilité du prix *b* : ou par le vice de la chose venduë *c*. Suivant les regles qui seront expliquées dans leurs lieux.

a Majoribus etiam, per fraudem, vel dolum, vel perperam sine judicio factis divisionibus, solet subveniri. *l. 3. C. comm. utr. jud.* C'est ce qu'on appelle, *Dolus r. ipsa.* Si nullus dolus intercessit stipulantis, sed *ipsa res* in se *dolum* habet. *l. 36. ff. de verb. obl.* V. l'art. 4. de la Sect. 3. des Vices des Conventions.

b Rem majoris pretii, si tu, vel pater tuus, minoris distraxerit, humanum est, &c. *l. 2. C. de resc. vend.*

c Tot. tit. de adil. ed.

X.

Les conventions sont quelquefois resoluës par le simple effet de quelque évenement. Ainsi, par exemple dans un loüage d'une maison si le voisin en obscurcit les jours, si le proprietaire ne rétablit ce qui menace ruine, *d* si la maison doit être démolie pour un ouvrage public *e*; le locataire dans tous ces cas, fait resoudre le bail. Ainsi, une vente est resoluë, par une éviction *f* : & elle l'est aussi à l'égard de l'acheteur, par un retrait lignager ; & le retrayant est mis en sa place. Et plusieurs autres évenemens resolvent differemment les conventions, selon l'état où ils mettent les choses.

d Si vicino ædificante, obscurentur lumina cœnaculi, teneri locatorem inquilino. Certè quin liceat colono, vel inquilino relinquere conductionem, nulla dubitatio est. *l. 25. §. 2. ff. loc.* Eadem intelligemus, si ostia, fenestrásve nimiùm corruptas, locator non restituat. *d. §.*

e l. 9. l. 14. & aliis C. de op. publ.

f V. Toto tit. de evict.

X I.

L'inexecution des conventions de la part de l'un des contractans, peut donner lieu à la resolution : soit qu'il ne puisse, ou qu'il ne veüille executer son engagement, encore qu'il n'y ait pas de clause resolutoire : Comme si le vendeur ne délivre pas la chose venduë. Et dans ces cas la convention est resoluë, ou d'abord s'il y en a lieu : ou après un delay arbitraire, & avec les dommages & interêts que l'inexecution peut avoir causez *g*.

g Cette regle est une suite des precedentes. Si res vendita non tradatur, in id quod interest agitur. *l. 1. ff. de act. empt. & vend. l. 4. C. eod.* V. l'art. suivant, les articles 14. & 15. de la Sect. 5. & les articles 17. & 18. de la Section 2. du Contract de vente.

XII.

Dans tous les cas où les conventions font refoluës, fi c'est par la volonté des contractans, ils font remis reciproquement dans l'état, où ils veulent fe remettre de gré à gré. Et fi c'est par juftice ils font mis dans l'état, qui doit fuivre la refolution de la convention, avec les reftitutions, dommages & interêts, & autres fuites, felon les effets que doit avoir la convention, dans les circonftances : & les égards qu'on doit avoir aux differentes caufes de la refolution. Ce qui dépend de la prudence du Juge *a*, fuivant les regles précedentes, & les autres qui feront expliquées dans le Titre des Refcifions & Reftitutions en entier.

a Uti quæque res erit, animadvertam. *l.* 1. §. 1. *ff. de min.*
Quod omne, ad judicis cognitionem remittendum eft. *l.* 135. §. 2. *ff. de verb. oblig.*
Caufa rei reftituatur. *l.* 20. *ff. de rei vind.* Et fructuum dumtaxat omnifque caufæ nomine, condemnatio fit. *l.* 68. *eod.*

12. *Effets & fuites de la refolution des conventions.*

XIII.

Les conventions principales étant refoluës, celles qui en étoient des fuites, & des acceffoires, le font auffi *b*.

b Pecuniam quam te ob dotem accepiffe pacto interpofito (ut fieri, cùm jure matrimonium contrahitur, affolet) proponis, impediente quocumque modo juris authoritate matrimonium conftare, nullam de dote actionem habes : & propterea pecuniam, quam eo nomine accepifti, jure condictionis reftituere debes. Et pactum quod ita interpofitum eft, perinde ac fi interpofitum non effet, haberi oportet. *l.* 1. *C. de cond. ob. cauf. dat.*

13. *Les conventions acceffoires fe refolvent avec les principales.*

XIV.

Lorfque la refolution d'une convention n'eft pas accordée volontairement, celuy qui fe plaint, ne peut troubler l'autre ; mais il doit fe pourvoir en juftice, pour faire refoudre la convention, & pour faire executer ce qui aura été ordonné *c*.

c Qui reftituere juffus judici non paret, contendens non reftituere : fiquidem habeat rem, manu militari officio judicis, ab eo poffeffio transfertur *l.* 68. *ff. de rei vind.* Ingrediendi enim poffeffionem rerum dotalium, heredibus mariti non confentientibus, fine auctoritate competentis judicis, nullam habes facultatem. *l.* 9. *C. fol. matr.* V. l'art. 16. de la Sect. 5.

14. *Autorité de la juftice pour refoudre les conventions, & pour ce qu'il y a à executer.*

TITRE II.

DU CONTRACT DE VENTE.

De l'origine, & de
l'usage du contract
de vente.

LA necessité d'avoir en propre la pluspart des choses dont on a besoin, & sur tout celles dont on ne peut user sans les consumer, ou les diminuer, & par conséquent sans en être le maître, a été l'origine des manières de les acquérir, & d'en faire passer la propriété d'une personne à l'autre.

Le premier commerce pour cet usage, a été celuy de donner une chose pour l'autre. Et c'est ce commerce qu'on appelle échange *a* ; ou pour avoir une chose dont on a besoin, on en donne une autre qui est inutile, ou moins nécessaire. Mais comme l'échange n'assortit que rarement & avec peine, ou parce qu'on n'a pas de part & d'autre de quoy s'accommoder : ou parce qu'il est embarrassant de faire les estimations, & de rendre les choses égales, on a trouvé l'invention de la monnoye publique, qui par sa valeur reglée & connuë fait le prix de tout : & ainsi au lieu des deux estimations, qu'il étoit si difficile de rendre égales, on n'a plus besoin d'estimer que d'une part une seule chose : & on a de l'autre son prix au juste, par la monnoye publique : & c'est ce commerce de toutes choses pour de l'argent qu'on appelle vente, mêlée de l'usage naturel de donner une chose pour l'autre, & de l'invention de la monnoye publique, qui fait la valeur de toutes les choses qu'on peut estimer.

---

a Origo emendi vendendique, à permutationibus cœpit, olim enim non ita erat nummus. Neque aliud merx, aliud pretium vocabatur ; sed unusquisque secundùm necessitatem temporum ac rerum, utilibus inutilia permutabat. Quando plerumque evenit, ut quod alteri superest, alteri desit. Sed quia non semper, ne facilé concurrebat, ut, cùm tu haberes quod ego desiderarem, invicem haberem quod tu accipere velles : electa materia est, cujus publica, ac perpetua æstimatio, difficultatibus permutationum, æqualitate quantitatis, subveniret. *l.* 1. *ff. de contr. empt.*

SECTION I.

De la nature du contraƈt de vente , & comment il s'accomplit.

SOMMAIRES.

I.

L E contraƈt de vente eſt une convention par laquelle l'un donne une choſe pour un prix d'argent en monnoye publique : & l'autre donne le prix pour avoir la choſe *a*.

1. Définition de la vente.

a Si pecuniam dem , ut rem accipiam , emptio & venditio eſt. *l. 5. §. 1. ff. de praſt. verb.* Sine pretio nulla venditio eſt. *l. 2. §. 1. ff. de contr. empt.* Pretium in numerata pecunia conſiſtere debet. *§. 2. inſt. de empt. & vend.* Nec merx utrumque , ſed alterum pretium vocatur. *l. 1. ff. de contr. empt.*

I I.

La vente s'accomplit par le feul conſentement , quoyque la choſe venduë ne ſoit pas encore délivrée , ni le prix payé *b*.

2. La vente s'accomplit par le feul conſentement.

b Voyez l'article 8. de la Seƈtion 1 du Titre des Conventions. Conſenſu fiunt obligationes , in emptionibus , venditionibus. *Inſt. de obl. ex conſenſu.* (Emptio) conſenſu peragitur. *l. 1. inf. ff. de contr. empt.* Emptio & venditio contrahitur , ſimul atque de pretio convenerit , quamvis nondum pretium numeratum ſit. *Inſt. de empt. & vend.*

Voyez l'article 10. de la Seƈtion 2. ſur la maniere dont il faut entendre que le feul conſentement accomplit le contraƈt de vente.

I I I.

Le conſentement qui fait la vente ſe donne entre ab-

3. Comment ſe

forme le consente-
ment.

sens, ou presens : ou sans écrit, ou par écrit : ou sous
seing privé, ou pardevant Notaires. Suivant les regles
expliquées dans le Titre des Conventions *a*. Et aprés que
la vente est ainsi accomplie, il n'est plus au pouvoir ni du
vendeur ni de l'acheteur de revoquer son consentement ;
quand ce seroit immédiatement aprés le contract. Si ce
n'est que les deux ensemble veüillent le resoudre *b*.

a V. les art. 10. 11. 12. 13. 14. 15. & 16. de la Sect. 1. des Conventions.
b Nec enim , licèt in continenti facta , pœnitentiæ contestatio , consensu finitá
rescendit. *l.* 13. C. *de contr. empt.* V. les art. 14. & 15. de la Sect. 12.

I V.

4. Qui peut ven-
dre & acheter , &
quelles choses on peut
vendre.

Toutes sortes de personnes peuvent vendre & acheter,
à moins qu'il y eût quelque incapacité dans les personnes,
ou que la chose venduë ne fût pas en commerce, ou qu'il
y eût quelque autre vice dans la vente. Suivant les regles
qui seront expliquées dans la Section 8 *c*.

c. V. l'art. 2. de la Sect. 2. des Conventions.

V.

5. Trois sortes d'en-
gagemens dans le
contract de vente.

Le contract de vente, comme tous les autres , forme
trois sortes d'engagemens. La premiere , de ceux qui y
sont exprimez : la seconde, de ceux qui sont les suites naturelles de la vente , quoyque le contract n'en exprime
rien : & la troisiéme, de ceux que les loix , les coûtumes,
& les usages y ont établis *d*.

d V. l'art. 1. de la Sect. 3. des Conventions.
Imprimis sciendum est , in hoc judicio id demùm deduci quod præstari convenit. *l.* 11. §. 1. ff. *de act. empt. & vend.* Quod si nihil convenit , tunc ea præstabuntur , quæ naturaliter insunt usus judicii potestate. *d.* §. in his contractibus
(emptionibus & venditionibus) alter alteri obligatur , de eo quod alterum alteri ,
ex æquo præstare oportet. *l.* 2. *in f. ff. de obl. & act.* §. *ult. inst. de obl. ex cons.* Ea
enim quæ sunt moris , & consuetudinis , in bonæ fidei judiciis debent venire.
l. 31. §. 20. ff. *de ad. ed. v. l.* 8. & *l.* 19. C. *de locato & cond.* V. l'art. 1. de la Sect.
3. des Conventions.

V I.

6. La premiere, des
engagemens qui sont
exprimez.

La premiere de ces trois sortes d'engagemens , s'étend
à toutes les conventions particulieres , & à tous les differens pactes qu'on peut ajoûter au contract de vente,com-
me sont les conditions , les clauses resolutoires faute de
payement : la faculté de rachat, & autres semblables , qui
seront

feront expliquées dans la Section VI. & ces conventions
font partie du contract, & tiennent lieu de loix *.

a V. l'article 1. *de la Sect.* 4. *des Conventions, & cy-aprés Section 6.*
Hoc fervabitur quod initio convenit , legem enim contractus dedit. *l.* 23.
ff. de reg. jur.
Contractus legem ex conventione accipiunt. *l.* 1. *s.* 6. *ff. de p.*

VII.

La feconde forte d'engagemens, qui font les fuites naturelles du contract de vente, comprend ceux dont le
vendeur peut être tenu envers l'acheteur, & l'acheteur
envers le vendeur , quoyque le contract n'en exprime
rien. Ces engagemens obligent , comme le contract même dont ils font les fuites *b*. Et ils feront expliquez dans
les deux Sections qui fuivent.

b De eo quod alterum alteri, ex bono & æquo præftare oportet. *l.* 2. *in f. ff. de*
oblig. & act. V. les deux Sections qui fuivent.

7. La 2ᵐᵉ, *des*
Engagemens qui fui-
vent de la nature du
contract.

VIII.

La troifiéme forte d'engagemens eft de ceux qui font
établis par des loix particulieres, par des coûtumes, &
par des ufages. Ainfi l'ufage a reglé dans les ventes des
chevaux, les vices qui fuffifent pour rompre la vente *c*.

8. La 3ᵐᵉ, *des*
Engagemens reglez
par les loix , par les
coûtumes , & par les
ufages.

c Ut mos regionis poftulabat. *l.* 8. *C. de locato l.* 19. *eod.*

SECTION II.

Des engagemens du vendeur envers l'acheteur.

SOMMAIRES.

Tome I. P

I.

1. 1er Engagement du vendeur, la délivrance.

ON n'achete les choses que pour les avoir, & les posseder. Ainsi, le premier engagement du vendeur, est de délivrer la chose venduë, quoyque le contract n'en exprime rien *a*. Et les regles de cet engagement seront expliquées dans l'art. 5. & les suivans.

a Imprimis ipsam rem præstare venditorem oportet, id est tradere. *l.* 11. §. 2. *ff. de act. empt. & vend.*

II.

2. 2me Engagement du vendeur, la garde de la chose venduë jusqu'à la délivrance.

C'est une suite de ce premier engagement de la délivrance, & qui en fait un second, que jusqu'à la délivrance le vendeur est obligé de garder & conserver la chose venduë *b*, suivant les regles qui seront expliquées dans l'article 14. & les autres suivans.

b Antequam (venditor) vacuam possessionem tradat, custodiam & diligentiam præstare debet. *l.* 36. *ff. de act. empt. & vend.*

III.

C'est encore une suite de la délivrance, & un troisiéme engagement, que le vendeur doit garentir, c'est-à-dire, faire que l'acheteur puisse posseder seurement la chose venduë. Ce qui oblige le vendeur à faire cesser toute recherche de la part de quiconque prétendroit ou la proprieté de la chose venduë, ou quelque autre droit, qui troublât l'acheteur dans la possession & joüissance. Car c'est le droit de posseder, & de joüir qu'il a acheté *a*. On expliquera les regles de cet engagement dans la Sect. 10.

a Sive tota res evincatur, sive pars, habet regressum emptor in venditorem, *l. 1. ff. de evict. v. l. 60. & 70. eod.* Habere licere. *l. 11. S. ult. ff. de act. empt. & vend.*

3. 3ᵐᵉ Engagement, la garentie.

IV.

Comme on n'achete les choses que pour s'en servir selon leur usage, c'est un quatriéme engagement du vendeur envers l'acheteur, de reprendre la chose venduë si elle a des vices & des défauts qui la rendent inutile à son usage, ou trop incommode : ou d'en diminuer le prix, soit que les défauts fussent connus au vendeur, ou non *b*. Et s'il les connoît il est obligé de les déclarer *c*. Les regles de cet engagement seront expliquées dans la Sect. 11.

b Qui pecus morbosum, aut tignum vitiosum vendidit, siquidem ignorans fecit : id tantùm exempto actione præstaturum, quantò minoris essem empturus, si id ita esse scissem. Si verò sciens reticuit &c. *l. 13. ff. de act. empt. & vend.*
c Certiores faciant emptores, quid morbi, vitiive cuique sit. *l. 1. S. 1. ff. de æd. ed.* Eademque omnia, cùm ea mancipia venibunt, palam rectè pronuntianto. *d. S.*

4. 4ᵐᵉ Engagement à cause des défauts de la chose venduë.

De la délivrance.

V.

LA délivrance ou tradition, est le transport de la chose venduë en la puissance, & possession de l'acheteur *d*.

d Ratio (vel datio) possessionis, quæ à venditore fieri debeat. *l. 3. ff. de act. empt. & vend.* Tradendo transfert. *l. 10. ff. de acq. rer. dom. l. 9. S. 3. eod.*

5. Définition de la délivrance.

VI.

La délivrance des meubles se fait ou par le transport qui

6. Délivrance des meubles.

les fait paſſer en la puiſſance de l'acheteur *a*, ou ſans ce
tranſport, par la délivrance des clefs, ſi les choſes venduës ſont gardées ſous-clef *b*, ou par la ſeule volonté du
vendeur, & de l'acheteur, ſi le tranſport ne pouvoit s'en
faire *c* : ou ſi l'acheteur avoit déja la choſe venduë en ſa
puiſſance par un autre titre, comme s'il en étoit dépoſitaire, ou qu'il l'eût empruntée *d*.

a Tradendo transfert. *l. 20. ff. de acq. rer. dom. l. 9. §. 3. eod.*

b Si quis merces in horreo depoſitas vendiderit, ſimul atque claves horrei tradiderit emptori, transfert proprietatem mercium ad emptorem. §. 45. *inſt. de ver-
diviſ. l. 1. §. 21. in f. ff. de acq. vel amitt. poſſ. l. 74. ff. de contr. empt.*

c Non eſt enim corpore, & actu neceſſe apprehendere poſſeſſionem, ſed etiam
oculis & affectu. Et argumento eſſe eas res quæ propter magnitudinem ponderis
moveri non poſſunt, ut columnas : nam pro traditis eas haberi, ſi in re præſenti conſenſerint. *l. 1. §. 21. ff. adqu. vel amitt. poſſ.*

d Interdum ſine traditione, nuda voluntas domini ſufficit ad rem transferen-
dam. Veluti ſi rem quam commodavi, aut locavi tibi, aut apud te depoſui,
vendidero tibi. Licèt enim ex ea cauſa tibi eam non tradiderim, eò tamen quod
patior eam ex cauſa emptionis apud te eſſe, tuam efficio. *l. 9. §. 9. ff. de acq. rer.
dom. §. 44. inſt. de rer. divi.*

VII.

7. Tradition des
immeubles.

La délivrance des immeubles ſe fait par la vendeur, lors
qu'il en laiſſe la poſſeſſion libre à l'acheteur *e*, s'en dé-
poüillant luy-même. Soit par la délivrance des titres s'il
y en a *f* : ou des clefs, ſi c'eſt un lieu clos comme une
maiſon, un parc, un jardin *g* : ou en mettant l'acheteur ſur
les lieux : ou ſeulement luy en donnant la vûë *h* : ou con-
ſentant qu'il poſſede *i* : ou le vendeur reconnoiſſant que
s'il poſſede encore, ce ne ſera plus que précairement : c'eſt
à dire, comme poſſede celuy qui tient la choſe d'autruy
à condition de la rendre au maître, quand il la voudra *k*. Et

e Qui fundum dari ſtipularetur, vacuam quoque poſſeſſionem tradi oportere,
ſtipulari intelligitur. *l. 3. §. 1. ff. de act. empt. & vend.*

f Emptionum mancipiorum inſtrumentis donatis, & traditis, & ipſorum mancipiorum donationem, & traditionem factam intelligis. *l. 1. C. de don.*

g Simul atque claves horrei tradiderit emptori, transfert proprietatem mercium ad emptorem. *l. 9. §. 6. ff. de acq. rer. dom.*

h Si vicinum mihi fundum mercato, venditor in mea turre demonſtret, va-
cuámque ſe poſſeſſionem tradere dicat : non minùs poſſidere cœpi, quàm ſi pe-
dem finibus intuliſſem. *l. 18. §. 2. ff. de acq. vel amitt. poſſ.*

i Secundum conſenſum auctoris, in poſſeſſionem ingreſſus, rectè poſſidet.
l. 12. C. de contr. empt.

k Is qui rogavit ut precario in fundo moretur, non poſſidet : ſed poſſeſſio
apud eum qui conceſſit, remanet. *l. 6. §. 2. ff. de precario. l. ult. eod.* Precarium
eſt quod precibus petentis utendum conceditur tamdiu quamdiu is qui conceſſit
patitur. *l. 1. eod.* V. l'art. 7. de la Sect. 1. du Prêt à uſage & du précaire.

fi le vendeur fe referve l'ufufruit, cette referve tiendra
auffi lieu de tradition *.

*Quifquis rem aliquam donando, vel in dotem dando, vel vendendo, ufum-
fructum ejus retinuerit, etiamfi ftipulatus non fuerit, eam continuò tradidiffe
credatur : nec quid amplius requiratur, quo magis videatur facta traditio. *l.* 28.
C. de donat. l. 35. §. *ult. eod.* V. l'art. 3. de la Section 2. des Donations.

*Cet article regarde feulement la délivrance, & non les manieres de prendre poffeffion,
dont il fera parlé dans le Titre des poffeffions.*

VIII.

Si la claufe de précaire a été obmife dans un contract de
vente d'un immeuble, elle y eft fous-entendüe pour l'effet
de mettre l'acheteur en droit de prendre poffeffion, fi les
lieux font libres. Car la vente transferant la proprieté,
elle renferme le confentement du vendeur, que l'acheteur fe mette en poffeffion *b*.

8. *Claufe de pré-
caire fous-entendüe.*

*b*Qui fundum dari ftipularetur, vacuam quoque poffeffionem tradi oportere,
ftipulari intelligitur. *l.* 3. §. 1. *ff. de act. empt. & vend.* fecundùm confenfum auctoris in poffeffionem ingreffus rectè poffidet. *l.* 12. *C. de contr. empt.*

IX.

Les chofes incorporelles, comme une heredité, une
dette, ou un autre droit, ne peuvent proprement être
délivrées *c*, non plus que touchées *d*, mais la faculté d'en
ufer tient lieu de délivrance. Ainfi le vendeur d'un droit
de fervitude en fait comme une délivrance, quand il
fouffre que l'acheteur en joüiffe *e*. Ainfi celuy qui vend ou
tranfporte une dette, ou un autre droit, donne à l'acheteur, ou ceffionnaire une efpece de poffeffion, par la faculté d'exercer ce droit, en faifant fignifier fon tranfport
au debiteur, qui aprés cette fignification, ne peut plus
reconnoître d'autre maître, ou poffeffeur de ce droit que
le ceffionnaire.

9. *Délivrance des
chofes incorporelles.*

c Incorporales res traditionem & ufucapionem non recipere manifeftum eft.
l. 43. §. 1. *ff. de acq. rer. dom.*
d Incorporales funt, quæ tangi non poffunt qualia funt, ea quæ in jure con-
fiftunt. §. 2. *inft. de reb. corp.*
e Ego puto ufum ejus juris pro traditione poffeffionis accipiendum effe. *l. ult.
ff. de fervit.*

X.

Le premier effet de la délivrance eft que fi le vendeur
eft le maître de la chofe vendüe, l'acheteur en devient en
même temps pleinement le maître, avec le droit d'en joüir,

10. *1er Effet de la
délivrance, tranfla-
tion de la pleine pro-
prieté.*

d'en ufer, & d'en difpofer *, en payant le prix, ou donnant au vendeur une feureté ; fi ce n'eft qu'il fe contente
de la fimple obligation, ou promeffe de l'acheteur *b*. Et
c'eft cet effet de la délivrance qui eft le parfait accompliſ-
fement du contract de vente.

a Traditionibus, & ufucapionibus dominia rerum, non nudis pactis transe
feruntur. *l.* 20. *C. de pact.* per traditionem jure naturali res nobis acquiruntur.
Nihil enim tam conveniens eft naturali æquitati, quàm voluntatem domini vo-
lentis rem fuam in alium transferre, ratam haberi. Et ideo, cujufcunque generis fit corporalis res, tradi poteft : & à domino, tradita alienatur. §. 40. *inft.
de rer. div.* Numquam nuda traditio transfert dominium, fed ita fi venditio
aut aliqua jufta caufa præcefferit, propter quam traditio fequeretur. *l.* 31. *ff. de
acq. rer. dom.*

b Venditæ res, & traditæ non aliter emptori acquiruntur, quàm fi is venditori pretium folverit, vel alio modo ei fatisfecerit. §. 41. *inft. de rer. div.* Quod
vendidi, non aliter fit accipientis, quàm fi aut pretium nobis folutum fit, aut
fatis eo nomine factum, vel etiam fidem habuerimus emptori fine ulla fatisfac-
tione. *l.* 19. *ff. de contr. empt. l.* 53. *eod.*

*Cet article n'eft pas contraire à ce qui a été dit en la Sect. 1. art. 2. que la vente s'ac-
complit par le feul confentement. Car il faut diftinguer dans le contract de vente, & dans
tous les autres qui s'accompliffent par le feul confentement, deux fortes, ou deux degrez
d'accompliffement.*

*Le premier eft celuy dont il eft parlé dans cet article 2. de la Sect. 1. & le fecond eft
celuy dont il eft parlé ici dans cet article 10. Leur difference confifte en ce que le fimple
confentement ne forme que l'engagement des contractans à executer reciproquement ce qu'ils
fe promettent, ainfi le vendeur eft obligé à la délivrance de la chofe venduë, & l'acheteur au payement du prix : & c'eft en ce fens que le contract de vente eft accompli par le
feul confentement. Mais il y manque un fecond accompliffement par l'execution de ces engagemens, qui a cet effet, qu'au lieu que le contract de vente fans délivrance, ne rend
pas l'acheteur maître & poffeffeur, & ne luy donne pas le droit de joüir, d'ufer, & de difpofer de la chofe venduë, mais feulement le droit d'en demander la délivrance ; cette délivrance & le payement du prix confomme la vente, & le rendent pleinement maître, &
poffeffeur ; ce qui étoit la fin du contract de vente. V. fur ces accompliffemens de la
vente les articles 14. & 15. de la Sect. 12.*

XI.

Si le vendeur n'étoit pas le maître de la chofe venduë,
l'acheteur n'en eft pas rendu le maître par la délivrance *c*.
Mais s'il l'a achetée de bonne foy, croyant que le vendeur
en fût le maître ; il fe confidere, & eft confideré, comme
s'il étoit en effet le maître. Et cet état qu'il a droit de
prendre pour la verité, doit luy en tenir lieu. Ainfi il
poffede, joüit, & fait les fruits fiens, fans peril de rendre
ce qu'il aura joüy & confommé pendant fa bonne foy *d*.

c Traditio nihil amplius transferre debet, vel poteft ad eum qui accipit, quàm
eft apud eum qui tradit. *l.* 20. *ff. de acquir. rer. dom.*

d Si quis à non domino quem dominum effe crediderit, bona fide fundum

emerit, vel ex donatione, aliáve qualibet justa causa, æquè bona fide acceperit : naturali ratione placuit, fructus quos percepit ejus esse pro cultura & cura.
Et ideo si postea dominus supervenerit, & fundum vindicet : de fructibus ab eo
consumptis agere non potest. *S. 35. inst. de rer. div.* Dolum authoris, bonæ fidei
emptori non nocere, certi juris est. *l. 3. C. de per. & com. rei vend.*

Il faut remarquer sur ces mots pro cultura & cura de ce §. 35. ceux de la loy 25. ff.
de usur. omnis fructus non jure seminis, sed jure soli percipitur : & aussi le posses-
seur de bonne foy joüit des fruits qui naissent sans semence & sans culture.

XII.

C'est encore un effet de la délivrance de la chose venduë, quoyque le vendeur n'en fût pas le maître, que l'a-
cheteur de bonne foy prescrit, & acquiert la proprieté
aprés une possession suffisante, & conforme aux regles,
qui seront expliquées dans le Titre de la possession & des
prescriptions *a*.

a Pars quæ putatur esse vendentis, per longam possessionem ad emptorem
transit. *l. 43. ff. de acq. vel amitt. poss. l. 26. eod.*

XIII.

Si la même chose est venduë à deux acheteurs, soit par un
même, ou par deux differens vendeurs; le premier des deux
à qui elle aura été délivrée, & qui sera en possession, sera
preferé, quoyque la vente faite à l'autre fût précedente, si
ce n'est que l'un des vendeurs ne fût pas le maître de la
chose venduë, & que l'autre le fût; car en ce cas celuy qui
aura acheté du maître, sera preferé à celuy à qui la délivrance aura été faite *b*. Et dans tous les cas l'autre acheteur aura son action de garentie contre son vendeur *c*.

b Si duobus quis separatim vendiderit bona fide ementibus, videamus quis
magis publiciana uti possit, utrum is qui priori res tradita est, an is qui tantum
emit. Et Julianus libro septimo digestorum scripsit, ut, siquidem ab eodem non
domino emerint, potior sit cui priori res tradita est : quòd si à diversis non dominis, melior causa sit possidentis, quàm petentis. Quæ sententia vera est. *l. 9 §.*
4. ff. de public. in rem. act. uterque nostrûm eamdem rem emit, à non domino :
cùm emptio venditioque sine dolo malo fieret, traditaque est : sive ab eodem
emimus, sive ab alio, atque alio : is ex nobis tuendus est qui prior jus ejus appre-
hendit. Hoc est cui primùm tradita est. Si alter ex nobis à domino emisset, is
omnimodo tuendus est. *l. 31. §. 2. ff. de act. empt. & vend.* Quoties duobus in solidum prædium jure distrahitur, manifesti juris est, eum cui priori traditum est,
in detinendo dominio esse potiorem. *l. 15. C. de rei vind.*

c Quoniam contractus fidem fregit : ex empto actione conventus, quanti tua
interest præstare cogetur. *l. 6. C. de hered. vel act. vend.*

Cette regle n'est-elle pas contraire à celle de l'article 2. de la Sect. 1. & à celle de l'ar-
ticle 2. de la Sect. 7. car par ces deux regles la vente est tellement accomplie par le simple
effet du consentement, que si la chose venduë perit avant la délivrance, elle est perduë
pour l'acheteur, d'où il semble suivre qu'il en étoit déja le maître, & qu'ainsi par la

seconde vente le vendeur a vendu la chose d'un autre, & que le premier acheteur peut la
vendiquer. Mais comme il a été remarqué sur l'article 10. de cette Section, ce n'est que
par la délivrance que la vente reçoit son entier accomplissement, qui rend l'acquereur maître de la chose venduë. Ainsi celuy qui achete le dernier, mais du vendeur qui possede encore, se mettant luy-même en possession, est preferé au premier acheteur, à qui on peut
imputer de ne s'être pas mis en possession, pour se rendre maître. Et il est même de l'interêt
public, qu'on ne puisse pas troubler les possesseurs par des ventes secretes ou antidatées. C'est
sur ces principes que quelques coûtumes ont expressément reglé, qu'un second acquereur d'un
heritage, qui s'en est mis le premier en possession, est preferé à celuy qui avoit acheté le
premier.

XIV.

14. Du temps de la délivrance.

La délivrance doit être faite au temps reglé par le
contract. Et si le contract n'en exprime rien, le vendeur
doit délivrer sans delay ; si ce n'est que la délivrance de-
mandât un transport en un autre lieu, pour lequel un
délay seroit necessaire *a*.

> *a* Quoties in obligationibus dies non ponitur, præsenti die pecunia debetur.
> Nisi si locus adjectus, spatium temporis inducat : quo illo possit perveniri. l. 41.
> §. 1. ff. de verb. obl. §. 2. inst. eod.
> V. l'art. 5. de la Sect. 3. des Conventions.

XV.

15. Du lieu de la délivrance.

La délivrance doit être faite dans le lieu dont on est
convenu. Et si le contract n'en exprime rien, le vendeur
doit délivrer dans le lieu où sera la chose venduë ; si ce
n'est que l'intention des contractans parût demander,
que la délivrance fût faite en un autre lieu *b*.

> *b* V. l'art. 6. de la Section 3. des Conventions. v. l. ult. ff. de cond. trid. l. 22. in
> fine ff. de reb. cred.

XVI.

16. Dommages & interêts pour le retardement de la déli-vrance.

Si le vendeur est en demeure de délivrer la chose venduë au jour & au lieu où la délivrance devoit être faite ;
il sera tenu des dommages & interêts de l'acheteur *c*, selon les regles qui suivent.

> *c* Si res vendita non tradatur in id quod interest, agitur. Hoc est, quod rem
> habere interest emptoris. l. 1. ff. de act. empt. vend. l. 11. §. 9. eod. l. 4. & 10. C. eod.

XVII.

17. En quoy con-sistent les dommages & interêts.

Le vendeur qui est en demeure de délivrer, doit les
dommages & interêts qu'aura causé le retardement, selon
l'état des choses, & les circonstances. Ainsi, le vendeur
d'un heritage qui est en demeure de délivrer, doit rendre
à l'acheteur, la valeur des fruits dont il l'a empêché de
joüir.

joüir. Ainſi, celuy qui devoit délivrer à un certain jour,
dans un certain lieu du bled, du vin, ou d'autres denrées,
dont le prix ſe trouve augmenté au jour & au lieu où la
délivrance devoit être faite ; doit à l'acheteur la valeur
preſente du jour & du lieu, pour le profit qu'il auroit fait
en les y revendant : ou pour la perte qu'il ſouffre, ſi pour
ſon uſage il eſt obligé d'en acheter d'autres à ce prix, qui
excede celuy de la vente *.

*Non ſolùm quod ipſe per eum acquiſii, præſtare debeo : ſed & id quod
emptor, jam tunc ſibi tradito ſervo acquiſiturus fuiſſet. *l.* 31. §. 1. *ff. de act.
empt. & vend.* Cùm per venditorem ſteterit, quominus rem tradat, omnis utilitas emptoris in æſtimationem venit, quæ modò circa ipſam rem conſiſtit,
l. 21. §. 3. *ff. de act. empt. & vend.* Si merx aliqua quæ certo die dari debebat
petita ſit, veluti vinum, oleum, frumentum : tanti litem æſtimandam Caſſius
ait, quanti fuiſſet eo die quo dari debuit. *l. ult. ff. de condict. trit.* idemque juris in loco eſſe, ut æſtimatio ſumatur ejus loci, quo dari debuit. *d. l.* Quoties
in diem, vel ſub conditione oleum quis ſtipulatur, ejus æſtimationem eo tempore ſpectari oportet, quo dies obligationis venit : tunc enim ab eo peti poteſt.
L. 59. *ff. de verb. obl.*

XVIII.

Le profit ou la perte qui entrent dans les dommages &
interêts de l'acheteur, doivent ſe reſtreindre à ce qui peut
être imputé au retardement, & qui en eſt une ſuite naturelle & ordinaire, où l'on a pû s'attendre : comme ſont les
dommages & interêts expliquez dans le cas de l'article
précedent : & comme ſeroit encore dans le même cas, la
dépenſe qu'auroit faite l'acheteur, pour venir recevoir &
pour tranſporter les grains achetez : & les autres ſuites
immediates, qu'on doit naturellement attendre du retardement. Mais on ne doit pas étendre les dommages & interêts aux ſuites plus éloignées, & imprévûës, qui ſont
plûtoſt un effet extraordinaire de quelque évenement, &
de quelque conjoncture que fait naître l'ordre divin, que
du retardement de la delivrance. Ainſi, par exemple, ſi
le vendeur ne delivrant pas au jour & au lieu des grains
qu'il a vendus, l'acheteur a manqué par le défaut de la
delivrance, de faire un tranſport & un commerce de ces
grains dans un autre lieu, où il auroit pû les vendre encore
plus cher, que dans le lieu où la delivrance devoit eſtre
faite : ou ſi faute d'avoir ces grains il a été obligé de renvoyer des ouvriers, & de faire ceſſer un ouvrage dont l'in-

Tome I. Q

terruption luy cause un dommage considerable ; le vendeur ne sera tenu ni de ce gain manqué, ni de ce dommage encouru, qui ne sont pas tant des suites qu'on puisse
imputer au retardement de la délivrance, que des effets
de l'ordre divin, & des cas fortuits, dont personne ne
doit répondre *a*.

a Cùm per venditorem steterit, quominus rem tradat, omnis utilitas emptoris
in æstimationem venit : quæ modò circa ipsam rem consistit. Neque enim si potuit ex vino putà negotiari, & lucrum facere, id æstimandum est, non magis
quàm si triticum emerit, & ob eam rem quod non sit traditum, familia ejus
fame laboraverit. Nam pretium tritici, non servorum fame necatorum, consequitur. *l.* 21. §. 3. *ff. de act. empt. & vend.* ut non sit cogitatum à venditore de
tanta summa. *l.* 43. *in f. ff. eod.*
V. le Titre des Interêts & dommages & interêts.

XIX.

Outre les dommages & interêts causez par le défaut de
la délivrance, c'est encore une peine du vendeur qui manque de délivrer, que la vente soit resoluë, s'il y en a lieu.
Comme, par exemple, si celuy qui devoit délivrer une
marchandise au jour d'un embarquement, ou à un jour de
foire, n'y satisfait pas, il sera obligé de reprendre sa marchandise si l'acheteur le veut : & de rendre le prix, s'il l'a-
voit receu. Et il sera de plus tenu des dommages & interêts, pour n'avoir pas fait la délivrance au jour, & au lieu.
Et dans les cas même où la vente subsiste, le vendeur ne
laisse pas d'être tenu des dommages & interêts. Ainsi, le
vendeur qui differant la délivrance d'un heritage vendu,
prive l'acheteur de la joüissance des fruits, en doit la valeur, quoyque ce retardement ne suffise pas pour resoudre
la vente *b*.

b Cette regle est une suite des précedentes.

XX.

Il ne dépend jamais du vendeur d'éluder l'effet de la
vente, par le défaut de la délivrance : & il peut toûjours
y être contraint, si elle est possible ; pourvû que l'acheteur
execute de sa part son engagement. De même aussi l'a-
cheteur ne peut donner lieu à la resolution, faute de payer
au terme *c*, comme il sera dit en son lieu.

c V. l. 2, & 3. *ff. de lege comm. iss.* quod ab initio sponte scriptum, aut in pol-
licitationem deductum est, hoc ab invitis postea compleatur. *l. ult. C. ad Vell.*
l. 5. *C. de oll. & act.* V. l'art. 19. de la Sect. 4. des Conventions, & l'art. 9. de la
Section suivante.

XXI.

Si la délivrance est empêchée par un cas fortuit, comme si la chose venduë a été volée (*c'est-à-dire, enlevée par force*) le vendeur ne sera tenu d'aucuns dommages & interêts [a] : si ce n'est que le cas fortuit arrivât aprés qu'il est en demeure, suivant la regle expliquée dans l'art. 3. de la Sect. 7.

21. *Délivrance empêchée par un cas fortuit.*

a Si ea res quam ex empto præstare debebam, vi mihi adempta fuerit, quamvis eam custodire debuerim ; tamen propius est, ut nihil amplius quàm actionis persequendæ ejus, præstari a me emptori oporteat. Quia custodia adversùs vim parùm proficit. *l.* 31. *ff. de act. empt. & vend.* Quidquid sine dolo & culpa venditoris accidit, in eo venditor securus est. §. 3. *inst. de empt.*

XXII.

Si le vendeur se trouvoit en peril apparent, de perdre le prix, comme par une insolvabilité de l'acheteur, ou par d'autres causes, il pourra retenir la chose venduë, par forme de gage jusqu'à ce qu'on luy donne une seureté pour son payement [b].

22. *Si le vendeur est en peril de perdre le prix, il n'est pas obligé à la délivrance.*

b De même que l'acheteur ne peut être obligé à payer le prix, s'il est en peril d'éviction. Ante pretium solutum, dominii quæstione mota, pretium emptor solvere non cogetur : nisi fidejussores idonei à venditore ejus evictionis offerantur. *l.* 18. §. 1. *ff. de per. & com. r. v.* venditor pignoris loco, quod vendidit retinet, quoad emptor satisfaciat. *l.* 31. §. 8. *ff. de ad. ed. v. l.* 22. *ff. de hæred. vel act. vend.* V. l'art. 11. de la Sect. 3.

XXIII.

Si l'acheteur & le vendeur sont également en demeure: l'un de recevoir, l'autre de délivrer, l'acheteur à qui il aura tenu de recevoir la chose venduë, ne pourra se plaindre du retardement [c].

23. *Retardement du vendeur & de l'acheteur.*

c Si & per emptorem & venditorem mota fuisset quominus vinum præberetur, & traderetur : perinde esse ait, quasi si per emptorem solum stetisset. Non enim potest videri mora, per venditorem emptori facta esse, ipso moram faciente emptore. *l.* 51. *ff. de act. empt. vend. l.* 17. *ff. de cont. empt.*

De la garde de la chose venduë.

XXIV.

SI la chose venduë demeure en la puissance du vendeur, il est obligé d'en avoir soin jusqu'à la délivrance : non seulement, comme il a soin de ce qui est à luy ; mais comme doit en avoir celuy qui a emprunté une chose pour son

24. *Quel soin doit prendre le vendeur de la chose venduë.*

ufage *. Et il doit répondre, non seulement de ce qu'il feroit de mauvaise foy ; mais de toute negligence, & de toute faute, où ne tomberoit pas un pere de famille soigneux, & vigilant *b*. Parce que le contract de vente est autant de l'interêt du vendeur, que de l'acheteur *c*.

a Custodiam venditor talem præstare debet, quam præstant hi quibus res commodata est. Ut diligentiam præstet exactiorem quam in suis rebus adhibiret. *l.* 3. *ff. de per. & commodo rei vend.* V. l'art. 2. de la Sect. 2. du prêt à usage.

b Si venditor eam diligentiam adhibuisset in insula custodienda, quam debent homines frugi, & diligentes præstare ; si quid accidisset, nihil ad eum pertinebit. *l.* 11. *eod.* Dolum, & culpam *recipiunt* mandatum, commodatum, venditum *l.* 23. *ff. de reg. jur.* In his quidem & diligentiam. *d. l.* 23. Talis custodia desideranda est à venditore, qualem bonus paterfamilias suis rebus adhibet. *l.* 35. §. 4. *de contr. empt.*

c Ubi utriusque utilitas vertitur ut in empto.... & dolus & culpa præstatur. *l.* 5. §. 2. *ff. commod.*

XXV.

Si l'on est convenu de décharger le vendeur du soin de la garde, ou qu'on ait reglé la maniere dont il en sera tenu ; il ne sera obligé qu'aux termes de la convention *d*. Et de ce qui pourroit arriver par sa mauvaise foy *e* ; ou par une faute si grossiere qu'elle approchât du dol *f*.

d Sed hæc ita, nisi si quid nominatim convenit, vel plus, vel minus in singulis contractibus. Nam hoc servabitur, quod initio convenit. Legem enim contractus dedit. *l.* 23. *ff. de reg. jur. l.* 35. §. 4. *ff. de contr. empt.*

e Non valere si convenerit ne dolus præstetur. *d. l.* 23. *de reg. jur.*

f Dissoluta negligentia prope dolum est. *l.* 29. *ff. mand.*

XXVI.

Si l'acheteur est en demeure de prendre la chose venduë, soit aprés le terme où la delivrance devoit être faite, ou aprés une sommation, si le terme n'est pas reglé ; le vendeur sera dechargé du soin de la garde : & ne sera plus tenu que de ce qui arriveroit par sa mauvaise foy *g*.

g Illud sciendum est cùm moram emptor adhibere cœpit, jam non culpam sed dolum malum tantùm præstandum à venditore. *l.* 17. *ff. de per. & com.* Vino per aversionem vendito finis custodiæ est avehendi tempus, quod ita erit accipiendum, si adjectum tempus est. Cæterùm si non sit adjectum, videndum ne infinitam custodiam non debeat venditor. Et est verius, secundùm ea quæ supra ostendimus, aut interesse quid de tempore actum sit, aut denuntiare ei, ut tollat vinum. *l.* 4. §. *ult. eod.*

De la garentie.

LA garentie étant une fuite de l'éviction , les regles en feront expliquées dans la fect. 10 qui eft de cette matiere.

De la declaration des défauts de la chofe venduë.

L'Engagement du vendeur à declarer les défauts de la chofe venduë, fait partie de la matiere de la redhibition : & les regles en feront expliquées dans la fection 11.

On n'a pas mis au nombre des engagemens du vendeur envers l'acheteur le devoir naturel de ne pas furvendre *. Parce qu'il y auroit trop d'inconveniens de refoudre les ventes par l'excés du prix. Et la police diffimule une injuftice que les acheteurs fouffrent d'ordinaire volontairement : & ne la reprime que dans les ventes des chofes dont elle regle le prix.

Engagement du vendeur de ne pas furvendre.

* Quando vendes quippiam civi tuo , vel emes ab eo , ne contriftes fratrem tuum. *Levit.* 25. 14.
Ne quis fupergrediatur neque circumveniat in negotio fratrem fuum. *Theff.* 4, 6.

SECTION III.

Des engagemens de l'acheteur envers le vendeur.

LE principal engagement de l'acheteur envers le vendeur , eft celuy de l'humanité, & de la loy naturelle qui l'oblige à ne pas fe prévaloir de la neceffité du vendeur , pour acheter à vil prix *a*. Mais à caufe des difficultez de fixer le jufte prix des chofes, & des inconveniens , qui feroient trop frequens, fi on donnoit atteinte à toutes les ventes où les chofes ne feroient pas venduës à leur jufte prix ; les loix civiles diffimulent l'injuftice des acheteurs, pour le prix des ventes, à la referve de celles des heritages dont le prix feroit moindre que la moitié de

1. Engagement de l'acheteur , de n'acheter pas à trop vil prix.

a Quando vendes quippiam civi tuo , vel emes ab eo , ne contriftes fratrem fuum. *Levit.* 25. 14.

Q iij

leur juste valeur *a*, suivant les regles qui seront expliquées dans la Sect. 9. & on ne mettra dans celle-cy que les autres engagemens de l'acheteur envers le vendeur.

a Voyez le préambule du Titre des Vices des Conventions, & l'art. 2. de la Sect. 3. de ce même Titre.

SOMMAIRES.

I.

1. Premier engagement de l'acheteur, le payement du prix.

LE premier engagement de l'acheteur est de payer le prix, & de payer au jour, & au lieu reglé par la vente : soit au temps de la délivrance de la chose venduë, ou avant, ou aprés, ainsi qu'il aura été convenu. Car l'acheteur n'est rendu le maître de la chose venduë que par ce payement, ou autre seureté qui en tienne lieu *b*.

b Pretium in numerata pecunia consistere debet. §. 2. inst. de empt. & vend. Quod vendidi non aliter fit accipientis quàm si aut pretium nobis solutum fit aut satis eo nomine factum. l. 19. l. 53. ff. de contr. empt. §. 41. inst. de rer. div.

II.

2. Temps & lieu du payement.

S'il n'y a rien de reglé par la vente, pour le temps, & pour le lieu du payement; l'acheteur doit payer au temps, & au lieu de la délivrance *c*.

c In omnibus obligationibus in quibus dies non ponitur, præsenti die debetur.

l. 14. ff. de reg. jur. l. 41. §. 1. ff. de verb. obl. V. les art. 5. & 6. de la Sect. 3. des Conventions.

III.

Si l'acheteur ne paye au terme, & que le vendeur n'ait pas encore fait la délivrance ; il peut retenir la chofe ven-duë, par forme de gage, jufqu'au payement *a*.

a Venditor pignoris loco quod vendidit retinet, quoad emptor fatisfaciat. *l.* 31. §. 8. *ff. de ad. ed. l.* 13. §. 8. *ff. de act. empt. & vend.*

IV.

L'acheteur n'eft pas en demeure de payer, s'il ne dif-fere que par l'obftacle de quelque cas fortuit. Comme fi un débordement l'empêchoit d'aller au lieu où le paye-ment devoit être fait *b*.

b Voyez l'article 21. de la Section précedente. Mora videtur effe fi nulla difficultas venditorem impediat. *l.* 3. §. ult. *ff. de act. empt.*

V.

L'acheteur ne doit pas d'autres dommages, pour le feul retardement de payer le prix, que l'interêt des de-niers *c*. Et quelque perte que puiffe caufer le défaut de ce payement, ou quelque gain qu'il faffe ceffer, le dédom-magement en eft réduit à cet interêt, qui eft reglé par la loy pour tenir lieu de tous les dommages de cette nature. Comme il fera expliqué dans le Titre des dommages & interêts.

c Venditori fi emptor in pretio folvendo moram fecerit, ufuras dumtaxat præ-ftabit, non omne omnino quod venditor mora non facta, confequi potuit. Veluti, fi negotiator fuit, & pretio foluto ex mercibus, plufquam ex ufuris quærere potuit. *l.* ult. *ff. de per. & comm. rei vend.*

VI.

L'acheteur doit en trois cas l'interêt du prix. Par con-vention, s'il eft ftipulé : Par la demande en juftice, fi aprés le terme il ne paye pas : Et par la nature de la chofe venduë, fi elle produit des fruits ou autres revenus, comme un champ, ou une maifon, l'interêt en eft dû fans convention, ni demande en juftice *d*.

d Initio venditionis fi pactus es, ut is cui vendidifti, poffeffionem, pretii tardiùs exoluti, tibi ufuras penfitaret : non immeritò exiftimas etiam eas tibi adito præfide Provinciæ, ab emptore præftari debere. Nam fi initio contractus non es pactus, fi cœperis experiri, deberi ex mora dumtaxat ufuras. *l.* 5. *C. de pact. inter empt. & vend. compt.* Curabit præfes provinciæ compellere emptorem qui nactus poffeffionem, fructus percepit, partem pretii quam penes fe habet, cum ufuris reftituere. *l. 5. C. de act. empt. & vend. l. 2. C. de ufur. l. 13. §. 20. ff. de act. empt. & vend. l. 16. §. 1. ff. de ufur.*

VII.

7. *Si l'acheteur reprend fa marchandife, faute de payement.*

Si par le défaut de payement du prix, le vendeur fe trouve obligé de retenir ou reprendre la chofe venduë : & que fa valeur foit diminuée ; l'acheteur fera tenu de dedommager le vendeur de cette diminution, jufqu'à la concurrence du prix qui avoit été convenu *a*.

a Cette regle eft une fuite de la nature du contract de vente. Car la vente étant parfaite, le prix entier eft dû, quelque changement qui arrive à la chofe venduë, comme il fera dit cy-après en la Section 7. article 2.

Si vinum venditum acuerit, vel quid aliud vitii fuftinuerit : emptoris erit damnum. l. 1. ff. de per. & com. r. v. Poft perfectam venditionem omne commodum, & incommodum quod rei venditæ contingit, ad emptorem pertinet. l. 1. C. de per. & com. r. v.

VIII.

8. *Refolution de la vente faute de payement.*

Si l'acheteur ne paye au terme après la delivrance, le vendeur pourra demander la refolution de la vente, faute de payement. Et elle fera ordonnée, ou d'abord, s'il y avoit du peril que le vendeur perdît la chofe & le prix : ou, fi ce peril ceffe, après un délay felon les circonftances. Et ce délay n'eft pas refufé, quand même il feroit dit par le contract, que la vente feroit refoluë par le défaut de payement au terme *b*.

b Spatium datum videri : hoc idem dicendum & cùm quid ea lege venierit, ut nifi ad diem pretium folutum fuerit, inempta res fiat. l. 23. in f. ff. de obl. & act.

V. cy-après Sect. 12. art. 11. & 12. v. l. 38. ff. de min. in his verbis, lex commifforia difplicebat ei.

IX.

9. *Il ne dépend pas de l'acheteur d'éluder la vente en ne payant point.*

Il ne dépend jamais de l'acheteur d'éluder l'effet de la vente, par le défaut du payement du prix. Et le vendeur a toûjours le choix de l'y contraindre, fi de fa part il exécute fes engagemens *c*.

c Ita accipitur inemptus effe fundus, fi venditor inemptum eum effe velit, quia id venditoris caufâ caveretur. l. 2. ff. de leg. commiff. l. 3. eod.

X.

10. *Autre engagement de l'acheteur pour la dépenfe qui*

Si entre la vente & la délivrance, le vendeur fe trouve obligé à faire quelque dépenfe pour conferver la chofe venduë

venduë : ou s'il fouffre quelque dommage de ce que l'a-
cheteur ne l'emporte pas, comme fi des materiaux vendus
occupent un lieu, dont il faut payer le loyer, ou qui ceffe
de produire fon revenu, l'acheteur fera tenu de cette dépenfe, & de ce dommage *a*.

le regarde, & le
dommage dont il doit
répondre.

a Præterea ex vendito agendo confequetur etiam fumptus, qui facti funt in
re diftracta, ut puta fi quid in ædificia diftracta erogatum eft. *l.* 13. §. 22. *ff. de
act. empt. & vend.* Si is qui lapides ex fundo emerit, tollere eos nolit ex vendito
agi cum eo poterit, ut eos tollat. *l.* 9. *ff. eod.*

XI.

Si l'acheteur découvre avant le payement, qu'il foit
en peril d'éviction, & s'il le fait voir, il ne pourra être
obligé de payer le prix, qu'aprés qu'il aura été pourvû à
fa feureté *b*.

11. L'acheteur n'eft
pas obligé de payer le
prix, s'il eft en peril
d'éviction.

b Ante pretium folutum, dominii quæftione mota, pretium emptor folvere
non cogetur; nifi fidejuffores idonei à venditore, ejus evictionis offerantur. *l.* 18.
§. 1. *ff. de per. & comm. r. vend.* V. l'art. 22. de la Sect. 2.

XII.

C'eft encore un engagement de l'acheteur envers le
vendeur, qu'il eft tenu de prendre foin de la chofe achetée, dans tous les cas où il peut arriver que la vente fera
refoluë : foit par fon fait, comme par le défaut de payement du prix, ou par l'effet d'une claufe du contract,
comme s'il y avoit une faculté de rachat. Et dans ces cas,
& autres femblables, l'acheteur doit répondre du mauvais état où le fonds pourra fe trouver par fa faute, ou
par fa negligence *c*.

c De même & par les mêmes raifons qui obligent le vendeur à la garde de la chofe venduë, avant la délivrance.
V. l'article 24. de la Section précedente.

SECTION IV.

De la marchandise, ou chose venduë.

SOMMAIRES.

I.

1. Quelles choses peuvent être venduës.

Toute sorte de choses peuvent être venduës, à la reserve de celles dont le commerce est impossible, ou deffendu par la nature, ou par quelque loy [a], suivant les regles qui seront expliquées dans la Section VIII.

a Omnium rerum quas quis habere, vel possidere, vel persequi potest, venditio rectè fit. Quas verò natura, vel gentium jus, vel mores civitatis commercio exuerunt, earum nulla venditio est. l. 34. §. 1. ff. de contr. empt.

II.

2. Les choses incorporelles, comme des droits, peuvent être venduës.

On peut vendre non seulement des choses corporelles, comme des meubles, & immeubles, des animaux, des fruits, mais aussi des choses incorporelles, comme une dette, une heredité, une servitude, & tous autres droits [b].

b Toto titulo. ff. & C. de hereditate vel actione vendita.

III.

3. Vente de choses à venir.

Il se fait quelquefois des ventes des choses à venir, comme des fruits qui seront recueïllis dans un heritage, des animaux qui pourront naître, & d'autres choses semblables, quoy qu'elles ne soient pas encore en nature *a*.

a Fructus, & partus futuri, recté emuntur. *l. 8. ff. de contr. empt.*

IV.

Il arrive aussi quelquefois qu'on vend une esperance incertaine, comme le pescheur vend un coup de filet, avant qu'il le jette. Et quoy qu'il ne prenne rien, la vente subsiste ; car c'étoit l'esperance qui étoit venduë, & le droit d'avoir ce qui seroit pris *b*.

4. Vente d'une esperance incertaine.

b Aliquando tamen & sine re venditio intelligitur, veluti cùm quasi alea emitur. Quod fit cùm captus piscium, vel avium, vel missilium emitur. Emptio enim contrahitur, etiam si nihil inciderit : quia spei emptio est, *l. 8. §. 1. ff. de contr. empt.*

V.

On peut vendre plusieurs choses en même temps par une seule vente, & pour un seul prix, en gros & en bloc, comme si on vend toutes les marchandises qui sont dans une boutique, ou dans un vaisseau, tous les grains qui sont dans un grenier, ou tout le vin qui est dans une cave *c*.

5. Vente en gros & en bloc.

c Universum quod in horreis erat positum. *l. 2. C. de per. & com. rei vend.* Si omne vinum, vel oleum, vel frumentum, vel argentum quantumcumque esset uno pretio venierit. *l. 35. §. 5. ff. de contr. empt.*

VI.

Les denrées, ou autres choses qui se comptent, pesent, ou mesurent, peuvent se vendre ou en gros & en bloc, pour un seul prix : ou à tant pour chaque piece, pour chaque livre, pour chaque boisseau, ou autre mesure *d*.

6. Vente au nombre, au poids, & à la mesure.

d Quòd si vinum ita venierit, ut in singulas amphoras, item oleum ut in singulos metretas, item frumentum ut in singulos modios, item argentum ut in singulas libras certum pretium diceretur. *l. 35. §. 5. ff. de contr. empt.* Grex in singula corpora. *d. l. §. 6.*

VII.

Lors que des denrées, ou autres marchandises sont venduës en bloc, la vente est parfaite en même temps qu'on est convenu de la marchandise, & du prix, comme dans les ventes des autres choses ; parce qu'on sçait précisément ce qui est vendu. Mais si le prix est reglé à tant pour chaque piece, pour chaque livre, pour chaque me-

7. Comment s'accomplissent les ventes en gros & en détail.

sure; la vente n'est parfaite que de ce qui est compté, pesé, mesuré *a*. Car le délay pour compter, peser, & mesurer est comme une condition qui suspend la vente, jusqu'à ce qu'on sçache par là ce qui est vendu.

a Si omne vinum, vel oleum, vel frumentum, vel argentum quantumcumque esset, uno pretio venierit, idem juris est, quod in cœteris rebus. Quòd si vinum ita venierit, ut in singulas amphoras: icem oleum, ut in singulos metretas: item frumentum, ut in singulos modios: item argentum, ut in singulas libras, certum pretium diceretur: quæritur, quando videatur emptio perfici? Quod similiter scilicet quæritur & de his quæ numero constant: si pro numero corporum, pretium fuerit statutum. Sabinus & Cassius tunc perfici emptionem existimant, cùm adnumerata, admensa, adpensave sint. *l.* 35. *§.* 5. *ff. de contr. empt.* V. l'art. 5. de la Sect. 7.

VIII.

8. Vente à l'essay.

Les choses dont l'acheteur reserve la vûë & l'essay, quoyque le prix en soit fait, ne sont venduës qu'après que l'acheteur est content de l'épreuve, qui est une espece de condition, d'où la vente dépend. *b*. Mais si la vente est déja accomplie sous cette reserve, que si l'acheteur n'est pas content de la marchandise dans un certain temps, la vente sera resoluë; ce sera une condition dont l'évenement resoudra la vente, qui cependant est tenuë pour faite. *c*.

b Alia causa est degustandi, alia metiendi, gustus enim ad hoc proficit, ut improbare liceat. *l.* 34. *§.* 5. *ff. de contr. empt.*

c Si res ita distracta sit, ut si displicuisset, inempta esset, constat non esse sub conditione distractam, sed resolvi emptionem sub conditione. *l.* 3. *ff. de contr. empt.* Si quid ita venierit, ut nisi placuerit, intra præfinitum tempus redhibeatur: ea conventio rata habetur. *l.* 31. *§.* 22. *ff. de ædil. ed.* V. l'article 18. de la Sect. 11.

IX.

9. Les accessoires de la chose venduë entrent dans la vente.

Tout ce qui fait partie de la chose venduë, ou qui en est un accessoire, entre dans la vente, s'il n'est reservé. Ainsi, les arbres qui sont dans un heritage, les fruits pendans, les échalas qui sont dans une vigne, les clefs d'une maison, les tuyaux qui y conduisent une fontaine, les servitudes, & tout ce qui y est attenant, & destiné à perpetuelle demeure, & les autres accessoires semblables, font partie de ce qui est vendu, & sont à l'acheteur *d*.

d Fructus pendentes pars fundi videntur. *l.* 44. *ff. de rei vind.* Fructus emptori cedere. *l.* 13. *§.* 10. *ff. de act. emp. & vend.* Ædibus distractis, ea esse ædium solemus dicere, quæ quasi pars ædium, vel propter ædes habentur. *d. l.* 13. *§.*

lt. Pali qui vineæ causâ parati funt, antequàm collocentur, fundi non funt.
Sed qui exempti funt, hac mente, ut collocentur, fundi funt. *l. 17. in fine. ff. de*
act. empt. & vend. Labeo generaliter fcribit, ea quæ perpetui ufus causâ in ædificiis funt, ædificii effe. *d. l. 17. §. 7.*

V. fur cet article & le fuivant, l'art. 8. de la Sect. I. du Titre des chofes.

X

Les chofes détachées d'un bâtiment, mais dont l'ufage
y eft acceffoire, comme la corde, & les feaux d'un puits.
Les robinets d'une fontaine, fon baffin & autres femblables : & celles auffi qui n'ont été détachées que pour y
remettre, en font des acceffoires, & entrent dans la
vente; mais non celles qui étant deftinées pour y être mifes, ne l'étoient pas encore. Et pour juger en particulier
des cas où toutes ces fortes d'acceffoires entrent dans la
vente, ou n'y entrent point; il faut confiderer les circonftances de l'ufage de ces chofes, de leur deftination à cet
ufage, du lieu où elles font lors de la vente, de l'état des
lieux vendus, & fur tout de l'intention des contractans,
pour reconnoître ce qu'on a voulu comprendre dans la
vente, ou n'y pas comprendre *a*.

a Caftella plumbea, putea, opercula puteorum, epitonia fiftulis applumbata,
aut quæ terra continentur, quamvis non fint affixa, ædium effe conftat. *l. 17.*
§. 8. ff. de act. empt. & vend.

Ea quæ ex ædificio detracta funt, ut reponantur, ædificii funt : at quæ parata
funt ut imponantur, non funt ædificii. *d. l. §. 10.* Semper in ftipulationibus, &
in cæteris contractibus id fequimur, quod actum eft. *l. 34. ff. de reg. jur.* Quod
factum eft cùm in obfcuro fit, ex affectione cujufque capit interpretationem.
l. 168. §. 1. eod. V. l'art. 8. de la Sect. 2. des conventions.

XI.

Les acceffoires des chofes mobiliaires, qui peuvent en
être feparez, entrent dans la vente ou n'y entrent pas,
felon les circonftances. Ainfi un cheval étant expofé en
vente fans fon harnois, l'acheteur n'aura que le cheval
nud : & s'il eft prefenté en vente avec le harnois, il aura
le tout ; fi ce n'eft que dans l'un & dans l'autre cas, il eût
été convenu d'une autre maniere *b*.

b Uti quæ optimè ornata vendendi causâ fuerint [jumenta] ita emptoribus
tradentur. *l. 38. ff. de ad. el.*

Vendendi autem causâ ornatum jumentum videri Cælius ait, non fi fub tempus venditionis, hoc eft biduo ante venditionem ornatum fit : fed fi in ipfa venditione ornatum fit. Aut ideo inquit venale cùm effet, fic ornatum infpiceretur,
d. l. 38. §. 11.

10. *Chofes déta-*
chées d'un bâtiment
qui entrent dans la
vente.

11. *Acceffoires des*
chofes mobiliaires.

XII.

Si une vente est faite de l'une ou l'autre de deux cho-ses, comme de l'un de deux chevaux, sans marquer si ce sera au choix du vendeur, ou de l'acheteur ; le vendeur peut donner celle qu'il voudra *a*. Car il tient lieu de de-biteur , & par cette raison il peut donner la moindre *b*.

a Si emptio ita facta fuerit est mihi emptus Stichus, aut Pamphilus : in po-testate est venditoris , quem velit dare, sicut in stipulationibus. *l. 34. §. 6. ff. de contr. empt.*

b V. l'art. 15. de la Sect. 2. du titre des conventions , & cy-après l'art. 7. de la Sect. 7.

XIII.

Comme il arrive souvent que les possesseurs ne sont pas les maîtres de ce qu'ils possedent : & qu'aussi les acheteurs peuvent ne pas sçavoir si les vendeurs sont ou ne sont pas les maîtres des choses qu'ils vendent ; il est naturel qu'on puisse vendre une chose dont on n'est pas le maître : & la vente subsiste, jusqu'à ce que le maître fas-se connoître son droit, & resoudre la vente *c*.

c Rem alienam distrahere quem posse nulla dubitatio est : nam emptio est & venditio, sed res emptori auferri potest. *l. 28. ff. de contr. empt.*

SECTION V.

Du prix.

SOMMAIRES.

I.

LE prix de la vente ne peut jamais être autre chose que de l'argent en monnoye publique, qui fait l'esti-mation de la chose venduë ; & si pour le prix on donne quelqu'autre chofe, ou qu'on faffe quelque ouvrage, ou quelque travail ; ce fera ou un échange, ou un autre contract, mais non pas une vente *.

a Emptionem rebus fieri non poffe pridem placuit. *l. pen. C. de rer. perm.* Pretium in numerata pecunia confiftere debet. *§. 2. inft. de emp. & vend.*

II.

Quoy qu'une vente ne puiffe être faite qu'à prix d'argent, on peut par le même contract donner en payement du prix de la vente ou des meubles, ou des dettes, ou d'autres effets. Et en ce cas ce font comme deux ventes, qu'il faut diftinguer. La premiere où le prix n'eft pas payé en argent comptant : & la feconde où celuy qui doit ce prix tient lieu de vendeur de ce qu'il donne pour s'en acquiter *b*. Mais encore que ce foient deux ventes qui fe paffent en effet entre les mêmes perfonnes ; pour éviter la multiplicité des actes, on ne les confidere que comme un feul où elles fe confondent, la feconde vente s'éclipfant dans la premiere. Ainfi reduifant les idées qui diftinguent ces ventes, on les prend pour une feule *c*. Parce que la même fomme fe trouve faire le prix de l'une & de l'autre, & que chaque acheteur s'acquite du prix de ce qui luy eft vendu fans donner d'argent, mais par la chofe même qu'il vend de fa part.

marginal: 2. Si au lieu du prix convenu, le vendeur reçoit autre chofe en payement.

b C'eft une fuite de l'article precedent.
c Nam celeritate conjungendarum inter fe actionum, unam actionem occultari. *l. 3. §. 12. ff. de donat. intr. vir. & ux.*
Il arrive fouvent de pareilles occafions de confondre deux actes en un, même entre divers contractans. Ainfi, par exemple, fi une perfonne voulant donner une fomme à une autre, luy fait porter l'argent par un tiers fon debiteur ; le même acte de la délivrance de ces demiers que fait ce debiteur à ce donataire, confommera & la donation, & fon payement. *V. d. §. 12.*

III.

Il n'y a qu'un feul prix de la vente, lors qu'on achete une feule chofe, ou plufieurs en bloc. Mais fi on achete au nombre, au poids, ou à la mefure, chaque piece, chaque boiffeau, chaque livre a fon prix fuivant le marché *d*.

marginal: 3. Un ou plufieurs prix d'une feule vente.

d V. l'art. 6. de la Section 4. & la loy qu'on y a citée.

IV.

4. Prix incertain & inconnu.

Le prix de la vente est presque toûjours certain & connu, mais il peut arriver qu'il soit incertain, & inconnu : comme si on remet à un tiers de regler le prix, ou si l'acheteur donne pour le prix, l'argent qui luy reviendra d'une telle affaire. Dans ces cas & autres semblables, le prix ne sera certain & connu, que par l'estimation ou autre évenement qui le fixera *a*.

a Certum esse pretium debet. Alioqui, si inter aliquos ita convenerit, ut quanti Titius rem æstimaverit, tanti sit empta.... siquidem ille qui nominatus est, pretium definierit, tunc omnimodò secundùm ejus æstimationem & pretium persolvatur, & res tradatur. §. 1. instit. de empt. & vend. l. ult. C. de contr. empt. Hujusmodi emptio, quanti tu eum emisti, quantum pretii in arca habeo, valet. Nec enim incertum est pretium tam evidenti venditione. Magis enim ignoratur, quanti emptus sit, quàm in rei veritate incertum est. l. 7. §. 1. ff. de contr. empt. v. l. 7. §. 1. & §. ult. ff. de contr. empt. Y. l'art. 11. de la Sect. 3. des conventions.

V.

5. Le prix des ventes est arbitraire.

Il y a quelques marchandises dont le prix peut être reglé, pour le bien public, comme il l'est, par exemple, pour le pain, & d'autres choses en quelques polices. Mais hors ces reglemens, le prix des choses est indéfini. Et comme il doit être differemment reglé, selon les differentes qualitez des choses, & selon l'abondance ou la disette & de l'argent & des marchandises, les facilitez ou difficultez du transport, & les autres causes qui augmentent la valeur ou la diminuënt ; cette incertitude du prix fait une étenduë du plus & du moins, qui demande que le vendeur & l'acheteur reglent eux-mêmes de gré à gré le prix de la vente. Et on ne reprime les injustices dans le prix, que selon ce qui a été remarqué au commencement de la Section III. *b*

b Cura carnis omnis ut justo pretio præbeatur, ad curam præfecturæ pertinet. l. 1. §. 11. ff. de off. præf. verb.
Hoc solùm quod paulò minore pretio, fundum venditum significas, ad rescindendam venditionem invalidum est. L. 8. C. de resc. vend.

SECTION

SECTION VI.

Des conditions, & autres pactes du contract de vente.

SOMMAIRES.

1. *On peut ajoûter au contract de vente les pactes qu'on veut.*
2. *Effet de la condition d'où la vente dépend.*
3. *Effet de la condition qui*
4. *resout la vente.*
4. *Les arrhes ont leur effet selon qu'il en est convenu.*
5. *Effet des arrhes lors qu'il n'y a rien d'exprimé.*

I.

ON peut ajoûter au contract de vente, de même qu'à tous les autres, toute sorte de conventions, & de pactes licites. Comme conditions, clauses resolutoires, faculté de rachat, & autres *a*.

a V. l'art. 2. de la Sect. 2. & l'art. 1. de la Sect. 4. du titre des conventions.

Des Conditions.

LEs regles des conditions dans les ventes, font les mêmes que celles qui ont été expliquées dans la section IV. du titre des conventions *b*, & il faut seulement y ajoûter les regles qui suivent.

b V. l'article 6. & les suivans de la Section 4. du titre des conventions.

II.

Dans les ventes dont l'accomplissement dépend de l'événement d'une condition, toutes choses demeurent au même état, que s'il n'y avoit pas de vente, jusqu'à ce que la condition arrive. Ainsi le vendeur demeure le maître de la chose, & les fruits sont à luy. Mais la condition étant arrivée, la vente s'accomplit, & a les effets qui en doivent suivre *c*.

c Conditionales venditiones tunc perficiuntur, cùm impleta fuerit conditio. l. 7. ff. de contr. empt.
Fructus medii temporis venditoris sunt. l. 8. ff. de per. & com.

III.

Dans les ventes accomplies , & qui peuvent être resoluës par l'évenement d'une condition, l'acheteur demeure le maître jusqu'à cet évenement. Et cependant il possede, jouit, & fait les fruits siens : & il prescrit aussi, mais sans que la prescription nuise au droit de celuy que l'évenement de la condition doit rendre le maître *a*.

a Si hoc actum est ut meliore allata conditione discedatur, erit pura emptio quæ sub conditione resolvitur. *l. 2. ff. de in diem add.* Ubi igitur secundùm quod distinximus pura venditio est , Julianus scribit , hunc , cui res in diem addicta est , & usucapere posse , & fructus & accessiones lucrari. *d. l. §. 1.*

Des Arrhes.

IV.

LEs arrhes sont comme un gage que l'acheteur donne au vendeur en argent , ou en autre chose, soit pour marquer plus seurement que la vente est faite *b* : ou pour tenir lieu de payement de partie du prix : ou pour regler les dommages & interêts , contre celuy qui manquera d'executer la vente. Ainsi les arrhes ont leur effet , selon qu'il en a été convenu.

b Quod sæpè arrhæ nomine pro emptione datur , non eò pertinet , quasi sine arrha conventio nihil proficiat : sed ut evidentius probari possit convenisse de pretio. *l. 35. ff. de contr. empt.* Quod arrhæ nomine datur argumentum est emptionis & venditionis contractæ. *inst. de empt. & vend.* V. l'art. suivant.

V.

S'il n'y a pas de convention expresse qui regle quel sera l'effet des arrhes , contre celuy qui manquera d'exécuter le contract de vente ; si c'est l'acheteur , il perdra les arrhes ; & si c'est le vendeur, il rendra les arrhes , & encore autant *c*.

c Is qui recusat adimplere contractum, si quidem est emptor, perdit quod dedit : si verò venditor, duplum restituere compellitur : licèt super arrhis nihil expressum est. *inst. de empt. & vend.* In posterùm si quæ arrhæ super facienda emptione cujuscumque rei datæ sunt , sive in scriptis , sive sine scriptis , licèt non sit specialiter adjectum , quid super iisdem arrhis non procedente contractu fieri oporteat : tamen & qui vendere pollicitus est , venditionem recusans , in duplum eas reddere cogatur : & qui emere pactus est , ab emptione recedens , datis à se arrhis cadat , repetitione earum deneganda. *l. 17. in f. C. de fid. instr.*

De la cause resolutoire faute de payement.

C'Est une convention ordinaire dans les contracts de *Clause resolutoire.*
vente, que si l'acheteur ne paye pas le prix au ter-
me, la vente sera resoluë. Et comme cette convention fait
partie de la matiere de la resolution des ventes, elle sera
expliquée dans la Sect. XII.

De la faculté de rachat.

L A faculté de rachat est une convention, qui donne *Faculté de rachat.*
au vendeur la liberté de reprendre la chose, en rem-
boursant le prix. Et c'est encore une maniere de resoudre
la vente, qui sera expliquée dans le même lieu.

SECTION VII.

Des changemens de la chose venduë : & comment la
perte, ou le gain en sont pour le vendeur, ou
pour l'acheteur.

I L arrive souvent qu'avant que la vente soit entierement *Changemens de la*
consommée, divers évenemens changent l'état de la *chose venduë.*
chose venduë ; la rendent meilleure, ou pire, l'augmentent, ou la diminuënt, & qu'elle perit même ou par sa
nature, ou par des cas fortuits. Et comme ces changemens causent des gains, ou des pertes, qui regardent differemment ou le vendeur, ou l'acheteur ; il y est pourvû
par les regles qui suivent.

SOMMAIRES.

1. *Les changemens avant l'ac-*
complissement de la vente
regardent le vendeur.
2. *Les changemens aprés la*
vente regardent l'ache-
teur.

3. *Les changemens qui arri-*
vent aprés que le vendeur
est en demeure de délivrer
sont à ses perils.
4. *Si l'un & l'autre sont en*
demeure.

5. De ce qui se vend au nombre, au poids, ou à la mesure.

6. Vente à l'essay.

7. Si dans la vente de l'une de deux choses, l'une vient à perir.

8. Si la chose perit avant l'évenement de la condition qui doit accomplir la vente.

9. Si dans le même cas la chose se diminuë, ou devient meilleure.

10. Il ne dépend pas de celuy qui doit accomplir une

condition de profiter de l'inexécution.

11. Perte arrivée par la faute de l'un des contractans.

12. Les fruits sont toûjours à celuy qui est le maitre quand ils se recüeillent.

13. Si on a reglé par une convention sur qui la perte doit tomber, il faut s'y tenir.

14. Ce qu'il faut considerer pour juger qui doit souffrir la perte, ou avoir le gain.

I.

1. Les changemens avant l'accomplissement de la vente, regardent le vendeur.

TOus les changemens qui arrivent avant que la vente soit accomplie, regardent le vendeur, parce que la chose est encore à luy, & que l'acheteur n'y a aucun droit. Et comme le vendeur a la liberté de ne pas achever & accomplir la vente ; si la chose se trouve devenuë meilleure, l'acheteur a aussi la même liberté, s'il arrive un changement qui la diminuë *a*.

a Donec enim aliquid deest ex his, & pœnitentiæ locus est, & potest emptor, vel venditor, sine pœna, recedere ab emptione, & venditione. *inst. de empt. & vend.*

II.

2. Les changemens aprés la vente, regardent l'acheteur.

Tous les changemens qui arrivent aprés que la vente est accomplie, regardent l'acheteur. Et si la chose perit avant même la délivrance, il en souffre la perte, & ne laisse pas d'être obligé d'en payer le prix. Et il profite aussi de tous les changemens, qui la rendent meilleure *b* : Car aprés la vente la chose est regardée comme étant à luy ; & le vendeur n'en demeure saisi que de son consentement, & pour la luy remettre.

b Periculum rei venditæ statim ad emptorem pertinet, tametsi adhuc ea res emptori tradita non sit. §. 3. *inst. de empt. & vend.* Cui necesse est, licèt rem non fuerit nactus, pretium solvere. d. §. 3. Post perfectam venditionem, omne commodum & incommodum, quod rei venditæ contingit, ad emptorem pertinet.

l. 1. ... *de per. & con.* Id quod, poſt emptionem fundo acceſſit per alluvionem, vel periit, ad emptoris commodum, incommodumque pertinet. *l.* 7. *ff. eod.* V. l'art. ſuivant.

Quoyque l'acheteur ne ſoit rendu proprement le maitre qu'aprés la délivrance, il ne laiſſe pas de ſouffrir ces pertes qui arrivent entre la vente & la délivrance. Car le contract étant accompli, il a cet effet, que l'acheteur peut contraindre le vendeur à la délivrance, & que le vendeur ne poſſede la choſe venduë, qu'avec la neceſſité de la remettre à l'acheteur. V. l'art. 2. de la Sect. 1. & l'art. 10. de la Sect. 2.

I I I.

Si les changemens qui diminuënt la choſe venduë ou qui la detruiſent entre la vente & la delivrance, arrivent aprés que le vendeur eſt en demeure de la delivrer, il en ſouffre la perte, quand ils arriveroient ſans aucune faute & même par des cas fortuits *a*. Et il perd également la choſe & le prix, qu'il doit rendre, s'il l'avoit reçû. Car ſi la delivrance avoit été faite, l'acheteur auroit pû ou vendre la choſe, ou autrement prévenir la perte : & enfin le vendeur doit s'imputer ſon retardement.

a Lectos emptos Ædilis, cùm in via publica poſiti eſſent, concidit.... ſi neque traditi eſſent, neque emptor in mora fuiſſet, quominus traderentur, venditoris periculum erit. *l.* 12. & 14. *ff. de per. & com.* v. *l.* ult. C. *eod.*

Si ſervus petitus, vel animal aliud demortuum ſit ſine dolo malo, & culpa poſſeſſoris, pretium non eſſe præſtandum plerique aiunt. Sed eſt verius, ſi forte diſtracturus erat petitor, ſi accepiſſet, moram paſſo debere præſtari : nàm ſi ei reſtituiſſet, diſtraxiſſet, & pretium eſſet lucratus. *l.* 15. §. *ult. ff. de rei vindic.*

V. l'art. 10. de la Sect. 3. du depôt, & l'art. 2. de la Sect. 4. du Titre des dommages cauſez par des fautes.

I V.

Si la delivrance étant retardée par le fait du vendeur & de l'acheteur, il arrive un changement qui diminuë la choſe venduë, ou qui la détruiſe ; l'acheteur ne pourra imputer au vendeur ſon retardement, puiſqu'étant luy même en demeure, ou par ſon abſence, ou par quelque autre empêchement, ou même par ſa negligence, il ne pourroit dire que le vendeur devoit luy avoir delivré. Que ſi le vendeur ayant été en demeure, il offre enſuite la delivrance, les choſes étant entieres, & que l'acheteur ſoit en demeure de recevoir : ou qu'au contraire l'acheteur ayant été en demeure, & faiſant enſuite ſes diligences, le vendeur ne delivre point ; les changemens arrivez pendant le dernier retardement tomberont ſur celuy qui aura été le dernier en demeure *b*.

b Si & per emptorem, & venditorem mora fuiſſet, quominus vinum præbe-

Marginal notes:

3. *Les changemens qui arrivent aprés que le vendeur eſt en demeure de délivrer, ſont à ſes perils.*

4. *Si l'un & l'autre ſont en demeure.*

retur , & traderetur , perinde effe ait, quaſi ſi per emptorem ſolum ſtetiſſet , non
enim poteſt videri mora per venditorem emptori facta eſſe , ipſo moram faciente
emptore. *l. 51. ff. de act. empt. & vend.* Poſteriorem moram venditori nocere.
Quod ſi per venditorem , & emptorem mora fuerit , Labeo quidem ſcribit
emptori potius nocere , quàm venditori moram adhibitam. Sed videndum eſt ,
ne poſterior mora damnoſa ei ſit. Quid enim , ſi interpellavero venditorem , &
non dederit , id quod emeram : deinde , poſteriore offerente illo , ego non acceperim ? Sanè hoc caſu nocere mihi deberet. Sed ſi per emptorem mora fuiſſet ,
deinde cùm omnia in integro eſſent , venditor moram adhibuerit , cùm poſſet
ſe exolvere , æquum eſt , poſteriorem moram venditori nocere. *l. 17. ff. de per.*
& com. r. v.

V.

5. De ce qui ſe
vend au nombre, au
poids , ou à la me-
ſure.

Dans les ventes des choſes qui ſe vendent au nombre ,
au poids , ou à la meſure , toutes les diminutions , & toutes les pertes qui arrivent avant qu'on ait compté , peſé ,
meſuré , regardent le vendeur ; car juſques là il n'y a point
de vente. Et les changemens qui arrivent enſuite regardent l'acheteur *a*.

a Priuſquam admetiatur vinum , prope quaſi nondum venit. Poſt menſuram
factam , venditoris deſinit eſſe periculum. *l. 1. §. 1. ff. de per. & com.*
V. l'art. 7. de la Sect. 4.

VI.

6. Vente à l'eſſay.

Si une choſe eſt venduë à l'eſſay pendant un certain
temps , à condition qu'elle ne ſera venduë , qu'en cas
qu'elle agrée ; tous les changemens , & les profits ou pertes qui arriveront avant , ou pendant l'eſſay , la vente
n'étant pas encore accomplie , regarderont le vendeur ,
qui eſt encore le maître *b*.

b Si mulas tibi dedero, ut experiaris : & ſi placuiſſent emeres, ſi diſplicuiſſent,
ut in dies ſingulos aliquid præſtares , deinde mulæ à graſſatoribus fuerint abla-
tæ ; intrà dies experimenti, quid eſſet præſtandum ? Utrum pretium & merces ,
an merces tantùm. Et ait Mela , intereſſe utrùm emptio jam erat contracta , an
futura , ut ſi facta , pretium petatur , ſi futura , merces petatur. *l. 20. §. 1. ff. de*
præſc. verb. d. l. in princ. Si quem quæſtum fecit is qui experiendum quid accepit , veluti ſi jumenta fuerint , eaque locata ſint , idipſum præſtabit ei qui expe-
riundum dedit. Neque enim ante eam rem quæſtui cuique eſſe oportet , priuſquàm periculo ejus ſit. *l. 13. §. 1. ff. commod.*

VII.

7. Si dans la ven-
te de l'une de deux
choſes , l'une vient
à perir.

Si on a vendu de deux choſes , l'une ſoit au choix du
vendeur , ou de l'acheteur , & qu'aprés la vente l'une des
deux periſſe pendant le délay reglé pour le choix ; le vendeur doit l'autre , quand ce ſeroit la meilleure , car il en
doit une. Et ſi toutes deux periſſent , l'acheteur ne laiſſe
pas de devoir le prix ; car ſans cet engagement , le ven-

deur auroit pû se défaire de l'une & de l'autre : & celle
que l'acheteur devoit avoir est perduë pour luy *a*.

*a Si emptio ita facta fuerit, est mihi emptus Stichus aut Pamphilus; in po-
testate est venditoris quem velit dare, sicut in stipulationibus: sed uno mortuo
qui superest, dandus est. Et ideo prioris periculum, ad venditorem, posterioris
ad emptorem respicit. Sed & si pariter decesserunt, pretium debebitur: unus enim
utique periculo emptoris vixit. Idem dicendum est etiam si emptoris fuit arbitrium, quem vellet habere. l. 34. §. 6. ff. de contr. empt.*

VIII.

Dans les ventes dont l'accomplissement dépend d'une
condition, si la chose venduë perit avant l'évenement de
la condition, elle sera perduë pour le vendeur, quoyque
la condition arrivât ensuite. Car il étoit encore le maître,
& la chose étant perie, il ne peut plus y en avoir de vente.
Et enfin il étoit sous-entendu, qu'on ne vendoit, que ce
qui seroit en nature au temps de la condition *b*.

8. Si la chose pe-
rit avant l'évene-
ment de la condition
qui doit accomplir la
vente.

*b Si ante nuptias mancipia æstimata deperierint. An mulieris damnum sit,
& hoc consequens est dicere. Nam cùm sit conditionalis venditio, pendente
autem conditione mors contingens extinguat venditionem, consequens est dicere
mulieri perisse, quia nondum erat impleta venditio. l. 10. §. 5. ff. de jur. dot.*

IX.

Si dans le même cas la chose ne perit pas, mais se diminuë : & que la condition arrive, qui accomplisse la vente;
la perte sera pour l'acheteur *c*. Car le vendeur a été obligé
de luy garder la chose, jusqu'à l'évenement de la condition. Et comme cet évenement en rend l'acheteur le maître, il doit souffrir cette perte, de même qu'il auroit
profité des changemens, qui auroient pû rendre la chose
meilleure *d*.

9. Si dans le mê-
me cas la chose se di-
minuë, ou devient
meilleure.

*c Si extet res (vendita sub conditione) licèt deterior effecta, potest dici esse
damnum emptoris. l. 3. ff. de per. & com. r. v.*
*d Secundùm naturam est commoda cujusque rei, eum sequi, quem sequun-
tur incommoda. l. 10. ff. de reg. jur.*

X.

Lors qu'une condition est mise en faveur de l'un des
contractans, ou qu'elle peut tourner à son avantage, si
cette condition dépend du fait de l'autre en tout, ou en
partie, il n'est pas en la liberté de celuy qui doit l'accomplir
de manquer à cet engagement, pour en tirer son avantage au préjudice de celuy qui a interêt que la condition
s'accomplisse. Ainsi, par exemple, si dans une vente faite

10. Il ne dépend
pas de celuy qui doit
accomplir une condi-
tion de profiter de
l'inexécution.

à condition que la delivrance se fera dans un tel jour, &
en un tel lieu, il arrive cependant que la chose augmente
de prix, il ne dépend pas du vendeur d'annuller la vente,
& garder ce qu'il avoit vendu, en manquant de délivrer
au jour & au lieu, pour profiter de ce changement ; car
l'acheteur avoit interêt que cette condition fût executée. Et si au contraire la chose venduë étoit diminuée de
prix, il ne dépendroit pas de l'acheteur d'empêcher l'effet
de la vente, en ne se trouvant pas au jour & au lieu, où la
délivrance devoit être faite; car le vendeur avoit interêt à
cette délivrance. Ainsi, dans une vente faite à condition,
que si l'acheteur ne paye au terme, la vente sera resoluë;
s'il arrive cependant que la chose diminuë de prix, il ne
dépend pas de l'acheteur, d'annuller la vente faute de
payement, pour éviter de prendre la chose & souffrir la
perte, car cette condition étoit en faveur du vendeur, &
non de l'acheteur *a*.

a Quod favore quorumdam constitutum est, quibusdam casibus ad læsionem
eorum nolumus inventum videri. *l. 6. C. de legib.*

Nam legem commissoriam, quæ in venditionibus adjicitur, si volet venditor
exercebit, non etiam invitus. *l. 3. ff. de leg. commiss.* V. l'art. 19. de la Sect. 4.
des conventions.

XI.

11. Perte arrivée par la faute de l'un des contractans.

En toute sorte de cas, où la chose venduë perit, ou se diminuë par la faute du vendeur, ou de l'acheteur, celui dont
la faute a causé la perte doit la souffrir, & se l'imputer *b*.

b Quod quis ex culpa sua damnum sentit, non intelligitur damnum sentire.
l. 203. ff. de reg. jur.

XII.

12. Les fruits sont toûjours à celuy qui est le maître quand ils se recüeillent.

Il ne faut pas mettre au rang des changemens qui arrivent aux choses venduës sous condition, les fruits & les
revenus qu'elles peuvent produire. Car ils appartiennent
toûjours à celuy qui se trouve maître de la chose au temps
qu'ils se recüeillent; quoy qu'il se trouve que par l'évenement de la condition il n'en soit plus le maître. Ainsi, dans
les ventes, dont l'accomplissement dépend d'une condition, les fruits sont cependant acquis au vendeur; encore
que si la condition arrive qui doit accomplir la vente, la
perte & le gain, qui peuvent cependant arriver par les
changemens de la chose venduë, soient pour l'acheteur.

Et

Et dans les ventes accomplies, & qui peuvent être resoluës par l'évenement d'une condition, les fruits sont cependant acquis à l'acheteur;encore que si la condition arrive qui resout la vente,la perte & le gain qui peuvent suivre des changemens de la chose venduë soient pour le
vendeur *. Parce que dans tous ces cas les changemens de
la chose regardent celuy qui doit en être le maître, & il
doit l'avoir dans l'état où elle se trouve ; mais les fruits
& les autres revenus qui étoient échûs avant l'évenement
de la condition, ayant été separez de la chose venduë,
ils demeurent acquis à celuy qui alors en étoit le maître.

a Si quidem hoc actum est, ut meliore allata conditione,discedatur ; erit pura
emptio, quæ sub conditione resolvitur. Sin autem hoc actum est, ut perficiatur
emptio, nisi melior conditio offeratur, erit emptio conditionalis. Ubi igitur, secundùm quod distinximus pura venditio est, Julianus scribit, hunc cui res in
diem addicta est, & usucapere posse, & fructus, & accessiones lucrari. *l. 2. ff. de
in diem add.* Ubi autem conditionalis venditio est, negat Pomponius usucapere,
eum posse, nec fructus ad eum pertinere. *l. 4. eod. V. le Texte de la loy 20. §. 1. ff.
de præscr. verb. cy-devant rapporté sur l'article 6. de cette Section.*

XIII.

S'il y a quelque convention dans le contract de vente
qui déroge aux regles précedentes, & qui oblige ou le
vendeur, ou l'acheteur à souffrir la perte qui naturellement ne le regardoit point;il faut s'en tenir à la convention *b*, car chacun peut renoncer à ce qui est à son avantage *c*.

b Si venditor se periculo subjecit, in id tempus periculum sustinebit, quoad se
subjecit. *l. 1. ff. de per. & com.* Si in venditione conditionali, hoc ipsum convenisset, ut res periculo emptoris servaretur, puto pactum valere. *l. 10. eod.*
c Omnes licentiam habent, his quæ pro se introducta sunt, renuntiare. *l. 29.
C. de pact. l. 42. ff. de min. V.* l'art. 4. de la Sect. 4. des Conventions.

XIV.

Il resulte de toutes ces regles qui regardent les changemens de la chose venduë,que pour juger qui doit souffrir
la perte, ou avoir le gain, il faut considerer quelle est la
chose venduë, & ce qui entre dans la vente : si la vente
est accomplie, ou non : si elle est pure & simple, ou conditionelle : si étant accomplie, elle est ensuite resoluë :
s'il y a du retardement à la délivrance : si quelque faute a
donné lieu au changement : & les autres circonstances,
pour connoître par l'état des choses, qui étoit le maître

lors du changement, ou qui sans être maître doit souffrir la perte, ou avoir le gain *.

*Necessariò sciendum est, quando perfecta sit emptio, tunc enim sciemus-
cujus periculum sit. Nam perfecta emptione periculum ad emptorem respiciet,
& si id quod venierit appareat quid, quale, quantum sit, sit & pretium, & purè
venit, &c. *l. 8. ff. de per & com.* V. l'art. 11. de la Sect. 1. du Prêt.

SECTION VIII.

Des ventes nulles.

Quelles sont les ventes nulles.

LEs ventes nulles sont celles qui n'ont jamais subsisté,
soit à cause de l'incapacité de l'un des contractans :
ou parce que la chose venduë n'est pas en commerce : ou
par quelque vice de la vente, comme si elle est contraire
aux loix & aux bonnes mœurs : ou par quelque défaut,
comme si la vente ne devoit avoir lieu que par l'évenement d'une condition qui n'arrive point.

Toutes les causes qui annullent en general les conventions, rendent aussi les ventes nulles suivant les regles
qui ont été expliquées dans la section 5. du Titre des
Conventions : & il suffira de remarquer icy les regles
propres des nullitez des ventes.

Des personnes qui ne peuvent vendre ou acheter.

IL étoit défendu par le Droit Romain, à ceux qui étoient
dans quelque magistrature, d'acheter dans les lieux
où ils l'exerçoient, ni des fonds, ni même des meubles pendant le temps de leur administration, s'ils n'en avoient
une permission expresse ; à la reserve de ce qui se con-
somme pour la nourriture, & le vêtement. Et ces mêmes
défenses s'étendoient à leurs domestiques *b*. Mais comme
en France les charges sont perpetuelles, les Officiers peuvent acheter de gré à gré : & ces défenses à leur égard
sont bornées aux acquisitions de biens, ou droits litigieux
dans leurs Tribunaux, & aux autres commerces où il pourroit se rencontrer quelque concussion ou malversation *c*.

*b l. un. C. de contract. Jud. d. l. §. 2. & 3. l. 46. l. 62. ff. de contr. empt. l. 46. §.
2. ff. de jur. fisc.*

c Par les Ordonnances de Saint Loüis en 1254. de Philippes le Bel en 1320. & de

Charles VI. en 1388. il est fait défenses aux Baillifs & Sénéchaux d'acquerir des immeubles, pendant leur administration.

Par plusieurs Ordonnances, il est défendu aux Officiers, & aux Personnes puissantes, ou qui ont un privilege pour faire renvoyer leurs causes à de certains Juges, d'accepter des ventes, ou transports de droits, pour traduire les parties d'un Tribunal à un autre. Et il est aussi défendu aux Juges, Avocats, & Procureurs d'accepter des ventes, & transports de droits litigieux. V. les Ordonnances de Charles V. en 1356. de François I. en 1535. chap. 12. article 23. d'Orleans article 54. de Loüis XII. en 1498. article 3. & en 1510. article 17.

On peut remarquer sur ce sujet les défenses que fait l'Ordonnance d'Orleans article 109. aux Gentilshommes, & Officiers de Justice, de faire trafic de marchandise, & tenir des fermes, par eux ou par des personnes interposées, à peine aux Gentilshommes, de privation de noblesse : & aux Officiers, de privation de leurs charges.

V. l'art. 4. de la Sect. 2. des Vices des Conventions.

SOMMAIRES.

I.

LEs Tuteurs, Curateurs, & autres Administrateurs ne peuvent rien acheter des biens des mineurs, & autres personnes qui sont sous leur charge, ni par eux-mêmes, ni par personnes interposées *a*.

a Tutor rem pupilli emere non potest. Idemque porrigendum est ad similia, id est, ad curatores, &c. l. 34. §. ult. ff. de contr. empt. Si (tutor) per interpositam personam, rem pupilli emerit, in ea causa est, ut emptio nullius momenti sit, quia non bona fide videtur rem gessisse. l. 5. §. 3. ff. de auth. & consf. tut. Si filius tutoris vel quæ alia persona juri ejus subjecta, emerit, idem erit atque si ipse emisset. d. l. §. ult.

I I.

Les Procureurs constituez, & ceux qui font les affaires des autres, ne peuvent se rendre acquereurs des biens de ceux dont il font les affaires ^a,s'ils ne les achetent d'eux-mêmes.

a Idemque porrigendum est ad similia, id est ad curatores, procuratores &c qui negotia aliena gerunt. *d. l. 34. §. ult. ff. de contr. empt.*

III.

3. Heritier chargé d'une substitution.

L'heritier chargé d'une substitution, ne peut vendre ce bien qu'il ne possede qu'à charge de le rendre ^b.

b Sancimus sive lex alienationem inhibuerit, sive testator hoc fecerit, sive pactio contrahentium hoc admiserit, non solùm dominii alienationem, vel mancipiorum manumissionem esse prohibendam: sed, &c. *l. 7. C. de reb. al. n. al.*

IV.

4. Mineurs & autres.

Les mineurs, les insensez, ceux qui font interdits, & autres personnes qui n'ont pas la disposition de leurs biens, ne peuvent les vendre : & leurs ventes font nulles ^c, si elles n'ont été faites dans les formes.

c Si sciens emam ab eo cui bonis interdictum sit.... dominus non ero. *l. 26. ff. de contr. empt.* Furiosus nullum negotium gerere potest. *§. 3. inst. de inutil. stip. Tit. ff. de reb. eor. qui sub tut. vel cura.*

Des choses qui ne peuvent être venduës.

V.

5. Choses publiques.

Tout ce que la nature & les loix rendent commun, ou à tous les hommes, ou à un peuple, ou à quelque ville, ne peut être vendu. Ainsi, les ports, les grands chemins, les places publiques, les murs & fossez des villes, & toutes les autres choses que cet usage commun & public met hors du commerce, ne peuvent être venduës ^d.

d (Emi non possunt) quorum commercium non sit. Ut publica, quæ non in pecunia populi, sed in publico usu habeantur. Ut est Campus Martius. *l. 6. ff. de contr. empt.*

VI.

6. Immeubles des Eglises, & communautez : choses sacrées.

Les choses sacrées, les immeubles des Eglises, & ceux des communautez, des mineurs, des insensez, des prodigues, interdits, & des autres personnes, qui ne peuvent disposer de leurs biens, ne peuvent se vendre, ni autrement aliener, si ce n'est pour des causes necessaires : & en gardant les regles prescrites pour ces sortes de ventes ^e.

e Jubemus, nulli posthac Archiepiscopo, &c. *l. 14. C. de sacros. Eccl. Nov. 7. Nov. 120.* Emi non possunt sacra. *l. 6. ff. de contr. empt. Tit. ff. de reb. eor. qui sub tut. Tit. C. de præd. & al. reb. min. V. l. 21. C. de sacr. Eccles.*

VII.

Les biens fujets à une fubftitution, ne peuvent être vendus, tandis qu'elle dure *a*.

a Voyez cy-deffus article 3.

VIII.

Le fonds dotal de la femme en puiffance de mari ne peut être vendu, dans les lieux où l'alienation en eft prohibée, fi ce n'eft dans les cas exceptez, & en gardant les regles *b*.

7. *Fonds dotal.*

b Titul. ff. de fundo dotali. l. un. in f. C. de rei uxor. act. Voyez l'art. 13. de la Sect. 1. des dots.

IX.

Les chofes dont le commerce eft défendu par quelque loy, ne peuvent être venduës. Comme des armes aux étrangers, & autres femblables *c*.

9. *Chofes dont le commerce eft défendu.*

c Tit. C. quæ res ven. non poffunt. & tit. quæ res export. non deb.
Par les Ordonnances, il eft défendu de vendre aux étrangers des armes, & des grains. & autres marchandifes. Ordonnance de Saint Loüis 1254. & autres.
On ne met pas icy parmy les regles qui regardent les chofes qu'on ne peut vendre celle du Droit Romain, qui défendoit l'alienation des chofes litigieufes, & qui en annulloit les ventes, à quelque perfonne qu'elles fuffent faites. Parce que nôtre ufage a borné ces défenfes aux ventes faites à des perfonnes, qui par leur autorité, ou leur qualité peuvent vexer ceux qui prétendent droit à ce qui eft en litige, comme font les Officiers, & autres qui ont part au miniftere de la juftice. V. tit. ff. & C. de litigiof. & le préambule de cette Section.

Des autres caufes qui annullent les ventes.

X.

LEs ventes dont l'accompliffement dépend d'une condition, demeurent nulles, fi elle n'arrive pas : & il en eft de même fi la chofe venduë perit avant que la condition foit arrivée *d*.

10. *Ventes nulles par le défaut d'une condition.*

d Si fub conditione res venierit, fiquidem defecerit conditio, nulla eft emptio. l. 8. ff. de per. & com.

XI.

Si le vendeur & l'acheteur ont erré, de forte qu'il paroiffeque le vendeur ait entendu vendre une chofe, & que l'acheteur ait crû en acheter une autre, la vente fera nul-

11. *Erreur.*

T iij

le *a*. Et elle le fera à plus forte raison , si le vendeur vend de mauvaise foy une marchandise pour l'autre *b*.

a Si error aliquis intervenit, ut aliud sentiat putà qui emit , aut qui conducit : aliud qui cum his contrahit ; nihil valet quod acti sit. *l. 57. ff. de obl. & act. l. 9. ff. de contr. empt.* Voyez l'art. 10. de la Sect. 5. des Conventions.

b Si æs , pro auro veneat , non valet (venditio) *l. 14. in f. ff. de contr. empt.*

XII.

12. *Erreur dans les qualitez de la chose venduë.*

Si l'erreur n'est pas en la substance de la chose venduë , mais dans les qualitez ; il faudra juger par les circonstances , si la vente devra subsister , ou non *c*. Ce qui dépend des regles qui seront expliquées dans la Section 11.

c V. totam. l. 9. & seq. ff. de contr. empt.

XIII.

13. *Dol & violence.*

Si la vente a été faite par dol , ou par violence ; elle sera nulle. Suivant les regles qui seront expliquées dans le titre des vices des Conventions *d*.

d Si voluntate tua fundum tuum filius tuus venundedit , dolus ex calliditate atque insidiis emptoris, argui debet : vel metus mortis , vel cruciatus corporis imminens detegi, ne habeatur rata venditio. *l. 8. C. de resc. vend.*

SECTION IX.

De la rescision des ventes par la vilité du prix.

SOMMAIRES.

1. *Lesion de plus de moitié du prix.*
2. *Temps de l'estimation.*
3. *Comment s'estime la juste valeur.*
4. *Choix de l'acheteur de rendre la chose , ou suppléer* le prix.
5. *Cette rescision est indépendante du dol.*
6. *Restitution des fruits contre le possesseur de mauvaise foy.*

I.

1. *Lesion de plus de moitié du prix.*

D Ans les ventes des immeubles , si le prix est moindre que la moitié de la juste valeur ; le vendeur peut faire resoudre la vente *e*.

e Rem majoris pretii , si tu vel pater tuus minoris distraxerit : humanum est ,

tt , vel pretium te reſtituente emptoribus , fundum venundatum recipias , autho‑
ritate judicis intercedente : vel , ſi emptor elegerit, quod deeſt juſto pretio recipias.
Minus autem pretium eſſe videtur , ſi nec dimidia pars veri prætii, ſoluta ſit. *l. 2.*
C. de reſc. vend. l. 8. eod.

Voyez l'article 4.

On a borné cette reſciſion aux ventes dont le prix ne va pas à la moitié de la valeur du fonds : & la Police laiſſe ſubſiſter les ventes où la léſion eſt moindre ; parce qu'il eſt de l'interêt public , de ne pas troubler le commerce des ventes , par de trop frequentes lé‑ ſions.

I I.

Le juſte prix ſur lequel la leſion doit être reconnuë , eſt la valeur de la choſe au temps de la vente [a].

a Pretii quod fuerat tempore venditionis *l. 8. C. de reſc. vend.*

2. Temps de l'eſti‑ mation.

I I I.

Comme il y a toûjours du plus & du moins dans le prix des choſes, l'eſtimation du juſte prix pour regler s'il y a leſion, doit être faite au plus haut prix que la choſe pou‑ voit juſtement valoir au temps de la vente. Parce que ce prix eſt juſte ; & qu'il faut favoriſer le vendeur lezé [b].

b C'eſt une ſuite du motif d'humanité qui a fait recevoir cette reſciſion.

3. Comment s'eſti‑ me la juſte valeur.

I V.

Si la choſe ſe trouve venduë à moins de la moitié de ſon juſte prix, l'acheteur aura le choix, ou de rendre la cho‑ ſe, & retirer le prix, qu'il avoit payé : ou de parfaire le juſte prix, & la retenir [c].

c Vel pretium te reſtituente emptoribus, fundum venundatum recipias .... vel ſi emptor elegerit, quod deeſt juſto pretio, recipias. *l. 2. C. de reſc. vend.*

4. Choix de l'a‑ cheteur de rendre la choſe, ou ſuppléer le prix.

V.

Cette reſciſion à cauſe de la vilité du prix, eſt indépen‑ dante de la bonne ou mauvaiſe foy de l'acheteur. Et ſoit qu'il ait connu, ou ignoré la valeur de la choſe venduë, il ſuffit pour reſoudre la vente, que le prix ſoit moindre que la moitié de cette valeur [d].

d d. *l. 8. C. de reſc. vend.* Et ſi nullus dolus interceſſit ſtipulantis, ſed ipſa res in ſe dolum habet. *l. 36. ff. de verb. obl.* C'eſt ce qu'on appelle *dolus reipſa.*

5. Cette reſciſion eſt indépendante du dol.

V I.

S'il n'y a pas d'autre vice dans la vente que la leſion de plus de moitié du juſte prix, l'acheteur ne rendra les fruits

6. Reſtitution des fruits contre la

que depuis la demande, ou l'interêt du supplément du
prix, depuis le même temps s'il garde la chose. Mais
s'il y avoit d'autres vices dans la vente, comme quelque
usure, quelque dol, quelque violence; il devra les fruits
depuis la joüissance, en luy déduisant l'interêt du prix
qu'il avoit payé *a*.

a Si fundum veftrum vobis per denuntiationem admonentibus, volentem ad
emptionem accedere, quod diftrahentis non fuerit, non recte is contra quem
preces funditis, comparavit, vel alio modo mala fide contraxit : tam fundum
veftrum conftitutum probantibus, quàm fructus, quos cum mala fide perce-
piffe fuerit probatum, aditus Praefes provinciae reftitui jubebit. *l. 17. C. de refc.
vend.*

SECTION X.

De l'éviction, & des autres troubles.

SOMMAIRES.

I.

L'Eviction est la perte que souffre l'acheteur de la chose venduë, ou d'une partie, par le droit d'un tiers *a*.

1. Définition de l'éviction.

a Cette définition resulte de toute la suite de cette Section.

I I.

Les autres troubles sont ceux, qui sans toucher à la proprieté de la chose venduë, diminuënt le droit de l'acheteur : comme si quelqu'un prétend sur un fonds vendu, un droit d'usufruit, une rente fonciere, une servitude, ou d'autres charges semblables *b*.

2. Des autres troubles.

b Ces charges diminuant le droit de l'acheteur, sont des troubles dont le vendeur doit le garentir.

I I I.

L'acheteur évincé, ou troublé, ou en peril de l'être, a son recours contre le vendeur, qui doit le garentir. C'est à dire, faire cesser les évictions, & les autres troubles, comme il sera dit dans les articles qui suivent *c*.

3. Garentie.

c Sive tota res evincatur, sive pars, habet regressum emptor in venditorem. l. 1. ff. de evict.
V. l'article 3. de la Sect. 2.

I V.

Le vendeur ne doit aucune garentie pour les pures voyes de fait, les cas fortuits, & le fait du Prince *d*.

4. Nulle garentie des cas fortuits, & du fait du Prince.

d Lucius Titius prædia in Germania trans Rhenum emit, & partem pretii intulit : cùm in residuam quantitatem heres emptoris conveniretur, quæstionem retulit, dicens has possessiones ex præcepto principali partim distractas, partim veteranis in præmia assignatas : quæro an hujus rei periculum ad venditorem pertinere possit. Paulus respondit, futuros casus evictionis post contractam emptionem, ad venditorem non pertinere. Et ideò secundùm ea, quæ proponuntur, pretium prædiorum peti posse. l. 11. ff. de evict.

Tome I.

V.

V.

Comme la garentie eſt une ſuite du contract de vente, il y a une premiere eſpece de garentie naturelle, qu'on appelle garentie de droit, parce que le vendeur y eſt obligé de droit, quoyque la vente n'en exprime rien. Et comme on peut augmenter, ou diminuer les engagemens naturels par les conventions; il y a une ſeconde eſpece de garentie, qui eſt la conventionnelle, telle que le vendeur & l'acheteur veulent la regler a.

a Imprimis ſciendum eſt in hoc judicio, id demum deduci, quod præſtari convenit. Cùm enim ſit bonæ fidei judicium, nihil magis bonæ fidei congruit, quàm id præſtari, quod inter contrahentes actum eſt. Quod ſi nihil convenit, tunc ea præſtabuntur, quæ naturaliter inſunt hujus judicii poteſtate. l. 11. §. 1. ff. de act. empt. & vend.

VI.

La garentie de droit, ou naturelle, eſt la ſeureté que doit tout vendeur, pour maintenir l'acheteur en la libre poſſeſſion & joüiſſance de la choſe venduë: & pour faire ceſſer les évictions, & les autres troubles, de la part de quiconque prétendroit en la choſe venduë, ou un droit de proprieté, ou autre quelconque, par où le droit, qui doit être naturellement acquis par la vente fût diminué. Et le vendeur eſt obligé à cette garentie, quoy qu'il n'y en ait point de convention b.

b Non dubitatur, etſi ſpecialiter venditor evictionem non promiſerit, re evicta exempto competere actionem. l. 6. C. de evict.
Imprimis ipſam rem præſtare venditorem oportet. Id eſt, tradere quæ res, ſi quidem dominus fuit venditor, facit & emptorem dominum. Si non fuit tantùm evictionis nomine, venditorem obligat. l. 11. §. 2. ff. de act. empt. & vend. Sive tota res evincatur, ſive pars, habet regreſſum emptor in venditorem. l. 1. ff. de evict. v. l. 10. eod. Exempto actionem eſſe, ut habere licere emptori caveatur. l. 11. §. 8. ff. de act. empt. & vend. Ut emptori habere liceat, & non ſolùm per ſe, ſed per omnes. l. 11. §. 17. ff. de act. empt. & vend.

VII.

La garentie conventionnelle, eſt la ſeureté que promet le vendeur, ou plus ou moins étenduë que celle de droit, ſelon qu'il en a été convenu. Ainſi, on peut ajoûter à la garentie de droit, comme s'il étoit convenu que le vendeur garentira du fait du Prince. Et on peut la reſtreindre, comme s'il étoit convenu que le vendeur ne garentira que

de ses faits, & non des droits d'autruy : ou qu'il ne rendra
que le prix en cas d'éviction , & non les dommages & interêts *a*. Et toutes ces conventions ont leur justice, sur ce
qu'on achete plus ou moins cher, ou sur d'autres vûës : &
sur ce qu'on n'achete en effet que ce qui est vendu , & tel
que le vendeur veut le garentir.

a Nihil magis bonæ fidei congruit , quàm id præstari , quod inter contrahentes actum est. *l.* 11. §. 1. *ff. de act. empt. & vend.*

Qui autem habere licere véndidit , videamus quid debeat præstare , & multum
interesse arbitror utrum hoc polliceatur per se venientésque à se personas non
fieri , quominus habere liceat, an verò per omnes : nam si per se , non videtur
id præstare ne alius evincat. *d. l.* 11. §. 18. Si apertè in venditione comprehenda-
tur , nihil evictionis nomine præstatum iri , pretium quidem deberi , re evicta ,
utilitatem non deberi. *d.* §. 18. Nisi fortè sic quis omnes istas suprascriptas conventiones recipiet. *d.* §. 18.

VIII.

Le vendeur ne peut être déchargé de la garentie de ses
faits, non pas même par une convention expresse ; car
il seroit contre les bonnes mœurs, qu'il pût manquer de
foy *b*.

8. Garentie des faits du vendeur ne peut être remise.

b Illud non probabis, dolum non esse præstandum si convenerit. Nam hæc
conventio contra bonam fidem., contraque bonos mores est. Et ideo nec se-
quenda est. *l.* 1. §. 7. *ff. de pact.* Pacta quæ turpem causam continent, non sunt
observanda. *l.* 27. §. 4. *ff. de pact.*

IX.

Si outre la garentie naturelle, & la conventionnelle , il
y a quelque coûtume & quelque usage des lieux qui regle
quelque maniere de garentie, le vendeur en sera tenu *c*.

9. Garenties reglées par quelques usages.

c Quia assidua est duplæ stipulatio , idcirco placuit , etiam ex empto agi posse ,
si duplam venditor mancipii non caveat. Ea enim quæ sunt moris , & consuetudinis , in bonæ fidei judiciis debent venire. *l.* 31. §. 20. *ff. de ad. ed.* Si fundus
venierit ex consuetudine ejus regionis , in qua negotium gestum est , pro evictione caveri oportet. *l.* 6. *ff. de evict.*

X.

Si l'acheteur est évincé ou troublé, la garentie aura
son effet *d*, suivant les regles expliquées dans les articles
qui suivent.

10. Dommages & interêts, pour l'évic-tion , & autres trou-bles.

d Sive tota res evincatur, sive pars , habet regressum emptor in venditorem.
l. 1 *ff. de evict.*

XI.

Il y a des troubles qui de leur nature resolvent la vente,

11. Divers effets

comme si l'acquereur est évincé par le proprietaire *a*.
D'autres qui de leur nature peuvent ou resoudre, ou ne
pas resoudre la vente, selon les circonstances. Ainsi, une
action hypothequaire ne resout pas la vente, si le vendeur
ou l'acheteur, acquitent la dette ; mais si l'heritage est
adjugé aux creanciers, la vente est resoluë. Et dans tous
ces cas, soit que la vente subsiste, ou qu'elle soit resoluë,
le vendeur doit les dommages & interêts selon l'effet du
trouble *b*.

a Sive tota res evincatur, sive pars. *l.* 1. *ff. de evict.*
b Ad id quod interest. *l.* 70. *ff. de evict.*

XII.

Si la vente est resoluë par une éviction, le vendeur est
tenu de rendre le prix, & d'indemnifer l'acheteur des
dommages & interêts qu'il en pourra souffrir *c*. Ainsi qu'il
sera expliqué dans les articles suivans.

c Evicta re ex empto actio non ad pretium dumtaxat recipiendum, sed ad
id quod interest, competit. *l.* 70. *ff. de evict. l.* 60. *eod.*

XIII.

Si la chose venduë est au même état, & de la même valeur au temps de l'éviction qu'au temps de la vente, le
vendeur ne sera tenu que de rendre le prix qu'il avoit reçû, les frais de l'expedition du contract, ceux de la prise
de possession, & les autres dommages & interêts, s'il y en
a, comme si l'acquereur d'un heritage, dont il est évincé
en avoit payé un droit de lots & ventes *d*.

d Si in venditione dictum non fit, quantum venditorem pro evictione præstare oporteat, nihil venditor præstabit præter simplam evictionis nomine, & ex
natura ex empto actionis, hoc, quod interest. *l.* 60. *ff. de evict.*

XIV.

Si au contraire la chose venduë est déteriorée ou diminuée, soit par sa nature, comme une vieille maison, ou par
un cas fortuit, comme si un débordement a entraîné une
partie d'un heritage ; ou la chose étant au même état, la
valeur en est diminuée par l'effet du temps ; dans tous ces
cas, & autres semblables, où la chose venduë vaut moins
au temps de l'éviction, que le prix que l'acheteur en avoit

donné ; il ne pourra recouvrer contre le vendeur, que la valeur préfente, lors qu'il eſt évincé *a*. Car ce n'eſt qu'en cette valeur préſente que confiſte la perte qu'il ſouffre. Et comme la diminution qui avoit précédé regardoit l'acheteur, il ne doit pas profiter de l'éviction.

a Si minor eſſe cœpit damnum emptoris erit. *l. 70. ff. de evict.* Ut quanti ſua intereſt, actor conſequatur, ſcilicet ut melioris, aut deterioris agri facti cauſa, finem pretii, quo fuerat tempore diviſionis æſtimatus diminuat vel excedat. *l. 66. in f. ff. eod.*

Ex mille jugeribus traditis, ducenta flumen abſtulit. Si poſteà pro indiviſo, ducenta evincantur, duplæ ſtipulatio pro parte quinta, non quarta præſtabitur. Nam quod periit, damnum emptori non venditori attulit. *l. 64. eod.* Minuitur præſtatio, ſi ſervus deterior apud emptorem effectus ſit, cùm evincitur. *l. 45. ff. de act. emp. & vend.*

X V.

Mais ſi la choſe ſe trouve valoir plus au temps de l'éviction, qu'au temps de la vente, le prix en ayant été augmenté par l'effet du temps ; le vendeur ſera tenu envers l'acheteur de ce qu'elle vaudra au temps de l'éviction *b*. Car il perd en effet cette valeur, étant évincé : & ſa condition ne doit pas être renduë plus mauvaiſe par cet évenement, dont le vendeur doit le garentir.

b Quanti ſua intereſt actor conſequatur &c. *l. 66. in f. ff. de evict.* V. l'article précedent où cette loy eſt citée.

Si quid ex his finibus evinceretur pro bonitate ejus emptori præſtandum. *l. 45. eod. l. 1. eod.*

X V I.

Si la choſe venduë ſe trouve ameliorée au temps de l'éviction, par le fait de l'acheteur, comme s'il a planté ou bâti dans un heritage, il ſera deſintereſſé par le vendeur de ce que vaudroit l'heritage au temps de l'éviction, s'il n'avoit pas été amelioré : & il recouvrera de plus les dépenſes faites pour l'ameliorer, & ne pourra même être dépoſſedé, s'il n'en eſt rembourſé, ou par celuy qui l'évince, car il ne doit pas profiter de ces ameliorations ; ou par le vendeur qui doit garentir de l'éviction. Et il aura ſon action contre l'un & l'autre *c*.

c Conſequeris (à venditore) quanti tua intereſt. In quo continetur etiam eorum perſecutio, quæ in rem emptam à te, ut melior fieret erogata ſunt. *l. 9. C. de evict. l. 16. eod.*

Si mihi alienam aream vendideris, & in ea ego ædificavero, atque ita eam

dominus evincit , nam quia poſſim petentem dominum , niſi impenſam ædificiorum ſolvat, doli mali exceptione ſummovere , magis eſt , ut ea res ad periculum
venditoris non pertineat. *l. 45. §. 1. ff. de act. empt. & vend. l. 16. C. de evict.* V. les
articles ſuivans.

Il eſt dit dans cette loy 9. C. de evict. que le vendeur doit les ameliorations à l'ache-
teur évincé : & dans cette loy 45. §. 1. ff. de act. empt. & vend. que ce rembourſement
regarde celuy qui évince , & ne doit pas tomber ſur le vendeur. Ce qu'il faut entendre au
ſens expliqué dans l'article : & de ſorte que ſi , par exemple , celuy qui veut ravoir le
fonds prétendoit ne pas devoir les ameliorations , ou faiſoit quelque autre conteſtation , l'a-
cheteur auroit ſon action de garentie contre ſon vendeur.

XVII.

17. *Egard qu'on*
doit avoir aux fruits
perçûs pour eſtimer
les ameliorations.

Dans l'eſtimation des dépenſes faites par l'acquereur
d'un heritage pour l'ameliorer, comme s'il y a fait un
plant, il faut compenſer avec ces dépenſes les fruits provenus de l'amelioration, & qui auront augmenté le revenu de cet heritage. De ſorte que ſi les joüiſſances de ces
fruits acquitent le principal & les interêts des avances
faites pour ameliorer, il n'en ſera point dû de rembourſement ; car il ſuffit à l'acheteur qu'il ne perde rien. Et ſi
les joüiſſances ſont moindres, il recouvrera le ſurplus de
ſes avances en principal & en interêts [a] ; car il ne doit
rien perdre. Mais ſi les joüiſſances excedent ce qui pourroit luy être dû de rembourſement, il en profitera.

[a] Super empti agri quæſtione diſceptabit Præſes provinciæ : & ſi portionem
diverſæ partis eſſe cognoverit, impenſas, quas ad meliorandam rem vos ero-
gaſſe conſtiterit , habita fructuum ratione reſtitui vobis jubebit. *l. 16. C. de evict.*
Sumptus in prædium , quod alienum eſſe apparuit , à bonæ fidei poſſeſſore facti ,
neque ab eo qui prædium donavit , neque à domino peti poſſunt : verùm exceptione doli appoſita , per officium judicis , æquitatis ratione ſervantur : ſi fructuum
ante litem conteſtatam perceptorum ſummam excedant : etenim admiſſa com-
penſatione, ſuperfluum ſumptum , meliore prædio facto , dominus reſtituere cogitur. *l. 48. ff. de rei vind.* Emptor prædium , quod à non domino emit , exceptione doli poſita , non aliter reſtituere domino cogetur , quàm ſi pecuniam creditori ejus ſolutam , qui pignori datum prædium habuit , uſuratumque medii
temporis ſuperfluum , recuperaverit : ſcilicet ſi minus in fructibus ante litem
perceptis fuit. Nam eos uſuris nobis duntaxat compenſari , ſumptuum in prædio
factorum exemplo , æquum eſt. *l. 65. ff. de rei vindic.*

Ce qui eſt dit dans cet article que l'acheteur profitera des joüiſſances qui excederont ſon
rembourſement , ſe doit entendre des joüiſſances perceües de bonne-foy , & avant la deman-
de en juſtice. V. la Sect. 3. du titre des interêts, dommages & interêts, & reſtitution de fruits.

XVIII.

18. *Les circonſtan-*
ces font diverſement
regler les difficultez
pour les ameliorations.

Si la dépenſe employée pour les ameliorations eſt moindre que leur valeur, l'acheteur évincé ne recouvrera que
cette dépenſe. Et ſi au contraire la dépenſe excede cette

valeur, il ne recouvrera que ce qu'il y aura de profit. Mais selon les circonstances, il sera de la prudence du Juge, de ne pas priver cet acheteur des dépenses raisonnables, & que le maître du fonds auroit pû, ou dû faire : & aussi de ne pas trop charger le vendeur, ou celuy qui évince, & il faut les regler selon que le demandent la qualité des dépenses, celle des personnes, la necessité ou utilité des ameliorations, & tout ce qui peut être consideré dans l'état des choses *a*.

a In fundo alieno quem imprudens emeras ædificasti, aut consevisti : deinde evincitur ; bonus judex variè ex personis, causísque constituet. Finge & dominum eadem facturum fuisse, reddat impensam, ut fundum recipiat : usque eo duntaxat quo pretiosior factus est. Et si plus pretio fundi accessit, solum quod impensum est. Finge pauperem, qui, si reddere id cogatur laribus, sepulcrisque avitis carendum habeat ? sufficit tibi permitti tollere ex his rebus, quæ possis : dum ita ne deterior sit fundus, quàm si initio non foret ædificatum. *l.* 38. *ff. de rei vind*

Mediè igitur hæc à judice dispicienda, ut neque delicatus debitor, neque onerosus creditor audiatur. *l.* 25. *in f. ff. de pign. act.* V. l'art. 19. de la Sect. 3. des hypotheques.

X I X.

Si dans les cas de l'article précedent, le vendeur avoit vendu de mauvaise foy la chose d'autruy, il seroit tenu indistinctement de toutes les dépenses faites par l'acheteur *b*.

19. *Si le vendeur a vendu de mauvaise foy la chose d'autruy.*

b In omnibus tamen his casibus, si sciens quis alienum vendiderit, omnino teneri debet. *l.* 45. §. 1. *in f. ff. de act. & empt. & vend.*

X X.

Ceux qui se trouvent obligez à la garentie envers l'acheteur, ne peuvent le troubler, quelque droit qu'ils puissent avoir en la chose venduë. Ainsi, l'heritier de celuy qui a vendu, se trouvant de son chef proprietaire de la chose venduë, ne peut évincer l'acheteur dont cette qualité d'heritier l'a rendu garend *c*.

20. *Celuy qui doit garentir, ne peut évincer.*

c Si alienum fundum vendideris & tuum posteà factum petas, hac exceptione rectè repellendum. *l.* 1. *ff. de except. rei vind.* Sed & si dominus fundi heres venditori existat, idem erit dicendum. *d. l.* §. 1. *l.* 14. *C. de rei vind.*

X X I.

Si l'acheteur troublé se laisse condamner par défaut, s'il se défend mal, s'il ne dénonce point au vendeur la demande qui luy est faite, s'il compromet, ou transige à

21. *Si l'acheteur troublé ne dénonce, ou fait quelqu'autre préjudice à la*

l'inſçû du vendeur, ou s'il fait quelque autre préjudice à la condition de ſon garend, il ne pourra demander la garentie d'une éviction qu'il ſe doit imputer *a*.

a Si ideo contrà emptorem judicatum eſt , quod defuit , non committitur ſtipulatio. Magis enim propter abſentiam victus videtur quàm quod malam cauſam habuit. *l.* 55. *ff. de evict.* Si cùm poſſet emptor , auctori denuntiare , non denuntiaſſet , idémque victus fuiſſet , quoniam parum inſtructus eſſet ; hoc ipſo videtur dolo feciſſe. Et ex ſtipulatu agere non poteſt. *l.* 53. §. 1. *eod.* Si compromiſero , & contra me data fuerit ſententia , nulla mihi actio de evictione danda eſt , adverſus venditorem. Nulla enim neceſſitate cogente id feci. *l.* 56. §. 1. *eod.* *v. l.* 63. *eod.*

XXII.

Aprés que l'acheteur aura dénoncé le trouble au vendeur, il ne ſera tenu ni de ſe défendre , ni d'appeller , s'il eſt condamné. Et ſoit qu'il ſe défende , ou non , le vendeur demeurera garend de l'évenement *b*.

b Gaia Seia fundum à Lucio Titio emerat , & quæſtione mota fiſci nomine , auctorem laudaverat , & evictione ſecuta fundus ablatus , & fiſco adjudicatus eſt venditore præſente. Quæritur , cùm emptrix non provocaverat , an venditorem poterit convenire. Herennius Modeſtinus reſpondit , ſive quod alienus fuit , cùm veniret , ſive quod tunc obligatus, evictus eſt , nihil proponi , cur emptrici adverſus venditorem actio non competat. *l.* 63. §. 1. *ff. de evict.*

XXIII.

Si l'acheteur découvre qu'on luy a vendu de mauvaiſe foy la choſe d'autruy , il pourra agir contre le vendeur , quoyqu'il ne ſoit pas encore troublé, pour l'obliger à faire ceſſer le peril de l'éviction : & pour recouvrer les dommages & interêts qu'il pourra ſouffrir d'une telle vente *c*.

c Si ſciens alienam rem ignoranti mihi vendideris , etiam priuſquam evincatur utiliter me ex empto acturum putavit , in id quanti mea interſit , meam eſſe factam. Quamvis enim alioquin verum ſit , venditorem hactenus teneri , ut rem emptori habere liceat , non etiam ut ejus faciat : quia tamen dolum malum abeſſe præſtare debeat , teneri eum qui ſciens alienam , non ſuam ignoranti vendidit. Idem eſt maximè ſi manumiſſuro , vel pignori daturo vendiderit. *l.* 30. §. 1. *ff. de act. empt. & vend.*

XXIV.

Comme dans les ventes des meubles & des immeubles, la garentie naturelle oblige à délivrer , & garentir une choſe qui ſoit en nature ; ainſi dans les ventes ou ceſſions de droits comme d'une dette , d'une action , d'une heredité , la garentie naturelle oblige à tranſporter un droit qui ſubſiſte, une dette qui ſoit dûë , une heredité qui ſoit échuë échûë , une action qu'on puisse exercer. Et si le cedant n'avoit pas le droit qu'il vend & transporte , la vente seroit nulle : & il seroit tenu de la restitution du prix , & des dommages & interêts de l'acheteur ou cessionaire *a*.

a Si hereditas venierit ejus qui vivit, aut nullus sit ; nihil esse acti , quia in rerum natura non sit , quod venierit. *l.* 1. *ff. de hered. vel act. vend.*

Cùm hereditatem aliquis vendidit , esse debet hereditas ut sit emptio. Nec enim alia emitur , ut in venatione , & similibus , sed res : quæ si non est , non contrahitur emptio : & ideo pretium condicetur. *l.* 7. *ff. de hered. vel act. vend.* Si quid in eam rem impensum est , emptor à venditore consequatur : & si quid emptoris interest. *l.* 8. *in f. & l.* 9. *eod.* Si nomen sit distractum , Celsus libro nono digestorum scribit , locupletem esse debitorem , non debere præstare : debitorem autem esse præstare , nisi aliud convenit. *l.* 4. *eod.* V. l'art. 26.

X X V.

L'heritier qui vend & transporte l'heredité , sans en specifier les biens , les droits , ni les charges , n'est tenu de garentir , que sa qualité , & son droit d'heritier ; car c'est ce qu'il vend. Et il n'est garend ni d'aucune charge , ni d'aucun bien en particulier , ni d'aucun droit de l'heredité ; s'il n'y est expressément obligé par la convention *b*. Mais s'il avoit déja profité de quelque bien de cette heredité il doit le rendre à celuy à qui il la vend , comme étant compris dans la vente , s'il ne la reserve. *c*.

b Venditor hereditatis satisdare de evictione non debet , cùm id inter ementem & vendentem agatur , ut neque amplius , neque minus juris emptor habeat , quàm apud heredem futurum esset. *l.* 2. *ff. de hered. vel act. vend.*

Emptor hereditatis rem à possessoribus sumptu ac periculo suo persequi debet. Evictio quoque non præstatur , in singulis rebus , cùm hereditatem jure venisse constat , nisi aliud nominatim inter contrahentes convenit. *l.* 1. *C. de evict. l.* 14. *in f. & l.* 15. *ff. de hered. vel act. vend.* Sicuti lucrum omne ad emptorem hereditatis respicit , ita damnum quoque debet ad eundem respicere. *l.* 2. *§.* 9. *eod.*

c Hoc agi videtur , ut quod ex hereditate pervenit , in id tempus quo venditio fit , id videatur venisse. *l.* 2. *§.* 1. *eod.*

X X V I.

Celuy qui vend & transporte une dette, doit seulement garentir que ce qu'il cede luy soit dû effectivement. Et si le debiteur étoit insolvable, il n'en est point garend , s'il n'y est obligé par la cession *d*. Car il ne vend qu'un droit.

d Si nomen sit distractum , Celsus libro nono Digestorum scribit , locupletem esse debitorem , non debere præstare : debitorem autem esse præstare , nisi aliud convenit. *l.* 4. *ff. de hered. vel act. vend.* Qui nomen , quale fuit , vendidit : dumtaxat ut sit , non ut exigi etiam aliquid possit , & dolum præstare cogitur. *l.* 74. *in f. ff. de evict.*

Tome I. X

SECTION XI.

De la redhibition, & diminution du prix.

SOMMAIRES.

I.

1. Définition.

ON appelle redhibition la resolution de la vente à cause de quelque défaut de la chose venduë, qui soit tel qu'il suffise pour obliger le vendeur à la reprendre, & pour annuler la vente *a*.

a Redhibere est, facere ut rursus habeat, venditor, quod habuerit. Et quia reddendo id fiebat, idcirco redhibitio est appellata. *l*. 21. *ff. de ad. ed.* Judicium dabimus ut redhibeatur. *l*. 1. §. *in fine eod.*

II.

2. Le vendeur

Le vendeur est obligé de declarer à l'acheteur les défauts

de la chofe venduë qui luy font connus *. Et s'il ne l'a fait, ou la vente fera refoluë, ou le prix diminué, felon la qualité des défauts: & le vendeur tenu des dommages & interêts de l'acheteur, par les regles qui fuivent.

doit dec'aver les défauts de la chofe venduë.

a Certiores faciant emptores quid morbi vitifve cuique fit. *l.* 1. §. 1. *ff. de adil. ed.* Eademque omnia cùm mancipia venibunt palam rectè pronuntianto. *d* §. 1.

III.

Comme il n'eft pas poffible de reprimer toutes les infidelitez des vendeurs, & que les inconveniens feroient trop grands de refoudre, ou troubler les ventes, pour toute forte de défauts des chofes venduës ; on ne confidere que ceux qui les rendent abfolument inutiles à l'ufage pour lequel elles font en commerce, ou qui diminuënt tellement cet ufage, ou le rendent fi incommode, que s'ils avoient été connus à l'acheteur, il n'auroit point acheté du tout, ou n'auroit acheté qu'à un moindre prix. Ainfi, par exemple, une poutre pourrie eft inutile à fon ufage. Ainfi, un cheval pouffif rend moins de fervice, & l'ufage en eft trop incommode. Et ces défauts fuffifent pour refoudre une vente. Mais fi un cheval eft feulement dur à l'éperon, ce défaut ne fera aucun changement. Et en general il dépend ou des ufages, s'il y en a, ou de la prudence du Juge, de difcerner par la qualité des défauts, fi la vente doit être refoluë, ou le prix diminué, ou s'il ne faut point avoir d'égard au défaut *b*.

3. Diſtinction des défauts des chofes venduës.

b Res bona fide vendita, propter minimam caufam inempta fieri non debet, *l.* 54. *ff. de contr. empt.* Si quid tale fuerit vitii, five morbi, quod ufum, miniſteriumque hominis impediat: id dabit redhibitioni locum ; dummodo meminerimus, non utique quodlibet quam leviffimum, efficere, ut morbofus, vitiosúfve habeatur. *l.* 1. §. 8. *ff. de adil. ed.* Qui fortaffe, fi hoc cognoviffet, vel empturus non effet, vel minoris empturus effet. *l.* 39. *ff. de act. empt. & vend. l.* 35. *in f. ff. de contr. empt.*

IV.

Dans les ventes des immeubles il peut y avoir lieu de redhibition, ou de diminution du prix, s'il s'y trouve des défauts qui y donnent lieu. Ainfi, l'acheteur d'un fonds peut faire refoudre la vente, s'il s'exhale de ce fonds des vapeurs malignes qui en rendent l'ufage perilleux. Ainfi, pour une fervitude qui ne paroiffoit point, & que le vendeur n'a pas expliquée, l'acheteur peut faire diminuer le

4. Redhibition des immeubles.

X ij

prix *, & refoudre même la vente , fi la fervitude eft tellement onereufe qu'elle en donne fujet.

a Etiam in fundo vendito redhibitionem procedere nequaquam incertum eft.
Veluti fi peftilens fundus diftractus fit. Nam redhibendus erit. *l.* 49. *ff. de adil.
ed. l.* 4. *C. de adil. act. l.* 2. §. 29. *ff. ne quid in loc. publ.* Si quis in vendendo prædio confinem celaverit , quem emptor fi audiffet , empturus non effet : teneri
venditorem. *l.* 35. *in f. ff. de contr. empt.* Quoties de fervitute agitur , victus tantùm debet præftare , quanti minoris emiffet emptor , fi fciffet hanc fervitutem
impofitam. *l.* 61. *ff. de adil. ed.*

V.

V. *Que fi le ven-
deur ignore les dé-
fauts , l'acheteur a
fon action.*

Quoyque les défauts de la chofe venduë fuffent inconnus au vendeur, l'acheteur peut faire refoudre la vente ,
ou diminuer le prix, fi ces défauts font tels qu'ils y donnent lieu *b*. Car comme on n'achete une chofe que pour
fon ufage, fi quelque défaut empêche cet ufage, ou le diminuë, le vendeur ne doit pas profiter d'une valeur que
paroiffoit avoir, & que n'avoit pas ce qu'il a vendu.

b Sciamus venditorem etiam fi ignoravit ea quæ ædiles præftari jubent, tamen
teneri debere , nec eft hoc iniquum. *l.* 1. §. 2. *ff. de adil. ed. l.* 21. §. 1. *ff. de act.
empt. & vend.*
Si quidem ignorabat venditor , ipfius rei nomine teneri. *l.* 45 *ff. de contr.
empt.*
Si quidem ignorans fecit , id tantùm ex empto actione præftaturum , quantò
minoris effem empturus , fi id ita effe fciffem. *l.* 13. *ff. de act. empt. & vend.*

V I.

6. *Dommages &
interêts, fi le vendeur
ignore les défauts.*

Dans ce même cas où les défauts de la chofe venduë
ont été inconnus au vendeur , il fera tenu non feulement
de reprendre la chofe , ou diminuer le prix , mais auffi de
défintereffer l'acheteur des frais où la vente auroit pû
l'engager ; comme des dépenfes pour les voitures , des
droits d'entrée , ou autres femblables *c*.

c Si quas acceffiones (emptor) præftiterit, ut recipiat. *l.* 1. §. 1. *ff. de adil. ed. l.*
23. §. 1. & 7. *eod.*
Debet (emptor) recipere pecuniam quam dedit. *l.* 27. *eod.*
Sed & fi quid emptionis caufa erogatum eft. *d. l.* 27.
Quid ergo fi fortè vectigalis nomine datum eft , quod emptorem fortè fequeretur ? dicemus hoc quoque reftituendum. Indemnis enim emptor debet difcede-
re. *d. l.* 27. *in fine.* Voyez l'article fuivant.

V I I.

Si le vendeur avoit connu les défauts de la chofe venduë,
il ne fera pas feulement tenu des dommages & interêts

suivant la regle précedente ; mais il répondra de plus des suites, que le défaut de la chose aura pû causer. Ainsi, celuy qui auroit vendu un troupeau de moutons, qu'il sçavoit être infecté d'un mal contagieux, sans l'avoir declaré, seroit tenu de la perte d'autre betail de l'acheteur, que ce mal contagieux auroit infecté. Et il en seroit de même, si le vendeur étoit obligé de connoître les défauts de la chose venduë, quoyqu'il prétendît les avoir ignorez ; comme si un Architecte qui fournit les materiaux pour un bâtiment, y en avoit mis de mal conditionnez ; il seroit tenu du dommage qui en arriveroit *a.*.

a Si sciens reticuit, & emptorem decepit ; omnia detrimenta quæ ex ea emptione emptor traxerit præstaturum ei. Sive igitur ædes vitio tigni corruerunt , ædium æstimationem : sive pecora contagione morbosi pecoris perierunt , quod interfuit idoneè venisse erit præstandum. *l.* 13. *ff. de act. empt. & vend. l.* 1. *C. de ædil. act.*

Siquidem ignorabat venditor, ipsius rei nomine teneri si sciebat etiam damni quod ex eo contingit. *l.* 45. *ff. de contr. empt.*

Celsus etiam imperitiam culpæ adnumerandam libro octavo digestorum scripsit. *l.* 9. §. 5. *ff. loc.* Quod imperitia peccavit , culpam esse, quippe ut artifex conduxit. *d.* §. 5. V. l'art. 2. de la Sect. 8. du loüage.

VIII.

Si le défaut de la chose venduë donne lieu à la redhibition , & resolution de la vente ; le vendeur, & l'acheteur seront remis au même état, que s'il n'y avoit point eu de vente. Le vendeur rendra le prix , & les interêts, & remboursera l'acheteur de ce qu'il aura debourse pour la conservation de la chose venduë , & pour les autres suites de la vente suivant les regles précedentes. Et l'acheteur rendra la chose au vendeur, avec tout le profit qu'il pourra en avoir tiré. Et enfin toutes choses seront remises en entier de part & d'autre réciproquement *b*.

b Si quid aliud in venditione accesserit : sive quid ex ea re fructus pervenerit ad emptorem , ut ea omnia restituat. *l.* 1. *ff. de ædil. ed.* Jubent ædiles restitui & quod venditioni accessit , & si quas accessiones ipse præstiterit. Ut uterque resoluta emptione , nihil amplius consequatur , quàm non haberet , si venditio facta non esset. *l.* 23. §. 1. *eod.* Facta redhibitione , omnia in integrum restituuntur, perinde ac si neque emptio ; neque venditio intercessit. *l.* 60. *eod. d. l.* 23. §. 7. Voyez l'article suivant.

IX.

Tous les changemens qui arrivent à la chose venduë, aprés la vente, & avant la redhibition , soit que la chose periſſe, ou ſe diminuë, ſans la faute de l'acheteur, & des perſonnes dont il doit répondre ; regardent le vendeur qui doit la reprendre : & auſſi il profite des changemens qui la rendent meilleure *a*.

a Si mortuum fuerit jumentum, pari modo redhiberi poterit, quemadmodum mancipium poteſt. *l. 38. §. 3. ff. de adil. ed. l. 31. §. 6. eod.*
Si mancipium, quod rehiberi oportet, mortuum erit hoc quæretur, numquid culpa emptoris, vel familiæ ejus, vel procuratoris homo demortuus ſit. *d. l. 31. §. 11. l. 10. ff. de reg. jur.*

X.

Si les défauts de la choſe venduë ſont évidens, comme ſi un cheval a les yeux crevez, l'acheteur ne pourra ſe plaindre de ces ſortes de défauts, qu'il n'a pû ignorer *b* : non plus que de ceux que le vendeur luy aura declarez *c*.

b Si quis hominem luminibus effoſſis emat, & de ſanitate ſtipuletur, de cætera parte corporis potius ſtipulatus videtur, quàm de eo, in quo ſe ipſe decipiebat. *l. 43. §. 1. ff. de contr. empt.*
Si intelligatur vitium, morbúſve mancipii, ut plerumque ſignis quibuſdam ſolent demonſtrare vitia : poteſt dici edictum ceſſare. Hoc enim tantùm intuendum eſſe, ne emptor decipiatur. *l. 1. §. 6. ff. de adil. ed. l. 14. §. ult. eod.*
c Si venditor nominatim exceperit de aliquo morbo, & de cætero ſanum eſſe dixerit, aut promiſerit, ſtandum eſt eo quod convenit. *d. l. 14. §. 9.*

X I.

Si les défauts de la choſe venduë ſont tels que l'acheteur ait pû les connoître, & s'en rendre certain, comme ſi un heritage eſt ſujet à des débordemens : ſi une maiſon eſt vieille : ſi les planchers en ſont pourris : ſi elle eſt mal bâtie ; l'acheteur ne pourra ſe plaindre de ces ſortes de défauts, ni des autres ſemblables. Car la choſe luy eſt venduë, telle qu'il la voit *d*.

d Si intelligatur vitium morbúſve mancipii ut plerumque ſignis quibuſdam ſolent demonſtrare vitia, poteſt dici edictum ceſſare. Hoc enim tantùm intuendum eſt, ne emptor decipiatur. *l. 1. §. 6. ff. de adil. ed.*
Ad ea vitia pertinere edictum ædilium probandum eſt, quæ quis ignoravit, vel ignorare potuit. *l. 14. §. ult. eod.*

X I I.

Si le vendeur a declaré quelque qualité de la choſe venduë, outre celles qu'il doit garentir naturellement : & que cette qualité ſe trouve manquer, ou que même la choſe venduë ſe trouve avoir les défauts contraires; il faudra ju-

ger de l'effet de la declaration du vendeur par les circonſtances de la conſequence des qualitez qu'il aura exprimées, de la connoiſſance qu'il pouvoit ou devoit avoir
de la verité contraire à ce qu'il a dit, de la maniere dont
il aura engagé l'acheteur, & ſur tout il faudra conſiderer
ſi ces qualitez ont fait une condition ſans laquelle la vente n'eût pas été faite. Et ſelon les circonſtances, ou la vente
ſera reſoluë, ou le prix diminué : & le vendeur tenu des
dommages & interêts s'il y en a lieu. Ainſi, par exemple,
ſi le vendeur d'un heritage l'a declaré allodial, & vendu
comme tel, & que cet heritage ſe trouve ſujet à un cens,
& l'acheteur obligé à payer le droit de lots ; le vendeur
ſera tenu d'en indemniſer l'acquereur, & des autres ſuites, ſelon les circonſtances, quand même il auroit ignoré
que l'heritage fût ſujet à ce cens. Mais ſi le vendeur a ſeulement uſé de ces expreſſions ordinaires aux vendeurs,
qui loüent vaguement ce qu'ils veulent vendre, l'acheteur n'ayant pas dû prendre ſes meſures ſur des expreſſions de cette nature, il ne pourra faire reſoudre la vente
ſur un tel prétexte *a*.

a Si quid venditor de mancipio affirmaverit, idque non ita eſſe emptor quera-
tur, aut redhibitorio aut æſtimatorio, id eſt, quanto minoris judicio agere poteſt.
l. 18. ff. de æ 'il. ed. Si prædii venditor non dicat de tributo ſciens, tenetur ex emp.
to .... venditor teneri debet, quanti intereſt non eſſe deceptum, etſi venditor
quoque neſciet, veluti, ſi menſas quaſi citreas emat quæ non ſunt. *l. 21. §. 1. &*
2. ff. de act. empt. & vend.
Sciendum tamen eſt, quædam etſi dixerit præſtare eum non debere. Scilicet ea
quæ ad nudam laudem ſervi pertinent. *l. 19. eod.* Ut enim Pedius ſcribit, multum
intereſt commendandi ſervi cauſa, quid dixerit, an verò præſtaturum ſe promiſerit, quod dixit. *v. l. 19. eod. d. l. §. 3. l. 43. eod. v. l. 16. ff. de hered. vel act. vend.*
Quid tamen, ſi ignoravit quidem furem eſſe, aſſeveravit autem bonæ frugi &
fidum, & carò vendidit ? Videamus an ex empto teneatur ? Et putem teneri. At
qui ignoravit. Sed non debuit facilè quæ ignorabat adſeverare. Inter hunc igitur,
& qui ſcit, intereſt. Qui ſcit, præmonere debuit furem eſſe, hic non debuit faci-
lis eſſe ad temerariam indicationem. *l. 13. §. 3. ff. de act. empt.*
V. les art. 12. & 14. de la Sect. 3. des Conventions, & l'art. 2. de la Sect. 3. des
Vices des Conventions.

XIII.

Si un heritage eſt vendu comme il ſe comporte, ou
ainſi que le vendeur en a bien & deuëment joüi, ou avec
ſes droits & conditions ; ces expreſſions & autres ſemblables n'empêchent pas que le vendeur ne demeure garend

des fervitudes cachées, & des charges inconnuës : comme feroit une rente fonciere à laquelle l'heritage feroit affervi *a*.

a Lucius Titius promifit de fundo fuo centum millia modiorum frumenti annua præftare prædiis Gaii Seii. Poftea Lucius Titius vendidit fundum, additis verbis his, quo jure, quàque conditione ea prædia Lucii Titii hodie funt, ita veneunt, itaque habebuntur. Quæro, an emptor Gaio Seio ad præftationem frumenti fit obnoxius? Refpondit, emptorem Gaio Seio, fecundùm ea quæ proponerentur, obligatum non effe. *l. ult. §. ult. ff. de contr. empt. v. l. 69. §. 5. ff. de evict. l. 61. ff. de ædil. ed.* V. l'art. fuivant.

XIV.

14. *Défauts d'ex-preffion du vendeur.

Le vendeur eft obligé d'expliquer clairement, & nettement, quelle eft la chofe venduë, en quoy elle confifte, fes qualitez, fes défauts, & tout ce qui peut donner fujet à quelque erreur, ou mal entendu. Et s'il y a dans fon expreffion de l'ambiguité, de l'obfcurité, ou quelque autre vice; l'interpretation s'en fait contre luy *b*.

b Veteribus placet, pactionem obfcuram, vel ambiguam venditori, & qui locavit nocere, in quorum fuit poteftate, legem apertius confcribere. *l. 39. ff. de pact. l. 21. l. 33. ff. de contr. empt.* V. l'art. 13. de la fect. 2. des Conventions, & l'art. 10. de la fect. 3. du Loüage.

XV.

15. *Tromperie dans la chofe.*

Celuy qui a vendu une chofe pour l'autre : une vieille pour neuve : une moindre quantité, que celle qu'il a exprimée. Soit qu'il ait ignoré le défaut, ou qu'il l'ait connu, fera tenu ou de reprendre la chofe, ou d'en diminuer le prix, & des dommages & interêts que l'acheteur aura pû fouffrir *c*.

c Si veftimenta interpola quis pro novis emerit, Trebatio placere ita emptori præftandum quod intereft, fi ignorans interpola emerit. *l. 45. ff. de contr. empt.*

Venditor teneri debet, quanti intereft non effe deceptum, etfi venditor quoque nefciat. Veluti fi menfas quafi citreas emat, quæ non funt. *l. 21. §. 2. ff. de act. empt. & vend.* In fundo vendito, cùm modus pronunciatus deeft, fumitur portio ex pretio. *l. 69. §. ult. ff. de evict.*

XVI.

16. *Redhibition par le défaut de l'une de plufieurs chofes qui s'affortiffent.*

Si de plufieurs chofes qui s'affortiffent, comme les pieces d'une tapifferie, les chevaux d'un attelage, & autres chofes femblables, l'une fe trouve avoir des défauts fuffifans pour refoudre la vente, elle fera refoluë pour le tout.
Car

Car il eſt également de l'interêt du vendeur, & de l'acheteur, de ne pas dépareiller ces ſortes de choſes *a*.

a Cùm jumenta paria véniunt, Edicto expreſſum eſt, ut cùm alterum in ea
cauſa ſit, ut redhiberi debeat; Utrumque redhibeatur. In qua re tam emptori,
quàm venditori conſulitur, dum jumenta non ſeparantur. Simili modo, & ſi
triga venierit, redhibenda erit tota, & ſi quadriga, redhibeatur. *l.* 38. *§. ult. ff.
de adil. ed. l.* 34. *l.* 35. *eod.*

XVII.

La redhibition, & la diminution du prix à cauſe des
défauts de la choſe venduë, n'ont pas de lieu dans les
ventes publiques, qui ſe font en juſtice. Car dans ces
ventes, ce n'eſt pas le proprietaire qui vend, mais c'eſt
l'autorité de la juſtice, qui tient lieu de vendeur, & qui
n'adjuge la choſe que telle qu'elle eſt *b*.

17. La redhibition
n'a pas de lieu dans
les ventes qui ſe font
en juſtice.

b Illud ſciendum eſt, edictum hoc non pertinere ad venditiones fiſcales. *l.* 1.
§. 3. *ff. de adil. ed. Quoyque cette loy n'ait pas un rapport précis à cet article, elle peut
y être appliquée.*

XVIII.

Le temps pour être reçû à exercer la redhibition ne
commence de courir qu'aprés que l'acheteur a pû reconnoître les défauts de la choſe venduë : ſi ce n'eſt que ce
temps fût reglé par quelque uſage, ou qu'il eût été convenu que l'acheteur ne pourroit ſe plaindre que pendant
un certain temps. Mais dans le cas même d'un délay reglé, le vendeur pourra être reçû aprés ce délay, & le
juge en arbitrera ſelon les circonſtances *c*.

18. Temps pour
exercer la redhibi-
tion.

c Si quid ita venierit, ut niſi placuerit, intra præfinitum tempus, redhibeatur ; ea conventio rata habetur. Si autem de tempore nihil convenerit, in factum
actio intra ſexaginta dies utiles, accommodatur emptori ad redhibendum, ultra non. Si verò convenerit ut in perpetuum redhibitio fiat, puto hanc conventionem valere. Item ſi tempus ſexaginta dierum, præfinitum redhibitioni præterierit, cauſa cognita judicium dabitur. *l.* 31. *§.* 22. *ff. de adil. ed.* V. l'art. 8. de
la Sect. 4. & l'art. 9. de la Sect. 12.

SECTION XII.

Des autres causes de la resolution des ventes.

LEs ventes peuvent être resoluës par plusieurs causes.

Par le défaut de la délivrance de la part du vendeur.

Par le défaut de payement du prix de la part de l'acheteur.

Par les vices de la chose venduë.

Par la vilité du prix.

Par les évictions.

Par l'évenement d'une condition.

Par la revocation que font les creanciers du vendeur, des ventes faites en fraude de leurs creances.

Par le retrait lignager, qui resout la vente à l'égard de l'acheteur, & la fait passer au retrayant qu'il luy substituë.

Par les retraits feodaux, & autres.

Par une faculté de rachat.

Par un pacte resolutoire.

Par l'inexécution de quelqu'une des conventions de la vente.

Par le consentement du vendeur, & de l'acheteur.

Par le dol, la force, l'erreur, & les autres moyens de restitution, de rescision, ou de nullité.

De toutes ces causes les six premieres & la derniere qui est la nullité, ont été expliquées dans ce Titre. La revocation des ventes faites en fraude des creanciers, fait partie du Titre de ce qui se fait en fraude des creanciers. Le retrait lignager, & les autres sortes de retraits ne sont pas de ce dessein, car ils sont propres à nos coûtumes, & le retrait lignager est aboli par le droit Romain* ; les rescisions, & restitutions auront leurs titres en leurs lieux. Et il ne reste à expliquer icy, que la faculté de rachat, le pacte resolutoire, l'inéxecution, & le consentement du vendeur & de l'acheteur. Mais auparavant il faut expli-

---

* *l. 14. S. de contr. empt. v. l. 16. ff. de reb. auth. jud. possid.*

quer quelques regles communes à toutes les manieres de resoudre les ventes.

Regles communes de la resolution des ventes.

SOMMAIRES.

I.

IL y a cette difference entre la resolution, & la nullité d'une vente, que la nullité fait qu'il n'y a jamais eu de vente [a]: & que la resolution fait cesser la vente qui avoit été accomplie ; mais ne fait pas qu'elle n'ait point été, quand même elle seroit resoluë par la volonté du vendeur & de l'acheteur [b].

1. Difference entre la nullité, & la re-solution d'une vente.

a V. l'art. 1. de la Sect. 3. des Conventions.

b Ab emptione, venditione, locatione, conductione, cæterisque similibus obligationibus quin integris omnibus, consensu eorum qui inter se obligati sint, recedi possit, dubium non est. l. 58. ff. de pact. l. 1. C. quando lic. ab empt. disc. l. 2. eod.

Infectam emptionem facere non possumus. l. 2. in f. ff. de resc. vend. V. sur cet article & les suivans, la Sect. 6. des Conventions.

II.

Quelle que soit la cause de la resolution d'une vente, si elle est contestée, & que l'acheteur, ou autre ayant son droit soit en possession ; le vendeur ne pourra re-

2. Le possesseur ne peut être depossedé que par la justice.

Y ij

prendre la chose venduë que par l'autorité de la justice *.

a V. l'art. 16. de la Sect. 5. & l'art. 15. de la Sect. 6. des Conventions.

III.

3. Dommages & intérêts s'il y en a lieu.

Si la vente est resoluë par le fait de l'un ou de l'autre qui ait donné sujet à quelque dommage ; il en sera tenu, suivant les regles qui ont été expliquées dans ce Titre *b*.

b C'est une suite de diverses regles qui ont été expliquées dans ce Titre.

IV.

4. La résolution de la vente remet toutes choses en entier.

La vente étant resoluë, le vendeur & l'acheteur rentrent dans leurs droits : & toutes choses sont remises en entier, selon que les circonstances peuvent le permettre *c*.

c Ut uterque, resoluta emptione, nihil amplius consequatur, quàm non haberet, si venditio facta non esset. l. 23. §. 1. ff. de adil. ed. d. l. §. 7. V. l'article suivant.

V.

5. Le vendeur rentre dans son droit.

Lorsque la vente est resoluë le vendeur reprend ce qu'il avoit vendu sans aucune des charges que l'acheteur avoit pû y mettre. Parce que le vendeur rentre dans son droit, comme s'il n'en avoit jamais été dépoüillé *d*.

d Omnia in integrum restituuntur, perinde ac si neque emptio, neque venditio intercessit. l. 60. ff. de adil. ed.
Cette regle ne s'entend que des charges qui étoient du fait de l'acheteur, comme s'il avoit assujetty l'heritage à un cens, à une servitude, s'il l'avoit hypothequé à ses creanciers : & elle ne regarde pas le droit de lots & ventes qui auroit pû être acquis au Seigneur direct par cette vente. Car ce droit étoit une suite du contract, qui étoit autant du fait du vendeur, que de l'acheteur. Ainsi l'heritage y demeure affecté, si l'acheteur ne l'avoit payé. Mais si la vente étoit resoluë par une cause qui fût seulement du fait du vendeur, comme si ses creanciers faisoient saisir, il est juste en ce cas que cet acheteur soit dédommagé par le vendeur, du droit de lots & ventes qu'il auroit payé. Il y a même des coûtumes qui luy donnent les lots & ventes du decret qui sera fait de cet heritage, laissant au Seigneur la liberté de les prendre, en rendant à cet acheteur, le premier droit de lots qu'il en avoit reçû. V. sur cet article les articles 14. & 15. cy-aprés, V. l'article 2. de la Sect. 1. & l'article 10. de la Sect. 2. & les remarques qu'on y a faites.

De la faculté de rachat.

VI.

6. Faculté de rachat.

LA faculté de rachat est un pacte, par lequel il est convenu, que le vendeur aura la liberté de repren-

dre la chofe venduë, en rendant le prix à l'acheteur, ou
ce qui en aura été payé *.

a Si fundum parentes tui ea lege vendiderunt , ut five ipfi , five heredes eorum , emptori pretium quandocumque , vel intra certa tempora obtuliffent ;
reftitueretur , teque parato fatisfacere conditioni directæ , heres emptoris non
paret , ut contractus fides fervetur , actio præfcriptis verbis , vel ex vendito , tibi dabitur. *l. 2. C. de pact. int. empt. & vend. comp. l. 7. eodem. l. 12. ff. de prafcr.
verb. l. 1. C. Quando decr. non eft op.*

VII.

La vente fous faculté de rachat renferme une condition, qu'elle fera refoluë, fi le vendeur rachete *b*. Et lors
qu'il le fait, il rentre dans fon droit en vertu de cette
condition. Ainfi il reprend la chofe, exempte des charges, que l'acheteur avoit pû y mettre.

*b (Si) foluta fuerit data quantitas , fit res inempta. l. 7. C. de pact. int. empt.
& vend. comp. te parato fatisfacere conditioni , &c. l. 2. eod.*

7. Vente ou faculté de rachat enferme une condition.

VIII.

Si la faculté de rachat n'étoit accordée qu'aprés le
contract de vente parfait, elle ne fera aucun préjudice
aux charges, & hypotheques, aufquelles l'acheteur fe
feroit engagé depuis le contract, & avant que d'accorder
cette faculté *c*.

*c C'eft une fuite neceffaire de l'accompliffement de la vente pure & fimple , qui avoit
acquis le droit à l'acheteur , fuivant les regles de la nature du contract de vente.*

*8. Faculté de ra-
chat ex intervallo.*

IX.

La faculté de rachat peut être accordée, ou indéfiniment, fans marquer pendant quel temps le vendeur
pourra racheter, ou prefcrivant un certain temps, aprés
lequel cette faculté fera expirée *d*. Si elle eft indéfinie,
elle dure jufqu'au temps de la prefcription *e*. Et fi elle
eft bornée à un certain temps, le vendeur n'eft pas d'a-
bord exclus quand le temps expire ; mais on luy accorde un délay, de même qu'à l'acheteur lorfque la

*9. Durée de la fa-
culté de rachat.*

*d Si fundum parentes tui, ea lege vendiderunt , ut five ipfi , five heredes eo-
rum emptori pretium quandocumque , vel intra certa tempora obtuliffent , reftitueretur , &c. l. 2. C. de pact. inter empt. & vend. comp.
e Hæ actiones annis triginta continuis extinguantur , quæ perpetuæ videbau-
tur, l. 3. C. de prafcr. 30. vel 40. ann,*

vente doit être refoluë faute de payement au terme a.

a Ir. l'article 18. de la Sect. précedente, l'article 3. de la Sect. 3. & l'article 13. cy-après.

X.

10. Fruits depuis les offres.

Le vendeur exerçant la faculté de rachat d'un heritage, l'acheteur doit luy restituer les fruits depuis le jour de la demande accompagnée d'offres faites dans les formes b.

b Habita ratione eorum quæ post oblatam, ex pacto quantitatem, ex eo fundo ad adverfarium pervenerunt. d. l. 2. C. de pact. int. empt. & vend. comp.

Du pacte refolutoire, & de l'inexécution.

XI.

11. Pacte refolutoire.

LE pacte, ou clause refolutoire est cette convention ordinaire dans les ventes, que si l'acheteur ne paye au terme, la vente fera refoluë c. Et cette même peine de la refolution de la vente, peut être auffi stipulée pour l'inexécution de quelque autre convention qui feroit partie du contract de vente. Comme s'il est dit que si une maifon qui est venduë exempte d'une fervitude, s'y trouve fujette, le vendeur fera tenu de la reprendre.

c Cùm venditor fundi in lege ità caverit, fi ad diem, pecunia foluta non fit, ut fundus inemptus fit. l. 2. ff. de leg. commiff.

XII.

12. Effet des claufes refolutoires.

Les claufes refolutoires au défaut de payer au terme, ou d'executer quelque autre convention, n'ont pas l'effet de refoudre d'abord la vente, par le défaut d'y fatisfaire; mais on accorde un délay pour executer ce qui a été promis; si ce n'est que la chofe ne pût fouffrir de retardement, comme fi le vendeur manque de délivrer de la marchandife promife pour le jour d'un embarquement d.

d Ir. l'article 8. de la Sect. 3. & l'article 19. de la Sect. 2.

XIII.

13. Refolution fans claufe refolutoire.

Quoyqu'il n'y ait pas de claufe refolutoire faute de payer au terme, ou d'executer quelqu'autre convention,

la vente ne laiſſera pas d'être reſoluë , ſi le défaut de
payement , & l'inexecution y donnent lieu aprés les dé-
lais , ſelon les circonſtances *a*. Car les contractans ne veulent que le contract ſubſiſte , qu'en cas que chacun execute ſon engagement *b*.

a V. les articles 2. *& 4. de la Section 3. des conventions.*
Non impleta promiſſi fide , dominii tui jus in ſuam cauſam reverti conveniat.
l. 6. C. de pact. int. empt. & vend. compeſ.
b V. l'article 5. de la Sect. 1. des conventions.

De la reſolution de la vente par le conſentement du vendeur & de l'acheteur.

XIV.

SI le vendeur & l'acheteur reſolvent la vente , avant
que la choſe venduë ait été délivrée , & le prix payé ,
la vente n'étant pas encore conſommée , & toutes choſes
étant en entier ; ils ſont déchargez l'un & l'autre de leurs
engagemens : & remis entre eux au même état , que s'il
n'y avoit point eu de vente *c*.

c Poteſt , dum res integra eſt , conventione noſtra infecta fieri emptio. *l. 2. ff.
de reſc. vend.* Si Titius & Sejus inter ſe conſenſerint ut fundum Tuſculanum
emptum Sejus haberet centum aureis : deinde re nondum ſecuta , id eſt , neque
pretio ſoluto , neque fundo tradito , placuerit inter eos , ut diſcederetur ab emptione , & venditione , invicem liberantur. *§. ult. inſtit. quibus modis tollitur oblig.* Ab
emptione , venditione , locatione , conductione , cæteriſque ſimilibus obligationibus , quin integris omnibus , conſenſu eorum qui inter ſe obligati ſunt , recedi
poſſit , dubium non eſt. *l. 58. ff. de pact.* In emptione cæteriſque bonæ fidei judiciis re nondum ſecuta poſſe abiri ab emptione. *l. 7. §. 6. eod. l. 1. & 2. C. quando
licet ab empt. diſcedere.*
V. l'article ſuivant , & les articles 2. *de la Sect.* 1. *& 10. de la Sect.* 2.
*Il faut remarquer ſur cet article , que ſi les contractans reſolvent la vente d'un fonds ,
peu aprés le contract , & avant que l'acquereur ſe ſoit mis en poſſeſſion , il eſt de l'équité ,
& auſſi de l'uſage , qu'il n'eſt point dû de droit de lots. Et il y a même des coûtumes qui
donnent un temps , comme de huit jours , pour reſoudre le contract , ſans qu'il en ſoit dû de
lots & ventes. Mais comme ce temps n'eſt pas reglé dans les autres Provinces , & qu'on
peut encore diſtinguer la condition d'un acquereur qui s'eſt mis en poſſeſſion , de celle d'un
autre qui n'a pas pris de poſſeſſion ; il arrive aſſez ſouvent de differentes queſtions , ſi les lots
ſont dûs ou non , ſelon l'état où ſe trouvent les choſes quand on reſout la vente. Et il ſeroit à
ſouhaiter qu'on y eût une regle préciſe & uniforme : & auſſi dans ces autres uuides de regles
dont on a parlé en quelques endroits.*

XV.

Si la vente étant conſommée , le prix payé , la délivrance faite , & l'acheteur en poſſeſſion , le vendeur &

l'acheteur veulent dans la fuite refoudre le contract fans
autre caufe, que leur fimple volonté; ce n'eft pas tant
une refolution de cette vente, qu'une feconde vente que
fait l'acheteur à celuy qui luy avoit vendu. Ainfi ce premier vendeur ne reprend pas une chofe qui fût à luy,
puifque fa vente l'en avoit dépouillé; mais il achete en
effet la chofe d'un autre; & elle paffe à luy fujette aux
charges, & aux hypotheques que fon acheteur, qui luy
revend, avoit pû contracter *.*

a Re quidem integra, ab emptione & venditione, utriufque patris confenfu
recedi poteft. Etenim quod confenfu contractum eft, contrariæ voluntatis admi-
niculo diffolvitur. At enim poft traditionem interpofitam, nuda voluntas non
refolvit emptionem, fi non actus quoque priori fimilis retrò agens venditionem
intercefferit, *l. 1. C. quando lic. ab empt. d. fc.* Poft pretium folutum infectam
emptionem facere non poffumus. *l. 2. ff. de refc. vend.*
V. l'article précedent, & la remarque qu'on y a faite, & les art. 2. de la Sect.
1. & 10. de la Sect. 2.

SECTION XIII.

De quelques matieres qui ont du rapport au contract de vente.

Des ventes forcées.

Caufes des ventes forcées. IL arrive affez fouvent que des chofes qui appartiennent à des particuliers, fe trouvent neceffaires pour
quelque ufage public: & fi dans ces cas ils refufent de
les vendre, ils y font contraints par l'autorité de la
juftice. Parce que toutes chofes étant faites pour l'u-
fage de la focieté, avant qu'aucune paffe à l'ufage des
particuliers, ils ne les poffedent qu'à cette condition,
que leur interêt cedera à l'interêt public, dans les ne-
ceffitez qui le demanderont. Ainfi, un particulier eft
obligé de vendre fon heritage, s'il fe trouve neceffaire
pour quelque ouvrage public. Et il y a auffi d'autres
caufes où la juftice oblige de vendre, & même pour des
interêts de particuliers, comme dans le cas de l'article
4. de cette Section. On peut remarquer dans le droit
Romain, fur le fujet des ventes forcées, quelques cas
singuliers

finguliers où les proprietaires étoient forcez de vendre.
Ainſi, par une conſtitution de l'Empereur Antonin, les
maîtres qui maltraitoient exceſſivement leurs eſclaves,
étoient obligez de les vendre *ᵃ*. Ainſi, lors que l'un des
maîtres d'un eſclave commun à pluſieurs vouloit l'affran-
chir, les autres étoient forcez de luy vendre leurs portions *ᵇ*. Ainſi, lors qu'une choſe étoit commune au fiſque
& à des particuliers, le fiſque pouvoit ſeul vendre le
tout, ſi petite que fût ſa portion, & les autres étoient
obligez de laiſſer les leurs à l'acquereur pour la portion
du prix qui leur revenoit *ᶜ*.

a V. §. 2. inſt. de his qui ſui vel al. jur. ſ.
b l. 1. §. 1. C. de comm. ſerv. man. v. l. 16. ff. de ſerv. ſyll.
c l. un. C. de vend. rer. fiſc. cum priv. comm. l. 2. C. de comm. rer. alien.

SOMMAIRES.

I.

LEs ventes forcées ſont celles où l'on eſt contraint
par l'autorité de la juſtice, pour un bien public,
ou autre juſte cauſe *ᵃ*.

1. Ventes forcées.

a V. les articles ſuivans.

II.

Si une maiſon, ou autre heritage ſe trouve neceſſaire
pour un uſage public, comme pour y bâtir une Egliſe
paroiſſiale, ou pour l'augmenter, pour en faire un ci-
metiere, pour faire une ruë, ou pour l'élargir, pour
quelque fortification, ou autre ouvrage pour la com-

2. Vente forcée pour le bien public.

Tome I.   Z

modité publique ; le proprietaire eſt contraint par la juſtice de vendre ce fonds à un juſte prix *.

a C'eſt une ſuite de ce qui a été remarqué au commencement de cette Section. V. l. 11. ff. de evict. in verbo, *Poſſeſſiones ex præcepto principali diſtractas.* Poſſeſſiones quas pro Eccleſiis, aut domibus Eccleſiarum parochialium de novo fundandis, aut ampliandis, infra villas, non ad ſuperfluitatem, ſed convenientem neceſſitatem acquiri contingat, de cætero apud Eccleſias remaneant, abſque coactione vendendi, vel extra manum ipſarum ponendi. Et poſſeſſores illarum poſſeſſionum ad eas dimittendum juſto pretio compellantur. Pro Eccleſiis parochialibus, cœmeteriis, & domibus parochialibus Rectorum extra villam fundandis vel applicandis, illud idem concedimus. *Ordonnance de Philippes le Bel de 1303.*

Voyez un exemple de l'uſage d'un fonds d'un particulier pour la commodité publique, & pour les beſoins des particuliers dans la loy 13. §. 1. ff. de comm. præd. où il eſt dit, qu'un particulier qui a une carriere dans ſon fonds, n'eſt pas obligé d'en vendre de la pierre, s'il n'eſt aſſujetty par un uſage à en donner pour un certain prix à ceux qui en veulent. Mais ſi c'étoit dans un lieu où l'uſage de cette carriere fût d'une neceſſité publique, ne ſeroit-il pas juſte d'obliger le proprietaire d'en donner à un juſte prix, quoyque la poſſeſſion n'en fût pas établie.

III.

Dans les neceſſitez publiques, & dans une diſette de grains, on oblige ceux qui en ont des proviſions à les debiter à un prix raiſonnable *b*. Et la police contraint les bouchers, & les boulangers à vendre à un juſte prix *c*.

b Lege Julia de annona, pœna ſtatuitur adverſus eum, qui contra annonam fecerit. *l. 2. ff. de leg. Jul. de ann.* Præterea debebis cuſtodire, ne Dardanarii ullius mercis ſint, ne aut ab his qui coemptas merces ſupprimunt, aut à locupletioribus, qui fructus ſuos æquis pretiis vendere nollent, dum minus uberes proventus expectant, ne annona oneretur. *l. 6. ff. de extraord. crim.*

c Cura carnis omnis, ut juſto pretio præbeatur, ad curam præfecturæ pertinet. *l. 1. §. 11. ff. de off. præf. urb.* Il y a ſur ce ſujet pluſieurs Ordonnances.

IV.

Si la ſituation de deux heritages ſe trouve telle, qu'on ne puiſſe aller à l'un que par l'autre ; le proprietaire du lieu neceſſaire pour le paſſage, eſt obligé de vendre cette ſervitude, dans l'endroit qui luy ſera le moins incommode *d* ; car l'autre heritage doit avoir ſon uſage.

d Si quis ſepulcrum habeat, viam autem ad ſepulcrum non habeat, & à vicino ire prohibeatur : Imperator Antoninus cum patre reſcripſit : iter ad ſepulcrum peti precario, & concedi ſolere. *l. 12. ff. de Relig.* Præſes etiam compellere debet, juſto pretio iter ei præſtari. Ita tamen ut judex etiam de opportunitate loci proſpiciat, ne vicinus magnum patiatur detrimentum. *d. l.*

V.

Si dans les cas où l'on peut contraindre un proprietaire à vendre fon heritage , il confent volontairement à la vente ; ce fera une convention , dont les conditions feront telles qu'on les aura reglées par le contract , & de gré à gré *a*.

a Ce fera une convention volontaire qui reglera les conditions de cette vente. V. l'art. 7. de la Sect. 2. des Conventions.

VI.

Si le proprietaire refufe de vendre , & fe laiffe contraindre , la fentence ou arreft qui fera rendu contre luy, tiendra lieu de vente , & de titre d'alienation qui dépoüillera ce proprietaire de fon droit , & fera paffer le fonds à l'ufage auquel il aura été deftiné *b*.

b C'eft une fuite neceffaire de ces fortes de ventes.

6. S'il refufe de vendre.

VII.

Dans les cas où le proprietaire eft dépoüillé de fon heritage pour quelque ufage public , il ne peut être obligé à aucune garentie. Car outre qu'il eft dépoüillé contre fon gré , l'heritage étant mis hors du commerce par ce changement , il n'eft plus fujet ni à des hypotheques , ni à des évictions. Mais ceux qui acquierent , comme des Marguilliers , ou un Corps de Ville , demeurent chargez envers le Seigneur cenfier ou feodal , des droits feigneuriaux qu'il pouvoit avoir fur cet heritage , & de l'indemnifer des fuites de ce changement , felon la qualité des droits , & les coûtumes des lieux. Et les creanciers de celuy qui eft dépoüillé de fon fonds ont leur droit fur le prix *c*.

c Ce font encore des fuites neceffaires de ces fortes de ventes.

7. Effet de ces fortes de ventes.

VIII.

Si par quelque cas fortuit , comme d'un débordement , un chemin public eft emporté , ou rendu inutile , les voifins doivent le chemin ; mais fans pouvoir vendre ce qu'ils perdent *d*. Car c'eft un cas fortuit qui fait un chemin de leurs heritages , ou d'une partie : & cette fituation les engageoit à fouffrir cet évenement.

d Cùm via publica , vel fluminis impetu , vel ruina , amiffa eft : vicinus proximus viam præftare debet. l. 14. in f. ff. quemadm. ferv. amitt.

8. Heritages voifins du grand chemin.

Z ij

Il faut entendre cette regle d'un ancien chemin. Mais si pour la commodité publique, on changeoit un chemin, comme pour le rendre plus court, ou qu'on en fist un nouveau, il faudroit desinteresser les particuliers de ce qu'on prendroit de leurs heritages pour ce nouveau chemin.

Des decrets.

IX.

9. Saisies & decrets.

LEs creanciers ont droit de faire vendre les biens de leurs debiteurs : & ces sortes de ventes sont forcées, & se font en justice *a*.

a V. l'article 9. de la Section 3. des Hypotheques.
On n'entre point icy dans le detail de cette matiere des decrets, qui étant de l'ordre judiciaire, & differente dans nôtre usage de celuy du Droit Romain, n'est pas de ce recueil. V. l. ult. C. de jure dom.

De la licitation.

X.

10. Licitation.

LOrs qu'une chose qui ne peut que difficilement être divisée, comme une maison, ou qui ne sçauroit l'être comme un office de judicature, se trouve commune à plusieurs personnes, & qu'ils ne peuvent, ou ne veulent s'en accommoder entre eux ; ils la vendent, pour en partager le prix : & ils l'adjugent aux encheres ou à l'un d'eux, ou à des étrangers qu'ils reçoivent à encherir. Et c'est cette maniere de vendre qu'on appelle licitation *b*.

b V. l. 78. §. 4. ff. de ju. dot. in verbo adjudicatusque fundus socio fuerit. & in verbo, licitatione. l. 13. §. 17. ff. de act. empt. & vend. l. 7. §. 13. ff. com. divid.

De la ventilation.

XI.

11. Ventilation.

IL arrive souvent que plusieurs choses étant venduës toutes ensemble, pour une somme sans distinction du prix de chacune, il est necessaire dans la suite de sçavoir ce prix en particulier : & de regler combien doit valoir chacune de ces choses sur le pied de ce prix unique pour toutes. Et c'est cette maniere d'estimation qu'on appelle ventilation. Ainsi, par exemple, si un de plusieurs heritages vendus pour un seul prix, se trouve sujet à un droit de lots & ventes, c'est par une ventilation qu'on regle ce droit. Et il en feroit de même, s'il falloit faire l'eftimation particuliere d'une portion d'une maifon ou autre heritage *a*.

a V. l. 1. ff. de evict, l. 72. eod.

TITRE III.

DE L'ECHANGE.

QUoyque l'ufage de l'échange ait naturellement précedé celuy de la vente *b*, qui n'a commencé que par l'invention de la monnoye publique ; il a été de l'ordre d'expliquer les regles du contract de vente, avant que de parler de l'échange, par les raifons qu'on a remarquées à la fin du plan des matieres.

L'échange a été le premier commerce dont les hommes fe font fervis pour acquerir la proprieté des chofes ; l'un donnant à l'autre ce qui luy étoit ou inutile, ou moins neceffaire, pour avoir une chofe dont il avoit befoin *c*.

Quoyque l'ufage de l'échange foit tout naturel, ce contract avoit dans le droit Romain des regles qui paroiffent peu naturelles dans nôtre ufage. Car l'échange étoit confideré dans le droit Romain comme un contract informe, qu'on mettoit au nombre de ceux qui n'ont point de nom ; ce qui avoit cet effet, que lors qu'il n'y avoit qu'un fimple contract d'échange, fans délivrance de part ni d'autre ; il ne produifoit aucun droit d'en demander l'execution *d*: & que lors que la délivrance

Echange plus ancien que la vente, pourquoi mis aprés.

Echange, premier commerce de la proprieté des chofes.

Regles particulieres du droit Romain dans l'échange.

b Origo emendi vendendíque à permutationibus cœpit. *l. 1. ff. de contr. empt.*

c Unufquifque fecundùm neceffitatem temporum ac rerum, utilibus inutilia permutabat. *l. 1. ff. de contr. empt.*

d Ex placito permutationis ; nulla re fecuta, conftat nemini actionem competere. *l. 3. C. de rer. perm.* Emptio ac venditio nuda confentientium voluntate contrahitur, permutatio autem ex re tradita initium obligationi præbet. Alioquin fi res nondum tradita fit, nudo confenfu conftitui obligationem dicemus. Quod in his dumtaxat receptum eft, quæ nomen fuum habent ut in emptione, venditione, conductione, mandato. *l. 1. §. 2. ff. de rer. perm.*

n'étoit faite que d'une part, celuy qui l'avoit faite, n'a‑
voit pas droit de demander ce qu'on devoit luy don‑
ner en contréchange, & il ne pouvoit que reprendre ce
qu'il avoit donné *a*. Mais comme il eſt naturel, & de
nôtre uſage que toutes les conventions ſoient executées *b* ;
nous donnons à ce contract ſa perfection entiere. Et
ceux qui s'y ſont obligez ſont contraints reciproquement
à l'executer, de même que la vente : & comme ils l'é‑
toient auſſi dans le droit Romain, lors que l'échange
étoit revêtu d'une ſtipulation *c*.

*Les regles des ven‑
tes, ſervent pour l'é‑
change.*

Tout ce qu'il y a de matieres dans l'échange, étant
preſque les mêmes que celles du contract de vente, à
cauſe de l'affinité de ces deux contracts *d* ; on ne repe‑
tera rien icy de ce qui a été dit dans le contract de ven‑
te : il ſuffit d'avertir qu'on peut appliquer à l'échange
toutes les regles des ventes, à la reſerve de celles qui
n'y ont pas de rapport, comme ſont les regles qui regar‑
dent le prix, parce que dans l'échange il n'y a pas de
prix. Ainſi, les regles de l'engagement de l'acheteur de

Exception.

payer le prix, celles de la faculté de rachat, & les au‑
tres ſemblables ne s'appliquent pas à l'échange. Mais
les regles de la délivrance, celles de la garentie, & des
autres engagemens du vendeur, celles des changemens
de la choſe venduë, des nullitez des ventes, de l'évic‑
tion, de la redhibition, & autres ſemblables ſont des
regles communes aux ventes, & aux échanges. Ainſi il
ſuffira de mettre icy pour regles propres de l'échange,
celles qui ſuivent.

a Ex altera parte traditione facta, ſi alter rem nolit tradere, non in hoc agi‑
mus, ut intereſt noſtra illam rem accepiſſe, de qua convenit, ſed ut res contra
nobis reddatur, condictioni locus eſt, quaſi re non ſecuta. *l.* 1. §. *ult. ff. de rer.
perm. l.* 5. *l.* 7. *C. eod.*

b Quid tam congruum fidei humanæ quàm ea quæ inter eos placuerunt ſerva‑
re. *l.* 1. *ff. de pact.*

c Ex placito permutationis nulla re ſecuta, conſtat nemini actionem compe‑
tere, niſi ſtipulatio ſubjecta ex verborum obligatione quæſierit partibus actio‑
nem. *l.* 3. *C. de rer. perm. l.* 33. *C. de tranſ.*

d Quoniam permutatio vicina eſſet emptioni. *l. ult. ff. de rer. perm.* Permuta‑
tionem, utpote reipſa bonæ fidei conſtitutam, ſicut commemoras, vicem em‑
ptionis obtinere non eſt juris incogniti. *l.* 2. *C. de rer. perm.*

SOMMAIRES.

I.

L'Echange est une convention, où les contractans se donnent l'un à l'autre une chose pour une autre [a]. quelle qu'elle soit, hors l'argent monnoyé, car ce seroit une vente [b].

[a] Si ego togam dedi ut tunicam acciperem, Sabinus & Cassius esse emptionem & venditionem putant : Nerva & Proculus permutationem, non emptionem hoc esse... sed verior est Nervæ & Proculi sententia. *l. 1. §. 1. ff. de contr. empt.*

[b] Si quidem pecuniam dem, ut rem accipiam, emptio & venditio est. Sin autem rem do, ut rem accipiam, quia non placet permutationem rerum emptionem esse &c. *l. 5. §. 1. ff. de præscr. verb.*

II.

Dans le contract d'échange la condition des contractans étant égale, en ce que l'un & l'autre donne une chose pour une autre ; on ne peut y faire la distinction d'un vendeur, & d'un acheteur : non plus que d'un prix, & d'une marchandise [c]. Mais l'un & l'autre tient lieu tout ensemble & de vendeur de la chose qu'il donne, & d'acheteur de celle qu'il prend [d].

[c] In permutatione discerni non potest, uter emptor, uter venditor sit. *l. 1. §. 1. in f. ff. de contr. empt. l. 1. ff. de rer. perm.*
Neque aliud merx, aliud pretium. *l. 1. in princ. ff. de contr. empt.*

[d] Si quis permutaverit dicendum est utrumque emptoris, & venditoris loco haberi. *l. 19. §. 5. ff. de ædil. ed.* Is qui rem permutatam accepit, emptori similis est. *l. ult. ff. quib. ex cauf. in poss. ff. eatur.*

III.

Si celuy qui a pris une chose en échange en est évincé, il tient lieu d'acheteur : & il a son recours pour la garentie. Et l'autre est tenu de l'éviction, comme l'est un vendeur [e].

[e] Si ea res quam acceperim, vel dederim, postea evincatur, in factum dandam actionem respondetur. *l. 2. ff. de rer. perm.* Ad exemplum exempto actionis. *l. 1. C. eod.*

IV.

*4. Regles de l'é-
change mêmes que
de la vente.*

Toutes les regles du contract de vente ont lieu dans l'échange, à la reserve de ce qui se trouveroit n'être pas de la nature de ce contract, comme ce qui regarde le payement du prix *a*.

a Permutationem utpote reipsâ bonæ fidei constitutam sicut commemoras vicem emptionis obtinere, non est juris incogniti. *l. 2. C. de rer. perm.* Quoniam permutatio vicina esset emptioni. *l. 2. ff. eod.*

TITRE IV.

DU LOUAGE, ET DES DIVERSES
especes de Baux.

CE Titre comprend le commerce que font les hommes, en se communiquant l'usage des choses, ou de leur industrie, & de leur travail, pour un certain prix. Cette convention est d'un usage tres necessaire & tres frequent. Car comme il n'est pas possible que tous ayent en propre toutes les choses dont ils ont besoin, ni que chacun fasse par soy-même ce qu'on ne peut avoir que par l'industrie, & par le travail, & qu'il ne seroit pas juste que l'usage des choses des autres, ni celuy de leur industrie & de leur travail fût toûjours gratuit ; il a été necessaire qu'on en fît commerce. Ainsi, celuy qui a une maison qu'il n'habite pas, en donne l'usage à un autre pour un loyer. Ainsi, on loüe des chevaux, des carrosses, des tapisseries, & les autres meubles. Ainsi, on baille des heritages ou à ferme ou à labourage. Ainsi, on fait commerce de l'industrie, & du travail, ou à prix fait, ou à la journée, ou par d'autres marchez.

Toutes ces especes de conventions ont cela de commun qu'en chacune, l'un joüit de la chose de l'autre, ou use de son travail pour un certain prix : & c'est par cette raison que dans le droit Romain elles sont toutes comprises sous les noms de loüage, & conduction. Loüage de la part de l'un, qui s'appelle le locateur, & que

nous

nous appellons autrement le bailleur, & conduction de la part de l'autre, qui s'appelle le conducteur, & que nous appellons autrement le preneur. Sur quoy il faut remarquer, qu'au lieu que dans le loüage des chofes, le bailleur ou locateur eft celuy qui baille une chofe, & le conducteur, celuy qui la prend ; dans le loüage du travail, le bailleur eft celuy qui donne un ouvrage à faire ; & celuy qui entreprend l'ouvrage, & qui donne fon travail, & fon induftrie, s'appelle le preneur, ou entrepreneur.

Ce font ces diverfes fortes de conventions que nous exprimons par les noms de baux, comme bail à loyer, bail à ferme, bail à labourage, bail à prix fait. Parce qu'en toutes l'un baille à l'autre ou une chofe à joüir, ou un travail à faire.

Quoyque le nom de loüage foit commun dans le droit Romain à toutes ces fortes de conventions, & qu'on y ait compris fous un même Titre, & fans diftinction, les loüages des maifons, & des meubles, les baux à ferme, ou à labourage, les prix faits, & les autres conventions de cette nature ; on a crû devoir diftinguer, ce que nous appellons fimplement loüage, comme d'une maifon, d'un cheval, ou autre chofe, & les baux à ferme, ou à labourage, & les prix faits. Car ces matieres ne font pas feulement diftinguées par leurs noms, mais elles ont auffi quelques differences dans leur nature, & dans leurs regles. Et parce qu'elles ont toutes quelques caracteres & quelques regles qui leur font communes, on expliquera dans la premiere Section fous le nom de loüage en general ces caracteres communs : & dans cette même Section & les deux fuivantes on recueillera auffi plufieurs de ces regles communes : & on expliquera dans les Sections fuivantes, ce qu'il y a de particulier dans les baux à ferme & à labourage, & dans les autres efpeces de baux.

Toutes ces matieres feront comprifes en neuf Sections, & on y en a ajoûté une dixiéme pour les baux emphyteotiques, qui ont leur nature, & leurs regles differentes des baux d'heritages, où l'on ne donne que la joüiffance pour un certain temps.

SECTION I.

De la nature du loüage.

SOMMAIRES.

I.

1. Définition du loüage en general.

LE loüage en general , & y comprenant toutes les especes de baux , est un contract par lequel l'un donne à l'autre la joüissance ou l'usage d'une chose *a*, ou de son travail *b*, pendant quelque temps, pour un certain prix *c*.

a Toto tit. ff. locat. cond. Si rem aliquam utendam sive fruendam tibi aliquis dederit. §. 2. inst. de locat. & cond.

b Quoties faciendum aliquid datur , locatio est. *l.* 22. §. 1. ff. locat.

c Locatio & conductio ita contrahi intelligitur , si merces constituta sit. inst. eod. l. 2. ff. eod.

On ne renferme pas dans cette définition les Baux Emphyteotiques , car ils ont leur nature propre , qui sera expliquée dans la Section 10.

II.

2. Qui est le bailleur, & qui le preneur.

Celuy qui baille une chose à joüir , s'appelle le bailleur , ou le locateur *d*; & on donne ces mêmes noms à celuy qui donne à faire quelque ouvrage , ou quelque travail *e*. Celuy qui prend une joüissance par un loüage , ou une ferme , s'appelle le preneur , ou le conducteur *f* , de même que celuy qui entreprend un travail , ou un ou-

d Si quis fundum locaverit. *l.* 9. §. 2. ff. locat. l. 19. §. 2. eod.

e Quoties faciendum aliquid datur locatio est. *l.* 22. §. 1. ff. locat. l. 36. eod.

f Licèt certis annuis quantitatibus fundum conduxeris. *l.* 8. C. de locato.

vrage *a*, qu'on appelle aussi entrepreneur. Mais dans les loüages, ou prix faits du travail & de l'induftrie, les ouvriers ou entrepreneurs, tiennent aussi en un sens lieu de locateurs : car ils loüent & baillent leur peine *b*.

a Adversus eos à quibus extruenda ædificia conduxisti, ex conducto actione contendes. *l. 2. C. de locato.*
b Locat artifex operam fuam, id est, faciendi necessitatem. *l. 22. §. 2. ff. loc.*

I I I.

Ce contract est du nombre de ceux qui s'accompliffent par le feul confentement, de même que la vente : & ces deux contracts ont beaucoup d'affinité, & plusieurs regles qui leur font communes *c*.

c (Locatio) confenfu contrahitur. *l. 1. ff. locat. cond.* Locatio & conductio proxima est emptioni & venditioni, iifdémque juris regulis confiftit. Nam ut emptio & venditio ita contrahitur, fi de pretio convenerit, fic & locatio & conductio contrahi intelligitur, fi de mercede convenerit. *l. 2. ff. eod. inft. de loc. & cond.* Adeo autem familiaritatem aliquam habere videntur emptio & venditio, item locatio & conductio : ut in quibufdam quæri foleat, utrum emptio & venditio fit, an locatio, & conductio. *d. l. 2. §. 1. §. 3. inft. eod.*
Le loüage comme la vente s'accomplit par le fimple confentement, lors qu'on est convenu de ce qui est baillé à faire ou à joüir, & du prix du bail : ce qui fait la reffemblance de ce contract à la vente, l'un & l'autre ayant un prix & une marchandife, d'où il arrive qu'en quelques Marchez, il est douteux, fi ce font des loüages ou des ventes. Comme quand on fait marché avec un Orfévre, qu'il fera quelque ouvrage, & qu'il fournira & l'argent & la façon. Ce qui paroît un loüage, quoy qu'en effet ce foit une vente. Item quæritur, fi cum aurifice Titius convenerit, ut is ex auro fuo certi ponderis, certæque formæ annulos ei faceret,& acciperet verbi gratiâ decem aureos : utrum emptio, an locatio & conductio contrahi videatur ? Caffius ait,materiæ quidem emptionem & venditionem contrahi, operæ autem locationem & conductionem. Sed placuit tantùm emptionem & venditionem contrahi. *§. 4. inft. de locat. & cond.* Pour ce qui est des regles qui font communes à la vente & au loüage, il est facile d'en juger par la fimple lecture de ce Titre & du précedent.

I V.

On peut loüer toutes les chofes que le preneur peut rendre au bailleur, aprés la joüiffance *d*. D'où il s'enfuit qu'on ne peut loüer, non plus que prêter à ufage, les chofes qui fe confument par l'ufage, comme du bled, du vin, de l'huile, & autres denrées *e*.

d C'est une fuite de la définition du loüage.
e Non potest commodari id quod ufu confumitur. *l. 3. §. ult. ff. commod.*
V. l'art 6. de la fect. 1. du Prêt à ufage.

V.

Les animaux qui produifent quelque revenu, comme

les moutons & les brebis, dont on tire le profit de la laine, des agneaux, & l'engrais des heritages, & les autres animaux femblables peuvent être donnez par une efpece de loüage à celuy qui fe charge de les garder, & de les nourrir, pour une certaine portion qui luy eft laiffée de ce qui provient de ces animaux *a*, pourvû que la convention n'ait rien d'ufuraire, pár l'excés du profit refervé au maître.

a Si pafcenda pecora partiaria (id eft ut fœtus eorum portionibus quibus placuit inter dominum & paftorem dividantur) Apollinarem fufcepiffe probabitur, fidem pacto præftare per judicem compellatur. l. 8. C. de pact.

V I.

6. Loüage de la chofe dont on n'eft pas le maître.

On peut loüer comme vendre la chofe d'un autre. Ainfi, celuy qui poffede de bonne foy une chofe dont il fe croit maître, quoy qu'il ne le foit point, & celuy qui a droit de joüir fans être maître, comme l'ufufruitier, peuvent loüer & bailler à ferme, ce qu'ils poffedent de cette maniere *b*.

b Si tibi alienam infulam locavero. l. 7. ff. loc. Si fructuarius locaverit fundum, l. 9. §. 1. ff. eod. V. l'art. 12. de la fect. 4. du Contract de vente.

V I I.

7. Prix du bail en deniers, ou portion de fruits.

Le prix d'un loüage, ou autre bail peut être reglé, ou en deniers, de même que celuy d'une vente, ou en une certaine quantité de denrées, ou en une portion des fruits *c*.

c Si olei certa ponderatione fructus anni locafti. l. 11. C. de loc to. Colonus qui ad pecuniam numeratam conduxit, & colonus partiarius. l. 25. §. 6. ff. eod.

V I I I.

8. Vilité du prix n'a pas de lieu dans les baux.

La vilité du prix n'eft pas confiderée dans les baux, comme dans les ventes pour les refoudre ; fi ce n'eft qu'elle fût accompagnée d'autres circonftances, comme de quelque dol, ou de quelque erreur. Car ce ne font pas des alienations comme les ventes : & d'ailleurs l'incertitude de la valeur des revenus du temps à venir peut rendre jufte la condition du proprietaire & celle du fermier par la fixation à un prix certain au lieu de cette valeur qui eft incertaine *d*.

d Prætextu minoris penfionis, locatione facta, fi nullus dolus adverfarii probari poffit, refcindi locatio non poteft. l. 23. ff. loc.

Si decem tibi locem fundum, tu autem exiftimes quinque te conducere, nihil agitur. *l.* 52. *ff. eod.* V. l'art. 10. de la fect. 5. des Conventions, & l'art. 11. de la fect. 8. du Contract de vente.

IX.

Celuy qui tient à loüage, ou à ferme une maifon, ou un autre heritage, peut le loüer, ou bailler à ferme à d'autres perfonnes, fi ce n'eft qu'il eût été autrement convenu *a*.

9. Liberté de fous-loüer.

a Nemo prohibetur rem, quam conduxit, fruendam alii locare, fi nihil aliud convenit. *l.* 6. *C. de loc. l.* 60. *ff. eod.*

X.

Les engagemens que forment le contract de loüage, les baux à ferme, & les autres baux, paffent aux heritiers du bailleur, & à ceux du preneur *b*.

10. Les baux paffent aux heritiers.

b Ex conducto actionem etiam ad heredem tranfire palam eft. *l.* 19. §. 8. *ff. loc. l.* 10. *l.* 29. *l.* 34. *C. eod.*

SECTION II.

Des engagemens de celuy qui prend à loüage.

SOMMAIRES.

1. *Engagemens du preneur.*
2. *Comment on doit ufer de la chofe prife à loüage.*
3. *De celuy qui mefufe.*
4. *A quel foin le preneur eft obligé.*
5. *Le preneur eft tenu du fait des perfonnes dont il doit répondre.*
6. *Du dommage caufé par un ennemi du preneur.*
7. *Du locataire qui quitte par quelque crainte.*
8. *Si le locataire abandonne l'habitation, ou le fermier la culture.*
9. *Reparations.*
10. *Si le locataire s'abfente.*
11. *Le bail fini, le preneur remet la chofe & paye le prix.*
12. *Meubles du locataire affectez aux loyers.*
13. *Le proprietaire peut expulfer le locataire pour habiter luy-même.*
14. *Si le proprietaire veut faire reparer.*
15. *Le locataire peut être expulfé faute de payement.*
16. *Le locataire peut être expulfé s'il ufe mal.*
17. *Interèts du prix du bail.*

A a iij

I.

1. Engagemens du preneur.

LEs engagemens du preneur font de ne fe fervir de la chofe qu'à l'ufage pour lequel elle eft loüée : d'en bien ufer : d'en prendre foin : de la rendre au temps : de payer le prix du loüage : & en general il doit obferver ce qui eft prefcrit par la convention, par les loix, & par les coûtumes *a*.

a Ces engagemens feront expliquez dans les articles qui fuivent. V. l'art. 1. de la fect. 3. des Conventions.

I I.

2. Comment on doit ufer de la chofe prife à loüage.

Le preneur ne peut fe fervir de la chofe loüée , qu'à l'ufage pour lequel elle luy eft donnée , & de la ma-niere dont on eft convenu : & s'il en ufe autrement , il fera tenu du dommage qui en arrivera. Ainfi , celuy qui prend à loüage un cheval de felle pour voyager , ne peut le faire fervir à porter une charge. Ainfi , le locataire à qui par fon bail il eft défendu de faire du feu , ou de mettre du foin dans un certain lieu , ne peut y contre-venir : & s'il le fait , & qu'il arrive un incendie , il en fera tenu , quand ce feroit même par un cas fortuit ; car c'eft cette faute qui a donné l'occafion à ce cas for-tuit *b*.

b Si hoc in locatione convenit ignem ne habeto , & habuit , tenebitur : etiam fi fortuitus cafus admifit incendium, quia non debuit ignem habere. l. 11. §. 1. ff. loc. Inter conductorem & locatorem convenerat , ne in villa urbana fœnum com-poneretur : compofuit , deinde fervus igne illato fuccendit. Ait Labeo, teneri conductorem ex locato : quia ipfe caufam præbuit , inferendo contra conductio-nem. d. l. 11. §. ult. v. l. 13. §. 2. & l. 18. ff. commod. Voyez l'art. 10. de la fect. 1. du Prêt à ufage.

I I I.

3. De celuy qui mefufe.

Le preneur eft obligé d'ufer de la chofe loüée en bon pere de famille , & de la conferver , fans rien faire , ni fouffrir qui faffe préjudice au bailleur ou locateur. Ainfi le locataire d'une maifon ne doit pas fouffrir l'ufurpation d'une fervitude, qui ne foit pas duë. Ainfi, celuy qui a pris à loüage des bêtes de charge , ne doit pas les charger exceffivement : & s'il le fait , ou qu'il mefufe autrement de la chofe loüée , il en fera tenu *c*.

c Profpicere debet conductor , ne aliquo vel jus rei , vel corpus deterius fa-

ciat, vel fieri patiatur. *l.* 11. §. 2. *ff. loc.* Qui mulas ad certum pondus oneris locaret, cùm majore onere conductor eas rupiſſet ... vel ex lege aquilia, vel ex locato rectè eum agere. *l.* 30. §. 2. *ff. eod.*

IV.

Comme le preneur uſe de la choſe loüée pour ſon propre uſage ; il doit avoir ſoin de la garder , & la conſerver : & il eſt tenu non ſeulement du dommage qui arriveroit par ſa mauvaiſe foy , ou par une faute groſſiere
qui en approchât ; mais auſſi de celuy qu'il pourroit cauſer par d'autres fautes , où ne tomberoit pas un pere de
famille ſoigneux , & vigilant. Que ſi ſans ſa faute , la choſe perit , ou eſt endommagée par un cas fortuit , il n'en eſt
pas tenu *a*.

4. A quel ſoin le preneur eſt obligé.

a In judicio tam locati , quàm conducti dolum & cuſtodiam , non etiam ca-
ſum , cui reſiſti non poteſt , venire conſtat. *l.* 28. *C. de loc. l.* 9. §. 4. *ff. eod.* Dolum & culpam recipit locatum. *l.* 23. *ff. de reg. iur.* Ubi utriuſque utilitas vertitur,
ut in empto , ut in locato , ut in dote , ut in pignore , ut in ſocietate , & dolus &
culpa præſtatur. *l.* 5. §. 2. *ff. commod. l.* 1. §. 10. *ff. depoſ.* Voyez l'article 24. de
la ſection 2. du Contract de Vente.

V.

Le preneur eſt tenu non ſeulement de ſon fait , mais
auſſi de celuy des perſonnes dont il doit répondre. Comme ſi un locataire d'une maiſon y a mis un ſous-locataire,
ou s'il y a tenu des domeſtiques dont la faute ait cauſé
l'incendie de cette maiſon *b*.

5. Le preneur eſt tenu du fait des perſonnes dont il doit ré-
pondre.

b Videamus , an & ſervorum culpam , & quoſcunque induxerit , præſtare conductor debeat : & quatenus præſtat. Utrum ut ſervos noxæ dedat , an verò ſu
nomine teneatur : & adverſus eos , quos induxerit utrum præſtabit tantum ac
tiones an quaſi ob propriam culpam tenebitur. Mihi ita placet , ut culpam etiam
eorum quos induxit , præſtet ſuo nomine , etſi nihil convenit : ſi tamen culpam
in inducendis admittit , quod tales habuerit vel ſuos , vel hoſpites. Et ita Pom
ponius , libro ſexageſimo tertio ad Edictum probat. *l.* 11. *ff. loc. v. l.* 27. §. 9. *f*
ad leg. aquil. Periculum præſtat ſi qua ipſius , eorumque , quorum opera uter-
tur , culpa acciderit. *l.* 25. §. 7. *eod. l.* 60. §. 7. *eod.* V. l'art. 5. de la ſect. 4. des
dommages cauſez par des fautes , & l'art. 5. de la ſect. 8. de ce Titre.

Il ne ſemble pas que le locataire doive être déchargé de la faute de ſes domeſtiques , ou
des ſous-locataires , quand il n'y auroit point de ſa faute dans le choix de ces perſonnes. Car
outre que l'évenement fait voir qu'il avoit mal choiſi , il doit répondre du fait de ceux à qui
il communique l'uſage de la maiſon qui n'eſt confiée qu'à luy : & le fait de ces perſonnes
devient le ſien propre , à l'égard de celuy qui luy a loüé , & qui a traité avec luy. A quoy
il ſemble qu'on peut appliquer ces paroles de la ley derniere. ff. pro ſocie. Directò cum il-
lius perſona agi poſſe , cujus perſona in contrahenda ſocietate ſpectata ſit. Et
d'ailleurs , ou le ſous-locataire eſt ſolvable pour répondre de l'incendie , & en ce cas le loca-
taire eſt ſans interêt , ou il eſt inſolvable , & en ce cas le locataire doit en répondre , car il

n'a pas pû rendre plus mauvaise la condition du propriétaire qui avoit choisi un locataire solvable pour répondre de sa maison.

V I.

6. Du dommage causé par un ennemy dis présent.

Si un locataire, ou un fermier s'attire, par sa faute, un dommage de la part de quelque ennemy, comme si cet ennemy, pour se venger d'un mauvais traitement, brûle la maison que tient ce locataire, ou coupe des arbres dans les heritages que tient ce fermier, ils en seront tenus; car c'est par leur fait que ces maux arrivent *a*.

a Culpæ autem ipsius & illud adnumeratur, si propter inimicitias ejus vicinus arbores exciderit. *l.* 25. §. 4. *ff. loc.*

C'est au sens expliqué dans cet article, que cette loy doit être entenduë. C'est-à-dire, que le fermier, & le locataire ne doivent être tenus d'un dommage causé par un ennemy qu'en cas qu'ils y ayent donné sujet, par leur faute. Sur quoy on peut remarquer l'exemple rapporté en la loy 66. ff. solut. matr. de la perte des biens dotaux de Licinnia, femme de Gracchus, causée par la sédition de son mary; ce qui fit juger que cette perte ne devoit pas tomber sur elle, mais sur les biens de Gracchus. In his rebus, quas præter numeratam pecuniam, doti vir habet, dolum malum, & culpam eum præstare oportere, Servius ait. Ea sententia Publii Mutii est. Nam is in Licinnia Gracchi uxore statuit, quod res dotales in ea seditione, qua Gracchus occisus erat, perissent, quia Gracchi culpa ea seditio facta esset, Licinniæ præstari oportere. Mais si rien ne peut être imputé à une mauvaise conduite du locataire, ou du fermier, il ne seroit pas juste qu'ils répondissent des suites d'une inimitié, dont ils n'auroient point donné de sujet: comme par exemple, si elle avoit pour cause un témoignage de la verité rendu en justice.

V I I.

7. Du locataire qui quitte par quelque crainte.

Si un fermier d'un bien à la campagne, ou un locataire de quelque maison écartée quitte les lieux, par la crainte de quelque peril, sans en avertir le proprietaire, en cas qu'il le pût, & que sa sortie ait été suivie de quelque dommage; on jugera par les circonstances du peril, & celles de sa conduite, s'il devra être tenu & des loyers & du dommage, ou s'il en devra être déchargé *b*.

b In judicio tam locati quàm conducti, dolum & custodiam non etiam casum, cui resisti non potest, venire constat. *l.* 28. *C. de loc.*

Exercitu veniente migravit conductor: deinde hospitio milites fenestras, & cœtera sustulerunt. Si domino non denuntiavit, & migravit, ex locato tenebitur. Labeo autem, si resistere potuit, & non resistit, teneri ait. Quæ sententia vera est. Sed & si denuntiare non potuit, non puto eum teneri. *l.* 13. §. 7. *ff. loc.* Interrogatus, si quis timoris causa emigrasset, deberet mercedem, nec ne? respondit, si causa fuisset cur periculum timeret, quamvis periculum verè non fuisset, tamen non debere mercedem: sed si causa timoris justa non fuisset, nihilominus debere. *l.* 27. §. 1. *ff. loc.*

Qui contra legem conductionis fundum ante tempus, sine justa ac probabili causa deseruerit, ad solvendas totius temporis pensiones ex conducto conveniri

potest,

poteſt, quatenus locatori, in id quod ejus intereſt, indemnitas ſervetur. *l. 55. in f. loc.* V. l'art. ſuivant.

VIII.

Si un locataire abandonne ſans cauſe l'habitation de la maiſon loüée, ou un fermier la culture des heritages, ils pourront être pourſuivis avant le terme, tant pour le prix du bail, que pour les dommages & interêts du proprietaire *a*.

a Si domus, vel fundus in quinquennium penſionibus locatus ſit, poteſt dominus, ſi deſeruerit habitationem vel fundi culturam colonus vel inquilinus, cum eis ſtatim agere. *l. 24. §. 2. ff. loc.* V. l'article précedent.

IX.

Si le locataire, ou le fermier ſont obligez à quelques reparations, ſoit par le bail, ou par les coûtumes des lieux, ils y ſeront contraints, & tenus des dommages & interêts du bailleur ou locateur, s'ils ne les ont faites *b*.

b Sed de his quæ præſenti die præſtare debuerunt (velut opus aliquod efficerent, propagationes facerent) agere ſimiliter poteſt. *l. 24. §. 3. ff. loc.*

X.

Si le locataire d'une maiſon diſparoît ſans payer les loyers, le proprietaire peut ſe pourvoir en juſtice pour faire ordonner l'ouverture de la maiſon, dans le temps qui ſera reglé par le Juge : & faire inventaire des meubles qui s'y trouveront, pour être enſuite pourvû à ſon payement, & à la ſeureté de ce qui pourra reſter pour le locataire, ou autres qui ſe trouveront y avoir interêt *c*.

c Cùm domini horreorum, inſularumque deſiderant, diu non apparentibus, nec ejus temporis penſiones exolventibus conductoribus, aperire, & ea quæ ibi ſunt deſcribere à publicis perſonis, quorum intereſt, audiendi ſunt. *l. 56. ff. loc.*

XI.

Aprés que le temps du loüage eſt expiré, le preneur doit remettre au bailleur la choſe loüée, & payer le prix convenu, au terme reglé *d*.

d Si quis conductionis titulo agrum, vel aliam quamcumque rem accepit, poſſeſſionem prius reſtituere debet. *l. 25. C. de locat.* Præſes provinciæ ea quæ ex locatione debentur, exolvi ſine mora curabit. *l. 17. C. eod.*

XII.

Les meubles que le locataire porte dans la maiſon loüée, ſont affectez pour le payement des loyers : & les

Tome I.   Bb

8. Si le locataire abandonne l'habitation, ou le fermier la culture.

9. Reparations.

10. Si le locataire s'abſente.

11. Le bail fini, le preneur remet la choſe & paye le prix.

12. Meubles du locataire affectez aux loyers.

fruits des heritages pour le prix de la ferme *a*. Suivant les regles qui seront expliquées dans le Titre des hypotheques & des privileges des creanciers.

a Eo jure utimur ut quæ in prædia urbana inducta, illata sunt, pignori esse credantur, quasi id tacitè convenerit. *l. 4. ff. in quib. cauf. pign. vel hyp. t. contr. l. 5. C. de loc.* In prædiis rusticis, fructus qui ibi nascuntur, tacitè intelliguntur pignori esse domino fundi locati: etiamsi nominatim id non convenerit. *l. 7. ff. in quib. cauf. pign. v. hyp. t. contr. l. 3. C. eod.*

V. les articles 12. 13. 14. & suivans de la Sect. 5. des hypotheques & des privileges des creanciers.

XIII.

Si le proprietaire d'une maison loüée se trouve en avoir besoin pour son propre usage, il peut obliger le locataire à la luy remettre, dans le temps qui sera arbitré par le Juge. Car comme le proprietaire ne loüe sa maison, que parce qu'il n'en a pas besoin pour luy-même ; c'est une condition tacite, que s'il en a besoin, le locataire sera tenu de la luy remettre *b*. Mais le proprietaire peut renoncer à ce droit par le bail *c*.

b Æde quam te conductam habere dicis, si pensionem domino in solidum solvisti, invitam te expelli non oportet, nisi propriis usibus dominus eam necessariam esse probaverit. *l. 3. C. h. t.*

c Omnes licentiam habent his quæ pro se introducta sunt renuntiare. *l. 29. C. de pact. l. 41. ff. de min.* V. l'art. 4. de la Sect. 4. des Conventions.

XIV.

Le locataire est aussi obligé de vuider la maison, si le proprietaire veut y faire des reparations *d*. Et si c'est par necessité, comme pour refaire ce qui menace ruine, le proprietaire ne sera tenu d'aucuns dommages & interêts ; mais seulement de décharger le locataire des loyers, ou de les luy rendre, s'ils étoient payez : car c'est un cas fortuit *e*. Mais si c'est sans necessité, il devra les dommages & interêts que l'interruption du bail aura pû causer. Ainsi, si ce locataire avoit sous-loüé à un plus haut

d Aut corrigere domum maluerit. *d. l. 3. C. de loc.*

e Si aversione insulam locatam dominus reficiendo, ne ea conductor frui possit, effecerit : animadvertatur, necessariò, nec ne id opus demolitus est. Quid enim interest utrum locator insulæ propter vetustatem cogatur eam reficere, an locator fundi cogatur ferre injuriam ejus quem prohibere non possit ? *l. 35. ff. loc.* Similiter igitur & circa conductionem servandum puto, ut mercedem quam præstiterim restituas, ejus scilicet temporis quo fruitus non fuerim. Nec ultrà actione ex conducto præstare cogeris. *l. 33. ff. eod.*

prix, que celuy de son bail, le proprietaire en sera tenu, & de faire cesser les demandes des sous-locataires à cause de l'interruption du bail *a*. Que si la reparation peut se faire en peu de temps, avec peu d'incommodité du locataire, & sans qu'il déloge, il doit souffrir cette legere incommodité *b*.

a Qui insulam triginta conduxerat, singula cœnacula ita conduxit, ut quadraginta ex omnibus colligerentur. Dominus insulæ, quia ædificia vitium facere diceret, demolierat eam. Quæsitum est quanti lis æstimari debeat, si is qui totam conduxerat, ex conducto ageret ? Respondit, si vitiatum ædificium necessariò demolitus esset, pro portione, quanti dominus prædiorum locasset, quod ejus temporis habitatores habitare non potuissent, rationem duci : & tanti litem æstimari. Sin autem non fuisset necesse demoliri, sed quia melius ædificare vellet, id fecisset, quanti conductoris interesset habitatores ne migrarent, tanti condemnari oportere. *l.* 30. *ff. loc.* Tantum ei præstabis, quanti ejus interfuerit frui, in quo etiam lucrum ejus continebitur. *l.* 33. *ff. loc.*

b Ea conditione habitatorem esse, ut si quid transversarium incidisset, quamobrem dominum aliquid demoliri oporteret, aliquam partem parvulam incommodi sustineret. *l.* 17. *ff. loc.*

X V.

Si le locataire ne paye pas le loyer, le proprietaire peut l'expulser par autorité de justice, dans le temps qui sera arbitré par le Juge pour payer, ou sortir *c*.

15. Le locataire peut être expulsé faute de payement.

c Æde quam te conductam habere dicis, si pensionem domino in solidum solvisti, invitum te expelli non oportet. *l.* 3. *C. de loc.* Colonum ejectum pensionum debitarum nomine. *l.* 61. *ff. loc. v. l.* 54. *§.* 1. *eod.*

X V I.

Le locataire peut être aussi expulsé par l'autorité de la justice, s'il use mal de la maison loüée, comme s'il la deteriore, s'il la met en peril d'incendie, faisant du feu où il n'en doit pas faire, s'il y fait ou souffre quelque commerce illicite, ou en abuse autrement *d*.

16. Le locataire peut être expulsé s'il mesuse.

d Aut tu malè in re locata versata es. *d. l.* 3. *C. de loc. v. l.* 11. *§.* 1. *ff. eod. Nov.* 14. *c.* 1.

X V I I.

Si le preneur qui doit le prix du bail, ou celuy qui donne un ouvrage à faire, ne payent le prix au terme, ils en devront les interêts depuis la demande *e*.

17. Interest du prix du bail.

e Præses provinciæ ea quæ ex locatione debentur exolvi sine mora curabit, non ignarus ex locato & conducto actionem cùm sit bonæ fidei, post moram usuras legitimas admittere. *l.* 17. *C. de loc. l.* 54. *ff. eod.*

SECTION III.

Des engagemens de celuy qui baille à loüage.

SOMMAIRES.

I.

1. Le bailleur obligé de faire joüir.

LE bailleur est tenu de faire joüir librement le preneur, fermier, ou locataire : de luy délivrer la chose en état de servir à l'usage pour lequel elle est loüée, & de l'entretenir dans ce bon état, y faisant les reparations necessaires, & dont le preneur n'est tenu ni par son bail, ni par l'usage des lieux. Et si le bailleur ne donne les choses en bon état, ou telles qu'il les a promises, le preneur recouvrera ses dommages & interêts, & fera rompre le bail s'il y en a lieu : & à plus forte raison si le proprietaire luy-même, ou les personnes dont il doit répondre l'empêchent de joüir *.

* Si re quam conduxit, frui ei non liceat, fortè quia possessio ei aut totius agri, aut partis non præstatur : aut villa non reficitur, vel stabulum, vel ubi greges ejus stare oporteat : vel si quid in lege conductionis convenit, si hoc non præstatur, ex conducto agetur. l. 15. §. 1. ff. loc. Certè quin liceat colono, vel inquilino relinquere conductionem, nulla dubitatio est...., si ostia, fenestrásve nimium corruptas, locator non restituat. l. 25. §. 2. ff. loc. Planè si fortè dominus frui non patiatur..... quod interest præstabitur. l. 15. §. 8. ff. loc. V. l'art. 6. de la Section 6.

II.

2. Eviction.

Si le preneur est expulsé par une éviction, le bailleur est tenu des dommages & interêts pour l'interruption du bail. Car encore que ce soit une espece de cas fortuit, il est du fait du bailleur qu'il fasse joüir, & qu'il fasse ceffer tout droit d'un autre fur la chofe qu'il louë, de même que le vendeur fur celle qu'il vend *a*.

a Si quis domum bona fide emptam, vel fundum locaverit mihi, ifque fit evictus, fine dolo malo culpaque ejus: Pomponius ait, nihilominus eum teneri ex conducto ei qui conduxit: ut ei præftetur frui, quod conduxit, licere. Planè fi dominus non patitur, & locator paratus fit aliam habitationem non minus commodam præftare, æquiffimum effe ait abfolvi locatorem. *l. 9. ff. loc. v. l. 7. & l. 8. eod.*

On n'a pas mis dans cet article l'exception que fait cette loy, du cas où le bailleur offre un autre logement ; parce que cet accommodement n'eft guere poffible que de gré à gré. Et il faut laiffer à la prudence du Juge l'égard qu'on doit avoir à de telles offres.

III.

Si le preneur eft expulfé par le fait du Prince, par une force majeure, ou par quelque autre cas fortuit, ou fi l'heritage perit par un débordement, par un tremblement de terre, ou autre évenement ; le bailleur qui étoit tenu de donner le fonds, ne pourra prétendre le prix du bail, & fera tenu de rendre ce qu'il en avoit reçû, mais fans aucun autre dédommagement. Car perfonne ne doit répondre des cas fortuits *b*.

3. Force majeure qui empêche de joüir.

b In judicio tam locati quàm conducti, dolum & cuftodiam, non etiam cafum cui refifti non poteft, venire conftat. *l. 28. C. de loc.* Non in quod fua intereft conductor confequitur, fed mercedis exonerationem. *l. 15. §. 7. ff. loc.* Si ab eo interpellatur, quem tu prohibere propter vim majorem, aut potentiam ejus non poteris, nihil amplius ei quàm mercedem remittere, aut reddere debebis. *l. 33. in f. eod.* Incendia, aquarum magnitudines, impetus prædonum, à nullo præftantur. *l. 23. ff. de reg. jur.*

IV.

Si le bailleur vend une maifon, ou un autre heritage qu'il avoit loüé ou baillé à ferme, le bail eft rompu par ce changement de proprietaire : & l'acheteur peut ufer & difpofer de la chofe comme bon luy femble ; fi ce n'eft que le vendeur l'eût obligé à entretenir le bail. Mais fi l'acheteur expulfe le preneur, foit un fermier, ou un locataire ; le bailleur eft tenu des dommages & interêts que cette interruption du bail aura pû caufer *c*.

4. Vente rompt le bail.

c Qui fundum fruendum, vel habitationem alicui locavit, fi aliqua ex caufa fundum vel ædes vendat, curare debet apud emptorem ut quoque eadem pactione & colono frui, & inquilino habitare liceat. Alioquin prohibitus is, aget cum eo ex conducto. *l. 25. §. 1. ff. loc.* Emptorem quidem fundi neceffe non eft ftare colono, cui prior dominus locavit, nifi ea lege emit. *l. 9. C. eod.*

.V. la remarque fur l'article fuivant.

Bb iij

V.

Si le bailleur legue la maifon loüée, ou l'heritage baillé à ferme, & vient à mourir ; le legataire n'eft pas obligé de tenir le bail fait par le teftateur, car c'eft un nouveau proprietaire comme l'acheteur. Mais fi le preneur eft expulfé par le legataire, il recouvrera fes dommages & interêts contre l'heritier qui eft tenu du fait du défunt *a*.

a Qui fundum colendum in plures annos locaverat, deceffit, & eum fundum legavit. Caffius negavit poffe cogi colonum, ut cum fundum coleret, quia nihil heredis intereffet. Quòd fi colonus vellet colere, & ab eo cui legatus effet fundus prohiberetur, cum herede actionem colonum habere, & hoc detrimentum ad hæredem pertinere. *l. 32. ff. loc.*

Il faut remarquer fur cet article, & fur le precedent, que le fermier expulfé par le legataire, ou par l'acheteur conferve l'hypotheque de fon bail fur l'heritage vendu, ou legué : & qu'il peut exercer cette hypotheque contre eux, pour fes dommages & interêts de l'interruption du bail. Et ils en feront garentis. Sçavoir l'acheteur par fon vendeur, & le legataire par l'heritier.

V I.

Si une maifon loüée devient trop incommode, quoyque fans le fait du bailleur, comme fi un voifin élevant fon bâtiment, obfcurcit les jours ; le bailleur eft tenu des dommages & interêts du locataire, qui peut même fi bon luy femble interrompre le bail. Car encore que ce foit un cas fortuit, la maifon étant loüée pour fon ufage tel que le bailleur l'a loüée ; la ceffation de cet ufage, quelle qu'en foit la caufe, doit tomber fur luy *b*.

b Si vicino ædificante obfcurentur lumina cœnaculi, teneri locatorem inquilino. Certè quin liceat colono vel inquilino relinquere conductionem, nulla dubitatio eft. De mercedibus quoque fi cum eo agatur, reputationis ratio habenda eft. *l. 25. §. 2. ff. loc.*

V I I.

Si le preneur fe trouve obligé à quelque dépenfe pour la confervation de la chofe loüée, comme fi le locataire d'une maifon a appuyé ce qui étoit en peril de ruine, ou s'il a fait quelque autre dépenfe neceffaire dont il ne fût point tenu par fon bail, ni par l'ufage des lieux, le bailleur eft obligé de l'en rembourfer *c*.

c In conducto fundo, fi conductor fua opera aliquid neceffariò, vel utiliter auxerit, vel ædificaverit, vel inftituerit, cùm id non conveniffet : ad recipienda ea quæ impendit, ex conducto cum domino fundi experiri poteft. *l. 55. §. 1. ff. loc.*

VIII.

Si celuy qui loüe une chose pour quelque usage, la donne telle que par quelque défaut il en arrive quelque dommage, il en sera tenu. Ainsi, par exemple, si celuy qui loüe des vaisseaux pour y mettre de l'huile, du vin, ou d'autres liqueurs, en donne qui ne soient pas bien conditionnez, il sera tenu de la perte, ou du dommage qui en arrivera. Car celuy qui loüe une chose pour quelque usage doit sçavoir si elle y est propre, & garentir cet usage dont il prend le loyer. Mais si les défauts des choses loüées sont un pur effet de quelque cas fortuit, que celuy qui les donne à loüage, n'ait pû ni connoître, ni présumer, il ne sera pas tenu de l'évenement de ce cas fortuit ; mais seulement de remettre le loyer, ou le prix du bail. Ainsi, par exemple, si dans un pâturage baillé à ferme il se trouve des herbes qui fassent perir le bétail du fermier, le proprietaire qui aura ignoré ce défaut, ou parce que ces herbes sont survenuës de nouveau, ou par quelque autre juste cause d'ignorance, ne sera pas tenu de la perte de ce bétail ; mais il ne pourra rien prétendre du prix de son bail *a*.

a Si quis dolia vitiosa ignarus locaverit : deinde vinum effluxerit, tenebitur in id quod interest. Nec ignorantia ejus erit excusata : aliter atque si saltum pascuum locasti, in quo herba mala nascebatur. Hîc enim, si pecora vel demortua sunt, vel etiam deteriora facta, quod interest præstabitur, si scisti. Si ignorasti, pensionem non petes. *l.* 19. §. 1. *ff. loc. v. l.* 45. §. 1. *eod.*

V. l'article 3. de la Sect. 3. du prêt à usage.

IX.

Si le bailleur n'avoit qu'un usufruit, & que le bail ne soit pas borné au temps que pourra durer l'usufruit, son heritier sera tenu des dommages & interêts de l'interruption du bail, l'usufruit finy *b*.

b Si fructuarius locaverit fundum in quinquennium, & decesserit heredem ejus non teneri ut frui præstet. *l.* 9. §. 1. *ff. loc.* Quid, tamen, si non quasi fructuarius ei locavit, sed si quasi fundi dominus, videlicet tenebitur. Decepit enim conductorem. *d.* §. *in f.*

X.

Le bailleur est obligé de faire entendre au preneur en quoy consiste la chose qu'il baille, & d'en expliquer les défauts, & tout ce qui peut donner sujet à quelque

8. Des vices de la chose loüée.

9. Bail de l'usufruitier.

10. Obscuritez des clauses de la part du bailleur s'expliquent contre luy.

erreur ou mal entendu. Et s'il a ufé de quelque obfcuri-té, ou de quelque ambiguité, l'interpretation s'en fera contre luy *a*.

a Veteribus placet, paᶜtionem obfcuram, vel ambiguam venditori, & qui locavit, nocere, in quorum fuit poteftate, legem apertius confcribere. *l.* 39. *ff. de paᶜt. v. l.* 21. *l.* 33. *ff. de contr. enpt.*

V. l'art. 13. de la Seᶜt. 2. des conventions, & l'art. 14. de la Seᶜt. 11. du con-traᶜt de vente.

SECTION IV.

De la nature des baux à ferme.

TOut ce qui a été dit dans les trois premieres Sec-tions eft commun aux baux à ferme, & doit s'y ap-pliquer, à la referve de quelques articles dont il eft fa-cile de juger qu'ils n'y ont pas de rapport. Ainfi, ce qui a été dit du droit qu'a le proprietaire d'expulfer le locataire de fa maifon, s'il en a befoin pour fon ufage, n'a point de rapport à une ferme de prez & de terres. Il fera de même facile de juger des autres regles qui doivent, ou ne doivent pas s'appliquer aux fermes. Et il ne refte que d'expliquer dans cette Seᶜtion & les deux fuivantes ce qu'il y a de particulier dans la nature des baux à ferme, & dans les engagemens du fermier, & ceux du proprietaire, pour paffer enfuite au refte des matieres de ce Titre.

SOMMAIRES.

1. *Définition des Baux à fer-me, & de quels biens ils fe font.*
2. *Quelles autres chofes fe donnent à ferme.*
3. *Idem.*
4. *Difference entre ferme & loüage.*
5. *Effet de l'incertitude des évenemens.*
6. *Cas fortuits de deux for-tes, naturels, & du fait des hommes.*
7. *Reconduᶜtion.*
8. *Divers effets de la recon-duᶜtion.*
9. *Reconduᶜtion renouvelle les mêmes conditions.*

I. Les

I.

LEs baux à ferme sont les loüages des fonds, qui de leur nature produisent des fruits, soit par la culture, comme les terres, les vignes : ou sans culture, comme un bois taillis, un étang, un pâturage ; ce qui distingue les baux de ces sortes d'heritages de ceux des maisons & autres bâtimens, qui ne produisent aucun fruit ; & qui se donnent non à ferme, mais à loyer pour l'habitation, ou quelque autre usage *a*.

1. Définition des baux à ferme, & de quels biens ils se font.

a Frugem pro reditu appellari, non solùm quod frumentis, aut leguminibus ; verùm & quod ex vino, sylvis cæduis.... capitur. *l. 77. ff. de verb. sign.* fundum fruendum, vel habitationem. *l. 25. §. 1. ff. lo.*

II.

On peut aussi bailler à ferme les fonds qui produisent d'autres especes de revenus, comme une carriere pour en tirer de la pierre, les lieux d'où l'on tire du sable, de la terre à potier, du charbon, de la chaux, & autres matieres ; & generalement tout ce qui naît d'un fonds, ou qui peut en être tiré, peut être donné par un bail à ferme *b*.

2. Quelles autres choses se donnent à ferme.

b Quidquid in fundo nascitur, quidquid inde percipi potest, ipsius fructus est. *l. 9. ff. de usufr.* quod ex cretifodinis, lapidicinis capitur. *l. 77. ff. de verb. sign.* Arundinem cæduam, & sylvam in fructum esse. *l. 40. §. 4. ff. de contr. empt.*

III.

On peut encore donner à ferme un droit de chasse, & de pesche, & d'autres revenus qui ne proviennent pas de choses que des fonds produisent. Ainsi on loüe un droit de peage, le passage d'un pont, ou d'un bac, & d'autres droits semblables *c*.

3. Idem.

c Aucupiorum quoque, & venationum reditum Cassius ait, libro octavo juris civilis, ad fructuarium pertinere, ergo & piscationum. *l. 9. §. 5. ff. de usufr.* vectigalium. *l. 4. C. de vectig. & comm.*

IV.

Le bail à ferme est distingué du bail à loyer d'une maison & autres bâtimens ; en ce que le locataire a sa joüissance connuë & reglée de l'habitation, ou autre usage d'un bâtiment qu'il prend à loüage : & que le fermier ignore quels seront au juste les fruits, & autres

4. Difference entre ferme & loüage.

Tome I.   C c

revenus qu'il prend à ferme, à caufe de l'incertitude du plus, ou du moins de leur quantité, & de leur valeur, & du peril d'une fterilité, & autres cas fortuits qui peuvent diminuer le revenu, ou l'anéantir *a*.

a C'eft une fuite de la nature de ces deux efpeces de revenus.

V.

5. *Effet de l'incertitude des évenemens.*

Cette incertitude des évenemens qui peuvent diminuer les revenus baillez à ferme, ou les anéantir, & de ceux auffi qui peuvent les augmenter, font qu'on traitte dans les baux à ferme fur la vûë de cette efperance, & de ce peril: & c'eft par cette raifon qu'il peut y être convenu, que le fermier ne prétendra aucune diminution pour une fterilité, pour une grêle, & autres cas fortuits *b*.

b Si quis fundum locaverit, ut etiam fi quid vi majore accidiffet, hoc ei præftaretur, pacto ftandum effe. l. 9. §. 2. ff. loc. l. 8. C. eod. Voyez la fection fuivante.

V I.

6. *Cas fortuits de deux fortes, naturels, & du fait des hommes.*

La convention qui charge le fermier de payer le prix de fon bail nonobftant les cas fortuits, ne s'étend pas à ce qui arriveroit par le fait des hommes, comme une violence, une guerre, un incendie, & autres cas femblables qu'on n'a pû prévoir *c*. Mais elle s'entend feulement de ce qui arrive naturellement par l'injure du temps, & à quoy on peut s'attendre; comme une gelée, un débordement, & autres cas femblables.

c De quo cogitatum non docetur. l. 9. in f. ff. de traf. V. l'art. 21. de la fect. 2. des Conventions.

V I I.

7. *Reconduction.*

Si le temps du bail à ferme étant expiré le bailleur laiffe le preneur en joüiffance, & que le preneur continuë d'exploiter la ferme, elle eft renouvellée par ce confentement tacite qui s'appelle reconduction *d*.

d Qui impleto tempore conductionis remanfit in conductione.... reconduxiffe videbitur. l. 13. §. 11. ff. loc.

V I I I.

8. *Divers effets de la reconduction.*

La reconduction proroge le bail, ou feulement pour

l'année qu'on recommence, ou même pour deux, ou pour
le même temps, ou pour un moindre que le premier bail,
selon l'intention des contractans , & les circonstances.
Ainsi lors qu'un bail est d'une nature qu'il y ait inégalité
de revenu d'une année à l'autre , comme si dans un bail à
ferme de terres labourables pour plusieurs années , il y
en avoit une plus grande quantité , ou de meilleures en
culture une année que l'autre ; la reconduction ne pourroit être moindre que pour deux ans. Ainsi dans les baux
à loyer des maisons , le bailleur , & le preneur peuvent ,
quand bon leur semble , interrompre la reconduction, en
donnant le temps reglé par la coûtume , ou par le Juge.
Mais si c'est un lieu dont l'usage de sa nature demande
une plus longue prorogation , elle aura lieu pour le temps
de cet usage. Ainsi , la reconduction d'une grange s'étend
au temps de la moisson , & celle d'un pressoir au temps
des vendanges *.

a Quod autem diximus taciturnitate utriusque partis colonum reconduxisse
videri, ita accipiendum est, ut in ipso anno , quo tacuerunt , videantur eamdem
locationem renovasse ; non etiam in sequentibus annis : etsi lustrum forte ab initio fuerat conductioni præstitutum. Sed & si secundo quoque anno, post finitum
lustrum , nihil fuerit contrarium actum , eamdem videri locationem illo anno
permansisse. Hoc enim ipso, quo tacuerunt , consensisse videntur. Et hoc dein-
ceps in uno quoque anno observandum est. *l.* 13. §. 11. *ff. loc.* Qui ad certum
tempus conducit , finito quoque tempore , colonus est. Intelligitur enim dominus , cùm patitur colonum in fundo esse , ex integro locare : & hujusmodi contractus neque verba , neque scripturam utique desiderant , sed nudo consensu con-
valescunt. *l.* 14. *ff. loc.* Tacito consensu eamdem locationem.... renovare videtur.
l. 16. *C· eod.* In urbanis autem prædiis alio jure utimur , ut prout quisque habita-
verit , ita & obligetur. *d. l.* 13. §. *ult.*

IX.

La reconduction qui renouvelle le bail , en renouvelle
aussi toutes les conditions. Car ce n'est qu'une continuation du premier bail , avec toutes ses suites. Mais
si dans le premier bail il y avoit des cautions , leur engagement finit avec le bail , & n'est pas renouvellé par
la reconduction , s'ils n'y ont réïteré leur consentement ,
parce que leur obligation étoit bornée au temps du bail
où ils s'étoient obligez *b*.

b Pignora videntur durare obligata , sed hoc ita verum est , si non alius pro
eo in priore conductione res obligaverat , hujus enim novus consensus erit ne-

9. *Reconduction
renouvelle les mêmes
conditions.*

cellarius. *l.* 13. §. 11. *ff.* *t?* . Tacito confenfu eamdem locationem unà cum vincu-
lo pignoris renovare videtur. *l.* 16. *C. eod.*

On n'a pas mis dans cet article, que la reconduction renouvelle l'hypoteque. Car ce qui
est dit dans les loix citées fur cet article, que le gage dure, ou eft renouvellé par la reconduction, ne doit s'entendre, dans notre ufage, que ce qui eft tacitement affecté au proprietaire pour le prix de fa ferme, & fans convention, comme les fruits. Mais l'hypotheque que
le proprietaire avoit par fon bail fur les biens du fermier, s'éteint avec le bail : & la reconduction ne la renouvelle point, fi ce n'eft qu'elle fe fit pardevant Notaires. Et alors cette
feconde hypotheque n'auroit fon effet que de fa date. Et il en eft de même de l'hypotheque du
fermier contre le proprietaire. V. l'art. 3. de la fection 1. & l'art. 3. de la fection 7. des
Hypotheques.

SECTION V.

Des engagemens du fermier envers le proprietaire.

SOMMAIRES.

I.

1. Le fermier doit joüir en bon pere de famille.

LE fermier doit joüir en bon pere de famille du fonds qu'il tient à ferme, & le tenir, conferver, & cultiver, ainfi qu'il eft convenu par le bail, ou reglé par l'ufage. Et il ne peut pour augmenter fa joüiffance rien innover qui faffe préjudice au proprietaire. Ainfi, fi dans un bail à ferme il y a des terres labourables, il ne peut les enfemencer lorfqu'elles doivent demeurer en gueret, ni femer du froment lorfqu'il ne doit femer que de l'orge ou de l'avoine, & que ces changemens rendroient les heritages à la fin du bail en un pire état que celuy où ils doivent être remis au proprietaire. Et le fermier ou colon doit auſſi faire les cultures en leurs temps, & ſelon l'uſage *a*.

a Conductor omnia ſecundùm legem conductionis facere debet, & ante omnia colonus curare debetur opera ruſtica ſuo quoque tempore faciat, ne intempeſtiva cultura deteriorem fundum faceret. *l.* 25. §. 3. *ff. loc.*

II.

Les fruits & revenus du fonds baillé à ferme ſont affectez pour le prix du bail ; ſoit que le fermier demeure en joüiſſance, ou qu'il en ſubroge un autre, ou qu'il baille à ſous-ferme *b*.

2. Affectation des fruits au prix de la ferme.

b Si colonus locaverit fundum .... fructus in cauſa pignoris manent, quemadmodum eſſent, ſi primus colonus eos percepiſſet. *l.* 24. §. 1. *ff. loc. l.* 53. *eod.* V. l'art. 12. de la ſect. 5. des hypotheques.

III.

Celuy qui tient un heritage à condition de donner au proprietaire une certaine portion des fruits, & qui doit avoir le reſte pour ſon droit de ſemence & de labourage, ne peut rien prétendre contre le maître, ni pour la culture, ni pour la ſemence, quelque perte qui puiſſe arriver par un cas fortuit, quand même il n'en auroit aucune recolte. Car leur bail fait entre eux une eſpece de ſocieté où le proprietaire donne le fonds, & le fermier ou colon la ſemence, & la culture ; chacun hazardant la portion que cette ſocieté luy donnoit aux fruits *c*.

3. Colon à une portion des fruits ſouffre les cas fortuits.

c Vis major quam Græci Θεᾶ βίαν, id eſt, vim divinam appellant, non debet conductori damnoſa eſſe .... apparet autem de eo nos colono dicere qui ad pecuniam numeratam conduxit. Alioquin partiarius colonus, quaſi ſocietatis jure, & damnum, & lucrum cum domino fundi partitur. *l.* 25. §. 6. *ff. loc.* Pour le fermier à prix d'argent. V. l'article ſuivant.

IV.

Si le fermier qui n'a qu'un bail d'une ſeule année, & à prix d'argent, ne recüeille rien par un cas fortuit, comme une gelée, une grêle, un débordement, & autres cas ſemblables, ou même par le fait des hommes, comme ſi dans une guerre toute la recolte luy eſt enlevée ; il ſera déchargé de payer le prix, ou le recouvrera s'il l'avoit payé. Car il eſt juſte que dans le parti d'un bail, où le bailleur s'aſſeure un prix, le preneur s'aſſeure

4. Effet du cas fortuit pour la ferme d'une ſeule année.

une joüiſſance : & auſſi le bail eſt des fruits que le fermier pourra recuëillir & qu'on préſuppoſe qu'il recuëillera. Mais s'il étoit convenu que les cas fortuits tomberoient ſur le fermier, il ne laiſſera pas de devoir le prix nonobſtant ces pertes *a*.

a Servius omnem vim, cui reſiſti non poteſt, dominum colono præſtare debere, ait : nt puta fluminum, graculorum, ſturnorum, & ſi quid ſimile acciderit : aut ſi incurſus hoſtium fiat. *l.* 15. §. 2. *ff. loc.* Si labes facta ſit, omnemque fructum tulerit, damnum coloni non eſſe : ne ſupra damnum ſeminis amiſſi, mercedes agri præſtare cogatur. Sed & ſi uredo fructum oleæ corruperit, aut ſolis fervore non aſſueto id acciderit, damnum domini futurum. *d.* §. 2. Voyez le texte cité ſur l'art. précedent. Et les articles 5. & 6. de la ſect. 4. & l'art. 7. de cette ſection.

V.

Si ſans un cas fortuit extraordinaire, mais ſeulement par la nature même du fonds & des fruits, ou par quelque évenement ordinaire, il arrive quelque perte peu conſiderable ; comme ſi les fruits ne ſont pas d'une bonne qualité, s'il n'y en a pas eu quantité, ſi de méchantes herbes diminuënt la moiſſon, ſi des paſſans y ont fait quelque leger dommage ; dans ces cas, & autres ſemblables, le fermier ne peut prétendre de diminution du prix de ſon bail pour ces ſortes de pertes legeres, quand il n'auroit à joüir qu'une ſeule année, car comme il devoit avoir le profit entier, quelque grand qu'il fût, il eſt juſte qu'il ſouffre ces petites pertes *b*.

b Si quæ vitia ex ipſa re oriantur, hæc damno coloni eſſe. Veluti ſi vinum coacuerit, ſi raucis aut herbis ſegetes corruptæ ſint. *l.* 15. §. 2. *ff. loc.* Cùm quidam de fructuum exiguitate quæreretur, non eſſe rationem ejus habendam, reſcripto divi Antonini continetur : Item, alio reſcripto ita continetur : novam rem deſideras, ut propter vetuſtatem vinearum, remiſſio tibi detur. *d. l.* 15. §. 5. Si nihil extra conſuetudinem acciderit, damnum coloni eſſe. *d. l.* 15. §. 2. *v. l.* 78. *in f. ff. de contr. empt.* Idemque dicendum ſi exercitus præteriens, per laſciviam, aliquid abſtulit. *d.* §. 2. modicum damnum .... ferre debet colonus, cui immodicum lucrum non aufertur. *l.* 25. §. 6. *ff. loc.* V. les articles ſuivans.

V I.

Si le dommage arrivé au fermier qui ne doit joüir qu'une ſeule année, ſe trouve conſiderable ; ſoit qu'il ait été cauſé par les évenemens dont il eſt parlé dans l'article précedent, ou par une grêle, par une gelée, ou autre cas fortuit ; quoyque la perte ne ſoit pas en-

tiere du total des fruits , il doit luy être fait une remise
d'une partie du prix , selon qu'elle sera arbitrée par la
prudence du Juge *a*.

a Vis major .... non debet conductori damnosa esse , si plus quam tolerabile
est , læsi fuerint fructus. *l.* 25. §. 6. *ff. loc.*
  Omnem vim cui resisti non potest , dominum colono præstare debere. *l.* 15.
§. 2. *ff. loc.* V. l'art. suiv.

VII.

Si le bail à ferme étant de deux ou plusieurs années ,
il arrive en quelques-unes des cas fortuits qui causent
des pertes, soit du total ou d'une grande partie des fruits ;
& que ces pertes ne soient pas compensées par les profits
des autres années , le fermier pourra demander une diminution du prix de son bail , selon que la qualité de la
perte, & les autres circonstances pourront la rendre juste.
Mais s'il y avoit ou quelque convention dans le bail , ou
quelque usage des lieux qui reglât le cas des pertes de cette nature , il faudroit s'y tenir *b*.

b Licèt certis annuis quantitatibus fundum conduxeris , si tamen expressum
non est in locatione (ut mos regionis postulabat) ut si qua lue tempestatis , vel
alio cæli vitio damna accidissent , ad onus tuum pertinerent : & quæ evenerunt
sterilitates , ubertate aliorum annorum repensatæ non probabuntur , rationem tui
juxta bonam fidem haberi , rectè postulabis. Eâmque formam qui ex appellatione
cognoscet , sequetur. *l.* 3. *C. de loc. v. l.* 18. *eod.*
  Si uno anno remissionem quis colono dederit ob sterilitatem , deinde sequentibus annis contigit ubertas , nihil obesse domino remissionem , sed integram pensionem etiam ejus anni quo remisit , exigendam. *l.* 15. §. 4. *ff. loc.* Circa locatio-
nes atque conductiones , maximè sides contractus servanda est , si nihil specialiter exprimetur contra consuetudinem regionis. *l.* 19. *C. eod.* V. les articles précedens.
  Si la perte arrivoit la premiere année du bail , & qu'elle fût de la recolte entiere , fau-
droit-il qu'en attendant la fin du bail , pour juger s'il y auroit lieu de faire un rabais , le
fermier fût cependant contraint de payer cette année entiere , dont peut-être les suites pour-
roient même diminuer les recoltes des années suivantes , comme si une grêle avoit non seule-
ment emporté tous les fruits d'une vigne ou d'un autre plant , mais endommagé ou brisé le
bois. Et ne seroit-il pas juste qu'en remettant de regler le rabais à la fin du bail , s'il y en
avoit lieu , il dépendit de la prudence du Juge d'accorder cependant quelque sursance pour
le payement de cette premiere année , ou d'une partie , selon les circonstances de la qualité
de la perte , & de celle des biens du proprietaire , s'il avoit le moyen d'attendre , & de ceux
du fermier s'il ne pouvoit payer.

VIII.

Dans tous les cas fortuits où le fermier souffre quelque perte , qui peut donner lieu à une remise , soit du
total du prix , ou d'une partie , il ne peut prétendre

7. Compensation
des lo mes & des
mauvaises années.

8. Perte des se-
mences & cultures
sur le fermier.

aucuns dommages & interêts, ni pour le profit qu'il auroit pû faire, ni même pour les femences ou pour la culture *a*. Car il devoit en faire les dépenses pour avoir droit aux fruits.

a Ubicunque tamen remiſſionis ratio habetur ex cauſis ſuprà relatis, non id quod ſua intereſt conductor conſequitur, ſed mercedis exonerationem, pro rata. Suprà denique, damnum ſeminis ad colonum pertinere declaratur. *l. 15. §. 7. ff. loc. d. l. §. 2.* V. cy-deſſus l'art. 3.

IX.

Le fermier ne peut quitter, ni interrompre l'exploitation de ſa ferme, & s'il y manque, & à la culture des heritages, ou à quelque autre engagement, comme s'il étoit obligé à quelque reparation; le proprietaire peut agir en même temps pour le faire contraindre à executer ſes engagemens, & aux dommages & interêts que l'interruption du bail pourra luy cauſer *b*.

b Si domus vel fundus in quinquennium penſionibus locatus ſit, poteſt dominus, ſi deſeruerit habitationem vel fundi culturam, colonus, vel inquilinus, cum eo ſtatim agere. Sed & de his quæ præſenti die præſtare debuerunt, velut opus aliquod efficerent, propagationes facerent, agere ſimiliter poteſt. *l. 24. §. 2. & 3. ff. loc.*

SECTION VI,

Des engagemens du proprietaire envers le fermier.

SOMMAIRES.

I.

Outre les engagemens du bailleur expliquez en la Section 3. celuy qui baille à ferme un bien de campagne,

pagne, doit fournir ce qui eft porté par le bail, pour le ménagement des heritages, & pour la recolte des fruits, comme les granges, cuvages, preffoirs & autres chofes, felon qu'il eft convenu, ou reglé par l'u-fage *a*.

a Illud nobis videndum eft, fi quis fundum locaverit, quæ foleat, inftru-menti nomine, conductori præftare : quæque fi non præftet ex locato tenetur &c. *l. 19. §. 2. ff. loc.* Si quid in lege conductionis convenit, fi hoc non præfta-tur ; ex conducto agetur. *l. 15. §. 1. eod.* Utiliter ex conducto agit is, cui fecun-dùm conventionem non præftantur, quæ convenerant. *l. 24. §. 4. verfic. item. eod.*

II.

Si le proprietaire fournit au fermier quelques meubles & inftrumens pour l'exploitation de la ferme, le fermier doit en prendre foin, fuivant les regles expliquées dans l'article 3. & fuivans de la Sect. 2. Mais fi ces chofes font eftimées par le bail à un certain prix, ce fera une vente, & elles feront propres au fermier *b*.

2. Meubles & outils donnez au fer-mier.

b Cum fundus locetur, & æftimatum inftrumentum colonus accipiat, Procu-lus ait, id agi, ut inftrumentum emptum habeat colonus : ficuti fieret, cùm quid æftimatum in dotem daretur. *l. 3. ff. loc.*

III.

Si le fermier a fait des reparations, ou autres dépen-fes neceffaires, dont il ne fût pas tenu par fon bail, ou par l'ufage des lieux, le proprietaire fera obligé de l'en rembourfer, ou de les déduire fur le prix du bail *c*.

3. Reparations fai-tes par le fermier.

c In conducto fundo, fi conductor fua opera aliquid neceffariò, vel utiliter auxerit, vel ædificaverit, vel inftituerit, cùm id non conveniffet : ad recipienda ea quæ impendit, ex conducto cùm domino fundi, experiri poteft. *l. 55. §. 1. ff. loc.*

IV.

Si un fermier de qui le bail pouvoit être interrompu par quelque évenement qu'il ait dû prévoir, s'eft cepen-dant engagé à quelques dépenfes, dans la vûë d'une joüiffance d'un certain temps, comme s'il a fait quel-ques provifions, acheté des beftiaux, ou fait d'autres femblables dépenfes ; il ne pourra prétendre d'en rien recouvrer, fi le bail eft interrompu par l'évenement où il devoit s'attendre. Comme fi c'étoit un bail d'un ufu-fruit, & qu'il vienne à finir par la mort de l'ufufruitier

4. Dépenfes du fer-mier, le bail étant interrompu.

Tome I. D d

qui ne luy avoit loüé que son droit : ou un bail qui dût être resolu par l'évenement de quelque condition. Car sçachant que ces dépenses pouvoient devenir inutiles, il a voulu hazarder les pertes qu'il peut en souffrir[a].

a Si fructuarius locaverit fundum in quinquennium, & decesserit... : idem (Marcellus) quærit : si sumptus (conductor) fecit in fundum, quasi quinquennio fruiturus, an recipiat; & ait, non recepturum : quia hoc evenire posse, prospicere debuit. l. 9. §. 1. ff. loc.

V.

Si un fermier a fait des ameliorations dont il ne fût pas tenu, comme s'il a planté une vigne, ou un verger, ou qu'il en ait fait d'autres semblables qui ayent augmenté le revenu ; il les recouvrera suivant la regle expliquée en l'article 17. de la Sect. 10. du contract de vente[b].

b In conducto fundo, si conductor sua opera aliquid necessariò, vel utiliter auxerit, vel ædificaverit, vel instituerit, cùm id non convenisset : ad recipienda ea quæ impendit ; ex conducto cum domino fundi experiri potest. l. 55. §. 1. ff. loc. Colonus, cum lege locationis non esset comprehensum ut vineas poneret, nihilominus in fundum vineas instituit, & propter earum fructum, denis amplius aureis annuis ager locari cœperat. Quæsitum est si dominus istum colonum fundi ejectum, pensionum debitarum nomine, conveniat, an sumptus utiliter factos in vineis instituendis reputare possit, opposita doli mali exceptione ? Respondit, vel expensas consecuturum, vel nihil amplius præstaturum. l. 61. ff. loc. Impensis quas ad meliorandam rem vos erogasse constiterit, habita fructuum ratione restitui vobis jubebit. l. 16. c. de evict.

VI.

Si le fermier est troublé ou par le proprietaire, ou par des personnes que le proprietaire en pût empêcher, il sera tenu des dommages & interêts du fermier, & de tout le profit qu'il auroit pû faire pendant le temps qui restoit à joüir ; si ce n'est qu'aprés un trouble de peu de jours, & les choses étant encore entieres, il le rétablisse[c].

c Colonus, si ei frui non liceat, totius quinquennii nomine statim rectè agret. l. 24. §. 4. ff. loc. Et quantùm per singulos annos compendii facturus erat, consequetur. d. l. Quod si paucis diebus prohibuit, deinde pœnitentiam agit, omniáque colono in integro sunt, nihil ex obligatione paucorum dierum mora minuet. d. l. 24. §. 4.
Si colonus tuus fundo frui à te, aut ab eo prohibetur, quem tu prohibere, ne id faciat possis : tantùm ei præstabis, quanti ejus interfuit frui : in quo etiam lucrum ejus continebitur. l. 33. inf. ff. loc.

V I I.

Si le trouble fait au fermier eſt une violence, ou un fait que le proprietaire ne puiſſe empêcher, & dont il ne doive pas répondre, il ne ſera tenu que de remettre le prix du bail à proportion de la non-joüiſſance : ou de rendre ce qu'il en auroit reçû. Mais il ne ſera pas tenu du profit qu'auroit fait le fermier, s'il avoit joüy.

a Sin verò ab eo interpellabitur, quem tû prohibere, propter vim majorem, aut potentiam ejus non poteris : nihil amplius ei quam mercedem remittere, aut reddere debebis. *l.* 33. *in f. ff. loc.*

SECTION VII.

De la nature des prix faits, & autres loüages du travail, & de l'induſtrie.

SOMMAIRES.

1. *Définition.*
2. *Difference d'entrepreneurs ſelon qu'ils fourniſſent quelque matiere, ou ne fourniſſent rien.*
3. *De celuy qui fournit la matiere, & entreprend*

l'ouvrage.
4. *De l'Architecte qui fournit tout.*
5. *Conditions des baux.*
6. *Ce qui ſe regle à dire d'experts.*

I.

Dans les baux à prix fait, & autres loüages du travail des ouvriers, le bailleur eſt celuy qui donne l'ouvrage, ou le travail à faire : & le preneur, ou entrepreneur eſt celuy qui entreprend le travail, ou l'ouvrage *b*.

b Qui ædem faciendam locaverat. *l.* 30. *§.* 3. *ff. loc.* V. l'art. 2. de la Sect. 1.

I I.

Le preneur eſt quelquefois ſeulement chargé d'un ſimple ouvrage, comme un graveur à qui on donne un

que matiere, ou ne
fournissent rien.

cachet à graver, ou d'un simple travail, comme un voi-
turier, ou de fournir la matiere de l'ouvrage avec son
travail, comme un architecte qui fournit & sa conduite, & les materiaux *a*.

a Si gemma includenda vel insculpenda data sit. *l.* 13. §. 5. *ff. loc.* Si navicula-
rius onus Minturnas vehendum conduxerit. *d. l.* 13. §. 1. Qui ædem faciendam
locaverat, in lege dixerat, quoad in opus lapidis opus erit, pro lapide, & manu
pretio dominus redemptori in pedes singulos septem dabit. *l.* 30. §. 3. *eod.*

III.

*3. De celuy qui
fournit la matiere,
& entreprend l'ou-
vrage.*

Si l'ouvrier donne toute la matiere, & son ouvrage,
tel qu'il en a été convenu, pour un certain prix; comme si un orfévre se charge de faire de la vaisselle d'argent, de telle façon, & pour un tel prix, & fournit l'argent, ce sera une vente, & non un loüage. Mais si on
fournit l'argent à l'orfévre, ce sera un loüage, ou bien
un prix fait *b*.

b Si cum aurifice convenerit, ut is ex auro suo annulos mihi faceret, certi
ponderis certæque formæ, & acceperit, verbi gratia, trecenta: utrum emptio
& venditio sit, an locatio & conductio, sed placet, unum esse negotium, &
magis emptionem & venditionem esse. Quod si ego aurum dedero, mercede pro
opera constituta, dubium non est quin locatio & conductio sit. *l.* 2. §. 1. *ff. loc.* §.
4. *inst. eod.*

*Il faut remarquer sur le cas dont il est parlé dans cet article & les autres semblables,
que de pareils marchez renfermant la condition que l'ouvrage sera bien fait, on peut
dire que dans le temps de la convention, c'est comme un loüage & un bail à prix fait,
& que dans l'execution c'est comme une vente. Ce qui avoit donné sujet au doute dont
il est parlé dans les textes citez sur cet article, si c'étoit une vente, ou un loüage. V. l'article suivant.*

IV.

*4. De l'architecte
qui fournit tout.*

Si un architecte qui entreprend un bâtiment se charge
de fournir les materiaux, ce sera un loüage, & non une
vente, quoyqu'il semble vendre ses materiaux. Car outre
que sa principale obligation est de donner sa conduite
pour le bâtiment *c*, il ne vend pas le fonds dont le bâtiment n'est qu'un accessoire.

c Cùm insulam ædificandam loco, ut sua impensa conductor omnia faciat:
proprietatem quidem eorum ad me transfert, & tamen locatio est. Locat enim
artifex operam suam, id est, faciendi necessitatem. *l.* 22. §. 2. *ff. loc.*
V. l'art. 2. de la Sect. 1. & l'article 9. de la Section suivante.

V.

*5. Conditions des
baux.*

Dans les baux à prix fait, & autres conventions qui
regardent le travail des personnes, on peut regler ce

qui fera fourni par le bailleur, ou l'entrepreneur, la qualité de l'ouvrage, un temps pour le faire, & les autres semblables conditions, & tout ce qui fera reglé par la convention, doit être executé *a*.

a Si quid in lege conductionis convenit, si hoc non præstatur, ex conducto agetur. *l.* 15. §. 1. *ff. loc.* V. l'art. 7. de la Sect. 2. des conventions.

V I.

Si tout ce qui doit être fait, ou fourni par l'entrepreneur, n'est pas assez expressément reglé par la convention, comme si la qualité de la matiere qu'il doit fournir, ou celle de l'ouvrage n'est pas exprimée, ou le temps marqué, toutes ces choses, & les autres semblables, feront reglées ou par l'usage, s'il y en a, ou par l'avis de personnes expertes *b*.

6. Ce qui se regle à dire d'experts.

b V. l'art. 16. de la Sect. 2. des conventions, & l'art 6. de la Section suivante.

SECTION VIII.

Des engagemens de celuy qui entreprend un ouvrage, ou un travail.

SOMMAIRES.

1. Entrepreneurs responsables de leur ignorance.	7. Ouvrage fait par l'ordre du maître.
2. Défaut de la matiere que l'ouvrier doit fournir.	8. Si l'ouvrage perit avant qu'il soit verifié.
3. De quel soin sont tenus les ouvriers & entrepreneurs.	9. Si l'édifice perit pendant qu'on bâtit.
4. Du vice de la chose.	10. Si l'ouvrier doit tout fournir, & que tout perisse.
5. Soin des voituriers.	
6. Ouvrage au gré du maître, ou au dire d'une personne.	11. Accessoires de l'engagement de l'entrepreneur.

I.

OUtre les engagemens qui sont communs à tous les preneurs, & qui ont été expliquez dans les Sections 2. & 5. ceux qui entreprennent quelque travail, ou

1. Entrepreneurs responsables de leur ignorance.

D d iij

quelque ouvrage, doivent de plus répondre des défauts
cauſez par leur ignorance : car ils doivent ſçavoir faire
ce qu'ils entreprennent, & c'eſt leur faute s'ils ignorent
leur profeſſion *a*.

a Imperitia culpæ adnumeratur. *l.* 132. *ff. de reg. jur.*

Celſus etiam imperitiam culpæ adnumerandam, libro octavo digeſtorum
ſcripſit. Si quis vitulos paſcendos, vel farciendum quid poliendúmve conduxit,
culpam eum præſtare debere. Et quod imperitia peccavit, culpam eſſe quippe
ut artifex, inquit, conduxit. *l.* 9. §. 5. *ff. loc. l.* 13. *eod. l.* 25. §. 7. *eod.* Poterit ex
locato eum eo agi, qui vitioſum opus fecerit. *l.* 51. §. 1. *ff. loc.* V, l'article 6. de
cette Section.

I I.

2. *Défaut de la matiere que l'ouvrier doit fournir.*

Si l'entrepreneur eſt obligé de fournir quelque matiere, comme un architecte chargé de fournir les materiaux, il doit la donner bien conditionnée : & répondre
même des défauts qu'il ignore, car il eſt tenu de donner
bon ce qu'il doit donner, comme celuy qui loüe une
choſe, eſt obligé de la donner telle qu'elle doit être pour
ſon uſage *b*.

b Si quis dolia vitioſa ignarus locaverit, deinde vinum effluxerit, tenebitur
in id quod intereſt, nec ignorantia ejus erit excuſata. *l.* 19. §. 1. *ff. loc.* Quod
imperitia peccavit, culpam eſſe. Quippe ut artifex conduxit. *l.* 9. §. 5. *ff. locati.*
V. l'art. 7. de la Sect. 11. du contract de vente.

I I I.

3. *De quel ſoin ſont tenus les ouvriers & entrepreneurs.*

L'ouvrier ou artiſan qui prend une choſe en ſa puiſſance pour y travailler, & celuy qui ſe charge ſimplement de garder quelque choſe, moyennant un prix, comme celuy qui prend du bêtail en garde, doivent conſerver ce qui leur eſt confié, avec tout le ſoin poſſible aux plus vigilans. Et ſi, faute d'un tel ſoin, la choſe perit, même par un cas fortuit, ils en ſeront tenus,
comme ſi elle eſt dérobée, ou brûlée, ou endommagée, faute d'avoir été miſe dans un lieu bien ſeur, ou
d'avoir été bien gardée. Et il en ſeroit de même ſi un
ouvrier ayant des choſes à pluſieurs perſonnes, avoit
donné à l'un ce qui étoit à un autre, quoyque par mé-
garde *c*.

c Si fullo veſtimenta polienda acceperit : eâque mures roſerint, ex locato
tenebitur quia debuit ab hac re cavere. Et ſi pallium fullo permutaverit, & alii

alterius dederit , ex locato actione tenebitur. Etiamſi ignarus fecerit. *l.* 13. §. 6. *ff. loc.*

Poterat eas res in locum tutiorem transferre. *l.* 34. *inf. ff. de dam. inf.* Qui mercedem accipit pro cuſtodia alicujus rei , is hujus periculum cuſtodiæ præſtat. *l.* 40. *ff. loc.* Quæcumque de furto diximus , eadem & de damno debent intelligi. Non enim dubitari oportet , quin is qui ſalvum fore recipit , non ſolùm à furto , ſed etiam à damno recedere videatur. *l.* 5. §. 1. *ff. naut. caup. l.* 60. §. 2. *ff. loc.* V. l'art. 2. de la Sᴇᴄ̄ᴛ. 2. du prêt à uſage, l'art. 4. de la Sᴇᴄ̄ᴛ. 3. du depôt, & l'art. 5. de la Sᴇᴄ̄ᴛ. 1. des perſonnes qui exercent quelque commerce public.

I V.

Si ce qui eſt donné à un ouvrier pour y travailler, perit en ſes mains, ſans ſa faute, mais par le défaut de la choſe même , comme ſi une amethyſte donnée à graver vient à ſe briſer ſous la main du graveur, par quelque défaut de la matiere, il n'en ſera pas tenu, ſi ce n'eſt qu'il eût entrepris l'ouvrage à ſes perils *a*.

a Si gemma includenda, aut inſculpenda data ſit, eaque fracta ſit : ſi quidem vitio materiæ factum ſit , non erit ex locato actio : ſi imperitia facientis , erit. Huic ſententiæ addendum eſt , niſi periculum quoque in ſe artifex receperat. Tunc enim , etſi vitio materiæ id evenit, erit ex locato actio. *l.* 13. §. 5. *ff. loc.*

V.

Let voituriers par terre & par eau, & ceux qui entreprennent de tranſporter des marchandiſes, ou d'autres choſes, ſont tenus de la garde, voiture, & tranſport des choſes dont ils ſe chargent, & d'y employer toute l'application & tout le ſoin poſſible. Et ſi quelque choſe perit, ou eſt endommagée par leur faute , ou des perſonnes qu'ils employent , ils en doivent répondre *b*.

b Si magiſter navis, ſine gubernatore in flumen navem immiſerit, & tempeſtate orta temperare non potuerit : & navem perdiderit, vectores habebunt adverſus eum ex locato actionem. *l.* 13. §. 2. *ff. loc.* Qui columnam tranſportandam conduxit , ſi ea dùm tollitur , aut portatur, aut reponitur , fracta ſit , ita id periculum præſtat, ſi qua ipſius eorúmque quorum opera uteretur, culpa acciderit. Culpa autem abeſt , ſi omnia facta ſunt , quæ diligentiſſimus quiſque obſervaturus fuiſſet. *l.* 25. §. 7. *ff. eod.* V. l'art. 4. de la Sᴇᴄ̄ᴛ. 2. de ceux qui exercent quelque commerce public.

V I.

S'il eſt convenu qu'un ouvrage ſera au gré du maître ou à l'arbitrage d'une perſonne qu'on aura nommée , l'ouvrier ne ſera tenu que de le rendre bon au dire

4. Du vice de la choſe.

5. Soin des voituriers.

6. Ouvrage au gré du maître , ou au dire d'une perſonne.

d'experts *a*. Car ces sortes de conventions renferment la condition, que ce qui sera reglé sera raisonnable *b*.

a Si in lege locationis comprehensum sit, ut arbitratu domini opus approbetur, perinde habetur ac si viri boni arbitrium comprehensum fuisset. Idemque servatur si alterius cujuslibet arbitrium comprehensum sit. Nam fides bona exigit, ut arbitrium tale præstetur, quale viro bono convenit. *l. 24. ff. loc.*

b V. l'art. 11. de la Section 3. *des conventions.*

Les Empereurs Gratien, Valentinien, & Theodose avoient ordonné, que les Entrepreneurs des ouvrages publics, & leurs heritiers répondroient pendant quinze années, des défauts de l'ouvrage. l. 8. C. de oper. publ.

VII.

7. Ouvrage fait par l'ordre du maitre.

Quoyque l'ouvrier doive répondre des défauts de l'ouvrage ; si neanmoins le maître l'a luy-même conduit, & reglé, il ne pourra s'en plaindre *c*.

c Poterit itaque ex locato cum eo agi, qui vitiosum opus fecerit. Nisi si ideo iu operas singulas merces constituta erit, ut arbitrio domini opus efficeretur. Tunc enim nihil conductor præstare domino de bonitate operis videtur. *L. 51. in f. ff. loc.*

VIII.

8. Si l'ouvrage perit avant qu'il soit verifié.

Si on a donné quelque matiere à un ouvrier pour faire un ouvrage à un certain prix de l'ouvrage entier ; l'entrepreneur n'aura satisfait à son engagement, & n'en sera déchargé qu'aprés que tout l'ouvrage étant verifié, il se trouvera tel qu'il doive être reçû. Et si c'est un travail qui soit de plusieurs pieces, ou à la mesure, & à un certain prix pour chaque piece, ou chaque mesure ; l'entrepreneur sera déchargé à proportion de ce qui sera compté, ou mesuré, & trouvé bien fait. Et il portera au contraire la perte de son ouvrage, & les dommages & interêts du maître s'il y en a, pour ce qui se trouveroit n'être pas de la qualité dont il devoit être. Que si dans l'un & dans l'autre cas de ces deux marchez, la chose perit par un cas fortuit, avant que l'ouvrage soit verifié ; le maître en portera la perte, & devra le prix de l'ouvrage, sur tout s'il étoit en demeure de le verifier ; si ce n'est qu'il parût que l'ouvrage ne fût pas tel qu'il dût être reçû *d*.

d Opus quod aversione locatum est, donec adprobetur, conductoris periculum est. Quod verò ita conductum sit, ut in pedes, mensuràsve præstetur, catenus conductoris periculo est, quatenus ad mensum non sit. Et in utraque causa nociturum locatori, si per eum steterit, quo minus opus adprobetur, vel admetiatur.

tiatur. Si tamen vi majore opus prius interciderit quàm adprobaretur , locatoris periculo eft. Nifi aliud actum fit. Non enim ampliùs præftari locatori oporteat , quàm quod fua cura atque opera confequutus effet. *l.* 36. *ff. loc.* Si priufquam locatori opus probaretur , vi aliqua confumptum eft , detrimentum ad locatorem ita pertinet, fi tale opus fuit, ut probari deberet. *l.* 37. *ff. eod.* V. l'art. 1. de cette Section & l'article fuivant.

I X.

Si un Architecte ayant entrepris de faire une maifon , ou autre édifice , & que l'ayant fait , ou feulement une partie , il vienne à perir par un débordement , par un tremblement de terre , ou autre cas fortuit ; toute la perte fera pour le maître : & il ne laiffera pas de devoir , & les materiaux fournis par l'entrepreneur , & ce qui fe trouvera deu de la façon de l'édifice. Car la délivrance luy étoit faite de tout ce qui étoit bâti fur fon fonds. Mais fi le bâtiment perit par le défaut de l'ouvrage, l'Architecte perdra fon travail avec ce qui fera peri des materiaux : & il fera de plus tenu du dommage que le maître en pourra fouffrir *a*.

a Marcius domum faciendam à Flacco conduxerat : deinde operis parte effecta , terræ motu concuffum erat ædificium. Maffurius Sabinus , fi vi naturali , veluti terræ motu , hoc acciderit, Flacci effe periculum. *l.* 59. *ff. loc.* Si rivum quem faciendum conduxeras , & feceras antequam eum probares , labes corrumpit : tuum periculum eft. Paulus: imò fi foli vitio id accidit , locatoris erit periculum : fi operis vitio accidit , tuum erit detrimentum. *l. ult. eod.* Redemptores , qui fuis cœmentis ædificant , ftatim cœmenta faciunt eorum in quorum folo ædificant. *l.* 39. *ff. de rei vind.* Voyez l'art. 1. de cette Section.

X.

Si l'ouvrier devoit fournir toute la matiere , & tout l'ouvrage , comme dans le cas de l'article 3. de la Section 7. & que la chofe periffe par un cas fortuit , avant que l'ouvrage ait été receu ; toute la perte & de la matiere , & de la façon fera pour l'ouvrier. Car c'eft une vente qui n'eft accomplie , que lorfque l'ouvrier délivre l'ouvrage *b*.

[*b* C'eft une fuite de l'art. 3. de la Sect. 7.]

X I.

Celuy qui a entrepris un ouvrage , un travail , une voiture , ou quelque autre chofe femblable , n'eft pas feulement tenu de ce qui eft expreffément compris au mar-

Tome I. E c

9. *Si l'édifice perit pendant qu'on bâtit.*

10. *Si l'ouvrier doit tout fournir , & que tout periffe.*

11. *Acceffoires de l'engagement de l'entrepreneur.*

ché ; mais aussi de tout ce qui est accessoire à l'ouvrage, ou autre chose qu'il a entrepris. Ainsi les maîtres des coches, & carosses de la campagne, & les rouliers payent les peages, & les bacs qui sont sur leurs routes ; car ce sont des frais qui regardent la voiture. *a* Mais ils ne payent pas les droits d'entrée, & autres qui sont dûs sur les marchandises qu'ils voiturent. Car ces droits ne regardent pas la voiture de ces marchandises, mais se prennent sur ceux qui en sont les maîtres.

a Vehiculum conduxisti ut onus tuum portaret, & secum iter faceret, Id cùm pontem transiret, redemptor ejus pontis portorium ab eo exigebat. Quærebatur, an etiam pro ipsa sola rheda portorium daturus fuerit ? Puto, si mulio non ignoravit ea se transiturum, cùm vehiculum locaret, mulionem præstare debere. *l. 60. §. 8. ff. loc.*

SECTION IX.

Des engagemens de celuy qui donne un ouvrage, ou un travail à faire.

SOMMAIRES.

1. *Engagemens de celuy qui baille un ouvrage à faire.*
2. *Il doit le prix & les interêts s'il est en demeure.*
3. *Décharge d'avancer le payement en cas de peril.*
4. *Si la chose perit par son vice ou par le fait du bailleur.*
5. *Si l'ouvrage n'est fait dans le temps.*
6. *Du mercenaire à qui il n'a pas tenu de travailler.*
7. *Si le maître est en demeure de recevoir.*
8. *S. l'entrepreneur fait quelque dépense.*

I.

1. *Engagemens de celuy qui baille un ouvrage à faire.*

CEluy qui baille un ouvrage à faire, est obligé de fournir à l'entrepreneur ce qui est du marché, soit qu'il doive bailler quelque matiere, nourrir l'ouvrier, ou qu'il soit obligé à quelque autre chose *b*.

b Si quid in lege conductionis convenit, si hoc non præstatur, ex conducto agetur. *l. 15. §. 1 ff. loc.* V. l'art. 1. de la Sect. 6.

II.

Il doit auſſi payer le prix, ſoit aprés l'ouvrage fait & receu, ou à meſure du travail, ou même par avance, ſelon qu'il aura été reglé par la convention : & au défaut du payement au terme, il doit les interêts du prix depuis la demande *a*.

a. V. l'article 17. de la Sect. 2.

2. Il doit le prix & les intérêts s'il eſt en demeure.

III.

S'il étoit convenu que le prix de l'ouvrage, ou une partie ſera payée par avance, & qu'il y eût du peril d'avancer le payement ; le bailleur ne pourra y être contraint, ſi l'entrepreneur ne donne une ſeureté *b*.

3. Décharge d'avancer le payement en cas de peril.

b Quidam in municipio balineum præſtandum, annuis viginti nummis conduxerat : & ad refectionem fornacis, fiſtularum, ſimiliumque, rerum, centum nummi ut præſtarentur ei, convenerat : conductor centum nummos petebat, ita ei deberi dico, ſi in earum rerum refectionem .... impendi ſatisdaret. l. 58. §. 2. ff. loc. V. l'art. 22. de la Sect. 10. du Contract de vente.

IV.

Si une choſe donnée à un ouvrier pour y faire quelque ouvrage, vient à perir par les défauts de la choſe même, ou par quelque fait dont le bailleur doive répondre ; il ſera tenu de payer l'ouvrier de ce qu'il avoit fait & fourni pour l'ouvrage : comme dans le cas de l'article 4. de la Section 8. *c*

4. Si la choſe perit par ſon vice, ou par le fait du bailleur.

c C'eſt une ſuite de l'article 4. de la Sect. 8.

V.

S'il n'a pas tenu à l'ouvrier ou mercenaire de faire l'ouvrage dans le temps reglé par la convention, & qu'il ſoit jugé par des Experts que le temps donné ne ſuffiſoit pas, le bailleur doit donner le temps neceſſaire, & ne peut prétendre aucuns dommages & interêts pour le retardement, quand même ils auroient été ſtipulez en cas que l'ouvrage ne fût fait dans le temps ; car aucune convention n'oblige à l'impoſſible *d*.

5. Si l'ouvrage n'eſt fait dans le temps.

d In operis locatione erat dictum, ante quam diem effici deberet. Deinde ſi ita factum non eſſet, quanti locatoris interfuiſſet, tantam pecuniam conductor promiſerat. Eatenus eam obligationem contrahi puto, quatenus vir bonus de ſpatio temporis æſtimaſſet, quia id actum apparet eſſe, ut eo ſpatio abſolveretur, ſine quo fieri non poſſit. l. 58. §. 1. ff. loc. l. 13. §. 10. eod. V. l'art. 6. de la Sect. 5. des Conventions, l'art. 12. de la Sect. 12. & l'art. 19. de la Section 9. du Contract de vente.

Mais fi l'ouvrage étoit promis à un jour précis , & pour
un ufage qui ne pût fouffrir de retardement , comme
pour debiter à un jour de foire , ou pour le jour d'un
embarquement ; l'entrepreneur feroit tenu des dommages & interêts du retardement , & devroit s'imputer d'a-
voir entrepris ce qu'il ne pouvoit.

V I.

6. Du mercenaire
à qui il n'a pas tenu
de travailler.

S'il n'a pas tenu à un mercenaire de faire le travail ,
ou rendre le fervice qu'il avoit promis pendant un certain temps : & que pendant ce temps il n'ait pas été
employé ailleurs ; celuy qui l'avoit engagé eft tenu de
payer le falaire du temps qu'il a fait perdre à ce mercenaire *.

a Qui operas fitas locavit , totius temporis mercedem accipere debet , fi per
eum non ftetit quominus operas præftet. *l.* 38. *ff. loc.* Cùm per te non ftetiffe
proponas , quominus locatas operas Antonio Aquilæ folveres , fi eodem anno
mercedes ab alio non accepifti , fidem contractus impleri equum eft. *l.* 19. *§.* 9.
ad. Diem functo legato Cæfaris , falarium comitibus refidui temporis præftandum , modò fi non poftea comites cum aliis eodem tempore fuerunt. *d. l.* 19. *§.*
ult. v. l. 61. *§.* 1. *ff. loc.*

V I I.

7. Si le maître eft
en demeure de rece-
voir.

Si le bailleur differe de recevoir l'ouvrage , ou s'il le
refufe fans jufte fujet , & que la chofe periffe aprés fon
retardement , il ne laiffera pas d'être tenu de payer le
prix de l'ouvrage *b*.

b Nociturum locatori fi per eum fteterit , quominus opus approbetur. *l.* 36.
ff. loc.

V I I I.

8. Si l'entrepreneur
fait quelque dépenfe.

Si outre l'ouvrage l'ouvrier ou entrepreneur a fait
quelque dépenfe pour la confervation de la chofe , le
bailleur fera tenu de l'en rembourfer *c*.

c V. l'art. 7. *de la Section* 3.

SECTION X.

Des Baux Emphyteotiques.

LEs Baux Emphyteotiques ont été une suite des baux à ferme. Car comme les maîtres des heritages infertiles, ne pouvoient aisément trouver des fermiers ; on inventa la maniere de donner à perpetuité ces sortes d'heritages pour les cultiver, pour y planter, ou autrement les ameliorer, ainsi que le signifie le mot d'emphyteose. Par cette convention le proprietaire du fonds trouve de sa part son compte en s'assurant un revenu certain & perpetuel : & l'emphyteote de la sienne trouve son avantage à mettre son travail & son industrie, pour changer la face de l'heritage, & en tirer du fruit.

Matiere de cette Section.

Comme la matiere des baux Emphyteotiques comprend les baux à cens, & autres especes de rentes foncieres, & que les conditions des Emphyteoses sont differentes, selon la diversité des concessions, & selon les coûtumes, & les usages ; on ne doit pas entrer icy dans le détail de cette matiere. Ainsi, on n'y mettra pas les regles du droit de lots & ventes, ni celles du droit de retrait ou retenuë qu'a le Seigneur direct sur l'heritage sujet à son cens, & les autres regles qui sont differentes en divers lieux, ou autres que celles du droit Romain. Mais on établira seulement les principes generaux, qui sont tout ensemble & du droit Romain, & de nôtre usage, qui s'observent dans toutes les coûtumes, & qui sont les fondemens de la Jurisprudence de cette matiere.

SOMMAIRES.

1. *Définition.*
2. *Tous heritages peuvent se donner à emphyteose.*
3. *Difference entre l'emphyteose & les autres baux.*
4. *Perpetuité de l'emphyteose.*
5. *L'emphyteose partage les droits de proprieté.*
6. *Proprieté directe & utile.*
7. *Engagemens mutuels qui naissent de l'emphyteose.*
8. *Cas fortuits.*

E e iij

I.

1. Définition.

L'Emphyteose, ou bail emphyteotique, est un contract par lequel le maître d'un heritage le donne à l'emphyteote, pour le cultiver, & ameliorer *a* : & pour en joüir & disposer à perpetuité *b* moyennant une certaine rente en deniers, grains, ou autres especes *c*, & les autres charges dont on peut convenir.

a C'est ce que signifie Jus emphyteuticum; *qui est le mot du titre de cette matiere, qui marque que l'heritage est donné à l'emphyteote pour le cultiver, y planter, & y faire des amelioration.* Meliorationes, ἐμφυτεύματα. *l.* 3. *C. de jure emphyt.*

b Ut ecce de prædiis, quæ perpetuò quibusdam fruenda traduntur. Id est, ut quandiu pensio, sive reditus pro his domino præstetur, neque ipsi conductori, neque heredi ejus, cuíve conductor, heréfve ejus id prædium vendiderit, aut donaverit, aut dotis nomine dederit, aliòve quocumque modo alienaverit, auferre liceat. *§.* 3. *inst. de locat. & cond. l.* 1. *ff. si ager vect. id est, emphyt. pet. l.* 1. *C. de adm. rer. publ.*

c Domini prædiorum id quod terra præstat accipiant, pecuniam non requirant, quam rustici optare non audent; nisi consuetudo prædii hoc exigat. *l.* 5. *C. de agric. & cens.* Pensio sive reditus pro his domino præstetur. *§.* 3. *inst. de locat. & cond.* Reditus in auro, & speciebus. *l.* 2. *§.* 2. *C. de agric. & cens.*

II.

2. Tous heritages peuvent se donner à emphyteose.

Quoyque l'emphyteose paroisse restreinte, selon son origine, aux heritages infertiles, on ne laisse pas de donner par des baux, qu'on appelle emphyteotiques des heritages fertiles, & qui sont en bon état. Et on donne aussi à ce Titre des fonds qui de leur nature ne produisent aucun fruit, mais qui produisent d'autres revenus, comme des maisons, & autres bâtimens *d*.

d Loca omnia fundive reipublicæ.... perpetuariis conductoribus locentur. *l.* 3. *C. de locat. præd. civil.* Vestigales ædes. *l.* 15. *§.* 26. *ff. de damno infecto.* Suburbanum, aut domum. *Nov.* 7. *c.* 3. *§.* 2.

III.

3. Difference entre l'emphyteose & les autres baux.

L'emphyteose est distinguée des baux à ferme *e* par deux

e Sed talis contractus quia inter veteres dubitabatur, & à quibusdam locatio, à quibusdam venditio existimabatur: lex Zenoniana lata est, quæ Emphyteuseos contractus propriam statuit naturam, neque ad locationem, neque ad venditionem inclinantem: sed suis pactionibus fulciendam. *§.* 3. *inst. de locat. & cond.* Jus Emphyteuticarium neque conductionis, neque alienationis esse titulis adjiciendum. Sed hoc jus tertium esse constituimus ab utriusque memoratorum contractuum societate, seu similitudine separatum, conceptionem, definitionemque habere propriam. *l.* 1. *C. de jur. Emphyt.*

caractères essentiels , qui font les fondemens des regles propres à l'emphyteose. Le premier est la perpetuité *a*, & le second est la translation d'une espece de proprieté *b*.

a Perpetuò quibusdam fruenda. §. 3. inst. de locat. & cond. Perpetuarii , hoc est, Emphyteuticarii juris. l. 1. C. de off. com. sacr. pal. l. 1. & 5. C. de locat. præd. civil. l. 10. Cod. de loc. & cond.

b Emphyteuticarii fundorum domini. l. 12. C. de fund. patr. Voyez les articles suivans.

Il y a des baux emphyteotiques qui ne sont pas perpetuels , mais seulement à longues années , comme pour 100. ans , ou pour 99. ans.

IV.

La perpetuité de l'emphyteose fait qu'elle passe non seulement aux heritiers de l'emphyteote, mais à tous ceux qui en ont le droit , soit par donation , vente , ou autre espece d'alienation. Et ils ne peuvent jamais être dépoüillez par le maître du fond & ses successeurs *c* ; sinon dans les cas qui seront expliquez dans cette Section.

c Neque hæredi ejus , cuive conductor , heresve ejus id prædium vendiderit, aut donaverit , aut dotis nomine dederit , aliove quocumque modo alienaverit, auferre liceat. §. 3. inst. de locat. & cond.

4. Perpetuité de l'emphyteose.

V.

La translation de proprieté que fait l'emphyteose , est proportionnée à la nature de ce contract , où le maître baille le fonds , & retient la rente. Et par cette convention il se fait comme un partage des droits de proprieté entre celuy qui baille à rente , & l'emphyteote. Car celuy qui baille demeure le maître pour joüir de la rente , comme du fruit de son propre fonds , ce qui luy conserve le principal droit de proprieté , qui est celuy de joüir à titre de maître , avec les autres droits qu'il s'est reservez. Et l'emphyteote de sa part acquiert le droit de transmettre l'heritage à ses successeurs à perpetuité, de le vendre, de le donner , de l'aliener , avec les charges des droits du bailleur , & d'y planter, bâtir, & y faire les autres changemens qu'il avisera , pour le rendre meilleur , qui font autant de droits de proprieté *d*.

5. L'emphyteose partage les droits de proprieté.

d Jus emphyteuticarium neque conductionis, neque alienationis esse titulis adjiciendum : sed hoc jus tertium esse constituimus. l. 1. C. de jur. emphyt. Pensio, sive reditus domino præstetur. §. 3. inst. de loc. & cond. Emphyteuticarii fundorum domini. l. 12. C. de fund. patrim. Cui conductor , heresve ejus id prædium vendiderit , donaverit , aliove quocumque modo alienaverit. §. 3. inst. de loc. & cond.

VI.

6. Propriété direc-
te & utile.

Les droits de proprieté que retient le maître , & ceux qui passent à l'emphyteote , sont communément distinguez par les mots de proprieté directe , qu'on donne au droit du maître , & de proprieté utile , qu'on donne au droit de l'emphyteote. Ce qui signifie , que le premier maître du fonds conserve son droit originaire de proprieté à la reserve de ce qu'il transmet à l'emphyteote , & que l'emphyteote acquiert le droit de joüir & de disposer, à la charge des droits reservez au maître du fonds. Et c'est pourquoy l'on consideroit differemment dans le Droit Romain l'emphyteote, ou comme étant , ou comme n'étant pas le maître du fonds , selon les differentes vûës, & les divers effets de ces deux sortes de proprietez *.

a Emphyteuticarii , fundorum domini. *l. 12. C. de fund. patrim.* quamvis non efficiantur domini. *l. 1. §. 1. ff. si ager vectig. id est emphyt. petat.*

VII.

7. Engagemens
mutuels qui naissent
de l'emphyteose.

L'emphyteote de sa part est obligé au payement de la rente perpetuelle , & aux autres conditions reglées par le titre de l'emphyteose , & par les coûtumes; comme font le droit de lots que payent ceux qui acquierent de l'emphyteote, ou à toutes sortes de mutations , ou à quelques-unes , ou seulement aux ventes , selon qu'il est reglé par le titre , ou par la coûtume : le droit de retrait, ou de retenuë, lorsque l'emphyteote vend l'heritage , & autres semblables. Et celuy qui baille à emphyteose est obligé de sa part à la garentie du fonds, & à le reprendre, & décharger l'emphyteote de la rente, si la trouvant trop dure , il veut déguerpir *b*.

b Lex Zenoniana lata est , quæ emphyteuseos contractus propriam statuit naturam . . . . suis pactionibus fulciendam. Et siquidem aliquid pactum fuerit, hoc ita obtinere. *§. 3. inst. de loc. & cond.*
Jus emphyteuticarium . . . . separatam conceptionem , definitionemque habere propriam, & justum esse validumque contractum , in quo cuncta quæ inter utrasque contrahentium partes , super omnibus pactionibus scriptura interveniente habitis placuerint , firma illibataque perpetua stabilitate, modis omnibus debeant custodiri. *l. 1. C. de jur. Emphyt. l. 2. eod.*
Voyez l'origine du droit de lots , & de celuy du retrait ou retenuë en la loy 3. au même Titre.
Le déguerpissement est le droit qu'a l'emphyteote , qui se trouve trop chargé par la
rente ,

rente, d'abandonner l'heritage au maître. On ne parle pas icy des regles du déguerpiſ-
ment établies par les coûtumes. Il ſuffit de remarquer, que ce droit a ſon fondement ſur
les pertes, ou diminutions du fonds qui peuvent arriver, & ſur l'injuſtice qu'il y auroit de
contraindre l'Emphyteote à une rente perpetuelle, & exceſſive, ſi le fonds n'y ſuffiſoit point;
puiſque dans les baux même de quelques années, on accorde des diminutions, & des décharges du prix aux fermiers, à cauſe des pertes des fruits. V. l'article ſuivant.

VIII.

Il s'enſuit de la nature de l'emphyteoſe, que tous les
cas fortuits qui ne font perir que les revenus, ou les ameliorations de plants, bâtimens, & autres quelles qu'elles
ſoient, qui ont été faites par l'emphyteote, ſont à ſes
perils. Car il étoit obligé d'ameliorer, & c'étoit pour luy
que le fonds devenoit meilleur. Et les cas fortuits qui
font perir le fonds, regardent le maître, qui en ſouffre
la perte, & auſſi l'emphyteote qui perd les ameliorations
qu'il y avoit faites *a*.

a Si interdum ea quæ fortuitis caſibus eveniunt, pactorum non fuerint conventione concepta, ſiquidem tanta emerſerit clades, quæ prorſus etiam ipſius
rei quæ per Emphyteuſim data eſt faciat interitum, hoc non Emphyteuticario,
cui nihil reliquum permanſit, ſed rei domino, qui, quod fatalitate ingruebat,
etiam nullo intercedente contractu habiturus fuerat, imputetur. Sin verò parti-
culare, vel aliud leve contigerit damnum, ex quo non ipſa rei penitus lædatur
ſubſtantia, hoc Emphyteuticarius ſuis partibus non dubitet adſcribendum. *l. 3. C.
de jur. Emphyt §. 3. inſt. de loc. & cond.*

On n'a pas mis dans cet article le cas de la perte d'une partie du fonds, comme ſi un
débordement a entraîné une moitié, ou plus ou moins de l'heritage. Car encore que ce qui
reſte doive la rente entiere, l'uſage du déguerpiſſement donne à l'Emphyteote la liberté de
ſe décharger de la rente en abandonnant le fonds, ou ce qui en reſte, dans l'état où il doit
le rendre, ſuivant les regles du déguerpiſſement.

IX.

C'eſt auſſi une ſuite de la nature de l'emphyteoſe, que
l'emphyteote ne peut déteriorer le fonds, ni même ôter
les ameliorations qu'il y avoit faites. Et s'il déteriore, le
maître du fonds pourra faire reſoudre l'emphyteoſe, rentrer dans ſon heritage, & faire rétablir ce qui a été dé-
terioré *b*. Mais l'emphyteote peut faire les changemens
utiles, & en bon pere de famille; comme arracher un
vieux plant pour en mettre un nouveau, démolir ſelon
le beſoin pour rebâtir, & autres ſemblables.

b Siquidem deterius fecerit prædium, aut ſuburbanum aut domum qui emphyteuſim percepit, cogi eum de ſuo diligentiam, ac reſtitutionem priſci ſtatus facere. *Nov. 7. cap. 3. §. 2.* Si verò quis aut locator aut emphyteuta.....

Tome I.   F f deteriorem faciat rem.... damus licentiam venerabili domui...., antiquum statum locatæ, sive emphyteuticæ rei exigere, & ejicere de emphyteusi. *Nov.* 120. *c.* 8. Si quid inædificaverit posteà eum neque tollere hoc, neque religere posse. *l.* 15. *ff. de ususr.*

Quoyque cette loy soit pour l'usufruitier, elle peut à plus forte raison s'étendre à l'emphyteote qui ne possede qu'à condition d'ameliorer.

X.

10. *Resolution de l'emphyteose faute de payement.*

C'est encore une autre suite de la nature de l'emphyteose, que faute de payement de la rente, l'emphyteote peut estre expulsé, quand même il n'y auroit pas de clause resolutoire dans le contract d'emphyteose *a*, s'il ne satisfait aprés le délay qui luy sera accordé par le Juge *b*.

a Sancimus siquidem aliquæ pactiones in emphyteuticis instrumentis fuerint conscriptæ, easdem & in omnibus aliis capitulis, observari : & de rejectione ejus qui emphyteusim suscepit, si solitam pensionem vel publicarum functionum apochas non præstiterit. Sin autem nihil super hoc capitulo fuerit pactum, sed per totum triennium neque pecunias solverit, neque apochas domino tributorum reddiderit, volenti ei licere eum à prædiis emphyteuticariis repellere. *l.* 2. *C. de jure emphyt. Nov.* 7. *c.* 3. §. 2. *Nov.* 120. *cap.* 8.

b V. l'article 8. de la Sect. 3. du Contract de vente, & les articles 12. & 13. de la Sect. 12. au même Titre.

X I.

11. *Les dépenses ne sont pas remboursées.*

Si l'emphyteote avoit fait des ameliorations dans le fonds, & qu'il en soit expulsé faute de payement des arrerages de la rente ; il ne pourra prétendre de remboursement de ses dépenses *c*. Car l'heritage luy avoit été donné à condition de l'ameliorer. Mais il est de la prudence du Juge, selon la qualité des ameliorations, & les autres circonstances, d'accorder un délay raisonnable, pour mettre l'emphyteote en état ou de payer & retenir le fonds, ou de pouvoir le vendre *d*.

c Nulla ei in posterum allegatione nomine meliorationis, vel eorum quæ emponemata dicuntur, vel pœna opponenda. *l.* 1. *C. de jur. emph.*

d Licentia emphyteutæ detur, ubi voluerit, & sine consensu domini, meliorationes suas vendere. *l.* 3. *eod.*

Quoyque ces paroles de cette loy ne soient pas pour ce cas, on peut les y appliquer, parce qu'il est toûjours vray que l'emphyteote peut vendre le fonds, & les ameliorations. Et il est juste de luy donner un délay pour exercer ce droit, dans le cas où il perdroit ses ameliorations faute de payer la rente.

TITRE V.

DU PREST A USAGE, & du Précaire.

NOtre Langue n'ayant pas de mot propre qui signifie cette convention où l'un prête une chose à l'autre gratuitement pour s'en servir & la rendre aprés l'u-
sage fini ; on s'est servi du mot de prêt à usage, pour
distinguer cette convention de celle du prêt dont il sera
parlé dans le Titre suivant. Car ce sont deux conventions qu'il ne faut pas confondre, celle-cy obligeant à
rendre la même chose qu'on a empruntée, comme quand
on emprunte un cheval: & l'autre à rendre une chose semblable, comme quand on emprunte de l'argent, & d'autres choses qu'on cesse d'avoir lorsque l'on s'en sert.

Le prêt à usage est une convention qui suit naturellement de la liaison que la societé fait entre les hommes.
Car comme on ne peut pas toûjours acheter, ou loüer
toutes les choses dont on manque, & dont on n'a besoin
que pour peu de temps ; il est de l'humanité qu'on s'en
accommode l'un l'autre par le prêt à usage.

Le précaire est la même espece de convention que le
prêt à usage, avec cette difference, qu'on y met dans le
droit Romain, qu'au lieu que le prêt à usage est pour un
temps proportionné au besoin de celuy qui emprunte,
ou même pour un certain temps reglé par la convention ; le précaire est indéfini, & ne dure qu'autant qu'il
plaît à celuy qui prête.

Cette distinction entre le prêt à usage & le précaire
est peu de nôtre usage : & nous ne nous servons presque
point de ce mot de précaire, que pour les immeubles,
comme dans une vente ou autre alienation, lorsque celuy qui aliene un fonds, reconnoît que s'il demeure encore en possession, ce ne sera que précairement. Ce qu'on

F f ij

exprime ainſi, pour marquer qu'il ne poſſedera plus ce fonds, que par la tolerance de l'acquereur, & comme poſſede celuy qui a emprunté. V. l'art. 7. de la Sect. 2. du Contract de vente.

SECTION I.

De la nature du prêt à uſage, & du précaire.

SOMMAIRES.

1. Définition du prêt à uſage.
2. Définition du précaire.
3. Le prêt à uſage n'oblige que par la délivrance de la choſe.
4. Celuy qui prête demeure proprietaire.
5. Meubles & immeubles peuvent être prêtez.
6. Des choſes qui ſe conſument par l'uſage.
7. Prêt à uſage de ce qui eſt à un autre.
8. Maniere & durée de l'uſage doit être reglée par celuy qui prête.
9. Prêt à uſage préſumé pour l'uſage naturel de la choſe.
10. Durée du prêt à uſage proportionnée au beſoin pour lequel la choſe eſt prêtée.
11. Reſtitution de la choſe au temps & au lieu dont on convient.
12. Prêt ou pour l'uſage de celuy qui emprunte, ou de celuy qui prête, ou de tous les deux.
13. Le précaire finit par la mort de celuy qui a prêté.
14. Qui peut prêter & emprunter.
15. Les engagemens du prêt à uſage paſſent aux heritiers.

I.

1. Définition du prêt à uſage.

LE prêt à uſage eſt une convention par laquelle l'un donne une choſe à l'autre, pour s'en ſervir à un certain uſage, & pendant ſon beſoin ſans payer aucun prix. Car s'il y avoit un prix ce ſeroit un loüage *a*.

a Utendum datum. *l. 1. §. 1. ff. commod.* Res aliqua utenda datur, §. 2. *inſt. quib. mod. re contr. obl.*
Commodata res tunc propriè intelligitur, ſi nulla mercede accepta, vel conſtituta, res utenda data eſt. Alioqui mercede interveniente, locatus tibi.

ufus rei videtur. Gratuitum enim debet effe commodatum. *d.* §. 2. *inft. quib. mod. re contr. obl.*

II.

Le précaire eſt un prêt à uſage accordé à la priere de celuy qui emprunte une choſe pour en uſer pendant le temps que celuy qui la prête voudra la laiſſer : & à la charge de la rendre quand il plaira au maître de la retirer *a*.

a Precarium eſt , quod precibus petenti utendum conceditur tamdiu , quamdiu is qui conceſſit , patitur. *l.* 1. *ff. de prec. l.* 2. §. *ult. eod.* Qui precario conceditꞌ, ſic dat, quaſi tunc recepturus, cùm ſibi libuerit precarium ſolvere. *d. l.* 1. §. 2ꞌ

2. *Définition du précaire.*

III.

Le prêt à uſage eſt une de ces ſortes de conventions, où l'on s'oblige à rendre une choſe : & où par conſequent l'obligation ne ſe contracte que par la délivrance de la choſe prêtée *b*.

b Is cui res aliqua utenda datur , id eſt commodatur, re obligatur. §. 2. *inft. quib. mod. re contr. obl.*
V. l'article 9. de la Section 1. des Conventions.

3. *Le prêt à uſage n'oblige que par la délivrance de la choſe.*

IV.

Il eſt de la nature de ce contract , que celuy qui prête, demeure proprietaire de ce qu'il a prêté, & que par conſequent celuy qui emprunte rende la même choſe qu'il a empruntée , & non une autre de la même eſpece. Car ce ne ſeroit pas un prêt à uſage, mais un ſimple prêt , comme quand on emprunte des denrées , ou de l'argent pour les conſumer , & en rendre autant *c*.

c Rei commodatæ & poſſeſſionem , & proprietatem retinemus. *l.* 8. *ff. comm. d.* Nemo enim commodando, rem facit ejus cui commodat. *l.* 9. *cod.* Mutuum damus recepturi, non eandem ſpeciem , quam dedimus : alioqui commodatum erit, aut depoſitum. *l.* 2. *ff. de reb. cred.*

4. *Celuy qui prête demeure proprietaire.*

V.

On peut prêter à uſage non ſeulement des choſes mobiliaires, mais auſſi des immeubles, comme une maiſon pour y habiter *d*.

d Rem mobilem. *l.* 1. §. 1. *ff. commod.* Commodata res dicitur , & quæ ſoli eſt. *d. l.* 1. §. 1. Etiam habitationem commodari poſſe. *d.* §. 1. *in fine. l.* 17. *ff. de præſc. verb.*

5. *Meubles & immeubles peuvent être prêtez.*

VI.

On ne peut prêter à uſage les choſes qui ſe conſument, ou qu'on ceſſe d'avoir quand on en uſe , comme l'argent

6. *Des choſes qui ſe conſument par l'uſage.*

& les denrées ; car les prêter pour les confumer, ce feroit faire un fimple prêt, qui eft une convention d'une
autre nature. Mais on peut donner ces fortes de chofes,
par un prêt à ufage, pour quelque autre fin que de les
confumer ; comme fi on les prêtoit pour faire des offres,
ou une confignation, à la charge de les retirer, & rendre les mêmes *.

a Non poteft commodari id quod ufu confumitur, nifi fortè ad pompam,
vel oftentationem quis accipiat. *l. 3. §. ult. ff. commod.* Sæpe etiam ad hoc commodantur pecuniæ, ut dicis gratia, numerationis loco intercedant. *l. 4. eod.*
V. l'art. 4. de la Sect. 1. du loüage.

VII.

On peut prêter ce qui eft à un autre. Ainfi, le poffeffeur de bonne foy peut prêter ce qu'il poffede, & qu'il
croit être à luy. Et c'eft même un prêt à ufage, lorfqu'on
prête ce qu'on poffede de mauvaife foy *b*.

b Commodare poffumus etiam alienam rem quam poffidemus, tametfi fcien-
tes alienam poffidemus. *l. 15. ff. commod.* Ita ut, & fi fur, vel prædo commodaverit, habeat commodati actionem. *l. 16. eod. l. 64. ff. de Judic.*

VIII.

C'eft à celuy qui prête une chofe à regler de quelle
maniere, & pendant quel temps celuy qui l'emprunte
pourra s'en fervir *c*.

c Modum commodati finemque præfcribere, ejus eft, qui beneficium tribuit.
l. 17. §. 2. ff. commod. V. l'art. 11. de la Section 2.

IX.

Si l'ufage qui doit être fait de la chofe empruntée n'eft
pas reglé par la convention, il eft borné au fervice naturel & ordinaire qu'on peut en tirer. Ainfi, celuy qui prête
un cheval, eft préfumé le donner pour quelque voyage,
& non pour la guerre *d*.

d Qui alias re commodata utitur ; non folùm commodati, verùm furti quoque
tenetur. *l. 5. §. 8. ff. commod.* Si tibi equum commodavero, ut ad villam adduceres, tu ad bellum duxeris : commodati teneberis. *d. l. 5. §. 7.*

X

Si le temps n'eft pas reglé par la convention, il eft borné à la durée de l'ufage pour lequel la chofe eft prêtée.
Ainfi, un cheval étant prêté pour un voyage, celuy qui

l'emprunte en a l'ufage pendant le temps neceffaire pour
ce voyage *.

a Intempeftivè ufum commodatæ rei auferre, non officium tantùm impedit,
fed & fufcepta obligatio inter dandum accipiendúmque. *l.* 17. §. 3. *ff. commod.*
Non rectè facies importunè repetendo. *d.* §. Temporalis minifterii caufa. *l.* 2. *C.*
eod. V. l'art. 1. de la Sect. 3.

XI.

S'il a été convenu, que la chofe prêtée fera renduë dans
un certain temps, en un certain lieu, & que celuy qui l'a
empruntée n'y ait point fatisfait, il fera tenu des dommages & interêts qu'il aura pû caufer felon les circonftances *b*.

11. Reftitution de
la chofe au temps &
au lieu dont on con-
vient.

b Si ut certo loco vel tempore reddatur commodatum, convenit, officio judicis ineft, ut rationem loci, vel temporis habeat. *l.* 5. *ff. commod.*

XII.

Le prêt à ufage peut être fait, ou pour le feul interêt
de celuy qui emprunte, & c'eft la maniere d'emprunter
qui eft la plus commune, comme fi je prête mon cheval à
un amy pour faire un voyage pour fa propre affaire : ou il
peut être fait pour l'interêt feulement de celuy qui prête,
comme fi je prête mon cheval à celuy que j'envoye pour
moy à la campagne : ou pour l'interêt des deux, comme
fi un affocié prête fon cheval à fon affocié pour une affaire commune de leur focieté *c*.

12. Preft ou pour
l'ufage de celuy qui
emprunte, ou de ce-
luy qui prefte, ou de
tous les deux.

c Commodatum plerumque folam utilitatem continet ejus cui commodatur,
l. 5. §. 2. *in f. ff. commod.*
Si fua dumtaxat caufa commodavit : fponfæ fortè fuæ, vel uxori, quo ho-
neftius culta ad fe deduceretur : vel fi quis Iudos edens prætor fcenicis commodavit. *d. l.* 5. §. 10. *l.* 10. §. 1. *eod.*
Si utriufque gratia (commodata fit) res, veluti fi communem amicum ad
cœnam invitaverimus, túque ejus rei curam fufcepiffes : & ego tibi argentum
commodaverim. *l.* 18. *eod.* V. l'art. 2. & les fuivans de la Sect. 2.

XIII.

Le précaire finit par la mort de celuy qui a prefté, &
non le preft à ufage. Car le précaire ne dure qu'autant
que veut celuy qui a prefté : & fa volonté ceffe par fa
mort. Mais dans le preft à ufage, celuy qui prefte, a voulu
laiffer la chofe pendant le temps de l'ufage accordé *d*.

13. Le précaire
finit par la mort de
celuy qui a prefté.

d Precarii rogatio ita facta, quoad is qui dediffet vellet, morte ejus tollitur.
l. 4 *ff. locati.* V. cy-aprés Sect. 3. art. 1. 17. §. 3. *ff. commod.*

XIV.

Toutes perfonnes capables de contracter, peuvent
prefter & emprunter : & outre les engagemens naturels

14. Qui peut prê-
ter & emprunter.

à quoy oblige le prêt à ufage, on peut y adjoûter les pactes qu'on veut , & il faut appliquer à ce contract les autres regles generales des conventions *a*.

a V. l'art. 2. de la Section 2. l'art. 1. de la Section 3. & l'art. 1. de la Section 4.
des conventions. V. l. 1. §. 2. & l. 2. ff. commod.

XV.

Les engagemens qui fe forment par le prêt à ufage paffent aux heritiers de celuy qui prête , & de celuy qui
emprunte *b*.

b Heres ejus qui commodatum accepit pro ea parte qua heres eft convenitur,
l. 3 §. 3. ff. commod. l. 17. §. 2. eod. V. fur l'engagement de l'heritier l'article dernier de la Section 3. du dépôt.

SECTION II.

Des engagemens de celuy qui emprunte.

SOMMAIRES.

I. Les

I.

LEs engagemens de celuy qui emprunte une chose, sont d'en prendre soin [a] : d'en user selon l'intention de celuy qui l'a prestée [b] : & de la rendre [c] dans le temps convenu [d], & en bon état. Ces divers engagemens seront expliquez par les regles qui suivent.

[a] In rebus commodatis diligentia præstanda est. l. 18. ff. commod.

[b] Modum commodati, finemque præscribere, ejus est, qui beneficium tribuit. l. 17. §. 3. ff. commod.

[c] De ea re ipsa restituenda tenetur. §. 2. inst. quib. mod. re contr. obl. l. 1. §. 3. ff. de obl. & act.

[d] Ad modum finémque. l. 17. §. 3. ff. commod.

[e] Si reddita quidem sit res commodata, sed deterior reddita, non videbitur reddita. l. 3. §. 1. ff. commod.

1. Engagemens de celuy qui emprunte.

II.

Celuy qui a emprunté une chose pour son propre usage est obligé d'en prendre soin ; non seulement comme il en prend de ce qui est à luy, s'il n'est pas assez vigilant, mais avec toute l'exactitude des peres de famille les plus soigneux : & il doit répondre de toute perte, & de tout dommage qui pourroit arriver faute d'un tel soin [f]. Car usant gratuitement de ce qu'on luy preste, il doit le conserver avec tout le soin possible aux plus vigilans.

2. A quel soin est obligé celuy qui emprunte.

[f] In rebus commodatis talis diligentia præstanda est, qualem quisque diligentissimus paterfamilias suis rebus adhibet. l. 18. ff. commod. Exactissimam diligentiam custodiendæ rei præstare compellitur. Nec sufficit ei, eamdem diligentiam adhibere, quam suis rebus adhibet, quam sui alius diligentior custodire potuerit. l. 1. §. 4. ff. de obl. & act. §. 2. inst. quib. mod. re contr. obl. Custodiam commodatæ rei, etiam diligentem debet præstare. l. 5. §. 5. ff. commod. V. l'art. 4. de la sect. 3. du Dépôt, & l'art. 3. de la sect. 8. du Loüage.

Il y a cette différence dans le Droit Romain entre le prest à usage, & le précaire, pour ce qui regarde le soin, que dans le précaire celuy qui tient précairement la chose d'un autre, ne répond que du dol, & des fautes qui en approchent, & non des fautes legeres. Dolum solum præstat is qui precario rogavit, cùm totum hoc ex liberalitate descendat ejus qui precario concessit : & satis sit si dolus tantùm præstetur. Culpam tamen dolo proximam contineri quis meritò dixerit. l. 8. §. 3. ff. de precar. Mais la liberalité de celuy qui preste doit-elle diminuer le soin de celuy qui emprunte ? Et quiconque preste, soit pour un temps, ou précairement, preste-il autrement que pour obliger ? Ou s'il faut distinguer leur condition, pour ce qui regarde le soin de la chose prestée, n'est-ce point à cause que celuy à qui on preste pour un certain temps, doit plus veiller à la conservation de la chose, que celuy à qui elle est donnée indéfiniment, sans qu'il sçache pendant quel temps celuy qui l'a prestée, voudra la laisser.

III.

Si le prest à usage n'a été fait que pour l'interest de celuy qui preste, celuy à qui on preste de cette maniere ne

3. Soin de celuy qui emprunte pour

Tome I.   G g

l'interêt du maitre de la chose prêtée.

fera pas tenu du même soin que s'il empruntoit pour son propre usage. Mais il sera seulement tenu de ce qui pourroit arriver par sa mauvaise foy *a* : ou par une faute grossiere qui approchât du dol *b*. Car il ne seroit pas juste, que pour faire plaisir, il fût obligé à une telle vigilance qu'il fût responsable de la moindre negligence, ou de la moindre faute.

a Interdum planè dolum solum in re commodata, qui rogavit, præstabit : ut putà si quis ita convènit, vel si sua dumtaxat causa commodavit. *l. 5. §. 10. l. 10. §. 1. ff. commod.*

b Lata culpa planè dolo comparabitur. *l. 1. §. 1. ff. si mens. falss. mod. dix.* dissoluta negligentia prope dolum est. *l. 29. ff. mand.*

I V.

4. Soin de celuy à qui le prêt est fait pour l'interêt commun.

Si le prêt à usage a été fait pour l'interêt commun de celuy qui prête & de celuy qui emprunte, comme si l'un des associez emprunte le cheval de l'autre pour une affaire de leur societé ; il répondra de ce qui pourroit arriver non seulement par sa mauvaise foy, mais par sa negligence, & son peu de soin *c*. Car il emprunte en partie pour son interêt, & il reçoit un plaisir en ce qui le regarde.

c At si utriusque (gratia commodata sit res) scriptum quidem apud quosdam invenio, quasi dolum tantùm præstare debeas. Sed videndum est ne & culpa præstanda sit : ut ita culpæ fiat æstimatio, sicut in rebus pignori datis, & dotalibus æstimari solet. *l. 18. versic.* at si *ff. commod.* Ubi utriusque utilitas vertitur, ut in empto, ut in locato, ut in dote, ut in pignore, ut in societate, & dolus & culpa præstatur. *l. 5. §. 2. ff. commod.* Placuit (in pignore) sufficere, si ad eam rem custodiendam exactam diligentiam adhibeat. *§. ult. inst. quib. mod. re contr. oblig.*

V.

5. Si la qualité du soin est reglée par la convention.

S'il a été convenu de quel soin seroit tenu celuy qui emprunte, la convention servira de regle *d*.

d Sed hæc ita, nisi si quid nominatim convenit, vel plus, vel minus, in singulis contractibus : nam hoc servabitur quod initio convenit, legem enim contractus dedit. *l. 23. ff. de reg. jur.* Interdum planè dolum solum in re commodata, qui rogavit præstabit : ut puta si quis ita convenit. *l. 5. §. 10. ff. commod.*

V I.

6. Cas fortuits.

Si celuy qui emprunte n'a usé de la chose empruntée que pendant le temps, & pour l'usage pour lequel elle luy a été prêtée, & qu'elle perisse, ou soit endommagée, sans sa faute, par le pur effet d'un cas fortuit, ou par la nature de la chose, il n'en est pas tenu. Car rien ne peut

luy être imputé. Et aucune convention n'oblige naturellement à répondre de ces sortes d'évenemens, qui font
un pur effet de l'ordre divin, & qui regardent ceux qui
font les maîtres des chofes dont la perte arrive *a*.

a Quod verò feneẗute contingit, vel moibo, vel vi latronum ereptum eft,
aut quid fimile accidit : dicendum eft nihil eorum effe inputandum ei, qui
commoda:um accepit,nifi aliqua culpa interveniat. *l.* 5. §. 4.*ff. commod. l.* 1. *C. eo?.*
l. 23. *m f. ff. de reg. jur.*Si commodavero tibi equum quo utereris ufque ad certum
locum, fi nulla culpa tua interveniente, in ipfo itinere deterior equus faẗus fit,
non teneris commodati : nam ego in culpa ero, qui in tam longum iter commodavi qui eum laborem fuftinere non potuit. *l. ult. ff. commod.* Tantùm eos cafus
non præftet, quibus refifti non poffit, quæ fine dolo & culpa ejus accidunt. *l.* 18.
ff. commod. v. l. 20. *eod.* Fortuitos cafus nullum humanum confilium providere
poteft. *l.* 2. §. 7. *ff. de adm. rer. ad ci i:. pert.*Ad eos qui fervandum aliquid condu-
cunt, aut utendum accipiunt, damnum injuria ab alio datum non pertinere,pro-
culdubio eft. Qua enim cura, aut diligentia confequi poffumus, ne aliquis damnum nobis injuria det ? *l.* 19. *ff. commod.* V. l'art. 6. de la feẗ. 2. des Procurations, & l'art. 12. de la feẗ. 4. de la Societé.

On peut remarquer fur cet article la diftinẟion que fait la loy divine du cas où la chofe
empruntée perit en l'abfence du maitre, & du cas où elle perit en fa prefence. Dans ce der-
nier cas la perte tombe fur le maitre, & dans le premier fur celuy qui avoit emprunté.
Qui à proximo quidquid horum mutuo poftulaverit,& debilitatum aut mortuum
fuerit, domino non præfente, reddere compelletur. Quòd fi impræfentiarum dominus fuerit, non reftituet. *Exod.* 22. 14. *Cette diftinẟion eft-elle fondée fur ce que le*
maitre prefent voit qu'il ne peut rien imputer à celuy à qui il avoit prêté, & que fi on dé-
chargeoit celuy qui a emprunté de la perte arrivée en l'abfence du maitre, ce feroit donner
occafion à ceux qui empruntent de mefufer, ou de negliger, & de fuppofer même une perte
qui ne feroit pas arrivée ?

VII.

Si la chofe perit par un cas fortuit, dont celuy qui l'a-
voit empruntée pouvoit la garentir, y employant la fienne, il en fera tenu. Car il ne devoit en ufer qu'au défaut
de la fienne. Et il en feroit de même, fi dans un incendie il laiffoit perir ce qu'il auroit emprunté, pour garentir plûtôt ce qui étoit à luy *b*.

7. Egard qu'on doit avoir à la chofe empruntée plus qu'à la fienne.

b Proinde, & fi incendio, vel ruina aliquid contingit, vel aliquid damnum
fatale, non tenebitur, nifi forte cùm poffit res commodatas falvas facere, fuas
prætulit. *l.* 5. §. 4. *ff. commod.*

VIII.

Si par la vûë d'un peril à craindre, il eft convenu que
celuy qui emprunte répondra des cas fortuits, il en fera
tenu *c*. Car il pouvoit ne fe pas foûmettre à cette condition, & c'eft luy-même qui a mis la chofe en peril.

8. Celuy qui em-prunte peut fe charger des cas fortuits.

c Cùm is qui à te commodari fibi bovem poftulabat, hoftilis incurfionis contemplatione, periculum amiffionis, ac fortunam futuri damni in fe fufcepiffe
proponatur : præfes provinciæ .... placitum conventionis implere, eum com-

pellet. *l.* 1. *C. de commod.* Si quis pactus sit ut ex causa depositi omne periculum præstet, Pomponius ait pactionem valere : nec , quasi contra juris formam , non esse servandum. *l.* 7. §. 15. *ff. de pact. l.* 5. §. 2. *ff. commod. v. l.* 21. §. 1. *eod.* V. l'art. 7. de la sect. 3. du Dépôt.

IX.

9. De la chose prê-tée & estimée.

S'il est fait une estimation de la chose prêtée entre ce-luy qui prête, & celuy qui emprunte, pour regler ce que rendra celuy qui emprunte, s'il ne rend la chose, il sera tenu de cette valeur, quand même la chose periroit par un cas fortuit *a*. Car celuy qui prête de cette maniere, le fait pour s'assurer en toute sorte d'évenemens, de recou-vrer ou la chose qu'il preste, ou cette valeur, si elle perit.

a Si forte res æstimata data sit , omne periculum præstandum ab eo qui æsti-mationem se præstaturum recepit. *l.* 5. §. 3. *ff. commod.* Æstimatio periculum facit ejus qui suscepit. Aut igitur ipsam rem debebit incorruptam reddere, aut æstima-tionem de qua convenit. *l.* 1. §. 1. *ff. de æstimat. act.*

X.

10. Cas fortuits ar-rivez à celuy qui use de la chose empruntée contre l'intention du maitre.

Si la chose prestée perit par un cas fortuit à cause que celuy qui l'avoit empruntée l'employoit à un autre usage, que celuy pour lequel elle luy avoit été donnée, il en sera tenu *b*.

b Si cui ideo argentum commodaverim , quod is amicos ad cœnam invitatu-rum se diceret , & id peregrè secum portaverit , sine ulla dubitatione etiam pira-tarum , & latronum , & naufragii casum præstare debet. *l.* 18, *ff. commod.*

XI.

11. Peine du mes-usage.

Si celuy qui preste explique pour quel usage il donne la chose, & pendant quel temps, son intention servira de regle. Et s'il n'en est rien dit, celuy qui emprunte ne pourra se servir de la chose, que pour l'usage naturel & ordinaire à quoy elle est propre, & pendant le temps ne-cessaire pour le besoin, pour lequel elle a esté prestée. Et s'il en use autrement contre l'intention de celuy qui a presté, ou contre cet ordre, il commet une espece de lar-cin : & il sera tenu des pertes, & des dommages & inte-rests qui en arriveront *c*.

c Si tibi equum commodavero ut ad villam adduceres , tu ad bellum duxeris , commodati teneberis. *l.* 5. §. 7. *ff. commod.*
Qui alias re commodata utitur , non solùm commodati , verùm furti quoque tenetur. *d. l.* §. 8. §. 9. *inst. de oblig. quæ ex del. nasc.* Qui jumenta sibi commo-data longius duxerit, alienáve re invito domino usus sit, furtum facit. *L.* 40. *ff. de*

fiat. Habet summam æquitatem, ut eatenus quisque noftro utatur, quatenus ei tribuere velimus. *l.* 15. *ff. de precar.* V. l'art. 8. & le fuiv. de la fect. 1.

XII.

Si la chofe eft deteriorée fans aucune faute de celuy qui l'avoit empruntée, & par le feul effet de l'ufage qu'il avoit droit d'en faire, il n'en eft pas tenu ; mais s'il y a de fa faute il doit en répondre *a*.

a Eum qui rem commodatam accepit, fi in eam rem ufus eft, in quam accepit, nihil præftare, fi eam in nulla parte, culpa fua deteriorem fecit, verum eft. Nam fi culpa ejus fecit deteriorem, tenebitur. *l.* 10. *ff. commod.*

Sive commodata res five depofita deteriot ab eo qui acceperit, facta fit, non folùm iftæ funt actiones, de quibus loquimur, verùm etiam legis Aquiliæ. *l.* 18. §. 1. *eod.* Non videbitur reddita, quæ deterior facta redditur, nifi quod intereft præftetur. *l.* 3. §. 1. *eod.*

XIII.

Celuy qui a emprunté une chofe ne peut la retenir par compenfation de ce que peut luy devoir celuy qui l'a preftée *b*.

b Prætextu debiti, reftitutio commodati non probabiliter recufatur. *l. ult. C.* *de commod.*

XIV.

Si pour ufer de la chofe empruntée on eft obligé à quelque dépenfe, celuy qui l'emprunte en fera tenu *c*.

c V. l'art. 4. de la Section fuivante.

SECTION III.

Des engagemens de celuy qui prefte.

SOMMAIRES.

I.

CEluy qui a prefté une chofe ne peut la retirer qu'aprés qu'elle aura fervi à l'ufage, pour lequel elle a été preftée. Car il luy étoit libre de ne pas prefter,

mais ayant prêté, il est obligé non seulement par honnêteté, mais encore par l'effet de la convention, à laisser la chose pour cet usage ; autrement le prêt qui doit
être un bienfait, seroit une occasion de tromper, & causer du mal[a].

a Sicut voluntatis, & officii magis quàm necessitatis est, commodare ; ita
modum commodati, finémque præscribere, ejus est, qui beneficium tribuit. Cùm
autem id fecit (id est postquam commodavit) tunc finem præscribere, & retro
agere, atque intempestivè usum commodatæ rei auferre, non officium tantùm
impedit : sed & suscepta obligatio, inter dandum accipiendumque. Geritur enim
negotium invicem, & ideo invicem propositæ sunt actiones ut appareat quod
principio beneficii, ac nudæ volu .tatis fuerat, converti in mutuas præstationes,
actionésque civiles. l. 17. §. 3 ff. commod. Adjuvari quippe nos, non decipi beneficio oportet. d. §. in f.

II.

2. Comment on
peut retirer la chose
donnée à precaire.

Dans le précaire celuy qui a prêté peut retirer la chose
avant l'usage fini, car il ne l'a pas donnée pour un certain
temps ; mais au contraire à condition de la retirer quand
il luy plairoit[b]. Ce qui ne doit pas s'étendre à la liberté
indiscrete de retirer la chose sans aucun délay, & dans un
contre-temps qui causât du dommage à celuy qui s'en ser-
voit ; mais on doit donner le temps que demande la raison
selon les circonstances[c].

b Qui precario concedit sic dat, quasi tunc recepturus, cùm sibi libuerit precarium solvere. l. 1. §. 2. ff. de præc. Utendum conceditur tamdiu, quamdiu is
qui concessit patitur. d. l. 1.
c Ut moderatæ rationis temperamenta desiderant. l. 10. §. 3. ff. de quasi. In omnibus æquitas spectanda. l. 90. ff. de reg. jur. l. 183. cod.

III.

3. Des défauts de
la chose prêtée.

Si la chose prêtée a quelque défaut qui puisse nuire à
celuy qui l'emprunte, & que ce défaut ait été connu à celuy qui prête ; il sera tenu du dommage qui en sera arrivé.
Comme si pour mettre du vin, ou de l'huile il a prêté des
vaisseaux qu'il sçavoit être gâtez : si pour appuyer un bâtiment, il a prêté des bois de bout qu'il sçavoit être pourris. Car on prête pour servir, & non pas pour nuire[d].

d Qui sciens vasa vitiosa commodavit, si ibi infusum vinum, vel oleum cor-
ruptum effusúmve est, condemnandus eo nomine est. l. 18. §. 3. ff. commod.
Idemque est si ad fulciendam insulam, tigna commodasti .... sciens vitiosa...
adjuvari quippe nos, non decipi beneficio oportet. l. 17. §. 3. in fine eod.
Voyez l'article 8. de la section 3. du Loüage.

I V.

Les dépenses necessaires pour user de la chose empruntée, comme la nourriture & le ferrage d'un cheval prêté
sont dûës par celuy qui emprunte. Mais s'il survient d'autres dépenses comme pour faire penser le cheval d'un mal
arrivé sans la faute de celuy qui l'a emprunté, celuy qui a
prêté sera tenu de ces sortes de dépenses, si ce n'est qu'elles fussent si legeres, que l'usage tiré de la chose, y obligeât celuy qui l'avoit empruntée *a*.

4. Dépenses faites pour la chose em-pruntée.

a Possunt justæ causæ intervenire ex quibus cum eo, qui commodasset, agi
deberet. Veluti de impensis in valetudinem servi factis, quæve post fugam requi-
rendi reducendique ejus causa factæ essent. Nam cibariorum impensæ, naturali
scilicet ratione ad eum pertinent qui utendum accepisset. Sed & id, qnod de impensis valetudinis, aut fugæ diximus, ad majores impensas pertinere debet. Modica enim impendia verius est ut, sicuti cibariorum, ad eumdem pertineant. *l.* 18.
§. 2. *ff. commod. l.* 8. *ff. de pign. act.*

TITRE VI.

DU PREST, ET DE L'USURE.

ON a vû dans le Titre précedent la maniere dont les
hommes se communiquent gratuitement l'usage
des choses qui sont telles, qu'après l'usage fini on puisse
les rendre, comme on rend un cheval à celuy qui l'avoit
prêté.

Origine du prêt.

Mais il y a une autre espece de choses, qui sont telles
qu'après qu'on s'en est servi, il n'est plus possible de les
rendre. Car on ne peut en user sans qu'on les consume, ou
qu'on s'en dépoüille. Comme sont l'argent, les grains, les
liqueurs, & les autres choses semblables. De sorte qu'il
faut pour les prêter, une autre espece de convention : &
c'est le prêt dont il sera parlé dans ce Titre.

Pour bien concevoir la nature de ce prêt, il faut considerer dans cette sorte de choses deux caracteres, qui les
distinguent de toutes les autres : & qui sont les fondemens
de quelques distinctions qu'il faut remarquer entre le
prêt, & les autres contracts dont on a parlé.

Deux caracteres des choses qu'on prête.

Le premier de ces caracteres est qu'on ne sçauroit user de l'argent, des grains, des liqueurs, & des autres choses semblables, qu'en cessant de les avoir : & c'est un effet naturel de l'ordre de Dieu, qui destinant l'homme au travail, luy a rendu ces sortes de choses si necessaires, & les a fait telles qu'on ne les a que par le travail, & qu'on cesse de les avoir lorsque l'on en use ; afin que ce besoin qui revient toûjours, oblige à un travail qui dure autant que la vie.

Le second caractere qui distingue ces choses de toutes les autres, est qu'au lieu que dans les autres il est tres difficile d'en trouver plusieurs de la même espece qui soient entierement semblables, & qui ayent la même valeur, & les même qualitez, on peut aisément en celles-cy avoir les semblables, & qui soient pareilles, & en valeur, & en qualitez. Ainsi, toutes les pistoles, tous les écus, & toutes les autres pieces de monnoye ont le même alloy, le même poids, le même coin, la même valeur : & chacune tient lieu de toute autre de la même espece : & on peut aussi faire la même somme en d'autres especes. Ainsi l'on a grains pour grains, liqueurs pour liqueurs, de semblable qualité, & de même mesure, ou de même poids.

Nature du prest, & les caracteres qui le distinguent du prest à usage, & des autres contract.

Ces deux caracteres des choses de cette nature, sont les fondemens du commerce qu'on en fait par le prest. Car comme on ne peut les prendre pour en user, & rendre les mêmes, ainsi qu'on prendroit une tapisserie, un cheval, un livre ; on s'en accommode, en les prenant à condition d'en rendre autant : ce qui est facile, puisqu'il n'y a qu'à compter, peser, ou mesurer : & c'est cette convention, qu'on appelle le prest.

Ainsi on voit que dans nôtre Langue le nom de prest est commun, & au prest d'argent, & au prest d'un cheval : & qu'encore que ce soient deux sortes de conventions, qui ont leurs natures differentes, & qui ont aussi dans la langue latine de differens noms, nous ne donnons communément à l'une & à l'autre que le nom de prest, parce qu'elles ont cela de commun, que l'un preste à l'autre pour reprendre ou la même chose, si elle est telle que l'usage ne la consume

fume point : ou une autre toute pareille, & qui en tienne
lieu, fi on ne peut en ufer, fans la confumer, ou s'en dépoüiller. Mais comme il a été remarqué dans le Titre précedent, qu'il ne faut pas confondre ces deux efpeces de
conventions, on a crû devoir diftinguer leurs noms.

On voit par cet ufage du preft, qui fera la matiere de
ce Titre, quelle eft fa nature, & que c'eft un contract où
celuy qui prefte, donne une chofe à condition, que celuy
qui l'emprunte rendra, non la même chofe en fubftance,
mais autant de la même efpece. De forte qu'il eft effentiel
à ce contract, que la chofe preftée paffe tellement à celuy
qui l'emprunte, qu'il en devienne le maître, pour avoir
le droit de la confumer. Et c'eft dans cet ufage du preft,
qu'on peut remarquer ce qu'il a de commun avec la vente, l'échange, le preft à ufage, & le loüage : & ce qui le
diftingue de ces autres efpeces de conventions.

Il eft commun à la vente, & au preft, que la chofe eft
alienée ; mais dans la vente c'eft pour un prix, & dans le
preft c'eft pour en ravoir une autre femblable.

Il eft commun à l'échange & au preft, qu'on y donne
une chofe pour une autre ; mais dans l'échange, c'eft par
la difference des chofes que l'on s'accommode, en fe les
donnant reciproquement, & en même temps : & dans le
preft, on ne donne que pour ravoir quelque temps aprés,
non une chofe differente, mais une autre toute pareille.

Il eft commun au preft à ufage & au fimple preft, qu'on
emprunte une chofe gratuitement *a* ; mais dans le preft à
ufage, c'eft feulement pour ufer de la chofe, & la rendre aprés l'ufage fini : & dans le preft c'eft pour confumer la chofe, & en rendre une autre.

Il eft commun au loüage, & au preft qu'on emprunte
une chofe pour en ufer. Mais dans le loüage c'eft pour
ufer de la chofe moyennant un prix, & rendre la même : &
dans le preft c'eft pour en ufer fans autre charge, que d'en
rendre autant.

Il eft commun à ces cinq efpeces de conventions qu'on

a Il eft de la nature du preft, qu'il foit gratuit: & cette verité qu'on prefuppofe icy, ſera prouvée dans la fuite.

Tome I.   H h

ne s'y accommode des chofes, que dans la vûë de l'ufage qu'on peut en tirer ; mais on y traite des chofes en deux manieres qui regardent cet ufage bien differemment. L'une qui eft propre au preft à ufage & au loüage, où l'on ne traitte que du feul ufage, & non de la proprieté des chofes, car il ne s'y en fait point d'alienation : & l'autre, qui eft propre à la vente, à l'échange, & au preft où l'on ne traitte que de la feule proprieté des chofes, & où elles font alienées independemment de l'ufage qui en fera fait, & de telle forte que quand la chofe periroit, auffi-tôt que le contract eft accompli, fans qu'il fût poffible à celuy qui la prend d'en faire aucun ufage; le contract fubfifteroit en fon entier ; au lieu que le preft à ufage, & le loüage ne fubfiftent point, fi la chofe perit avant que celuy qui la prend ait pû en ufer : & le contract s'évanoüit fi elle perit. D'où il s'enfuit, que celuy qui a pris une chofe par une vente, par un échange, ou par un preft, en eft devenu le proprietaire : & que quand il en ufe, c'eft fa chofe propre qu'il met en ufage; mais dans le preft à ufage, & dans le loüage, c'eft de la chofe d'un autre qu'ufe celuy qui emprunte, & celuy qui loüe.

On a fait icy toutes ces remarques fur les differentes natures des chofes qu'on prefte ou par le fimple preft, ou par le preft à ufage : fur les caracteres communs au preft, & aux autres efpeces de conventions : & fur ceux qui l'en diftinguent, pour établir les fondemens des regles du preft, qui feront expliquées dans ce Titre. Et ces mêmes remarques ferviront auffi, avec les autres qui feront faites dans la fuite, pour découvrir quelles font les caufes, qui rendent illicite l'interêt du preft : & pourquoy cet interêt qu'on appelle autrement ufure, & qui étoit permis dans le droit Romain, l'eft fi peu parmi nous, que nos loix puniffent l'ufure comme un tres-grand crime. On appelle ufure, tout ce que le creancier qui a prefté ou de l'argent, ou des denrées, & autres chofes qui fe confument par l'ufage, peut recevoir de plus que la valeur de l'argent, ou autre chofe qu'il avoit preftée.

Quoyque cette matiere de l'ufure étant autrement re-

glée par nos loix, que par le droit Romain, paſſe les bornes de ce deſſein ; comme elle fait une partie eſſentielle
de celle du preſt, que la connoiſſance en eſt d'un uſage
tres frequent, & tres neceſſaire, & qu'elle a ſes principes dans le droit naturel ; on a crû ne devoir pas laiſſer
un tel vuide dans ce Titre du preſt. Mais pour garder l'ordre qu'on s'eſt propoſé, de ne mettre dans le détail des
regles que celles qui ſont tout enſemble, & du droit
Romain, & de nôtre uſage, on ne mêlera pas ce qui regarde l'uſure, avec le détail des regles du preſt : & on
placera icy à la teſte de ce Titre, tout ce qu'on croit devoir dire ſur cette matiere.

dent naturellement illicite.

Pour établir les principes ſur leſquels il faut juger ſi
l'interêt du preſt eſt licite, ou non, on n'auroit beſoin
que de l'authorité de la loy divine qui l'a condamné, &
défendu ſi expreſſément, & ſi fortement. Car quiconque
a du ſens, ne peut refuſer de tenir pour injuſte, & pour illicite tout ce que Dieu condamne & défend a. Mais encore
que ce ſoit ſa volonté ſeule qui eſt la regle de la juſtice, ou
plûtôt qui eſt la juſtice même, & qui rend juſte & ſaint
tout ce qu'il ordonne b ; il ſouffre, & veut même que l'on
conſidere quelle eſt cette juſtice, & qu'on ouvre les yeux
à ſa lumiere pour la reconnoître c. Si on veut donc penetrer quel eſt le caractere de l'iniquité, qui rend l'uſure ſi
criminelle aux yeux de Dieu, & qui doit la faire ſentir
telle & à nôtre cœur, & à nôtre eſprit; il n'y a qu'à conſiderer quelle eſt la nature du contract du preſt, pour juger
ſi l'interêt peut y être juſte. Et on reconnoîtra par les
principes naturels de l'uſage que Dieu a donné à ce contract dans la ſocieté des hommes, que l'uſure eſt un crime
qui viole ces principes, & qui ruine les fondemens mé-
me de l'ordre de la ſocieté.

Les deux manieres de preſter ſoit par le preſt à uſage
dont il a été parlé dans le titre précedent, ou par le preſt
qui fait la matiere de ce Titre, ont leur origine comme
les autres conventions dans l'ordre de la ſocieté : & elles y

a Homo ſenſatus credit legi Dei. Eccl. 33. 3.
b Judicia Domini vera, juſtificata in ſemetipſa. Pſ. 18. 10.
c Cognoſce juſtitias, & judicia Dei. Eccli. 17. 14.

font naturelles & eſſentielles. Car il eſt de cet ordre, où
les hommes ſont liez par l'amour mutuel, & où chacun
a pour regle de l'amour qu'il doit aux autres, celuy qu'il a
pour ſoy, qu'il y ait des manieres dont ils puiſſent s'aider
gratuitement & des choſes, & de leurs perſonnes. Et comme il y a des conventions reglées pour les communications qui ne ſont pas gratuites, il doit y en avoir auſſi pour
celles qui le ſont. Ainſi, comme on peut faire commerce
& de la proprieté, & de l'uſage des choſes; il y a des conventions pour ces commerces, comme ſont la vente, l'é-
change, & le loüage. Ce qui fait qu'il eſt de la nature de
ces conventions de n'être pas gratuites. Ainſi, comme on
peut ſe communiquer gratuitement & la proprieté, &
l'uſage des choſes; il y a des conventions pour s'en accommoder de cette maniere, & dont la nature par cette
raiſon eſt d'être gratuites, comme ſont la donation, &
le preſt à uſage *.

Il eſt donc certain qu'il y a deux manieres, dont on
peut ſe communiquer l'uſage des choſes. L'une gratuite,
& l'autre à profit pour les choſes où ce commerce peut
être licite. Ainſi, le maître d'un cheval peut le donner
ou à loüage pour un prix du ſervice que rendra ce cheval,
ou gratuitement par un preſt à uſage. Et ces deux ſortes
de conventions ont leur nature, & leurs caracteres differens qu'il ne faut pas confondre.

Il ne reſte donc pour ſçavoir ſi on peut prendre l'interêt du preſt, que d'examiner ſi, comme il y a deux manieres de donner l'uſage d'un cheval, d'une maiſon, d'une
tapiſſerie, & des autres choſes ſemblables : l'une par le
preſt à uſage & gratuitement, & l'autre par un loüage
pour un certain prix, & l'une & l'autre honeſte & licite;
il y a auſſi deux manieres de donner l'argent, les grains,
les liqueurs, & les autres choſes ſemblables; l'une par un
preſt gratuit, & l'autre par un loüage, ou preſt à profit.
De ſorte que comme il eſt indifferemment juſte & naturel, que celuy qui donne ſon cheval, ait le choix de dire,
qu'il le preſte, ou bien qu'il le loüe ; il ſoit de même

* Gratuitum debet eſſe commodatum. §. 2. inſt. quib. mod. re contr. obl.

indiſtinctement naturel & juſte, que celuy qui donne ſon
argent, ſon bled, ſon huile, ſon vin, ait le choix de dire,
qu'il le preſte à interêt, ou ſans interêt.

C'eſt là ſans doute le point de la queſtion, qui dépend
de ſçavoir quelles ſont les cauſes qui rendent juſte la volonté de celuy qui au lieu de preſter ſon cheval, ne veut
que le loüer pour en avoir un profit : & de voir s'il ſe trouvera auſſi des cauſes qui rendent juſte la volonté de celuy
qui ne veut preſter ſon argent, ou ſes denrées qu'à la charge d'en avoir l'intereſt. Et pour juger de ce parallele il
faut conſiderer ce qui ſe paſſe dans le loüage,& voir auſſi
ce qui ſe paſſe dans le preſt d'argent, ou de denrées.

Dans le loüage d'un cheval, d'une maiſon, & des autres choſes, celuy qui baille peut juſtement ſtipuler le prix
du ſervice, & de l'uſage que celuy qui prend une choſe à
loüage en pourra tirer, pendant que luy qui en eſt le maître ceſſera d'en joüir, & de s'en ſervir : & il a auſſi pour
un juſte Titre, cette eſpece de diminutionqui,quoyqu'inſenſible, arrive en effet à la choſe loüée.

Dans le bail à ferme, le bailleur ſtipule juſtement le
prix des fruits, & des autres revenus qui pourront naître
du fonds qu'il donne au fermier.

Dans les prix faits, & les loüages des mercenaires, il
eſt juſte que ceux qui donnent leur temps & leur peine,
s'aſſeurent du ſalaire d'un travail dont l'homme doit tirer ſa vie.

On voit dans tous ces commerces, que ce qui rend licite le profit, ou le revenu qu'on peut en tirer, eſt que
celuy qui loüe à un autre ou ſon travail,ou ſon induſtrie,
ou un cheval, ou une maiſon, ou un autre fonds, ou
quelque autre choſe, ſtipule juſtement un prix pour le
droit qu'il donne de joüir ou de ce que produira ce travail, ou du ſervice de ce cheval, ou de l'habitation de
cette maiſon, ou du revenu de ce fonds, ou des autres
uſages qui pourront ſe tirer de ce qui eſt baillé à loüage.
Mais quoyque cette convention paroiſſe un juſte Titre
pour prendre un ſalaire, un loyer, ou autre revenu ; elle
ne ſuffiroit pas pour rendre licite le profit du loüage, ſi

elle n'étoit accompagnée des autres caractères essentiels
à ce contract, & qui sont tels que s'ils y manquoient, la
convention du profit y seroit injuste. De sorte que quand
il seroit vray, qu'on pût faire une pareille stipulation de
l'interêt de l'argent, ou des denrées, pour le profit qu'en
pourra tirer celuy qui emprunte, ce qui ne se peut, comme il sera prouvé dans la suite; le défaut de ces autres caractères necessaires pour rendre licite le profit du loüage
rendroit illicite l'interêt du prest. Et pour en juger il n'y
a qu'à considerer quels sont ces caractères, qui se rencontrent dans le loüage & non dans le prest, & sans lesquels
le profit même du loüage seroit illicite.

Dans le loüage, il faut que celuy qui prend à ce Titre
puisse user de la chose, ou en joüir selon la qualité de la
convention. Et s'il en étoit empêché par un cas fortuit,
il seroit déchargé du prix du loüage. Mais dans le prest
celuy qui emprunte demeure obligé, soit qu'il use de la
chose empruntée, ou que quelque évenement l'empêche
d'en user.

Dans le loüage, le preneur n'est obligé de rendre que
la même chose qu'il a loüée, & si elle perit en ses mains
par un cas fortuit, il n'en est pas tenu, & il ne doit rien
rendre.

Mais dans le prest, celuy qui emprunte est tenu de rendre la même somme, ou la même quantité qu'il a empruntée, quand il la perdroit en même temps par un cas
fortuit.

Dans le loüage, la diminution sensible, ou insensible,
qui arrive à la chose loüée par l'usage qu'en fait celuy
qui l'a prise, tombe sur le maître qui l'avoit loüée.

Mais dans le prest celuy qui a presté ne souffre aucune
diminution ny aucune perte.

Dans le loüage, le preneur use de ce qui est à un autre,
car celuy qui loüe une chose en demeure le maître : & s'il
ne l'étoit, il n'auroit pas droit d'en prendre un loyer.

Mais dans le prest, celuy qui emprunte devient le maître de ce qui luy est presté, & s'il ne l'étoit il n'en sçauroit user. De sorte que quand il s'en sert, c'est sa chose

propre qu'il met en ufage : & celuy qui l'avoit preſtée
n'y a plus aucun droit.

On voit par ce parallele des caracteres qui diſtinguent
le contract du loüage de celuy du preſt, quelles ſont dans
le loüage les cauſes naturelles qui rendent juſte le profit
qu'en tire celuy qui loüe ou ſon travail , ou ſon heritage ,
ou quelque autre choſe : & que pour rendre legitime le
prix du loüage , il faut que celuy qui loüe une choſe en
conſerve la proprieté , & que demeurant maître de la
choſe il en ſouffre la perte ou la diminution , ſi elle perit
ou ſe diminuë. Et il faut de plus qu'il aſſeure une joüiſſance à celuy qui prend à loüage, & que ſi cette joüiſſance
vient à manquer , quand ce ſeroit même par un cas fortuit , il ne puiſſe prendre le prix du loüage. Ce qui rend
la condition de celuy qui prend à loüage telle qu'il faut
qu'il joüiſſe ſeurement de la choſe d'un autre , ſans peril
de payer s'il ne joüit point , & ſans hazard de perdre la
choſe ſi elle perit.

Ce ſont là les fondemens naturels , qui rendent licites
les commerces, où l'un met une choſe à profit entre les
mains d'un autre. Et on voit au contraire que celuy qui
preſte à interêt ou de l'argent, ou des denrées, ne répond
d'aucun profit à celuy qui emprunte , & qu'il ne laiſſe pas
de s'aſſeurer un profit certain: Qu'il ne répond pas même
de l'uſage qui ſera fait de ce qu'il donne , & qu'au contraire , encore que la choſe qu'il preſte vienne à perir ,
celuy qui l'emprunte luy en rendra autant, & encore l'u-
ſure. Qu'ainſi il prend un profit ſeur, où celuy qui emprunte peut n'avoir que de la perte : Qu'il prend un profit d'une choſe qui n'eſt pas à luy , & d'une choſe même
qui de ſa nature n'en produit aucun ; mais qui ſeulement
peut être miſe en uſage par l'induſtrie de celuy qui emprunte, & avec le hazard de la perte entiere de tout profit , & du capital , ſans que celuy qui preſte entre en aucune part ni de cette induſtrie , ni d'aucune perte.

On ne s'étend pas davantage aux conſequences qui
ſuivent de tous ces principes : & ce peu ſuffit pour faire
comprendre que l'uſure n'eſt pas ſeulement injuſte par la

défenſe de la loy divine, & par ſon oppoſition à la charité, mais qu'elle eſt de plus naturellement illicite, comme violant les principes les plus juſtes & les plus ſeurs de la nature des conventions, & qui ſont les fondemens de la juſtice des profits dans tous les commerces. De ſorte qu'il n'eſt pas étrange que l'uſure ſoit conſiderée comme ſi odieuſe & ſi criminelle, & qu'elle ſoit ſi fortement condamnée par les loix divines & humaines, & ſi ſeverement reprimée dans la Religion & dans la Police.

Réponſes aux objections, & aux prétextes des uſuriers.

Il ne ſeroit pas neceſſaire aprés ces preuves de l'iniquité de l'uſure, de répondre aux objections que font les uſuriers, puiſqu'on ne peut douter qu'un commerce illicite de ſa nature ne ſçauroit être toleré ſous aucun prétexte. Et auſſi les loix n'en écoutent aucun, & condamnent l'uſure indiſtinctement, ſans aucun égard à tous les motifs dont on ſe ſert pour la juſtifier, ou pour l'excuſer. Mais parce que les prétextes de l'uſure, tout injuſtes qu'ils ſont, font cet effet que ceux qui s'en ſervent, prétendent que la regle generale des défenſes de l'uſure reçoit les exceptions qu'ils veulent y mettre ; il eſt neceſſaire de faire voir par les réponſes à ces objections & à ces prétextes, que cette regle ne ſouffre jamais qu'on y mette aucune exception quelle qu'elle ſoit.

Tous les prétextes des uſuriers ſe reduiſent à dire qu'ils font plaiſir : qu'ils ſe privent du gain qu'ils pourroient faire de leur argent, ou des autres choſes qu'ils peuvent preſter: que même le preſt leur cauſe de la perte. Et qu'enfin celuy qui emprunte en tire du profit, ou y trouve quelque autre avantage.

Premier prétexte des uſuriers, qu'ils font plaiſir.

Réponſe.

Il eſt vray que preſter c'eſt faire un plaiſir, & c'eſt le caractere naturel & eſſentiel du contract du preſt. Mais c'eſt par cette raiſon même, qu'on ne peut preſter que gratuitement, de même qu'on ne peut donner, & faire l'aumône que ſans recompenſe. Et il ſeroit bien étrange que par un contract, dont l'uſage eſſentiel eſt de faire un bienfait, on pût mettre en commerce ce bienfait même. Comme il ſeroit donc contre l'ordre que celuy qui fait une donation, ou bien une aumône, vendît la grace qu'il fait en

donnant

donnant ; & que ce ne feroit plus ni aumône ni donation ;
il eſt auſſi contre l'ordre , que celuy qui preſte , vende
ſon bienfait. Car enfin , il eſt tellement eſſentiel à tout
bienfait qu'il ne ſoit que gratuit , que dans les conventions même , où l'on peut legitimement recevoir un profit en faiſant plaiſir , ce ne peut être ce plaiſir qu'on mette
en commerce. Mais chaque profit a quelque autre cauſe.
Ainſi , celuy qui loüe ſa maiſon à qui ne ſçauroit en trouver une autre , luy fait un plaiſir : mais il ne luy ſera pas
pour cela permis de tirer de ce locataire , qu'il veut obliger , un plus grand loyer , qu'il n'en tireroit , s'il la loüoit
à une perſonne , à qui il ne penſeroit nullement de faire
plaiſir. Autrement il faudroit dire , qu'on pourroit vendre plus cher à ſon ami qu'à un inconnu , puis qu'on luy
vendroit avec la circonſtance de vouloir l'obliger, à quoy
on ne penſeroit pas, en vendant à un inconnu.

On ne ſçauroit donc ſe ſervir du prétexte de faire plaiſir pour excuſer l'uſure , que par une illuſion , & un ren-
verſement de l'ordre des premieres loix , qui ne commandent de faire du bien , que parce qu'elles commandent
d'aimer : & qui ne permettent pas qu'on faſſe acheter l'a-
mour qu'elles ordonnent à chacun d'avoir toûjours dans
le fond du cœur envers tous les autres.

Cette verité , que le bienfait ne ſçauroit entrer en
commerce , eſt ſi naturelle , que dans le Droit Romain ,
où l'uſure étoit permiſe , comme on le verra dans la ſuite,
il n'étoit pas permis à un debiteur même de compenſer
avec l'uſure qu'il devoit , un bon office qu'il avoit rendu à
ſon creancier. Et on en voit un exemple remarquable
dans une des loix du Digeſte ᵃ , où il eſt dit, que ſi le debiteur d'une ſomme, qui de ſa nature ne produit aucun intereſt, entreprend la conduite des affaires de ſon creancier,
en ſon abſence , & à ſon inſçû ; il eſt obligé de luy payer
les intereſts de cette ſomme après le terme , ſans aucune
demande. Et bien loin que l'office qu'il rend , entre en
compenſation avec cet intereſt ; cette loy veut que cet
office même que ce debiteur rend à ce creancier , de pren-

ᵃ l. 38. ff. de neg. geſt.

dre le foin de fes affaires, l'oblige à fe demander à foy-même cet intereft, & à le payer, fans qu'elle luy compenfe le plaifir qu'il fait, parce que comme il eft dit dans cette même loy, fur une autre forte de devoir, ceux qui rendent quelque office, ou quelque fervice, qui de fa nature doit être gratuit, doivent l'honnêteté entiere, & défintereffée: & ne peuvent rien prendre *a*. Et auffi voit-on dans des autheurs Romains, auffi peu éclairez de l'efprit de la loy divine, que l'étoient ceux de qui ont été tirées les loix du Digefte, qu'ils étoient perfuadez, qu'il eft de la nature du bienfait, qu'on ne puiffe pas le mettre à ufure *b*.

Toute la confequence que peut donc tirer de cette bonne volonté de faire plaifir, le créancier qui dit qu'il prefte par cette vûe, c'eft qu'il doit prefter gratuitement, & fi le preft ne l'accommode pas avec cette condition, qui en eft infeparable, il n'a qu'à garder fon argent, ou en faire quelque autre ufage. Et il ne pourra fe plaindre, ni que le preft le prive d'un gain, ni qu'il luy caufe la moin-

dre perte. Ce qui fert de réponfe à l'objection de ceux qui difent qu'en preftant ils ceffent de gagner, ou que même ils perdent, puis qu'il leur eft libre de ne pas pref-ter: puifque le preft n'eft pas inventé pour le profit de ceux qui preftent, mais pour l'ufage de ceux qui em-pruntent: & qu'enfin on peut ou donner fon argent en rente, ou en faire quelque commerce autre que l'ufure, qui ne fçauroit jamais devenir innocente fous aucun pré-texte, puis qu'il n'y en a aucun que Dieu n'ait prévû, & que les défenfes fi expreffes qu'il a faites de l'ufure ne faffent ceffer. Auffi voit-on que l'Eglife, & la Police ont défendu l'ufure par tant de loix, non comme une fimple injuftice, mais comme un grand crime. Car les Conciles, & les Canons, repriment l'ufure fi fortement, qu'ils condamnent comme heretiques, ceux qui la jufti-

---

a Cùm gratuitam, certè integram, & abftinentem omni lucro, præftare fidem deberent. *d. l. 38. ff. de neg. geft.*

b Benefici, liberalefque fumus, non ut exigamus gratiam: neque enim bene-ficium fœneramur. *Cic. de amicitia.* Fœneratum ifthuc hoc beneficium tibi, pulcrè dicces. *Terent. in Phormione.*

fient *a*, parce qu'en effet, c'eft une erreur contre l'efprit & les premiers principes de la loy divine. Et les Ordonnances la puniffent fi feverement, que la peine de l'ufure eft en France pour la premiere fois, l'amende honorable, & le banniffement : & pour la feconde la peine de mort *b*. Et par cette loy on fait pendre l'ufurier, quand il allegueroit que preftant fon argent, il ceffoit de gagner, ou que même il en fouffroit quelque perte, ou quelque dommage.

Le prétexte du profit que peut faire de l'argent prefté, celuy qui l'emprunte, n'eft pas plus confideré par les loix, que le font les autres : & ce n'eft auffi qu'une illufion ; puifque ce profit, quand il y en auroit pour celuy qui emprunte, ne fçauroit eftre un titre à celuy qui prefte pour prendre un intereft. Car c'eft la regle des profits à venir, que pour y avoir part il faut s'expofer aux évenemens des pertes, qui peuvent arriver, au lieu des profits que l'on efperoit. Et le parti d'avoir part à un gain futur, renferme celuy de ne point profiter, s'il n'y a pas de gain, & de perdre même fi la perte arrive *c*. On ne fçauroit donc fans inhumanité, ni même fans crime, fe décharger de la perte, & s'affeurer du gain. A quoy il faut ajoûter ce qui a été dit fur les caufes qui rendent les profits licites.

Il ne refte donc pour tout titre de l'ufure, que la cupidité de celuy qui prefte, & l'indigence de celuy qui emprunte. Et ce font auffi ces deux maux de different genre, dont la combinaifon a été l'occafion, & la fource du commerce des ufuriers. De forte qu'au lieu que l'ordre divin forme la conjonĉture qui approche celuy qui eft dans le befoin, de celuy qui peut le fecourir, afin que la vûë de l'indigence engage à l'exercice de la charité, ou de l'humanité *d* ; l'ufurier fait de cette conjonĉture un piege où

Quatriéme prétexte. Le profit de celuy qui emprunte.

Réponfe.

Iniquité de l'ufure.

a Can. 1. 4. 5. D. 47. Toto tit. de ufur. Clem. de ufur.
b Ordonnance de Blois art. 202.
c Secundùm naturam eft commoda cujufque rei eum fequi quem fequentur incommoda. *l. 10. ff. de reg. jur.* V. l'exemple de la loy derniere. §. 3. *C. de furt.*
d Dives & pauper obviaverunt fibi : utriufque operator eft Dominus. *Pr. 22. 2.* Pauper, & creditor obviaverunt fibi : utriufque illuminator eft Dominus. *Prov. 29. 13.* Mandavit illis unicuique de proximo fuo. *Eccl. 17. 12.*

felon l'expreffion de l'Ecriture, il fe tient en embûche, pour faire fa proye de ceux qui y tombent *a*.

Ma mauvaifes fuittes de l'ufure.

On ne s'arrêtera pas aux autres caractéres de l'iniquité qui fe rencontre dans l'ufure, comme la faineantife *b* où elle engage l'ufurier, par la facilité d'un profit, fans induftrie, fans rifque, & fans peine : la liberté qu'à celuy qui prefte de prendre inceffamment fon ufure, & d'exiger fon principal quand il luy plaira : & l'efclavage *c* où l'ufure réduit le debiteur, fous le fardeau de payer toûjours inutilement, & de fe fentir à chaque moment expofé à repayer tout, dans un contre-temps qui l'accablera. On ne s'étendra pas non plus au détail des inconveniens de l'ufure dans le commerce, & aux troubles & autres maux qu'elle caufe dans le public. Ils font affez connus par l'experience, & il eft facile de juger, qu'un crime, qui éteint l'efprit des premieres loix, & qui par là détruit le fondement de la focieté, y caufe des maux : & auffi font-ils tels, qu'on fçait qu'à Rome l'ufure caufa plufieurs feditions *d* : Et que parmi nous, ils ont obligé les loix à aigrir la peine des ufuriers jufqu'au dernier fupplice.

Défenfes de l'ufure dans la Loy, & les Prophete:.

Ces divers maux que caufe l'ufure, & les caractéres d'iniquité qu'on y découvre par les fimples principes du droit naturel, font de juftes caufes des défenfes qu'en a faites la loy divine *e*. Et on ne peut douter que l'ufure ne

---

a Oculi ejus in pauperem refpiciunt, infidiatur in abfcondito, quafi leo in fpelunca fua. Infidiatur ut rapiat pauperem, rapere pauperem dum attrahit eum. *Pf. 9. 30.*

b Vivant omnes Judæi de laboribus manuum fuarum, vel negotiationibus fine terminis, vel ufuris. *Saint Loüis 1254.* In omnibus ferè locis ita crimen ufurarum invaluit, ut (aliis negotiis prætermiffis) quafi licitè ufuras exerceant. *C. 3. de ufur.*

c Qui accipit mutuum fervus eft fœnerantis. *Prov. 22. 7.*

d Sanè vetus urbi fœnebre malum : & feditionum, difcordiarumque creberrima caufa. *Tacit. 6. annal. anno urbis 786.*

e Si attenuatus fuerit frater tuus, & infirmus manu : & fufceperis eum quafi advenam, & peregrinum, & vixerit tecum ; ne accipias ufuras ab eo, non amplius quàm dedifti. Time Deum, ut vivere poffit frater tuus apud te. Pecuniam tuam non dabis ei ad ufuram, & frugum fuperabundantiam non exiges. *Levit. 25. 35.* Non f .nerabis fratri tuo ad ufuram pecuniam, nec fruges, nec quamlibet aliam rem, fed alieno. Fratri autem tuo abfque ufura, id quo indiget, commodabis. *Deuter. 23. 19. 20.* Increpavi optimates, & magiftratus ; & dixi eis, ufu ráfne finguli à fratribus veftris exigitis ? *2. Edr. 5. 7.*

soit un grand crime, puisque les Prophetes la qualifient un crime detestable, & la mettent au rang de l'idolatrie, de l'adultere, & des autres grands crimes *. Ce qui fait bien voir que l'usure blesse l'esprit des loix naturelles. Car s'il n'y avoit pas d'autre difference entre prester son argent sans interest, ou à interest, qu'entre prester son cheval, ou bien le loüer; il seroit impie & ridicule de penser, que la loy divine, qui ne défend pas de prendre le prix d'un loüage, eût pû défendre l'interest du prest : & l'eût mis au nombre des crimes les plus énormes. De sorte qu'il faut de necessité, que le droit naturel qui n'est pas blessé par le loüage, le soit par l'usure : & il l'est aussi de toutes les manieres qui ont été remarquées, & qui rendent l'usure si contraire à l'humanité, & d'un caractere d'iniquité si naturellement sensible, qu'elle a été odieuse aux nations même qui ont ignoré les premieres loix *b*. Car elle avoit été défenduë à Rome dans les premiers siecles de la Republique, & long-temps avant qu'on y eût connû l'Evangile : & défenduë plus severement que le larcin même. Puis qu'au lieu que la peine du larcin n'étoit que le double, celle de l'usure étoit le quadruple *c*. Ainsi l'usure y étoit regardée, comme un crime tres-pernicieux : & aussi voit-on qu'un Romain cele-

Usure défenduë à Rome.

a Domine quis habitabit in tabernaculo tuo, aut quis requiescet in monte sancto tuo? ... Qui pecuniam suam non dedit ad usuram. *Ps.* 14. 5. Ad usuram non commodaverit, & amplius non acceperit.... hic justus est, vita vivet, dicit Dominus. *Ezech.* 18. 8. Sed in montibus comedentem, & uxorem proximi sui polluentem : Egenum & pauperem contristantem, rapientem rapinas, pignus non reddentem, & ad idola levantem oculos suos, abominationem facientem : *ad usuram dantem & amplius accipientem*, numquid vivet? non vivet. Cùm universa hæc detestanda fecerit, morte morietur. Sanguis ejus in ipso erit. *Ibid. v.* 13. Usuram, & superabundantiam non acceperit. *Ibid.* 17. Usuram & superabundantiam accepisti. *Ezech.* 22. 12.

b Primùm improbantur hi quæstus, qui in odia hominum incurrunt, ut fœneratorum. *Cic. lib.* 1. *de Offic.*

c Majores nostri sic habuerunt, & ita legibus posuerunt. Furem dupli condemnari, fœneratorem quadrupli. *Marc. Cato de re rust.* Sanè vetus urbi fœnebre malum, & seditionum discordiarúmque creberrima causa, eóque cohibebatur antiquis quoque, & minùs corruptis moribus. Nam primò duodecim tabulis sanctum, ne quis unciario fœnore amplius exerceret, cùm antea, ex libidine locupletum agitaretur. Dein rogatione tribunicia ad semuncias redacta : postremò vetita usura. Multisque plebiscitis obviam itum fraudibus, quæ toties repressæ, miras per artes rursum oriebantur. *Tacitus* 6. *annalium anno urbis* 786.

bre étant un jour interrogé, de ce qu'il luy fembloit de l'ufure, ne répondit à celuy qui luy faifoit cette queftion qu'en luy demandant ce qu'il luy fembloit à luy-même de l'homicide *a*. Et celuy qui a remarqué cette réponfe, a dit en un autre lieu que l'ufure tuë. *b*. On fçait enfin qu'un autre plus ancien, par un tour de raillerie, fait dire par une perfonne qui cherchoit de l'argent, que s'il n'en pouvoit trouver par un preft, il en prendroit à ufure, pour marquer qu'il eft contre la nature du preft, d'en prendre une ufure *c*.

Objection de la permiffion aux Juifs de prefter à ufure aux autres nations.

Quelqu'un pourra dire, fur les défenfes de l'ufure dans la loy divine, qu'elles n'étoient faites que pour les Juifs entr'eux, mais qu'il leur étoit permis de prefter à ufure à des étrangers *d* : Et que l'ufure n'eft pas expreffément défenduë par l'Evangile, pour en conclurre qu'elle n'eft pas illicite par le droit naturel. Et on pourra penfer auffi, fur cette ancienne loy Romaine, qui défendoit l'ufure, qu'elle fût abolie, & que l'ufure fut enfuite permife à Rome, comme on le voit dans le Digefte, & même dans le Code. Et il eft jufte de répondre à ces dernieres difficultez pour ceux qui pourroient n'en pas voir les réponfes qui font bien faciles.

Réponfe.

Il eft vray que la loy divine, qui défendoit l'ufure aux Juifs, leur permettoit de prefter à ufure à des étrangers. Mais il ne faut pas divifer la loy contre elle-même : & cette licence ne fçauroit changer l'idée que Dieu nous donne dè l'ufure par la loy même, & par les Prophetes. Car puis qu'ils nous difent que l'ufure eft un crime deteftable, il faut que cette verité fubfifte inviolable : & que cette licence n'y foit pas contraire. Et auffi ne l'eft-elle pas, comme on le verra par la remarque de deux veritez que nous apprenons de cette même loy, & de l'Evangile, & qui font bien voir que cette licence qui étoit

a Cùm ille qui quæfierat, dixiffet, quid fœnerari ? tum Cato : quid, hominem, inquit, occidere. *Cic. lib. 2. de off. in fine.*
b Ne fœnore trucidetur. *Cic. pro Cælio.*
c Si mutuò non potero, certum eft fumam fœnore. *Plaut. in afinar. a.*
d Non fœnerabis fratri tuo ad ufuram pecuniam, nec fruges, nec quamlibet aliam rem : fed alieno. *Deuter. 23. 19.*

donnée au peuple Juif de prester à usure à des étrangers ,
ne donne aucune atteinte à la défense divine de l'usure :
& que même cette défense subsiste encore plus forte dans
la loy nouvelle.

La premiere de ces veritez , est que la loy étoit donnée à un peuple choisi parmy tous les autres *a* : & qui
lorsque cette loy luy fut donnée , vivoit au milieu d'autres nations , qu'il luy étoit commandé de tenir toûjours
pour des ennemis qu'il falloit détruire sans compassion *b* ,
de crainte que si ceux qui composoient ce peuple choisi ,
cessoient de considerer ces étrangers comme les ennemis
de Dieu & les leurs , ils n'entrassent avec eux dans des
liaisons , qui les engageassent dans leur idolatrie , & leurs
autres crimes *c*.

Il suffiroit de considerer cette premiere verité , pour
en conclurre bien seurement , que la licence de l'usure
dans l'ancienne loy à l'égard des étrangers , jointe à la défense de la même usure aux Juifs entre eux , ne prouve
autre chose , qu'une dispense divine d'exercer l'usure , à
l'égard de ces peuples ennemis qu'il falloit exterminer :
& que cette licence étoit du même caractere , que le commandement , qui fut fait à ce même peuple , à sa sortie
de l'Egypte , d'emprunter , & emporter les meubles les
plus précieux des Egyptiens *d*. Et comme ce commandement ne prouve pas qu'il soit permis de derober , & n'empêche pas que le larcin ne soit un crime , qui blesse le
droit naturel; ainsi la licence de l'usure dans des circonstances toutes semblables , ne prouve pas que l'usure ne
soit telle , que Dieu nous le marque , & par sa loy écrite ,
& par celle qu'il a gravée dans la nature , & que les payens
même n'ont pas ignorée.

a Te elegit Dominus Deus tuus , ut sis ei populus peculiaris , de cunctis popu-
lis , qui sunt super terram. *Deuter.* 7. 6.
b Percuties eas usque ad internecionem , non inibis cum eis fœdus , nec mi-
sereberis earum. *Deuter.* 7. 2.
c Ne forte peccare te faciant in me , si servieris Diis eorum. *Exod.* 23. 33. Non
adorabis Deos eorum , nec coles eos. Non facies opera eorum , sed destrues eos ,
& confringes statuas eorum. *Exod.* 23. 24. *Deut* 7. 4. Certissimé enim avertent
corda vestra , ut sequamini Deos eorum. 3. *Reg.* 11. 2. *Exod.* 34. 13.
d Exod. 11. 2. & 12. 35.

L'autre verité qu'il faut remarquer, est que la loy divine étoit donnée à un peuple dur & grossier *a* : & qu'à cause de leur dureté, elle toleroit de certaines choses, que la loy naturelle défendoit assez. Ainsi, par exemple, cette loy écrite souffroit le divorce, & le permettoit *b* : quoyque contraire au droit naturel, & à cette union si étroite que Dieu a luy-même formée entre le mari & la femme ; & dont il est dit qu'il n'est pas permis aux hommes de les separer *c*. Et comme la permission du divorce dans l'ancienne loy seroit un tres-faux principe pour prétendre de le rendre licite aujourd'huy ; Ainsi celle qui fut donnée aux Juifs de prester à usure à des étrangers, ne sçauroit nous servir de regle, aprés l'Evangile. Car de même que personne ne doute plus que le divorce ne soit illicite, & que ce ne soit une verité, & une regle du droit naturel, & du droit divin, que le mariage est indissoluble ; on ne sçauroit douter non plus que l'usure ne soit un crime contre le droit naturel, & contre le droit divin : & que la licence de l'usure à l'égard des étrangers, ne soit abolie par l'Evangile, aussi-bien que la permission du divorce, puis qu'il est certain dans la loy nouvelle, où la verité est developée des ombres & des figures de l'ancienne loy *d* qu'il n'y a plus de peuples rejettez, ni distinguez dans le choix de Dieu *e* : Que le Samaritain est devenu le prochain du Juif *f*, Et qu'il n'y a plus de distinction du Juif & du Grec, ni d'autre étranger, puisque tous sont appellez à la loy nouvelle : & y sont unis sous l'obéïssance au Seigneur commun *g*. De sorte que la licence de prester à usure à des étrangers, ne peut subsister pour

a Duræ cervicis. *Exod.* 32. 9. Durissimæ cervicis. *Deuter.* 9. 6.

b Deuter. 24. 1.

c Moyses ad duritiam cordis vestri, permisit vobis dimittere uxores vestras. Ab initio autem non fuit sic. *Math.* 19. 8. Adhærebit uxori suæ, & erunt duo in carne una. Itaque jam non sunt duo, sed una caro. Quod ergo Deus conjunxit, homo non separet. *Math.* 19. 5. *Gen.* 2. 23.

d Hæc omnia in figura contingebant illis. 1. *Cor.* 10. 11.

e In omni gente qui timet eum, & operatur justitiam, acceptus est illi. *Act.* 10. 35. *Rom.* 3. 29. *& 15.* 10.

f Et quis est meus proximus ? suscipiens autem Jesus, &c. *Luc.* 10. 30.

g Non enim est distinctio Judæi, & Græci. Nam idem Dominus omnium. *Rom.* 10. 12. *Gal.* 3. 28. *Rom.* 3. 29. & 15. 10. *Act.* 10. 28. 35.

ceux

ceux à qui perſonne n'eſt plus étranger , & à qui il eſt
commandé de regarder comme leurs freres tous les hommes de toutes nations indiſtinctement. Et on peut encore
adjoûter à ces veritez , que même avant l'Evangile , les
Prophetes qui préparoient à la loy nouvelle , condam-
noient l'uſure , ſans diſtinction des freres & des étrangers,
comme il paroît par les paſſages qui ont été rapportez.

Pour ce qui eſt de l'Evangile , on dit que l'uſure n'y eſt
pas défenduë parce qu'en un endroit où JESUS-CHRIST
a parlé du preſt,il n'a pas expreſſément défendu d'en prendre interêt ; mais qu'il a ſeulement dit , qu'il faut preſter
ſans eſperance même de ravoir ce qu'on a preſté *a*. La
conſequence ſeroit bien meilleure & plus naturelle , de
conclurre de ce même paſſage,que JESUS-CHRIST ayant
commandé de preſter au peril de perdre , dans les occaſions où la charité le demande ainſi, de même qu'il a commandé de donner l'aumône ; il veut à plus forte raiſon,
qu'on ne puiſſe prendre au de là de ce qu'on a preſté. Et
s'il étoit vray qu'il eût permis l'uſure , ce qu'il a dit de
luy-même ne ſeroit pas vray , qu'il étoit venu pour donner à la loy ſa perfection, & ſon dernier accompliſſement,
& non pour l'abolir *b* ; puiſqu'il auroit aboli la défenſe de
l'uſure, & permis ce que cette loy défendoit comme un
tres-grand crime , & des plus contraires à la charité.

S'il eſt donc vray qu'on n'oſeroit penſer que JESUS-
CHRIST ait rien dit de contraire à la verité ; il faut reconnoître que cette parole ſeule , qu'il eſt venu perfectionner la loy , renferme la défenſe de l'uſure autant que
cette défenſe eſt renfermée dans tous les preceptes ſi purs
& ſi ſaints, qu'il nous a donnez , pour nous élever au dé-
tachement des biens temporels. Et on ne peut penſer
qu'il ait ſouffert la licence de l'uſure ſans une impieté qui
va juſqu'au blaſphême, car c'en eſt un contre la ſainteté
divine de JESUS-CHRIST , de dire, que luy qui eſt venu
donner à la loy ſa perfection, ait été plus indulgent à

a Mutuum date nihil inde ſperantes. *Luc. 6. 35.*
b Nolite putare , quoniam veni ſolvere legem , aut Prophetas. Non veni ſolvere , ſed adimplere. *Matth. 5. 17.*

Tome I. K k

l'ufure, que n'étoit cette loy, qu'il venoit perfectionner:
& que ce divin legiſlateur, de qui il avoit été prédit,
qu'il délivreroit ſon peuple & de l'uſure, & de toute autre iniquité *, & qui devoit guerir les hommes de tout attachement aux biens temporels, ait voulu favoriſer la
cupidité juſqu'à cet excés, de ſouffrir un commerce,
que l'ancienne loy, & les Prophetes avoient condamné,
comme un crime énorme, & qui eſt ſi oppoſé aux principes de ſon Evangile.

*Autre objection.
Licence de l'uſure
dans le droit Ro-
main.

Réponſe.*

Pour ce qui eſt de la licence de l'uſure dans le Droit
Romain, c'eſt une authorité qui ne ſçauroit balancer celle de la loy divine, ny celle des Conciles, & des Ordonnances de nos Rois qui condamnent l'uſure, & qui la pu-
niſſent. Mais on peut dire de plus, que cette licence de
l'uſure dans les livres du Droit Romain, n'eſt qu'un re-
lâchement des défenſes qui en avoient été faites, comme il a été remarqué, de ſorte que ce qu'on voit de l'u-
ſure dans ces livres, n'a été qu'une condeſcendance à un
mal, qui avoit vaincu les remedes, & un abus qui paſſa
pour un juſte Titre, & qui alla même juſqu'à cet excés,
qu'on voit dans une des loix du Digeſte *, que c'étoit
une convention licite de ſtipuler non ſeulement l'uſure
depuis le preſt juſqu'au terme du payement, mais de ſtipuler de plus une uſure plus forte, ſi le debiteur manquoit
de payer au terme.

Mais on peut dire de plus que cette licence de l'uſure
dans le droit Romain y étoit injuſte, par les principes des
Juriſconſultes même qui l'ont favoriſée. Car on voit dans
une loy tirée du premier d'entre eux, que le profit de
l'uſure n'eſt pas naturel. *Uſura non natura pervenit, ſed
jure percipitur.* l. 62. ff. de rei vind. *Uſura pecuniæ, quam
percipimus, in fructu non eſt : quia non ex ipſo corpore, ſed
ex alia cauſa eſt, id eſt, nova obligatione.* l. 121. ff. de verb.
ſignif. Et ce qui eſt adjoûté dans cette loy 62. ff. de rei
vind. que l'uſure qui n'eſt pas un profit naturel, s'exige
par un droit, ne ſignifie pas qu'elle fût deûë par aucune

a Ex uſuris, & iniquitate redimet animas corum. *Pſal.* 71. 14.
b l. 12. ff. de uſur.

loy ; mais ce droit étoit une ftipulation qu'ils croyoient fuffire, pour pouvoir prendre l'ufure, quoyqu'eux-mêmes jugeaffent qu'un fimple acte n'y fuffifoit pas *a*. Ce qui fait bien voir qu'ils ne connoiffoient point d'autre titre pour avoir droit de prendre l'ufure, que la formalité d'une ftipulation. Comme fi l'ufure qu'ils reconnoiffoient être naturellement illicite, & ne pouvoir même être demandée en vertu d'un pacte, fût devenuë licite par la fimple prononciation de ces paroles, qui faifoient la ftipulation.

Toutes ces preuves qui font voir que l'ufure n'eft pas feulement illicite, mais qu'elle eft un crime ; font affez voir auffi, qu'il n'y a point de cas où elle foit licite: & que toute convention, ou commerce d'interêt d'un preft, quelque prétexte qu'on y donne pour le pallier, eft une ufure criminelle, tres-faintement condamnée par les loix divines, & celles de l'Eglife, & tres-juftement punie par les Ordonnances.

Ufure illicite fans exception.

Ces défenfes de l'ufure en general, c'eft-à-dire de tout interêt du preft s'étendent à toute forte de conventions ufuraires, comme font les antichrefes, les contracts pignoratifs & autres, où l'on pallie l'ufure fous l'apparence d'un contract licite. On n'expliquera pas dans ce Titre les regles de ces fortes de contracts, & les caracteres qui peuvent diftinguer les conventions ufuraires, de celles qui ne le font point *b* ; parce que nos regles fur cette matiere font differentes de celles du droit Romain, où il étoit permis de prefter à ufure, & de prendre même au lieu de l'ufure un fonds en joüiffance, quoyque les fruits fe trouvaffent de plus grande valeur *c*.

Il n'eft pas neceffaire d'avertir, que dans les défenfes de l'ufure il ne faut pas comprendre les cas où celuy qui a emprunté ne payant pas au terme, le creancier demande fon payement en juftice, avec les interêts pour le retardement depuis fa demande. Car alors celuy qui a

Interêt legitime aprés le terme & la demande en juftice.

a Quamvis ufuræ fœnebris pecuniæ, citra vinculum ftipulationis, peti non poffint. *l.* 3. *C. de ufur. l.* 24. *ff. de præf. verb.*
b V. la Sect. 1. du titre des interêts.
c L. 17. C. de ufur.

K k ij

presté, n'étant plus obligé d'attendre encore de nouveau, il est juste qu'il ait les interêts pour le dedommager de la perte que luy cause l'injustice du debiteur qui manque de payer au terme. Mais cet interêt n'a rien de semblable à celuy que le creancier prend avant la demande, soit que le debiteur y consente volontairement, ou que le creancier l'exige autrement.

Contracts de consti-
tution de rente.

Il n'est pas necessaire non plus de remarquer qu'on ne doit pas comprendre dans l'usure les contracts des rentes constituées à prix d'argent. Car il y a cette difference essentielle entre le prest, & le contract de rente, qu'au lieu que dans le prest le debiteur peut être contraint de payer le principal au terme ; le debiteur d'une rente peut garder le principal tant que bon luy semble, en payant la rente. Et d'ailleurs le contract de rente est une vraye vente que fait celuy qui prend de l'argent à ce titre ; car il vend en effet un revenu certain sur tous ses biens, moyennant un prix.

SECTION I.

De la nature du prest.

SOMMAIRES.

I.

LE prest est une convention par laquelle l'un donne à l'autre une certaine quantité de ces sortes de choses qui se donnent au nombre, au poids, ou à la mesure, comme sont l'argent monnoyé, le bled, le vin, & les autres semblables, à condition, que comme on cesse d'avoir ces choses quand on en use, celuy qui emprunte rendra non la même chose, mais autant de la même espece & de pareille qualité *a*.

1. *Définition du prest.*

a Mutuidatio in his rebus, consistit quæ pondere, numero, mensura, constant. Veluti vino, oleo, frumento, pecuniâ numeratâ, ære, argento, auro, quas res aut numerando, aut metiendo, aut adpendendo in hoc damus ut accipientium fiant. Et quoniam nobis non eædem res, sed aliæ ejusdem naturæ & qualitatis redduntur, inde etiam mutuum appellatum est, quia ita à me tibi datur, ut ex meo tuum fiat. *Inst. quib. mod. re. contr. obl. l. 2. §. 1. & 2. ff. de reb. cred.* Quæ usu tolluntur, vel minuuntur. *l. 1. ff. de usufr. ear. rer. quæ us. cons. vel min.* Mutuum damus recepturi non eamdem speciem quam dedimus (alioquin commodatum erit, aut depositum) sed idem genus. *d. l. 2. ff. de reb. cred.*

I I.

Dans le prest, il se fait une alienation de la chose prestée, & celuy qui l'emprunte en devient le proprietaire, car autrement il n'auroit pas le droit de la consumer *b*.

2. *La chose prestée est alienée.*

b Inde mutuum appellatum est, quia ita à me tibi datur, ut ex meo tuum fiat. *Inst. quib. mod. re. contr. oblig.* V. l'art. 1. de la Sect. 2.

I I I.

Celuy qui preste ces sortes de choses s'appelle creancier, à cause de la creance qu'il a sur la foy de celuy à qui il preste : & celuy qui emprunte s'appelle debiteur, parce qu'il doit rendre la même somme, ou la même quantité qu'il a empruntée. Mais on peut aussi être creancier, & debiteur par d'autres causes que par le prest, parce qu'il y a d'autres manieres de devoir que celle du prest. Ainsi, dans une vente dont le prix est payable à un terme, le vendeur est creancier du prix, & l'acheteur en est debiteur. Ainsi, dans un loüage le proprietaire est creancier des loyers, & le locataire en est debiteur *c*.

3. *Définition du creancier, & du debiteur.*

c Creditorum appellatione non hi tantùm accipiuntur, qui pecuniam crediderunt ; sed omnes quibus ex qualibet causa debetur. *l. 11. ff. de verb. sign. l. 10. cod.* Credendi generalis appellatio est. . . . nam cuicumque rei assentiamur, alienam fidem fecuti , mox recepturi quid ex contractu , credere dicimur. *l.* 1. *ff. de reb. cred.*

Creditum ergo à mutuo differt quà genus à fpecie , nam creditum confiftit extra eas res quæ pondere , numero , menfurâ continentur. *l.* 2. §. 3. *eod.*

IV.

4. Quelles chofes on peut prefter.

On peut donner à titre de preft toutes les chofes qui font telles qu'on puiffe en rendre de femblables , en même quantité , & de pareille qualité. Ainfi , outre l'argent monnoyé , le bled , le vin , & les autres grains, & liqueurs; on peut prefter de même de l'or , ou de l'argent en maffe , du cuivre , du fer , & autres metaux , des foyes , des laines , des cuirs , du fable , de la chaux , du plâtre , & toutes autres matieres dont on peut rendre autant , fans difference de quantité , & de qualité ; de forte que ce qui eft rendu , tienne entierement lieu de ce qui étoit prefté *a*. Ainfi au contraire on ne donne pas à titre de preft des animaux & autres chofes , qui quoyque de même efpece , font differentes en qualitez dans l'individu , & telles qu'on ne pourroit contre le gré du creancier rendre l'une pour l'autre *b*.

a Mutuidatio in iis rebus confiftit , quæ pondere , numero , menfurâ conftant. Veluti vino , oleo , frumento , pecuniâ numeratâ , ære , argento , auro. *Inft. quib. mod. re. contr. obl.* Quoniam nobis non eædem res, fed aliæ ejufdem naturæ , & qualitatis redduntur. *Ibid.* Quoniam eorum datione poffumus in creditum ire , quia in genere fuo functionem recipiunt , fed per folutionem. *l.* 2. §. 1. *ff. de reb. cred.*

b In cæteris rebus , ideo in creditum ire non poffumus , quia aliud pro alio invito creditore , folvi non poteft. *d. l.* 2. §. 1. *in f. ff. de reb. cred.*

V.

5. Délivrance neceffaire dans le preft , pour former l'engagement.

Dans le contract du preft celuy qui emprunte s'obligeant à rendre une fomme d'argent , ou une certaine quantité pareille à celle qu'il a empruntée ; ce contract eft du nombre de ceux où l'obligation ne fe forme que par la délivrance de la chofe pour laquelle on s'oblige *c*.

c Re contrahitur obligatio , veluti mutuidatione. *Inft. quib. mod. re. contr. obl.* V. l'art. 9. de la Sect. 1. des conventions.

VI.

6. Pourquoy toutes obligations fe convertiffent en preft.

Comme l'argent fait le prix de toutes les chofes qui entrent dans le commerce , & qu'il eft fouvent neceffaire de reduire en argent la valeur des chofes qu'on fe doit

l'un à l'autre ; il eſt frequent & naturel, que l'on conver-
tiſſe en obligation à cauſe de preſt celles qui ont d'autres
cauſes toutes differentes. Ainſi, par exemple, quand on
vient en compte de ſommes ou autres choſes fournies de
part & d'autre : quand on termine des differents par des
tranſactions, & dans les autres cas ſemblables, celuy qui
doit par l'arrêté de compte, par la tranſaction, & par
d'autres cauſes, ne payant pas comptant ce qu'il doit,
il s'oblige à cauſe de preſt, parce qu'on eſtime en argent
ce qu'il peut devoir, & qu'il en devient debiteur de la
même maniere que s'il empruntoit la ſomme d'argent
qui tient lieu de la choſe qu'il devoit donner *a*.

a Æſtimatio rerum quæ mercis numero habentur, in pecunia numerata fieri
poteſt. *l.* 42. *ff. de fidejuſſ. & mand.* Si in creditum abii, filio familias, vel ex
cauſa emptionis, vel ex alio contractu, in quo pecuniam non numeravi, &, ſi
ſtipulatus ſim, licèt cœperit eſſe mutua pecunia, &c. *l.* 3. §. 3. *ff. de Senat.
Maced. l.* 5. §. 18. *ff. de tribut. act.*

VII.

Le creancier peut ſtipuler du debiteur moins qu'il n'a
preſté, mais non davantage. Car il peut donner, mais
non prendre trop. Et s'il paroiſſoit qu'une obligation fût
d'une plus grande ſomme que celle qui auroit été preſtée,
elle ſeroit nulle pour cet excedant, comme étant ſans
cauſe *b*.

b Si tibi dedero decem ſic ut novem debeas : Proculus ait, & rectè, non am-
plius te ipſo jure debere quàm novem : ſed ſi dedero ut undecim debeas, putat
Proculus, ampliùs quàm decem condici non poſſe. *l.* 11. §. 1. *ff. de reb. cred.*
V. l'art. 5. de la Section 1. des conventions.

7. L'obligation du preſt ne peut exceder la choſe preſtée.

VIII.

Dans le preſt d'argent le debiteur n'eſt obligé qu'à
rendre la même ſomme : & s'il arrive aprés le preſt une
augmentation de la valeur des eſpeces ; il ne doit pas rendre la valeur preſente des eſpeces qu'il avoit receuës,
mais autant qu'elles valloient quand il emprunta. Et ſi
au contraire la valeur des eſpeces eſt diminuée, le debiteur ne laiſſe pas de devoir la ſomme empruntée *c*.

8. Du changement de la valeur de l'ar-gent.

c Quia in genere ſuo functionem recipiunt per ſolutionem. *l.* 2. §. 1. *ff. de reb.
cred.* Id autem agi intelligitur, ut ejuſdem generis, & eadem bonitate ſolvatur,
qua datum ſit. *l.* 3. *in f. ff. de reb. cred.*

IX.

Dans le prest du bled, du vin & des autres choses semblables, dont le prix augmente ou diminuë, le debiteur
doit la même quantité qu'il a empruntée, & ny plus ny
moins, soit que le prix en soit augmenté ou diminué ¹. Si
ce n'est que dans le cas de l'augmentation du prix, il parût par les circonstances que le creancier eût fait un prest
usuraire, comme font, par exemple, ceux qui au temps
de la moisson prestent leur bled, qui est à vil prix, pour en
ravoir autant dans une autre saison où il sera plus cher.

*a Mutuum damus recepturi idem genus. l. 2. ff. de reb. cred. Quatenus mu-
tua vice fungantur, qua tantumdem præstent. l. 6. in f. ff. eod. V. l'art. 5.de la
Section 3.*

X.

Si on donne de l'argent pour ravoir du bled, ou d'autres choses semblables, ou qu'on donne ces sortes de
choses pour ravoir de l'argent, ce n'est pas un prest, mais
c'est une vente, licite ou illicite selon les circonstances ᵇ.

b C'est une suite de la nature du prest, & de celle de la vente.

XI.

Si une personne de qui une autre veut emprunter de
l'argent, luy donne de la vaisselle d'argent, ou autre chose pour la vendre, & en garder le prix à titre de prest ;
celuy qui l'a prise ne deviendra debiteur à cause du prest,
que par la vente qu'il aura faite. Mais si la chose perit en
ses mains avant la vente, par un cas fortuit, la perte tombera sur luy ; car la chose luy avoit été donnée pour son
interêt. Que si le maître de cette vaisselle d'argent ayant
dessein de la vendre, avoit prévenu de sa part, & l'avoit
donnée à vendre, ajoûtant en faveur de celuy qui s'en
chargeoit, la liberté d'en garder le prix, comme un prest :
& qu'elle perisse avant la vente, par un cas fortuit ; la
perte tombera sur le maître ; car c'étoit pour son interêt
qu'il l'avoit donnée ᶜ.

*c Rogasti me ut tibi pecuniam crederem : ego cùm non haberem, lancem ti-
bi dedi, vel massam auri, ut eam venderes, & nummis utereris. Si vendideris, puto mutuam pecuniam factam. Quod si lancem vel massam sine tua culpa
perdideris, priusquam venderes : utrùm mihi, an tibi perierit, quæstionis est.*

Mihi

Mihi videtur. Nervæ diſtinctio veriſſima , exiſtimantis , multùm intereſſe , venalem habui hanc lancem , vel maſſam, necne : ut ſi venalem habui , mihi perierit,
quemadmodum ſi alii dediſſem vendendam. Quod ſi non fui propoſito hoc ut
venderem , ſed hæc cauſa fuit vendendi, ut tu utereris, tibi eam perriſſe , & maximè ſi ſine uſuris credidi. *l. 11. ff. de reb. cred.* Qui rem vendendam acceperit ut
pretio uteretur , periculo ſuo rem habebit. *l. 4. eod.* V. l'art. ſuivant.

XII.

Si celuy qui emprunte pour acheter, ou pour employer
l'argent à quelque autre affaire , le prend cependant en
depôt, à condition que le preſt n'aura lieu que lors de
l'employ, & que l'argent ſe perde par un cas fortuit, ce
dépoſitaire en ſera tenu, comme ſi le preſt étoit conſom-
mé , car c'étoit pour luy-même que l'argent luy étoit
laiſſé *a*.

a Si quis nec cauſam nec propoſitum fœnerandi habuerit , & tu empturus
prædia, deſideraveris mutuam pecuniam , nec volueris creditæ nomine , antequam emiſſes ſuſcipere, atque ita creditor quia neceſſitatem fortè proficiſcendi
habebat, depoſuerit apud te hanc eamdem pecuniam , ut ſi emiſſes crediti nomine obligatus eſſes : hoc depoſitum periculo eſt ejus qui ſuſcepit, nam & qui
rem vendendam acceperit, ut pretio uteretur, periculo ſuo rem habebit. *l. 4. ff.
de reb. cred.*

SECTION II.

Des engagemens de celuy qui preſte.

SOMMAIRES.

I.

LE premier engagement de celuy qui preſte eſt qu'il
ſoit le maître de la choſe preſtée, pour donner le
même droit à celuy qui l'emprunte. Car on n'emprunte
que pour uſer en maître de la choſe , & avoir la liberté
de la conſumer *b*.

b In mutui datione oportet dominum eſſe dantem. *l. 2. §. 4. ff. de reb. cred.*
Inde mutuum appellatum eſt, quia ita à me tibi datur , ut ex meo tuum fiat.

Inst. quib. mod. re. contr. obl. Et ideo si non fiat tuum , non nascitur obligatio. *d. l.* 2. §. 2. *ff. de reb. cred.* V. l'art. suivant.

II.

Si celuy qui preste n'est pas le maître de la chose prestée , il n'en transfere pas la proprieté à celuy qui l'emprunte. Et si celuy qui en est le maître la trouvant en nature la revendique , & prouve son droit ; celuy qui avoit emprunté aura son recours & ses dommages & interêts contre celuy qui luy avoit presté *a*.

a Si socius propriam pecuniam mutuam dedit , omnino creditam pecuniam facit , licèt cæteri dissenserint. Quod si communem numeravit , non aliàs creditam efficit , nisi cæteri quoque consentiant , quia suæ partis tantùm alienationem habuit. *l. 16. ff. de reb. cred. v. l. 13. init. & §. 1. eod.* V. l'art. 6. de la sect. 10. du Contract de Vente.

III.

Ce second engagement de celuy qui preste est de donner la chose telle , qu'elle soit propre à son usage. Car c'est pour cet usage qu'elle est empruntée. Ainsi , il doit donner de l'argent qui ne soit ni faux , ni décrié , & des grains ou liqueurs qui ne soient pas alterées & corrompuës. Et il est garend de ces sortes de défauts , selon les regles expliquées dans la Sect. 11. du contract de vente *b*.

b C'est une suite de la nature du prest , où l'on n'emprunte une chose que pour en user.

IV.

Le troisiéme engagement de celuy qui preste est de ne rien exiger , soit en valeur ou en quantité , au de-là de ce qu'il a presté *c*.

c Si tibi dedero decem ut undecim debeas , putat Proculus amplius quàm decem condici non posse. *l. 11. §. 1. ff. de reb. cred.*

V.

Si le debiteur d'une somme , ou autre chose , conteste avec quelque sujet une partie de la dette , & offre le surplus ; le Juge peut obliger le creancier à recevoir ce qui n'est pas en contestation , car il est de l'humanité , & de l'office du Juge de diminuer les sujets des procés *d*.

d Quidam existimaverunt neque eum qui decem peteret cogendum quinque accipere & reliqua persequi , neque eum qui fundum suum diceret partem dumtaxat judicio prosequi , sed in utraque causa humaniùs facturus videtur prætor , si actorem compulerit ad accipiendum id quod offeratur. Cùm ad officium ejus pertineat lites deminuere. *l. 21. ff. de reb. cred.*

*Quoyque cette regle soit peu observée, on n'a pas laissé de la mettre icy au sens expliq. &
dans l'article. Car elle est pleine d'équité, & il est juste de l'observer selon les circonstances.*

SECTION III.

Des engagemens de celuy qui emprunte.

SOMMAIRES.

I.

LE premier engagement de celuy qui emprunte, est
de rendre la même somme, ou la même quantité
qu'il a empruntée, & de la rendre au terme dont on est
convenu *a*.

a Aliæ ejusdem naturæ & qualitatis redduntur. *Inst. quib. mod. re. cont: obl.*
Dies solutionis, sicuti summa, pars est stipulationis. *l. 1. §. 2. ff. de edendo.*

II.

Quoyque la chose prestée soit perie par un cas fortuit,
avant que celuy qui l'a empruntée pût en user, il ne laisse pas d'être obligé d'en rendre autant, car il en a été
fait maître par le prest, & c'est sur luy qu'en doit tomber la perte *b*.

b Is qui mutuum accepit, si quolibet fortuito casu amiserit quod accepit, veluti incendio, ruina, naufragio, aut latronum, hostiumve incursu : nihilominus
obligatus remanet. §. 2. *inst. quib. mod. re contr. obl.* Incendium ære alieno non
exuit debitorem. *l. 11. C. si cert. pet.*

III.

Si celuy qui a emprunté de l'argent est en demeure
de payer aprés le terme, il en devra les interêts depuis

la demande en juftice *a*, pour dédommager le creancier du retardement.

a Mora fieri intelligitur non ex re , fed ex perfona , id eft, fi interpellatus , opportuno loco non folverit. *l. 32. ff. de ufur.* V. l'art. 5. de la fect. 1. du Titre des interêts , & dommages & interêts.

IV.

4. Payement de la valeur des chofes preftées.

Si celuy qui a emprunté d'autres chofes que de l'argent ne les rend pas au terme , ou ne les rend pas telles qu'il les doit, il en payera l'eftimation *b*.

b Si merx aliqua quæ certo die dari debebat , petita fit , veluti vinum, oleum, frumentum : tanti litem æftimandam , Caffius ait quanti fuiffet. *l. ult. ff. de condict. tritic.*

V.

5. Temps & lieu de l'eftimation des chofes preftées.

L'eftimation d'une chofe empruntée que le debiteur eft en demeure de rendre , comme du vin , du bled , & autres chofes , fe fait au prix du temps & du lieu où elle devoit être renduë , parce qu'elle étoit duë alors & en ce lieu : & fi le temps & le lieu n'étoient pas reglez par la convention , l'eftimation s'en fera au prix du temps & du lieu où la demande eft faite *c*. Si ce n'eft que les circonftances , & les préfomptions de l'intention des contractans obligent à regler cette eftimation fur un autre pied *d*.

c Vinum quod mutuum datum erat , per judicem petitum eft. Quæfitum eft : cujus temporis æftimatio fieret : utrùm cùm datum effet , an cùm litem conteftatus fuiffet, an cùm res judicaretur ? Sabinus refpondit , fi dictum effet quo tempore redderetur , quanti tunc fuiffet , fi non , quanti tunc cùm petitum effet. Interrogavi cujus loci pretium fequi oporteat ? Refpondit, fi conveniffet , ut certo loco redderetur , quanti eo loco effet , fi dictum non effet , quanti, ubi effet petitum. *l. 22 ff. de reb. cred.*

d Voyez cy-devant l'article 9. de la Sect. 1.

VI.

6. Payement en même quantité, & qualité.

Celuy qui a emprunté du bled , du vin , ou autres chofes femblables , fans en faire d'eftimation à un certain prix , ce qui feroit une vente , doit rendre du bled , & du vin , & les autres chofes non feulement en même quantité , mais de femblable qualité que celles qu'il avoit receuës *e*.

e Cùm quid mutuum dederimus,& fi non capimus ut æquè bonum nobis redderetur., non licet debitori deteriorem rem quæ ex eodem genere fit reddere veluti vinum novum pro vetere : nam in contrahendo , quod agitur pro cauto habendum eft : id autem agi intelligitur , ut ejufdem generis , & eadem bonitate folvatur , qua datum fit. *l.* 3. *ff. de reb. cred.* Ejufdem naturæ & qualitatis. *Inft. quib. mod. re contr. obl.*

VII.

Si celuy qui doit ces fortes de chofes ne les paye au terme , ou la valeur , il en devra les interêts fur le pied de leur eftimation , à compter depuis la demande en juftice [a].

a V. cy-devant l'art. 3. *de cette Section , & la Sect.* 1. *du Titre des interêts.*

7. Interêts de la valeur de la chofe preftée.

VIII.

Le debiteur à caufe de preft ne peut jamais devoir les interêts des interêts dont il eft en demeure de faire le payement [b].

8. Interêt d'interêt illicite.

b Nullo modo ufuræ ufurarum à debitoribus exigantur. *l.* 28. *C. de ufur.*

Il en eft de même des interêts dûs pour d'autres caufes. V. la regle generale dans le Titre des interêts , fect. 1. art. 10. & 11.

SECTION IV.

Des défenfes de prefter aux fils de famille.

LE preft d'argent aux fils de famille leur étant une occafion de débauche, eft un des pernicieux effets de l'ufure. Et c'étoit par la facilité d'emprunter des ufuriers , que la corruption des mœurs des fils de famille étoit venuë dans Rome à un tel excés, & à de telles fuites, que pour reprimer ce defordre il fut fait un reglement par un Senatufconfulte appellé Macedonien, du nom de l'ufurier qui en fut l'occafion , par lequel toutes les obligations des fils de famille caufées de preft d'argent étoient declarées nulles indiftinctement. Et fi quelque creancier avoit prefté pour une caufe jufte & raifonnable , qui dût faire fubfifter l'obligation , c'étoit par une interpretation du Senatufconfulte qu'il falloit en faire l'exception , felon la qualité de l'employ que le fils de famille faifoit de l'argent qu'il avoit emprunté.

Caufe de ces défenfes.

Mais parce que le preft en general aux fils de famille n'eft pas illicite de foy-même , & qu'il ne devient injufte que par les circonftances du mauvais ufage qu'ils

L l iij

peuvent en faire ; les défenfes generales du preft aux fils
de famille, n'étant pas du droit naturel, mais feulement
une loy pofitive du Droit Romain, elles n'ont pas en
France la force de loy. Et il n'eft pas de nôtre ufage d'annuller indiftinctement, comme faifoit ce Senatufconfulte,
toutes les obligations de preft aux fils de famille, mais
feulement celles où le preft eft une occafion de débauche;
& il dépend de la prudence des Juges d'en faire le difcernement par les circonftances. Ainfi les regles qu'on
va mettre dans cette Section doivent être confiderées
comme des principes d'équité dont l'application doit dépendre du Juge.

Il faut remarquer fur cette matiere du preft aux fils de
famille, que ce reglement ne regarde pas feulement les
fils de famille qui font mineurs, car leur minorité feule
fuffiroit pour annuller l'obligation ; mais qu'il s'étend à
ceux qui étant majeurs font encore fous la puiffance paternelle, n'ayant pas été émancipez. V. les art. 5. & 6.
de la Sect. 2. du Titre des perfonnes.

SOMMAIRES.

1. Comment il eft défendu
de prefter aux fils de famille.

2. La mort du pere ne valide
pas le preft fait au fils de
famille.

3. Le preft à celuy qui eft
émancipé n'eft pas défen-
du.

4. Si l'obligation du fils de
famille a été acquittée, ou
approuvée.

I.

1. Comment il eft
défendu de prefter
aux fils de famille.

CEux qui preftent de l'argent aux fils de famille fans
une jufte caufe, mais pour leurs débauches, ne peuvent repeter ce qu'ils ont prefté de cette maniere *a*. Et il

a Verba Senatufconfulti Macedoniani hæc funt. Cùm inter cæteras fceleris
caufas Macedo quas illi natura adminiftrabat, etiam æs alienum adhibuiffet,
& fæpè materiam peccandi, malis moribus præftaret: qui pecuniam (ne quid
amplius diceretur) incertis nominibus crederet : placere, ne cui, qui filio familiàs mutuam pecuniam dediffet, etiam poft mortem parentis ejus, cujus in poteftate fuiffet, actio petitioque daretur. Ut fcirent qui peffimo exemplo fœnera-
rent, nullius poffe filii familiàs bonum nomen, expectata patris morte, fieri. l. 1.
ff. de Senat. Maced.

en feroit de même fi au lieu d'un preft d'argent on avoit déguifé l'obligation fous l'apparence d'un autre contract *, ou prefté d'autres chofes que de l'argent *. Et c'eft par les circonftances qu'on doit juger du motif du preft, & s'il doit fubfifter, ou être annullé *.

a Is autem folus Senatufconfultum offendit, qui mutuam pecuniam filio familiàs dedit, non qui aliàs contraxit.... quod ita demum erit dicendum, fi non fraus Senatufconfulto fit cogitata. *l. 3. §. 3. ff. de Senat. Maced.*

b Si fraus fit Senatufconfulto adhibita, putà frumento, vel vino, vel oleo mutuo dato, ut his diftractis fructibus, uteretur pecunia, fubveniendum eft filio familiàs. *l. 7. §. 3.*

c Des caufes legitimes du preft aux fils de famille. V. l. 7. §. 2. §. 13. & §. 14.

II.

L'obligation des fils de famille qui fe trouve fujette à être annullée par le vice du motif du preft, ne fera pas validée par la mort du pere *d*. Car elle étoit vicieufe dans fon origine, & ce n'eft pas tant en faveur du fils de famille qu'elle eft annullée, qu'en haine du creancier qui avoit fait un preft illicite *e*.

d Placere ne cui, qui filio familiàs mutuam pecuniam dediffet, etiam poft mortem parentis ejus: cujus in poteftate fuiffet, actio petitioque daretur. *l. 1. ff. de Senat. Maced.*

e Ob pœnam creditorum, actione liberantur, non quoniam exonerare eos lex voluit. *l. 9. §. 4. eod.*

III.

Aprés que le fils de famille eft émancipé, ces défenfes ceffent, & fon obligation fubfifte, fans qu'on entre en connoiffance des motifs du preft *f*. Et il en feroit de même fi celuy qui n'étoit pas en effet émancipé agiffoit de forte qu'il parût publiquement pere de famille *g*.

f Les défenfes n'étant que de prefter aux fils de famille, elles ceffent à l'égard de celuy qui eft émancipé: car il eft devenu pere de famille. V. les art. 5. & 6. de la fect. 2. du Titre des perfonnes.

g Si quis patrem familiàs effe crediderit, non vana neceffitate deceptus, nec juris ignorantia, fed quia publicè pater familiàs plerifque videbatur, fic agebat, fic contrahebat, fic muneribus fungebatur, ceffabit Senatufconfultum. Inde Julianus, libro duodecimo, in eo qui vectigalia conducta habebat, fcribit, & eft fæpè conftitutum, ceffare Senatufconfultum. *l. 3 ff. de Senat. Maced. v. l. 3. ff. de off. Prat.*

IV.

Si le pere a approuvé, ou ratifié l'obligation, s'il en paye une partie, ou fi le fils l'acquite luy-même, l'obli-

det æquitée ou ap-
prouvée.

gation , ou le payement ne pourront plus être revoquez *a*.

a Si tantùm sciente patre creditum sit filio , dicendum est cessare Senatusconsultum. *l.* 12. *ff. de Senat. Maced.* Tum hoc amplius cessabit Senatusconsultum , si
pater solvere cœpit,quod filius familiàs mutuum sumpserit : quasi ratum habuerit. *l. 7. §.* 15. *eod.* Sed & ipse filius (si solverit) non repetit. *l. 9. §. 4. eod.*

TITRE VII.
DU DEPOT ET DU SEQUESTRE.

Usage du dépôt.

IL arrive souvent que les maîtres , ou possesseurs des
choses sont obligez de les laisser en garde à d'autres
personnes ; soit parce que qu'ils se trouvent dans des
conjonctures qui les empêchent de les garder eux-mêmes,
ou parce qu'elles ne seroient pas en seureté, s'ils les avoient
en leur puissance , ou pour d'autres causes. Et dans tous
ces cas on y pourvoit , en les mettant entre les mains de
personnes qu'on croit fideles , & qui veulent s'en charger.
C'est cette convention qu'on appelle Depôt.

Conséquence de la
fidélité du dépositaire.

Comme le depôt se fait le plus souvent en secret , &
sans écrit, & que c'est une convention dont l'usage est frequent , & tres-necessaire , & dont la seureté dépend de
la foy de celuy qui s'en charge *b* ; il n'y a point aussi d'engagement qui demande plus particulierement la fidelité,
que celuy du dépositaire.

Sequestre.

Cette premiere espece du depôt ne se passe qu'entre
deux personnes , l'un qui depose la chose , & l'autre qui
s'en charge. Mais il y a une autre sorte de depôt , lorsque deux , ou plusieurs personnes étant en contestation
sur les droits de proprieté ou de possession que chacun
d'eux prétend à une même chose , on la met entre les
mains d'un tiers qu'on appelle sequestre , pour la garder
jusqu'à ce que la contestation soit finie , & pour la rendre à celuy qui en sera declaré le maître. Et l'usage de
ce depôt est de prévenir les mauvaises suites qu'attireroit
l'entreprise de celuy des contendans,qui voudroit se ren-

b Totum fidei ejus commissum. *l.* 1. *depos.*

dre

dre maître de la chofe, & en priver les autres. Ainfi, l'effet de ce dépôt entre les mains d'un fequeftre eft de conferver à chacun de ceux qui le font le droit qu'il peut avoir en la chofe fequeftrée, en confervant la chofe mê-me: & de les priver tous de l'ufage de ce droit, en ce qui regarde la poffeffion & la joüiffance, mettant en feureté les fruits ou autres revenus, fi la chofe en produit, pour être rendus avec le fonds à celuy qui s'en trouvera le maître.

Les fequeftres peuvent être nommez ou par les parties de gré à gré, lors qu'elles en conviennent, ou en juftice, lorfque l'incertitude du vray maître d'une chofe conten-tieufe, & la neceffité d'en commettre à quelqu'un la gar-de & le foin, obligent le Juge à ordonner qu'elle foit mife en fequeftre pendant le procés. Et c'eft un dépôt judi-ciaire, different de celuy qui fe fait de gré à gré, en ce que celuy-cy eft une convention, & que l'autre eft un re-glement ordonné par le Juge.

Le dépôt ou fequeftre qui s'ordonne en juftice n'eft pas de ce deffein, car il fait partie de l'ordre judiciaire; mais parce que les regles naturelles du dépôt convention-nel ont auffi la plûpart leur ufage pour les fequeftres or-donnez en juftice, on pourra y appliquer les regles de ce Titre qui s'y rapporteront.

Quoyque l'ufage du dépôt paroiffe borné aux chofes mobiliaires, à caufe de l'origine de ce mot, qui marque un changement de place de ce qui eft dépofé: & que le fequeftre foit principalement en ufage pour les immeu-bles; on peut neanmoins fequeftrer des meubles, lorfque la poffeffion en eft conteftée: & on peut auffi donner en garde des immeubles, par forme de dépôt felon le befoin; comme font ceux qui pendant leur abfence donnent leur maifon, & tout ce qu'ils y ont en garde à un amy à qui ils en dépofent les clefs: & la maifon même eft comme en dépôt en la puiffance de celuy à qui la garde en eft com-mife, foit qu'il y habite, ou qu'il n'y habite point. *Dépôt d'immeubles.*

Il fe fait une autre forte de dépôt dans les gageures, lorfque ceux qui en font dépofent le prix entre les mains *Gageures.*

d'un tiers. Ainfi on fait des gageures où le prix eft donné à l'adreffe dans quelque exercice honnête, comme des armes, de la courfe, & autres : & c'étoit la feule efpece de jeux où il fût permis par le droit Romain de joüer de l'argent ; encore n'étoit-il permis de joüer que tres-peu de chofe *a*.

Comme ce dépôt de la gageure n'a pas d'autres regles que celles des autres dépôts, & la convention de ceux qui le font ; on ne mettra rien dans ce Titre qui regarde les gageures en particulier.

Dépôt neceffaire. Il y a encore une autre efpece de dépôt qu'on appelle neceffaire, parce que c'eft la neceffité qui l'a mis en ufage. Ainfi, dans un incendie, dans une ruine, dans un naufrage, ou autres cas femblables, on met chez les voifins, ou l'on donne à d'autres qui s'y rencontrent, les chofes qu'on fauve de ces fortes de pertes : & quoyque ce foit fouvent fans convention, au moins expreffe, comme quand on jette les meubles des maifons qui fe brûlent, dans celles des voifins, l'équité naturelle oblige étroitement ceux à qui on donne quelque chofe en garde dans ces fortes d'occafions, à en prendre foin. Et les loix Romaines puniffoient ceux qui ne rendoient pas le dépôt de cette nature de la peine du double *b*.

Comme ce dépôt, quoyque neceffaire, eft toûjours une efpece de convention expreffe, ou tacite, & qu'il oblige de même, & par les mêmes regles que les autres dépôts, on le placera auffi dans ce Titre.

Dépôt des chofes faifies. On ne met pas au rang des matieres de ce Titre le dépôt des chofes qu'on faifit fur les debiteurs, & que la juftice commet à des gardiens, ou commiffaires. Car outre que ce dépôt n'eft pas une convention, il eft de l'ordre judi-

a Senatufconfultum vetuit in pecuniam ludere, præterquam fi quis certet hafta, vel pilo jaciendo, vel currendo, faliendo, luctando, pugnando, quòd virtutis causâ fiat. In quibus rebus ex lege Titia, & Publicia, & Cornelia, etiam fponfionem facere licet, fed ex aliis ubi pro virtute certamen non fit, non licet. *l. 2. §. 1. & l. 3. ff. de aleat. V. tot. tit. C. eod.*

Liceat quidem ditioribus ad fingulas commiffiones, feu ad fingulos congreffus aut vices, unum affem, feu numifma, feu folidum deponere & ludere, cæteris autem longè minori pecunia. *l. 1. in f. C. eod.*

b l. 1. §. 1. & §. 4. ff. depof. §. 17. Inft. de action.

ciaire, & n'eſt pas une matiere de ce deſſein , quoyque pluſieurs des regles qui ſeront expliquées dans ce Titre puiſſent s'y appliquer.

Il y a auſſi une autre ſorte de dépôt des hardes & des marchandiſes que les voyageurs mettent entre les mains des hôteliers , & voituriers ſur terre & ſur mer. Mais comme ce dépôt n'eſt qu'une ſuite de l'engagement de ces ſortes de perſonnes , & qu'elles répondent non ſeulement de leur fait, mais encore de celuy de leurs domeſtiques , & de leurs commis, c'eſt une matiere qui aura ſon lieu dans le Titre 16. de ce livre, où il ſera parlé des engagemens de ces perſonnes.

Dépôt chez les Hôteliers.

SECTION I.

De la nature du dépôt.

SOMMAIRES.

I.

1. Définition du dépôt.

LE dépôt est une convention par laquelle une personne donne à une autre quelque chose en garde *a*, & pour la luy rendre, quand il luy plaira de la retirer *b*.

a Depositum est quod custodiendum alicui datum. est. *l. 1. ff. dep.*
b Est autem & apud Julianum libro tertio decimo Digestorum scriptum, eum, qui rem deposuit, statim posse depositi actione agere. Hoc enim ipso, dolo facere eum qui suscepit, quod deposcenti rem non reddat. *l. 1. §. 22. eod.*

II.

2. Le dépôt doit être gratuit.

Le dépôt doit être gratuit, car autrement ce seroit un loüage, où le dépositaire loüeroit son soin *c*.

c Si vestimenta servanda balneatori data perierunt : si quidem nullam mercedem servandorum vestimentorum accepit, depositi eum teneri, & dolum dumtaxat præstare debere puto : quod si accepit, ex conducto. *l. 1. §. 8. dep.*

III.

3. Espece de dépôt des immeubles.

Quoyque le dépôt ne soit proprement que des meubles, on peut donner en garde des immeubles, comme une maison, ou un autre fonds, & les fruits qui en proviendront *d*.

d Si possessionem naturalem revocem, proprietas mea manet. Videamus de fructibus. Et quidem in deposito, & commodato, fructus quoque præstandi sunt. *l. 38. §. 10. ff. de usur. l. 1. §. 24. ff. dep.*

IV.

4. On peut déposer la chose d'un autre ; & un voleur même peut déposer ce qu'il a volé.

On peut déposer non seulement ce qu'on a en propre, mais ce qui est à d'autres personnes ; soit qu'on l'ait en sa puissance de bonne foy, comme un Procureur constitué, ou qu'on le possede de mauvaise foy. Ainsi les voleurs même & les larrons peuvent déposer ce qu'ils ont volé, ou dérobé. Car il est juste qu'il soit conservé pour être rendu au maître *e*.

e Si prædo, vel fur deposuerint, & hos Marcellus, libro sexto Digestorum, putat recte depositi acturos. Nam interest eorum, eo quod teneantur. *l. 1. §. 39. ff. dep.*

V.

5. Restitution de la chose à son maître.

Le dépôt de ce qui est à un autre n'oblige pas le dépositaire de le rendre à celuy qui l'a déposé, si le maître se fait connoître. Ainsi, si c'est un voleur qui ait déposé ce

qu'il avoit volé ; la fidelité du dépôt n'oblige plus envers ce voleur : mais la connoiſſance du vol oblige à rendre la choſe à ſon maître *. Que s'il y a du doute dans le
droit de celuy qui ſe dit le maître, ou que ce droit luy
ſoit conteſté par celui qui a dépoſé ; le dépoſitaire devient
alors un dépoſitaire de juſtice, & comme un ſequeſtre. Et
il doit attendre que la conteſtation ait été reglée, pour
rendre la choſe à celuy qui en ſera reconnu le maître.

a Incurrit hîc & alia inſpectio, bonam fidem inter eos tantùm quos contractum
eſt : nullo extrinſecus aſſumpto æſtimare debemus, an reſpectu etiam aliarum
perſonarum, ad quas id quod geritur pertinet ? exempli loco, latro ſpolia, quæ
mihi abſtulit, poſuit apud Seïum inſcium de malitia deponentis : utrùm latroni,
an mihi reſtituere Seïus debeat ? Si per ſe dantem accipientemque intuemur, hæc
eſt bona fides, ut commiſſam rem recipiat is qui dedit. Si totius rei æquitatem,
quæ ex omnibus perſonis, quæ negotio iſto continguntur, impletur, mihi reddenda ſunt, quo facto ſceleſtiſſimo adempta ſunt, & probo hanc eſſe juſtitiam,
quæ ſuum cuique ita tribuit, ut non diſtrahatur ab ullius perſonæ juſtiore repetitione. *l.* 31. §. 1. *ff. depoſ.*

VI.

6. Comment le dé-
pôt peut être rendu à
autre qu'au maître.

Si une perſonne dépoſe une choſe qui ſoit à une autre,
ou un domeſtique celle de ſon maître, le dépoſitaire
peut la rendre à celuy qui l'a dépoſée, s'il n'a pas de
juſte cauſe de douter qu'il la rendra mal ; comme il en
auroit, s'il ſçavoit que ce domeſtique, par exemple,
n'eſt plus au ſervice de cette perſonne, ou qu'il dût ſe dé-
fier de ſa fidelité. Et c'eſt par les circonſtances qu'on
pourra juger ſi le dépoſitaire a dû rendre à un autre
qu'au maître *b*.

b Quod ſervus depoſuit, is apud quem depoſitum eſt, ſervo rectiſſimè reddet,
ex bona fide. Nec enim convenit bonæ fidei, abnegare id quod quis accepit, ſed
debebit reddere ei à quo accepit. Sic tamen, ſi ſine dolo omni reddat. Hoc eſt, ut
nec culpæ quidem ſuſpicio ſit. Denique Sabinus hoc explicuit, addendo, nec
ulla cauſa intervenit, quare putare poſſit dominum reddi nolle. *l.* 11. *ff. depoſ.*

VII.

7. Le dépôt peut
être retiré quand le
maître le veut.

Comme il eſt de la nature du dépôt, qu'il n'eſt pas fait
pour l'interêt du dépoſitaire, ainſi que le prêt à uſage,
mais pour le ſeul interêt de celuy qui dépoſe, il peut le
retirer lorſque bon lui ſemble; quand même il y auroit un
temps reglé par le dépôt. Car il dépend du maître de reprendre la choſe dépoſée quand il le voudra, pourvû que

ce ne foit pas dans un contretemps où le dépofitaire ne
puiffe la rendre par quelque obftacle qui ne doive pas
lui être imputé *a*.

a Si depofuero apud te , ut poft mortem tuam reddas , & tecum , & cum herede tuo poffum depofiti agere , poffum enim mutare voluntatem , & ante mortem tuam depofitum repetere. Proinde, & fi fic depofuero , ut poft mortem
meam reddatur: potero & ego , & heres meus agere depofiti. Ego , mutatâ voluntate. *l.* 1. §. 15. & §. 46. *ff. dep.*

Eft autem & apud Julianum libro tertio decimo Digeftorum , fcriptum , eum
qui rem depofuit, ftatim poffe depofiti actione agere. Hoc enim ipfo, dolo facere
eum qui fufcepit,quod repofcenti rem non reddat. Marcellus autem ait , non femper videri poffe dolo facere eum qui repofcenti non reddat , quid enim fi in pro-
vincia res fit , vel in horreis quorum aperiendorum condemnationis tempore non
fit facultas, vel conditio depofitionis non extitit. *l.* 1. §. 22. *ff. dep.*

VIII.

Le dépôt n'obligeant qu'à la fimple garde , il eft de là
nature de ce contract que la chofe dépofée foit renduë
dans le lieu où elle eft gardée : Et le dépofitaire n'eft
pas obligé de la tranfporter pour la délivrer , fi ce n'eft
qu'il l'eût mife de mauvaife foy , en un autre lieu que celuy où il devoit la garder *b*.

b Depofitum eo loco reftitui debet, in quo , fine dolo malo ejus eft, apud quem
depofitum eft. Ubi verò depofitum eft , nihil intereft. *l.* 12. §. 1. *ff. dep.*

IX.

Le dépôt ne s'étend pas feulement à ce qui a été dépofé, mais fi la chofe dépofée produit quelques fruits, ou autres revenus , ce qui en fera provenu entrera auffi dans le
dépôt, & le dépofitaire en fera chargé,comme de la chofe même qui luy a été donnée. Ainfi celuy qui auroit pris
en garde un troupeau de moutons & de brebis, rendra la
laine , & les agneaux qui en feront provenus *c*.

c Hanc actionem bonæ fidei effe dubitari non oportet. Et ideo & fructus in
hanc actionem venire , & omnem caufam , & partum dicendum eft, ne nuda res
veniat. *l.* 1. §. 23. & 24. *ff. dep.* In depofito , & commodato fructus quoque præ-
ftandi funt. *l.* 38. §. 10. *ff. de ufur.*

X.

Si l'on dépofe de l'argent, ou quelque autre chofe, laif-
fant au dépofitaire la liberté de s'en fervir, & qu'il n'en
faffe aucun ufage,il ne fera tenu que des engagemens d'un
dépofitaire , & fuivant les regles qui feront expliquées

dans la Section troifiéme. Mais s'il fe fert de la chofe dépofée , fon engagement changeant de nature , il fera tenu , ou felon les regles du prêt à ufage, fi c'eft une chofe
qui demeure en nature, ou felon les regles du prêt, fi elle
eft telle qu'il ceffe de l'avoir quand il en ufera *.

a Si pecunia apud te ab initio hac lege depofita fit, ut fi voluiffes, utereris :
priufquam utaris depofiti teneberis. *l.* 1. §. 34. *ff. dep.*

XI.

Si la chofe dépofée appartient à plufieurs perfonnes,
foit qu'il y en eût plufieurs proprietaires au temps du dépôt, ou qu'elle ait paffé à plufieurs heritiers de celuy qui
l'avoit dépofée ; le dépofitaire ne doit la rendre qu'à tous
enfemble, fi elle ne peut fe divifer, ou à chacun fa portion fi elle eft divifible, comme fi c'eft une fomme d'argent , & que tous conviennent de leurs portions. Et fi le
dépôt étoit cacheté , il ne fera ouvert qu'en prefence de
tous enfemble pour leur être remis. Que s'il y avoit des
abfens , ou des conteftations entre les prefens ; le dépofitaire ne rendra le dépôt qu'en prenant fa feureté pour fa
décharge à l'égard de tous : ou la demandant en juftice,
& confignant le dépôt dans les formes, pour être enfuite
pourvû par le Juge à l'ouverture & au partage du dépôt,
avec les feuretez pour ceux qui feroient abfens *b*.

b Si pecunia in facculo fignato, depofita fit, & unus ex heredibus ejus qui depofuit , veniat repetens : quemadmodum ei fatisfiat, videndum eft. Promenda pecunia eft, vel coram prætore, vel intervenientibus honeftis perfonis , & exol-
venda pro parte hereditaria. Sed etfi refignetur, non contra legem depofiti fiet ,
cum vel prætore authore, vel honeftis perfonis intervenientibus hoc eveniet : refi-
duo, vel apud eum remanente , fi hoc voluerit , figillis videlicet priùs ei impreffis ,
vel à prætore , vel ab his quibus coram fignacula remota funt : vel fi hoc recufaverit , in æde deponendo. Sed fi res funt , quæ dividi non poffunt , omnes debebit tradere , fatisdatione idonea à petitore ei præftanda , in hoc quod fupra ejus
partem eft. Satisdatione autem non interveniente , rem in ædem deponi : & omni
actione depofitarium liberari. *l.* 1. §. 36. *ff. dep.* Si plures heredes extiterint ei qui
depofuerit : dicitur fi major pars adierit , reftituendam rem præfentibus. Majorem autem partem non ex numero utique perfonarum , fed ex magnitudine por-
tionum hereditariarum intelligendam , cautela idonea reddenda. *l.* 14. *eod.*

XII.

Si dans le cas d'un dépôt appartenant à plufieurs heritiers , un d'entre eux ayant retiré fa portion , le dépofi-

11. Si la chofe dé-
pofée appartient à
plufieurs.

12. Si un des he-
ritiers ayant receü
fa portion du dé-

pôt , le dépositaire devient insolvable.

taire devient insolvable ; cet heritier ne sera pas tenu de la rapporter à ses coheritiers *a*. Car encore que ce qu'il a reçû fût commun à tous , pendant qu'il étoit entre les mains du dépositaire, cet heritier n'ayant reçû que sa portion par sa diligence, avant l'insolvabilité du dépositaire, les autres doivent souffrir cet évenement , ou comme un effet de leur negligence, ou comme un cas fortuit qui tombe sur eux.

a Supervacuam veterum differentiam è medio tollentes , si quis certum pondus auri, vel argenti confecti , vel in massa constitui deposuerit : & plures scripserit heredes , & unus ex his contingentem sibi portionem à depositario acceperit , alter supersederit , vel aliàs fortuito casu impeditus, hoc facere non potuerit : & postea depositarius in adversam inciderit fortunam, vel sine dolo depositum perdiderit : sancimus, non esse coheredi ejus licentiam venire contra eum coheredem suum, & ex ejus parte avellere quod ipse ex sua parte consequi minimè potuit. Quasi eo quod coheres accepit communi constituto. Cùm si certæ pecuniæ depositæ fuerint, & suam partem unus ex heredibus accepit, nemini veniat in dubium bene eum accepisse partem suam. *l. ult. C. depos.*

XIII.

13. Si entre plusieurs proprietaires il est dit qu'un seul puisse retirer le dépôt entier.

Si plusieurs font un même dépôt, & qu'il soit convenu que l'un d'eux, ou chacun seul pourra retirer le tout ; le dépositaire sera déchargé rendant le dépôt à celuy qui peut seul le demander. Et s'il n'est pas reglé à qui il rendra le dépôt, il sera restitué suivant la regle expliquée dans l'article 11 *b*.

b Si duo deposuerint , & ambo agant , siquidem sic deposuerunt , ut vel unus tollat totum, poterit in solidum agere. Sin verò pro parte pro qua eorum interest , tunc dicendum est, in partem condemnationem faciendam. *l. 1. §. 44. ff. depos.*

XIV.

14. Plusieurs dépositaires d'une même chose.

Si deux ou plusieurs personnes se sont rendus dépositaires d'une même chose, chacun d'eux sera tenu de rendre le tout. Car on ne rend pas le dépôt, si on ne le rend entier : & ils répondront l'un pour l'autre, même de leur dol commun, sans que la demande contre un seul ôte le droit d'agir ensuite contre tous les autres, jusqu'à ce que le tout soit restitué *c*.

c Si apud duos sit deposita res, adversùs unumquemque eorum agi poterit. Nec liberabitur alter , si cum altero agatur. Non enim electione , sed solutione liberantur. Proinde si ambo dolo fecerunt , & alter quod interest præstiterit, alter non convenietur ; exemplo duorum tutorum. Quod si alter , vel nihil ,

vel

el minus facere poffit, ad alium pervenietur. *l. 1. §. 43. ff. depof. V. l. 15. ff. de tutela & rat. dift.* Nifi pro folido res non poteft reftitui. *l. 22. ff. depof.*

X V.

Le dépofitaire qui ufe de la chofe depofée contre le gré du maître, commet une efpece de larcin, & il fera tenu de tous les dommages & interêts qui en feront fuivis *a*.

a Furtum fit non folùm cùm quis intercipiendi caufa rem alienam amovet, fed generaliter cùm quis alienam rem invito domino contrectat : itaque, five creditor pignore, five is apud quem res depofita eft, ea re utatur.... furtum committit. *§. 6. inft. de obl. quæ ex del. nafc.* Qui rem depofitam, invito domino, fciens prudenfque in ufus fuos converterit, etiam furti delicto fuccedit. *l. 3. C. depof.*

X V I.

Si le depôt eft fait pour l'interêt du dépofitaire, comme fi quelque meuble luy eft laiffé pour le vendre, & en garder le prix à Titre de prêt : ou fi une fomme d'argent luy eft baillée à condition que s'il fait une acquifition il s'en fervira, & qu'il arrive que ce qui étoit donné à cette condition vienne à perir avant l'employ ; ce dépofitaire en fera tenu, quand ce feroit même par un cas fortuit *b*. Car il n'étoit pas dépofitaire pour rendre au maître, mais pour vendre, & employer pour foy ce qu'il avoit pris de cette maniere, ce qui change la nature & l'effet du depôt.

b Si quis nec caufam, nec propofitum fœnerandi habuerit, & tu empturus prædia, defideraveris mutuam pecuniam nec volueris credita nomine antequam emiffes, fufcipere atque ita creditor quia neceffitatem forte proficifcendi, habebat, depofuerit apud te hanc eamdem pecuniam ut fi emiffes crediti nomine obligatus effes : hoc depofitum, periculo eft ejus qui fufcepit. Nam & qui rem vendendam acceperit, ut pretio uteretur, periculo fuo rem habebit. *l. 4. ff. de reb. cred.*

X V I I.

On peut depofer des chofes qu'on ne montre point au dépofitaire ; comme fi on luy donne à garder une caffette cachetée, ou fermée à clef, fans luy faire connoître fi on y a mis de l'argent, des papiers, ou autres chofes. Et en ce cas il n'eft tenu que de rendre la caffette dans le même état, fans répondre des chofes que celuy qui depofe pourroit prétendre y avoir mifes. Mais fi on a montré au dépofitaire le détail de ce qui eft depo-

Tome I.   N n

sé, il doit répondre de chacune des chofes dont il s'eſt
chargé *a*.

a Si cifta fignata depofita fit : utrum cifta tantùm petatur ; an & fpecies com-
prehendendæ fint ? & ait Trebatius ciſtam repetendam , non fingularum rerum,
depofiti agendum. Quod & res oſtenſæ ſunt , & fic depofitæ , adjiciendæ ſunt &c.
ſpecies. *l. 1. §. 41. ff. depoſ.*

SECTION II.

Des engagemens de celuy qui depofe.

SOMMAIRES.

I.

1. *Frais de la garde.*

SI le dépofitaire fe trouve obligé ou par la qualité de la
chofe deposée , ou par quelque évenement à quelque
dépenſe pour la garder, il recouvrera ce qu'il aura fourni.
Comme fi par exemple, il avoit été obligé de loüer une
écurie pour garder un cheval donné en depôt *b*.

b C'eſt une ſuite de la nature du depôt , qui n'étant fait que pour l'interêt de celuy qui
depoſa , ne doit pas être à charge au dépofitaire. V. l'article ſuivant.

II.

2. *Dépenſe pour la chofe depoſée.*

Le dépofitaire recouvrera aufli les dépenſes faites pour
conſerver ce qui eſt deposé, comme s'il y a fait quelque
réparation : ou fi ayant en garde quelques beſtiaux , il
avoit fourni la dépenſe de leur nourriture *c*.

c Actione depofiti conventus , ſervo conſtituto , cibariorum nomine apud eumdem judicem , utiliter experitur. *l. 23. ff. depoſ.* Sumptus cauſa qui neceſſariè
factus eſt , femper præcedit , nam deducto eo , bonorum calculus ſubduci ſolet.
l. 8. in f. ff. eod. V. l'art. 7. de la Sect. 3. du loüage, & l'art. 4. de la Sect. 3. du
prêt à uſage.

III.

3. *Frais du tranf-port.*

Si pour rendre ce qui eſt en depôt, il faut des voitures
pour le tranſport, le dépofitaire n'en eſt pas tenu , & le
maître eſt obligé de venir le prendre , & de faire les

frais du tranfport, s'il y en a, ou d'en rembourfer le dépofitaire, s'il les a fournis *a*.

*a .Si in Afia depofitum fuerit ut Romæ reddatur : videtur id actum ut non im-
penfa ejus id fiat , apud quem depofitum fit , fed ejus qui depofuit. l. 12. ff. depof.*

IV.

Si le dépofitaire ne veut plus garder la chofe dépofée,
& veut s'en décharger, foit aprés le temps reglé par la
convention, fi on y a pourvû, ou même auparavant; celuy qui a dépofé fera tenu de reprendre la chofe, pourvû
que ce ne foit pas dans un contre-temps, où le dépofitaire pouvant fans dommage garder le depôt, le maître
ne pourroit commodément le retirer. Car en ce cas il faudroit regler un temps pour décharger le dépofitaire *b*.

*4. Décharge du
dépofitaire.*

*b. Par la même raifon qu'il eft permis à celuy qui dépofe de retirer le depôt avant le
temps , & quand il luy plaît. V. cy-devant l'art. 7. de la Sect. 1. V. l. 1. §. 36. ff.
depof. in verbis , fi hoc voluerit : fi hoc recufaverit.*

SECTION III.

Des engagemens du dépofitaire, & de fes heritiers.

SOMMAIRES.

I.

1. Fondement du soin du dépositaire.

COmme le dépositaire est obligé de garder ce qui luy est confié, il est par consequent tenu d'en prendre quelque soin *a*. Mais parce qu'il rend cet office gratuitement, & seulement pour faire plaisir, sa condition est distinguée de celle des personnes qui pou leur propre interêt ont en leurs mains les choses des autres, comme celuy qui emprunte, & celuy qui loüe : & le dépositaire n'est tenu que selon les regles qui suivent.

a Depositum est quod custodiendum alicui datum est. *l. 1. ff. depos.*

II.

2. Soin du dépositaire.

Le dépositaire est tenu d'avoir le même soin pour les choses deposées, qu'il a pour les siennes. Et il seroit infidele au depôt, s'il y veilloit moins qu'à ce qui est à luy *b*.

b Nisi tamen ad suum modum curam in deposito præstat, fraude non caret. Nec enim, salva fide, minorem iis, quam suis rebus, diligentiam præstabit. *l. 32. ff. depos.* V. les articles suivans.

III.

3. Faute approchant du dol.

Si le dépositaire laisse perdre, perir, ou dèteriorer la chose deposée par quelque dol ou mauvaise foy, ou par quelque faute, ou negligence inexcusable, il en sera tenu *c*. Et la faute sera de cette qualité, si elle est telle, que le dépositaire n'y fût pas tombé, selon sa conduite ordinaire en ses propres affaires *d*.

c Dolum solum, & latam culpam, si non aliud specialiter convenerit, præstare debuit. *l. 1. C. depos.* Quod Nerva diceret, latiorem culpam dolum esse, Proculo displicebat : mihi verissimum videtur. *l. 32. eod.*

d Nisi tamen ad suum modum curam in deposito præstat, fraude non caret. *d. l.*

IV.

4. Idem.

C'est aussi une faute inexcusable, & dont le dépositaire doit être tenu, s'il manque aux precautions, où nul autre ne manqueroit, comme de mettre de l'argent en lieu de seureté *e*.

e Latæ culpæ finis est, non intelligere id, quod omnes intelligunt. *l. 223. ff. de verb. signif.* Par la loy divine le dépositaire répond du larcin, car il n'arrive que faute de soin. Quod si furto ablatum fuerit, restituet damnum domino. *Exod. 22. 10. 12.* V. l'art. 3. de la Sect. 8. du loüage, & l'art. 2. de la Section 2. d'un prés à usage.

V.

Si le dépofitaire eft une perfonne de peu de fens, ou un mineur fans experience, ou un homme negligent en fes propres affaires, comme feroit un prodigue; celuy qui a depofé entre les mains d'un tel dépofitaire, ne pourra en exiger le foin d'un pere de famille foigneux & vigilant. Et fi le depôt perit par quelque faute que cette perfonne n'ait pas été capable d'éviter, celuy qui avoit depofé doit s'imputer d'avoir mal choifi fon dépofitaire *.

5. Dépofitaire negligent dans fes propres affaires.

a Si quis non ad eum modum quem hominum natura defiderat, diligens eft. *l. 32. ff. depo*. Ex eo folo tenetur fi quid dolo commiferit. Culpæ autem nomine, id eft, defidiæ, ac negligentiæ, non tenetur. Itaque fecurus eft qui parum diligenter cuftoditam rem furto amiferit: quia qui negligenti amico rem cuftodiendam tradit, non ei, fed fua facilitate id imputare debet. §. 3. *inft. quib. mod. re. contr. obl.*

Il faut entendre les expreffions de ce texte en un fens qui s'accorde avec les regles précedentes. Car on ne doit pas décharger indiftinctement les dépofitaires des pertes qui peuvent arriver par leur pareffe, & leur negligence.

VI.

Si la chofe depofée vient à fe perdre, ou à perir, foit par fa nature, comme fi un cheval quoyque gardé, s'échape & fe perd: ou par un cas fortuit, fans qu'on puiffe l'imputer au dépofitaire, il fera déchargé, en rendant du depôt ce qui en pourra refter *b*.

6. Si la chofe fe perd fans la faute du dépofitaire.

b Si incurfu latronum, vel alio fortuito cafu, ornamenta depofita apud interfectum perierint, detrimentum ad heredem ejus qui depofitum accepit, qui dolum folum & latam culpam (fi non aliud fpecialiter convenit) præftare debuit, non pertinet. *l. 1. C. depof. v. l. 12. §. 3. l. 14. §. 1. ff. eod.* Cafus à nullo præftantur. *l. 23. in f. ff. de reg. jur. v. l. 5. §. 2. ff. de cond. cauf. dat. cauf. n. fec. in his verbis.* Si ante deceffiffe proponatur, nihil præftabit, fi modo per eum factum non eft. V. *l. 20. ff. depof.* Si comeftum à beftia, deferat ad eum quod occifum eft, & non reftituet. *Exod. 22. 13,*

VII.

Si par quelque confideration particuliere, on avoit reglé à quoy feroit tenu le dépofitaire, fon engagement tiendroit lieu de loy. Et il feroit tenu de répondre, foit de ce qui pourroit arriver faute du foin qu'il s'étoit obligé de prendre, ou des évenemens dont il fe feroit chargé. Car le depôt ne luy auroit pas été confié fans cette condition *c*.

7. Convention pour la qualité du foin du dépofitaire.

c Si convenit ut in depofito & culpa præftetur, rata eft conventio, contractus enim legem ex conventione accipiunt. *l. 1. §. 6. ff. depof. d. l. §. 35. l. 23. ff. de* reg. jur. l. 1. C. depof. Si quis pactus fit, ut ex caufa depofiti omne periculum præftet, Pomponius ait, pactionem valere : nec quafi contra juris formam , non effe fervandam. l. 7. §. 15. ff. de pact. Sæpe evenit ut res depofita , vel nummi periculo fint ejus apud quem deponuntur. Ut puta , fi hoc nominatim convenit. l. 1. §. 35. ff. depof.

VIII.

8. Dépofitaire qui s'eft ingeré.

Si le dépofitaire n'étant pas prié, s'eft ingeré luy même à fe charger du dépôt , il fera tenu non feulement du dol , & des fautes groffieres, mais des autres fautes. Car celuy qui vouloit dépofer auroit pû en choifir un autre plus feur. Mais ce dépofitaire ne fera pas tenu de ce qui pourroit arriver fans fa faute par un cas fortuit [a].

a Si quis fe depofito obtulit , idem Julianus fcribit, periculo fe depofiti illigaffe : ita tamen ut non folum dolum , fed etiam culpam , & cuftodiam præftet, non tamen cafus fortuitos. l. 1. §. 35. ff. depof.

IX.

9. Du dépofitaire qui a vendu le dépôt , & l'a racheté.

Si le dépofitaire ayant vendu , ou autrement aliené la chofe dépofée, la retire & la remplace, il fera tenu dans la fuite non feulement du dol , & des fautes groffieres ; mais des moindres fautes, en punition de fa premiere mauvaife foy [b].

b Si rem depofitam vendidifti, eamque poftea redemifti in caufam depofiti : etiam fi fine dolo malo poftea perierit , teneri te depofiti : quia femel dolo fecifti , cum venderes. l. 1. §. 25. ff. depof.

X.

10. Si le dépofitaire eft en demeure de rendre.

Si le dépôt étant demandé , le dépofitaire qui peut le rendre eft en demeure, fon retardement le rendra refponfable, non feulement de fes moindres fautes, mais des cas fortuits qui pourroient arriver depuis la demande [c]. Mais fi la chofe perit par fa nature , fans autre cas fortuit , & qu'elle dût perir quand même le dépofitaire l'auroit renduë à temps , cette perte n'étant pas un effet de fon retardement , il n'en eft pas tenu [d].

c Depofitum , eo die quo depofiti actum fit, periculo ejus apud quem depofitum fuerit , eft , fi judicii accipiendi tempore potuit id reddere reus , nec reddidit. l. 12. §. 3. ff. depof. V. l'art. 3. de la Sect. 7. du contract de vente , & l'art. 2. de la Sect. 4. du Titre des dommages caufez par des fautes.

d Si fua natura res ante rem judicatam interciderit , veluti fi homo mortuus fuerit Sabinus , & Caffius, abfolvi debere cum cum quo actum eft, dixerunt : quia æquum effet naturalem interitum ad actorem pertinere : utique cum interitura effet ea res, & fi reſtituta eſſet actori. *l.* 14. §. 1. *ff. depoſ.* V. ce même art. 3. de la Sect. 7. du contract de vente.

Quoyque la choſe periſſe par ſa nature, il faut juger par les circonſtances, ſi le retardement du dépoſitaire doit être impuni. Car ſi la choſe dépoſée étoit en bon état lors de la demande, & que le proprietaire eût pû la vendre, comme ſi c'étoit un cheval dépoſé par un Maquignon, le retardement étant ſans juſte cauſe, ce ſeroit ou une mauvaiſe foy, ou une faute du dépoſitaire qui pourroit le rendre reſponſable d'une telle perte. Si fortè diſtracturus erat petitor, ſi accepiſſet, moram paſſo debere præſtari: nam ſi ei reſtituiſſet, diſtraxiſſet, & pretium eſſet lucratus. *l.* 15. §. *ult. ff. de rei vind.*

X I.

S'il eſt convenu que le depôt ſera rendu en l'un de pluſieurs lieux, le dépoſitaire aura le choix du lieu *a*.

a Si de pluribus locis convenit, in arbitrio ejus eſt, quo loci exhibeat. *l.* 5. §. 1. *ff. depoſ.*

X I I.

L'heritier du dépoſitaire, eſt tenu du fait du défunt, même de ſon dol *b*.

b Datur actio depoſiti in heredem, ex dolo defuncti in ſolidum. *l.* 7. §. 1. *ff. depoſ.*

X I I I.

Si aprés la mort du dépoſitaire, ſon heritier ignorant le depôt, vend la choſe depoſée qu'il croit être de la ſucceſſion; comme s'il arrive que le memoire qu'avoit fait le dépoſitaire pour la conſervation du depôt étant ſous un ſellé avec les autres papiers, il ſoit cependant neceſſaire de vendre quelques effets mobiliaires, & que la choſe depoſée s'y trouve meſlée, ſans que rien puiſſe la diſtinguer, comme ſi c'étoit un cheval qui ſe trouvant avec d'autres dans l'écurie eût été vendu, celuy qui l'avoit depoſé ayant peut-être même negligé de le retirer; cet évenement ſeroit comme un cas fortuit qui déchargeroit cet heritier de la reſtitution du depôt, en rendant le prix de la vente qui en auroit été faite *c*. Le proprietaire conſervant toûjours ſon droit de vendiquer la choſe entre les mains de celuy qui en ſeroit ſaiſi.

c Quia autem dolus dumtaxat in hanc actionem venit, quæſitum eſt, ſi heres rem apúd teſtatorem depoſitam, vel commodatam diſtraxit, ignarus depoſitam, vel commodatam: an teneatur? Et quia dolo non fecit, non tenebitur de re. An tamen vel de pretio teneatur, quod ad eum pervenit? Et verius eſt teneri eum. Hoc enim ipſo, dolo facit, quod id, quod ad ſe pervenit, non reddit. Quid ergo, ſi pretium nondum exegit? Aut minoris quam debuit vendidit? Actiones ſuas tantummodo præſtabit. *l.* 1. §. *ult. & l.* 2. *ff. depoſ.*

On a mis dans cet article des circonstances particulieres, qui peuvent justifier la conduite de cet heritier. Car il pourroit y avoir d'autres circonstances, où l'heritier ne seroit pas facilement déchargé sur la prétention d'avoir ignoré le dépôt : puisqu'il est tenu du fait du defunt comme il a été dit dans l'article précédent ; & que le defunt étoit obligé de distinguer la chose déposée de celles qui étoient à luy par quelque marque, ou quelque memoire. Ainsi, il semble que c'est par les circonstances de la qualité des personnes, de celle de la chose deposée, de la conduite du dépositaire, de celle de son heritier, & les autres semblables, qu'il faut juger à quoy cet heritier peut être obligé.

Il faut remarquer dans la loy citée sur cet article, qu'encore qu'elle décharge l'heritier de celuy qui avoit emprunté une chose, si cet herit er l'a venduë, de même qu'elle décharge l'heritier du dépositaire ; on n'a pas mis cette regle dans le Titre du prêt à usage. Car au lieu que le dépôt n'est que pour l'interêt de celuy qui depose, le prêt à usage n'est que pour celuy qui emprunte. Et par cette raison il paroît plus juste de faire tomber cette perte sur cet heritier, que sur celuy qui avoit prêté. v. Exod. 22. 14.

XIV.

14. Le depôt ne se compense point.

Le dépositaire ne peut retenir la chose mise en depôt par compensation de ce que pourroit luy devoir celuy qui l'a deposée. Quand ce seroit même un autre depôt, mais chaque dépositaire seroit obligé de rendre le sien *.

a Si quis vel pecunias, vel res quasdam per depositionis acceperit titulum, eas volenti qui deposuit, reddere illicò modis omnibus compellatur : nullamque compensationem, vel deductionem, vel doli exceptionem opponat, quasi & ipsi quasdam contra eum qui deposuit, actiones personales vel in rem, vel hypothecariam praetendens : cùm non sub hoc modo depositum receperit. Ut non concessa ei retentio generetur, & contractus qui ex bona fide oritur, ad perfidiam retrahatur. Sed etsi ex utraque parte aliquid fuerit depositum, nec in hoc casu compensationis praepeditio oriatur: sed depositae quidem res, vel pecuniae ab utraque parte quàm celerrimè, sine aliquo obstaculo, restituantur ei videlicet primùm, qui primus hoc voluerit. l. 11. C. depos. l. ult. C. de compens. in f.

SECTION IV.

Du sequestre conventionel.

SOMMAIRES.

I. Le

I.

Le fequeftre conventionel eft un tiers choifi par deux ou plufieurs perfonnes, pour garder en depôt un meuble, ou immeuble, dont la proprieté, ou la poffeffion eft conteftée entr'eux : & pour le rendre à celuy qui en fera reconnu le maître. Ainfi chacun d'eux eft confideré comme depofant feul la chofe entiere. Ce qui les diftingue de ceux qui depofant une chofe commune entr'eux, n'y ont chacun que leur portion *a*.

1. Définition du fequeftre conventionnel.

a Licèt deponere tam plures quàm unus poffunt : attamen, apud fequeftrem nonnifi plures deponere poffunt. Nam tum id fit, cùm aliqua res in controverfiam deducitur. Itaque hoc cafu in folidum unufquifque videtur depofuiffe. Quod aliter eft, cùm rem communem plures deponunt. *l. 17. ff. depof.* Proprie in fequeftre eft depofitum, quod à pluribus in folidum, certa conditione cuftodiendum, reddendumque traditur. *l. 6. ff. eod.*

II.

Pendant qu'une chofe eft en fequeftre, chacun de ceux qui l'ont depofée eft confideré comme pouvant en être declaré le maître. Ce qui leur donne à tous, & à chacun feul le droit de veiller à ce que le fequeftre s'acquite du foin que cette fonction l'oblige de prendre, foit pour la confervation de la chofe, ou fi c'eft un fonds, pour les reparations, ou pour la culture *b*.

2. Chacun de ceux qui ont établi un fequeftre peut l'obliger à fa fonction.

b Itaque hoc cafu in folidum unufquifque videtur depofuiffe, quod aliter eft, cùm rem communem plures deponunt. *l. 17. ff. depof.* In fequeftrem depofiti actio competit. *l. 5. §. 1. eod.*

III.

Comme le fequeftre d'un heritage doit le faire cultiver, & en prendre foin, cette efpece de depôt n'eft pas d'ordinaire gratuite. Mais on donne un falaire au fequeftre, outre fes dépenfes, pour le temps & la peine qu'il employe à fa commiffion ; ce qui la diftingue du fimple depôt qui doit être gratuit, & oblige le fequeftre au même foin que celuy qui entreprend un ouvrage à faire *c*.

3. Differe ces entre le depofitaire, & le fequeftre.

c Si quis fervum cuftodiendum conjecerit fortè in piftrinum, fiquidem mercas intervenerit cuftodiæ : puto effe actionem adversùs piftrinarium ex conducto. *l. 1. §. 9. ff. depof.* V. la fect. 8. du Titre du Loüage.

Tome I.   O o

IV.

4. Possession du se-
questre, & son effet.

Pendant qu'une chose est en dépôt le maître en conserve la possession, & son depositaire possede pour luy. Et
dans le sequestre la possession du vray maître demeure en
suspens ; car on ne peut dire d'aucun qu'il possede, puis
qu'au contraire tous sont dépoüillez de la possession. Mais
parce que le sequestre ne possede que pour conserver la
chose à celuy qui en sera declaré le maître ; cette possession, aprés la contestation finie, sera considerée à l'égard
du maître, comme s'il avoit toûjours possedé luy-même.
Et elle luy sera comptée pour acquerir la prescription *a*.

a Rei depositæ proprietas apud deponentem manet, sed & possessio : nisi apud
sequestrem deposita est. Nam tum demum sequester possidet, id enim agitur ea
depositione, ut neutrius possessioni id tempus procedat. *l.* 17. §. 1. *ff. depos.* Interesse puto, qua mente apud sequestrum deponitur res. Nam si omittendæ possessionis causâ, & hoc apertè fuerit approbatum, ad usucapionem possessio ejus partibus non procederet. At si custodiæ causâ deponatur, ad usucapionem eam possessionem victori procedere constat. *l.* 39. *ff. de acq. vel am. posses.*

V.

5. Le sequestre doit
rendre compte.

Aprés que la contestation est finie le sequestre est obligé de rendre compte à celuy qui est reconnu le maître,
& de luy restituer la chose sequestrée, & les fruits, si elle
en produit, étant payé de ses salaires, & de ses dépenses *b*.

b C'est la condition essentielle de cette espece de dépôt, qui n'est fait que pour conserver la
chose à celuy qui en sera declaré le maître. In sequestrem depositi actio competit. *l.* 5.
§. 1. *ff. depos.*

VI.

6. Décharge du
sequestre.

Si le sequestre veut être déchargé, & que ceux qui
l'avoient nommé, ou quelqu'un d'eux n'y consente pas,
il doit se pourvoir en justice, & les faire appeller tous
pour en nommer un autre. Car ayant accepté une commission qui a diverses suites, & qui devoit durer jusqu'à
ce que la contestation fût terminée ; il ne doit pas être
déchargé sans de justes causes *c*.

c Si velit sequester officium deponere, quid ei faciendum sit. Et ait Pomponius : adire eum prætorem oportere, & ex ejus authoritate denuntiatione facta
his qui eum elegerant, ei rem restituendam qui præsens fuerit. Sed hoc non
semper verum puto ; nam plerumque non est permittendum, officium quod se-

mel fufcepit , contra legem depofitionis deponere : nifi juftiſſima caufa interveniente. *l.* 5. §. 2. *ff. depoſ.*

VII.

On peut appliquer au fequeftre les regles du depôt qui
peuvent s'y rapporter *ᵃ*.

a In fequeftrem depofiti actio competit. *l.* 5. §. 1. *ff. depoſ.*

SECTION V.

Du depôt nceeſſaire.

SOMMAIRES.

1. *Définition du depôt necef-faire.*
2. *Ce depòt eſt conventionel.*
3. *Devoir du depofitaire dans*

le depòt neceſſaire.
4. *Regles des autres depòts qui peuvent s'appliquer à celuy-cy.*

I.

LE depôt neceſſaire eſt celuy des chofes qu'on fauve
d'un incendie, d'une ruine, d'un naufrage, d'une
aggreſſion de voleurs, d'une fedition, ou autre occafion
fubite & fortuite, qui oblige à mettre ce qu'on peut garentir entre les mains de ceux qui s'y rencontrent, foit
voiſins, ou autres *ᵇ*.

b Meritò has caufas deponendi feparavit prætor , quæ continent fortuitam
caufam depofitionis , ex neceſſitate defcendentem , non ex voluntate proficifcen-
tem. *l.* 1. §. 2. *ff. depoſ.* Tumultûs, incendii, ruinæ, naufragii caufà. *V. d. l.* 1. §. 1.

II.

Ce depôt quoyque neceſſaire ne laiſſe pas d'être volontaire, & conventionel, parce que la délivrance des chofes
à ceux à qui on les donne en depôt, tient lieu d'une convention expreſſe, ou tacite *ᶜ*.

c Is apud quem res aliqua deponitur , re obligatur. §. 3. *inſt. quib. mod. re contr.
obl.*

III.

Celuy qui eſt chargé d'un depôt neceſſaire doit autant
ou plus de fidelité que tout autre depofitaire, non feulement par la commiferation que demande la caufe de ce

depôt, mais par la necessité qui le met entre ses mains, sans qu'on ait la liberté d'en choisir un autre *a*. Et s'il manque à rendre le depôt, ou s'il y malverse, il est de l'interêt public que cet infidelité soit vengée, & reprimée par quelque peine, selon la prudence du Juge dans les circonstances *a*.

a **Prætor** ait, quod neque tumultûs, neque incendii, neque ruinæ, neque naufragii causâ depositum sit, in simplum : ex earum autem rerum quæ suprà comprehensæ sunt, in ipsum in duplum . . . . . judicium dabo. *l.* 1. §. 1. *ff. depos.* Hæc autem separatio causarum justam rationem habet. Quippè cùm quis fidem elegit, nec depositum redditur, contentus esse debet simplo : cùm verò extante necessitate deponat, crescit perfidiæ crimen, & publica utilitas coërcenda est vindicandæ reipublicæ causâ. *l.* 1. §. 4. *ff. eod.*

b **Comme** nous n'usons pas de cette peine du double, & que les peines sont arbitraires en France, on a crû devoir mettre icy cette regle de la maniere qu'elle est dans l'article.

IV.

4. Regles des autres depôts qui peuvent s'appliquer à celuy-cy.

On peut appliquer à cette espece de depôt les autres regles qui ont été expliquées dans ce Titre selon qu'elles peuvent s'y rapporter *c*.

c **Il** sera facile de discerner parmy les regles de ce Titre, celles qui conviennent au depôt necessaire.

TITRE VIII.

DE LA SOCIETÉ.

Origine de ce contract, & son usage.

TOus les hommes composent une societé universelle, où ceux qui se trouvent liez par leurs besoins, forment entr'eux de differens engagemens proportionez aux causes qui les rendent necessaires les uns aux autres. Et parmy les differentes manieres dont les besoins des hommes les lient ensemble, celle des societez, dont il sera parlé dans ce Titre, est d'un usage necessaire, & assez frequent : & on en voit plusieurs, & de plusieurs sortes.

L'origine de cette espece de liaison est la nature de certains ouvrages, de certains commerces, & d'autres affaires, dont l'étenduë demande l'union, & l'application de plusieurs personnes. C'est ainsi qu'on fait des societez pour des manufactures, pour des commerces de marchandises, pour des fermes du Roy, ou des particuliers, & pour d'autres affaires de plusieurs natures, selon qu'elles demandent le concours du travail, de l'industrie, du soin, du credit, de l'argent, & d'autres secours de plusieurs personnes. Et l'usage de ces sortes de societez est de faciliter l'entreprise, l'ouvrage, le commerce, ou autre affaire pour laquelle on entre en societé : & de faire que chacun des associez retire de ce qu'il contribuë, joint au secours des autres, les profits, & les autres avantages qu'aucun ne pourroit avoir de luy seul.

Cette premiere sorte de societez est bornée à de certaines especes d'affaires, ou de commerces ; mais il y en a d'autres, où les associez mettent en commun tout ce qui peut provenir de leur industrie, & de leur travail. Il y en a même où l'on met en commun tout ce que les associez peuvent acquerir par donation, par succession, ou autrement. Et il y en a qui font de tous les biens sans exception.

Ce sont toutes ces sortes de societez differentes selon les interêts, & les intentions de ceux qui les forment, dont il sera traité dans ce Titre.

On ne doit pas mettre au nombre des societez les liaisons des personnes qui ont quelque chose, ou quelque affaire commune, indépendamment de leur volonté, comme sont les coheritiers, les legataires d'une même chose, & ceux qui par d'autres causes se trouvent avoir une chose indivise entr'eux, ou quelque affaire qui leur soit commune sans convention. Car ces manieres d'avoir quelque chose de commun sont d'une autre nature que la societé qui se forme par convention, & elles feront une des matieres du second Livre.

SECTION I.

De la nature de la societé.

SOMMAIRES.

I.

1. Définition de la societé.

LA societé est une convention entre deux ou plusieurs personnes, par laquelle ils mettent en commun entr'eux, ou tous leurs biens, ou une partie : ou quelque commerce, quelque ouvrage, ou quelque autre affaire, pour partager tout ce qu'ils pourront avoir de gain, ou souffrir de perte, de ce qu'ils auront mis en societé a.

a Societates contrahuntur, sive universorum bonorum, sive negotiationis alicujus, sive vectigalis, sive etiam rei unius. l. 5. ff. pro socio. Quæ coëuntium sunt, continuò communicantur. l. 1. in f. ff. eod. Sicuti lucrum, ita damnum quoque commune esse oportet. l. 52. §. 4. in f. eod. Societas cum contrahitur, tam lucri, quàm damni communio initur. l. 67. eod. l. 52. §. 4. in f. eod.

II.

2. Portions des associez en la chose commune.

Les choses ou affaires communes entre associez sont à chacun d'eux, pour la portion reglée par leur convention. b

b Ut fuerint partes societati adjectæ. l. 29. ff. pro soc.

III.

Les suites de la société, comme sont les contributions, les gains, les pertes, regardent chacun des associez, à proportion de leur part au fonds, ou selon qu'il a été convenu entr'eux *a*.

a Sicuti lucrum, ita damnum quoque commune esse oportet. *l.* 52. §. 4. *ff. pro soc.* Ut fuerint partes societati adjectæ. *l.* 29. *eod.*

3. *Portions de gain ou de perte.*

IV.

Si les portions de perte & de gain n'étoient pas reglées par la convention, elles seront égales : car si les associez n'ont pas fait de distinction qui donne plus à l'un & moins à l'autre, leurs conditions n'étant pas distinguées, celle de chacun doit être la même que celle des autres *b*.

b Si non fuerint partes societati adjectæ, æquas eas esse constat. *l.* 29. *ff. pro soc.* §. 1. *inst. eod.*

4. *Ces portions sont égales, s'il n'est dit autrement.*

V.

Quoyque les associez n'ayent pas expressément marqué & les portions du gain, & celle de la perte, si celles du gain ont été exprimées, celle de la perte seront aussi reglées sur le même pied. Et si sans parler des gains ni des pertes, on a assez exprimé ce que chacun a mis dans le fonds, les portions de gain & de perte seront les mêmes que celles du fonds *c*.

c Illud expeditum est si in una causa pars fuerit expressa (veluti in solo lucro, vel in solo damno) in altera verò omissa : in eo quoque quod prætermissum est, eamdem partem servari. §. 3. *inst. de societ.*

5. *La part au gain regle celle de la perte.*

VI.

Comme les associez peuvent contribuer differemment, les uns plus, les autres moins de travail, d'industrie, de soin, de credit, de faveur, d'argent, ou d'autre chose, il leur est libre de regler inégalement leurs portions, selon que chacun doit avoir sa condition ou plus ou moins avantageuse, à proportion de la difference de ce qu'ils contribuënt *d*.

d Si placuerit ut quis duas partes, vel tres habeat, alius unam : an valeat ? placet valere, si modò aliquid plus contulit societati, vel pecuniæ, vel operæ, vel cujuscumque alterius rei causâ. *l.* 29. *ff. pro soc.* Nec enim unquam dubium fuit quin valeat conventio, si duo inter se pacti sint, ut ad unum quidem duæ

6. *Difference de contributions, & de portions.*

partes & lucri, & damni pertineant, ad alium tertia. §. 1. *inst. de societ.* Ut non utique ex æquis partibus focii fimus, veluti fi alter plus operæ, induftriæ, gratiæ, pecuniæ in focietatem collaturus erat. *l.* 80. *ff. pro foc.*

VII.

7. Egalité de portions nonobstant la difference de contributions.

Il n'eft pas neceffaire pour rendre égales les portions des affociez dans le profit de la focieté, que leurs contributions foient toutes égales, & que chacun fourniffe autant d'argent, autant d'induftrie, autant de credit, que chacun des autres. Mais felon qu'ils contribuent differemment, l'un plus d'argent, l'autre plus d'induftrie, un autre plus de credit; leur condition peut fe rendre égale, par l'égalité des avantages de ces differentes contributions. Et fouvent on convient, & avec juftice, que l'un ne contribuë que fon induftrie, & l'autre tout le fonds, & que neanmoins le profit foit égal, parce que l'induftrie de l'un vaut l'argent de l'autre [a].

a Ita coïri poffe focietatem non dubitatur, ut alter pecuniam conferat, alter non conferat; & tamen lucrum inter eos commune fit. Quia fæpè opera alicujus pro pecunia valet. §. 2. *inst. de societ. l.* 1. C. *e.d.*

Societas coïri poteft, & valet etiam inter eos qui non funt æquis facultatibus, cùm plerumque pauperior opera suppleat, quantum ei per comparationem patrimonii deeft. *l.* 5. §. 1. *ff. pro foc.*

VIII.

8. Inégalité de la part au gain, & de la part à la perte.

C'eft encore un effet de l'inégalité des contributions, qu'il peut être convenu entre deux affociez, que l'un aura plus de part au gain, qu'il ne portera de perte : & que l'autre au contraire portera une plus grande part de la perte, que celle qu'il pourra avoir au profit. Et qu'ainfi, par exemple, l'un entrera dans la focieté pour deux tiers de gain & un tiers de perte, & l'autre pour un tiers de gain & deux tiers de perte. Ce qui s'entend de forte, que fi dans plufieurs affaires de la focieté il y a du gain d'un côté, & de la perte de l'autre, on n'eftime gain que ce qui reftera les pertes deduites [b].

b De illa fanè conventione quæfitum eft, fi Titius & Seius inter fe pacti fint, ut ad Titium lucri duæ partes pertineant, damni tertia, ad Seium duæ partes damni, lucri tertia, an rata debeat haberi conventio ? Quintus Mutius contra naturam focietatis talem pactionem effe exiftimavit, & ob id non effe ratam habendam Servius Sulpitius, cujus fententia prævaluit, contrà fenfit. Quia fæpè quorumdam ita pretiofa eft opera in focietate, ut eos juftum fit conditione meliore in focietatem admitti. §. 2. *inst. de societ. l.* 30. *ff. pro foc.* Quod tamen ita

intelligi

intelligi oportet ut si in alia re lucrum, in alia damnum illatum sit : compensatione facta , solùm quod superest intelligatur lucro esse. §. 2. inst. de societ. Neque lucrum intelligitur nisi omni damno deducto , neque damnum nisi omni lucro deducto. d. l. 30.

IX.

Cette même consideration des differentes contributions des associez peut aussi rendre juste la convention qui donne à un des associez une part au gain , & le décharge de toute perte ; à cause, par exemple , de l'utilité de son credit , de sa faveur , de son industrie , ou des peines qu'il prend, des voyages qu'il fait, des perils où il s'expose *a*. Car ces avantages que tire de luy la societé compensent celuy qu'elle luy accorde de le decharger des pertes. Et il a pû justement s'engager qu'à cette condition , sans laquelle il ne seroit point entré dans la societé , qui peut-être même ne pouvoit se faire sans luy. Mais la part qu'aura cet associé dans les profits ne doit s'entendre que de ce qui pourra rester de gain , deduction faite de toutes les pertes sur tous les profits des diverses affaires de la societé , comme il a été dit dans l'article précedent *b*.

a Contra Mutii sententiam obtinuit , ut illud quoque constiterit, posse convenire, ut quis lucri partem ferat , de damno non teneatur. Quod & ipsum Servius convenienter fieri existimavit. §. 2. inst. de societ. Quia sæpe quorumdam ita pretiosa est opera in societate , ut eos justum sit conditione meliore in societatem admitti. d. §. 2. Ita coïti societatem posse, ut nullius partem damni alter sentiat, lucrum verò commune sit, Cassius putat , quod ita demum valebit , ut & Sabinus scribit , si tanti sit opera quanti damnum est. Plerumque enim tanta est industria socii , ut plus societati conferat quàm pecunia. Item si solus naviget, si solus peregrinetur , periculo subeat solus. l. 29. §. 1. ff. pro soc.

b Quod tamen ita intelligi oportet, &c. *V. ce même texte cité sur l'art. précedent.*

X.

Toute societé où il y auroit quelque condition qui blesseroit l'équité & la bonne foy , seroit illicite. Comme s'il étoit convenu que toute la perte seroit d'une part sans aucun profit , & tout le profit de l'autre sans aucune perte *c*.

c Societas si dolo malo aut fraudandi causâ coïta sit , ipso jure nullius momenti est. Quia fides bona contraria est fraudi & dolo. l. 3. §. ult. ff. pro soc.

Aristo refert , Cassium respondisse , societatem talem coïri non posse , ut alter lucrum tantùm , alter damnum sentiret. Et hanc societatem leoninam solitum appellare. Et nos consentimus talem societatem nullam esse ut alter lucrum sen-

Tome I.   P p

tiret, alter verò nullum lucrum, fed damnum fentiret. Iniquiffimum enim genus focietatis eft ex qua quis damnum, non etiam lucrum fpectet. *l. 29. §. 2.
ff. eod.*

XI.

11. Societé illicite. On ne peut faire de focieté que d'un commerce, ou
autre chofe honnête & licite. Et toute focieté contraire
à cette regle feroit criminelle *a.*

   a Si maleficii focietas coita fit, conftat nullam effe focietatem. Generaliter
enim traditur rerum inhoneftarum nullam effe focietatem. *l. 57. ff. bro foc.* (focietas) flagitiofæ rei nullas vires habet. *l. 35. §. 2. ff. de contr. empt.* Delictorum
turpis atque fœda communio eft. *l. 53. ff. pro focie.*

XII.

**12. Difference de la
focieté, & des autres
contracts pour l'éten-
duë des engagemens.** Le contract de focieté eft en cela différent des autres,
que chacun des autres contracts a fes engagemens bornez
& reglez par fa nature particuliere, & que la focieté a
une étenduë generale aux engagemens des differens commerces, & des diverfes conventions où entrent les affociez. Ainfi leurs engagemens font generaux & indéfinis,
comme ceux d'un tuteur, ou de celuy qui entreprend les
affaires d'un autre à fon abfence, & à fon infçû *b.* Et auffi
la bonne foy a dans ce contract une étenduë proportionée
à celle des engagemens *c.*

   b Sive generalia funt, (bonæ fidei judicia) veluti pro focio, negotiorum geftorum, tutelæ : five fpecialia, veluti mandati, commodati, depofiti. *l. 38. ff. pro
foc.* V. au commencement de la fect. 2. des Tuteurs.
   c In focietatis contractibus fides exuberet. *l. 3. C. pro foc.*

SECTION II.

Comment fe contracte la focieté.

SOMMAIRES.

I.

L A societé ne peut se contracter que par le consentement de tous les associez, qui doivent se choisir, & s'agréer reciproquement [a], pour former entr'eux une liaison, qui est une espece de fraternité [b].

margin: 1. *Les associez se doivent choisir reciproquement.*

a Consensu fiunt obligationes in emptionibus, venditionibus, locationibus, conductionibus, societatibus. *Inst. de obl. ex conf.*

b Societas jus quodammodo fraternitatis in se habet. *l. 63. ff. pro soc.*

II.

Ce n'est pas assez pour former une societé, que deux ou plusieurs personnes ayent quelque chose de commun entr'eux, comme les coheritiers d'une même succession, les legataires, donataires, ou acquereurs d'une même chose. Car ces manieres d'avoir quelque chose de commun entre plusieurs ne renfermant pas le choix reciproque des personnes, ne les lient point en societé [c].

margin: 2. *Difference entre avoir quelque chose de commun, & être associé.*

c Ut sit pro socio actio, societatem intercedere oportet. Nec enim sufficit, rem esse communem, nisi societas intercedit. Communiter autem res agi potest etiam citrà societatem ut putà, cùm non affectione societatis incidimus in communionem : ut evenit in re duobus legata, item si à duobus simul empta res sit, aut si hereditas, vel donatio communiter nobis obvenit : aut si à duobus separatim emimus partes eorum, non socii futuri. *l. 31. ff. pro. soc. l. 32. eod.* V. cy-aprés l'article 7.

III.

Le choix des personnes est tellement essentiel pour former une societé, que les heritiers même des associez ne succedent point à cette qualité [d], parce qu'ils peuvent n'y être pas propres : & qu'eux aussi peuvent ne s'accommoder pas ou du commerce que faisoit la societé, ou des personnes qui la composoient. Et c'est par cette raison,

margin: 3. *L'heritier d'un associé n'est pas associé.*

d Nec heres socii succedit. *l. 65. §. 9. ff pro soc.* Heres socius non est. *l. 63. §. 8. eod.*

que comme la liaison des associez ne peut être que volontaire, la société est rompuë par la mort d'un associé de la
maniere qui sera expliquée dans la Section 5. & dans la 6.

I V.

4. On ne peut sti-
puler que les heritiers
seront associez.

S'il avoit été convenu entre des associez que la societé
seroit continuée entre leurs heritiers, cette convention
renfermeroit la condition que les heritiers seroient agréez,
& qu'eux aussi agreroient les autres. Et elle n'auroit pas
cet effet que des personnes qui ne pourroient s'assortir
fussent contre leur gré liez en societé *a*.

a Adeo morte socii solvitur societas, ut nec ab initio pacisci possimus, ut heres
etiam succedat societati. *l. 59. ff. pro soc.* Nemo potest societatem heredi suo sic
parere, ut ipse heres socius sit. *l. 35. eod.* (Papinianus) respondit societatem non
posse ultra mortem porrigi. *l. 52. §. 9. eod.*

V.

5. L'associé de l'un
des associez ne l'est
pas aux autres.

Si un des associez s'associe une autre personne, ce tiers
ne sera point associé des autres, mais seulement de celuy
qui l'a associé *b*. Ce qui fera entr'eux une autre societé
separée de la premiere, & bornée à la portion de cet associé qui s'en est joint un autre.

b Qui admittitur socius, ei tantùm socius est qui admisit, & rectè. Cùm enim
societas consensu, contrahatur, socius mihi esse non potest, quem ego socium
esse nolui. Quid ergo si socius meus eum admisit, ei soli socius est. *l. 19. ff. pro soc.*
Nam socii mei socius, meus socius non est. *l. 20. eod. l. 47. §. 1. ff. de reg. jur.*

V I.

6. La societé peut
se contracter sans
écrit, & comment.

Comme le consentement peut se donner, ou par écrit,
ou sans écrit, & même entre absens par lettres, par procureurs, ou autres mediateurs; la societé peut se former
par toutes ces voyes. Et même par un consentement tacite, & par des actes qui en fassent preuve. Comme si on
negocie en commun, & si on partage les gains & les pertes *c*. Et la societé dure autant que les associez veulent
perseverer dans leur liaison *d*.

c Societatem coïre, & re, & verbis, & per nuntium posse nos dubium non est.
l. 4. ff. pro soc. V. les articles 8. 10. & 16. de la sect. 1. des conventions.
d Manet societas eousque donec in eodem consensu perseveraverint. *§. 4. inst.*
de societ. Tamdiu societas durat, quamdiu consensus partium integer perseverat.
l. 5. C. pro soc. V. la sect. 5. de ce Titre.

VII.

Si deux ou plufieurs perfonnes voulant acheter une
même chofe, conviennent, pour ne pas encherir les uns
fur les autres, de l'acheter tous enfemble, ou par l'un
d'eux, ou par une perfonne tierce; cette convention leur
rend commune la chofe achetée, mais ne les met pas en
focieté. Car ils ne font pas liez par le choix des perfonnes, mais feulement par la chofe qu'ils ont en commun *a*.

7. De ceux qui
achetent une chofe
enfemble.

a In emptionibus .... qui nolunt inter fe contendere, folent per nuntium rem
emere in commune, quod à focietate longè remotum eft. *l.* 33. *ff. pro foc.* Magis-
ex re.... quàm ex perfona focii actio nafcitur. *l.* 29. *ff. comm. divid.*

VIII.

On peut dans une focieté comme en toutes autres conventions faire toute forte de pactes licites. Ainfi, on peut
faire une focieté conditionnelle, foit qu'on veüille qu'elle
ne commence que lorfque la condition arrivera, ou
qu'ayant d'abord fon effet, elle foit refoluë par l'évenement de la condition *b*.

8. Liberté de tous
pactes licites, entre
affociez.

b Societas coïri poteft..... fub conditione. *l.* 1. *ff. pro foc.* De focietate apud
veteres dubitatum eft, fi fub conditione contrahi poteft: putà, fi ille conful fuerit, focietatem effe contractam. Sed ne fimili modo apud pofteritatem, ficut apud
antiquitatem hujufmodi caufa ventiletur, fancimus focietatem contrahi poffe,
non folum purè, fed etiam fub conditione voluntates etenim legitimè contrahentium, omnimodo confervandæ funt. *l.* 6. *C. cod.*

IX.

La focieté peut être contractée pour commencer, ou
d'abord, ou aprés un certain temps, & pour durer, ou
jufqu'au temps dont on convient, ou pendant la vie des
affociez *c*, & de forte que s'ils font plufieurs, la mort de
l'un n'interrompe pas la focieté à l'égard des autres *d*.

c Societas coïri poteft vel in perpetuum, id eft dum vivunt, vel ad tempus,
vel ex tempore. *l.* 1. *ff. pro foc.*
d Sans cette convention la mort d'un feul interromproit la focieté à l'égard des autres,
comme il fera dit cy-aprés. fect. 5. art. 14.

X.

On peut ajoûter au contract de focieté des claufes penales contre celuy qui contreviendra à ce qui aura été convenu, foit en faifant ce qu'il ne devoit pas faire, ou ne fai-

sant pas ce qu'il devoit faire *a*. Mais c'est de la prudence
du Juge que dépendent les effets de ces sortes de peines
selon les circonstances *b*.

a Si quis à socio pœnam stipulatus sit, pro socio non aget, si tantumdem in
pœnam sit quantum ejus interfuit. Quòd si ex stipulatu eam consecutus sit, postea pro socio agendo, hoc minus accipiet, p na ei in sortem imputata. *l.* 41. *&
l.* 42. *ff.* pro soc, *V. l.* 71. *eod.*

b Par nôtre usage ces sortes de peines ne sont que comminatoires, parce qu'elles ne sont
ajoûtées aux conventions, que pour tenir lieu d'un dédommagement, & que le dédommagement ne doit être que proportionné au dommage. Ainsi, c'est par les circonstances des
évenemens qu'on juge de l'effet que doivent avoir les clauses penales. Et comme il est juste
de diminuer la peine, si elle excede le dommage, ou si quelques circonstances peuvent excu-
ser l'inexecution; il peut arriver aussi qu'il soit juste d'ordonner un dédommagement plus
grand que la peine, si par exemple, il n'étoit pas dit qu'elle tiendroit lieu de tout dédommagement, ou s'il a été contrevenu à la convention par quelque dol, ou quelque faute d'une
autre nature que celles qu'on avoit prévû, & voulu prévenir. V. l'art. 15. de la sect. 3.
& l'art. 18. de la sect. 4. des conventions.

X I.

Les associez peuvent ou regler eux-mêmes les portions
que chacun aura dans la société, ou s'en remettre à l'arbitrage de tierces personnes, & s'ils s'en étoient remis à
d'autres personnes, ou même à l'un d'entr'eux, il en sera
de même que s'ils s'en étoient remis a l'arbitrage de personnes expertes, & raisonnables : & ce qui sera arbitré
par les personnes nommées n'aura pas de lieu, si l'un des
associez a sujet de s'en plaindre *c*.

c Societatem mecum coïsti ea conditione, ut Nerva amicus communis partem
societatis constitueret. Nerva constituit, ut tu ex triente socius esses, ego ex besse:
quæris utrùm ratum id jure societatis sit, an nihilominus ex æquis partibus socii
simus. Existimo autem melius te quæsiturum fuisse, utrùm ex his partibus socii
essemus, quas is constituisset, an ex his quas virum bonum constituere oportuisset.
Arbitrorum enim genera sunt duo. Unum ejusmodi ut sive æquum sit, sive iniquum, parere debeamus. Quòd observatur, cùm in compromisso ad arbitrum
itum est. Alterum ejusmodi, ut ad boni viri arbitrium redigi debeat, etsi nominatim persona sit comprehensa, cujus arbitratu fiat. Veluti cùm lege locationis
comprehensum est, ut opus arbitrio locatoris fiat. In proposita autem quæstione, arbitrium viri boni existime sequendum esse, eo magis quod judicium pro
socio bonæ fidei est. Unde si Nervæ arbitrium ita pravum est, ut manifesta ini-
quitas ejus appareat, corrigi potest per judicium bonæ fidei. *l.* 76. 77. 78. 79.
& 80. *ff.* pro soc.
Si societatem mecum coïeris, ea conditione, ut partes societatis constitueres,
ad boni viri arbitrium ea res redigenda est. Et conveniens est viri boni arbitrio,
ut non utique ex æquis partibus socii simus, veluti si alter plus operæ, industriæ,
pecuniæ in societatem collaturus sit. *l.* 6. *ff. eod.* Voyez l'art. 11. de la sect. 3. des
conventions.

X I I.

Si une société n'étoit contractée que pour colorer une

donation de l'un des contractans envers l'autre, de forte que les profits ne regardaffent que l'un des affociez, ce ne feroit pas une focieté, puifqu'il n'y auroit qu'un feul qui en profitât *a*. Et fi un tel contract fe paffoit au profit d'une perfonne à qui l'autre ne pût donner, ce feroit un contract nul & prohibé comme fait en fraude de la loy *b*.

a Donationis causâ focietas rectè non contrahitur. *l. 5. §. 2. ff. pro foc.* Si quis focietatem per donationem mortis causâ inierit, dicendum eft nullam focietatem effe. *l. 35. §. 5. ff. de mort. cauf. donat.*

b Si inter virum & uxorem focietas donationis causâ contracta fit, jure vulgato nulla eft. *l. 32. §. 24. ff. de donat. int. vir. & uxor.*

SECTION III.

Des diverfes fortes de focietez.

SOMMAIRES.

I.

LEs focietez font ou generales de tous les biens des affociez : ou particulieres de quelques biens, de quelque commerce, de quelque ferme, ou autre chofe : Et les biens qu'on met en focieté deviennent communs, quoy qu'il ne s'en fasse pas de delivrance , & qu'ils demeurent en la possession de celuy des associez qui auparavant en étoit le maître. Car leur intention en fait une delivrance tacite , & chacun d'eux possede pour tous la chose commune qui est en sa puissance *.

a Societates contrahuntur , sive universorum bonorum , sive negotiationis alicujus , sive vectigalis , sive etiam rei unius. *l. 5. ff. pro soc.* Societatem coïre solemus aut totorum bonorum , quam Græci specialiter κοινωνίαν appellant , aut unius alicujus negotiationis , veluti mancipiorum vendendorum emendorumque , aut olei , aut vini , aut frumenti emendi vendendique. *inst. de societ. in princ.* In societate omnium bonorum , omnes res quæ coëuntium sunt , continuò communicantur. Quia licèt specialiter traditio non interveniat, tacita tamen creditur intervenire. *l. 1. §. 1. & l. 2. ff. pro soc.*

II.

Si dans un contract de societé on avoit manqué d'exprimer de quels biens , de quelles affaires , de quels commerces elle est contractée : & qu'il fût simplement dit que l'on s'associe, ou que la societé seroit des gains & des profits que feroient les associez, sans rien specifier ; la societé ne s'étendroit qu'aux profits que pourroient faire les associez par les commerces, & affaires qu'ils feroient ensemble *b*.

b Coïri societatem & simpliciter licet. Et si non fuerit distinctum, videtur coïta esse universorum , quæ ex quæstu veniunt. Hoc est, si quod lucrum ex emptione, venditione , locatione , conductione descendit. Quæstus enim intelligitur qui ex opera cujusque descendit. *l. 7. & l. 8. ff. pro soc.* Cùm quæstûs & compendii societas initur , quidquid ex operis suis socius acquisierit, in medium conferet. *l. 45. §. 1. ff. de acq. vel omitt. hered.*

III.

Une societé de gains , & profits , ne comprend pas les successions, les legs, les donations, soit entre vifs, ou à cause de mort, ni ce qui pourroit être acquis aux associez d'ailleurs que de leur industrie, ou des fonds qu'ils auroient mis en societé. Car ces sortes d'acquisitions ont leurs causes , & leurs motifs en la personne de ceux à qui elles arrivent, comme quelque merite, quelque liaison d'amitié ou de proximité, ou le droit naturel de succeder ; qui sont des avantages que les associez n'ont pas entendu se communiquer, s'ils ne l'ont exprimé, parce qu'ils ne sont pas les mêmes en chacun des associez. Et cette societé ne comprend

comprend pas non plus les dettes actives des associez, si ce n'est celles qui seroient provenuës des affaires ou commerces de la societé *a*.

a Sed & si adjiciatur, ut & quæstus, & lucri socii sint, verum est non ad aliud lucrum, quàm quod ex quæstu venit, hanc quoque adjectionem pertinere. *l.* 13. *ff. pro soc.* Duo colliberti societatem coïerunt lucri, quæstus, compendii. Posteà unus ex his à patrono heres institutus est : alteri legatum datum est. Neutrum horum in medium referre debere respondit. *l.* 71. §. 1. *eod.* Quæstus intelligitur qui ex opera cujusque descendit. Nec adjecit Sabinus hereditatem, vel legatum, vel donationem mortis causa, sive non mortis causa. Fortassis hoc ideo quia non sine causa obveniunt, sed ob meritum aliquod accedunt. Et quia plerumque vel à parente, vel à liberto, quasi debitum nobis hereditas obvenit. Et ita de hereditate, legato, donatione, Quintus Mutius scribit. *l.* 8. 9. 10. & 11. *ff. eod.* Quidquid ex operis suis socius acquisierit, in medium conferet : sibi autem quisque hereditatem acquirit. *l.* 45. §. 2. *ff. de acq. vel omitt. hered.* Sed nec æs alienum, nisi quod ex quæstu pendebit, veniet in rationem societatis. *l.* 12. *ff. pro socio.*

IV.

La societé universelle de tous les biens comprend tout ce qui peut appartenir, ou qui pourra être acquis aux associez par quelque cause que ce puisse être. Car l'expression generale de tous les biens n'en exclut aucun. Et les successions, les legs, les donations, & toute autre sorte d'acquisitions & de profits y sont compris, si on ne les reserve *b*.

b In societate omnium bonorum omnes res quæ coëuntium sunt, continuò communicantur. *l.* 1. §. 1. *ff. pro soc.* Cùm specialiter omnium bonorum societas coita est, tunc & hereditas, & legatum, & quod donatum est, aut quaqua ratione acquisitum, communioni acquiretur. *l.* 3. §. 1. *eod.* Si societatem universarum fortunarum coïerint, id est, earum quoque rerum quæ posteà cuique acquirentur, hereditatem cuivis eorum delatam, in communem redigendam. *l.* 73. *ff. eod.*

V.

Dans la societé universelle de tous les biens, chaque associé doit rapporter non seulement tous ses biens, & tout ce qui peut provenir de son industrie ; mais s'il arrive qu'en son particulier il luy ait été fait quelque injure, ou quelque dommage, sur sa personne, ou autrement, il doit rapporter à la societé le dédommagement qu'il en recevra. Et si l'associé reçoit un desinteressement qui luy revienne à cause de quelqu'autre personne, comme de son fils, ou autrement, il sera aussi tenu de le rappor-

Tome I. Qq

4. *Société de tous biens n'exclut rien.*

5. *Dédommagement personnel d'un associé, se rapporte dans une societé universelle.*

ter*. Car la societé de tous biens ne laiſſe rien de propre
à l'aſſocié.

a Socium univerſa in ſocietatem conferre debere; Neratius ait, ſi omnium bonorum ſocius ſit. Et ideo ſive ob injuriam ſibi factam, vel ex lege Aquilia, ſive
ipſius, ſive filii corpori nocitum ſit, conferre debere reſpondit. *l.* 52. §. 16. *ff. pro
ſocio.*

VI.

*6 Condamnation
perſonnelle contre un
aſſocié.*

Que ſi au contraire un des aſſociez eſt condamné ſur
une accuſation, qu'il ait attirée, il portera ſeul toute la
peine qu'il a meritée. Mais s'il eſt injuſtement condamné, l'injuſtice doit tomber ſur toute la ſocieté, & non ſur
luy ſeul : & il faut faire la même diſtinction dans les autres ſortes de condamnations en matiere civile, ſelon que
l'aſſocié ſeroit bien ou mal fondé, & qu'il ſe ſeroit bien
ou mal défendu *b*. Ainſi, dans l'un & dans l'autre cas, il
ſera ou de l'équité des aſſociez, ou de la prudence de
leurs arbitres, de diſcerner les pertes que l'aſſocié devra
porter ſeul, & celles qui devront regarder la ſocieté.

b Per contrarium quoque apud veteres tractatur, an ſocius omnium bonorum,
ſi quid ob injuriarum actionem damnatus præſtiterit, ex communi conſequatur,
ut præſtet. Et Attilicinus, Sabinus, Caſſius, reſponderunt, ſi injuria judicis
damnatus ſit, conſecuturum. Si ob maleficium ſuum, ipſum tantùm, damnum
ſentire debere. Cui congruit, quod Servium reſpondiſſe, Aufidius refert, ſi ſo-
cii bonorum fuerint, deinde unus cum ad judicium non adeſſet, damnatus ſit,
non debere eum de communi id conſequi : ſi verò præſens injuriam judicis paſſus
ſit, de communi ſarciendum. *l.* 52. §. *ult. ff. pro ſoc.*

VII.

*7. Profits illicites
n'entrent pas dans la
ſocieté.*

Les gains illicites & mal-honnêtes que pourroit faire
un aſſocié, n'entrent pas dans la ſocieté : & celuy qui les
fait doit demeurer ſeul chargé de rendre ce qu'il a mal
pris. Que ſi les autres aſſociez y prennent quelque part,
ils ſe rendront ſes complices, & ſujets aux mêmes peines
qu'il pourra meriter *c*.

c Neratius ait, ſocium omnium bonorum, non cogi conferre quæ ex prohi-
bitis cauſis acquiſierit. *l.* 52. §. 17. *ff. pro ſoc.* Quod autem ex furto, vel ex alio
maleficio quæſitum eſt, in ſocietatem non oportere conferri, palam eſt. Quia
delictorum turpis atque fœda communio eſt. *l.* 53. *eod.* Si igitur ex hoc conventus fuerit, qui maleficium admiſit : id, quod contulit, aut ſolum, aut cum
pœna auferret. Solum auferret, ſi mihi proponas, inſciente ſocio eum in ſocietatis rationem hoc contuliſſ. Quod ſi ſciente, etiam pœnam ſocium agnoſ-
cere oportet. Æquum eſt enim, ut cujus participavit lucrum, participet & damnum. *l.* 55. *inf. eod.*

VIII.

Les focietez font bornées aux efpeces de biens, de commerces, ou d'autres chofes que les affociez veulent mettre en commun : & ne s'étendent pas à ce qu'ils n'ont pas eu intention d'y comprendre. Ainfi, par exemple, fi deux freres joüiffent en commun de la fucceffion de leur pere, & demeurent en focieté des profits, & des pertes qui en proviendront ; ils ne laifferont pas de poffeder chacun en particulier tout ce qu'ils pourront acquerir d'ailleurs *a*.

8. Les focietez font bornées à ce qu'on y met.

a Si fratres, parentum indivifas hereditates ideo retinuerunt, ut emolumentum ac damnum in his commune fentirent : quod aliunde quæfierint, in commune non redigetur. *l.* 52. *§. 6. ff. pro focie.*

IX.

Si la focieté fe trouve contractée en des termes qui faffent douter, fi tous les biens prefens & à venir y font compris ; ou feulement les biens prefens, ou qu'il y ait d'autres pareils doutes ; l'interpretation s'en fera par les manieres dont les affociez auront eux-mêmes executé leur convention, & par les circonftances qui pourront marquer leur intention, felon les regles précedentes, & les regles generales de l'interpretation des conventions *b*.

9. S'il y a de l'obfcurité dans le contract de focieté pour fçavoir ce qui y entre.

b Semper in ftipulationibus, & in cœteris contractibus id fequimur quod actum eft. *l.* 34. *ff. de reg. jur.* Quod factum eft cum in obfcuro fit, ex affectione cujufque capit interpretationem. *l.* 168. *eod.*
V. l'art. 8. & les fuivans de la Section 2. des conventions.

X.

Les dettes paffives, & autres charges de la focieté s'acquitent du fonds commun : & la focieté étant finie, chaque affocié en doit fa part à proportion de celle qu'il a dans la focieté. Mais les deniers empruntez par un affocié, qui n'ont pas été mis dans le coffre de la focieté, ou qui ne font pas tournez à fon ufage, font la dette propre de celuy qui a emprunté *c*.

10. Dettes de la focieté, & des affociez.

c Omne æs alienum quod manente focietate contractum eft, de communi folvendum eft, licet pofteaquàm focietas diftracta eft, folutum fit. Igitur, & fi fub conditione promiferat, & diftracta focietate conditio extitit, ex communi folvendum eft. Ideoque, fi interim focietas dirimatur, cautiones interponen-

dæ funt. *l. 27. ff. pro foc.* Sed nec æs alienum , nifi quod ex quæftu pendebit, veniet in rationem focietatis. *l. 12. eod.* Jure focietatis , per focium ære alieno, focius non obligatur : nifi in communem arcam pecuniæ verfæ funt. *l. 82. ff. eod.*

X I.

Dans une focieté univerfelle de tous biens , de tous
profits, de toutes dépenfes, chaque affocié ne peut difpofer que de fa portion, & ne doit prendre pour fes dépenfes particulieres fur le fonds commun , que celles de
fon entretien , & de fa famille. Ainfi , les affociez de
tous biens qui ont des enfans, les élevent, & les entretiennent du fonds commun , mais ils ne peuvent en doter
leurs filles. Car une dot eft un capital que l'affocié doit
prendre fur fa portion , fi ce n'eft que la convention , ou
quelque ufage le reglât autrement *a.*

a Nemo ex fociis plus parte fua poteft alienare , & fi totorum bonorum focii
fint. *l. 68. ff. pro foc.* Idem Maximinæ refpondit , fi focietatem univerfarum fortunarum ita coïerint, ut quidquid erogetur , vel quæreretur communis lucri , atque impendii effet : ea quoque , quæ in honorem alterius liberorum erogata funt,
utrimque imputanda. *l. 73. §. 1. eod.* Si forte convenifet inter focios , ut de communi dos conftitueretur , dixi pactum non effe iniquum. Utique fi non de alterius tantum filia convenit. *l. 81. eod.*

X I I.

Si dans une focieté univerfelle on étoit convenu que
les dots des filles fe prendroient du fonds de la focieté, & qu'il arrive qu'un des affociez ait une fille à doter ,
& que les autres n'en ayent point ; cette fille ne laiffera
pas d'être dotée du fonds commun *b.* Et cet affocié aura
cet avantage fur les autres fans injuftice ; car chacun
d'eux pouvoit l'avoir. Et l'état où ils étoient tous , dans
la même incertitude de l'événement , & dans le même
droit, ayant rendu leur condition égale, avoit rendu jufte
leur convention.

b Si commune hoc pactum fuit, non intereffe quod alter folus filiam habuit.
d. l. 81. ff. pro foc.

X I I I.

Les dépenfes de jeu , & de débauche , & autres illicites ne peuvent fe prendre fur le fonds commun *c.*

c Quod in alea , aut adulterio perdiderit focius , ex medio non eft laturus. *l.*
59. §. 1. ff. pro foc.
Pour les dépenfes qui fe font à caufe de la focieté. V. l'article 11. de la Section fuivante.

SECTION IV.

Des engagemens des Associez.

SOMMAIRES.

I.

LEs associez étant unis par un engagement general [a] dans une espece de fraternité [b], pour agir l'un pour

1. Union & fideli-
té des associez.

a V. l'art. 12. de la Sect. 1.
b V. l'art. 1. de la Sect. 2.

Qq iij

l'autre comme chacun feroit pour foy-même, ils fe doivent reciproquement une parfaite fidelité , & telle que chacun rapporte aux autres tout ce qu'il a de la focieté, & tout ce qu'il peut en tirer de profits, de fruits , & autres revenus : & qu'aucun ne fe rende propre, que ce que leur convention peut luy accorder *a*.

a Venit autem in hoc judicium pro focio bona fides. *l. 52. §. 1. ff. pro foc.* in focietatis contractibus, fides exuberet. *l. 3. C. eod.* Quæ coëuntium funt communicantur. *l. 1. in f. ff. eod.* Si tecum focietas mihi fit , & res ex focietate communes . . . . , quofve fructus ex his rebus cœperis . . . . . me confecuturum. *l. 38. §. 1. eod.*

II.

2. Soin & vigilance des affociez.

Outre la fidelité les affociez doivent leur foin pour les affaires & pour les chofes de la focieté. Mais au lieu qu'il n'y a point de bornes à la fidelité , ils ne font obligez pour ce qui eft du foin que d'avoir la même application , & la même vigilance pour les affaires de la focieté , que pour les leurs propres *b*.

b In focietatis contractibus fides exuberet. *l. 3. C. pro focio.* Sufficit talem diligentiam communibus rebus adhibere focium , qualem fuis rebus adhibere folet. *§. ult. inft. de focietate.*

III.

3. Affociez tenus du dol & des fautes groffieres.

Ce devoir du foin , & de la vigilance que fe doivent les affociez étant reglé par le foin qu'ils ont de ce qui eft à eux, il ne s'étend pas à la derniere exactitude des perfonnes les plus foigneufes , & les plus vigilantes ; mais il fe borne à les rendre refponfables de tout dol, & de toute faute groffiere. Et fi un affocié ayant le même foin des affaires de la focieté , qu'il a des fiennes propres , tombe dans quelque faute legere fans mauvaife foy ; il n'en eft pas tenu : & les autres affociez doivent s'imputer de n'avoir pas choifi un affocié affez vigilant *c*.

c Utrum ergo tantùm dolum, an etiam culpam præftare focium oporteat, quæritur. Et Celfus, libro feptimo digeftorum ita fcripfit , focios inter fe dolum & culpam præftare oportet. *l. 52. §. 2. ff. pro foc.* Socius focio utrum eo nomine tantùm teneatur , pro focio actione, fi quid dolo commiferit, ficut is qui deponi apud fe paffus eft , an etiam culpæ , id eft defidiæ, atque negligentiæ nomine quæfitum eft. Prævaluit tamen etiam culpæ nomine teneri eum. Culpa autem non ad exactiffimam diligentiam dirigenda eft. Sufficit enim talem diligentiam communibus rebus adhibere focium , qualem fuis rebus adhibere folet. Nam qui parum diligentem focium fibi adfumit , de fe queri , fibique hoc imputare debet. *§. ult. inft. de fociet. l. 72. ff. pro foc.*

I V.

Les affociez ne font jamais tenus d'aucun cas fortuit ; s'ils n'y ont donné lieu par quelque faute dont ils doivent répondre. Comme fi un affocié a laiffé dérober ce qu'il avoit en garde *a*.

4. *Cas fortuits;*

a Damna quæ imprudentibus accidunt , hoc eft , damna fatalia, focii non cogentur præftare : ideoque , fi pecus æftimatum datum fit , & id latrocinio , aut incendio perierit, commune damnum eft : fi nihil dolo aut culpa acciderit, ejus qui æftimatum pecus acceperit. Quod fi à furibus fubreptum fit , proprium ejus detrimentum eft. Quia cuftodiam præftare debuit, qui æftimatum accepit. Hæc vera funt , & pro focio erit actio , fi modò focietatis contrahendæ caufa, pafcenda data funt , quamvis æftimata. *l. 52. §. 3. ff. pro focio. V. cy-aprés l'art. 12.*

V.

Si un des affociez s'approprie, ou recele ce qui eft en commun, ou s'il le tourne à fon ufage contre l'intention de fes affociez , il commet un larcin *b* : & il fera tenu de leurs dommages , & interêts. Et fi ayant en fes mains des deniers de la focieté , il les employe à fes affaires particulieres, il en devra les interêts, par forme de dédommagement , & de peine de fon infidelité *c*.

5. *Si l'affocié s'approprie , ou tourne à fon ufage la chofe commune.*

b Rei communis nomine cum focio furti agi poteft , fi per fallaciam dolóve malo amovit : vel rem communem celandi animo , contrectet. *l. 45. ff. pro foc.*

c Socium qui in eo quod ex focietate lucrifaceret , reddendo , moram adhibuit, cùm ea pecunia ipfe ufus fit, ufuras quoque eum præftare debere Labeo ait. *l. 60. ff. pro foc. l. 1. §. 1. ff. de ufur.*

V I.

Si un affocié fe trouve avoir une chofe de la focieté fans mauvaife foy, comme quelque meuble dont il ait fait quelque ufage , on ne prefumera pas que pour l'avoir en fa puiffance, & s'en être fervi, il ait fait un larcin ; mais qu'en étant le maître en partie, il ufoit de fon droit *d* , s'affeurant du confentement de fes affociez.

6. *Ufage de la chofe commune fans mauvaife foy.*

d Meritò autem adjectum eft, ita demùm furti actionem effe, fi per fallaciam, & dolo malo amovit : quia cùm fine dolo malo fecit, furti non tenetur : & fané plerumque credendum eft, eum qui partis dominus eft , jure potius fuo, re uti , quàm furti confilium inire. *l. 51. ff. pro foc.*

V I I.

Si par quelque faute , quelque violence, ou autre mauvaife voye, un affocié caufe du dommage à la focieté ; il fera tenu de le reparer *e*.

7. *Perte ou dommage caufé par un affocié.*

e Si damnum in re communi focius dedit, Aquilia teneri eum & Celfus &

Julianus, & Pomponius fcribunt. Sed nihilominus, & pro focio tenetur, fi hoc facto focietatem læfit. Si verbi gratia negotiatorem fervum vulneraverit, vel occidit. *l.* 47. §. 1. *l.* 48. *l.* 49. *ff. pro focie.*

VIII.

8. *Ce qu'un affocié rend de fervice ne fe compenfe pas avec ce qu'il caufe de perte.*

Si le même affocié qui a caufé quelque dommage, ou de qui la faute & la negligence a donné lieu à quelque perte, qui puiffe luy être imputée, fe trouve d'ailleurs avoir apporté quelque profit à la focieté ; il ne s'en fera pas de compenfation. Car il devoit procurer ce profit, & il ne peut par confequent le compenfer avec cette perte *a*.

a Non ob eam rem minus ad periculum focii pertinet, quod negligentia ejus periiffet, quòd in plerifque aliis induftria ejus focietas aucta fuiffet. Et hoc ex appellatione Imperator pronuntiavit. Et ideo fi focius quædam negligenter in focietatem egiffet, in plerifque focietatem auxiffet, non compenfatur compendium cum negligentia, ut Marcellus, libro fexto digeftorum, fcripfit. *l.* 25. & 26. *ff. pro foc. l.* 23. §. 1. *eod.*

Si cette perte n'étoit pas caufée par quelque dol, ou autre mauvaife voye, fi elle étoit legere, & que le profit fut confiderable, & un pur effet de l'induftrie de cet affocié, cette compenfation feroit-elle injufte ?

IX.

9. *L'affocié eft tenu du fait de celuy qu'il a fous-affocié.*

Si un des affociez s'eft affocié quelqu'autre perfonne en fa portion, & qu'il l'ait laiffé entremettre à quelque affaire de la focieté, il fera tenu du fait de cette perfonne, & répondra à la focieté de ce que ce tiers aura pû y caufer de perte : car c'eft fa faute d'avoir mal choifi, & à l'infçû des autres *b*.

b Puto omni modo eum teneri ejus nomine quem ipfe folus admifit, quia difficile eft negare, culpæ ipfius admiffum. *l.* 23. *ff. pro foc.*

X.

10. *Perte & gain caufé par le fous-affocié.*

Si ce fous-affocié fe trouve avoir caufé de la perte d'une part, & du profit de l'autre, il ne s'en fera pas de compenfation *c*; non plus que dans le cas de la perte caufée par l'affocié qui avoit procuré du profit, comme il a été dit dans l'article 8. parce que le fait de ce fous-affocié eft le fait de l'affocié même.

c Idem quærit an commodum, quod propter admiffum focium acceffit, compenfari cum damno quod culpa præbuit debeat, & ait compenfandum, quod non eft verum. Nam & Marcellus, libro fexto digeftorum fcribit, fi fervus unius ex fociis focietati à domino præpofitus, negligenter verfatus fit: dominum focietati, qui præpofuerit, præftaturum : nec compenfandum commodum quod per fervum focietati acceffit, cum damno : & ita divum Marcum pronuntiaffe. Nec poffe dici focio abftine commodo, quod per fervum acceffit, fi damnum petis, *l.* 23. §. 3. *ff. pro foc.* V. la remarque fur l'art. 8.

XI.

XI.

Les affociez recouvrent fur le fonds commun toutes lés dépenfes neceffaires, utiles & raifonnables qui regardent la focieté, & qui font employées pour les affaires communes ; comme font les voyages, voitures, port de hardes, falaires d'ouvriers, reparations neceffaires, & les autres femblables. Et fi l'affocié qui a fait ces dépenfes en avoit emprunté les deniers à interêt, ou que les ayant fournis luy-même fon remboursement fût retardé par les autres affociez, il recouvrera auffi les interêts depuis le temps qu'il aura fait l'avance, quoy qu'il n'y en ait pas de demande en juftice. Car ce n'eft pas un prêt, & c'eft feulement une plus grande contribution dans le fonds commun. Mais les affociez ne recouvrent pas les dépenfes qu'ils font fans neceffité, ou pour leur plaifir *a*.

11. Dépenfes des affociez.

a Si quis ex fociis propter focietatem profectus fit, veluti ad merces mendas : eos dumtaxat fumptus focietati imputabit, qui in eam penfi funt. Viatica igitur & meritoriorum, & ftabulorum, jumentorum, carrulorum vecturas, vel fui, vel farcinarum fuarum gratiâ, vel mercium recte imputabit. *l.* 52. §. 15. *ff. pro foc.* Si tecum focietas mihi fit, & res ex focietate communes : quam impenfam in eas fecero. . . . . me confecuturum. *l.* 38. §. 1. *eod.* Si in communem rivum impenfa facta fit, pro focio effe actionem, ad recuperandum fumptum Caffius fcripfit. *l.* 52. §. 12. *eod.* Herennius Modeftinus refpondit, ob fumptus nullâ re urgente, fed voluptatis causâ factos, eum de quo quæritur actionem non habere. *l.* 27. *ff. de neg. geft.* Si quid unus ex fociis neceffariò de fuo impendit in communi negotio, judicio focietatis fervabit, & ufuras, fi fortè mutuatus fub ufuris, dedit. Sed etfi fuam pecuniam dedit, non fine causa dicetur, quod ufuras quoque percipere debeat. *l.* 67. §. 2. *ff. pro foc. l.* 52. §. 10. *eod. V. l.* 18. §. 3. *ff. fam. ercifc.*

XII.

Si un affocié fouffre quelque perte particuliere en faifant l'affaire de la focieté, comme s'il s'expofe à quelque peril, & que par exemple, dans un voyage pour la focieté, il foit volé de fes hardes & de l'argent qu'il portoit pour une affaire commune, ou pour la dépenfe de fon voyage, ou qu'il foit bleffé, ou quelqu'un de fes domeftiques ; il fera dédommagé de ces fortes de pertes fur le fonds de la focieté, car c'eft l'affaire commune qui les a attirées : & rien de fa part n'y a donné lieu *b*.

12. Perte particuliere d'un affocié arrivée pour le fait de la focieté.

b Quidam fagariam negotiationem coïerunt. Alter ex his ad merces comparandas profectus, in latrones incidit, fuamque pecuniam perdidit : fervi ejus vulnerati funt, refque proprias perdidit. Dicit Julianus, damnum effe commune : ideoque actione pro focio damni partem dimidiam agnofcere debere, tam pecuniæ, quàm rerum cæterarum, quas fecum non tuliffet focius, nifi ad merces communi nomine comparandas proficifceretur. Sed & fi quid in medicos impenfum eft, pro parte focium agnofcere debere, rectiffimè Julianus probat. Proinde, & fi naufragio quid periit, cùm non alias merces quàm navi folerent advehi, damnum ambo fentient. Nam ficuti lucrum, ita damnum quoque commune effe oportet, quod non culpâ focii contingit. *l.* 52. §. 4. *ff. pro foc.* Et quod medicis pro fe datum eft, recipere poteft. *l.* 61. *eod.* V. l'art. fuivant & le dernier de la Sect. 2. des procurations.

La fuite de cette loy 52. §. 4. fait voir qu'il le faut entendre de l'argent porté pour le voyage, ou pour l'affaire de la focieté : car fi l'affocié étoit volé de fon argent propre, qu'il portoit pour fes affaires particulieres, la perte en tomberoit fur luy. Parce que c'étoit pour fon affaire qu'il l'avoit porté. Et l'occafion de la commodité que luy donnoit l'affaire de la focieté pour faire la fienne, ne doit pas nuire à fes affociez.

Il faut remarquer fur ce §. 4. de cette loy 52. & fur la loy 61. citée fur cet article, que leur difpofition corrige la dureté du §. dernier de la loy 60. qui veut que l'affocié bleffé à l'occafion d'une affaire de la focieté, porte la dépenfe employée pour fe faire traitter, par cette raifon, qu'encore qu'il fouffre cette dépenfe à caufe de la focieté, ce n'eft pas pour la focieté qu'elle eft employée.

XIII.

13. *Des gains ou pertes particulieres à l'occafion de la focieté.*

S'il arrive qu'un affocié par l'occafion de quelque affaire de la focieté, faffe quelque profit, comme fi les affaires de la focieté luy donnent l'accés d'une perfonne de qui il tire un bienfait, ou qu'elles luy donnent une ouverture pour quelque affaire particuliere où la focieté n'ait aucune part, & qu'il luy en arrive du profit : ou fi au contraire la focieté luy eft une occafion de perte, comme fi le foin des affaires de la focieté luy fait negliger les fiennes : ou fi en haine de la focieté quelqu'un ceffe de luy faire du bien ; ces fortes de gains, & de pertes le regarderont *a*. Parce que ces évenemens ont pour caufe ou la conduite particuliere de cet affocié, ou fon merite, ou fa negligence, ou quelqu'autre faute, ou quelque hazard : & que la conjoncture qui lie ces caufes avec l'occafion des affaires de la focieté, eft comme un cas fortuit qui ne regarde pas la focieté, mais feulement l'affocié à qui ces évenemens peuvent arriver.

a Si propter focietatem eum heredem quis inftituere defiffet, aut legatum prætermififfet, aut patrimonium fuum negligentiùs adminiftraffet, non confecuturum. Nam nec compendium quod propter focietatem ei contigiffet, veniret in medium. Veluti, fi propter focietatem heres fuiffet inftitutus, aut quid ei donatum effet. *l.* 60. §. 1. *ff. pro foc.*

XIV.

14. *Pertes des chofes deftinées pour*

Toutes les pertes du fonds de la focieté font communes

aux affociez. Mais pour juger fi l'argent, ou autre chofe
qui vient à perir, doit être regardée comme étant dans
le fonds de la focieté, ce n'eft pas affez qu'elle fût defti-
née pour y être mife : & il faut confiderer les circonftances où font les chofes quand la perte arrive. Ainfi, par
exemple, fi l'argent qu'un affocié devoit fournir pour
acheter des marchandifes, perit chez luy avant qu'il l'ait
mis dans le coffre de la focieté, ou rapporté en commun,
il eft perdu pour luy. Mais fi cet argent devoit être porté
en voyage pour une emplette, & qu'il foit volé en chemin, la focieté en fouffre la perte, quoy qu'il ne fût pas
encore employé ; parce que c'étoit pour la focieté qu'il
étoit porté, & la deftination étoit confommée de la part
de l'affocié. Ainfi l'argent étoit voituré aux perils de la
focieté. Et dans les autres évenemens femblables, la perte regarde ou ne regarde pas la focieté, felon l'état des
chofes. Et il faut difcerner fi la focieté eft déja formée,
quelle eft la deftination de l'argent ou autre chofe qui doit
y être mife, quelles demarches ont été faites pour l'y
mettre, & les autres circonftances par où l'on peut juger
fi la chofe qui perit doit être confiderée ou comme étant
déja dans la focieté, ou comme étant encore à celuy qui
devoit l'y mettre *a*.

a Item Celfus tractat, fi pecuniam contuliffemus ad mercem emendam : &
mea pecunia periffet, cui perierit ea. Et ait, fi poft collationem evenit ut pecunia
periret, quod non fieret nifi focietas coita effet, utrique perire. Ut putà fi pecunia, cùm peregrè portaretur ad mercem emendam, periit. Si verò ante collationem, pofteaquam eam deftinaffes, tunc perierit, nihil eo nomine confequeris,
inquit, quia non focietati periit. *l.* 58. §. 1. *ff. pro foc.*

X V.

Si un des affociez a fait quelque avance, ou s'il eft entré dans quelque engagement, dont la focieté doive le
garentir ; chacun des affociez le rembourfera, ou l'in-
demnifera felon fa portion. Et s'il ne pouvoit recouvrer
celle de l'un des affociez, qui feroit infolvable, ou que
par d'autres caufes on ne pût en retirer le payement ; cette portion fe prendra fur tous. Car c'eft pour la focieté
que cet affocié fe trouve en avance, ou qu'il eft entré

dans cet engagement. Et les pertes, comme les gains, doivent se partager *a*.

a An, si non omnes socii solvendo sint, quod à quibusdam servari non potest, à cæteris debeat ferre (socius.) Sed Proculus putat hoc ad cæterorum onus pertinere, quod ab aliquibus servari non potest. Rationeque defendi posse : quoniam societas cum contrahitur, tam lucri quàm damni communio initur. *l. 67. ff. pro soc.*

XVI.

Les associez même de tous leurs biens ne peuvent aliener que leur portion du fonds commun, & ne peuvent par leur fait engager la societé, que selon le pouvoir qu'elle leur en donne, ou selon que l'engagement où ils sont entrez a été utile, ou approuvé des autres *b*. Mais si un des associez est choisi pour la conduite de la societé, & pour en avoir le principal soin, ou s'il est préposé à quelque commerce, ou à quelque autre affaire, ses engagemens seront communs à tous, en tout ce qui sera de l'étenduë de la charge qui luy est commise *c*.

b Nemo ex sociis plus parte sua potest alienare, & si totorum bonorum socii sint. *l. 68. ff. pro soc. l. 17. eod.* Si socius propriam pecuniam mutuam dedit, omnimodo creditam pecuniam facit : licèt cæteri dissenserint. Quod si communem numeravit, non alias creditam efficit, nisi cæteri quoque consentiant. Quia suæ partis tantùm alienationem habuit. *l. 16. ff. de reb. cred. v. l. unic. C. Si communis res pign. data sit.* Jure societatis per socium ære alieno socius non obligatur, nisi in communem aream pecuniæ versæ sunt. *l. 82. ff. pro soc.*

c Magistri societatum pactum prodesse, & obesse constat: *l. 14. ff. d. pact.* Cui præcipua cura rerum incumbit, & qui magis quàm cæteri diligentiam, & sollicitudinem rebus quibus præsunt, debent, hi magistri appellantur. *l. 57. ff. de verb. signif.* V. *l'art.* 357. *& le* 358. *de l'Ordonnance de Blois, & ces mots de la Declaration du 7. Septembre* 581. *sur l'enregistrement des societez des banquiers,* afin que chacun sçache qui seront les obligez. V. *l'art.* 5. *de la Sect.* 2. *des convent.*

XVII.

Les associez ne peuvent tirer du fonds de la societé ce qu'ils y ont mis, parce que le total du fonds est à la societé, & ne peut être diverti, ny diminué que du consentement de tous pendant qu'elle dure *d*. Et il n'est pas plus permis de diminuer le fonds de la societé, que d'y renoncer de mauvaise foy *e*.

d V. cy-devant l'art. 5. de cette Section.
e V. l'art. 3. & les suivans de la Sect. 5.

XVIII.

Si une personne est receuë dans une societé par l'ordre, & sur la foy d'un tiers qui l'a proposée, & qui en répond, ce tiers sera tenu du fait de cette personne qu'il a presentée, comme il seroit tenu de son propre fait, s'il étoit luy-même entré dans la societé *ᵃ*.

a Quoties juffu alicujus , vel cum filio ejus , vel cum extraneo , societas coïtur : directo cum illius perfona agi poffe , cujus perfona in contrahenda focietate fpectata fit. l. ult. ff. pro foc.

XIX.

Si un affocié se trouve redevable envers ses affociez , à cause de la societé, sans qu'on puisse luy imputer ny malverfation, ny mauvaise foy : & qu'il ne puisse payer tout ce qu'il doit, sans être reduit à une extrême necessité ; il est non seulement de l'humanité , mais d'un devoir naturel à la liaison fraternelle des affociez , qu'ils usent de commiseration envers leur affocié, soit que la societé fût universelle de tous biens , ou seulement particuliere de certaines chofes. Et ils ne doivent pas exiger à la rigueur tout ce qu'il leur doit, s'ils ne le peuvent qu'en le reduifant à cette extremité. Mais ils doivent se rendre faciles pour leur payement, soit en prenant des fonds, des meubles, & d'autres effets à un prix raifonnable, ou divifant les payemens, accordant des furfeances, ou d'autres graces & facilitez felon les circonftances. Et les contraintes qu'ils exerceroient au delà de ces bornes , & de ces temperamens pourroient être moderées par l'office du Juge, selon la qualité des affociez, la nature & la force de la dette, les biens du debiteur, ceux du creancier, & les autres veuës de l'état des chofes *ᵇ*.

b Verum eft , quod Sabino videtur , etiam fi non univerforum bonorum focii funt , fed unius rei , attamen in id quod facere poffunt , quodve dolo malo fecerint, quominus poffint , condemnari oportere. Hoc enim fummam rationem habet , cùm focietas jus quodammodo fraternitatis in fe habeat. l. 63. ff. pro foc. In condemnatione perfonarum , quæ in id quod facere poffunt damnantur , non totum quod habent extorquendum eft,fed & ipfarum ratio habenda eft,ne egeant. l. 173. ff. de reg. jur.

XX.

Cette humanité qui se doit entre affociez, ne se doit pas à celuy qui auroit de mauvaise foy diverti ses biens pour ne pas payer , ou qui pour éviter sa condamnation

R r iij

19. *Benefice des affociez pour le payement de ce qu'ils se doivent entr'eux.*

20. *Si l'affocié se rend indigne de ce benefice.*

auroit nié la qualité d'associé, ou se seroit autrement rendu indigne d'une telle grace *a*.

a Hoc quoque facere quis posse videtur, quod dolo fecit quominus possit. Nec enim æquum est dolum suum quemquam relevare. *l.* 63. §. 7. *ff. pro soc.* Non aliàs socius in id quod facere potest condemnatur, quàm si confitetur se socium fuisse. *l.* 67. §. *ult. eod.*

XXI.

21. Ce benefice ne s'étend pas aux cautions, ny aux heritiers des associez.

Les cautions d'un associé, ceux qui doivent répondre de son fait, ses heritiers, & autres successeurs ne peuvent user de ce benefice, parce que leur obligation est d'une autre nature, & que les cautions, & ceux qui sont responsables du fait d'un associé, sont obligez pour l'entiere seureté de tout ce qu'il pourroit devoir : & les heritiers ayant accepté la succession, ne peuvent en diminuer les charges *b*.

b Videndum est, an & fidejussori socii id præstare debeat, an verò personale beneficium sit, quod magis verum est. *l.* 63. §. 1. *ff. pro soc.* Patri autem, vel domino socii, si jussu eorum societas contracta sit, non esse hanc exceptionem dandam, quia nec heredi socii, cæterisque successoribus hoc præstabitur. *d. l.* 63. §. 2.

XXII.

22. Un associé ne peut rien faire dans la societé contre le gré des autres.

Les associez ne peuvent faire en la chose commune que ce qui est de leur charge, ou agréé de tous. Et si un associé veut entreprendre quelque changement, chacun des autres peut l'en empêcher. Car entre personnes qui ont le même droit, ceux qui ne veulent pas souffrir une nouveauté, sont mieux fondez pour l'empêcher, que ne le sont pour innover ceux qui l'entreprennent. Mais si le changement qu'a fait un associé, a été fait à la vûë des autres, & qu'ils l'ayent souffert, ils ne pourront s'en plaindre, quand même il leur seroit desavantageux *c*.

c Sabinus, in re communi neminem dominorum jure facere quicquam invito altero posse. Unde manifestum est, prohibendi jus esse. In re enim pari, potiorem causam esse prohibentis, constat. Sed & si in communi prohiberi socius à socio ne quid faciat potest, ut tamen factum opus tollat cogi non potest, si cùm prohibere poterat, hoc prætermisit. *l.* 28. *comm. divid.* Sin autem facienti consensit, nec pro damno habet actionem. *d. l.*

SECTION V.

De la dissolution de la societé.

SOMMAIRES.

I.

Comme la societé se forme par le consentement, elle se resout aussi de même, & il est libre aux associez de rompre & resoudre leur societé, & d'y renoncer lorsque bon leur semble, même avant la fin du temps qu'elle devoit durer, si tous y consentent[a].

> 1. *La societé se dissout du consentement des associez.*

a Diximus dissensu solvi societatem : hoc ita est si omnes dissentiunt. l. 65. §. 3. ff. pro socio. Tamdiu societas dura, quamdiu consensus partium integer perseverat. l. 5. C. eod.

II.

La liaison des associez étant fondée sur le choix reciproque qu'ils font les uns des autres, & sur l'esperance

> 2. *Chaque associé peut renoncer à la societé.*

de quelque profit; il eſt libre à chacun des aſſociez de ſortir de la ſocieté lorſque bon luy ſemble, ſoit que l'union
manque entre les aſſociez : ou que quelque abſence neceſſaire, ou d'autres affaires rendent la ſocieté onereuſe
à celuy qui veut en ſortir : ou qu'il n'agrée pas un commerce que veut faire la ſocieté ; ou qu'il n'y trouve pas ſon
compte, ou pour d'autres cauſes. Et il peut y renoncer
ſans le conſentement des autres, même avant le terme où
elle doit finir, & quand il auroit été convenu qu'on ne
pourroit interrompre la ſocieté. Pourvû que ce ne ſoit pas
de mauvaiſe foy qu'il y renonce, comme s'il quittoit pour
acheter ſeul ce que la ſocieté vouloit acheter, ou pour
faire quelque autre profit au prejudice des autres par ſa
rupture : ou qu'il ne quitte pas lors qu'il y a quelque affaire commencée, & dans un contre-temps qui cauſât
quelque perte ou quelque dommage *a*.

a Voluntate diſtrahitur ſocietas renunciatione. *l. 63. in fine. ff. pro ſoc.* Sed & ſi
convenit ne intra certum tempus, ſocietate abeatur, & ante tempus renuntietur,
poſt rationem habere renuntiatio, nec tenebitur pro ſocio, qui ideo renuntiavit,
quia conditio quædam qua ſocietas erat coita, ei non præſtatur. Aut quid, ſi ita
injurioſus & damnoſus ſocius ſit, ut non expediat eum pati : vel quòd ea re frui
non liceat, cujus gratiâ negotiatio ſuſcepta ſit. Idemque erit dicendum, ſi ſocius renuntiaverit ſocietati, qui reipublicæ cauſâ diu & invitus ſit abfuturus. *l.*
14. *l.* 15. & 16. *eod.* Item ſi ſocietatem ineamus ad aliquam rem emendam, deinde
ſolus volueris eam emere : ideoque renuntiaveris ſocietati, ut ſolus emeres, teneberis quanti intereſt mea. Sed ſi ideo renuntiaveris, quia emptio tibi diſplicebat :
non tenebeɾis, quamvis ego emero, quia hîc nulla fraus eſt. *l.* 65. §. 4. *eod.* Niſi renuntiatio ex neceſſitate quadam factâ ſit. *d. l.* 65. §. 6. Tamdiu ſocietas durat, quamdiu conſenſus partium integer perſeverat. *l.* 5. *C. eod.* § 4. *inſt. eod.*
Si intempeſtivè renuntietur ſocietati, eſſe pro ſocio actionem. *l.* 14. *ff. eod.* V. les
articles ſuivans.

III.

L'aſſocié qui ſe retire de la ſocieté par un deſſein de
mauvaiſe foy, degage les autres à ſon égard ; mais ne ſe
degage pas luy-même des autres. Ainſi, celuy qui renon-
ceroit à une ſocieté univerſelle de tous biens preſens &
à venir, pour recüeillir ſeul une ſucceſſion qui luy ſeroit
échûë, porteroit la perte entiere ſi la ſucceſſion qu'il auroit recüeillie ſeul, ſe trouvoit onereuſe ; mais il ne prive-
roit pas les autres du profit, s'il y en avoit, & qu'ils vou-
luſſent y prendre part. Et en general, ſi un aſſocié
renonce

renonce dans un contre-temps qui fasse perdre quelque
profit que devoit faire la societé, ou qui y cause quelque
perte, il en sera tenu. Comme s'il quitte avant le temps
que devoit durer la societé, abandonnant une affaire
dont il étoit chargé. Et celuy qui quitte la societé de cette maniere n'aura point de part aux profits qui pourront
arriver ensuite; mais il portera sa part de ce qui pourra
arriver de pertes, de même qu'il en auroit été tenu s'il
n'eût pas quitté la societé *a*.

a Diximus dissensu solvi societatem : hoc ita est, si omnes dissentiunt. Quid
ergo si unus renuntiet ? Cassius scripsit, eum qui renuntiavit societati, à se quidem liberare socios suos, se autem ab illis non liberare. Quod utique observandum est, si dolo malo renuntiatio facta sit. Veluti si cùm omnium bonorum societatem inissemus, deinde cùm obvenisset uni hereditas, propter hoc renuntiavit. Ideoque siquidem damnum attulerit hereditas, hoc ad eum qui renuntiavit
pertinebit : commodum autem communicare cogetur actione pro socio. *l.* 65. §.
3. *ff. pro soc.* Si imtempestivè renuntietur societati, esse pro socio actionem. *l.* 14.
eod. Item qui societatem in tempus coît eam ante tempus renuntiando socium à
se, non se à socio liberat. Itaque si quid compendii postea factum erit, ejus partem non fert, at si dispendium, æquè præstabit portionem. *l.* 65. §. 6. *eod.* V. les
articles suivans.

I V.

L'associé qui renonce à la societé dans un contre-temps,
non seulement ne se degage pas envers les autres, mais il
est tenu des dommages & interêts que cette renonciation
aura pû causer. Ainsi, si l'associé quitte pendant qu'il est
en voyage, ou dans quelqu'autre affaire pour la societé,
ou si sa rupture oblige à vendre une marchandise avant le
temps; il sera tenu des dommages & interêts qu'aura
causé sa renonciation dans ces circonstances *b*.

4. *Renonciation à contre-temps.*

b Labeo posteriorum libris scripsit, si renuntiaverit societati unus ex sociis, eo
tempore, quo interfuit socii non dirimi societatem, committere cum in pro socio
actione. Nam si emimus mancipia inita societate, deinde renunties mihi, eo tempore, quo vendere mancipia non expedit : hoc casu, quia deteriorem causam meam
facis, teneri te pro socio judicio. *l.* 65. §. 5. *ff. pro socio.* Si intempestivè renuntietur
societati, esse pro socio actionem. *l.* 14. *eod.*

V.

Pour juger si l'associé renonce à contre-temps, il faut
considerer ce qui est de plus utile à toute la societé, &
non à l'un des associez *c*.

5. *On juge du con- tre-temps par l'inte- rêt de la societé.*

c Proculus hoc ita verum esse, si societatis non interfit dirimi societatem;

Semper enim , non id quod privatim intereft unius ex fociis fervari folet , fed quod focietati expedit. *l.* 65. §. 5. *ff. pro foc.*

VI.

6. *Profit aprés la renonciation.*

Si aprés une renonciation fans fraude, l'affocié qui s'eft degagé de la focieté , fait de nouveau quelque affaire dont il luy revienne quelque profit , il ne fera pas tenu de le rapporter [a].

a Quod fi quid poft remuntiationem acquifierit , non erit communicandum , quia nec dolus admiffus eft in eo. *l.* 65. §. 3. *ff. pro foc.*

VII.

7. *On ne peut renoncer frauduleufement ni à contretemps.*

La renonciation frauduleufe & à contre temps n'eft jamais permife , foit que le contract de focieté y ait pourvû , ou non. Car elle blefferoit la fidelité , qui étant effentielle à la focieté , y eft foufentenduë [b].

b In focietate coëunda nihil attinet de renuntiatione cavere : quia ipfo jure,focietatis intempeftiva renuntiatio , in æftimationem venit. *l.* 17. §. 2. *ff. pro focior.*

VIII.

8. *La renonciation eft inutile fi elle n'eft connuë: mais elle nuit à celuy qui l'a faite.*

La renonciation eft inutile à celuy qui la fait , jufqu'à ce qu'elle foit connuë aux autres affociez : & fi dans l'entre-temps aprés la renonciation , & avant qu'elle foit connuë , celuy qui renonce fait quelque profit , il fera tenu de le rapporter ; mais s'il fouffre quelque perte , elle fera pour luy. Et fi dans ce même temps les autres font quelque gain , il n'y aura point de part : & s'ils fouffrent quelque perte , il y contribuëra [c].

c Si abfenti renuntiata focietas fit , quoad is fcierit , quod is acquifivit qui renuntiavit , in commune redigi. Detrimentum autem folius ejus effe , qui renuntiaverit. Sed quod abfens acquifiit , ad folum cum pertinere : detrimentum ab eo factum commune effe. *l.* 17. §. 1. *ff. pro foc.*

IX.

9. *La focieté étant finie ; chacun quitte impunément.*

Le temps de la focieté étant fini , chaque affocié peut s'en retirer , fans qu'on puiffe luy imputer qu'il quitte frauduleufement , ou à contre-temps [d]. Si ce n'eft que fa rupture nuisît à quelque affaire qui ne feroit pas encore confommée.

d Quod fi tempus finitum eft , liberum eft recedere,quia fine dolo malo id fiat. *l.* 65. §. 6. *in f. ff. pro foc.*

X.

La societé soit univerfelle ou particuliere peut fe refoudre de même que fe former , tant entre abfens , que prefens , non feulement par le confentement exprés de tous les affociez, mais tacitement par des actes qui marquent qu'ils rompent leur focieté. Comme fi chacun d'eux fait feparément les mêmes commerces qu'ils faifoient enfemble : fi le commerce qu'ils faifoient vient à être défendu : s'ils entrent dans un procés , avec lequel la focieté ne puiffe fubfifter : ou s'ils marquent autrement qu'ils interrompent leur focieté *a*.

a Itaque cum feparatim focii agere cœperint , & unufquifque eorum fibi negotietur : fine dubio jus focietatis diffolvitur. *l.* 64. *ff. pro foc.* Hoc ipfo quòd judicium ideo dictatum eft , ut focietas diftrahatur , renuntiatam focietatem , five totorum bonorum , five unius rei focietas coïta fit. *l.* 65. *eod.* renuntiare focietati etiam per alios poffumus , & ideò dictum eft procuratorem quoque poffe renuntiare focietati. *d. l.* 65. §. 7. V. l'art. 6. de la fect. 2.

10. La focieté fe refout par le confentement.

XI.

Si la societé n'étoit que pour un certain commerce, ou pour quelque affaire, elle finit lorfque ce commerce, ou cette affaire ceffe. Et il en feroit de même fi la focieté regardoit une chofe qui vienne à perir , ou dont le commerce ceffe d'être libre , comme fi la focieté étoit pour la ferme d'une terre prife par l'ennemy dans un temps de guerre *b*.

b Item fi alicujus rei focietas fit , & finis negotio impofitus , finitur focietas. *l.* 65. §. 10. *ff. pro foc.* Neque enim ejus rei quæ jam nulla fit , quifquam focius eft : neque ejus quæ confecrata publicatáve fit. *l.* 63. §. *ult. eod.*

11. La focieté finit la chofe étant finie.

XII.

Si un des affociez eft réduit à un tel état , qu'il ne puiffe contribuer dans la focieté ce qu'il devoit fournir , foit de fon argent , ou de fon travail ; les autres affociez pourront l'exclurre de la focieté ; comme fi fes biens font faifis , s'il les a abandonnez à fes creanciers : s'il fe trouve dans quelque infirmité , ou quelque autre obftacle , qui l'empêche d'agir , s'il eft interdit comme prodigue , s'il tombe en demence. Car dans tous ces cas les

12. Si un affocié devient incapable de contribuer de fon bien, ou de fon induftrie,

affociez peuvent juftement exclurre de la focieté, celuy qui ceffant d'y contribuer, ceffe d'y avoir droit . Ce qui ne s'entend que pour l'avenir, & l'affocié qui peut être exclus par quelqu'une de ces caufes ne doit rien perdre des profits qui devoient luy revenir à proportion des contributions qu'il avoit déja faites.

a Diffociamur . . . . . egeftate. *l. 4. in f. ff. pro focior.* Item bonis à creditoribus venditis unius focii diftrahi focietatem, Labeo ait. *l. 65. §. 1.* Item fi quis ex-fociis mole debiti prægravatus, bonis fuis cefferit, & ideò propter publica, aut privata debita fubftantia ejus veneat, folvitur focietas. Sed hoc cafu, fi adhuc confentiant in focietatem, nova videtur incipere focietas. *§. 8. inft. de fociet.*

On n'a pas mis dans cet article ce qui eft dit dans les textes qu'on y a rapportez, que la focieté eft rompuë par la pauvreté, & par le defordre des affaires de l'un des affocisz. Car nôtre ufage n'aneantit pas ainfi les conventions fans le fait des parties, & tandis que les affociez fouffrent dans leur focieté celuy dont les biens feroient faifis, & même vendus, il ne laiffe pas d'être confideré comme affocié, & d'avoir part aux profits, jufqu'à ce qu'on l'excluë; ce qui ne fe peut qu'en luy confervant les droits qui luy font acquis, ou dont il ne peut être privé par cette exclufion.

XIII.

13. Le curateur du prodigue & de l'infenfé peut interrompre la focieté.

De même que les affociez peuvent interrompre la focieté avec un prodigue, & un infenfé ; le curateur du prodigue, & celuy de l'infenfé peuvent auffi renoncer de leur part à la focieté. *b*

b Sancimus veterum dubitatione remota, licentiam habere furiofi curatorem, diffolvere, fi maluerit, focietatem furiofi, & fociis licere ei renuntiare. *l. ult. C. pro foc.*

XIV.

14. Mort d'un affocié.

Comme la focieté ne peut fubfifter que par l'union des perfonnes qui fe font choifies, & que c'eft quelquefois par l'induftrie d'un feul qu'elle fe foûtient : la mort de l'un des affociez interrompt naturellement la focieté à l'égard de tous. Si ce n'eft qu'ils foient convenus qu'elle fubfiftera entre les furvivans : ou que fans cette convention ceux qui reftent veüillent demeurer enfemble en focieté *c*.

c Morte unius focietas diffolvitur, etfi confenfu omnium coïta fit ; plures vero fuperfint, nifi in coëunda focietate aliter convenerit. *l. 65. §. 9. ff. pro foc.*

Quid enim fi is mortuus fit, propter cujus operam maximè focietas coïta fit? aut fine quo focietas adminiftrari non poffit ? *l. 59. eod.* V. l'article dernier de la fection fuivante.

Planè fi hi qui fociis heredes extiterint, animum inierint focietatis in ea hereditate novo confenfu ; quod poftea gefferint, efficitur ut in pro focio actionem deducatur. *l. 37. ff. pro foc.*

XV.

La mort civile fait le même effet à l'égard de la societé que la mort naturelle. Car la personne étant hors d'état d'agir & ses biens confisquez, il est à l'égard de la societé comme s'il étoit mort *a*.

a Publicatione quoque distrahi societatem diximus, quod videtur spectare ad' universorum bonorum publicationem, si socii bona publicantur. Nam cùm in ejus locum alius succedat, pro mortuo habetur. *l. 65. §. 12. ff. pro soc. §. 7. inst. eod.* Maxima, aut media capitis deminutione. *l. 63. §. ult. eod.*

15. Mort civile d'un associé.

XVI.

La societé étant finie les associez se remboursent reciproquement de leurs avances, & partagent leurs profits, & s'il reste des dettes passives à acquiter, des dépenses à faire, & des profits ou pertes à venir, ils prennent leurs seuretez respectives pour toutes ces suites *b*.

b V. cy-devant l'art. 11. de la Section 4. Si societas dirimatur, cautiones interponendæ sunt. *l. 27. ff. pro soc.* Pro socio arbiter prospicere debet cautionibus in futuro damno, vel lucro pendente ex ea societate. *l. 38. eod.* Nam etsi distracta esset societas, nihilominus divisio rerum superest. *l. 65. §. 13. eod.*

16. Partage des profits, des pertes, & des charges.

SECTION VI.
De l'effet de la societé à l'égard des heritiers des associez.

SOMMAIRES.

I.

Quoyque l'heritier entre dans tous les droits de celuy à qui il succede *c*, l'heritier d'un associé n'étant pas

1. Droits & engagemens de l'heritier d'un associé.

c Heredem ejusdem potestatis, jurisque esse, cujus fuit defunctus, constat, *l. 59. ff. de reg. jur. l. 9. §. 12. ff. de her. inst.* Nihil est aliud hereditas, quàm successio in universum jus, quod defunctus habuit. *l. 24. ff. de verb. sign. l. 62. ff. de reg. jur.*

affocié, n'a pas droit de s'immifcer à exercer cette qualité. Ainfi, celuy qui fuccede à un affocié dont la charge
étoit de tenir le livre de la focieté, ou de faire les em-
pletes, ou d'autres affaires ; ne peut pas s'ingerer à ces
fonctions. Mais quoyque cet heritier n'ait pas la qualité
d'affocié, il eft à l'égard des autres affociez, comme
font entr'eux ceux qui ont quelque chofe de commun enfemble fans convention. Ce qui luy donne le droit de
prendre connoiffance de ce qui fe paffe dans la focieté, &
de s'en faire rendre compte pour la confervation de fon
interêt. Et enfin il entre dans les droits, & dans les engagemens qui font attachez à la fimple qualité d'heritier, comme il fera expliqué par les regles qui fuivent *a*.

a Licèt enim (heres) focius non fit, attamen emolumenti fucceffor eft. *l. 63.*
§. 8. ff. pro focio. V. l'art. 3. de la fect. 2.

II.

*2. Comment l'he-
ritier a part aux pro-
fits, & porte les pertes.*

L'heritier de l'affocié a part aux profits qu'auroit eu celuy à qui il fuccede. Soit qu'ils luy fuffent déja acquis,
par les commerces ou affaires qui étoient confommées,
ou qu'ils dûffent fuivre de celles qui reftoient : Et il doit
auffi porter fa portion des charges, & des pertes de ces
mêmes affaires *b*.

b Nec heres focii fuccedit, fed quod ex re communi poftea quæfitum eft, item
dolus & culpa in eo quod ex ante gefto pendet, tam ab herede, quam heredi
præftandum eft. *l. 65.* §. 9. ff. pro focio. *l. 3. C. eod.* In heredem quoque focii,
pro focio actio competit, quamvis heres focius non fit. Licèt enim focius non fit,
attamen emolumenti fucceffor eft. *l. 63.* §. 8. ff. pro foc. Si in rem certam emendam, conducendámve coïta fit focietas : tunc, etiam poft alicujus mortem,quid-
quid lucri, detrimentive factum fit, commune effe Labeo ait. *l. 65.* §. 2. eod.

III.

*3. L'heritier obli-
gé d'achever ce que
le defunt étoit obligé
de faire.*

Quoyque l'heritier ne foit pas affocié, il ne laiffe pas
d'être obligé de parfaire les engagemens du défunt qui
peuvent paffer à luy : & il doit fatisfaire non feulement
aux contributions, mais aux autres fuites. Ainfi, fi le défunt avoit en fes mains quelque affaire, ou quelque travail, dont la conduite puiffe paffer à fon heritier, il doit

achever ce qui en reste à faire, avec le même soin, & la même fidelité, dont le défunt auroit été tenu *a*.

a Heres focii, quamvis focius non eſt, tamen ea quæ per defunctum inchoata funt , per heredem explicari debent. In quibus dolus ejus admitti poteſt. *l. 40. ff. pro foc.* Si vivo Titio , negotia ejus adminiſtrare cœpi , intermittere mortuo eo, non debeo. Nova tamen inchoare neceſſe mihi non eſt. Vetera explicare , ac con-ſervare neceſſarium eſt , ut accidit , cùm alter ex fociis mortuus eſt. Nam quæ-cunque prioris negotii explicandi cauſa gerentur , nihilum refert , quo tempore confummentur , fed quo tempore inchoarentur. *l. 11. §. 2. ff. de neg. geſt.* In here-dem focii proponitur actio, ut bonam fidem præſtet. *l. 35. ff. pro foc.*

IV.

L'heritier de l'aſſocié eſt auſſi tenu envers la focieté du fait du défunt , & de tout ce qu'il pourroit y avoir cauſé de perte ou de dommage, ſoit par ſa mauvaiſe foy, ou par des fautes dont il devoit répondre *b*.

b In heredem focii proponitur actio ut bonam fidem præſtet. Et acti etiam culpam , quam is præſtaret , in cujus locum ſucceſſit , licet focius non ſit. *l. 35. in fine & 36. dig. pro foc.*

V.

Si la mort d'un aſſocié arrive avant que l'on ait com-mencé l'affaire pour laquelle la focieté avoit été faite , & que cette mort ſoit connuë aux autres aſſociez , la focieté eſt finie, au moins à l'égard de celuy qui eſt decedé , & de ſon heritier, & il eſt libre aux aſſociez de l'en exclurre, comme à cet heritier de n'y point entrer. Mais ſi cette mort étant inconnuë aux autres aſſociez, ils commencent l'affaire, l'heritier du défunt y aura ſa part , & ſuccedera aux charges , & aux profits, ou aux pertes qui en arri-veront *c*. Car le contract de focieté a eu cet effet, que l'i-gnorance de cette mort , & la bonne foy de ces aſſociez a fait ſubſiſter l'engagement du défunt ſur lequel ils avoient traité : & en a formé un nouveau , reciproque entr'eux & l'heritier.

c Item ſi alicujus rei focietas ſit, & finis negotio impoſitus, finitur focietas. Quod ſi integris omnibus manentibus , alter deceſſerit : deinde tunc ſequatur res, de qua focietatem coïerunt, tunc eadem diſtinctione utemur , qua in mandato, ut ſiquidem ignota fuerit mors alterius , valeat focietas : ſi nota , non valeat. *l. 65. §. 10. ff. pro foc.* V. l'art. 7. de la ſect. 4. des procurations.

VI.

Tout ce qui a été dit en divers endroits de ce Titre ſur

la diſſolution de la ſocieté, ſoit par la mort d'un aſſocié, ou par la volonté des aſſociez : & ſur la maniere dont les engagemens des aſſociez paſſent ou ne paſſent point à leurs heritiers, ne doit pas s'entendre indiſtinctement des ſocietez où des perſonnes tierces ſont intereſſées, comme ſont les ſocietez des fermiers, ou des entrepreneurs de quelque ouvrage. Car il faut diſtinguer dans ces ſortes de ſocietez deux engagemens ; l'un des aſſociez entr'eux, & l'autre de tous les aſſociez envers la perſonne de qui ils prennent, ou une ferme, ou quelque choſe à faire. Et comme ce dernier engagement paſſe aux heritiers des aſ-ſociez *a* ; c'en eſt une ſuite que ſe trouvant dans un enga-gement commun envers d'autres, ils ſoient liez entr'eux. Et ſi cette liaiſon ne les rend pas aſſociez, comme le ſont ceux qui ſe ſont choiſis volontairement ; elle a cet effet que, par exemple, l'heritier d'un fermier étant obligé aux conditions du bail envers celuy qui a donné à ferme, & ayant auſſi le droit d'exploiter, ou faire exploiter la ferme pour ſon intereſt, ce droit, & cet engagement diſ-tinguent ſa condition de celle des heritiers des autres ſor-tes d'aſſociez, en ce qu'il ne peut être exclus de la ferme, quand même l'exploitation n'en auroit pas été commen-cée avant la mort de l'aſſocié à qui il ſuccede. *b.*

a V. l'article 10. de la ſection 1. du loüage.

b In ſocietate vectigalium nihilominus manet ſocietas, & poſt mortem alicu-jus. *l.* 59. *ff. pro ſoc.* Licèt (heres) ſocius non ſit, attamen emolumenti ſucceſſor eſt. Et circa ſocietates vectigalium, cœterorumque idem obſervamus, ut heres ſocius non ſit, niſi fuerit adſcitus : verumtamen omne emolumentum ſocietatis ad eum pertineat, ſimili modo & damnum agnoſcat, quod contingit, ſive ad huc vivo ſocio vectigalis, ſive poſtea. Quod non ſimiliter in voluntaria ſocietate ob-ſervatur. *l.* 63. §. 8. *eod.*

TITRE IX.
DES DOTS.

L E mariage fait deux fortes d'engagemens ; celuy *Deux engagemens*
que forme l'inftitution divine du Sacrement, qui *du mariage.*
unit le mari & la femme, & celuy que fait le contract de mariage , par les conventions qui regardent les
biens *a*.

L'engagement du mariage en ce qui regarde l'union *L'engagement des*
des perfonnes, la maniere dont il doit être celebré, les *perfonnes.*
caufes qui le rendent indiffoluble, & les autres matieres
femblables ne font pas de ce deffein, comme il a été remarqué dans le plan des matieres au Chapitre quator-
ziéme du Traité des Loix.

Pour ce qui eft des conventions qui regardent les biens, *Les conventions qui*
quelques-unes font du deffein de ce livre, & d'autres *regardent les biens.*
n'en font pas : & pour en faire le difcernement, il faut en
diftinguer trois fortes. La premiere de celles qui ne font
pas du droit Romain, quoy qu'elles foient de nôtre ufage, foit dans tout le Royaume, comme les renonciations
des filles aux fucceffions à venir *b*, & les inftitutions contractuelles & irrevocables *c*, ou feulement en quelques
Provinces, comme la communauté de biens entre le mari
& la femme. La feconde de celles qui font du droit Romain, mais qui ne font en ufage qu'en quelques Provinces, & qui même n'y ont pas un ufage uniforme, comme
font les augmens de dot. Et la troifiéme de celles qui font
& du droit Romain & d'un ufage univerfel dans le Royaume, comme celles qui regardent la dot, & cette forte de
biens de la femme qu'on appelle paraphernaux, c'eft à
dire, les biens qu'elle peut avoir autres que fa dot.

---

a Ces deux fortes d'engagemens font marquez , & diftinguez dans le mariage de Tobie.
Deus Abraham, Deus Ifaac, & Deus Jacob vouifcum fit : & ipfe conjungat
vos, impleatque benedictionem fuam in vobis. Et accepta charta, fecerunt
confcriptionem conjugii. *Tob. 7. 15.*
b l. 3. C. de collat.
c l. 15. C. de pact. l. 5. C. de pact. com.

Il n'y a que cette derniere forte de conventions qui étant & du droit Romain & de nôtre ufage, eſt du nombre des matieres qui font du deſſein de ce livre. Mais pour la communauté de biens, les doüaires, l'augment de dot, & autres matieres propres à quelques coûtumes, ou à quelques Provinces, elles y ont leurs regles qu'on ne doit pas mêler icy. Il faut feulement remarquer que ces matieres, & auſſi celles des inſtitutions contractuelles, & des renonciations des filles ont pluſieurs regles tirées du droit Romain, qui fe trouveront dans ce livre en leurs lieux propres, dans les matieres où elles ont leur rapport. Ainſi pluſieurs regles de la ſocieté & des autres conventions conviennent à la communauté de biens entre le mari & la femme : & pluſieurs de celles des ſucceſſions, & auſſi des conventions peuvent s'appliquer aux inſtitutions contractuelles.

Matieres de ce Titre. Il ne reſtera donc pour la matiere de ce Titre, que les regles du droit Romain qui regardent la dot, & les biens paraphernaux : & on n'y mettra que celles qui font d'un ufage commun. Mais on n'y mêlera pas quelques ufages particuliers du droit Romain, quoy qu'obſervez en quelques lieux, comme par exemple, le privilege de la dot avant les creanciers du mari anterieurs au contract de mariage.

Fondement des regles des dots. Les regles des dots ont leur fondement fur les principes naturels du lien du mariage, où le mari & la femme forment un ſeul tout dont le mari eſt le chef. Car c'eſt un effet de cette union, que la femme fe mettant elle même fous la puiſſance du mari, elle y mette auſſi ſes biens, & qu'ils paſſent à l'ufage de la ſocieté qu'ils forment enſemble *a*.

Diſtinction des biens dotaux, & paraphernaux. Suivant ce principe il feroit naturel que tous les biens de la femme luy fuſſent dotaux, & qu'elle n'en eût point qui n'entraſſent dans cette ſocieté, & dont le mari qui en porte les charges, n'eût la joüiſſance. Mais l'ufage a voulu que le mari n'ait pour dot, que les biens qui luy font

a Bonum erat mulierem, quæ ſeipſam marito committit, res etiam ejuſdem pati arbitrio gubernari, *l. 8. C. de pact. conv.*

donnez à ce Titre, & si la femme ne donne pas en dot tous
ses biens presens & à venir, mais seulement de certains
biens, la dot sera bornée aux biens qui sont donnez sous
ce nom : & les autres qui n'y sont pas compris, seront
paraphernaux.

Il faut remarquer cette difference entre les conventions du contract de mariage, & celles des autres contracts, qu'au lieu que toutes les autres conventions obligent irrevocablement ceux qui s'y engagent, & dés le
moment que la convention est formée ; celles du contract
de mariage sont en suspens jusqu'à ce que le mariage soit
celebré, & renferment cette condition, qu'elles n'auront
lieu qu'en cas qu'il s'accomplisse, & qu'elles demeure-
ront nulles, s'il ne s'accomplit point *a*. Mais lorsque la
celebration du mariage suit le contract, elle y donne un
effet retroactif, & il a cet effet du jour de sa date. Ainsi,
l'hypotheque pour la dot est acquise dés le contract, &
avant le temps de la celebration du mariage.

Condition tacite dans les conven-tions du mariage.

Quelqu'un pourroit remarquer & trouver à dire dans la
lecture de ce Titre, qu'on n'y ait rien mis de quelques maximes du droit Romain en faveur de la dot ; comme sont
celles qui disent en general, que la cause de la dot est favorable, & qu'il est de l'interêt public qu'elle soit conser-
vée *b* : que dans les doutes il faut juger pour la dot *c* : &
en particulier celles qui donnent à la dot quelques privileges, comme est le privilege entre creanciers, & la préference même aux hypotheques anterieures *d*, & celuy qui
en faveur de la dot validoit l'obligation d'une femme qui
s'obligeoit pour la dot d'une autre *e*, quoyque dans le
droit Romain les femmes ne pussent s'obliger pour d'autres personnes. Mais pour ce qui est de ces privileges, celuy

Remarque sur les privileges de la dot.

a Omnis dotis promissio, futuri matrimonii, tacitam conditionem accipit.
l. 68. *ff. de jur. dot. l.* 10. §. 4. *eod.*

b Dotium causa semper & ubique præcipua est. Nam & publicè interest dotes
mulieribus conservari. *l.* 1. *ff. sol. matr. l.* 2. *ff. de jur. dot.*

c In ambiguis, pro dotibus respondere melius est. *l.* 70. *ff. de jur. dot. l.* 85. *ff.
de reg. jur.*

Scimus favore dotium, & antiquos juris conditores severitatem legis sæpius
mollire. *l. ult. C. de Senat. Vell.*

d l. 18. §. 1. *ff. de rebus auct. jud. possid. l. ult. C. qui potiores.*

e l. ult. C. ad Senat. Vell.

de la préference aux creanciers, même aux hypothecaires
& anterieurs n'eſt en uſage qu'en quelques lieux, & par
tout ailleurs il eſt conſideré comme une injuſtice. Et la loy
qui valide l'obligation d'une femme pour la dot d'une autre, eſt inutile aprés l'Edit du mois d'Août 1606. qui permet aux femmes de s'obliger pour d'autres, comme il a été
remarqué ſur l'art. 1. de la Sect. 1. du Titre des perſonnes.

Et pour ce qui eſt de ces maximes generales, que la
condition des dots eſt favorable, qu'elle intereſſe le public, & que dans le doute il faut juger en faveur de la dot ;
comme elles ne déterminent à rien de particulier, ſi ce
n'eſt à ces privileges du droit Romain, & qu'elles pourroient être aiſément tournées à de fauſſes applications,
on a crû ne devoir pas les mettre icy en regles.

Il eſt encore neceſſaire de remarquer, qu'il y a dans le
droit Romain d'autres diſpoſitions dans la matiere des
dots, qui quoyque fondées ſur l'équité naturelle, n'ont
pas été miſes dans ce Titre. Ainſi, on n'y a pas mis cette
regle, que le mari étant pourſuivi de la part de ſa femme
pour la reſtitution de la dot, ou pour d'autres cauſes,
ou la femme de la part du mari pour ce qu'elle pourroit
luy devoir ; ils ne doivent pas être contraints avec la même ſeverité, que les debiteurs pour d'autres cauſes, &
qu'ils ne peuvent être obligez qu'à ce qu'ils ont moyen de
payer, ſans être reduits à la neceſſité ᵃ. Et ce qui a fait
qu'on n'a pas mis d'article pour cette regle, c'eſt qu'elle
étoit dans le droit Romain une ſuite du divorce qu'on y
permettoit, & qui eſt illicite, & que par nôtre uſage la
femme n'agiſſant contre le mari, ou le mari contre la
femme, qu'en cas de ſeparation de corps & de biens, ou
ſeulement de biens, cette regle ne ſe rapporte ni à l'un

---

a Non tantùm dotis nomine maritus in quantum facere poſſit condemnatur,
ſed ex aliis quoque contractibus, ab uxore judicio conventus, in quantum facere
poteſt condemnandus eſt, ex Divi Pii conſtitutione. Quod & in perſona mulieris, æqua lance, ſervari æquitatis ſuggerit ratio. l. 20. ff. de r. jud. §. 37. inſt.
de act. Reverentiæ debitum maritali. l. un. §. 7. C. de rei ux. act. l. 14. in f. ff. ſol.
matr. Maritum, in id quod facere poteſt, condemnari exploratum eſt. l. 12. ff.
ſol. matr. In condemnatione perſonarum, quæ in id quod facere poſſunt, damnantur, non totum quod hab nt extorquendum eſt : ſed & ipſarum ratiohabenda
eſt, ne egeant. l. 173. ff. de reg. jur.

ni à l'autre de ces deux cas : & qu'enfin dans tous ceux où
l'équité demande qu'on modere la dureté des pourſuites
des creanciers, nôtre uſage en laiſſe le temperament à
la prudence des Juges, ſelon les circonſtances. Surquoy
il faut voir l'article 20. de la Sect. 4. de la ſocieté.

On n'a pas mis non plus dans ce Titre cette autre regle
du droit Romain, & qui eſt auſſi fondée ſur un principe
d'équité, que les fruits de la dot qui ſe recuëillent la derniere année du mariage, doivent ſe partager entre le mari
& la femme, à proportion du temps que le mariage a
duré pendant cette derniere année ᵃ. Par cette regle, ſi
un mariage qui avoit été contracté le premier Juillet
avant les recoltes, étoit rompu par un divorce le premier Novembre; le mari qui avoit recuëilli tous les fruits
de l'année, pour quatre mois que le mariage avoit ſeulement duré, étoit obligé de rendre à la femme les deux
tiers des fruits. Et cette derniere année commençoit à pareil jour que le mariage avoit commencé : ou ſi le mari
n'étoit entré en poſſeſſion du fonds qu'après le mariage,
elle commençoit à pareil jour que le mari avoit été mis
en poſſeſſion ᵇ. Mais cette regle qui dans le cas du divorce étoit neceſſaire pour faire juſtice & à la femme & au
mari, n'eſt pas de la même neceſſité dans le cas de la diſſolution du mariage par la mort de l'un ou de l'autre.
Car au lieu que dans le cas du divorce il eût été tres-in-
juſte qu'une femme mariée à la veille de la recolte, & re-
pudiée après la recolte eût été dépoüillée du revenu de
toute l'année; dans le cas de la diſſolution du mariage
par la mort du mari ou de la femme, la juſtice qui peut
être dûë à l'un ou à l'autre, ou à leurs heritiers n'eſt pas
bornée préciſément à cette regle. Et outre cette maniere
de partager les fruits du bien dotal entre le ſurvivant des
conjoints & les heritiers du prédecedé, nos coûtumes en
ont établi d'autres differentes. Ainſi en quelques-unes
les fruits du bien dotal pendant la derniere année demeurent au mari, aux charges où ces coûtumes l'engagent :

a l. 7. §. 1. ff. ſol. matr. d, l. §. 9. l. 11. eod. l. 78. §. 2. ff. de jur. dot. l. un. §. 9.
C. de rei. ux. act.
b l. 5. & l. 6. ff. ſol. matr.

Tt iij

en d'autres le furvivant recuëille tous les fruits pendants
par les racines, dans l'heritage qu'il reprend, à la charge
de payer la moitié des cultures & des femences : en d'autres les fruits fe partagent par moitié. Et ces differens ufages ont en general leur équité fur ce que ceux qui fe ma-
rient contractent aux conditions de ces coûtumes ; s'ils
n'y dérogent par des claufes expreffes, & en particulier
chaque ufage eft fondé ou fur l'incertitude de l'évenement qui pourra donner quelque avantage à celui qui
aura furvêcu, ou fur d'autres motifs qui rendent juftes
ces divers partages.

SECTION I.

De la nature des Dots.

SOMMAIRES.

I.

1. *Définition de la dot.*

LA dot eft le bien que la femme apporte au mary,
pour en joüir, & l'avoir toûjours en fa puiffance
pendant leur mariage *a*.

a Dotis caufa perpetua eft, & cum voto ejus qui dat ita contrahitur, ut femper apud maritum fit. l. 1. ff. de jur. dot. Fructus dotis ad (maritum) pertinent. l. 10. §. 3. eod.

II.

Les revenus de la dot font deftinez pour aider à l'entretien du mari, de la femme, & de leur famille, & aux autres charges du mariage. Et c'est pour ces charges que le mari a droit d'en joüir *a*.

2. *Le mary joüit de la dot pour les charges du mariage.*

a Dotis fructum ad maritum pertinere debere, æquitas fuggerit. Cùm enim ipfe onera matrimonii fubeat, æquum eft cum etiam fructus percipere. l. 7. ff. de jur. dot.

Apud (maritum) dos effe debet, qui onera fuftinet. l. 65. §. ult. ff. pro focio. Pro oneribus matrimonii, mariti lucro fructus totius dotis effe. l. 20. C. de jur. dot.

III.

Le droit qu'a le mari fur le bien dotal de fa femme, eft une fuite de leur union, & de la puiffance du mari fur la femme même. Et ce droit confifte en ce qu'il a l'adminiftration & la joüiffance du bien dotal, que la femme ne peut le lui ôter, qu'il peut agir en juftice au nom de mari pour le recouvrer contre les tierces perfonnes qui en font les detenteurs, ou les debiteurs *b* : & qu'ainfi il exerce de fon chef comme mari les droits, & les actions qui dépendent de la dot, d'une maniere qui le fait confiderer comme s'il en étoit le maître ; mais qui n'empêche pas que la femme n'en conferve la proprieté *c*. Et ce font ces divers effets des droits du mari, & de ceux de la femme fur le bien dotal, qui font que les loix regardent la dot, & comme un bien qui eft à la femme, & comme un bien qui eft au mari.

3. *Comment le mary eft maître de la dot.*

b Dos ipfius filiæ proprium patrimonium eft. l. 3. §. 5. ff. de minor.

Si res in dotem dentur puto in bonis mariti fieri. l. 7. §. 3. ff. de jur. dot. Idem refpondit, conftante matrimonio, dotem in bonis mariti effe. l. 21. §. 4. ff. ad municip.

De his quæ in dotem data ac direpta commemoras, mariti tui effe actionem, nulla eft dubitatio. l. 11. C. de jure dot. Rei dotalis nomine, quæ periculo mulieris eft, non mulier furti actionem habet fed maritus. l. 49. in fine. ff. de furt. Doce ancillam de qua fupplicas dotalem fuiffe, in notione præfidis, quo patefacto, dubium non erit vindicari ab uxore tua nequiviffe. l. 9. C. de rei vind.

c Cum eædem res ab initio uxoris fuerint, & naturaliter in ejus permanferint dominio : non enim, quod legum fubtilitate tranfitus earum in patrimonium mariti videatur fieri, ideò rei veritas deleta, vel confufa eft l. 30. C. de jur. dot. Quamvis in bonis mariti dos fit, mulieris tamen eft. l. 75. ff. eod.

On n'a pas mis dans cet article , comme il eft dit dans les textes qui y font rapportez, que la femme ne peut elle-même agir en justice pour ses biens dotaux ; parce que par nôtre usage, encore que le mary puisse agir seul, la femme peut aussi agir, non seulement quand elle est separée de biens, mais quoyque non separée, pourvû que le mary y consente, & qu'il l'autorise, ou qu'à son refus elle soit autorisée en justice.

IV.

La dot en deniers, ou en autres choses, soit meubles ou immeubles, qui ont été estimées par le contract à un certain prix, est propre au mary : & il devient debiteur des deniers donnez en dot, ou du prix des choses estimées. Car cette estimation luy en fait une vente : & la dot consiste au prix convenu *a*.

a Si antè matrimonium æstimatæ res dotales sunt, hæc æstimatio quasi sub conditione est. Namque hanc habet conditionem, si matrimonium fuerit secutum. Secutis igitur nuptiis, æstimatio rerum perficitur, & fit vera venditio. *l. 10. §. 4. ff. de jur. dot.* Quoties res æstimatæ in dotem dantur, maritus dominium consecutus, summæ, velut pretii, debitor efficitur. *l. 5. C. de jur. dot.*

V.

Si les choses ainsi estimées viennent à se déteriorer, ou si elles perissent pendant le mariage, c'est le mari qui en étant le proprietaire, en souffre la perte, comme il auroit le profit, s'il y en avoit. Mais le profit & la perte des choses qui n'ont pas été estimées regardent la femme, qui en a toûjours conservé la proprieté *b*.

b Plerumque interest viri, res non esse æstimatas, ne periculum rerum ad eum pertineat. *l. 10. ff. de jur. dot. l. 10. C. eod.* Quoties igitur non æstimatæ res in dotem dantur, & meliores, & deteriores mulieri fiunt. *d. l. 10. ff. de jur. dot.* Æstimatarum rerum maritus quasi emptor, & commodum sentiat, & dispendium subeat, & periculum expectet. *l. un. §. 9. in f. C. de rei ux. act.*

VI.

Dans le cas où les choses dotales sont estimées, les regles sont les mêmes que celles qui ont été expliquées dans le contract de vente. Car cette estimation est une vraye vente *c*.

c Quia æstimatio venditio est. *l. 10. §. 5. in f. ff. de jur. dot. l. 1. & l. 10. C. eod.*

VII.

La dot peut comprendre ou tous les biens de la femme presens & à venir, ou seulement tous ses biens presens, ou une partie, selon qu'il aura été convenu *d*. Et

d Nulla lege prohibitum est universa bona in dotem marito fœminam dare. *l. 4. C. de jur. dot. l. 72. ff. eod. Toto Tit. ff. de jur. dot.*

les

les biens de la femme qui n'entrent pas dans la dot font appellez paraphernaux, dont il fera parlé dans la Section 5.

VIII.

Si le mary tire du fonds dotal quelque profit qui tienne lieu de revenu, il luy appartiendra. Mais fi ce profit n'eft pas de la nature des fruits & revenus; c'eft un capital, qui augmente la dot. Ainfi, les coupes des bois taillis, les arbres qu'on peut tirer des pepinieres font des revenus. Mais fi le mary fait une vente de grands arbres que le vent ait abbatus d'un bois, d'une garenne, d'un verger: s'il vend les materiaux d'un bâtiment ruiné, & qu'il n'eft pas utile, ou neceffaire de rétablir; tous les profits qu'il peut tirer de ces fortes de chofes, les dépenfes déduites, font des capitaux qui augmentent la dot. Et il en feroit de même s'il arrivoit quelque augmentation du fonds dotal; foit dans l'étenduë, comme fi un heritage proche d'une riviere fe trouve en recevoir quelque accroiffement: ou dans fa valeur, comme fi on découvre un droit de fervitude, ou autre femblable *a*.

a Si arbores cæduæ fuerunt, vel gremiales, dici oportet in fructus cedere. Si minus, quafi deteriorem fundum fecerit maritus, tenebitur. Sed etfi vi tempeftatis ceciderunt, dici oportet pretium earum reftituendum mulieri: nec in fructum cedere, non magis quàm fi thefaurus fuerit inventus. In fructum enim non computabitur, fed pars ejus dimidia reftituetur, quafi in alieno inventi. *l. 7. §. 12. ff. folut. matr. l. 8. ff. de fundo do*. Sive fuperficiem ædificii dotalis, voluntate mulieris vendiderit, nummi ex ea venditione recepti funt dotis. *l. 32. ff. de jur. dot.*

Si grandes arbores effent, non poffe eas cædere. *l. 11. ff. de ufufr.* Incrementum videtur dotis, non alia dos, quemadmodum fi quid alluvione acceffiffet. *l. 4. ff. de jur. dot.*

IX.

Les pierres des carrieres & les autres matieres qui fe tirent d'un fonds, comme la chaux, le plâtre, le fable, & autres femblables font des revenus qui appartiennent au mary. Soit que ces matieres paruffent lors du mariage: ou que le mary en ait fait la découverte *b*; & en ce cas il recouvre les dépenfes qu'il a faites pour mettre le fonds

b Sed fi cretifodinæ... vel cujus alterius materiæ fint, vel arenæ, utique in fructu habebuntur. *l. 7. §. 14. ff. fol. matr. l. 8. eod.*

Tome I. V u

8. *Profits de la dot qui ne font pas des revenus.*

9. *Pierres des carrieres, & autres matieres.*

en état de produire ce nouveau revenu *a*. Que fi ces matieres font telles, qu'on ne puiſſe les mettre au nombre des
fruits, & qu'elles ne faſſent pas un revenu annuel, mais
un profit à prendre une ſeule fois; ce ſera un capital, & la
dot ſera augmentée de ce qu'il y aura de profit, la dépenſe déduite *b*.

a Vir in fundo dotali lapidicinas marmoreas aperuerat : divortio facto, quæritur, marmor quod cæſum, neque exportatum eſſet, cujus eſſet : & impenſam
in lapidicinas factam mulier an vir præſtare deberet. Labeo, marmor, viri eſſe,
ait, cæterùm viro negat quidquam præſtandum eſſe à muliere, quia nec neceſſa-
ria ea impenſa eſſet, & fundus deterior eſſet factus. Ego, non tantum neceſſarias, ſed etiam utiles impenſas præſtandas à muliere exiſtimo, nec puto fundum
deteriorem eſſe, ſi tales ſunt lapidicinæ in quibus lapis creſcere poſſit. *l. ult. ff. de
fundo dot.*
b Si ex lapidicinis dotalis fundi, lapidem, vel arbores, quæ fructus non eſſent
vendiderit, nummi ex ea venditione recepti, ſunt dotis. *l. 32. ff. de jur. dot.* Nec
in fructu eſt marmor, niſi talis ſit ut lapis ibi renaſcatur, quales ſunt in Gallia,
ſunt & in Aſia. *l. 7. §. 13. ff. ſol. matr.*
V. pour ces dépenſes l'art. 11. & les ſuivans de la Sect. 3. & l'art. 17. de la
Sect. 10. du contract de vente.

X.

Le fonds que le mary acquiert des deniers dotaux n'eſt
pas dotal; mais eſt propre au mary *c*.

c Ex pecunia dotali fundus à marito tuo comparatus, non tibi quæritur. *l. 12.
C. de jure dot.* Sive cùm nupſiſſes mancipia in dotem dediſti, ſive poſt datam dotem, de pecunia dotis, maritus tuus quædam comparavit; juſtis rationibus dominia eorum ad eum pervenerunt. *l. ult. C. de ſervo pign. dat. man.*
Il faut entendre la ley 54. & les loix 26. & 27. ff. de jure dot. de l'acquiſition
faite pour la femme, comme il paroit par ces deux dernieres loix.

XI.

Il peut être convenu que le mary ſurvivant ait un certain gain ſur les biens de la femme. Et ce gain peut être
ſtipulé, ou en cas qu'il y ait des enfans, ou même quand
il n'y en auroit point *d*. Et on peut auſſi regler quelque

d Si deceſſerit mulier conſtante matrimonio, dos non in lucrum mariti cedat,
niſi ex quibuſdam pactionibus. *l. un. §. 6. C. de rei ux. act.* Deminutio dotis. *l. 19.
C. de don. t. ante nupt.* Si pater dotem dederit, & pactus ſit ut mortuâ in matrimonio filiâ, dos apud virum remaneret, puto, pactum ſervandum, etiamſi liberi non interveniant. *l. 12. ff. de pact. dot.* Si convenerit, ut quoquo modo diſſolu-
tum ſit matrimonium, liberis intervenientibus, dos apud virum remaneret, &c.
*l. 2. ff. de pact. dot. l. 26. eod. l. 1. ff. de dote. præleg. v. l. 9. C. de pact. convent. &
Nov. 97. c. 1. de æqual. dot. & proft. nupt. don. & augm. dot.*
Il faut remarquer ſur cet article, que les coûtumes reglent differemment les gains, tant
du mary que de la femme : & ces gains reglez par les coûtumes ſont acquis de droit,
quand il n'y en auroit pas de convention.

gain pour la femme sur les biens du mary, en cas qu'elle survive.

XII.

On peut dans les contracts de mariage, comme en tous autres, faire toutes sortes de conventions, soit sur la dot, ou autrement; pourvû que la convention n'ait rien d'illicite & de malhonnête, ou qu'il soit défendu par quelque coûtume, ou par quelque loy *a*.

a Si qua pacta intercesserint, pro restitutione dotis, vel pro tempore, vel pro usuris, vel pro alia quacumque causa, quæ nec contra leges, nec contra constitutiones sunt, ea observentur. *l. un. §. ult. C. de rei ux. act.* V. l'art. 20. de la Sect. x. des regles du Droit.

12. *Liberté de tous pactes licites & honnêtes.*

XIII.

Le fonds total ne peut être aliené, ny hypothequé par le mary, non pas même quand la femme y consentiroit *b*.

13. *Le fonds dotal ne peut être aliené.*

b Fundum dotalem non solùm hypothecæ titulo dare, nec consentiente muliere maritus possit, sed nec alienare, nec fragilitate naturæ suæ in repentinam deducatur inopiam. *l. un. §. 15. ff. de rei ux. act.*

Cet article doit être entendu selon l'usage des Provinces où la femme ne peut aliener son bien dotal. Mais elle le peut dans celles où cette alienation est permise avec l'autorité du mary. Il faut aussi remarquer, qu'en quelques Provinces, la femme ne peut pas même s'obliger avec l'autorité de son mary; ce qui luy conserve sa dot entiere, soit mobiliaire, ou immobiliaire.

XIV.

La défense d'aliener le fonds dotal comprend celle de l'assujettir à des servitudes, ou de laisser perdre celles qui y sont dûës, & d'en empirer autrement la condition *c*.

14. *Ny assujetty à des servitudes ou autres charges.*

c Julianus libro sexto decimo digestorum scripsit, neque servitutes fundo debitas posse maritum amittere, neque alias imponere. *l. 5. ff. de fund. dot.*

XV.

Si pendant le mariage il arrive quelque cas extraordinaire, qui paroisse obliger à l'alienation du bien dotal, comme pour racheter de captivité, ou tirer de prison, le mary, la femme, ou leurs enfans, ou pour d'autres necessitez, l'alienation pourra être permise en justice, avec connoissance de cause, selon les circonstances *d*.

15. *Exception pour l'alienation du bien dotal.*

d Manente matrimonio non perdituræ uxori, ob has causas dos reddi potest: ut sese suosque alat.... ut in exilium, ut in insulam relegato parenti præstet alimonia, aut ut egentem virum, fratrem, sororemve sustineat. *l. 73. §. 1. ff. de jur. dot. v. l. 20. ff. sol. matr.* Sed etsi ideo maritus ex dote expendit, ut à

latronibus redimeret neceſſarias mulieri perſonas : velut mulier vinculis vindicet ,
de neceſſariis ſuis aliquem , reputatur et quod expenſum eſt , ſive pars dotis ſit ,
pro ea parte : ſive tota dos ſit , actio dotis evaneſcit. *l. 21. ff. ſolut. matr.*

*On n'exprime pas dans cet article tous les cas où ces loix permettent d'employer une
partie de la dot , & même la dot entiere. Car nôtre uſage y eſt plus reſervé : & quelques coûtumes ont borné la permiſſion d'aliener la dot à la neceſſité des alimens de
la famille , ou pour tirer le mary de priſon. Ainſi on a crû devoir ajoûter à cette regle le temperament de la permiſſion en juſtice avec connoiſſance de cauſé , comme c'eſt
nôtre uſage.*

XVI.

16. La conſtitution
de dot renferme la
condition que le ma-
riage ſoit accomply.

Toute conſtitution de dot renferme la condition , que
le mariage ſoit accomply. Et les conventions pour la dot ,
comme toutes les autres du contract de mariage , ſont
aneanties , s'il n'eſt celebré , ou ſi pour quelque cauſe il eſt
annullé *a*.

*a. Omnis dotis promiſſio futuri matrimonii tacitam conditionem accipit. L. 68.
ff. de jur. dot. l. 10. §. 4. eod. Dotis appellatio non refertur ad ea matrimonia ,
quæ conſiſtere non poſſunt. Neque enim dos ſine matrimonio eſſe poteſt. Ubicumque igitur matrimonii nomen non eſt , nec dos eſt. l. 3. ff. de jur. dot.*

SECTION II.

Des perſonnes qui conſtituent la dot , & de leurs engagemens.

SOMMAIRES.

I.

LA fille qui fe marie, doit être dotée par fon pere, s'il eft vivant. Car le devoir du pere de pourvoir à la conduite de fes enfans, renferme celuy de doter fa fille *a*.

a Neque enim leges incognitæ funt, quibus cautum eft omnino paternum effe officium, dotem pro fua dare progenie. *l. 7. C. de dot. prom.* Capite trigefimo quinto legis Juliæ, qui liberos, quos habent in poteftate, injuriâ prohibuerint ducere uxores, vel nubere, vel qui dotem dare non volunt, ex conftitutione divorum Severi & Antonini, per Proconfules Præfidefque Provinciarum, coguntur in matrimonium collocare, & dotare. *l. 19. ff. de ritu nupt. v. Nov.* 115. *c. 3. §. 11.*

Ce qui eft dit dans ce dernier texte du mariage des filles contre la volonté de leurs peres, oblige à remarquer la difpofition que tout le monde fçait de l'Edit de 1556. & des autres Ordonnances qui défendent les mariages fans le gré des parens, aux garçons jufqu'à 30. ans, & aux filles jufqu'à 25. V. Exod. 22. 17. 34. 16. *Deut.* 7. 3.

1. Le pere dote fa fille.

II.

La fille ou la veuve qui fe marie étant hors de la puiffance de fon pere, fe conftituë elle-même fa dot, & en ftipule les conditions *b*.

b Tot. tit. ff. de jur. dot.

2. La fille, ou la veuve qui eft hors de la puiffance de fon pere, fe dote elle-même.

III.

Lors qu'une fille mineure fe marie aprés la mort de fon pere, comme elle eft maîtreffe de fon bien, quoyque fous la conduite d'un tuteur, ou d'un curateur; c'eft elle-même qui fe conftituë fa dot, fous cette autorité *c*.

c Mulier in minori ætate conftituta, dotem marito, confentiente generali vel fpeciali curatore, dare poteft. *l.* 28. *C. de jur. dot.*

3. Conftitution de dot de la fille mineure.

IV.

Si un pere de qui la fille a des biens propres, foit maternels ou autres, pour lefquels il luy tient lieu de tuteur, ou de curateur, luy conftituë une dot, fans fpecifier fi c'eft du bien de fa fille, ou fi c'eft du fien; il eft reputé donné non comme tuteur ou curateur, mais comme pere, & par le devoir de doter fa fille, & de fon bien propre. Et il en feroit de même quand cette fille feroit déja émancipée *d*.

d Cùm pater curator fuæ filiæ, juris fui effectæ, dotem pro ea conftituiffet, magis eum quafi patrem id, quàm quafi curatorem feciffe videri. *l.* 5. *§.* 12. *ff.*

4. Si le pere dote fa fille, il eft préfumé que c'eft de fon bien, & non pas de celuy que la fille peut avoir d'ailleurs.

de jur. dot. Si pater dotem pro filia simpliciter dederit,.. sancimus siquidem nihil addendum existimaverit, sed simpliciter dotem dederit, vel promiserit, ex
sua liberalitate hoc fecisse intelligi, debito in sua figura remanente. *l. ult. C. de
dotis promiss.*

V.

La dot que le pere a constituée de son propre bien,
s'appelle à son égard une dot profectice, parce que c'est
de luy qu'elle est provenuë *a*.

a Profectitia dos est, quæ à patre vel parente profecta est, de bonis vel facto
ejus. *l. 5. ff. de jur. dot.* Si pater pro filia emancipata dotem dederit, profectitiam
nihilominus dotem esse nemini dubium est. *d. l. 5. §. 11. ff. de jur. dot.*

VI.

La dot profectice retourne au pere qui survit à sa fille,
si elle meurt sans enfans *b*.

b Jure succursum est patri, ut filiâ amissâ, solatii loco cederet, si redderetur ei
dos ab ipso profecta : ne & filiæ amissæ, & pecuniæ damnum sentiret. *l. 6. ff. de
jure dot.* Dosâ patre profecta, si in matrimonio decesserit mulier filia familiâs,
ad patrem redire debet. *l. 4. C. soluto matr. l. 2. C. de bon. quæ lib.* Si conditio
stipulationis impleatur, & postea filia, sine liberis decesserit, non erit impe-
diendus pater, quominus ex stipulatu agat. *l. 40. ff. sol. matr.*

*Si la fille dotée par son pere, mourant sans enfans, fait un testament, le droit de retour
empechera-t-il l'effet de la disposition de la fille, de sorte que le pere reprenne la dot entiere ? V. l. 59. ff. sol. matr. Il semble par cette loy que la fille puisse disposer. Ce qu'il faudroit entendre, de ce qu'elle peut donner sans blesser la legitime du pere.*

VII.

Ce droit de retour, ou de reversion de la dot est conservé au pere, quoyque la fille eût été mise hors de la
puissance paternelle par une émancipation. Car ce droit
n'est pas attaché à cette espece de puissance paternelle,
qui se perd par l'émancipation, mais au droit naturel inseparable du nom de pere *c* : & pour luy tenir lieu d'un
soulagement, dans la perte qu'il fait de sa fille *d*.

c Non jus potestatis, sed parentis nomen dotem profectitiam facit. *l. 5. §. 11.
ff. de jur. dot.* Etiamsi in potestate non fuerit patris, dos ab eo profecta reverti
ad eum debet. *l. 10. ff. sol. matr.*

d Filia amissa, solatii loco. *l. 6. ff. de jur. dot.*

*On met cet article pour faire voir, par la raison de la loy d'où il est tiré, que la
mere, & les ascendans maternels ne devroient pas être distinguez du pere, pour ce droit
de retour. V. l'art. 11. de cette Section, & la remarque sur ce même article.
V. sur l'émancipation dont il est parlé dans cet article, les articles 5. & 6. de la
Section 2. des personnes.*

VIII.

Le droit de reversion n'empêche pas que le mary ne
retienne sur la dot profectice, ce qui luy revient pour

fes gains felon qu'il en a été convenu *a* ; ou qu'il eft reglé par les coûtumes des lieux.

a Si pater dotem dederit, & pactus fit, ut mortuâ in matrimonio filiâ, dos apud virum remaneret, puto pactum fervandum : etiamfi liberi non interveniant. *l.* 12. *ff. de pact. dotal.*

IX.

Si le pere étoit fous la conduite d'un curateur, comme s'il eft infenfé, ou interdit, ou pour d'autres caufes, ou s'il fe trouvoit dans une abfence, ou autre état qui oblige la juftice à pourvoir au mariage & à la dot de fa fille, la dot qui luy fera conftituée des biens paternels, fera une dot profectice à l'égard du pere *b*.

9. Si le pere eft infenfé ou prodigue.

b Si curator furiofi, vel prodigi, vel cujufvis alterius, dotem dederit, fimiliter dicemus dotem profectitiam effe. *l.* 5. §. 3. *ff. de jur. dot.* Sed etfi proponas prætorem vel præfidem decreviffe, quantum ex bonis patris vel ab hoftibus capti, aut à latronibus oppreffi, filiæ in dotem detur : hæc quoque profectitia videtur. *d. l.* 5. §. 4.

Tout ce qui a été dit du pere pour ce qui regarde la dot profectice & la reverfion, s'étend à l'Ayeul, & autres afcendans du côté paternel *c*.

10. Dot profectice qui vient de l'Ayeul, ou autres afcendans paternels.

c Profectitia dos eft quæ à patre, vel parente profecta eft. *l.* 5. *ff. de jur. dot.* V. la remarque fur l'article fuivant.

XI.

Toutes perfonnes, parens ou étrangers peuvent conftituer une dot *d*. Mais ils n'ont pas le droit de reverfion, s'ils ne l'ont ftipulé. Car c'eft une donation libre & irrevocable qu'ils ont voulu faire *e*.

11. Reverfion aux étrangers.

d Promittendo dotem omnes obligantur, cujufcumque fexûs, conditionifque fint. *l.* 41. *ff. de jur. dot.*

e Si dotem marito libertæ veftræ dediftis, nec eam reddi foluto matrimonio vobis incontinenti pacto, vel ftipulatione profpexiftis : hanc culpa uxoris diffoluto matrimonio penes maritum remanfiffe conftitit, licèt eam ingratam circa vos fuiffe oftenderitis. *l.* 24. *C. de jur. dot.* Accedit ei & alia fpecies ab rei uxoriæ actione, fi quando etenim extraneus dotem dabat nulla ftipulatione, vel pacto pro reftitutione ejus in fuam perfonam facto. . . nifi expreffim extraneus fibi dotem reddi pactus fuerit, vel ftipulatus, cùm donaffe magis mulieri, quàm fibi aliquod jus fervaffe extraneus non ftipulando videatur. Extraneum autem intelligimus omnem citra parentem per virilem fexum afcendentem. *l. un.* §. 13. *C. de rei ux. act.*

Pourquoy la mere & les afcendans maternels n'auront-ils pas le droit de retour, comme ils femblent en être exclus par ce §. 13. qui les met au nombre des étrangers.

N'ont-ils pas les mêmes raifons que le pere, Ne & filiæ amiffæ, & pecuniæ dam-

num fentiret. *l. 6. ff. de jur. dot.* Nos coûtumes privent les afcendans de la fucceffion des propres de leurs enfans, & veulent que les propres ne remontent point, de
crainte qu'ils ne paffent d'une ligne à l'autre. Mais elles confervent à la mere &
aux autres afcendans le droit de retour, de même qu'au pere. V. l'art. 7. de cette
Section.

XII.

Si le pere ne dote fa fille que de ce qu'il avoit à elle,
ou de ce qu'il étoit obligé de luy donner, comme fi un
étranger avoit donné au pere à condition d'employer à
doter fa fille, cette dot ne fera pas profectice *a* ; mais ce
fera une dot d'un bien aventif, & propre à la fille. Et il
en feroit de même, fi le pere luy devoit pour quelque autre caufe *b*.

a Si quis certam quantitatem patri donaverit, ita ut hanc pro filia daret, non
effe dotem profectitiam Julianus, libro feptimo decimo digeftorum fcripfit. Obf-
trictus eft enim ut det. *l. 5. §. 9. ff. de jur. dot.*
b Parentis nomen dotem profectitiam facit, fed ita demum, fi ut parens dederit. Cæterùm fi cùm deberet filiæ, voluntate ejus dedit, adventitia dos eft. *d. l.
5. §. 11.*

XIII.

Quoyque ce foit un devoir qui regarde le pere de
doter fa fille, & qu'il ne puiffe la doter des biens qui appartiennent à la mere *c* ; fi neanmoins la mere a des biens
qui ne foient pas dotaux, elle peut en donner en dot à
fa fille. Et fi le pere ne peut la doter, la mere en ce cas
peut donner de fa propre dot pour doter fa fille, en obfervant les temperamens que les coûtumes peuvent y
apporter *d*.

c Neque mater pro filia dotem dare cogitur, nifi ex magna & probabili caufa,
vel lege fpecialiter expreffa : neque pater de bonis uxoris fuæ invitæ ullam dandi
habet facultatem. *l. 14. C. de jur. dot.* Cùm uxor virum fuum, quam pecuniam
fibi deberet, in dotem filiæ communis dare jufferit : & id feciffe dicatur : puro,
animadvertendum effe, utrùm eam dotem fuo, an uxoris nomine dedit. Si fuo,
nihilominus uxori eum debere pecuniam: fi uxoris nomine dederit, ipfum ab uxore liberatum effe. *l. 2. ff. de jure dot.*
d Nifi pater aut non fit fuperftes, aut egens eft. *l. pen. ff. de agr. & alend. lib.*
Quoyque ces dernieres paroles ne foient pas fur ce fujet, elles peuvent s'y rapporter. Il y a
des coûtumes qui ne permettent pas à la femme mariée d'aliener fon bien dotal, ny de
s'obliger, luy permettent d'employer une certaine partie de fa dot pour doter fa fille, fi
le pere n'en a pas le moyen.

XIV.

Ceux qui conftituent une dot, foit en deniers, ou en
fonds, ou d'autre nature, ne peuvent plus difpofer de
ce

ce qu'ils ont donné, ou promis : & ils font obligez à la garentie des fonds donnez, des dettes cedées, & des autres chofes, felon qu'il en eft convenu, ou felon les regles de la garentie que doivent ceux qui vendent, ou tranfportent *a*.

a Rem quam pater in dotem genero pro filia dedit, nec recepit, alienare non poteft. *l.* 22. *C. de jur. dot. l.* 17. *eod.* Evictâ re quæ fuerat in dotem data, fi pollicitatio, vel promiffio fuerit interpofita, gener contra focerum, vel mulierem, feu heredes eorum, conditione, vel ex ftipulatione agere poteft. *l.* 1. *C. de jur. dot. l. un.* §. 1. *C. de rei ux. act.* §. 29. *inft. de act.*

SECTION III.

Des engagemens du mary à caufe de la dot, & de la reftitution de dot.

SOMMAIRES.

I.

LA dot étant en la puissance du mary avec le droit d'en joüir, pour porter les charges du mariage, comme pour s'entretenir & sa femme, & leur famille; le premier de ses engagemens, en ce qui regarde la dot, est de porter ces charges *a*.

a Dotis fructum ad maritum pertinere debere, æquitas suggerit. Cùm enim ipse onera matrimonii subeat, æquum est eum etiam fructus percipere. *l. 7. ff. de jur. dot. l. 20. C. eod.*

II.

Comme le mary joüit de la dot, & qu'il l'a en ses mains autant pour son interêt que pour celuy de sa femme; il doit en avoir le même soin que de ses affaires, & de ses biens propres. Ainsi il doit poursuivre les debiteurs, reparer & cultiver les heritages, & generalement veiller à tout ce qui regarde la conservation du bien dotal. Et si par sa faute, ou sa negligence, il arrive des pertes & des diminutions, ou qu'il deteriore les heritages, il en sera tenu *b*. Et même des cas fortuits, qui pourroient être causez par des fautes dont il dût répondre *c*.

b Ubi utriufque utilitas vertitur, ut in empto, ut in locato, ut in dote, ut in pignore, ut in societate, & dolus & culpa præstatur. *l. 5. §. 2. ff. commod. l. 23. ff. de reg. jur.* In rebus dotalibus virum præstare oportet tam dolum quàm culpam, quia causa sua dotem accipit. Sed etiam diligentiam præstabit, quam in suis rebus exhibet. *l. 17. ff. de jur. dot. l. ult. C. de pact. conv.* Si extraneus sit qui dotem promisit, isque defectus sit facultatibus, imputabitur marito cur eum non convenerit. *l. 33. ff. de jur. dot. V. l'art. suivant.* Si fundum viro uxor in dotem dederit, isque inde arbores deciderit, si hæ fructus intelliguntur, pro portione anni debent restitui. Puto autem: si arbores caducæ fuerunt, vel gremiales, dici oportet in fructus cedere. Si minùs, quasi deteriorem fundum fecerit maritus tenebitur. *l. 7. §. 12. ff. sol. matr.*

c In his rebus quas præter numeratam pecuniam doti vir habet, dolum malum, & culpam eum præstare oportere Servius ait, ea sententia Publii Mutii est. Nam: is in Licinnia Gracchi uxore statuit, quod res dotales in ea seditione qua Gracchus occisus erat perissent ait, quia Gracchi culpâ ea seditio facta esset, Licinniæ præstari oportere. *l. 66. ff. solut. matrim.*

III.

Quoyque le mary soit obligé à faire les diligences contre les debiteurs de la dot, & que s'il neglige d'agir, lorsque l'action luy est ouverte, il soit tenu de ce qui se trouvera perdu par sa negligence ; si neanmoins le debiteur de la dot étoit le pere, ou un donateur ; on ne doit pas exiger du mary les mêmes diligences qu'il devroit exercer contre un étranger. Mais il est juste d'y apporter les temperamens que les circonstances peuvent demander *a*.

a Si non petierit maritus, tenebitur hujus culpæ nomine, si dos exigi potuerit. *l. 20. §. 2. ff. de paét. dot.* Si extraneus sit, qui dotem promisit, isque defeétus sit facultatibus, imputabitur marito, cur eum non convenerit, maximè si ex necessitate, non ex voluntate dotem promiserat. Nam si donavit, utcumque parcendum marito qui eum non præcipitavit ad solutionem qui donaverat, quemque in id quod facere posset, si convenisset, condemnaverat. Hoc enim Divus Pius rescripsit, eos qui ex liberalitate conveniuntur, in id quod facere possunt condemnandos. Sed si vel pater, vel ipsa promiserunt : Julianus quidem libro sexto decimo digestorum scribit, etiamsi pater promisit, periculum respicere ad maritum : quod ferendum non est. Debebit igitur mulieris esse periculum. Nec enim quicquam judex propriis auribus audiet mulierem dicentem, cur patrem qui de suo dotem promisit, non urserit ad exolutionem. Multò minus, cur ipsam non convenerit. Reétè itaque Sabinus disposuit, ut diceret, quod pater, vel ipsa mulier promisit, viri periculo non esse ? quod debitor, id viri esse : quod alius, scilicet donaturus, ejus periculo, ait, cui adquiritur. Adquiri autem mulieri accipiemus, ad quam rei commodum respicit. *l. 33. ff. de jur. dot.*

On a crû devoir apporter à cette regle le temperament qu'on y a mis dans cet article. Car nôtre usage n'est pas en cela aussi indulgent au mary, que le paroit cette loy 33. ff. de jur. dot. Et si d'une part il seroit trop dur qu'un mary fût obligé d'exercer contre un beau-pere, ou contre un donateur toutes les contraintes les plus violentes, il ne seroit pas juste aussi qu'il fût absolument déchargé de toute sorte de diligences. De sorte qu'il faut un temperament, qui regle sa conduite selon les circonstances. Voyez l'article 20. de la Seétion 4. de la société.

I V.

Si le mary change la nature d'une dette qui est du bien dotal, en l'innovant ; ce changement sera à ses perils, & il demeurera chargé de la dette, comme s'il l'avoit receuë *b*.

4. La novation que fait le mary est à ses perils.

b Dotem à patre vel à quovis alio promissam, si vir novandi causâ stipuletur, cœpit viri esse periculum, cùm antè mulieris fuisset. *l. 35. ff. de jur. dot.* Voyez le Titre des Novations, pour sçavoir ce que c'est que *Novation*, & on en a déja parlé dans le plan des matieres.

V.

Le mary qui reçoit des interêts d'un debiteur de la dot, surseyant par là le principal qu'il pouvoit exiger, sera tenu de la dette, si ce debiteur devenoit insolvable *c*.

5. Si le mary reçoit des interêts d'un debiteur de la dot.

c Cùm dotem mulieris nomine extraneus promisit, mulieris periculum est : sed si maritus, nomen secutus, usuras exegerit, periculum ejus futurum, respondetur. *l. 71. ff. de jur. dot.*

V I.

6. *Comment la prescription peut être imputée au mary.*

Si le fonds dotal est possedé par une tierce personne, & que le mary laisse couler tout le temps de la prescription, il en répondra. Si ce n'est que lors du mariage la prescription fût presque encouruë, & qu'il n'en restât que si peu de temps, qu'on ne pût imputer au mary de n'avoir pas interrompu une prescription acquise à son insçû a.

a Si fundum, quem Titius possidebat bona fide, longi temporis possessione poterat sibi quærere, mulier ut suum marito dedit in dotem, eumque petere neglexerit vir, cùm id facere posset, rem periculi sui fecit. *l.* 16. *ff. de fundo dot.* Planè si paucissimi dies ad perficiendam longi temporis possessionem superfuerunt, nihil erit quod imputabitur marito. *d. l.*

V I J.

7. *Cas de la restitution de dot.*

Le dernier engagement du mary est de rendre la dot, lors que le cas arrive. Comme si la femme meurt sans enfans avant le mary ; si le mariage est declaré nul ; s'il y a separation, ou de corps, & de biens, ou seulement de biens ; si la dot ayant été donnée au mary pendant les fiançailles le mariage ne s'est pas accomply. Et lorsque le mary meurt, l'engagement de rendre la dot passe à ses heritiers b.

b Cùm quærebatur an verbum, soluto matrimonio dotem reddi, non tantùm divortium, sed & mortem contineret, hoc est, an de hoc quoque casu contrahentes sentirent. Et multi putabant, hoc sensisse, & quibusdam aliis contra videbatur : secundùm hoc motus Imperator pronuntiavit, id actum eo pacto, ut nullo casu remaneret dos apud maritum. *l.* 240. *ff. de ver. sign.* Soluto matrimonio solvi mulieri dos debet. *l.* 2. *ff. sol. matr.* Si constante matrimonio, propter inopiam mariti, mulier agere volet, unde exactionem dotis initium accipere ponamus ? Et constat exinde dotis exactionem competere, ex quo evidentissimè apparuerit mariti facultates ad dotis exactionem non sufficere. *l.* 24. *ff. sol. matr. l.* 29. *C. de jur. d l. 1. Novell.* 97. *c.* 6. V. la sect. 5. de la separation de biens.

V I I I.

8. *Accessoires de la dot.*

La restitution de la dot s'étend non seulement à ce qui a été donné au mary à titre de dot, mais aussi à tous les accessoires qui peuvent en avoir augmenté le capital, & qui ne devoient pas appartenir au mary. Ainsi les augmentations de la nature de celles dont il a été parlé dans les articles 8. & 9. de la Section premiere, sont sujettes à la restitution de dot c.

c Quia ipse fundus est in dote, quodcumque propter eum consecutus fuerit à muliere maritus, quandoque restituet mulieri de dote agenti. *l.* 52. *ff. de jur. dot.*

IX.

Lorſque le cas de la reſtitution de dot eſt arrivé, elle doit être renduë ou à la femme, ſi elle a ſurvêcu, & qu'elle ſoit en âge pour la recevoir, ou à ſes heritiers, ou à ſon pere s'il avoit fait la conſtitution, ou aux autres perſonnes à qui la dot devra appartenir *a*.

9. A qui la dot doit être renduë.

a Soluto matrimonio, ſolvi mulieri dos debet. *l.* 2. *ff. ſl. matr.* Hæc, ſi ſui juris mulier eſt. *d. l.* Dos ab eo (patre) profecta reverti ad eum debet. *l.* 10. *eod. l.* 6. *ff. de jur. dot. l. un.* §. 13. *C. de rei ux. act. l.* 2. *C. de jur. dot.*

X.

Si dans le contract de mariage il a été convenu, ou qu'il ſoit reglé par quelque coûtume, que le mary ſurvivant, doive gagner une partie de la dot, la reſtitution ſera diminuée d'autant *b*.

10. Les gains du mary diminuent la reſtitution de la dot.

b V. l'art. 11. *de la Sect.* 1.

XI.

La reſtitution de la dot eſt auſſi diminuée par les reparations, & autres dépenſes que le mary, ou ſes heritiers auront faites pour la conſervation du bien dotal, ſelon la nature de ces dépenſes, & les regles qui ſuivent *c*.

11. Reparations & autres dépenſes diminuent la dot.

c. V. les articles ſuivans.

XII.

Les dépenſes que le mary, ou ſes heritiers peuvent avoir faites ſont de trois ſortes. Quelques-unes ſont neceſſaires, comme de refaire un bâtiment qui eſt en peril de ruine, & qu'il faut conſerver. D'autres ſont utiles, quoyque non neceſſaires, comme le plant d'un verger. Et il y en a qui ne ſont ni neceſſaires, ni utiles, & qui ne ſe font que pour le plaiſir, comme des peintures, & autres ornemens *d*.

12. Trois ſortes de dépenſes.

d Impenſarum quædam ſunt neceſſariæ, quædam utiles, quædam verò voluptariæ. *l.* 1. *ff. de imp. in res d-t. fact.* Neceſſariæ hæ dicuntur, quæ habent in ſe neceſſitatem impendendi. *d. l.* 1. §. 1. Si ædificium ruens, quod habere mulieri utile erat, refecerit. *d. l.* 1. §. 3. Utiles autem impenſæ ſunt, quas maritus utiliter fecit, remque meliorem uxoris fecerit, hoc eſt dotem: veluti ſi novelletum in fundo factum ſit. *l.* 5. §. *ult.* & *l.* 6. *e-t.* Voluptariæ autem impenſæ ſunt, quas maritus ad voluptatem fecit, & quæ ſpecies exornant. *l.* 7. *eod.*

XIII.

Pour les dépenſes neceſſaires le mary peut retenir le fonds dotal , ou une partie, ſelon leur valeur : & en demeurer en poſſeſſion juſqu'à ſon rembourſement, & c'eſt pourquoy on dit que ces ſortes de dépenſes diminuent la dot *a*. Car elle eſt en effet diminuée par la neceſſité d'en retrancher ce qui eſt dû au mary , pour une dépenſe, ſans laquelle le fonds pouvoit perir, ou être endommagé , & diminué , & qu'il a été obligé de faire , pour ne pas répondre luy-même de la perte qui ſeroit arrivée *b*.

a Quod dicitur neceſſarias impenſas ipſo jure dotem minuere, non eò pertinet, ut ſi fortè fundus in dote ſit , definat aliqua ex parte dotalis eſſe. Sed niſi impenſa reddatur , aut pars fundi, aut totus retineatur. *l. 56. §. 3. ff. de jur. dot. l. 1. §. 2. ff. de imp. l. 5. eod.*

b Id videtur neceſſariis impenſis contineri , quod ſi à marito omiſſum ſit , judex tanti eum damnabit, quanti mulieris interſuerit, eas impenſas fieri. *l. 4. ff. eod.* V. *l'art.* 16. *& la remarque qu'on y a faite.*

XIV.

Les dépenſes qui ſe font journellement & pour le courant , ſoit pour la conſervation du fonds, comme les menuës reparations d'une maiſon, ou pour la culture des heritages , comme pour ſemer , & labourer , ou pour recuëillir les fruits , ſe prennent ſur les fruits même , & ſur les autres revenus , & en ſont une charge. Car les fruits & les revenus ne s'entendent que de ce qui reſte de profit , deduction faite des dépenſes neceſſaires pour pouvoir joüir. Ainſi le mary ne recouvre point ces ſortes de dépenſes. Mais il recouvre celles qui paſſent les bornes de ce qui eſt neceſſaire pour conſerver les fonds en bon état , & pour en joüir *c*.

c Nos generaliter definimus multum intereſſe ad perpetuam utilitatem agri , vel ad eam quæ non ad præſentis temporis pertineat , an verò ad præſentis anni fructum. Si in præſentis , cum fructibus hoc compenſandum. Si verò non fuit ad præſens tantùm apta erogatio , neceſſariis impenſis computandum. *l. 3. §. 1. ff. de imp.*

Impendi autem fructuum percipiendorum cauſâ , Pomponius ait , quod in arando ſerendoque agro impenſum eſt , quodque in tutelam ædificiorum, agrumve curandum ſcilicet , ſi ex ædificio fructus aliqui percipiebantur. Sed hæ impenſæ non petentur , cùm maritus fructum totum anni retinet, quia ex fructibus priùs impenſis ſatisfaciendum eſt. *l. 7. §. ult. ff. ſol. matr.* Et ante omnia quæcumque impenſæ quærendorum fructuum cauſâ factæ erunt, quamquam eædem etiam colendi causâ fiant, ideoque non solùm ad percipiendos fructus, sed etiam ad conservandam ipsam rem, speciemque ejus necessariæ sint : eas vir ex suo facit : nec ullam habet eo nomine ex dote deductionem. *l. ult. ff. de imp.* Quod dicitur impensas, quæ in res dotales necessariò factæ sunt, dotem deminuere, ita interpretandum est, ut si quid extra tutelam necessariam in res dotales impensum est, id in ea causa sit. Nam tueri res dotales vir suo sumptu debet, alioqui tam cibaria dotalibus mancipiis data, & quævis modica ædificiorum dotalium refectio, & agrorum quoque cultura, dotem minuent. Omnia enim hæc in specie necessariarum impensarum sunt. Sed ipsæ res ita præstari intelliguntur, ut non tam impendas in eas, quàm deducto eo, minus ex his percepisse videatur. *l. 15. ff. eod.* Modicas impensas non debet arbiter curare. *l. 12. eod.* Fructus eos esse constat qui deductâ impensâ supererunt. *l. 7. ff. sol. matr.*

X V

Les charges foncieres, comme les cens, les tailles, & autres redevances qui sont des charges des fruits, se prennent sur les fruits *a*.

a Neque stipendium, neque tributum ob dotalem fundum præstita, exigere vir à muliere potest. Onus enim fructuum hæc impendia sunt. *l. 13. ff. de imp. l. 17. §. 3. ff. de usufr.*

X V I.

Les dépenses qui sont utiles, quoyque non necessaires, doivent être remboursées au mary ou à ses heritiers. Et quoyque ces dépenses eussent été faites sans la volonté de la femme, ils ont leur action pour les recouvrer *b*.

b Cùm necessariæ quidem expensæ dotis minuant quantitatem, utiles autem non aliter in rei uxoriæ ratione detinebantur, nisi ex voluntate mulieris, non abs re est, siquidem mulieris voluntas intercedat, mandati actionem à nostra auctoritate marito contra uxorem indulgeri, quatenus possit per hanc, quod utiliter impensum est, asservari. Vel si non intercedat mulieris voluntas, utiliter tamen res gesta est, negotiorum gestorum adversùs eam sufficere actionem. *l. un. §. 5. C. de rei uxor. act.* Ego non tantùm necessarias, sed etiam utiles impensas præstandas à muliere existimo. *l. ult. ff. de fund. dot.*

V. l'article 13. de cette Section. Il faut remarquer sur cet article 13. & sur celuy-cy, que ce qui a été dit dans l'article 13. sur le droit qu'a le mary de retenir la dot pour les dépenses necessaires, & ce qui est dit dans celuy-cy de l'action qu'il a pour recouvrer celles qui sont seulement utiles, doit s'entendre selon notre usage, qui est tel, que de quelque nature que soient les dépenses, soit utiles, ou necessaires, le mary, qui en cette qualité étoit en possession des biens dotaux, ne peut en être depossedé, ni ses heritiers, s'ils n'y consentent, que par l'authorité de la justice. Ce qui s'observe même quand il ne seroit dû aucun remboursement de dépense ; & c'étoit aussi l'usage dans le Droit Romain. Dotis actione successores mariti super eo quod ei dotis nomine fuerat datum, convenire debes. Ingrediendi enim possessionem rerum dotalium, heredibus mariti non consentientibus, sine auctoritate competentis Judicis, nullam habes facultatem. *l. 9. C. sol. matr.* Et c'est la regle à l'égard de tous possesseurs, qu'ils ne peuvent être depossedez que par la Justice. V. l'art. 15. de la sect. 6. des conventions. Mais pour ce qui regarde le remboursement du mary, & le droit de retenir la dot pour les dépenses, il dépend toûjours de la prudence du Juge de regler si le mary, ou ses heritiers doivent demeurer en possession jusqu'à leur remboursement.

Ce qui se juge par les circonstances ; comme de la valeur des dépenses ; de celle du fonds ;
des sûretez que le mary, ou ses heritiers peuvent avoir d'ailleurs : de la valeur des fruits,
& si quelques joüissances peuvent suffire au remboursement ; de la qualité des personnes &
de leurs biens ; & des autres semblables.

X V I I.

17. Comment on juge de la necessité, ou utilité des dépenses.

Comme il peut arriver des difficultez à regler quelles
sont les dépenses qui sont necessaires, ou non, & celles
qui sont utiles, ou non ; il est de la prudence du Juge
d'en arbitrer selon les circonstances. Ce qui dépend de
diverses vûës, & des égards qu'on doit avoir à la qualité
des fonds, & des autres biens où les dépenses ont été faites ; comme si c'est pour conserver, ou pour ameliorer
une maison, ou si c'est pour le recouvrement d'une dette :
à la qualité des reparations, & autres changemens : à la
commodité ou incommodité qui en peut suivre : à la proportion qu'il peut y avoir de la dépense à l'amelioration ;
& aux autres considerations semblables. Ainsi, par exemple, si pour le menagement d'un bien de campagne, il
faut y faire une grange, ou autre bâtiment, ce pourra
être une dépense necessaire : & si dans une maison il y
a une place propre à faire une boutique, ce pourra être
une dépense utile *a*.

a Quæ impendia secundùm eam distinctionem ex dote deduci debeant, non tam
facilè in universum definiri, quàm per singula ex genere, & magnitudine im-
pendiorum æstimari possunt. *l.* 15. *inf. ff. de imp. in res dot.* Si novam villam necessariò extruxit, vel veterem totam, sine culpa sua collapsam, restituerit, erit ejus
impensæ petitio. *l.* 7. §. *ult. ff. sol. matr.* Si in domo pistrinum, aut tabernam ad-
jecerit. *l.* 6. *ff. de imp. in res dot. f.*

X V I I I.

*18. Si les repara-
tions perissent par un
cas fortuit.*

S'il arrive que les reparations & les ameliorations perissent par un cas fortuit, le mary ou ses heritiers ne laisse-
ront pas de les recouvrer. Parce que le droit leur en étoit
acquis par l'ouvrage, & que la proprieté en étant à la
femme, elle en souffre la perte. *b*.

b Si fulserit insulam ruentem, eaque exusta sit, impensas consequitur. *l.* 4. *ff.
de imp.*

X I X.

*19. Dépenses pour
le plaisir.*

Les dépenses qui se font pour le seul plaisir sans necessité, ni utilité, ne se recouvrent point, quand même

la

la femme y auroit engagé le mari. Car il doit s'imputer une dépenſe qu'il a bien voulu perdre *a*.

a In voluptariis autem, Ariſto ſcribit, nec ſi voluntate mulieris factæ ſunt, exactionem parere. *l.* 11. *ff. de imp. l. un. S. 5. C. de rei uxor. act.*

XX.

Si les reparations faites pour le plaiſir ſont telles, qu'on puiſſe les enlever ſans qu'elles periſſent, le mari ou ſes heritiers peuvent les enlever, en cas que la dé-penſe leur en fût refuſée. Mais ſi elles ſont telles, qu'on ne puiſſe profiter de rien en les enlevant, comme des pein-tures à freſque, il n'eſt pas permis de les effacer. Car ce ſeroit nuire ſans aucun profit *b*.

b Pro voluptariis impenſis, niſi parata ſit mulier pati maritum tollentem, exactionem patitur. Nam ſi vult habere mulier, reddere ea quæ impenſa ſunt debet marito, aut ſi non vult, pati debet tollentem, ſi modo recipiant ſepara-tionem. Cœterùm, ſi non recipiant, relinquendæ ſunt. Ita enim permitten-dum eſt marito auferre ornatum quem poſuit, ſi futurum eſt ejus, quod abſtu-lit. *l.* 9. *ff. de imp.* Quod ſi voluptariæ ſint, licet ex voluntate ejus (uxoris) ex-penſæ, deductio operis quod fecit, ſine læſione tamen prioris ſpeciei, marito relinquatur. *l. un. S. 5. C. de rei ux. act.*

SECTION IV.

Des biens Paraphernaux *c*.

ON appelle biens paraphernaux, ceux que la femme ne donne point en dot; ſoit qu'elle exprime ce qu'elle reſerve, ou qu'elle ſpecifie ce qu'elle veut ſeulement don-ner à titre de dot; car ce qui luy reſte eſt paraphernal.

Ainſi, lorſque la femme ne donne en dot que ſes biens preſens, ou de certains biens, le reſte qu'elle peut avoir, ou qu'elle aura dans la ſuite par ſucceſſion, ou autrement, ſera paraphernal. Mais ſi elle donne en dot tous ſes biens preſens, & à venir; elle ne pourra plus avoir de biens paraphernaux.

La difference entre la dot, & les biens paraphernaux conſiſte en ce qu'au lieu que les revenus de la dot ſont au

c Quæ Græci παράφερνα dicunt. *l.* 9. §. 3. *ff. de jure dotium,* id eſt præter dotem.

mary, les revenus des biens paraphernaux demeurent à la femme : & elle peut disposer & de ces revenus, & du principal même, sans l'autorité de son mary.

Remarque sur la nature des biens paraphernaux.

Cette nature de biens paraphernaux, avec cette liberté à la femme d'en employer les revenus indépendemment de la volonté & du consentement de son mary, paroît avoir quelque chose de contraire aux principes de leur union. Car comme le mary est le chef de la femme, & chargé de la famille; il sembleroit juste qu'il fût le maître de tous les revenus des biens de la femme, qui comme ceux du mary, doivent servir à leur usage commun, & de leur famille : & cette liberté d'une jouissance indépendante du mary, est même une occasion qui peut troubler la paix que demande l'union du mariage. Et aussi voit-on, que dans une même loy du Droit Romain, qui ôte au mari tout droit sur les biens paraphernaux, il est reconnu, qu'il étoit juste, que la femme se mettant elle-même sous la conduite de son mari, elle luy laissât aussi l'administration de ses biens *a*. Cependant & le Droit Romain, & nos coûtumes ont reçû l'usage des biens paraphernaux; quelques-unes ayant seulement reglé, que si dans le contract de mariage, la femme ne specifie ce qu'elle met en dot, tous les biens qu'elle peut avoir au temps des fiançailles seront reputez biens dotaux. Et il y en a qui ont tellement favorisé l'usage des biens paraphernaux, & la liberté aux femmes d'en disposer, qu'encore que ces mêmes coûtumes ne permettent à la femme, ni d'aliener, ni d'engager ses biens dotaux, non pas même avec le consentement & l'autorité de son mari; elles luy permettent de joüir, & de disposer de ses biens paraphernaux, non seulement sans l'autorité, mais aussi sans le consentement de son mari. Et cette disposition est favorable dans ces coûtumes, de même que dans les Provinces du droit écrit où elle s'observe; Parce que la communauté de biens entre le mari & la femme n'y étant pas en usage, comme la femme ne profite ni des revenus

a Bonum erat mulierem, quæ seipsam marito committit, res etiam ejusdem. pati arbitrio gubernari. *l. 8. C. de pact. com.*

de sa dot, qui sont au mari, ni des biens qu'il peut acquerir pendant le mariage ; on lui laisse la liberté d'augmenter les siens par des épargnes de ses biens paraphernaux.

SOMMAIRES.

1. *Définition des biens para-*
   phernaux.
2. *La femme peut disposer des*
   biens paraphernaux.
3. *Comment la femme peut*
   joüir de ses biens parapher-
   naux.
4. *Si les biens paraphernaux*
   sont mobiliaires.

5. *Soin du mari pour les biens*
   paraphernaux qui luy sont
   délivrez.
6. *Comment ces biens se dis-*
   tinguent de ceux de la
   dot.
7. *Ce que la femme peut a-*
   voir sans titre apparent est
   au mari.

I.

LEs biens paraphernaux sont tous les biens que peut avoir une femme mariée, autres que ceux qui ont été donnez en dot au mari. Et ces biens sont comme une espece de pecule, qu'elle se reserve distingué de la dot, qui passe au mary *a*.

1. Définition des biens paraphernaux.

a Si res dentur, in ea, quæ Græci παράφερνα dicunt, quæque Galli peculium appellant. l. 9. §. 3. ff. de jur. dot. Species extra dotem. *l.* 31. §. 1. *ff. de donat.* Res quas extra dotem mulier habet, quas Græci παράφερνα dicunt. *l.* 8. *C. de pact. conv.*

II.

La femme peut disposer de ses biens paraphernaux indépendemment de l'autorité, & du consentement de son mary : & les employer comme bon luy semble, sans que le mary ait aucun droit de l'en empêcher, quand même la femme les luy auroit délivrez *b*.

2. La femme peut disposer des biens paraphernaux.

b Hac lege decernimus, ut vir in his rebus, quas extra dotem mulier habet, quas Græci papherna dicunt, nullam uxore prohibente habeat communionem : nec aliquam ei necessitatem imponat. Quamvis enim bonum erat mulierem, quæ seipsam marito committit, res etiam ejusdem pati arbitrio gubernari, attamen quoniam conditores legum æquitatis convenit esse fautores, nullo modo, ut dictum est, muliere prohibente, virum in paraphernis se volumus immiscere. l. 8. C. de pact. conv. Pecunias sortis quas exegerit (maritus) servare mulieri, vel in causas ad quas ipsa voluerit, distribuere (sancimus.) *l. ult. eod.*

III.

Comme la femme peut joüir, & difposer de fes biens paraphernaux, elle peut ou en joüir par elle-même, ou par d'autres perfonnes, ou en laiffer la joüiffance à fon mary, pour leur ufage commun, & de leur famille. Et fi ce font des rentes, ou dettes actives, elle peut recouvrer ou par elle-même, ou par d'autres perfonnes & les principaux, & les rentes, & interêts, s'il en eft dû, ou en laiffer le recouvrement à fon mari, lui en donnant les titres *a*.

a Habeat mulier ipfa facultatem, fi voluerit, five per maritum, five per alias perfonas, eafdem movere actiones: & fuas pecunias percipere. *l. ult. C. de pact. conv.* Et ufuras quidem eorum circa fe, & uxorem expendet. *d. l.* Si mulier marito fuo nomina, id eft fœneratitias cautiones quæ extra dotem funt, dederit, ut loco paraphernorum apud maritum maneant. *d. l. ult.*

IV.

Si les biens paraphernaux, ou une partie confiftent en rentes, dettes actives, ou effets mobiliaires, la femme peut ou les retenir en fa puiffance, ou les mettre entre les mains de fon mari, & en retirer de lui un inventaire par lequel il s'en charge *b*.

b Plerumque cuftodiam eorum maritus repromittit, nifi mulieri commiffæ fint. *l. 9. §. 3. inf. de jur. dot.* Mulier res quas folet in ufu habere in domo mariti, neque in dotem dat, in libellum folet conferre, eumque libellum marito offerre, ut is fubfcribat, quafi res acceperit: & velut chirographum ejus uxor retinet, res quæ libello continentur, in domum ejus fe intuliffe. *d. §. 3. v. l. ult. C. de pact. conv.*

V.

Si les biens paraphernaux font mis en la puiffance du mari, il eft obligé d'en prendre le même foin que de fes biens propres, & il répondra des fautes contraires à ce foin *c*.

c Dum autem apud maritum remanent eædem cautiones, & dolum, & diligentiam maritus circa eas res præftare debet, qualem & circa fuas res habere invenitur. Ne ex ejus malignitate, vel defidia, aliqua mulieri accidat jactura. Quod fi evenerit, ipfe eadem de proprio refarcire compelletur. *l. ult. in f. C. de pact. conv. l. 9. §. 3. inf. ff. de jur. dot.* V. l'art. 2. de la Sect. 3. de ce Titre.

VI.

Les biens paraphernaux fe diftinguent de ceux de la dot, par le contract de mariage qui doit exprimer ce qui eft dotal. Et on confidere comme paraphernal, tout ce

qui n'est pas compris dans la dot ou expressément, ou
tacitement, quand même la femme le délivreroit au mari, avec les biens dotaux ; si ce n'est qu'il parût lors de la
délivrance, que ce ne fût qu'un accessoire dont la femme
voulût augmenter sa dot *a*.

a Dotis autem causa data accipere debemus ea, quæ in dotem dantur. Cœte-
rum, si res dentur in ea, quæ Græci παράφερνα dicunt, quæ Galli peculium appellant, videamus an statim efficiuntur mariti ? Et putem, si sic dentur ut fiant,
effici mariti. *l. 9. §. 2. & 3. ff. de jur. dot.*

VII.

On ne doit pas mettre au nombre des biens paraphernaux, ni des autres biens de la femme, ce qui pourroit se
trouver en sa puissance, ou qu'elle prétendroit luy appartenir, s'il ne s'en voit un juste titre ; comme si elle l'a acquis par succession, ou donation, ou si elle l'avoit lors du
mariage. Et tout autre bien qu'elle pourroit avoir dont le
titre ou l'origine ne parût point, appartient au mari. Car
autrement il faudroit présumer que la femme n'auroit ce
bien, que par des soustractions, ou par d'autres mauvaises voyes *b*. Et les profits même qui peuvent provenir de
son ménage, de son travail, de son industrie, sont au mari, comme des fruits & des revenus, & comme des services ou offices que luy doit la femme *c*.

7. Ce que la fem-
me peut avoir sans
titre apparent est au
mary.

b Quintus Mucius ait, cum in controversiam venit, unde ad mulierem quid
pervenerit, & verius & honestius est, quod non demonstratur unde habeat,
existimari à viro, aut qui in potestate ejus esset, ad eam pervenisse. Evitandi autem turpis quæstus gratia circa uxorem hoc videtur. Quintus Mucius probasse.
l. 51. ff. de donat. inter vir. & ux. Nec est ignotum, quod cum probari non possit, unde uxor matrimonii tempore honestè quæsierit, de mariti bonis eam ha-
buisse veteris juris authores meritò crediderint. *l. 6. C. eod.*

c Qui libertæ nuptiis consensit, operarum exactionem amittit. Nam hæc cujus matrimonio consensit, in officio mariti esse debet. *l. 48. ff. de oper. libert.*

Y y iij

SECTION V.

De la separation de biens entre le mari & la femme.

LA separation de biens entre le mary & la femme est une des causes de la restitution de dot. Ainsi cette matiere est un accessoire de celle de la dot, & on en expliquera les regles dans cette Section.

La separation de biens se fait en deux cas. Le premier est lorsque la femme se fait separer de corps à cause des sevices du mary, car la separation de corps emporte celle des biens. Et le second est lorsque le desordre des affaires du mary oblige la femme à reprendre ses biens.

La separation de corps est une matiere qui n'est pas du dessein de ce livre ; car elle est toute differente dans nôtre usage de celle que faisoit le divorce dans le Droit Romain. Et on ne parlera icy que de la simple separation de biens.

SOMMAIRES.

1. Définition de la separation de biens.
2. Causes de la separation de biens.
3. Effet de la separation.
4. La femme separée ne peut aliener.
5. Elle peut saisir & faire vendre les biens du mary, pour sa dot.
6. Et aussi pour ses biens paraphernaux, si elle en a donné au mary.
7. Et encore pour ses gains.

I.

LA separation de biens entre le mary & la femme est le droit qu'a la femme de retirer ses biens des mains de son mary, pour en reprendre l'administration, & la joüissance ; lorsque l'état des affaires du mary met ces biens en peril *.

a Cette définition resulte des regles qui suivent.

II.

Comme la femme est sous la puissance du mary, & que la dot & les autres biens qu'elle peut donner au ma-

ry, luy font laiſſez à condition qu'il porte les charges du
mariage ; elle ne peut demander la ſeparation, que lors
que le deſordre des affaires du mary le met hors d'état
de porter ces charges, & que les biens qu'il a de ſa fém-
me ſe trouvent en peril. Ainſi, la ſeparation doit être ordonnée en juſtice, & avec connoiſſance de cauſe aprés
des preuves ſuffiſantes que le mauvais état des affaires
du mary, & ſon peu de bien mettent en peril les biens
de la femme *a*.

a Si conſtante matrimonio, propter inopiam mariti mulier agere volet, unde
exactionem dotis initium accipere ponamus ? Et conſtat, exinde dotis exactionem competere, ex quo evidentiſſimè apparuerit, mariti facultates, ad dotis
exactionem non ſufficere. *l.* 24. *ff. ſolut. matr. v. l.* 22. *§.* 8. *eod. l.* 30. *inf. C. de
jure dot.*

III.

La ſeparation de biens n'étant accordée à la femme
que parce que ſes biens étoient en peril, & que le mary
ne pouvoit porter les charges du mariage ; l'engagement
du mary de ménager les biens de la femme, & de porter
ces charges, paſſe à la femme par la ſeparation de biens.
Ainſi elle reprend l'adminiſtration de ſes biens, & porte
ces charges, employant ſes revenus pour l'entretien de
ſon mary, d'elle, & de leurs enfans *b*.

3. Effet de la ſepa-
ration.

b Ubi adhuc matrimonio conſtituto, maritus ad inopiam ſit deductus, & mulier ſibi proſpicere velit. *l.* 29. *C. de jure dot.* Fructibus earum (rerum ſuarum)
ad ſuſtentationem tam ſui quàm mariti, filiorumque, ſi quos habet, abutatur.
d. l.

IV.

La femme ſeparée de biens n'acquiert par la ſeparation que le droit de joüir de ſes biens, & les conſerver ;
mais elle ne peut les aliener *c*, que ſelon que les loix, &
les coûtumes peuvent le permettre *d*.

4. La femme ſepa-
rée ne peut aliener.

c Ita tamen, ut eadem mulier nullam habeat licentiam eas res alienandi, vi-
vente marito, & matrimonio inter eos conſtituto. *l.* 29. *C. de jure dot.*
d V. les articles 13. & 15. de la Sect. 1.

V.

Si la dot conſiſte en deniers, dettes, ou autres effets,
qui ne ſoient pas en nature, la femme peut en vertu de la
ſeparation ſaiſir & faire vendre les biens du mary ; &

5. Elle peut ſaiſir,
& faire vendre les
biens du mary, pour
ſa dot.

les autres sujets à son hypotheque, même entre les mains
des tiers detenteurs *a*.

a Ubi adhuc matrimonio constituto, maritus ad inopiam sit deductus, & mulier sibi prospicere velit : resque sibi suppositas pro dote, & ante nuptias donatione, rebusque extra dotem constitutis, tenere : non tantùm mariti res ei teneri, & super his ad judicium vocatæ, exceptionis præsidium ad expellendum ab hypotheca secundum creditorem præstamus : sed etiam si ipsa contra detentatores rerum ad maritum suum pertinentium, super iisdem hypothecis aliquam actionem secundùm legum distinctionem, moveat, non obesse ei matrimonium ad constitutum sancimus. *l. 29. C. de jure dot.*

VI.

6. Et aussi pour ses biens paraphernaux, si elle en a donné au mary.

Si outre les biens dotaux, la femme avoit mis en la puissance du mari des biens paraphernaux, qui ne soient pas en nature, elle pourra les recouvrer de même que les biens dotaux *b*.

b Rebusque extra dotem constitutis. *d. l. 29. C. de jure dot.*

VII.

7. Et encore pour ses gains.

Si par le contract de mariage il y a des gains acquis à la femme sur les biens du mari, elle pourra les recouvrer de même que sa dot, soit pour en conserver la proprieté, si la joüissance ne doit avoir lieu qu'aprés la mort du mari, ou pour entrer en joüissance; selon que la qualité de ces gains se trouvera reglée, ou par le contract de mariage, ou par les coûtumes & les usages des lieux *c*.

c Pro dote, & ante nuptias donatione. *d. l. 29. C. de jur. dot. Nov. 97. cap. 6.*

TITRE

TITRE X.

DES DONATIONS
entre-vifs.

ON appelle donations entre-vifs celles qui ont leur effet du vivant du donateur, pour les diftinguer de celles qui fe font à caufe de mort, & qui n'ont leur effet qu'aprés la mort de celuy qui donne.

Il y a deux differences effentielles entre ces deux fortes de donations. L'une en ce que les donations entre-vifs font des conventions qui fe paffent entre les donateurs & les donataires ; ce qui les rend irrevocables ; au lieu que les donations à caufe de mort font des difpofitions de la même nature que les legs & les inftitutions d'heritier, qui dépendent de la volonté feule de ceux qui donnent, & que par cette raifon elles peuvent être revoquées.

L'autre difference entre les donations entre-vifs, & les donations à caufe de mort, eft une fuite de la premiere, & confifte en ce que celuy qui donne entre-vifs fe dépoüille luy-même de ce qu'il donne, & le transfere au donataire qui en devient le maître : & que celuy qui ne donne qu'à caufe de mort aime mieux garder que fe dépoüiller, & demeure jufqu'à fa mort le proprietaire de ce qu'il donne, avec le droit d'en priver le donataire & d'en difpofer comme il luy plaira. Ainfi, au lieu que la donation entre-vifs dépoüille le donateur, la donation à caufe de mort ne dépoüille que fon heritier [a].

C'eft à caufe de cette derniere difference entre les

Nature des donations entre-vifs.

Differences entre les donations entre-vifs, & les donations à caufe de mort.

---

[a] Sed mortis causâ donatio longè differt ab illa vera & abfoluta donatione, quæ ita proficifcitur, ut nullo cafu revocetur. Et ibi qui donat, illum potiùs quàm fe habere mavult : at is qui mortis causâ donat, fe cogitat, atque amore vitæ recepiffe potiùs, quàm dediffe mavult. Et hoc eft quare vulgò dicatur, fe potiùs habere vult, quàm cum cui donat : illum deinde potiùs quàm heredem fuum. *l.* 35. §. 2. *ff. de mort. cauf. donat.*

donations entre-vifs, & les donations à caufe de mort, que les coûtumes qui ne permettent les difpofitions à caufe de mort au préjudice des heritiers que d'une certaine portion des biens, reduifent les donations à caufe de mort à cette même portion, & qu'au contraire elles permettent les donations entre-vifs au préjudice des heritiers, parce que le donateur ne prive pas feulement fes heritiers, mais fe prive foy-même de ce qu'il donne. Et ces fortes de donations qui dépoüillent le donateur n'ont pas d'autres bornes que celles que chaque coûtume peut y avoir mifes, foit pour conferver les legitimes des enfans, ou pour reftreindre les liberalitez entre certaines perfonnes, ou pour d'autres caufes.

Il s'enfuit de cette nature des donations entre-vifs, qu'étant des conventions irrevocables qui dépoüillent le donateur, toute donation qui manque de ce caractere, & qui laiffe au donateur la liberté de l'aneantir, eft une donation nulle : c'eft-à-dire, qu'elle n'eft pas en effet une donation entre-vifs.

C'eft de ce principe que dépend cette regle commune en cette matiere, que *donner & retenir ne vaut.* Ce qui fignifie que fi le donateur retient ce qu'il donne, il ne fe dépoüille pas, & ne donne point. Cette maxime a cette étenduë, qu'elle annulle non feulement les donations où les donateurs fe referveroient la liberté de difpofer des chofes données, mais toutes celles où il fe rencontreroit des circonftances qui marquaffent que le donateur ne fe feroit pas dépoüillé, & que le donataire n'eût pas été rendu irrevocablement le maître de ce qui luy étoit donné. Ainfi une donation dont le titre demeureroit en la puiffance du donateur, fans que le donataire en eût un double, ni que la minute fût mife entre les mains d'un Notaire pour en délivrer l'expedition, feroit une donation nulle ; car le donateur retiendroit la liberté de l'aneantir.

Les donations à caufe de mort font une des matieres de la feconde Partie, & ce Titre ne regarde que les donations entre-vifs, parce qu'elles font des conventions. Mais pour ne pas repeter toûjours l'expreffion entiere de do-

nations entre-vifs, on n'ufera que du fimple mot de donations.

Les donations font des liberalitez naturelles dans l'ordre de la focieté, où les liaifons des parens & des amis,
& les divers engagemens obligent differemment à faire
du bien, ou par la reconnoiffance des bienfaits, ou par
l'eftime du merite, ou par le motif de fecourir ceux qui
en ont befoin, ou par d'autres vûës.

Les manieres de donner & faire du bien font de diverfes fortes, de même que les commerces. Et comme on
fait commerce de l'induftrie, du travail, des fervices,
& auffi des chofes, on en fait de même des communications gratuites; mais on n'appelle donation que cette efpece de liberalité par laquelle on fe dépoüille des chofes :
& on ne donne pas ce nom aux fervices & aux offices
qu'on rend à ceux qu'on veut obliger *a*.

On ne mettra dans ce Titre aucune des regles du Droit
Romain qui regardent les donations entre le mary & la
femme, parce que cette matiere eft fi differemment reglée dans les Provinces qui fe regiffent par le droit écrit,
& dans les coûtumes, que ce feroit s'éloigner trop du
deffein de cet ouvrage, d'y recuëillir des regles dont
prefque aucune n'eft d'un ufage commun par tout. Mais
pour y fuppléer, on a crû devoir remarquer icy les principes generaux qui font les fondemens de ces diverfes ju-
rifprudences fur les donations entre le mary & la femme,
pour faire voir dans ces principes l'efprit des differentes
regles qui s'obfervent ou dans les Provinces du droit
écrit, ou dans les coûtumes ; ce qu'on a reduit aux remarques qui fuivent.

L'union fi étroite du mary & de la femme étant une
occafion d'exercer entr'eux des liberalitez felon leur af-
fection, & felon leurs biens; l'ufage de fes fortes de donations fut fuivi de fi grands inconveniens, qu'il fut aboli
dans le droit Romain. Car on reconnut que la facilité ou

*Des donations en-
tre le mary & la
femme.*

<hr/>

a Labeo fcribit extra caufam donationum effe talium officiorum mercedes, ut
putà fi tibi adfuero, fi fatis pro te dedero : fi qualibet in re opera vel gratia mea
ufus fueris. *l.* 19. §. 1. *ff. de donat.*

du mary ou de la femme en dépoüilloit l'un pour enri-
chir l'autre : Que l'application du plus interessé à s'attirer la liberalité de l'autre , l'engageoit à des soins & à des
vûës opposées aux devoirs de l'éducation des enfans , ou
qui l'en détournoit : Que l'un resistant aux desirs de l'autre, & ne donnant point, ils se divisoient : & on jugea enfin que l'amour conjugal devoit subsister , & s'entretenir
plus honnêtement que par l'interèt *.

Mais comme le principal motif qui annulloit les donations entre le mary & la femme étoit d'empêcher qu'ils
ne se dépoüillassent l'un l'autre de leur vivant , & que
celuy qui avoit donné ne se trouvât sans biens aprés la
dissolution du mariage , ou par une mort , ou par un divorce ; les donations à cause de mort ne faisant pas le
même effet , leur étoient permises. Et on donnoit même
cet effet aux donations entre-vifs , que si elles n'étoient
revoquées du vivant de celuy qui avoit donné , elles fussent confirmées par sa mort , & valussent comme donations à cause de mort.

Les dispositions des coûtumes sur les donations entre le
mary & la femme sont differentes , selon l'égard qu'elles
ont eu aux motifs qui annulloient ces donations dans le
droit Romain , ou selon les autres vûës de l'esprit & des
principes de ces coûtumes. Ainsi quelques-unes ont permis les donations entre le mary & la femme de la proprieté des meubles & conquêts immeubles , & même
d'une partie des propres ; mais elles ont voulu que ces
donations fussent revocables. Ainsi les mêmes coûtumes,
& plusieurs autres ont permis les donations entre-vifs &
irrevocables entre le mary & la femme , pourvû qu'elles

*Moribus apud nos receptum est , ne inter virum & uxorem donationes vale-
rent. Hoc autem receptum est , ne mutuato amore invicem spoliarentur , donationibus non temperantes : sed profusa erga se facilitate. Nec esset eis studium
liberos potiùs educendi. Sextus Cœcilius & illam causam adjiciebat , quia sæpe
futurum esset ut discuterentur matrimonia , si non donaret is qui posset : atque
ea ratione eventurum ut venalitia essent matrimonia. Hæc ratio & oratione Imperatoris nostri Antonini Augusti electa est. Nam ita ait , Majores nostri inter
virum & uxorem donationes prohibuerunt , amorem honestum solis animis æsti-
mantes : famæ etiam conjunctorum consulentes : ne concordia pretio conciliari
videretur , néve melior in paupertatem incideret , deterior ditior fieret. l. 1. 2. &
3. ff. de donat. int. vir, & ux,

foient feulement d'une joüiffance des meubles & conquêts immeubles, & qu'elles foient mutuelles. Et on a
jugé dans ces coûtumes que la liberalité étant reciproque, & l'un & l'autre étant dans l'incertitude de l'évenement qui fera donataire celuy qui aura furvêcu, ces fortes de donations n'ont pas les mêmes inconveniens que fi
la condition des deux n'étoit pas égale, & qu'elles n'ont
rien qui trouble la tranquillité du mariage, ni qui en
bleffe l'honnêteté.

Mais d'autres coûtumes par d'autres vûës ont défendu
toutes difpofitions de la femme au profit du mary, même
à caufe de mort; quoyque ces mêmes coûtumes permettent au mary de donner à fa femme tous fes biens par
une donation entre-vifs, à la referve feulement de la legitime pour les enfans. Et ces coûtumes le reglent ainfi,
parce qu'elles rendent d'ailleurs la condition des femmes
moins avantageufe, en ce que la communauté de biens
n'y a pas de lieu: & qu'elles veulent conferver les biens de
la femme contre les difpofitions où l'autorité du mary
pourroit l'engager.

SECTION I.
De la nature des donations entre-vifs.

SOMMAIRES.

Z z iij

I.

1. *Définition de la donation.*

LA donation entre-vifs eſt un contraĉt qui ſe fait par un conſentement reciproque entre le donateur qui ſe dépoüille de ce qu'il donne, pour le tranſmettre gratuitement au donataire, & le donataire qui accepte, & acquiert ce qui luy eſt donné a.

a Aliæ donationes ſunt quæ ſine ulla mortis cogitatione fiunt, quas inter vivos appellamus. §. 2. *inſt. de donat.* Dat aliquis ea mente, ut ſtatim velit accipientis fieri. *l.* 1. *ff. de donat. v. l.* 22. *in f. eod.* In verbo *contraĉlibus.* Donatio eſt contraĉtus. *l.* 7. *C. de his quæ vi metuſve c. g. ſ.*

II.

2. *Acceptation.*

Il n'y a point de donation ſans acceptation. Car ſi le donataire n'accepte, le donateur n'eſt pas dépoüillé, & ſon droit luy demeure b.

b Non poteſt liberalitas nolenti acquiri. *l.* 19. §. 2. *ff. de donat.* Invito beneficium non datur. *l.* 69. *ff. de reg. jur. l.* 156. §. *ult. cod.* Abſenti, ſive mittas qui ferat, ſive, quod ipſe habeat, ſibi habere cum jubeas, donari reĉtè poteſt. Sed ſi neſcit rem quæ apud ſe eſt, ſibi eſſe donatam, vel miſſam ſibi non acceperit, donatæ rei dominus non ſit. *l.* 10. *ff. de donat.* Donationis acceptor. *l. ult. C. de revoc. donat.*

III.

3. *Si le donataire eſt incapable d'accepter.*

Si le donataire eſt incapable d'accepter, comme ſi c'eſt un enfant, il faut que l'acceptation ſoit faite par une perſonne qui puiſſe accepter pour luy; comme ſon pere, ſon tuteur, ou ſon curateur c.

c Si quis in emancipatum minorem, priuſquam fari poſſit, aut habere rei quæ ſibi donatur affeĉtum, fundum crediderit conferendum, omne jus compleat, inſtrumentis antè præmiſſis, quod jus per eum ſervum, quem idoneum eſſe conſtiterit, tranſigi placuit. Ut per eum infanti acquiratur. *l.* 26. *C. de donat.*

IV.

4. *Qui donne ce qu'il eſt obligé de donner, ne fait pas une donation.*

La donation eſt une liberalité, & celuy qui ne donne que ce qu'il doit, ou ce qu'il eſt obligé de donner, ne fait pas une donation, mais il s'acquitte d'une dette, ou de quelque autre engagement. Ainſi, celuy qui donne pour accomplir une condition d'un teſtament, ou d'une donation qui l'en charge, n'eſt pas donateur, quand ce ſeroit même du ſien qu'il auroit été chargé de donner d.

d Donatio diĉta eſt à dono quaſi dono datum. *l.* 35. §. 1. *ff. de mort. cauſ. donat.* Donari videtur, quod nullo jure cogente conceditur. *l.* 82. *ff. de reg. jur. l.* 29. *ff.*

de donat. Propter nullam aliam caufam facit , quàm ut liberalitatem & munificentiam exerceat. Hæc propriè donatio appellatur. *l. 1. eod.* Quæ liberti impofita libertatis causâ , præftant, ea non donantur, res enim pro his interceffit. *l. 8.*
ff. de donat.

V.

Les donations qu'on appelle remuneratoires , qui font
faites pour recompenfe de fervices , ne font veritable-
ment donations, que lorfque ce qui eft donné ne pouvoit être exigé par le donataire : & la recompenfe que le
donataire pouvoit demander n'eft pas en effet une donation *a*.

a Aquilius Regulus juvenis ad Nicoftratum Rhetorem , ita fcripfit , *Quoniam
& cum patre meo femper fuifti , & me eloquentiâ & diligentia tua meliorem reddidifti ,
do 10 & permitto tibi habitare i : illo cœnaculo , eoque uti.* Defuncto Regulo controverfiam habitationis patiebatur Nicoftratus , & cùm de ea re mecum contulif-
fet , dixi , poffe defendi , non meram donationem effe , verùm officium magiftri
quadam mercede remuneratum Regulum. Ideoque , non videri donationem fe-
quentis temporis irritam effe. *l. 27. ff. de donat.* v. *l. 34. §. 1. eod.* Donari videtur , quod nullo jure cogente conceditur. *l. 82. ff. de reg. jur.*

V I.

Quoyque la donation foit une liberalité , elle eft irrevocable, comme les autres conventions *b* ; fi ce n'eft du
confentement du donataire , ou par quelqu'une des caufes qui feront expliquées dans la Section 4.

b Quæ fi fuerint perfectæ , temerè revocari non poffunt. *§. 1. inft. de donat.* Ut
ftatim velit accipientis fieri, nec ullo cafu ad fe reverti. *l. 1. ff. de don.* Cùm enim
in arbitrio cujufcumque fit , hoc facere quod inftituit , oportet eum vel minimè
ad hoc profilire , vel cùm ad hoc venire properaverit, non quibufdam ex cogi-
tatis artibus fuum propofitum defraudare. *l. 35. §. ult. C. de donat.*

V I I.

On peut donner toutes les chofes qui font en commerce, meubles, immeubles , dettes , droits , actions , &
même des biens à venir , & generalement tout ce qui
peut paffer d'une perfonne à une autre , & luy être acquis. Et c'eft auffi une donation , lorfque le creancier remet la dette à fon debiteur *c*.

c Donari non poteft nifi quod ejus fit cui donatur. *l. 9. §. ult. ff. de donat.* Spem
futuræ actionis , plenâ intercedente donatoris voluntate, poffe transferri , non
immeritò placuit. *l. 3. C. eod.* Si quis obligatione liberatus fit , poteft videri cœ-
piffe. *l. 115. ff. de reg. jur.* Si donationis causâ furti actionem tibi remiffam probetur , fupervacuam geris follicitudinem. *l. 18. C. de donat.*

VIII.

On peut donner ou tous ſes biens, ou une partie *a*, pourvû que la donation ne ſoit pas inofficieuſe *b*, & que ſi elle étoit de tous les biens, il y ait une reſerve ou d'uſufruit, ou d'autre choſe qui ſuffiſe pour la ſubſiſtance & l'entretien du donateur. Car il ſeroit contre les bonnes mœurs, que le donataire pût dépoüiller le donateur de tout ſon bien, & en principal, & en revenu *c*.

a Sed & ſi quis univerſitatis faciat donationem, ſive beſſis, ſive dimidiæ partis ſuæ ſubſtantiæ, ſive tertiæ, ſive quartæ, ſive quantæcumque, vel etiam totius, ſi non de inofficioſis donationibus ratio in hoc reclamaverit, coarctari donatorem legis noſtræ authoritate, tantùm quantùm donavit, præſtare. *l.* 35. §. 4. *C. de donat.*

b Les donations inofficieuſes ſont celles qui privent de la legitime les perſonnes à qui il en eſt dû, & c'eſt une matiere de la ſeconde Partie.

c Divus Pius reſcripſit, eos qui ex liberalitate conveniuntur, in id quod facere poſſunt condemnandos. *l.* 28. *ff. de reg. jur. l.* 12. *ff. de don.*

IX.

Les fruits & revenus que le donataire recüeille des choſes données aprés la donation, n'en ſont pas partie, & n'augmentent pas la donation ; mais ſont un bien acquis au donataire, comme le fruit d'une choſe qui luy appartient. Ainſi, dans les donations ſujettes à quelque reduction, on ne compte pas ces joüiſſances. Ainſi, lors qu'une donation vient à être reſolüe par l'évenement de quelque condition, ou autrement, le donataire ne rend pas les fruits, & les revenus dont il a joüy *d*.

d Ex rebus donatis fructus perceptus, in rationem donationis non computatur. *l.* 9. §. 1. *ff. de don.* Cùm de modo donationis quæritur, neque partis nomine, neque fructuum, neque penſionum, neque mercedum ulla donatio facta eſſe videtur. *l.* 11. *eod.*

X.

Les donations ſont ou pures & ſimples, ou faites ſous quelque condition, ou avec quelque charge. Et le donataire eſt obligé aux charges & conditions que le donateur luy a impoſées *e*.

e Legem quam rebus tuis donando dixiſti, ſive ſtipulatione tibi proſpexiſti, ex ſtipulatu, ſive non, incerto judicio, id eſt, præſcriptis verbis, apud Præſidem provinciæ debes agere, ut hanc impleri provideas. *l.* 9. *C. de donat.*

XI.

Les conditions dans les donations, comme dans les autres conventions, ſont de trois ſortes. Quelques-unes ſont
telles

telles que la donation dépend de l'évenement de la condition : d'autres resolvent la donation qui avoit subsisté : & d'autres apportent seulement quelque changement , sans annuller la donation *. Ainsi , les donations faites en faveur de mariage renferment la condition, qu'elles n'auront leur effet , que lorsque le mariage sera accomply *. Ainsi une donation étant faite à condition , que si le donataire meurt avant le donateur , les choses données retourneront au donateur, cette condiron resout une donation qui avoit subsisté *. Et cette autre condition , qu'aprés un certain temps , ou en un certain cas , le donataire sera tenu de remettre les choses données , ou une partie à une autre personne , n'annulle ny n'accomplit pas la donation ; mais elle y fait le changement dont il a été convenu, & oblige le donataire de rendre à celuy à qui la restitution devoit être faite *.

a V. la Sect. 4. des Conventions.
b V. l'art. dernier de la Section. 1. du Titre des Dots.
c Si rerum tuarum proprietatem dono dedisti , ita ut post mortem ejus qui accepit , ad te rediret, donatio valet. Cùm etiam ad tempus certum , vel incertum ea fieri potest. Lege scilicet , quæ ei imposita est , conservanda. *l.* 2. *C. de donat. quæ sub modo.*
d Quoties donatio ita conficitur , ut post tempus, id quod donatum est , alii restituatur : veteris juris authoritate rescriptum est , si is in quem liberalitatis compendium conferebatur , stipulatus non sit , placiti fide non impleta , ei qui liberalitatis author fuit , vel heredibus ejus , condictitiæ actionis persecutionem competere. Sed cùm posteà , benigna juris interpretatione, Divi Principes , ei qui stipulatus non sit , utilem actionem juxta donatoris voluntatem competere admiserint, actio quæ sorori tuæ , si in rebus humanis ageret competebat, tibi accommodabitur. *l.* 3. *C. de donat. quæ sub modo.*

X I I.

A prés que la donation a été accomplie , il n'est plus au pouvoir du donateur d'imposer au donataire aucune condition , ny aucune charge , quand ce seroit même le pere du donataire *.

e Perfecta donatio conditiones postea non capit. Quare si pater tuus donatione facta , quasdam post aliquantulum temporis fecisse conditiones videatur , officere hoc nepotibus ejus fratris tui filiis minimè posse, non dubium est. *l.* 4. *C. de donat. quæ sub modo.*

X I I I.

Il faut faire beaucoup de difference dans les donations , entre les motifs que les donateurs expriment comme

11. On ne peut ajoûter à la donation de nouvelles charges.

13. Difference entre les motifs , & les conditions.

étant les causes de leur liberalité, & les conditions qu'ils y
imposent. Car au lieu que le défaut d'une condition annulle la donation conditionelle ; elle ne laisse pas de subsister, quoyque les motifs qui y sont exprimez ne se trouvent pas être veritables. Ainsi, s'il est dit dans une donation qu'elle est faite pour des services rendus, ou pour faciliter au donataire une acquisition qu'il vouloit faire ; la
donation ne sera pas annullée, quoy qu'il n'y ait pas de
services rendus, & que l'acquisition ne se fasse point. Car
il reste toûjours la volonté absoluë de celuy qui a donné,
& qui a pû avoir d'autres motifs que ceux qu'il a exprimez. Mais s'il étoit dit que la donation n'est faite qu'à
condition de l'employ pour une telle acquisition, comme
pour acheter une charge, & que la charge ne soit pas
achetée, la donation n'aura point d'effet *a*.

a Titio decem donavi, ea conditione ut inde Stichum sibi emeret. Quæro, cùm
homo ante quàm emeretur, mortuus sit, an aliqua actione decem recipiam.
Respondit, facti magis quàm juris quæstio est. Nam si decem Titio in hoc dedi,
ut Stichum emeret, aliter non daturus : mortuo Sticho, conditione repetam.
Si verò aliàs quoque donaturus Titio decem, quia interim Stichum emere propo-
suerat, dixerim in hoc me dare, ut Stichum emeret : causa magis donationis,
quàm conditio dandæ pecuniæ existimari debebit. Et mortuo Sticho pecunia apud
Titium remanebit. *l. 2. §. ult. ff. de donat.* Et generaliter hoc in donationibus de-
finiendum est, multum interesse causa donandi fuit, an conditio. Si causa fuit
cessare repetitionem, si conditio repetitioni locum fore, *l. 3. ff. eod.*

XIV.

En toutes donations soit universelles de tous biens, ou
particulieres de certaines choses, le donateur peut se re-
server l'usufruit des choses qu'il donne *b*.

b Quisquis rem aliquam donando, vel in dotem dando, vel vendendo, usumfructum ejus retinuerit, &c. *l. 28. C. de don. l. 35. §. 5. eod.*

XV.

Les donations doivent être insinuées pour faire connoître au public cet engagement, qui étant inconnu
pourroit donner sujet à diverses fraudes *c*.

c Data jam pridem lege statuimus, ut donationes, interveniente actorum
testificatione conficiantur. Quod vel maximè inter necessarias conjunctasque personas convenit custodiri. Si quidem clandestinis, ac domesticis fraudibus facilè
quidvis pro negotii opportunitate confingi potest : vel id quod verè gestum est
aboleri. *l. 27. C. de donat. l. 30. & seq. eod. V. l. 17. §. 1. ff. quæ in fraud. cred.*

On remarque seulement icy la regle generale de l'insinuation des donations : & on retranche tout le detail de cette matiere qui est reglée par les Ordonnances , & par nôtre usage , autrement que dans le droit Romain. V. l'Ord. de 1539. art. 132. & celle de Moulins art. 58.

XVI.

On peut mettre au nombre des donations les dépenses qu'une personne fait pour une autre par quelque motif de liberalité, & sans esperance de les recouvrer. Comme si on fournit des alimens à une personne proche : & ce qui a été donné de cette maniere, ne peut dans la suite être repeté. Mais c'est par les circonstances qu'il faut juger si l'intention a été de donner, ou non *a*.

a Titium, si pietatis respectu, sororis aluit filiam, actionem hoc nomine contra eam non habere, respondi. *l.* 17. *§.* 1. *ff. de neg. gest.* Si paterno affectu privignas tuas aluisti, seu mercedes pro his aliquas magistris expendisti, ejus erogationis tibi nulla repetitio est. Quod si , ut repetiturus ea quæ in sumptum misisti , aliquid erogasti , negotiorum gestorum tibi intentanda est actio. *l.* 15. *C. de neg. gest.*

SECTION II.

Des engagemens du donateur.

SOMMAIRES.

1. Premier engagement du donateur. Ne pouvoir revoquer.
2. Second engagement , la délivrance.
3. Retention d'usufruit , sert de tradition.
4. Troisiéme engagement, garentie.
5. Si la mauvaise foy du donateur cause quelque perte au donataire.
6. Donateur ne peut être contraint qu'à ce qu'il peut sans être reduit à la necessité.
7. Interêts des choses données.

I.

LE premier engagement du donateur est de ne pouvoir annuller la donation , quand il a une fois donné son consentement : & il ne peut le revoquer *b*, que

b Si donationem ritè fecisti, hanc authoritate rescripti nostri , rescindi non oportet. *l.* 5. *C. de revoc. don. l.* 3. *l.* 6. *eod.* V. l'art. 6. de la Sect. 1.

A a a ij

pour de juftes caufes , comme s'il avoit été forcé , s'il étoit incapable de contracter , ou s'il fe trouvoit dans l'un des cas qui feront expliquez dans la Sect. 3.

II.

2. Second engagement, la délivrance.

Le fecond engagement du donateur & qui fuit du premier , eft d'executer la donation , & de délivrer la chofe donnée : & il peut y être contraint par le donataire , ou par fes heritiers *a*.

a Ad exemplum venditionis , noftra conftitutio (donationes) etiam in fe habere neceffitatem traditionis voluit. Ut etiamfi non tradantur , habeant pleniffimum & perfectum robur , & traditionis neceffitas incumbat donatori. §. 2. inft. de donat. l. 35. C. eod.

III.

3. Retention d'ufufruit fert de tradition.

Lors qu'il y a retention d'ufufruit dans une donation , elle tient lieu de délivrance *b*.

b Quifquis rem aliquam donando , vel in dotem dando , vel vendendo , ufumfructum ejus retinuerit , etiamfi ftipulatus non fuerit , eam continuò tradidiffe credatur. Nec quid amplius requiratur quo magis videatur facta traditio. Sed omnimodo idem fit , in his caufis ufumfructum retinere quod tradere. l. 28. C. de donat. l. 35. §. 5. eod. V. l'art. 7. de la Sect. 2. du contract de vente.

IV.

4. Troifiéme engagement , garentie.

C'eft encore un troifiéme engagement du donateur , que s'il s'eft obligé à la garentie des chofes données , il doit les garentir. Mais s'il ne s'y eft pas obligé , & qu'il fe trouve avoir donné ce qui n'étoit pas à luy , croyant de bonne foy en être le maître , il eft déchargé de la garentie. Car il eft préfumé qu'il n'a entendu exercer la liberalité que de fon bien propre *c*.

c Quoniam avus tuus , cum prædia tibi donaret , de evictione eorum cavit : potes adverfus coheredes tuos , ex caufa ftipulationis , confiftere ob evictionem prædiorum , pro portione fcilicet hereditaria. Nudo autem pacto interveniente , minimè donatorem hac actione teneri , certum eft. l. 2. C. de evict. Si quis mihi rem alienam donaverit . . . . & evincatur , nullam mihi actionem contra donatorem competere. l. 18. §. ult. ff. de donat. V. l'art. fuivant.

V.

5. Si la mauvaife foy du donateur caufe quelque perte au donataire.

S'il y avoit de la mauvaife foy de la part du donateur , comme s'il avoit donné une chofe qu'il fçavoit n'être pas à luy , il feroit tenu des dommages & interêts que le donataire pourroit en fouffrir *d*.

d Labeo ait , fi quis mihi rem alienam donaverit , inque eam fumptus magnos fecero , & fic evincatur , nullam mihi actionem contra donatorem competere planè de dolo poſſe me adverſus eum habere actionem, ſi dolo fecit. *l.* 18. §. *ult. ff. de donat.*

VI.

Le donateur ne peut être obligé d'acquiter ce qu'il a promis, qu'autant qu'il le peut, ſans être reduit à la neceſſité. Car il ſeroit injuſte que ſa liberalité fût une occaſion d'inhumanité à ſon donataire *a*.

a Qui ex donatione ſe obligavit ex reſcripto Divi Pii in quantum facere poteſt convenitur. *l.* 12. *ff. de don. l.* 28. *de reg. jur.* In condemnatione perſonarum, quæ, in id quod facere poſſunt, damnantur, non totum quod habent extorquendum eſt : ſed & ipſarum ratio habenda eſt, ne egeant. *l.* 173. *ff. de reg. jur. V. l.* 49. *ff. de re jud.*

VII.

Le donateur ne doit point d'interêts de la choſe donnée, même aprés le retardement, s'ils ne ſont ſtipulez, ou s'il n'y en a une condamnation en juſtice. Et ils ne ſeront dûs que depuis la demande, & ſelon que les circonſtances y donneront lieu, comme ſi on avoit donné une ſomme pour une dot *b*.

b Eum qui donationis cauſa pecuniam, vel quid aliud promiſit, de mora ſolutionis pecuniæ, uſuras non debere, ſummæ æquitatis eſt. *l.* 22. *ff. de donat.* Dotis fructus ad maritum pertinere debere æquitas ſuggerit, cùm enim ipſe onera matrimonii ſubeat, æquum eſt eum etiam fructus percipere. *l.* 7. *ff. de jur. dot.*

SECTION III.

Des engagemens du donataire, & de la revocation des donations.

SOMMAIRES.

1. *Premier engagement du donataire, d'acquiter les charges.*
2. *Second engagement, gratitude.*
3. *Ingratitude diſſimulée par le donateur.*
4. *Revocation de la donation, par la ſurvenance d'enfans.*

I.

LE premier engagement du donataire eſt de ſatisfaire aux charges & conditions de la donation, lors qu'il y en a : & s'il y manque la donation pourra être revoquée, selon les circonſtances *a*.

a Legem quam rebus tuis donando dixiſti... apud Præſidem Provinciæ debes agere, ut hanc impleri providear. *l. 9. C. de donat.* Vel quaſdam conventiones ſive in ſcriptis donationis impoſitas, ſive ſine ſcriptis habitas, quas donationis acceptor ſpopondit, minimè implere voluerit. Ex his enim tantummodò cauſis, ſi fuerint in judicium dilucidis argumentis cognitionaliter approbatæ, etiam donationes in eos factas everti concedimus. *l. ult. C. de revoc. don.*

II.

Le ſecond engagement du donataire eſt la reconnoiſſance du bienfait : & s'il eſt ingrat envers le donateur, la donation pourra être revoquée, ſelon que le fait du donataire y aura donné lieu. Ainſi, le donateur pourra revoquer la donation, non ſeulement ſi le donataire attente à ſa vie, ou à ſon honneur, mais même s'il ſe porte à luy faire quelque violence, ou quelque outrage en ſa perſonne, ou par des injures : ou s'il luy cauſe quelque perte conſiderable par de mauvaiſes voyes *b*.

b Generaliter ſancimus omnes donationes lege confectas, firmas illibataſque manere, ſi non donationis acceptor ingratus circa donatorem inveniatur. Ita ut injurias atroces in eum effundat, vel manus impias inferat, vel jacturæ molem ex inſidiis ſuis ingerat, quæ non levem cenſum ſubſtantiæ donatoris imponat, vel vitæ periculum aliquod ei intulerit. *l. ult. C. de revoc. don.* Donationes circa ſilium filiamve, nepotem neptemve, pronepotem proneptemve emancipatos celebratas pater, vel avus, vel proavus revocare non poterit : niſi edoctis manifeſtiſſimis cauſis, quibus eam perſonam in quam collata donatio eſt, contra ipſam venire pietatem, & ex cauſis quæ legibus continentur fuiſſe conſtabit ingratam. *l. 9. eod.*

Quoyque les cauſes d'ingratitude qui peuvent ſuffire pour faire revoquer une donation ſoient bornées par cette loy derniere au code. De revoc. don. à celles qui ſont exprimées dans cet article, on les met ſeulement pour exemple. Car il peut y en avoir d'autres qui meriteroient qu'une donation fût revoquée ; comme par exemple, ſi le donataire refuſoit les alimens au donateur reduit à la neceſſité.

III.

Le droit de revoquer une donation par l'ingratitude du donataire, ne paſſe pas à l'heritier du donateur, ſi luymême ayant connu l'ingratitude l'a diſſimulée *c*.

c Hoc tamen uſque ad primas perſonas tantummodò ſtare cenſemus : nulla licentia concedenda donatoris ſucceſſoribus hujuſmodi querimoniarum primordium inſtituere. Etenim ſi ipſe qui hoc paſſus eſt tacuerit, ſilentium ejus maneat ſemper, & non à poſteritate ejus ſuſcitari concedatur, vel adverſus eum qui ingratus eſſe dicitur, vel adverſus ejus ſucceſſores. *l. ult. C. de revoc. donat.* Neque enim fas eſt ullo modo inquietari donationes, quas, is qui donaverat in diem vitæ ſuæ non retractavit. *l. 1. in f. eod.*

I V.

Si aprés une donation faite par une perfonne qui n'ait point d'enfans, il luy en furvient, la donation demeurera nulle, par la préfomption que celuy qui donnoit n'ayant point d'enfans, n'auroit pas donné s'il en avoit eu, & qu'il ne donnoit que fous cette condition, que s'il venoit à avoir des enfans, la donation feroit fans effet *a*.

a Si unquam libertis patronus filios non habens, bona omnia, vel partem aliquam facultatum fuerit donatione largitus : & poftea fufceperit liberos, totum quidquid largitus fuerat revertatur in ejufdem donatoris arbitrio, ac ditione manfurum. *l. 8. C. de revoc. don. v. l. 6. §. 1. C. de inft. & fubft. l. 102. ff. de cond. & dem. l. 40. §. ult. ff. de pact.*

Quoyque cette loy ne foit qu'en faveur d'un patron qui avoit donné à fon affranchi, nous l'obfervons pour toutes perfonnes indiftinctement. Mais fi la donation étoit modique, & faite par une perfonne qui eût de grands biens à un donataire peu accommodé, & pour des caufes favorables; une telle donation feroit-elle revoquée par la naiffance d'un enfant ?

Si cet enfant vient à mourir, avant que le donateur ait revoqué la donation, doit elle fubfifter, la caufe de la revocation ayant ceffé par cette mort: ou eft-elle tellement aneantie par cette naiffance, que cette mort ne puiffe la faire revivre? Ces paroles de la loy, revertatur in ejufdem donatoris arbitrio ac ditione manfurum, femblent fignifier que la donation eft aneantie, & que le donateur reprend irrevocablement ce qu'il avoit donné. Ce qu'on peut confirmer par la loy 6. §. 1. C. de inft. & fubft. où il eft dit, que fi un pere charge d'une fubftitution fon fils qui n'avoit point d'enfans, cette fubftitution s'évanoüira, lorfque ce fils aura des enfans, evanefcere fubftitutionem. A quoy on peut adjoûter, que l'enfant qui furvient à un donateur étant faifi par fa naiffance du droit de fucceder à fon pere, ce droit aneantit la donation : & qu'étant une fois aneantie, il ne refte pas même au donataire le droit de tenir la donation en fufpens, fous prétexte que cet enfant peut mourir avant fon pere. Car il eft illicite de s'attendre à un évenement de cette nature. Nec enim fas eft ejufmodi cafus expectare. l. 34. §. 2. ff. de contr. empt.

TITRE XI.

DE L'USUFRUIT.

ON a parlé dans le Titre précedent des referves d'ufufruit qui fe font dans les donations, & on peut auffi faire de femblables referves dans des conftitutions de dot, dans des ventes, échanges, tranfactions, & autres conventions *b*. On peut même par des conventions expreffes conftituer un ufufruit au profit de

b Quifquis rem aliquam donando, vel in dotem dando, vel vendendo, ufumfructum ejus retinuerit &c. *l. 28. C. de donat.*

quelque perfonne *. Ainfi, l'ufufruit pouvant s'établir
par des contracts, il eft une efpece de convention. Et
quoyqu'il s'acquiere auffi par des teftamens, & autres
difpofitions à caufe de mort, ou même par des loix,
comme l'ufufruit que les Loix, les Ordonnances, & les
Coûtumes donnent aux peres, ou aux meres fur les biens
de leurs enfans, foit fous le nom d'ufufruit, ou de garde-
noble, ou garde-bourgeoife; on place icy cette matiere,
qui ne devant être qu'en un feul endroit, doit être mife
au premier où il doit en être parlé. Ainfi qu'il a été remarqué dans le plan des matieres.

L'ufage de l'ufufruit n'eft pas feulement naturel dans la
focieté par la liberté indéfinie de toute forte de conventions, mais auffi par l'utilité de feparer en diverfes occafions le droit de proprieté de celuy de la joüiffance. Et
cette feparation qui fe fait naturellement par les commerces des loüages & des baux à ferme, fe fait auffi tres-juftement par d'autres vûës; foit dans les liberalitez où l'on
ne veut fe dépoüiller que de la proprieté en confervant
la joüiffance : foit dans le commerce des conventions,
comme fi deux perfonnes faifant un échange, chacun fe
referve la joüiffance du fonds qu'il donne : ou dans des
teftamens, comme fi un teftateur legue l'ufufruit d'un
fonds dont il laiffe la proprieté à fon heritier, ou s'il legue la proprieté & laiffe l'ufufruit ou à l'heritier, ou à
un autre legataire *. Dans tous ces cas foit que l'ufufruit
ait pour titre une convention, ou un teftament, ou la difpofition d'une loy, ou d'une coûtume; la nature en eft
toûjours la même, fi le titre de l'ufufruit n'y apporte quelque diftinction : & c'eft cette matiere de l'ufufruit en general qui eft celle de ce Titre.

a Et fine teftamento fi quis velit ufumfructum conftituere, pactionibus & ftipulationibus id efficere poteft. l. 3. ff. de ufuf. §. 1. inft. eod. Sive ex teftamento,
five ex voluntario contractu ufusfructus conftitutus eft. l. 4. C. eod.

b Ufusfructus à proprietate feparationem recipit, idque pluribus modis accidit.
Ut ecce fi quis ufumfructum alicui legaverit. Nam heres nudam habet proprieta-
rem, legatarius verò ufumfructum. Et contrà fi fundum legaverit deducto ufufructu, legatarius nudam habet proprietatem, heres verò ufumfructum. Idem
alii ufumfructum, alii deducto eo fundum legare poteft. Sine teftamento verò fi
quis velit ufumfructum alii conftituere, pactionibus & ftipulationibus id efficere
debet. §. 1. inft. de ufufr.

On peut encore considerer comme une espece d'usufruit, où plusieurs regles de ce Titre peuvent s'appliquer, le droit qu'ont les possesseurs des benefices de
joüir des revenus qui en dépendent. Et cette espece d'u-
sufruit a cela de propre, que les biens qui y sont sujets
n'appartiennent à aucun proprietaire particulier, mais
sont à l'Eglise.

Ceux qui ont lû cette matiere de l'usufruit dans le
Droit Romain, pourront trouver à dire dans ce Titre
la regle qu'on voit dans la loy 8. *ff. de usu & usufr. leg.*
& dans la loy 56. *ff. de usufr.* Qui veulent que si un usufruit est acquis à une Ville, ou autre Communauté, il
dure cent ans. Mais outre que le cas d'un tel usufruit est
si singulier, & si bizarre, qu'il ne merite pas une regle [a],
s'il en falloit une, il ne sembleroit pas juste de faire perdre par un usufruit la joüissance de trois ou quatre gene-
rations : & il y auroit bien plus de raison de le borner
à trente années. Ce qu'on pourroit fonder sur une autre
loy. *V. l. 68. in f. ff. ad leg. falc.*

[a] *V. l'art. 21. de la Section 1. des regles du Droit.*

SECTION I.

De la nature de l'usufruit, & des droits de l'usufruitier.

SOMMAIRES.

1. *Définition de l'usufruit.*
2. *Usufruit de meubles & d'immeubles.*
3. *L'usufruit comprend toute sorte de revenus.*
4. *L'usufruitier fait siens les fruits qu'il recuëille.*
5. *Le prix du bail est à l'u-sufruitier, comme les fruits.*
6. *Les revenus qui s'acquie-rent successivement, se par-tagent entre le proprietaire & l'usufruitier à proportion du temps.*
7. *Comment l'usufruitier peut anticiper la recolte.*
8. *Augmentation ou diminu-tion de l'usufruit par le changement du fonds.*
9. *Des changemens du fonds que peut faire l'usufruitier*

I.

1. Définition de l'usufruit.

L'Usufruit est le droit de joüir d'une chose dont on n'est pas le proprietaire, la conservant entiere, & sans la deteriorer, ni la diminuer *a*.

a Ususfructus est jus alienis rebus utendi, fruendi, salvâ rerum substantiâ. *l.* 1. *ff. de usufr. inst. eod.* V. sur ces dernieres paroles, *sans la deteriorer, ni la diminuer*, ce qui sera dit dans la sect. 3.

II.

2. Usufruit de meubles & d'immeubles.

On peut joüir par usufruit non seulement des immeubles, mais aussi des meubles ; comme d'une tapisserie, d'un troupeau de bêtail, & d'autres choses mobiliaires *b*, suivant les regles qui seront expliquées dans la sect. 3.

b Constitit autem ususfructus non tantùm in fundo, & ædibus : verùm etiam in servis, & jumentis, cæterisque rebus. *l.* 3. §. 1. *ff. de usufr. l.* 7. *eod.* §. 2. *inst. eod.* V. la sect. 3.

III.

3. L'usufruit comprend toute sorte de revenus.

L'usufruit consiste en la joüissance pleine & entiere de toutes les especes de fruits, de revenus, de commoditez, & d'usages qui peuvent se tirer de la chose dont on a l'usufruit ; comme sont les fruits des arbres, la coupe des bois taillis, les arbres qu'on peut tirer d'une pepiniere, la laissant en bon état, toutes les recoltes, le miel des abeilles, & generalement l'usufruitier joüit & use de tout sans reserve. Et on peut même joüir par usufruit des fonds & des meubles dont il ne se tire pas d'autre usage que le simple divertissement *c*.

c Omnis fructus rei ad fructuarium pertinet. *l.* 7. *ff. de usuf.* Quicumque reditus est, ad usufructuarium pertinet. Quæque obventiones sunt ex ædificiis,

ex areis, & cæteris quæcumque ædium funt. *d. l.* §. 1. Quidquid in fundo nafcitur, quidquid inde percipi poteft, ipfius fructus eft. *l.* 9. *eod. l.* 59. §. 1. *eod.* Se-
minarii fructum puto ad fructuarium pertinere. Ita tamen ut & vendere ei & fe-
minare liceat. *l.* 9. §. 6. *eod.* Silvam cæduam poffe fructuarium cædere. *d. l.* §. *ult.*
Si apes in eo fundo fint, earum quoque ufusfructus ad eum pertinet. *d. l.* §. 1. Nu-
mifmatum aureorum, vel argenteorum veterum, quibus pro gemmis uti folent,
ufusfructus legari poteft *l.* 28. *ff. eod.* Statuæ & imaginis fructum poffe relinqui
magis eft : quia & ipfæ habent aliquam utilitatem, fi quo loco opportuno ponan-
tur. Licèt prædia quædam talia fint, ut magis in ea impendamus, quàm de illis
acquiramus, tamen ufusfructus eorum relinqui poteft. *l.* 41. *eod.*

IV.

L'ufufruitier qui au moment que fon droit luy eft acquis, & que fon ufufruit commence à courir, trouve
des fruits pendans qui font en maturité, peut les recuëillir, & ils font à luy. Et fi l'ufufruit venoit à finir ou
par fa mort, ou autrement pendant la recolte, la portion des fruits qu'il aura recuëillie, quoyque reftée dans
l'heritage, mais feparée du fonds, appartiendra à fes heritiers. Et ce qui reftera fans être cuëilli, demeurera au
proprietaire, & auffi les fruits qui feront tombez d'eux-
mêmes, & où l'ufufruitier n'aura pas mis la main. Car
comme il n'a qu'un droit de joüir, fi ce droit finit avant
la joüiffance, il n'y a plus rien. Ainfi, lorfque l'ufufruitier meurt avant la recolte, fes heritiers n'auront rien
aux fruits [a].

> 4. L'ufufruit'er fait
> fiens les fruits qu'il
> recuëille.

a Si pendentes fructus jam maturos reliquiffet teftator, fructuarius eos feret,
fi die legati cedente adhuc pendentes deprehendiffet. Nam & ftantes fructus ad
fructuarium pertinent. *l.* 27. *ff. de ufufr.* Si fructuarius meffem fecit, & deceffit,
ftipulam quæ in meffe jacet heredis ejus effe Labeo ait. Spicam quæ terrâ teneatur, domini fundi effe ; fructumque percipi, fpicâ aut fœno cæfo, aut uvâ adem-
ptâ, aut excuffâ oleâ, quamvis nondum tritum frumentum, aut oleum factum,
vel vindemia coacta fit. Sed ut verum eft quod de olea excuffa fcripfit, ita aliter
obfervandum de ea olea quæ non per fe deciderit. Julianus ait fructuarii fructus tunc
fieri, cùm eos perceperit. *l.* 13. *ff. quib. mod. ufufr. vel uf. am.* Fructuarius, etiamfi
maturis fructibus, nondum tamen perceptis, decefferit, heredi fuo eos fructus
non relinquet. *l.* 8. *in fine ff. de ann. legat.*

*Il faut remarquer fur cet article, que comme un ufufruit peut être acquis par de diffe-
rens titres : comme par un teftament, par une convention, par une loy, ainfi qu'il a été
remarqué dans le préambule de ce Titre ; on doit fuivre en chaque efpece d'ufufruit, pour
ce qui regarde les droits de l'ufufruitier, ce qui peut en être reglé par le Titre, quoyque different de la regle expliquée dans cet article. Ainfi, la joüiffance qu'ont les poffeffeurs des benefices, des fruits qui en dépendent, eft une efpece d'ufufruit, qui fe regle d'une autre maniere. Car comme les fruits du benefice appartiennent au poffeffeur, à caufe des charges, les
fruits de la derniere année, à commencer l'année, comme c'eft la regle, au mois de Janvier, fe partagent entre les heritiers du titulaire & fon fucceffeur au benefice, à proportion du
temps que ce titulaire a vécu pendant cette derniere année. Ainfi les fruits de la dot, aprés*

la dissolution du mariage, se partagent differemment entre le survivant & les heritiers du predecedé, suivant les differentes dispositions des coûtumes, comme il a été remarqué dans le préambule du Titre des dots. Ainsi l'usufruit des peres & la garde noble ou bourgeoise se reglent selon que les coûtumes ou les usages peuvent y avoir pourvû.

V.

5. Le prix du bail est à l'usufruitier comme les fruits.

Si les fruits des heritages sujets à un usufruit étoient donnez à ferme, l'usufruitier qui a son droit acquis au temps de la recolte, recevra du fermier le prix du bail, de même qu'il auroit recüeilli les fruits, s'il n'y avoit point eu de bail. Et quoique l'usufruit vienne à finir entre la recolte & le terme du payement, l'usufruitier, ou ses heritiers auront le prix entier du bail de cette recolte *a*.

a Defunctâ fructuariâ mense Decembri, jam omnibus fructibus, qui in his agris nascuntur, mense Octobri, per colonos sublatis, quæsitum est utrùm pensio heredi fructuariæ solvi debeat : quamvis fructuaria ante Kalendas Martias, quibus pensiones inferri debeant, decesserit : an dividi debeat inter heredem fructuariæ, & rempublicam cui proprietas legata est ? Respondi rempublicam quidem cum colono nullam actionem habere : fructuariæ verò heredem sua die, secundùm ea quæ proponerentur, integram pensionem percepturum. *l. 58. ff. de usufr.*

V I.

6. Les revenus qui s'acquierent successivement, se partagent entre le proprietaire & l'usufruitier à proportion du temps.

Les revenus qui s'acquierent successivement, & de moment à autre, comme les loyers d'une maison, appartiennent à l'usufruitier à proportion du temps que dure son droit. Ainsi, lors qu'un usufruit commence au premier Janvier, & qu'il finit avant la fin de l'année, le proprietaire aura les loyers qui courront aprés l'usufruit fini, & l'usufruitier, ou ses heritiers auront ceux du temps qu'a duré l'usufruit *b*.

b Si operas suas locaverit servus fructuarius, & imperfecto tempore locationis ususfructus interierit : quod superest, ad proprietarium pertinebit. Sed & si ab initio certam summam propter operas certas stipulatus fuerit, capite deminuto eo, idem dicendum est. *l. 26. ff. de usufr.*

V I I.

7. Comment l'usufruitier peut anticiper la recolte.

L'usufruitier peut cüeillir avant une parfaite maturité les fruits dont la nature est telle, qu'il est ou de l'usage, ou plus utile de les cüeillir prématurément. Ainsi on n'attend pas la parfaite maturité des olives, du foin, d'un

bois taillis. Mais l'usufruitier doit attendre la maturité
pour la moisson & pour la vendange *a*.

a Silvam cæduam etiamsi intempestivè cæsa sit, in fructu esse constat : sicut
olea immatura lecta : item fœnum immaturum cæsum, in fructu est. *l.* 48. *S.* 1.
ff. de usufr. In fructu id esse intelligitur, quod ad usum hominis inductum est :
neque enim maturitas naturalis hîc spectanda est : sed id tempus, quo magis colono dominóve eum fructum tollere expedit. Itaque cùm olea immatura plus habeat reditus, quàm si matura legatur, non potest videri, si immatura lecta est,
in fructu non esse. *l. pen. ff. de us. & usufr. leg.*

V. I I I.

L'usufruit s'augmente, ou se diminuë à proportion de
l'augmentation, ou diminution qui peut arriver au fonds
sujet à l'usufruit. Et comme l'usufruitier souffre la perte
ou la diminution de son usufruit, si le fonds perit, ou est
endommagé par un débordement, par un incendie, ou
autre cas fortuit *b* ; il profite aussi des changemens qui
peuvent rendre le fonds meilleur ou plus grand. Comme
si l'évenement d'un procés y acquiert une servitude, ou
plus d'étenduë : ou si le voisinage d'une riviere y apporte
quelque accroissement *c*.

b V. les articles 4. 5. *& 6. de la Sect.* 6.
c Huic vicinus tractatus est, qui solet in eo quod accessit tractari : & placuit
alluvionis quoque usumfructum ad fructuarium pertinere. *l.* 9. *S.* 4. *ff. du usuf.*

I X.

L'usufruitier peut ouvrir une carriere dans le fonds
dont il a l'usufruit. Car les pierres qu'il en tirera tiennent
lieu de fruits, & il en est de même des autres matieres qu'il
pourra en tirer. Et il pourra même arracher un plant,
comme des vignes, pour y faire quelque changement
de cette nature, pourvû que le fonds en devienne meilleur, & que le revenu en soit augmenté. Car l'usufruitier peut ameliorer, mais il ne peut faire de changement qui empire le droit du proprietaire. Mais quoique
le revenu fût augmenté par un changement de l'état du
fonds, si ce n'étoit que pour un temps, ou si ce changement causoit d'ailleurs des incommoditez, ou des dépenses qui fussent à charge au proprietaire, l'usufruitier en seroit tenu, comme ayant passé les bornes de son

Marginal notes:

8. *Augmentation
ou diminution de l'u-
sufruit par le change-
ment du fonds.*

9. *Des changemens
du fonds que peut
faire l'usufruitier pour
en augmenter le re-
venu.*

droit *a*. Ainsi, c'est par les circonstances qu'il faut juger des changemens que l'usufruitier peut, ou ne peut pas faire.

a Inde est quæsitum an lapidicinas, vel cretifodinas, vel arenifodinas ipse instituere possit. Et ego puto etiam ipsum instituere posse, si non agri partem necessariam, huic rei occupaturus est. Proinde venas quoque lapidicinarum, & hujusmodi metallorum inquirere poterit . ∴ . & cæterorum fodinas, vel quas paterfamiliàs instituit, exercere poterit, vel ipse instituere, si nihil agriculturæ nocebit. Et si fortè in hoc quod instituit plus reditus sit, quàm in vineis, vel arbustis, vel olivetis quæ fuerunt, forsitan etiam hæc dejicere poterit. Siquidem ei permittitur meliorare proprietatem. *l.* 13. §. 5. *ff. de usufr.* Si tamen quæ instituit usufructuarius, aut cœlum corrumpant agri, aut magnum apparatum sint desideratura opificum forte, vel legulorum, quæ non potest sustinere proprietarius, non videbitur viri boni arbitratu frui. *d. l.* 13. §. 6.

X.

Les arbres abbatus par le vent, ou par quelque autre accident, appartiennent au proprietaire du fonds dont ils faisoient partie : Ainsi il est obligé de les emporter à ses frais, afin qu'ils n'incommodent point. Et l'usufruitier n'en profitant pas, il n'est pas obligé d'en planter de nouveaux *b*.

b. Si arbores vento dejectas dominus non tollat, per quod incommodior sit ususfructus, vel iter suis actionibus usufructuario cum eo experiendum. *L* 19. §. 1. *ff. de usufr.* Arbores vi tempestatis, non culpâ fructuarii eversas, ab eo substitui non placet. *l.* 59. *eod.* V. l'art. suivant.

X I.

Les arbres morts sont à l'usufruitier comme une espece de revenu, mais à la charge d'en planter d'autres *c*.

c In locum demortuarum arborum aliæ substituendæ sunt : & priores ad fructuarium pertinent. *l.* 18. *ff. de usufr.*

X I I.

Si les lieux sujets à un usufruit se trouvent avoir besoin de quelque reparation où l'on puisse faire servir le bois des arbres abbatus par quelque accident, l'usufruitier pourra s'en servir *d*.

d Arboribus evulsis, vel vi ventorum dejectis usque ad usum suum, & villæ posse usufructuarium ferre Labeo ait. *l.* 12. *ff. de usufr.* Materiam ipsum succidere, quantùm ad villæ refectionem, putat posse. *d. l.* 12.

X I I I.

L'usufruitier peut tirer des arbres d'un bois, de quoy

faire des échalas pour des vignes, pourvû que ce soit sans
deteriorer *a*.

a Ex filva cædua pedamenta, & ramos ex arbore ufufructuarium fumpturum :
ex non cædua in vineam fumpturum : dum ne fundum deteriorem faciat. *l.* 10. *ff.*
de ufufr.

X I V.

Si l'ufufruitier d'un heritage ne peut y entrer que par un
autre fond de celuy qui a créé l'ufufruit, ce paffage fera
dû à cet ufufruitier. Ainfi, fi un teftateur a legué l'ufufruit d'un heritage, où l'on ne puiffe entrer que par un
autre fonds de fa fucceffion, & que cet autre fonds demeure à l'heritier, ou qu'il foit donné à un autre legataire; cet heritier, ou ce legataire tenant ce fonds de ce
teftateur, fera obligé de fouffrir la fervitude du paffage *b*.
Et de le donner tel qu'il fera neceffaire pour la culture,
& la joüiffance de l'heritage fujet à cet ufufruit *c*.

b Ufusfructus legatus adminiculis eget, fine quibus uti frui quis non poteft. Et
ideo fi ufusfructus legetur, neceffe eft tamen, ut fequatur eum aditus. *l.* 1. §. 1.
ff. fi ufufr. pet. Si ufusfructus fit legatus ad quem aditus non eft per hereditarium
fundum, ex teftamento utique agendo fructuarius confequetur, ut cum aditu fibi
præftetur ufusfructus. *d. l.* 1. §. 2. In hac fpecie non aliter concedendum effe legatario fundum vindicare, nifi priùs jus tranfeundi ufufructuario præftet. *l.* 15.
§. 1. *ff. de ufu. & ufufr. leg.*
c Utrùm autem aditus tantùm, & iter, an verò & via debeatur fructuario,
legato ei ufufructu, Pomponius libro quinto dubitat : & recté putat, prout ufus-
fructûs perceptio defiderat, hoc ei præftandum. *d. l.* 1. §. 3. *ff. fi ufufr. pet.*

X V.

Si dans le cas d'un ufufruit legué, il manque à l'ufufruitier quelques commoditez qui ne foient pas d'une abfoluë neceffité pour fa joüiffance, comme l'eft un paffage,
il ne pourra prétendre que l'heritier doive luy fournir ces
fortes de commoditez. Ainfi, il ne pourra pas demander
qu'on luy donne des jours plus commodes pour une chambre, un paffage plus aifé, une prife d'eau. Car l'ufufruit
eft borné à la joüiffance de la chofe telle qu'elle eft, quand
le droit en eft acquis à l'ufufruitier *d*.

d Sed an & alias utilitates & fervitutes ei heres præftare debeat, putà luminum, & aquarum, an verò non ? Et puto eas folas præftare compellendum, fine
quibus omnino uti non poteft. Sed fi cum aliquo incommodo utatur, non effe
præftandas. *l.* 1. §. ult. *ff. fi ufufr. pet.*

XVI.

L'ufufruitier peut par luy-même pourfuivre le droit d'une fervitude, s'il en eft dû à l'heritage dont il a l'ufufruit, & agir contre le voifin chez qui elle eft dûë, de même que le pourroit le proprietaire *a*.

a Si fundo fructuario fervitus debeatur, Marcellus libro 8. apud Julianum Labeonis & Nervæ fententiam probat, exiftimantium fervitutem quidem cum vindicare non poffe, verum ufumfructum vindicaturum. Ac per hoc vicinum, fi non patiatur cum ire & agere, teneri, ei quafi non patiatur uti frui. *l.* 1. *ff. fi ufus-fructus pet.*

XVII.

L'ufufruitier peut faire dans l'heritage fujet à l'ufufruit des ameliorations, & reparations utiles ou neceffaires, & même pour fon feul plaifir ; pourvû que ce foit fans rien empirer, ni changer l'état des lieux. Ainfi il ne peut hauffer un bâtiment, changer les appartemens, ni les autres dépendances d'une maifon, ni les défigurer, augmenter ou diminuer, non pas même en ajoûtant ce qui feroit mieux, ou demoliffant ce qui feroit inutile. Mais il peut, par exemple, prendre des jours, & mettre des peintures & autres ornemens *b*.

b Neratius libro quarto membranarum ait, non poffe fructuarium prohiberi quominus reficiat. Quia nec arare prohiberi poteft, aut colere. Nec folùm neceffarias refectiones facturum, fed etiam voluptatis causâ, ut tectoria, & pavimenta, & fimilia : Neque autem ampliare nec inutile detrahere poffe, quamvis melius repofiturus fit : quæ fententia vera eft. *l.* 7. *in f.* & *l.* 8. *ff. de ufufr.* Si ædium ufusfructus legatus fit, Nerva filius & lumina immittere eum poffe ait. Sed & colores, & picturas, & marmora poterit, & figilla, & fi quid ad domûs ornatum. Sed neque diætas transformare, vel conjungere, aut feparare ei permittetur : vel aditus pofticafve vertere, vel refugia aperire, vel atrium mutare, vel viridaria ad alium modum convertere. Excolere enim quod invenit poteft, qualitate ædium non immutatâ. Item Nerva eum cui ædium ufusfructus legatus fit, altius tollere non poffe, quamvis lumina non obfcurentur, quia tectum magis turbatur. *l.* 13. §. 7. *eod. v.* §. 8. *eod.*

XVIII.

Si l'ufufruitier a fait des ameliorations, ou des reparations, foit utiles ou neceffaires, ou pour fon plaifir ; il ne peut rien demolir de ce qu'il a bâti, ni ôter ou enlever que ce qui peut fe conferver étant enlevé *c*.

c Sed fi quid inædificaverit, poftea cum neque tollere hoc, neque refigere poffe, Refixa planè poffe vindicare. *l.* 15. *ff. de ufufr.* V. l'art. dernier de la Sect. 3. du Titre des dots.

XIX.

XIX.

L'ufufruitier peut ou joüir par foy-même, ou loüer & bailler à ferme : il peut même ceder, vendre, ou donner fon ufufruit. Et la difpofition qu'il en fait luy tient lieu de joüiffance, & conferve fon droit *a*.

19. L'ufufruitier peut ceder, vendre, & donner fon droit.

a Ufufructuarius vel ipfe frui ea re, vel alii fruendam concedere, vel locare, vel vendere poteft. Nam & qui locat utitur, & qui vendit utitur. Sed & fi alii precariò concedat, vel donet, puto cum uti atque ideo retineri ufumfructum. *l. 12. §. 2. ff. de ufufr.* Cui ufusfructus legatus eft, etiam invito herede, eum extraneo vendere poteft. *l. 67. eod.*

XX.

L'ufufruitier a la liberté d'interrompre le bail qu'avoit fait le proprietaire, de même que l'acheteur *b* ; fi ce n'eft que fon titre le regle autrement. Car ayant le droit de joüir de tout le revenu, & d'ordinaire pendant fa vie ; il eft comme le maître ; & il n'eft pas obligé de laiffer au fermier un profit qui eft à luy.

20. Il peut interrompre le bail.

b Quidquid in fundo nafcitur, vel quidquid inde percipitur, ad fructuarium pertinet : penfiones quoque jam antea locatorum agrorum fi ipfæ quoque fpecialiter comprehenfæ fint. Sed ad exemplum venditionis, nifi fuerint fpecialiter exceptæ, poteft ufufructuarius conductorem repellere. *l. 59. §. 1. ff. de ufufr.* V. l'art. 4. de la Section 3. du loüage.

SECTION II.

De l'ufage, & habitation.

L'Ufage eft diftingué de l'ufufruit ; en ce qu'au lieu que l'ufufruit eft le droit de joüir de tous les fruits & revenus que peut produire le fonds qui y eft fujet, l'ufage ne confifte qu'au droit de prendre fur les fruits du fonds, la portion que l'ufager peut en confumer, felon ce qui en eft neceffaire pour fa perfonne, ou reglé par fon titre : & le furplus appartient au maître du fonds. Ainfi les ufagers qui ont droit d'ufage dans une forêt, ou un bois taillis, ne peuvent en prendre que pour leur ufage, felon qu'il a été reglé par leur titre. Et celuy qui auroit l'ufage d'un autre fonds, ne peut en recuëillir que ce qu'il peut confumer pour le befoin qu'il peut avoir des efpeces de fruits que produit ce fonds : ou même

Difference entre l'ufage & l'ufufruit.

Tome I.   C c c

l'ufage peut être reſtreint à de certaines eſpeces de fruits
ou revenus, fans s'étendre aux autres. Ainſi on voit dans
le droit Romain que celuy qui n'avoit qu'un ſimple uſage d'un fonds, n'avoit rien au bled ni à l'huile *: Et que
celuy qui avoit l'ufage d'un troupeau de brebis, étoit réduit à s'en fervir pour engraiſſer les heritages, mais n'a-
voit rien à la laine, ni aux agneaux : & pour le lait même il eſt dit en quelques endroits qu'il ne pouvoit en
prendre qu'un peu, & en d'autres qu'il n'y avoit rien *b*.

De l'habitation.   L'habitation eſt pour les maiſons , ce qu'eſt l'uſage
pour les autres fonds : & au lieu que celuy qui a l'uſufruit
d'une maiſon peut joüir de la maiſon entiere, celuy qui
n'a que l'habitation, a ſa joüiſſance bornée à ce qui luy
eſt neceſſaire, ou reglé par ſon titre. Surquoy il faut remarquer qu'encore que ce mot d'habitation paroiſſe reſtreint dans quelques loix, au ſens de cette définition *c*; il
ſemble en d'autres que l'habitation & même l'uſage d'u-
ne maiſon emporte la joüiſſance de la maiſon entiere.
Ainſi ce n'eſt pas tant par le ſens de ces mots d'uſage, &
d'habitation, qu'il faut étendre ou borner la joüiſſance
de ceux qui ont ces ſortes de droits, que par les termes
du titre qui peuvent faire juger de l'intention , ou du
teſtateur, ſi ce droit eſt acquis par un teſtament, ou des
contractans , ſi c'eſt par une convention qu'il eſt établi.

a Neque oleo (uſurum) neque frumento. *l. 12. §. 1. ff. de uſu & habit.*
b Modico lacte uſurum puto. *l. 12. §. 2. ff. de uſu & habita*. Si pecorum vel
ovium uſus legatus ſit , neque lacte, neque agnis , neque lana utetur uſuarius
quia ea in fructu ſunt. Planè ad ſtercorandum agrum ſuum pecoribus uti poteſt.
§. 4. inſt. de uſu & habit. d.l. 12. §. 2.
c V. l. 10. ff. de uſu & habit. d. l. 1. §. 1. & 2. l. 18. eod. V. l'art. 9. de la Sect.
2. & l'art. 7. de la Sect. 4.
d V. l. 4. l. 22. §. 1. ff. de uſu & habit. l. 15. eod. l. 13. C. de uſufr. & hab.

SOMMAIRES.

I.

L'Usage est le droit de prendre sur les fruits qui y sont affectez, ce que l'usager peut en consumer pour ses besoins, ou ce qui luy est donné par son titre *a*. Ce qui se regle ou par le titre même, s'il l'a exprimé, ou par la prudence du Juge, selon la qualité de l'usager, & l'intention des personnes qui ont établi ce droit, ou par les coûtumes & les usages s'ils y ont pourvû *b*.

1. Définition de l'usage.

a Cui usus relictus est, uti potest, frui non potest. *l. 2. ff. de usu & habit.* Minus juris est in usu quàm in usufructu. Nam is qui fundi nudum habet usum, nihil ulterius habere intelligitur, quàm ut oleribus, pomis, floribus, fœno, stramentis, & lignis ad usum quotidianum utatur. *§. 1. inst. de usu & habit. l. 10. §. 4. l. 12. §. 1. ff. eod.* Non usque ad compendium, sed ad usum scilicet, non usque ad abusum. *l. 12. §. 1. eod.*

b Usu legato si plus usus sit legatarius quam oportet, officio judicis, qui judicat quemadmodum utatur, continetur ne aliter quam debet utatur. *l. 22. §. ult. ff. eod.* Largius cum usuario agendum est. Pro dignitate ejus. *l. 12. §. 1. eod.*

II.

Si les fruits dont l'usager a droit de prendre ce qui luy est necessaire pour ses besoins, sont si modiques dans le fonds dont il a l'usage, qu'il n'y ait précisément que ce qu'il luy en faut, il aura le tout comme l'usufruitier *c*.

2. Quand l'usage emporte l'usufruit.

c Fundi usu legato, licebit usuario & ex penu quod in annum dumtaxat sufficiat, capere : licet mediocris prædii eo modo fructus consumantur. Quia, & domo, & servo ita uteretur, ut nihil alii fructuum nomine superesset. *l. 15. ff. de usu & habit.*

III.

L'usager a la liberté d'aller dans le fonds pour user de son droit, mais sans incommoder le proprietaire *d*.

3. L'usager ne doit pas incommoder le proprietaire.

d In eo fundo hactenus ei morari licet, ut neque domino fundi molestus sit, neque his per quos opera rustica fiant, impedimento. *l. 11. ff. de usu & habit. §. 1. inst. eod.*

IV.

Comme le droit d'usage est borné à la personne de l'usager, il ne peut ni vendre, ni loüer, ni donner un droit qui luy est personnel, & qui passant à une autre personne,

4. L'usage ne se transmet point à d'autres personnes.

pourroit être plus à charge , ou plus incommode au proprietaire *. Que s'il y avoit quelque difficulté de sçavoir
si l'usager pourroit user de son droit autrement qu'en personne , il faudroit la regler par le titre, par la qualité des
personnes , & par les autres circonstances.

a Nec ulli alii jus quod habet , aut vendere , aut locare , aut gratis concedere
potest. *l.* 11. *in f. ff. de usu & habit.* §. 1. *in fin. inst. eod.* Quemadmodum enim
concedere alii operas poterit , cum ipse uti debeat. *l.* 12. §. *ult. ff. eod.* V. l'art.
10. de cette Section. .

V.

Le droit d'usage, comme celuy de l'habitation, qui
est acquis ou au mari ou à la femme par un legs , ou autre disposition à cause de mort, se communique de l'un
à l'autre : & ils useront ensemble de ce droit pendant la
vie de celuy à qui il est donné *b*. Car celuy qui a legué ou
un usage , ou une habitation à l'un des conjoints, n'a
pas voulu en exclurre l'autre. Mais si un droit d'usage
de quelques fruits étoit legué ou au mari , ou à la femme
avant qu'ils fussent mariez , le mariage survenant n'em-
pireroit pas la condition du proprietaire : & l'usage seroit borné ainsi qu'il seroit reglé par le titre. Et il en seroit de même si cet usage étoit acquis par une convention,
soit avant ou aprés le mariage. Et dans tous ces cas c'est
par les circonstances qu'il faut juger de l'effet que doit
avoir le titre *c*.

b Domus usus relictus est , aut marito , aut mulieri. Si marito, potest illic
habitare , non solus , verùm familia cum quoque sua. *l.* 2. §. 1. *ff. de usu & hab.*
Mulieri autem si usus relictus sit , posse eam & cum marito habitare. *l.* 4. §. 1.
eod. V. cy-aprés l'art. 8.

Cæterarum quoque rerum usu legato , dicendum est uxorem cum viro in
promiscuo usu eas res habere posse. *l.* 9. *eod.* Neque enim tam strictè interpretandæ sunt voluntates defunctorum. *l.* 11. §. 2. *in f. eod.* Conditionum verba quæ
testamento præscribuntur , pro voluntate considerantur. *l.* 101. §. 2. *ff. de cond.*
& demonst.

c Semper in stipulationibus , & in cæteris contractibus id sequimur quod
actum est. *l.* 34. *ff. de reg. jur.* V. l'art. 8. & la remarque qu'on y a faite.

VI.

Le droit d'usage n'est pas seulement pour une , ou
plusieurs années , mais il s'étend à la vie de l'usager , si
le titre de ce droit ne le regle autrement *d*.

d V. cy-aprés l'art. 11. de cette Section, & l'art. 1. de la Section 6.

VII.

L'habitation eſt le droit d'habiter dans une maiſon : & celuy qui a ce droit a comme un uſage, ou comme un uſufruit, ſelon que ſon titre étend, ou borne le droit d'habiter *a*.

a Domus uſus. *l. 2. §. 1. ff. de uſu & hab.* V. à la fin du préambule de cette Section. *V. cy-après l'art. 9.*

7. *Définition de l'habitation.*

VIII.

Le droit d'habitation s'étend à toute la famille de celuy qui a ce droit. Car il ne peut habiter ſeparément de ſa femme, de ſes enfans, de ſes domeſtiques. Et il en eſt de même ſi ce droit eſt acquis à la femme *b*. Ce qui s'entend de l'habitation même qui étoit acquiſe avant le mariage *c*.

8. *L'habitation s'étend à la famille.*

b Poteſt illic habitare non ſolus, verùm familia cum quoque ſua. *l. 2. §. 1. ff. de uſu & habit.* V. cy-devant l'art. 5.

Mulieri autem ſi uſus relictus ſit, poſſe eam & cum marito habitare, Quintus Mutius primus admiſit, ne ei matrimonio carendum foret, cùm uti vult domo. Nam per contrarium quin uxor cum marito poſſit habitare nec fuit dubitatum. *l. 4. §. 1. ff. de uſu & habit.*

c Quid ergo ſi viduæ legatus uſus ? an nuptiis contractis, poſt conſtitutum uſum, mulier habitare cum marito poſſit ? & eſt verum poſſe eam cum viro, & poſtea nubentem habitare. *l. 4. eod.* V. l'art. 5.

Ce qui eſt dit dans cet article, que l'habitation s'étend à toute la famille, ſignifie que celuy qui a ce droit peut habiter avec toute ſa famille, dans les lieux ſujets à ſon habitation. Mais cette regle ne ſignifie pas, qu'une habitation bornée, par exemple, à un appartement, puiſſe s'étendre à un autre, ſous prétexte du beſoin de la famille de celuy qui a ce droit. V. l'art. 5.

IX.

L'habitation s'étend ou à toute la maiſon, ou ſeulement à une partie, ſelon qu'il paroît reglé par le titre. Que ſi l'habitation eſt donnée indéfiniment, ſans marquer ni la maiſon entiere, ni quelques-lieux, mais ſeulement ou ſelon la condition, ou ſelon le beſoin de celuy à qui ce droit eſt acquis, elle comprendra les commoditez neceſſaires, quand il ne reſteroit rien au proprietaire *d*.

9. *A quels lieux s'étend l'habitation.*

d Ita uteretur (domo) ut nihil alii fructuum nomine ſupereſſet. *l. 15. ff. de uſu & habit.* Si domus uſus legatus ſit ſine fructu, communis refectio eſt rei in ſartis tectis, tàm heredis quàm uſuarii. Videamus tamen, ne, ſi fructum heres accipiat, ipſe reficere debeat : ſi verò talis ſit res cujus uſus legatus eſt, ut heres fructum percipere non poſſit, legatarius reficere cogendus eſt. Quæ diſtinctio rationem habet. *l. 18. ff. de uſu & habit.* *On voit dans cette loy les deux cas* l'un où l'habitation s'étend à toute la maison : & l'autre où elle est bornée à une partie. V. l'art. 7. de cette Section.

X.

10. Transport du droit d'habitation.

Celuy qui a l'habitation d'une maison ou d'une partie, peut ceder & loüer son droit, sans y habiter luy-même *, si ce n'est que sa condition fût autrement reglée par son titre *.

a Si quidem habitationem quis reliquerit, ad humaniorem declinare sententiam nobis visum est : & dare legatario etiam locationis licentiam, quid enim distat sive ipse legatarius maneat, sive alii cedat ut mercedem accipiat. *l.* 13. *C. de usufr. §. 5. inst. de usu & habit.*

b Id sequimur quod actum est. *l.* 34. *ff. de reg. jur.* V. cy-devant l'art. 4.

XI.

11. L'habitation dure pendant la vie.

Le droit d'habitation comme celuy de l'usage n'est pas borné à un temps, mais il dure pendant la vie de celuy qui a ce droit *.

c Utrùm autem unius anni sit habitatio, an usque ad vitam apud veteres quæsitum est. Et Rutilius donec vivat habitationem competere, ait. Quam sententiam, & Celsus probat, libro octavo decimo Digestorum. *l.* 10. *§. 3. ff. de usu & habit.* V. l'art. 6.

SECTION III.

De l'usufruit des choses qui se consument par l'usage, ou qui se diminuent.

usufruit des choses mobiliaires.

LEs choses mobiliaires ou se consument tout-à-fait, ou au moins se diminuent par l'usage. Ainsi, les grains & les liqueurs se consument entierement quand on en usage : & les animaux, les tapisseries, les lits, & les autres meubles souffrent quelque diminution par l'usage, & même par le simple effet du temps, quand on n'en useroit point : & enfin ces choses perissent. Mais on n'a pas laissé d'établir une espece d'usufruit de toutes les choses mobiliaires, & de celles même qui perissent par l'usage. Cet usufruit s'acquiert en deux manieres, ou par un titre particulier, comme si l'on donne l'usufruit ou l'usage d'une tapisserie & d'autres meubles, ou par un titre general, si elles se trouvent comprises dans une totalité de biens, comme dans une succession, dont

quelqu'un ait l'ufufruit. Et c'eſt cette eſpece d'ufufruit
dont les regles feront la matiere de cette Section.

SOMMAIRES.

I.

Uoyqu'il ne paroiſſe pas naturel qu'on puiſſe avoir
l'uſufruit des choſes mobiliaires qui periſſent par
l'uſage, comme les grains, & les liqueurs ; les loix ont
reçû une eſpece d'uſufruit de ces ſortes de choſes, comme de toutes les autres qu'on peut poſſeder *a*. Car en
effet il n'y en a aucune dont on ne tire quelque uſage, &
on peut y établir une eſpece d'uſufruit, ſelon leur nature, par les regles qui ſuivent.

1. *Uſufruit de tou-
tes ſortes de choſes.*

a Senatus cenſuit, ut omnium rerum, quas in cujuſque patrimonio eſſe conſ-
taret, uſusfructus legari poſſit : quo Senatuſconſulto indultum videtur, ut earum
rerum quæ uſu tolluntur, vel minuuntur, poſſit uſusfructus legari. *l.* 1. *ff. de
uſuſr. ear. rer. quæ uſu conſ. l.* 3. *eod.* Sed de pecunia rectè caveri oportet his, à
quibus ejus pecuniæ uſusfructus legatus erit. *l.* 2. *eod.* §. 2. *inſt. de uſuſr.*

II.

Celuy qui a l'uſufruit univerſel de tous les biens, a
auſſi le droit de joüir & uſer de tous les effets mobiliaires ſelon leur nature ; de conſumer ce qui ſe conſume :
de tirer des animaux les profits qui en reviennent : de
recevoir les rentes des dettes actives qui en produiſent :
& de ſe ſervir de chaque choſe ſelon ſon uſage, ou pour

2. *Uſufruit des ef-
fets mobiliaires dans
une totalité de biens.*

le revenu, ou pour la commodité, ou pour le feul divertissement *a*.

a Omnium bonorum ufumfructum poffe legari. *l.* 29. *ff. de ufufr. l.* 34. §. 2. *eod. V. l.* 1. *C. eod.* Conftitit ufusfructus non tantùm in fundo, & ædibus . verùm etiam in fervis, jumentis, cæterifque rebus. *l.* 3. §. 1 *ff. eod. l.* 7. *eod.* Numifinatum aureorum, vel argenteorum veterum, quibus pro gemmis uti folent, ufufructus legari poteft. *l.* 28. *eod.* Statuæ, & imaginis ufumfructum poffe relinqui. *l.* 41. *eod.* Poft quod omnium rerum ufusfructus legari poterit, an & nominum? Nerva negavit: fed eft verius, quod Caffius & Proculus exiftimant, poffe legari, *l.* 3. *ff. de ufufr. ear. rer. q. ufu. conf.*

III.

3. En quoy confifte cet ufufruit.

L'ufufruit des chofes mobiliaires qui ne fe confument pas d'abord qu'on en ufe, confifte au droit d'en joüir, & de s'en fervir comme feroit le proprietaire, en les mettant à l'ufage pour lequel elles font deftinées, fans en abufer, & les confervant en bon pere de famille. Ainfi, une tapifferie dont on a l'ufufruit peut demeurer tenduë, & les autres meubles peuvent de même être employez à leurs ufages : & ils feront rendus au proprietaire dans l'état où ils fe trouveront après l'ufufruit fini, quoy qu'ufez & diminuez par l'effet de l'ufage, pourvû que l'ufufruitier n'en ait pas mefufé *b*.

b Et, fi veftimentorum ufusfructus legatus fit, non ficut quantitatis ufusfructus legetur : dicendum eft, ita uti eum debere ne abutatur. *l.* 15. §. 4. *ff. de ufufr.* Proinde & fi fcenicæ veftis ufusfructus legetur, vel aulæi, vel alterius apparatus, alibi quàm in fcena non utetur. *d. l.* §. 5. Si veftis ufusfructus legatus fit, fcripfit Pomponius, quamquàm heres ftipulatus fit finito ufufructu veftem reddi, attamen non obligari promifforem, fi eam fine dolo malo adtritam reddiderit. *l.* 9. §. 3. *ff. ufi f. quem. cau.*

IV.

4. Ufufruit des animaux.

L'ufufruitier qui a des animaux dans fon ufufruit, peut en tirer les revenus, & les fervices qu'en tireroit le maître. Ainfi, il peut employer les bœufs au charroy, & au labourage, les chevaux ou à porter & voiturer, ou à labourer, ou à voyager felon leur ufage, les moutons & les brebis à engraiffer les champs : & il en retire auffi les agneaux, le lait, & la laine *c*.

c Si bonum armenti ufus relinquatur, omnem ufum habebit, & ad arandum, & ad cætera ad quæ boves apti funt. *l.* 12. §. 3. *ff. de ufu & habit.* Equitii quoque legato ufu, videndum ne & domare poffit, & ad vehendum fub jugo uti : & fi forte auriga fuit, cui ufus equorum relictus eft, non puto cum circenfibus

bus his usurum , quia quasi locare eos videtur. Sed si testator sciens eum hujus
esse instituti & vitæ reliquit, videtur etiam de hoc usu sensisse. *d. l. 12. §. 4.* Si pecoris ei usus relictus est , putà gregis ovilis, ad stercorandum usurum dumtaxat
Labeo ait. Sed neque lanâ , neque agnis , neque lacte usurum. *Hac enim magis in
fructu esse. d. l. §. 2.*

V.

Si c'est d'un troupeau de bêtail qu'on ait l'usufruit ,
comme d'un haras , ou d'un troupeau de moutons & de
brebis , l'usufruitier aura les poulins , les agneaux , la
laine , & tous les services , & autres profits , selon la nature & l'usage de ces animaux *a* ; à la charge neanmoins
de conserver le nombre qu'il aura receu , & de remplacer
autant de têtes qu'il en manquera pour remplir ce nombre. Car il luy suffit de joüir des profits qu'il tire des animaux , & d'avoir de plus tout ce qui passe le nombre qu'il
doit conserver *b*.

5. L'usufruitier
d'un troupeau de bé-
tail doit remplacer.

a V. l'article précedent.
b Planè si gregis vel armenti sit ususfructus legatus , debebit ex agnatis , gre-
gem supplere. Id est in locum capitum defunctorum. *l. 68. §. ult. ff. de usi. fr.* Si
decesserit fœtus , periculum erit fructuarii , non proprietarii : & necesse habebit
alios fœtus summittere. *l. 70. §. 2. eod.* Ea quæ pleno grege edita sunt, ad fructuarium pertinere. *d. l. §. 42.*

V I.

S'il se trouve dans un usufruit des animaux qui ne pourroient produire de quoy remplacer , comme un attelage
de chevaux, ou des mulets , ou quelque bête seule ; l'usufruitier ne sera pas tenu de remplacer ce qui perira *c*, si c'est
sans sa faute.

6. L'usufruitier
d'animaux qui ne
produisent pas de quoy
remplacer , ne rem-
place point.

c Sed quod dicitur debere eum summittere , toties verum est , quoties gregis ,
vel armenti , vel equitii , id est universitatis ususfructus legatus est. Cæterum
singulorum capitum nihil supplebit. *l. 70. §. 3. ff. de usi. fr.*

V I I.

L'usufruit des choses qui se consument par l'usage en
emporte la proprieté , puis qu'on ne peut en user qu'en
les consumant. Mais l'usufruitier est distingué du proprietaire , en ce qu'il est obligé aprés l'usufruit fini , de
rendre selon la condition de son titre , ou une pareille
quantité de même nature que celle qu'il avoit receuë , ou,
la valeur des choses au temps qu'il les a prises *d*. Car c'est
de cette valeur qu'il a eu l'usufruit.

7. De l'usufruit des
choses qui se consu-
ment.

d Si vini , olei , frumenti ususfructus legatus erit , proprietas ad legatarium transferri debet. Et ab eo cautio deſideranda eſt , ut quandoque is mortuus , aut capite deminutus ſit , ejuſdem qualitatis res reſtituatur. Aut æſtimatis rebus certæ pecuniæ nomine cavendum eſt , quod & commodius eſt. Idem ſcilicet de cæteris quoque rebus , quæ uſu continentur intelligemus. *l. 7. ff. de uſufr. ear. rer. qua uſ. conſ.* V. l'art. 2. de la ſect. 4.

VIII.

8. Uſage & uſufruit égaux pour ces choſes.

Il eſt égal d'avoir ou l'uſage , ou l'uſufruit des choſes qui ſe conſument lors qu'on en uſe , comme de l'argent , des grains , des liqueurs. Car celuy qui en a l'uſage , en joüit autant que celuy qui en a l'uſufruit , puis qu'il en diſpoſe comme en étant le maître *a*.

a Quæ in uſufructu pecuniæ diximus , vel cæteratum rerum quæ ſunt in abuſu , eadem & in uſu dicenda ſunt. Nam idem continere uſum pecuniæ , & uſumfructum , & Julianus ſcribit , & Pomponius libro octavo de ſtipulationibus. *l. 55. §. ult. ff. de uſufr. ear. rer. quæ uſu conſum. l. 10. §. 1. eod.*

IX.

9. Bornes & étenduë de l'uſage des meubles.

L'uſage de toutes les autres choſes mobiliaires a ſes bornes & ſon étenduë ſelon le titre qui l'établit; & il ſe regle ou par l'intention des contractans , ſi le titre eſt une convention , ou par celle du teſtateur, ſi c'eſt un teſtament. Et on juge de cette intention , ou par les termes du titre, ou par les circonſtances, comme de la qualité de celuy à qui l'uſage de ces choſes a été donné , du motif de celuy qui l'a donné , de l'uſage qu'il en faiſoit luy-même , & les autres ſemblables. On regarde auſſi la coûtume , s'il y en a dont la diſpoſition puiſſe s'y rapporter. Et c'eſt par ces principes qu'il faut juger , ſi , par exemple , un uſage de meubles comprend toutes les choſes mobiliaires ſans exception , ou ſeulement quelques-unes , & comment on peut en faire la diſtinction : s'il s'étend à toutes ſortes de ſervices, & de profits qu'on peut en tirer, ou s'il eſt borné à quelques ſervices, & à quelques profits *b*.

b V. l'article 1. & l'article 5. de la Sect. 2. les loix citées ſur l'art. 4. de cette Sect. & l'article ſuivant.

X.

10. Si l'uſufruitier des meubles peut les loüer.

Celuy qui a un uſufruit des choſes mobiliaires dont l'uſage conſiſte à les loüer , comme d'un bateau pour voiturer des marchandiſes , d'un vaiſſeau pour trafiquer ſur mer , peut loüer ces ſortes de choſes. Mais il ne peut loüer celles qui ne ſont pas deſtinées à cet uſage. Car en-

core que l'ufufruit donne un plein droit de joüir de tout
le profit qu'on peut tirer des chofes qui y font fujettes,
ce droit fur des meubles doit avoir fes bornes, parce que
le mefufage peut les faire perir ou les endommager. Ainfi
les manieres d'en ufer doivent être reglées felon le titre,
& felon les circonftances de la qualité des perfonnes, de
la nature des chofes, de l'ufage que doit en faire un bon
pere de famille, & les autres femblables *a*.

a Et, fi veftimentorum ufusfructus legatus fit, non ficut quantitatis ufusfructus legetur : dicendum eft, ita uti eum debere, ne abutatur. Nec tamen locaturum, quia vir bonus ita non uteretur. *l.* 15. §. 4. *ff. de ufufr.* Proinde & fi fcenicæ veftis ufusfructus legetur, vel aulæi, vel alterius apparatûs, alibi quàm in
fcena non uteretur. Sed an & locare poffit videndum eft, & puto locaturum. Et
licèt teftator commodare, non locare fuerit folitus, tamen ipfum fructuarium
locaturum tam fcenicam, quàm funebrem veftem. *d. l.* §. 5. Si fortè auriga fuit,
cui ufus equorum relictus eft, non puto eum circenfibus his ufurum, quia quafi
locare eos videtur. Sed fi teftator fciens eum hujus effe inftituti, & vitæ reliquit,
videtur etiam de hoc ufu fenfiffe. *l.* 12. §. 4. *ff. de ufu & habit.* Voyez l'article
précedent.

SECTION IV.

Des engagemens de l'ufufruitier, & de l'ufager envers le proprietaire.

SOMMAIRES.

1. *L'ufufruitier doit faire un inventaire des chofes fujettes à l'ufufruit.*
2. *Il doit donner une feureté pour la reftitution.*
3. *Il doit prendre foin des chofes fujettes à l'ufufruit.*
4. *Il doit joüir en bon pere de famille.*
5. *Doit acquiter les charges.*
6. *Doit faire les reparations.*
7. *Engagemens de l'ufager.*
8. *Abandon de l'ufufruit ou de l'ufage pour éviter les charges.*

I.

LE premier engagement de l'ufufruitier eft de fe
charger des chofes dont il a l'ufufruit, foit meubles,
ou immeubles: & d'en faire un inventaire & procés verbal

1. L'ufufruitier doit faire un inventaire des chofes fujettes à l'ufufruit.

en presence des personnes interessées, pour marquer en
quoy elles consistent, & en quel état il les prend ; afin de
regler ce qu'il devra rendre aprés l'usufruit fini , & en
quel état il devra le rendre *a*.

a Rectè facient & heres & legatarius, qualis res sit , cùm frui incipit legatarius , si in testatum redegerint, ut inde possit apparere , an , & quatenus rem pe-
jorem legatarius fecerit. *l.* 1. §. 4. *ff. usufr. quem cav.* V. pour l'usager l'art. 7.

I I.

2. *Il doit donner
une seureté pour la
restitution.*

Le second engagement de l'usufruitier est de donner les
seuretez necessaires au proprietaire , pour la restitution
des choses données en usufruit ; soit par sa simple soûmission, ou en donnant caution , selon qu'il peut y être
obligé par le titre de l'usufruit, ou que les circonstances
de la nature des choses, de la qualité des personnes, &
autres le demanderont. Comme si c'est un usufruit de
choses qui perissent par l'usage, ou qui puissent facilement être endommagées. Et la seureté de la restitution
renferme aussi celle de rendre les choses dans l'état où
elles devront être *b*.

b. Si cujus rei ususfructus legatus sit , æquissimum prætori visum est ; de utroque legatarium cavere , & usurum se boni viri arbitratu , & cum ususfructus ad
eum pertinere desinet restituturum , quod inde extabit. *l.* 1. *ff. usi.fr. quem cav.* Si
cujus rei ususfructus legatus erit , dominus potest in ea re satisfdationem desidera-
re , ut officio judicis hoc fiat. Nam sicuti debet fructuarius uti frui , ita & proprietatis dominus securus esse debet de proprietate. Hæc autem ad omnem usumfructum pertinere Julianus libro trigesimo octavo digestorum probat. *l.* 13. *ff. de
usf f. l.* 8. §. 4. *ff. qui satisfare cog.* Ususfructu constituto consequens est, ut satisfa-
tio boni viri arbitratu præbeatur , ab eo ad quem id commodum pervenit , quòd
nullam læsionem ex usu proprietati afferat. Nec interest sive ex testamento , sive
ex voluntario contractu ususfructus constitutus est. *l.* 4. *C. de usufr.* Si vini , olei ,
frumenti ususfructus legatus erit , proprietas ad legatarium transferri debet : &
ab eo cautio desideranda est , ut quandoque is mortuus , aut capite deminutus
sit , ejusdem qualitatis res restituatur. *l.* 7. *ff. de usufr. cav. ter. q. us. conf. l.* 1. *C.
de usufr.*

I I I.

3. *Il doit prendre
soin des choses sujettes
à l'usufruit.*

Le troisiéme engagement de l'usufruitier est de conserver les choses dont il a l'usufruit, & d'en avoir le même
soin que prend un bon pere de famille de ce qui est à luy *c*,
Ainsi celuy qui a l'usufruit d'une maison doit veiller à

c Debet omne , quod diligens pater familiàs in sua domo facit , & ipse facere.
l. 65. *ff. de usufr.* Usurum se boni viri arbitratu, *l.* 1. *ff. usuf. quem cav. l.* 4. *C. cod.*

prévenir un incendie. Ainſi celuy qui a un uſufruit d'a-
nimaux doit les faire garder, nourrir & penſer.

I V.

Le quatriéme engagement de l'uſufruitier eſt de joüir en
bon pere de famille, tirant des choſes ſujettes à l'uſufruit
ce qui peut luy en revenir, ſans meſuſer, ſans deteriorer,
ni changer même ce qui eſt deſtiné pour le ſimple diver-
tiſſement, quoyque ce fût pour augmenter le revenu.
Ainſi il ne peut couper des arbres plantez en allées, pour
y faire un potager, ou y ſemer du bled *a*.

a Mancipiorum uſufructu legato non debet abuti, ſed ſecundùm conditionem
eorum uti. *l.* 15. §. 1. *ff. de uſufr.* Et generaliter Labeo ait, in omnibus rebus mo-
bilibus modum eum tenere debere, ne ſua feritate, vel ſævitia ea corrumpat. *d. l.*
§. 3. Fructuarius cauſam proprietatis deteriorem facere non debet. *l.* 13. §. 4. *ff.
eod.* Et aut fundi eſt uſusfructus legatus: & non debet neque arbores frugiferas
excidere, neque villam diruere, nec quicquam facere in perniciem proprietatis.
Et ſi forte voluptarium fuit prædium, viridaria vel geſtationes, deambulationes
arboribus infructuoſis opacas, atque amœnas habens, non debebit dejicere, ut
forte hortos olitorios faciat, vel aliud quid quod ad reditum ſpectat. *d.* §. 4.

V.

Le cinquiéme engagement de l'uſufruitier eſt d'acquiter les charges des choſes dont il a l'uſufruit, comme
ſont les tailles, & autres impoſitions & charges publiques, même celles qui peuvent ſurvenir aprés que l'uſufruit luy a été acquis, les cens, les rentes foncieres, &
autres redevances *b*.

b Si quid cloacarii nomine debeatur, vel ſi quid ob formam aquæ ductus quæ
per agrum tranſit, pendatur, ad onus fructuarii pertinebit. Sed & ſi quid ad collationem viæ, puto hoc quoque fructuarium ſubiturum. Ergo & quod ob tran-
ſitum exercitûs confertur ex fructibus. *l.* 27. §. 3. *ff. de uſufr.* Quæro ſi uſusfructus fundi legatus eſt, & eidem fundo indictiones temporariæ indictæ ſint, quid
juris ſit? Paulus reſpondit idem juris eſſe & in his ſpeciebus, quæ poſtea indi-
cuntur, quod in vectigalibus dependendis reſponſum eſt. Ideoque hoc onus ad
fructuarium pertinet. *l.* 28. *ff. de uſufr.*

V I.

Le ſixiéme engagement de l'uſufruitier eſt de faire les
dépenſes neceſſaires pour conſerver & tenir en bon état
les lieux, & autres choſes dont il a l'uſufruit. Comme de
faire les menuës reparations d'une maiſon, de planter des
arbres au lieu de ceux qui ſont morts ſur pied, de cultiver

4. Doit joüir en bon pere de famille.

5. Doit acquiter les charges.

6. Doit faire les reparations.

& menager les heritages , & faire les autres reparations
& dépenses que peut demander la culture & la conservation des lieux. Mais il n'est pas tenu des grosses reparations , comme de rebâtir ce qui est tombé sans qu'il y eût
de sa faute *a*.

a Eum , ad quem ususfructus pertinet , sarta tecta suis sumptibus præstare debere , explorati juris est. *l. 7. C. de usufr.* Quoniam igitur omnis fructus rei ad
eum pertinet , reficere quoque cum ædes, per arbitrum cogi , Celsus scribit : hactenus tamen ut sarta tecta habeat. Si qua tamen vetustate corruissent, neutiquam
cogi reficere. *l. 7. §. 2. ff. de usuf.* In locum demortuarum arborum aliæ substituendæ sunt. *l. 18. eod.* Fructus deductis necessariis impensis intelligitur. *l. 4 §. 1.
ff. de oper. serv.*

VII.

7. Engagemens de l'usager.

Tous ces engagemens de l'usufruitier sont communs à
l'usager à proportion de son droit d'usage. Ainsi, lorsque
son droit luy donne toute la chose, comme s'il a une habitation qui s'étende à une maison entiere, il doit se charger de ce qui luy est delivré, donner les seuretez necessaires , prendre soin des lieux , en joüir sans deteriorer &
sans mesuser , faire les reparations , & porter les autres
charges, dont l'usufruitier seroit tenu. Mais si son droit
est borné , comme s'il n'a qu'une partie de la maison , il
ne doit des reparations & des autres charges , qu'à proportion de ce qu'il occupe *b*.

b Si domus usus legatus sit sine fructu , communis refectio est rei in sartis tectis , tam heredis , quàm usuarii. Videamus tamen ne , si fructum heres accipiat ,
ipse reficere debeat. Si verò talis sit res cujus usus legatus est , ut heres fructum
percipere non possit , legatarius reficere cogendus est. Quæ distinctio rationem
habet. *l. 18. ff. de usu. & hab.*

VIII.

8. Abandon de l'usufruit, ou de l'u-sage , pour éviter les charges.

Si l'usufruitier , ou l'usager aiment mieux abandonner
leur droit qu'en porter les charges, ils cesseront d'en
être tenus, à la reserve de celles de la joüissance qu'ils
auront faites , & les deteriorations qu'eux , ou les personnes dont ils doivent répondre , pourroient avoir causées.
Et ils auront la même liberté quand ils auroient été condamnez en justice à acquiter les charges dont ils étoient
tenus *c*.

c Cùm fructuarius paratus est usumfructum derelinquere , non est cogendus
domum reficere , in quibus casibus usufructuario hoc onus incumbit. Sed & post
acceptum contra eum judicium , parato fructuario derelinquere usumfructum ,

dicendum eft abfolvi eum debere à judice. *l. 64. ff. de ufufr.* Sed cùm fructuarius debeat, quod fuo fuorumque facto deterius factum fit reficere, non eft abfolvendus, licèt ufumfructum derelinquere paratus fit. *l. 65. eod.*

SECTION V.

Des engagemens du proprietaire envers l'ufufruitier, et envers l'ufager.

SOMMAIRES.

1. *Le proprietaire doit laiffer la joüiffance, & l'ufage libre.*
2. *Il ne peut changer l'état des lieux.*
3. *Il doit faire ceffer les ob-* *ftacles dont il eft garent.*
4. *Il doit rembourfer les reparations qui le regardent.*
5. *L'ufufruitier joüit des chofes en l'état où elles font.*

I.

LE proprietaire eft obligé de delivrer à l'ufufruitier, & à l'ufager les lieux, & autres chofes fujettes à l'ufufruit, ou à l'ufage : ou de fouffrir qu'ils s'en mettent en poffeffion, fans qu'il puiffe les y troubler, ni incommoder. Et ceux qui ont ces droits peuvent pourfuivre tant le proprietaire, que tous autres poffeffeurs des chofes qui y font fujettes, pour les laiffer joüir *a*.

1. Le proprietaire doit laiffer la joüiffance, & l'ufage libre.

a Utrùm autem adversùs dominum dumtaxat in rem actio ufufructuario competat, an etiam adversùs quemvis poffefforem quæritur ? & Julianus libro feptimo digeftorum fcribit, hanc actionem adversùs quemvis poffefforem ei competere. *l. 5. §. 1. ff. fi ufiufr. pet.*

II.

Le proprietaire ne peut avant la délivrance, ni aprés, faire aucun changement dans les lieux, & autres chofes fujettes à un ufufruit, ou à un ufage, par où il empire la condition de l'ufufruitier, ou de l'ufager, quoyque ce fût pour y faire des ameliorations. Ainfi, il ne peut hauffer un bâtiment, ni en faire un nouveau, dans un fonds où il n'y en avoit point, fi ce n'eft du confentement de l'ufufruitier, ou de l'ufager. Il peut encore moins dégra-

2. Il ne peut changer l'état des lieux.

der un bois, démolir un édifice, y impofer des fervitudes, ni faire d'autres changemens qui nuifent à l'ufufruitier, ou à l'ufager. Et s'il l'avoit fait, il feroit tenu des
dommages & interêts qu'il auroit caufez*.

a Neratius : ufuariæ rei fpeciem, is cujus proprietas eft, nullo modo commu-
tare poteft. Paulus : deteriorem enim caufam ufuarii facere non poteft. Facit autem deteriorem etiam in meliorem ftatum commutata. *l. ult. ff. de ufu & hab.*
Labeo fcribit nec ædificium licere domino ne invito altiùs tollere, ficut nec arcæ
ufufructu legato, poteft in area ædificium poni. Quam fententiam puto veram.
l. 7. §. 1. in fin. ff. de ufufr. Si ab herede, ex teftamento, fundi ufusfructus petitus fit, qui arbores dejeciffet, aut ædificium demolitus effet, aut aliquo modo
deteriorem ufumfructum feciffet, aut fervitutem imponendo, aut vicinorum prædia liberando, ad judicis religionem pertinet, ut infpiciat qualis ante judicium
acceptum fundus fuerit : ut ufufructuario hoc quod intereft, ab eo fervetur. *l. 2.*
ff. fi ufufr. pet. l. 15. §. ult. ff. de ufufr.

III.

3. Il doit faire cef-
fer les obftacles dont
il eft garent.

Si l'ufufruitier ou l'ufager ne pouvoient joüir par un
obftacle que le proprietaire dût faire ceffer, il en fera
tenu, & des dommages & interêts de la non-joüiffance.
Comme s'il y avoit quelque éviction, ou autre trouble,
dont il fût garent : ou s'il refufoit à l'ufufruitier quelque
fervitude neceffaire qu'il dût luy donner, comme dans le
cas de l'art. 14. de la Sect. 1 *b*.

b C'eft une fuite du droit de l'ufufruitier. Ufusfructus legatus adminiculis eget, fine
quibus uti frui quis non poteft. *l. 1. §. 1. ff. fi ufufr. pet.* In his autem actionibus
quæ de ufufructu aguntur, etiam fructus venire, plufquam manifeftum eft. *l. 5.*
§. 3. & §. ult. ff. eod.

IV.

4. Il doit rembour-
fer les reparations qui
le regardent.

Si l'ufufruitier a fait des reparations neceffaires au delà
de celles dont il eft tenu, le proprietaire doit l'en rembourfer *c.*

c Eum ad quem ufusfructus pertinet, farta tecta fuis fumptibus præftare debere, explorati juris eft. Proinde fi quid ultra quam impendi debeat erogatum potes
docere, folemniter repofces. *l. 7. C. de ufufr.*

V.

5. L'ufufruitier
joüit des chofes en l'é-
tat où elles font.

Le proprietaire n'eft pas tenu de refaire ou de remettre en bon état ce qui fe trouve ou démoli, ou endommagé au temps que l'ufufruit eft acquis, fi ce n'eft que
ce fût par fon fait, ou qu'il fût chargé par le titre de remettre les chofes en bon état. Mais l'ufufruitier eft reftreint

treint au droit de joüir de la chose en l'état qu'elle est,
quand ce droit luy est acquis; de même que celuy qui
acquiert la proprieté d'une chose, ne doit l'avoir que
telle qu'elle étoit lors qu'il l'a acquise *a*.

a Non magis heres reficere debet, quod vetustate jam deterius factum reliquif-
set testator, quàm si proprietatem alicui testator legasset. *l. 65. §. 1. ff. de usufr.*

SECTION VI.

Comment finissent l'usufruit, l'usage, & l'habitation.

SOMMAIRES.

I.

L'Usufruit, l'usage, & l'habitation finissent par la mort
naturelle, & par la mort civile de la personne qui en
avoit le droit, parce que ce droit étoit personnel *b*.

b Morte amitti usumfructum, non recipit dubitationem. Cùm jus fruendi
morte extinguatur, sicuti si quid aliud quod personæ cohæret. *l. 3. §. 1 l. ff. quib.
mod. ususfr. am'r. l. 3. C. de usufr.* Capitis diminutione quæ vel libertatem, vel
civitatem Romanam possit adimere. *l. 16. m f. C. de usufr.* Finitur ususfructus
morte usufructuarii & duabus capitis diminutionibus, maxima, & media. *§. 3.
inst. de usufr.*

II.

Si le Titre de l'usufruit, ou de l'usage & de l'habitation
en bornoit le droit pour commencer ou finir à un certain
temps, ou à l'évenement d'une certaine condition, le

droit ne commencera, ou ne cessera que lorsque la condition sera arrivée, ou le temps expiré .

a Si sub conditione mihi legatus sit ususfructus, medioque tempore sit penes heredem : potest heres usumfructum alii legare. Quæ res facit, ut si conditio extiterit mei legati, ususfructus ab herede relictus finiatur. *l.* 16. *ff. quib. mod. ufu-fr. vel uf. am. l.* 17. *eod. V. l.* 12. *C. de ufuf.*

III.

3. Restitution d'u-sufruit à un tiers usu-fruitier.

Si l'usufruitier est chargé de rendre l'usufruit à une autre personne, son usufruit finira lorsque cette restitution devra être faite *b*.

b Si legatum usumfructum legatarius alii restituere rogatus est. *l.* 4. *ff. quib. mod. usufr. vel uf. am.*

IV.

4. Si la chose périt.

Le droit d'usufruit est borné à la chose sur laquelle il est assigné, & n'affecte pas les autres biens ; ainsi il finit lorsque le fonds, ou autre chose qui y est sujette vient à périr avant la mort de l'usufruitier, ou de l'usager, comme si un heritage étoit entraîné par un débordement, ou qu'une maison fût brûlée, ou ruinée. Et en ce dernier cas l'usufruitier n'auroit pas même d'usufruit sur les materiaux, ny sur la place où étoit la maison. Car l'usufruit étoit specialement établi sur une maison : & il étoit restreint à ce qui étoit specifié dans le titre *c*.

c Est enim usufructus jus in corpore, quo sublato & ipsum tolli necesse est. *l.* 2. *ff. de ufuf.* Si ædes incendio consumptæ fuerint, vel etiam terræ motu, vel vitio suo corruerint, extingui usumfructum : & ne areæ quidem usumfructum deberi. §. 3. in f. inst. de ufufr. nec cæmentorum. *l.* 5. §. 2. ... quib. mod. ufufr. vel uf. am. Si ædes incensæ fuerint, ususfructus specialiter ædium legatus, peti non potest. *l.* 34. §. ult. *ff. de usufr.*

V.

5. Inondation.

Si un heritage étoit inondé, ou par la mer ou par une riviere, l'usufruit & l'usage ne seroit perdu, que pendant la durée de l'inondation : & il seroit rétabli si l'heritage ou une partie revenoit en état qu'on pût en joüir, parce que le fonds n'auroit pas changé de nature *d*.

d Si ager, cujus ususfructus noster sit, flumine vel mari inundatus fuerit, amittitur ususfructus. *l.* 23. *ff. quib. mod. usufr. vel uf. am.* Cùm usumfructum horti haberem, flumen hortum occupavit, deinde ab eo recessit, jus quoque usufructus restitutum esse, Labeoni videtur, quia id solum perpetuò ejusdem juris mansisset. *l.* 24. *eod.* Si cui insulæ ususfructus legatus est, quamdiu quælibet portio ejus insulæ remaner, totius soli usumfructum retinet. *l.* 53. *ff. de usufr.*

VI.

S'il arrive qu'une partie d'une maison, vienne à perir, & qu'il en reste une autre partie, l'usufruit se conserve sur ce qui reste, & sur la place où étoit ce qui est peri. Car cette place fait partie de cette maison, & est un accessoire de la portion qui en reste *a*.

a Si cui insulæ ususfructus legatus est, quamdiu quælibet portio ejus insulæ remanet, totius soli usumfructum retinet. *l.* 53. *ff. de usufr.*

VII.

Dans les cas où la chose sujette à un usufruit vient à perir, il faut remarquer cette difference entre l'usufruit d'une totalité de biens, & celuy d'une chose particuliere, qu'au lieu que l'usufruit particulier d'une maison, par exemple, finit tellement lorsqu'elle perit, ou par une ruine, ou par un incendie, ou autrement, que l'usufruitier n'a plus d'usufruit sur la place qui reste ; si au contraire son usufruit étoit universel sur tous les biens, il aura l'usufruit de la place où étoit la maison, & des materiaux qui en pourront rester, car ils font partie du total des biens *b*. Et il en seroit de meme d'un usufruit d'un bien de campagne dont les bâtimens viendroient à perir ; car en ce cas l'usufruit seroit conservé sur la place qui resteroit ; comme étant un accessoire & faisant partie du total de ce bien *c*.

b Universorum bonorum, an singularum rerum ususfructus legetur, hactenus interesse puto : quòd, si ædes incensæ fuerint, ususfructus specialiter ædium legatus peti non potest. Bonorum autem usufructu legato, areæ ususfructus peti poterit *l.* 34. §. *ult. ff. de usufr.* In substantia bonorum etiam area est. *d. l. in fine.*

c Fundi usufructu legato, si villa diruta sit, ususfructus non extinguetur : quia villa fundi accessio est, non magis quàm si arbores deciderint. Sed & eo quoque solo, in quo fuit villa, uti frui potero. *l.* 8. *& l.* 9. *ff. quib. mod. ususfr. v. uf. am.*

VIII.

S'il arrive quelque changement de la chose sujette à un usufruit, comme si un étang est mis à sec, si une terre labourable devient un marêts, si d'un bois on fait des prez ou des terres labourables ; dans tous ces cas & autres semblables l'usufruit ou finit ou ne finit point, selon la qualité du titre de l'usufruit, l'intention de ceux qui

E e e ij

l'ont établi, le temps où arrivent ces changemens, si
avant que le droit soit acquis à l'usufruitier ou seulement
après, la cause des changemens, & les autres circonstances. Ainsi dans un usufruit de tous les biens, aucun
changement ne fait perir l'usufruit de ce qui reste : &
l'usufruitier joüit de la chose en l'état où elle est reduite.
Ainsi dans un usufruit particulier legué par un testateur
sur quelque heritage, s'il change luy-même la face des
lieux après son testament, & que d'un pré, par exemple, dont il avoit legué l'usufruit, il fasse une maison &
un jardin ; dans ces cas & autres où les changemens
marquent le changement de la volonté, ils aneantissent
le legs de l'usufruit, qui étoit borné à des choses qui ne
sont plus. Mais dans un usufruit acquis par une convention, les changemens ne sont pas libres au proprietaire : Et celuy qui changeroit la nature ou l'état des
choses sans le consentement de l'usufruitier, seroit tenu
de le dédommager. Et pour les changemens qui arrivent par des cas fortuits, soit avant ou après l'usufruit
acquis, il perit, ou se conserve, suivant les regles precedentes, & ce qui peut être reglé par le Titre de l'usufruitier *a.*

a Agri vel loci ususfructus legatus, si fuerit inundatus, ut stagnum jam sit, aut
palus, proculdubio extinguetur. *l.* 10. §. 2. *ff. quib. mod. ususfr. vel us. am.* Sed
& si stagni ususfructus legetur, & exaruerit sic ut ager sit factus, mutata re
ususfructus extinguitur. *d. l.* §. 3. Si silva cæsa illic sationes fuerint factæ, sine
dubio ususfructus extinguitur. *d. l.* §. 4. Si areæ sit ususfructus legatus, & in ea
ædificium sit positum, rem mutari, & usumfructum extingui constat. Planè si
proprietarius hoc fecit, ex testamento vel dolo tenebitur. *l.* 5. §. ult. eod.

IX.

Si la chose sujette à un usufruit vient à perir, ou qu'elle
soit changée de sorte que l'usufruit ne subsiste plus, ce
qui peut en rester appartient au proprietaire. Ainsi, les
materiaux d'une maison démolïe, les cuirs des bêtes d'un
troupeau qui seroit peri par quelque accident, doivent
être remis au proprietaire, car le droit de l'usufruitier
étoit borné à la joüissance de ce qui étoit en nature, &
il est fini par ce changement *b.*

b Certissimum est exustis ædibus, nec cæmentorum usumfructum deberi. *l.* 5.
§. 2. *ff. quib. mod. ususfr. vel us. am.* Caro, & corium mortui pecoris in fructu non
est, quia mortuo eo ususfructus extinguitur. *l. pen. eod.*

TITRE XII.

DES SERVITUDES.

L'Ordre de la focieté civile n'affujettit pas feulement les hommes les uns aux autres, par les befoins qui rendent neceffaire l'ufage reciproque des
offices, des fervices, & des commerces de perfonne à perfonne; mais il rend de plus neceffaires pour l'ufage des
chofes des affujettiffemens, des dépendances, & des liaifons d'une chofe à l'autre, fans quoy on ne pourroit les
mettre en ufage. Ainfi, pour les chofes mobiliaires, il n'y
en a point, ou prefque point, qui viennent en nos mains,
dans l'état où elles doivent être pour nous fervir, que par
l'enchaînement de l'ufage de plufieurs autres; foit pour
les tirer des lieux où il faut les prendre, ou pour les mettre en œuvre, ou pour les appliquer au fervice effectif.
Ainfi, pour les immeubles, il n'y en a point auffi ou prefque point dont on puiffe tirer ou les fruits ou les autres
revenus, que par l'ufage de diverfes chofes : & fouvent
même en faifant fervir un fonds pour l'ufage d'un autre;
comme on fait par exemple fervir un heritage pour donner paffage à un autre, ou une maifon pour recevoir les
eaux d'une autre maifon voifine. Ce font ces fortes d'affujettiffemens d'un fonds pour l'ufage d'un autre qu'on appelle fervitudes : & on ne donne pas ce nom aux affujettiffemens qui rendent une chofe mobiliaire neceffaire pour
l'ufage d'une autre, foit meuble, ou immeuble.

Ces fervitudes ont deux caracteres, qui les diftinguent
de tout autre ufage qu'on peut faire d'une chofe pour l'u-
fage d'une autre. Le premier eft, qu'elle font perpetuelles [a]; au lieu que chacun des autres affujettiffemens n'eft
pas du durée. Et l'autre, que dans ces fervitudes des

*Origine des fer-
vitudes & leur u-
fage.*

---

[a] Omnes fervitutes prædiorum perpetuas caufas habere debent. *l. 28. ff. de
ferv. præd. urb.*

fonds, l'heritage sujet à la servitude est toûjours à un autre maître que le fonds auquel il est asservi. Car on n'appelle pas servitude le droit qu'a le maître d'un fonds d'en user pour soy *a*.

Ce sont ces sortes de servitudes qui assujettissent le fonds de l'un au service du fonds d'un autre, qui feront la matiere de ce Titre, qu'on a mis au rang des conventions, parce que les servitudes s'établissent le plus souvent par convention *b*, comme dans une vente, dans un échange, dans une transaction, dans un partage : & quoyqu'elles s'établissent quelquefois ou par des testamens, ou par la seule voye de la justice; on a dû placer en ce lieu une matiere qui ne peut pas être mise en divers endroits, & qui a dans celuy-cy son ordre naturel.

a Nemo ipse sibi servitutem debet. *l.* 10. *ff. comm. præd.* nulli enim res sua servit. *l.* 26. *ff. de servit. præd. urban.*

b Iisdem ferè modis constituitur, quibus & usumfructum constitui diximus. *l.* 5. *ff. de servit. §. ult. inst. de servit.* V. cy-devant au commencement du Titre de l'usufruit.

SECTION I.

De la nature des servitudes, de leurs especes, & comment elles s'acquierent.

SOMMAIRES.

I.

LA servitude est un droit qui assujettit un fonds à quelque service, pour l'usage d'un autre fonds, qui appartient à un autre maître ; comme, par exemple, le droit qu'a le proprietaire d'un heritage de passer par le fonds de son voisin, pour aller au sien *a*.

1. Définition.

a (Servitutes) rerum , ut servitutes rusticorum prædiorum , & urbanorum. *l. 1. ff. de servit.* Iter est jus eundi. *l. 1. ff. de servit. præd. rust.*

I I.

Toute servitude donne à celuy à qui elle est dûë un droit qu'il n'auroit pas naturellement : & elle diminuë la liberté de l'usage du fonds asservi, assujettissant le maître de cet heritage à ce qu'il doit ou souffrir , ou faire , ou ne pas faire , pour laisser l'usage de la servitude. Ainsi celuy de qui le fonds est sujet à un droit de passage , doit souffrir l'incommodité de ce passage : Ainsi , celuy dont le mur doit porter le bâtiment élevé au dessus, est obligé de refaire ce mur, s'il en est besoin : Ainsi tous ceux qui doivent quelque servitude , ne peuvent rien faire qui en trouble l'usage *b*.

2. En quoy consiste la servitude.

b Servitutum non ea natura est , ut aliquid faciat quis , veluti viridaria tol-lat , aut amœniorem prospectum præstet , aut in hoc ut in suo pingat : sed ut aliquid patiatur, aut non faciat. *l. 15. §. 1. ff. de servit.* Etiam de servitute quæ oneris ferendi causa imposita erit, actio nobis competit : ut & onera ferat , & ædificia reficiat , ad eum modum , qui servitute imposita comprehensus est. *l. 6. §. 2. ff. si servit. vindic.*
Il s'ensuit de la regle expliquée dans cet article , qu'en toute contestation en mar-

tiere de servitudes, l'un veut assujettir le fonds de l'autre contre la liberté naturelle, &
que l'autre soutient ou vendique cette liberté ; ce qui rend favorable la cause de celuy
qui nie la servitude, ainsi qu'il sera expliqué dans l'article 9. De servitutibus in rem
actiones competunt nobis (ad exemplum earum quæ ad usumfructum pertinent)
tam confessoria, quam negatoria : confessoria ei qui servitutes sibi competere
contendit : negatoria domino qui negat. l. 2. ff. si serv. vind. §. 2. inst. de act.

III.

3. Les servitudes sont pour les fonds.

Quoique les servitudes ne soient que pour les personnes, on les appelle réelles, parce qu'elles sont inseparables des fonds. Car c'est un fonds qui sert pour un autre fonds : & ce service ne passe à la personne qu'à cause du fonds. Ainsi on ne peut avoir une servitude qui consiste au droit d'entrer dans le fonds d'un autre pour y cüeillir des fruits, ou s'y promener, ni pour d'autres usages qui ne se rapportent pas à celuy d'un fonds *a*. Mais un pareil droit seroit d'une autre nature, comme par exemple, ce seroit un loüage, si on en traitoit pour un prix d'argent.

a Servitutes rerum. l. 1. ff. de servit. Ideo autem hæ servitutes prædiorum appellantur, quoniam sine prædiis constitui non possunt. Nemo enim potest servitutem acquirere, vel urbani, vel rustici prædii, nisi qui habet prædium. l. 1. §. 1. ff. com. præd. §. 3. inst. de servit. Ut pomum decerpere liceat, & ut spatiari, & ut cœnare in alieno possimus servitus imponi non potest. l. 8. sod. Neratius libris ex Plautio, ait, nec haustum pecoris, nec appulsum, nec cretæ eximendæ, calcisque coquendæ jus posse in alieno esse, nisi fundum vicinum habeat. l. 5. §. 1. ff. de servit. præd. rust. Hauriendi jus non hominis, sed prædii est. l. 20. §. ult. eod.

IV.

4. Diverses sortes de servitudes.

Les servitudes sont de plusieurs sortes, selon les diverses sortes de fonds, & selon les differens usages qui se peuvent tirer d'un fonds pour le service d'un autre. Ainsi, pour les maisons & autres bâtimens, l'un est assujetti pour l'usage de l'autre, ou à ne pouvoir être haussé, ou à recevoir les eaux, ou à un droit d'appuyer, & autres semblables : & pour les heritages de la campagne, l'un est assujetti pour l'usage de l'autre, ou à un passage, ou à une prise d'eau, ou à d'autres differens droits *b*.

b Non extollendi : Stillicidium avertendi in tectum vel aream vicini : item immittendi tigna in parietem vicini. l. 2. ff. de servit. præd. urban. Iter, actus, via, aquæductus. l. 1. ff. de servit. præd. rust. passim his ut ilis.

V.

V.

Les servitudes sont toutes comprises sous deux especes generales ; l'une de celles qui sont naturelles , & d'une absoluë necessité , comme la décharge de l'eau d'une source qui coule dans le fonds qui est au dessous : l'autre est de celles que la nature ne rend pas absolument necessaires , mais que les hommes établissent pour une plus grande commodité ; quoyque le fonds servant ne soit pas naturellement assujetti à l'autre. Comme s'il est convenu qu'une maison ne pourra être haussée , pour ne pas nuire aux veuës d'une autre maison : qu'elle recevra la décharge des eaux de la maison voisine : que le possesseur d'un fonds pourra prendre de l'eau d'une source , ou d'un ruisseau dans le fonds voisin , soit en de certains temps , comme pour arroser son heritage , ou pour un usage continuel , comme pour conduire un aqueduc à travers l'heritage voisin pour une fontaine *a*.

a C'est une suite de la nature des servitudes. V. cy-aprés l'article 10. de cette Section.

V I.

Toutes les especes de servitudes sont ou pour l'usage des maisons & autres bâtimens , ou pour l'usage des autres fonds, comme prez, terres, vergers, jardins, & autres; soit qu'ils soient situez dans les villes , ou à la campagne *b*.

6. Servitudes des bâtimens , & des heritages de la campagne.

b Servitutes rusticorum prædiorum , & urbanorum. *l.* 1. *ff. de servit.*
On appelle dans le droit Romain , prædia urbana , les bâtimens tant de la campagne que de la ville : & les autres heritages , comme prez , terres , vignes , prædia rustica. Urbana prædia omnia ædificia accipimus , non solùm ea quæ sunt in oppidis , sed etsi forté stabula vel alia meritoria in villis , & in vicis , vel si prætoria voluptati tantùm deservientia. Quia urbanum prædium non locus facit , sed materia. *l.* 198. *ff. d. ver. sign.* S. 3. *inst. de servit.*

V I I.

Le droit de servitude comprend les accessoires sans lesquels on ne pourroit en user. Ainsi, la servitude de prendre de l'eau d'un puits ou d'une source emporte la servitude du passage pour y aller : ainsi la servitude d'un passage emporte la liberté d'y faire , ou reparer l'ouvrage necessaire pour s'en servir : & si le travail ne peut se faire dans l'endroit où la servitude est fixée , on pourra tra-

7. Accessoires des servitudes.

Tome I.   F f f

vailler dans les environs, selon que la necessité peut y obliger ; mais en reparant on ne peut rien innover à l'ancien état *a*.

a Qui habet hauſtum, iter quoque habere videtur ad hauriendum. *l.* 3. §. 3. *ff. de ſerv. t. ſq. l. r. ſi.* Si iter legatum ſit, quà niſi opere facto iri non poſſit, licere fodiendo, ſubſtruendo iter facere Proculus ait. *l.* 10. *ff. de ſervit.* Refectionis gratià accedendi ad ea loca quæ non ſerviant, facultas tributa eſt his quibus ſervitus debetur. Quà tamen accedere eis ſit neceſſe, niſi in ceſſione ſervitutis nominatim præfinitum ſit, quà accederetur. *l.* 11. *ff. comm. præ l.* Si prope tuum fundum jus eſt mihi aquam rivo ducere, tacita hæc jura ſequuntur, ut reficere mihi rivum liceat, ut àdire quà proximè poſſim ad reficiendum eum ego, fabrique mei, item ut ſpatium relinquat mihi dominus fundi, quò dextra & ſiniſtra ad rivum adeam : & quo terram, limum, lapidem, arenam, calcem jacere poſſim. *l. l.* 11. §. 1. Reficere ſic accipimus, ad priſtinam formam iter, & actum reducere. Hoc eſt ne quis dilatet, aut producat, aut deprimat, aut exaggeret : & aliud eſt enim reficere, longè aliud facere. *l.* 3. §. 15. *ff. de itin. actuque priv.*

VIII.

Le droit & l'uſage d'une ſervitude ſe regle par le Titre qui l'établit : & elle a ſes bornes & ſon étenduë ſelon qu'il en a été convenu, ſi le Titre eſt une convention ; on ſelon ce qui a été preſcrit par le teſtament, ſi la ſervitude a été établie par un teſtament. Ainſi celuy à qui il eſt dû une ſervitude ne peut pas en rendre la condition plus dure, ni celuy qui la doit ne peut empirer le droit de la perſonne à qui elle eſt dûë ; mais l'un & l'autre doivent s'en tenir au titre, ſoit pour la qualité de la ſervitude, ou pour les manieres dont l'un doit uſer, & l'autre ſouffrir. Ainſi, par exemple, ſi un droit de paſſage eſt ſeulement pour les perſonnes, on ne peut pas s'en ſervir pour paſſer à cheval : & ſi on n'a droit d'y paſſer que pendant le jour, on ne pourra y aller la nuit. Que ſi la maniere d'uſer de la ſervitude étoit incertaine, comme ſi la place neceſſaire pour un paſſage n'étoit pas reglée par le titre, elle le ſeroit par l'avis des experts *b*.

b Servitutes ipſo quidem jure, neque ex tempore, neque ad tempus, neque ſub conditione, neque ad certam conditionem (verbi gratià quamdiu volam) conſtitui poſſunt. Sed tamen, ſi hæc adjiciantur, pacti, vel per doli exceptionem, occurreretur contra placita ſervitutem vindicanti. *l.* 4. *ff. de ſervit.* Modum adjici ſervitutibus poſſe conſtat : veluti quo genere vehiculi agatur, vel non agatur : veluti vel equo dumtaxat, vel ut certum pondus vehatur, vel grex ille tranſducatur, aut carbo portetur. *d. l.* 4. §. 1. *v. l.* 29. *ff. de ſerv. præd. ruſt.* Iter, nihil prohibet ſic conſtitui, ut quis interdiu dumtaxat, eat : quod ferè circa prædia urbana etiam neceſſarium eſt. *l.* 14. *ff. commun. præd. v. l.* 14. *ff. ſi ſervit.*

vin l. 4. l. §. 1. Latitudo actûs itinerifque ea eft, quæ demonftrata eft. Quod fi nihil dictum eft, hoc ab arbitro ftatuendum eft. *l. 13. §. 2. ff. de fervit. præd. ruft. d. l. §. ult. l. 11. §. 1. ff. de fervi. præd. urb.*

IX.

Comme les fervitudes dérogent à la liberté naturelle à chacun d'ufer de fon bien, elles font reftreintes à ce qui fe trouve précifément neceffaire pour l'ufage de ceux à qui elles font dûës : & on en diminuë, autant qu'il fe peut, l'incommodité. Ainfi, celuy qui a un droit de paffage dans le fonds d'un autre, fans que le titre marque le lieu où il pourra paffer, n'aura pas la liberté de choifir fon paffage où il luy plaira ; mais il luy fera donné par l'endroit le moins incommode au proprietaire du fonds afservi ; & non, par exemple, à travers d'un plant ou d'un bâtiment. Mais fi le titre de la fervitude ou la poffeffion reglent le paffage, quoyque par un endroit incommode au proprietaire du fonds affervi, il faut s'y tenir *a*.

margin: 9. *S'interpretent favorablement pour la liberté.*

a Si via, iter, actus, aquæ ductus legetur fimpliciter per fundum, facultas eft heredi per quam partem fundi velit conftituere fervitutem. *l. 26. ff. de fervit. præd. ruft.* Si cui Simplicius via per fundum cujufpiam cedatur, vel relinquatur : in infinito (videlicet per quamlibet ejus partem) ire agere licebit : civiliter modò. Nam quædam in fermone tacitè excipiuntur. Non enim per villam ipfam, nec per medias vineas ire agere finendus eft, cùm id æquè commodè per alteram partem facere poffit, minore fervientis fundi detrimento. *l. 9. ff. de fervit.* Verùm conftitit, ut quà primùm viam direxiffet, ea demum irè agere deberet : nec amplius mutandæ ejus poteftatem haberet. *d. l. 9.* Si mihi concefferis iter aquæ per fundum tuum, non deftinata parte, per quam ducerem : totus fundus tuus ferviet. Sed quæ loca ejus fundi tunc cùm ea fieret ceffio, ædificiis, arboribus, vineis vacua fuerint, ea fola eo nomine fervient. *l. 21. & l. 22. ff. de fervit. pr. ruft.* V. l'art. 2. & la remarque qu'on y a faite.

X.

Les fervitudes s'établiffent & s'acquierent non feulement par des conventions, ou par des teftamens *b* ; mais auffi par l'autorité de la juftice, fi ce font des fervitudes naturellement neceffaires qui foient refufées. Ainfi lorfque le proprietaire d'un heritage ne peut y aller que par un paffage dans le fonds voifin, on oblige le proprietaire de ce fonds à donner ce paffage par l'endroit le moins

margin: 10. *Servitude neceffaire.*

b Via, iter, actus, ductus aquæ iifdem ferè modis conftituitur, quibus & ufumfructum conftitui diximus. *l. 5. ff. de fervit.* V. cy-devant au commencement du Titre de l'ufufruit.

incommode, & en dédommageant *a*. Car cette necessité tient lieu de loy, & il est du droit naturel qu'un heritage ne demeure pas inutile, & que ce proprietaire souffre pour son voisin ce qu'il voudroit en pareil besoin qu'on
souffrît pour luy.

a Præses etiam compellere debet, justo pretio iter ei præstari. Ita tamen ut
judex etiam de opportunitate loci prospiciat, ne vicinus magnum patiatur detrimentum. *l. 12. ff. de relig.* V. le cas de cette loy en l'art. 4. de la Sect. 13. du contract de vente.

XI.

11. *Les servitudes
s'acquierent par la
prescription.*

Le droit de servitude peut s'acquerir sans titre par
la prescription *b*.

b Si quis diuturno usu, & longa quasi possessione jus aquæ ducendæ nactus sit,
non est ei necesse docere de jure quo aqua constituta est, veluti ex legato, vel alio
modo. Sed utilem habet actionem, ut ostendat per annos forte tot usum se, non
vi, non clam, non precario possedisse. *l. 10. ff. si servit. vind. l. 5. §. 3. ff. de itiner.
act. priv.* Si quas actiones adversus eum qui ædificium contra veterem formam
extruxit, ut luminibus tuis officeret, competere tibi existimas, more solito per
judicem exercere non prohiberis. Is qui judex erit, longi temporis consuetudinem servitutis obtinere sciet : modô si is qui pulsatur, nec vi, nec clam,
nec precario possidet. *l. 1. C. de servit. l. 2. eod.* Traditio plane & patientia servitutum inducet officium prætoris. *l. 1. §. ult. ff. de servit. præd. rust.*.

*Il y a des coûtumes où le droit de servitude ne peut s'acquerir par prescription, sans ti-
tre ; quoyque la liberté s'y acquiere par prescription.* V. l'art. 13. de cette Sect. & l'art.
5. & les suivans de la Sect. 6.

XII.

12. *Maniere de
la servitude se peut
connoitre par l'état
des lieux.*

C'est encore une espece de titre pour conserver, &
prescrire une servitude, que la preuve qui se tire de l'ancien état des lieux. Et il sert aussi pour regler la maniere
& l'usage de la servitude. Ainsi, l'entrée d'un passage,
les bornes d'un chemin, un jour hors de vûë, un canal
plaqué contre un mur, un toict avec saillie, & les autres
marques semblables des servitudes en reglent l'usage. Et
il n'est permis ni à celuy qui a la servitude, ni à celuy qui
la doit souffrir, de rien innover à l'ancien état où se trouvent les lieux *c*.

c Contra veterem formam. *d. l. 1. C. de servit.* Qui luminibus vicinorum officere, aliúdve quid facere contra commodum eorum vellet, sciet se formam ac
statum antiquorum ædificiorum custodire debere. *l. 11. ff. de servit. præd. urban.*

XIII.

13. *Les servitudes
se perdent, ou se*

On peut acquerir l'affranchissement d'une servitude
par prescription, à plus forte raison que la servitude. Et

fi celuy dont l'heritage étoit fujet à quelque fervitude, s'en eft affranchi pendant un temps fuffifant pour prefcri- diminuent par la prefcription. re, la fervitude ne fubfifte plus. Ainfi, celuy dont la maifon étoit affervie à ne pouvoir être hauffée, n'eft plus fujet à la fervitude, fi ayant hauffé, il a poffedé fon bâtiment élevé, pendant le temps de la prefcription *a*. Et il en eft de même de la maniere d'ufer d'une fervitude ; ainfi, celuy qui avoit droit d'ufer d'une prife d'eau le jour & la nuit, perd l'ufage de la nuit s'il le laiffe prefcrire : & fi fa fervitude étoit ou à toutes heures, ou à quelques-unes, il eft reftreint à celles où la prefcription l'aura limité.

a Libertatem fervitutum ufucapi poffe verius eft. *l.* 4. §. *ult. ff. de ufurp. & ufuc.* Itaque fi cùm tibi fervitutem deberem, ne mihi puta liceret altiùs ædificare, & per ftatutum tempus altius ædificatum habuero, fublata erit fervitus. *d.* §. *ult. l.* 32. §. 1. *ff. de fervit. præd. url.* Si is qui nocturnam aquam habet, interdiu per conftitutum ad amiffionem tempus ufus fuerit, amifit nocturnam fervitutem, qua ufus non eft. Idem eft in eo qui certis horis aquæ ductum habens, aliis ufus fuerit, nec ulla parte earum horarum. *l.* 10. §. 1. *ff. quemadm. fervit. amitt.* V. l'art. 5. & les fuivans de la Sect. 6.

XIV.

Les fervitudes étant attachées aux fonds & non aux perfonnes, elles ne peuvent paffer d'une perfonne à l'autre, fi le fonds n'y paffe. Et celuy qui a un droit de fervitude ne peut le transferer à un autre, en gardant fon fonds, ni en ceder, loüer, ou prêter l'ufage. Ainfi, celuy qui a une prife d'eau ne peut en faire part à d'autres. Mais fi le fonds pour lequel la prife d'eau étoit établie, fe divife entre plufieurs proprietaires, comme entre heritiers, legataires, acquereurs, ou autrement ; chaque portion confervera l'ufage de la fervitude à proportion de fon étenduë, quoyque quelques portions en euffent moins de befoin, ou que l'ufage y en fût moins utile *b*. 14. Les fervitudes font attachées aux fonds.

b Ex meo aquæ ductu Labeo fcribit, cuilibet poffe me vicino commodare, Proculus contrà, ut ne in meam partem fundi aliam, quàm ad quam fervitus acquifita fit, uti ea poffit. Proculi fententia verior eft *l.* 24. *ff. de fervit. præd. ruff.*

Per plurium prædia aquam ducis, quoquo modo impofitâ fervitute, nifi pactum vel ftipulatio etiam de hoc fubfecuta eft, neque eorum cui vis, neque alii vicino poteris hauftum ex rivo cedere. *l.* 33. §. 1. *ff. de fervit. præd. ruff.* V. l'art. 5. de la Sect. 5.

XV.

La partie du fonds affervi fur laquelle fe prend la fer- 15. La proprieté

du lieu qui fert ap-
partient au maître
de l'heritage asservi.

vitude, comme le chemin sujet à un passage appartient au
maître du fonds sujet à la servitude : & celuy a qui elle
sert n'y a aucun droit de proprieté, mais il a seulement
le droit d'en user pour sa servitude.

a Si partem fundi mei certam tibi vendidero : aquæductus jus, etiamsi alterius
causâ plerumque ducatur, te quoque sequetur. Neque ibi aut bonitatis agri, aut
usus ejus aquæ ratio habenda est : ita ut eam solam partem fundi quæ pretiosissi-
ma sit, aut maximè usum ejus aquæ desideret, jus ejus ducendæ sequatur : sed
pro modo agri detenti, aut alienati, fiat ejus aquæ divisio. l. 25. ff. de servit. præd.
rust.

Loci corpus non est dominii ipsius cui servitus debetur, sed jus eundi habet.
l. 4. ff. si servit. vind.

XVI.

16. Servitude à l'u-
sage de deux fonds.

Une même servitude peut servir à l'usage de deux
fonds. Ainsi, une décharge d'eau peut servir à deux maisons : ainsi un passage, ou un aqueduc peuvent servir
pour deux ou plusieurs fonds [b].

b Qui per certum locum iter, aut actum alicui cessisset, cum pluribus per eundem locum, vel iter, vel actum cedere posse verum est. Quemadmodum si quis
vicino suas ædes servas fecisset, nihilominus aliis, quot vellet multis, eas ædes
servas facere potest. l. 15. ff. comm. præd.

XVII.

17. De la servitude
qui paroit inutile.

Quoy qu'une servitude paroisse inutile, comme seroit
une prise d'eau à celuy dont le fonds n'en auroit aucun
besoin, ou qui en auroit de reste dans son heritage; on
peut ou conserver, ou acquerir une telle servitude. Car
outre qu'on peut posseder des choses inutiles, il pourra
arriver qu'on les mette en usage [c].

c Ei fundo quem quis vendat servitutem imponi etsi non utilis sit, posse existimo. Veluti si aquam alicui ducere non expediret, nihilominus constitui ea servitus possit : quædam enim habere possumus, quamvis ea nobis utilia non sunt. l.
91. ff. de servit.

XVIII.

18. Des fonds qui
ont plusieurs maî-
tres.

Celui qui n'a la proprieté d'un heritage que par indivis,
avec d'autres, ne peut en assujettir aucune partie à une
servitude sans le consentement de tous : & un seul peut
l'empêcher [d], jusqu'à ce que les portions étant parta-
gées, chacun puisse assujettir la sienne si bon luy semble.
Et aussi celui qui possede par indivis une portion du fonds

d Unus ex dominis communium ædium servitutem imponere non potest. l. 2. ff.
de servit. Unus ex sociis fundi communis, permittendo jus esse ire agere, nihil
agit. l. 34. ff. de servit. præd. rust.

pour lequel il eſt dû quelque ſervitude, ne peut ſeul af-
franchir le fonds aſſervi ; mais la ſervitude reſte pour les
portions des autres. Car les ſervitudes ſont pour chaque
partie du fonds où elles ſont dûës , & chacun des proprietaires a interêt à la ſervitude pour ſa portion [a].

[a] Quoniam ſervitutes pro parte retineri placet. d. l. 34. l. 8. §. 1. ff. de ſervit.
Quæcumque ſervitus fundo debetur , omnibus ejus partibus debetur. l. 23. §. ult.
ff. de ſervit. præd. ruſt. V. l'art. 7. de la Sect. 4.

X I X.

Les ſervitudes ſe conſervent contre la preſcription, non
seulement par l'uſage qu'en font les proprietaires des
fonds pour leſquels elles ſont dûës, mais auſſi par celuy
qu'en peuvent faire tous autres poſſeſſeurs qui ſont au
lieu du maître, comme les fermiers, les locataires, les
uſufruitiers, & ceux même qui poſſedent de mauvaiſe foy ;
car ils conſervent au maître la poſſeſſion de ſa ſervitude [b].

[b] Uſu retinetur ſervitus, cùm ipſe cui debetur, utitur, quive in poſſeſſionem
ejus eſt, aut mercenarius, aut hoſpes, aut medicus, quive ad viſitandum dominum venit, vel colonus aut fructuarius. l. 20. ff. quemad.ſerv. amitt. Licèt malæ
fidei poſſeſſor ſit, retinebitur ſervitus. l. 24. ff. eod.

X X.

Si une ſervitude eſt dûë pour l'uſage d'un fonds commun à pluſieurs, la poſſeſſion d'un ſeul la conſerve entiere pour tous ; car c'eſt au nom commun qu'il poſſede.
Mais ſi pluſieurs ont chacun leur droit de ſervitude en
particulier, quoy qu'au même endroit du fonds aſſervi ,
chacun ne conſerve que ſon droit, & il peut être preſcrit
à l'égard des autres qui n'en uſent point [c].

[c] Si plurium fundo iter aquæ debitum eſſet, per unum eorum omnibus his
inter quos is fundus communis fuiſſet, uſurpari potuiſſet. l. 16. ff. quemad.ſerv.
amitt. Aquam quæ oriebatur in fundo vicini, plures per eumdem rivum, jure
ducere ſoliti ſunt : ita ut ſuo quiſque die à capite duceret. Primò per eundem
rivum, eumque communem, deinde ut quiſque inferior erat, ſuo quiſque proprio rivo : & unus ſtatuto tempore quo ſervitus amittitur, non duxit : exiſtimo,
eum jus ducendæ aquæ amiſiſſe, nec per cæteros qui duxerunt ejus jus uſurpa-
tum eſſe. Proprium enim cujuſque eorum jus fuit, neque per alium uſurpari
poterit. d. l. 16.

X X I.

Si un des proprietaires d'un fonds commun, pour le-

de l'un empêche la
prescription pour tous.

quel il est dû une servitude, a quelque qualité qui empêche qu'on ne prescrive contre luy, comme si c'est un mineur ; la servitude ne se perd point, quoyque l'un & l'autre cessent de posseder, parce que le mineur la conserve
pour le fonds entier *a*.

a Si communem fundum ego & pupillus haberemus, licèt uterque non uteretur : tamen propter pupillum, & ego viam retineo. *l.* 10. *ff. quemadm. serv.*
amitt.

SECTION II.

Des servitudes des maisons, & autres bâtimens.

SOMMAIRES.

1. *Servitudes des bâtimens.*
2. *Décharges d'eaux.*
3. *Egout.*
4. *Jours.*
5. *Servitudes pour les jours, de deux sortes.*
6. *Servitudes pour les vûës, de deux sortes.*
7. *Droit d'appuyer.*
8. *On ne peut rien entre-prendre sur le fonds voi-sin.*
9. *Ce qu'on peut faire dans un bâtiment au préjudice du voisin.*
10. *Incommoditez que le voi-sin doit, ou ne doit pas souf-frir.*

I.

1. Servitudes des
bâtimens.

LEs servitudes des maisons, & des autres bâtimens
sont de plusieurs sortes, selon les besoins ; comme les
décharges des eaux, les jours, les vûës, un droit d'appuyer,
un passage, & autres semblables *b*. Mais il n'y en a aucune
qui soit naturellement necessaire, & de telle sorte que celuy qui bâtit dans son heritage puisse obliger son voisin à
souffrir une servitude pour l'usage de son bâtiment, s'il
n'en a ni titre ni possession. Car il peut & doit faire son

b Urbanorum prædiorum jura talia sunt, altiùs tollendi, & officiendi luminibus vicini, aut non extollendi : item stillicidium avertendi in tectum vel aream
vicini, aut non avertendi : item immittendi tigna in parietem vicini : & denique
projiciendi, protegendive, cæteráque istis similia. *l.* 2. *ff. de servit. præd. urban.*
§. 1. *inst. de servit.*

édifice

édifice dans l'étenduë de son fonds, en gardant les dif-
tances neceffaires, & fans entreprendre fur le fonds qui
eft joignant au fien *a*. Et fi quelque fervitude luy eft neceffaire, & qu'il ne l'ait point, il ne peut l'acquerir que
de gré à gré.

a Imperatores Antoninus, & Verus Augufti refcripferunt, in areæ quæ nulli
fervitutem debet, poffe dominum, vel alium voluntate ejus ædificare, intermiffo
legitimo fpatio à vicina infula. *l.* 14. *ff. de fervit. præd. urban. V. l.* 12. C. *de ædif.
priv. V.* les art. 8. & 9. de cette fection.

I I.

Le droit de la décharge des eaux d'un toict eft une fervitude qui peut être differemment établie, ou de telle
maniere que tout le toict ait fa faillie, & fa décharge dans
le fonds voifin, ou que toute fon eau s'amaffe, & s'écoule par une feule goutiere avancée, ou par un canal plaqué contre un mur *b*.

b Fluminum & ftillicidiorum fervitutem. *l.* 1. *ff. de fervit. præd. urb.*

2. Décharge d'eaux.

I I I.

La décharge d'un égout dans le fonds voifin eft une fervitude pour l'ufage d'une maifon, & on peut en établir
d'autres femblables felon le befoin *c*.

c Jus cloacæ mittendæ fervitus eft. *l.* 7. *ff. de fervit.* Cloacam habere licere per
vicini domum. *l.* 2. *ff. de fervit. præd. ruft.* Quominus illi cloacam, quæ ex ædibus ejus in tuas pertinet, qua de agitur, purgare, & reficere liceat,vim fieri veto.
l. 1. *ff. de cloac. Cette fervitude eft auffi à l'ufage des heritages de la campagne. V.* d. *l.*
2. ff. de fervit. præd. ruft.

3. Egout.

I V.

Les jours font les ouvertures pour recevoir la lumiere
dans une chambre, ou un autre lieu : & les vûës ont de
plus un afpect libre fur les environs, ou de la ville, ou de
la campagne *d*.

d Lumen id eft ut cœlum videretur : & intereft inter lumen, & profpectum.
Nam profpectus etiam ex inferioribus locis eft, lumen ex inferiore loco effe non
poteft. *l.* 16. *ff. de fervit. præd. urban.*

4. Jours.

V.

Les fervitudes pour ce qui eft des jours font de deux
fortes. L'une de celles qui donnent au proprietaire d'une
maifon le droit d'ouvrir fon mur, ou un mur mitoyen
pour prendre un jour du côté du fonds de fon voifin,

*5. Servitudes pour
les jours de deux for-
tes.*

Tome I.   Ggg

avec le droit d'empêcher que le voisin n'éleve son bâtiment jusqu'à ôter ce jour *a* : & l'autre de celles qui donnent droit d'empêcher le voisin d'ouvrir son mur, ou un
mur mitoyen pour prendre un jour sur une cour ou un
autre lieu : ou qui bornent la liberté de prendre des jours,
à des jours hors de vûë, ou tels autres qu'ils se trouvent
reglez par le titre *b*.

a Luminum in servitute constituta, id acquisitum videtur, ut vicinus lumina
nostra excipiat. Cum autem servitus imponitur ne luminibus officiatur, hoc maximè adepti videmur, ne jus sit vicino, invitis nobis, altiùs ædificare, atque ita
minuere lumina nostrorum ædificiorum. *l. 4. ff. de servit. præd. urban.*
b Eos qui jus luminis immittendi non habuerunt, aperto pariete communi,
nullo jure fenestras immisisse respondi. *l. 40. eod.* V. l'art. 2. de la sect. 1. & la
remarque qu'on y a faite.

VI.

6. *Servitudes pour les vûës de deux sortes.*

Les servitudes pour les vûës sont aussi de deux sortes.
L'une de celles qui donnent le droit d'une vûë libre,
avec pouvoir d'empêcher que le bâtiment voisin ne soit
élevé, & n'ôte la vûë : & l'autre de celles qui donnent à
un proprietaire le droit d'empêcher que son voisin n'ait
ni vûë, ni jour du côté où ils se joignent, ou qu'il ne
l'ait que conforme au titre *c*.

c Est & hæc servitus, ne prospectui officiatur. *l. 3. ff. de servit. præd. urban.* Inter servitutes ne luminibus officiatur, & ne prospectui offendatur, aliud, & aliud
observatur, quod in prospectu plus quis habet, ne quid ei officiatur ad gratiorem
prospectum & liberum. *l. 15. eod.* Non extollendi. *l. 2. eod.* (jus) altiùs tollendi,
& officiendi luminibus. *d. l. 2.* Qui jus luminis immittendi non habuerunt. *l. 40.
eod.*

VII.

7. *Droit d'appuyer.*

Le droit d'appuyer est le droit de faire porter ou un
plancher, ou un bâtiment ou autre chose sur le mur d'un
voisin. Et lors qu'un mur est mitoyen, les proprietaires
ont droit d'appuyer chacun de sa part : & le même mur
sert reciproquement à deux maîtres pour deux servitudes. Mais soit que le mur appartienne à un seul maître,
ou qu'il soit mitoyen, on ne peut le charger que raisonnablement, & selon qu'il est reglé par la servitude *d*.

d Jus immittendi tigna in parietem vicini. *l. 2. ff. de servit. præd. urb.* Etiam de
servitute quæ oneris ferendi causâ imposita erit, actio nobis competit, ut &
onera ferat. *l. 6. §. 2. ff. si serv. vind. l. 33. ff. de serv. præd. urb.* Si paries com-

munis, opere abs te facto, in ædes meas se inclinaverit : potero tecum agere, jus tibi non esse parietem illum ita habere. *l.* 14. §. 1. *ff. si sert. vind.*

VIII.

Quoy qu'un proprietaire puisse faire dans son fonds ce que bon luy semble, il ne peut y faire d'ouvrage qui ôte à son voisin la liberté de joüir du sien, ou qui luy cause quelque dommage. Ainsi, le proprietaire d'un fonds, où il n'y a aucun bâtiment ne peut pas en faire un dont le toict avance sur le fonds voisin, & y décharge ses eaux. Ainsi, on ne peut faire un plant, ou un bâtiment & d'autres ouvrages, qu'à de certaines distances du confin. Ainsi, on ne peut faire une étuve, un four, ou un autre ouvrage contre un mur même mitoyen qui puisse en être endommagé : & pour ces sortes d'ouvrages qui peuvent nuire, & qu'on ne peut faire qu'à de certaines distances, ou avec d'autres précautions, il faut s'en tenir aux regles que les coûtumes & les usages y ont établies *a*.

8. On ne peut rien entreprendre sur le fonds voisin.

a Imperatores Antoninus, & Verus Augusti rescripserunt, in area, quæ nulli servitutem debet, posse dominum, vel alium voluntate ejus ædificare, intermisso legitimo spatio à vicina insula. *l.* 14. *ff. de serv. præd. urb.* Domum suam reficere unicuique licet, dum non officiat invito alteri, in quo jus non habet. *l.* 61. *ff. de reg. jur.*

Si fistulæ per quas aquam ducas, ædibus meis applicatæ, damnum mihi dent, in factum actio mihi competit. *l.* 18. *ff. de servit. præd. urb.* Fistulam junctam parieti communi, quæ aut ex castello, aut ex cælo aquam capit, non jure haberi Proculus ait. *l.* 19. *eod.* Rem non permissam facit, tubulos secundum communem parietem extruendo. *l.* 13. *eod.* v. *l.* 8. §. 5. *l.* 17. §. 2. *ff. si servit. vind.* Voyez l'article suivant & l'art. 2. de la sect. 1. du Titre de ceux qui ont des heritages joignans.

il y a des Coûtumes qui reglent de quelle maniere doivent être faits ces sortes d'ouvrages, dont il est parlé dans cet article.

IX.

Quoy qu'on ne doive point faire d'ouvrage dont le bâtiment voisin soit endommagé, chacun a la liberté de faire dans son fonds ce que bon luy semble, quand il en arriveroit quelqu'autre sorte d'incommodité. Ainsi celuy qui n'est sujet à aucune servitude, peut élever sa maison comme bon luy semble, quoyque par cette élevation il ôte les jours de celle de son voisin. Car cette espece d'ouvrage n'altere rien du bâtiment de l'autre maison, &

9. Ce qu'on peut faire dans un bâtiment au préjudice du voisin.

Ggg ij

celuy qui en est le maître a dû placer ses jours hors du
peril de cette incommodité, qu'il n'avoit pas droit d'empêcher, & qu'il pouvoit prévoir *a*.

*a Cum eo qui tollendo obscurat vicini ædes, quibus non serviat, nulla compe-
tit actio. l. 9. ff. de servit. præd. urb. l. 8. l. 9. C. de servit. v. l. 26. ff. de damn. inf.
V. l'art. 9. & l'art. 10. de la sect. 3. du Titre des dommages causez par des fautes. V. l'art. précedent.*

<h2 style="text-align:center">X.</h2>

10. Incommoditez
que le voisin doit, ou
ne doit pas souffrir.

Les ouvrages ou autres choses que chacun peut faire,
ou avoir chez soy, & qui répandent dans les appartemens de ceux qui ont une partie de la même maison, ou
chez les voisins, une fumée, ou des odeurs incommodes,
comme les ouvrages des taneurs, & des teinturiers, & les
autres differentes incommoditez qu'un voisin peut causer
à l'autre, doivent se souffrir, si la servitude en est établie *b* : Et s'il n'y a point de servitude, l'incommodité sera
ou soufferte, ou empêchée, selon la qualité des lieux, &
celle de l'incommodité, & selon que les regles de la police, ou de l'usage s'il y en a, y auront pourvû.

*b Aristo Cerellio Vitali respondit, non putare se, ex taberna casearia, fumum
in superiora ædificia jure immitti posse, nisi ei rei servitus talis admittatur. l. 8.
§. 5. ff. si servit. vind. In suo enim alii hactenus facere licet, quatenus nihil in
alienum immittat : fumi autem, sicut aquæ esse immissionem. Posse igitur supe-
riorem cum inferiore agere, jus illi non esse id ita facere. d. §.*

<h2 style="text-align:center">SECTION III.</h2>

Des servitudes des heritages de la campagne.

<h3 style="text-align:center">SOMMAIRES.</h3>

<h3 style="text-align:center">I.</h3>

1. Servitudes des
heritages de la cam-
pagne.

LEs servitudes des heritages de la campagne, comme
prez, terres, vignes, jardins, vergers, & autres,
sont de plusieurs sortes selon le besoin ; comme un passa-

ge pour aller d'un heritage à un autre, un droit d'aller prendre de l'eau, un aqueduc, & autres femblables *a*.

a Servitutes rufticorum prædiorum funt hæ : iter, actus, via aquæductus. *l. 1. ff. de fervit. præd. ruft.* In rufticis computanda funt, aquæ hauftus, pecoris ad aquam appulfus, jus pafcendi, calcis coquendæ, arenæ fodiendæ. *d. l. §. 1. inft. de ferv.*

II.

Le droit de paffage eft une fervitude qui peut être differemment établie fuivant fon titre, ou pour le paffage des perfonnes feulement, ou pour le paffage d'un homme à cheval, ou pour une bête chargée, ou pour un charroy *b*.

2. *Paffage.*

b Iter eft jus eundi, ambulandi homini, non etiam jumentum agendi ; actus eft jus agendi vel jumentum, vel vehiculum : via eft jus eundi, & agendi, & ambulandi. *l. 1. ff. de fervit. præd. ruft.*

III.

La prife d'eau eft le droit de prendre dans un fonds de l'eau d'une fource, ou d'un ruiffeau, pour la conduire à un autre fonds, ou quand on en voudra, ou par intervalles & en certains temps, ou fans interruption *c*.

3. *Prife d'eau.*

c Quotidiana aqua non illa eft, quæ quotidie ducitur, fed ea qua quis quotidiè poffit uti, fi vellet. *l. 1. §. 2. ff. de aqua quot. & æft.* Ea quoque dicitur quotidiana, cujus fervitus intermiffione temporis divifa eft. *d. l. §. 3.* Æftiva ea eft, qua æftate fola uti expedit. *d. §. 3. V. l. 2. §. 2. ff. de ferv. præft. ruft.*

IV.

L'aqueduc eft une conduite d'eau d'un fonds à un autre, ou par des tuyaux, ou à découvert *d*.

4. *Aqueduc.*

d Aquæ ductus eft jus aquam ducendi per fundum alienum. *l. 1. ff. de fervit. præd. ruft.* Aquam rivo ducere. *l. 11. §. 1. ff. comm. præd.*

V.

On peut établir des fervitudes d'autre nature, pour divers ufages. Comme le droit de tirer d'un fonds voifin du fable, de la pierre, du plâtre pour l'ufage d'un autre fonds : d'y puifer de l'eau, d'y amaffer, & dépofer les fruits d'un autre fonds, jufqu'à ce qu'on les emporte dans un certain temps : d'y avoir une levée fur une riviere, un canal, un foffé, ou autre ouvrage, avec le droit d'y en-

5. *Autres fortes de fervitudes.*

G g g iij.

trer pour le reparer : & d'autres differentes servitudes selon le besoin *a*.

a In rusticis computandæ sunt, aquæ haustus . . . . . (jus) calcis coquendæ,
arenæ fodiendæ. *l. 1. §. 1. ff. de servit. præd. rust.* Cretæ eximendæ. *l. 5. §. 1. eod.*
Nec cretæ eximendæ, calcisque coquendæ jus, posse in alieno esse, nisi fundum
vicinum habeat. *d. §.* Ut maximè calcis coquendæ, & cretæ eximendæ servitus
constitui possit, non ultrà posse, quàm quatenus ad eum ipsum fundum opus sit.
d. §. & l. 6. In rusticis computandæ sunt aquæ haustus. *l. 1. §. 1. eod* Ut fructus in
vicina villa cogantur, coactique habeantur *l. 3. §. 1. eod.* Pedamenta ad vineam,
ex vicini prædio sumantur, constitui posse. *d. §.* Si lacus perpetuus in fundo tuo
est, navigandi quoque servitus, ut perveniatur ad fundum vicinum, imponi potest. *l. 23. §. 1. eod.* Ut quibus agris magnæ sint flumina, liceat mihi scilicet in
agro tuo aggeres, vel fossas habere. *l. 1. §. ult. ff. de aqua & acq. pluv.* Non ergo
cogemus vicinum aggeres munire, sed nos in ejus agro muniemus : eritque ista
quasi servitus. *l. 1. §. ult. ff. de aqua & aq. pluv.*

On voit en la loy 13. §. 1. ff. comm. præd. *un exemple d'une autre espece de servitude,
d'un heritage d'où se tire de la pierre, & dont le proprietaire est obligé par quelque titre
ou quelque usage, d'en laisser prendre aux particuliers selon leur besoin, en luy payant un
certain droit.*

Il faut remarquer sur ce qui est dit dans cet article, de la servitude pour amasser des
fruits, & les garder dans un fonds, que sans aucun droit particulier, tous les proprietaires
des heritages où peuvent tomber des fruits des heritages voisins, sont obligez de souffrir qu'on
vienne les lever. Tit. ff. de glande legenda.

VI.

On peut aussi avoir des servitudes pour l'usage des bes-
tiaux qu'on tient dans un fonds, soit pour les abreuver à
une fontaine dans un fonds voisin, ou pour les y faire
pascager en de certains temps *b*.

b In rusticis computanda sunt . . . . pecoris ad aquam appulsus, jus pascendi.
l. 1. §. 1. ff. de servit. præd. rust. Pecoris pascendi servitutes, item ad aquam appel-
lendi, si prædii fructus maximè in pecore consistat, prædii magis quàm personæ
videtur. *l. 4. eod. l. 10. §. 1. ff. si servit. vind.* Item, sic possunt servitutes imponi,
& ut boves per quos fundus colitur, in vicino agro pascantur. *l. 3. ff. de servit.
præd. rust.*

SECTION IV.

Des engagemens du proprietaire du fonds aſſervi.

SOMMAIRES.

I.

LE proprietaire du fonds aſſervi eſt obligé de ſouffrir l'uſage de la ſervitude , & de ne rien faire qui puiſſe ou ôter cet uſage , ou le diminuer , ou le rendre incommode ; & il ne doit rien changer de l'ancien état des lieux, & de tout ce qui eſt neceſſaire à la ſervitude *a*.

1. Tolerance de la ſervitude.

a Si quas actiones adversùs eum , qui ædificium contra veterem formam extruxit, ut luminibus tuis officeret , competere tibi exiſtimas ; more ſolito , per judicem, exercere non prohiberis. *l. 1. C. de ſervit.* Sciet ſe formam , ac ſtatum antiquorum ædificiorum , cuſtodire debere. *l. 11. ff. de ſervit. præd. urb.*

I I.

Il doit auſſi ſouffrir les ouvrages neceſſaires pour les reparations, & pour l'entretien des lieux, & autres choſes deſtinées à la ſervitude *b*. Mais il ne doit pas luy-même à ſes frais reparer les lieux *c*, ſi ce n'eſt qu'il y fût obligé par le titre, ou par une poſſeſſion qui pût en tenir lieu.

2. Tolerance des ouvrages neceſſaires pour l'uſage de la ſervitude.

b V. l'art. 7. de la Sect. I.
c In omnibus ſervitutibus , refectio ad eum pertinet qui ſibi ſervitutem aſſerit , non ad eum cujus res ſervit. *l. 6. §. 2. ff. ſi ſervit. vind.* V. l'art. ſuivant.

I I I.

Celuy dont le mur doit porter un bâtiment d'un autre , ou une autre charge , eſt obligé de l'avoir tel qu'il

3. Ce que doit celuy dont le mur ſert

puisse y suffire : & il est obligé aussi de l'entretenir, & de
le refaire s'il en est besoin *a*. Si ce n'est que ce fût l'excés
de la charge qui l'eût abbatu ou endommagé. Et en ce
cas celuy qui a surchargé sera tenu de décharger, & reparer le mur, & des dommages & interêts que cette surcharge aura pû causer *b*.

a Etiam de servitute, quæ oneris ferendi causâ imposita erit, actio nobis competit, ut, & onera ferat, & ædificia reficiat, ad eum modum qui servitute imposita comprehensus est. *l. 6. §. 2. ff. si servit. vind. l. 8. eod.* Eum debere columnam restituere, quæ onus vicinarum ædium ferebat, cujus essent ædes, quæ servirent, non eum qui imponere vellet. *l. 33. ff. de serv. præd. urb.*

b Si paries communis opere abs te facto, in ædes meas se inclinaverit, potero
tecum agere, jus tibi non esse parietem illum ita habere. *l. 14. §. 1. ff. si servit.
vind.*

I V.

Si un des proprietaires d'un mur mitoyen sur lequel
chacun appuye de son côté, y avoit fait des embellissemens, comme des peintures, ou des sculptures, & que le
mur s'entr'ouvre, ou s'abbatte, ou que l'autre proprietaire
soit obligé de le démolir, pour le refaire tel qu'il doit être
pour la servitude ; les deux proprietaires contribueront
également à la dépense necessaire pour remettre le mur
dans l'état où il doit être. Mais la perte des embellissemens
tombera sur celuy qui les avoit faits *c*.

c Parietem communem incrustare licet, secundùm capitonis sententiam : sicut
licet mihi pretiosissimas picturas habere in pariete communi. Cæterùm si demolitus sit vicinus, & ex stipulatu actione, damni infecti agatur, non pluris, quàm
vulgaria tectoria æstimari debent : quod observari & in incrustatione oportet.
l. 13. §. 1. ff. de servit. præd. urb. V. l'art. 15. de la sect. 3. des dommages causez
par des fautes.

V.

S'il est necessaire de refaire un mur asservi pour porter
un bâtiment, ou pour un droit d'appuy, celuy à qui est le
mur, & qui doit l'entretenir, ne sera tenu que de la dépense necessaire pour refaire le mur : & toute celle qui
se fera, ou pour démolir ce qui étoit appuyé, ou pour le
soûtenir sera portée par celuy qui a le droit d'appuyer *d*.

d Sicut autem refectio parietis ad vicinum pertinet, ita fultura ædificiorum
vicini cui servitus debetur, quandiu paries reficietur, ad inferiorem vicinum non
debet pertinere. Nam si non vult superior fulcire, deponat, & restituet, cùm paries fuerit restitutus. *l. 8. ff. si servit. vind.*

V I.

VI.

Si le proprietaire d'un fonds affervi, ou d'un mur qui doive porter le bâtiment d'un autre proprietaire, aime mieux abandonner fon droit de proprieté, que de faire les reparations que la fervitude l'oblige de faire, il en fera déchargé, en quittant le fonds. Car c'étoit le fonds qui étoit affervi, & non pas la perfonne *a*.

a Evaluit Servii fententia in propofita fpecie, ut poffit quis defendere jus fibi effe cogere adverfarium reficere parietem ad onera fua fuftinenda. Labeo autem, hanc fervitutem non hominem debere, fed rem : denique licere domino rem derelinquere, fcribit. *l. 6. §. 2. ff. fi fervit. vind.*

VII.

Si un heritage pour lequel il eft dû un droit de paffage, eft divifé entre les proprietaires, la fervitude fera confer-vée à chaque portion, car elle étoit dûë pour l'ufage de toutes les parties du fonds. Mais le proprietaire du fonds affervi au paffage ne fera tenu de le donner qu'au même lieu pour tous ces proprietaires, & ils ne pourront ufer de la fervitude, qu'en s'accommodant entre eux, de forte que chacun n'entre dans le fonds affervi, que par le mê-me endroit où la fervitude étoit établie *b*.

b Quæcumque fervitus fundo debetur, omnibus ejus partibus debetur : & ideo quamvis particulatim venierit, omnes partes fervitus fequitur, & ita ut finguli rectè agant, jus fibi effe fundi. Si tamen fundus cui fervitus debetur, certis re-gionibus inter plures dominos divifus eft, quamvis omnibus partibus fervitus debeatur, tamen opus eft ut hi, qui non proximas partes fervienti fundo habe-bunt, tranfitum per reliquas partes fundi divifi jure habeant, aut, fi proximi pa-tiantur, tranfeant. *l. 23. §. ult. ff. de fervit. præd. ruft.* V. l'art. 18. de la fect. 1.

VIII.

Si un fonds eft fujet à deux fervitudes, comme feroit une maifon qui ne pourroit être hauffée au préjudice d'une vûë de la maifon voifine, & qui en devroit recevoir les eaux, & que le proprietaire du fonds affervi vienne à acquerir la liberté de l'une des deux fervitudes fans qu'il foit fait mention de l'autre, comme s'il acquiert la liberté de hauffer fon bâtiment & d'ôter cette vûë. Il ne pourra étendre cette liberté au préjudice de la feconde fervitude qui fubfifte encore, & il ne hauffera qu'autant qu'il puiffe toûjours recevoir les eaux *c*.

c Si domus tua ædificiis meis utramque fervitutem deberet, ne altius tolleretur , & ut stillicidium ædificiorum meorum recipere deberet , & tibi concessero , jus esse invito me altius tollere ædificia tua : quod ad stillicidium meum attinet , sic statui debebit , ut , si altius sublatis ædificiis tuis , stillicidia mea cadere in ea non possint, ea ratione altius tibi ædificare non liceat : si non impediantur stillicidia mea , liceat tibi altius tollere. *l. 21. ff. de servit. præd. urb. v. l. 20. ff. de servit. præd. rust.*

SECTION V.

Des engagemens du proprietaire du fonds pour lequel il est dû une servitude.

SOMMAIRES.

I.

1. Celuy qui a un droit de servitude, ne peut rien innover.

LE proprietaire du fonds pour lequel il est dû une servitude ne peut en user que suivant son titre, sans rien innover, ni dans le fonds asservi, ni dans le sien propre, qui empire la condition de la servitude. Ainsi, il ne peut surcharger un mur, élargir un passage, avancer le bord d'un toict dont le voisin doit recevoir les eaux, ni faire d'autres changemens semblables qui augmentent la servitude, ou qui la rendent plus incommode, & il peut seulement l'adoucir ou la rendre moindre *a.*

a Lenius facere poterimus, acrius non. Et omnino sciendum est meliorem vicini conditionem fieri posse, deteriorem non posse, nisi aliquid nominatim, servitute imponenda, immutatum fuerit. *l. 20. §. 5. in f. ff. de servit. præd. urban.* Statum antiquorum ædificiorum custodire debere. *l. 11. eod. l. 1. C. de servit.* Si nova (tigna) velis immittere, prohiberi à me potes. *l. 14. ff. si servit. vind.* Si paries communis opere abs te facto in ædes meas se inclinaverit, potero tecum agere, jus tibi non esse, parietem illum ita habere. *d. l. 14. §. 1.* Stillicidium quoquo modo acquisitum sit, altius tolli potest: levior enim fit eo facto servitus, cùm quod ex alto cadet lenius, & interdum direptum, nec perveniat ad locum servientem: inferius demitti non potest, quia fit gravior servitus, id est pro stillicidio flumen. Eadem causa retroduci potest stillicidium, quia in nostro magis incipiet cadere, produci non poteſt, ne alio loco cadat ſtillicidium, quàm in quo poſita ſervitus eſt. *l. 20. §. 5. ff. de ſervit. præd. urb.*

I I.

Si celuy qui avoit droit d'appuyer ſur le mur d'un au-tre, ou ſur un mur commun, le pouſſe ou le ſurcharge, de ſorte que le mur qui ſuffiſoit pour la ſervitude, en ſoit abbatu, ou endommagé ; il ſera tenu de tout le dommage qui en arrivera *a*.

a Quod ſi quia alter eum preſſerat, vel oneraverat, idcirco damnum contin-gat, conſequens eſt dicere, detrimentum hoc quod beneficio ejus contingit, ip-ſum ſarcire debere. *l. 40. §. 1. ff. de damn. iuf.*

2. Surcharge du mur ſervant.

I I I.

Celuy à qui il eſt dû une ſervitude doit faire les repara-tions neceſſaires pour en uſer, comme racommoder le chemin de ſon paſſage, entretenir ſon aqueduc, & les autres ſemblables *b*.

b In omnibus ſervitutibus refectio ad eum pertinet, qui ſibi ſervitutem aſſerit, non ad eum cujus res ſervit. *l. 6. §. 2. ff. ſi ſervit. vind.* V. les articles 2. & 3. de la ſect. 4.

3. Reparations pour l'uſage de la ſervi-tude.

I V.

Si le fonds aſſervi ſouffre quelque dommage par une ſuite naturelle de la ſervitude, comme ſi un heritage eſt inondé, par un torrent où la ſervitude d'une priſe d'eau donne l'ouverture, ſi un toict eſt endommagé par la chû-te d'une pluye extraordinaire qui s'écoule du toict voiſin dont il doit recevoir les eaux, celuy qui a le droit de la ſervitude ne ſera pas tenu de ces ſortes de dommages. Mais s'il avoit fait quelque changement de l'état des lieux, contre le titre de la ſervitude, & que ce change-ment eût été l'occaſion d'un pareil dommage, il en ſe-roit tenu *c*.

c Servitus naturaliter non manu facto lædere poteſt fundum ſervientem, quem-admodum ſi imbri creſcat aqua in rivo, aut ex agris in eum confluat. *l. 20. §. 1. ff. de ſerv. præd. ruſt.* Nam ut verius quis dixerit, non aqua, ſed loci natura no-cet. *l. 1. §. 14. ff. de aqua & aqua pluv. arc.*

4. Du dommage qui arrive naturelle-ment à l'occaſion d'une ſervitude.

V.

Celuy à qui il eſt dû quelque ſervitude, non ſeulement ne peut en communiquer l'uſage à aucun autre ; mais il ne peut même l'étendre pour ſon propre uſage au de-là

5. Le droit de ſer-vitude ne s'étend pas hors de ſon uſage, & ne ſe commu-

nique pas à d'autres. de ce qui luy eft donné par le titre. Ainfi, celuy qui a
une prife d'eau pour un heritage, ne peut en ufer pour
fes autres heritages : & fi la prife d'eau n'eft que pour une
partie d'un fonds, il ne peut s'en fervir que pour celle-
là *a*.

a Ex meo aquæ ductu Labeo fcribit, cuilibet poffe me vicino commodare.
Proculus contrà ut ne in meam partem fundi aliam, quàm ad quam fervitus
acquifita fit, uti ea poffim. Proculi fententia verior eft. *l.* 24. *ff. de fervit. prad-
ruſſ.*

Per plurium præedia aquam ducis, quoquo modo impofita fervitute : nifi pactum vel ftipulatio etiam de hoc fubfecuta eft, neque eorum cuivis, neque alii vi-
çino poteris hauftum ex rivo cedere. *l.* 33. §. 1. *eod.* V. l'art. 14. de la fect. 1.

SECTION VI.

Comment finiſſent les ſervitudes.

SOMMAIRES.

I.

*1. Le droit de ſer-
vitude perit avec le
fonds.*

LA ſervitude ceſſe lorſque les choſes ſe trouvent en
tel état qu'on ne peut en uſer ; comme ſi le fonds
aſſervi vient à perir, ou le fonds pour l'uſage duquel la
ſervitude étoit établie ; & il en ſeroit de même ſi les fonds
ſubſiſtant, la cauſe de la ſervitude venoit à ceſſer. Ainſi,
par exemple, ſi une ſource où le voiſin avoit droit de
prendre de l'eau, venoit à tarir, il perdroit le droit d'entrer dans le fonds où étoit la ſource. Mais ſi elle venoit à

renaître, même aprés le temps de la preſcription, la ſervitude ſeroit rétablie, ſans qu'on pût luy imputer de n'a-
voir pas uſé de la ſervitude pendant qu'elle ne pouvoit
avoir ſon uſage *a*.

a Si fons exaruerit, ex quo ductum aquæ habeo : iſque *poſt conſtitutum tempus*
ad ſuas venas redierit : an aquæ ductus amiſſus erit, quæritur ? Et Atilicinus ait,
Cæſarem Statilio Tauro reſcripſiſſe, in hæc verba, hi qui ex fundo Sutrino aquam
ducere ſoliti ſunt, adierunt me, propoſueruntque aquam, qua per aliquod annos
uſi ſunt, ex fonte qui eſt in fundo Sutrino ducere non potuiſſe, quod fons exa-
ruiſſet, & poſteà ex eo fonte aquam fluere cœpiſſe, petieruntque à me, ut quod
jus non negligentia, aut culpa, ſua amiſerant, ſed quia ducere non poterant, his
reſtitueretur. Quorum mihi poſtulatio, cum non iniqua viſa ſit, ſuccurrendum
his putavi, quod jus habuerunt, tunc cùm primùm ea aqua pervenire ad eos non
potuit, id eis reſtitui placet. *l.* 34. *in f. & l.* 35. *ff. de ſervit. præd. ruſt.* V. l'art. 4.
de cette ſection, & la remarque qu'on y a faite.

II.

Les ſervitudes finiſſent auſſi lorſque le maître du fonds
aſſervi, ou celuy du fonds pour lequel la ſervitude étoit
établie, devient le proprietaire de l'un & de l'autre. Car
la ſervitude eſt un droit ſur le fonds d'un autre, & le
droit du maître ſur ſon propre bien ne s'appelle pas une
ſervitude *b*.

b Servitutes prædiorum confunduntur, ſi idem utriuſque prædii dominus eſſe
cœperit. *l.* 1. *ff. quemadm. ſerv. am.* Nemo ipſe ſibi ſervitutem debet. *l.* 10. *ff. comm.*
præd. nulli enim res ſua ſervit. *l.* 26. *ff. de ſervit. præd. urb.*

III.

Si le proprietaire du fonds pour lequel la ſervitude
étoit établie acquiert le fonds aſſervi, & puis le revend
ſans reſerve de la ſervitude, il eſt vendu libre. Car la ſervitude étoit anéantie, par la regle expliquée dans l'article précedent : & elle ne ſe rétablit pas au préjudice du
nouvel acquereur, à qui cette charge n'eſt pas impo-
ſée *c*.

c Si quis ædes quæ ſuis ædibus ſervirent cùm emiſſet, traditas ſibi accepit,
confuſa ſublatáque ſervitus eſt. Et ſi rurſus vendere vult. Nominatim imponenda
ſervitus eſt, alioquin liberæ veniunt. *l.* 30. *de ſervit. præd. urb.*

IV.

Si entre le fonds aſſervi, & celuy pour lequel la ſervitude eſt établie, il ſe trouve un autre fonds qui empêche l'uſage de la ſervitude, elle eſt ſuſpenduë pendant
cet obſtacle. Ainſi, par exemple, ſi entre deux maiſons,
dont l'une ne peut être hauſſée au préjudice d'une vûë

de l'autre, il y a une troisiéme maison qui n'étant pas sujette à cette servitude ait été hauffée, & qui ait ôté cette vûë ; le proprietaire de la maison affervie pourra la hausser. Ainsi celuy qui avoit un droit de passage perd l'usage de sa servitude, si entre son fonds & le fonds asservi il y en a un autre qui se trouve ne devoir pas ce passage, & qui en rende l'usage inutile. Mais si ces obstacles viennent à cesser, comme si la maison entre deux étoit démolie, ou le passage acquis dans le fonds qui separoit les deux ; celuy à qui la servitude étoit dûë en reprend l'usage *a*.

a Si fortè qui medius est, quia servitutem non debebat, altius extulerit ædificia sua, ut jam ego non videar luminibus tuis obstaturus, si ædificavero, fiustra intendes jus mihi non esse, ita ædificatum habere, invito te, sed si intra tempus statutum, rursus depo uerit ædificium suum vicinus, renascetur tibi vindicatio. *l. 6. ff. si servit. vind.* In rusticis prædiis impedit servitutem medium prædium, quod non servit. *l. 7. §. 1. ff. de servit. pr. rust.*

On n'a pas mis dans cet article ce que paroissent signifier ces paroles de la loy : intra tempus statutum, que ce droit ne revit que lorsqu'il n'y a pas de prescription. Car on voit au contraire, par les loix citées sur l'article 1. de cette Section, que la prescription ne doit pas courir contre celuy qui ne pouvoit user de la servitude. Quod jus non negligentia, aut culpa sua miserat, sed quia ducere non poterat. Et quoyque ce ne soit pas dans le même cas que celuy de cet article 4. il pourroit y avoir des circonstances dans des cas qui y sont compris, où il semble que la servitude devroit se conserver contre la prescription. Ainsi, par exemple, si le possesseur de trois maisons en retenant une, avoit vendu celle du milieu, & fait une donation de la troisiéme, imposant à l'acheteur, & au donataire la servitude de ne point hausser : & qu'il arrivât que l'acquereur de la maison du milieu en fût évincé par un tiers, qui n'étant pas engagé à la servitude, fit hausser cette maison ; le donataire en ce cas pourroit à la verité élever aussi, mais si le donateur venoit à rentrer dans la maison qu'il avoit venduë, quoy qu'après la prescription, & qu'il voulût reprendre sa servitude, son donataire se trouvant encore en possession de la maison asservie, pourroit-il se servir de la prescription contre son titre ? Mais si ce donataire avoit vendu à un tiers qui ignorât la servitude, & qui eût prescrit, seroit-il juste à son égard d'interrompre la prescription ? Ainsi ces sortes de questions peuvent dépendre des circonstances. Et dans le cas même de l'article 1. de cette Section, si on supposoit que le fonds asservi fût possedé par un tiers acquereur, qui ignorât la servitude de la prise d'eau, & qui eût possedé pendant le temps de la prescription, sans que celuy à qui la servitude étoit dûë eût fait aucune protestation pour la conserver ; devroit-elle revive contre ce tiers possesseur après si long-temps ? & ne pourroit-on pas imputer à celuy qui la prétendroit d'avoir negligé les précautions pour la conserver.

V.

5. Prescription de servitudes.

Les servitudes se perdent par la prescription : où elles sont reduites à ce qui en est conservé par la possession pendant le temps suffisant pour prescrire *b*.

b Si is, qui nocturnam aquam habet, interdiu per constitutum ad amissionem tempus usus fuerit, amisit nocturnam servitutem, qua usus non est. Idem est in eo qui certis horis æquæductum habens , aliis usus fuerit , nec ulla parte earum horarum. *l.* 10. §. 1. *ff. quemadmod. ferv. a mit.* Ut omnes servitutes non utendo amittuntur , non biennio, quia tantummodò soli rebus annexæ sunt , sed decennio contra præsentes , vel viginti spatio annorum contra absentes. *l.* 13. *C. de servit.* V. l'art. 11. & l'art. 13. de la sect. 1.

V I.

Les servitudes qui consistent en quelque action de la part de ceux à qui elles sont dûës , se prescrivent par la cessation de l'usage de la servitude. Comme un passage , & une prise d'eau , qui se prescrivent par la cessation de passer , & de prendre l'eau. Mais les servitudes qui ne consistent qu'à fixer un état des lieux , où il ne puisse être innové , comme une servitude de ne pouvoir hausser un bâtiment à cause d'une vûë , une décharge des eaux d'une maison voisine , ne se prescrivent jamais que par un changement de l'état des lieux qui anéantisse la servitude , & qui dure un temps suffisant pour prescrire , comme si le proprietaire de la maison asservie l'ayant élevée , est demeuré en possession de ce changement ; ou si les eaux ont été déchargées par un autre endroit *a*.

a Hæc autem jura , similiter ut rusticorum quoque prædiorum , certo tempore non utendo , pereunt : nisi quod hæc dissimilitudo est , quod non omnimodo pereunt non utendo sed ità , si vicinus simul libertatem usucapiat : veluti si ædes tuæ ædibus meis serviant , ne altius tollantur , ne luminibus mearum ædium officiatur , & ego per statutum tempus , fenestras meas præfixas habuero , vel obstruxero , ita demùm jus meum amitto , si tu per hoc tempus ædes tuas altius sublatas habueris. Alioquin si nihil novi feceris , retineo servitutem. Item, si tigni immissi ædes tuæ servitutem debent , & ego ex mero tignum , ita demùm amitto jus meum si tu foramen unde exemptum est tignum obturaveris , & per constitutum tempus ita habueris. Alioquin , si nihil novi feceris , integrum jus suum permanet. *l.* 6. *ff. de servit. pr. urb.* Si ego via quæ nobis per vicini fundum debebatur , usus fuero , tu autem constituto tempore cessaveris , an jus tuum amiseris? Et è contrario : si vicinus , cui via per nostrum fundum debebatur , per meam partem iërit , egerit , tuam partem ingressus non fuerit : an partem tuam liberaverit ? Celsus respondit : si divisus est fundus inter socios regionibus : quod ad servitutem attinet , quæ ei fundo debebatur perinde est atque si ab initio duobus fundis debita sit : & sibi quisque dominorum usurpat servitutem , sibi non utendo deperdit. *l.* 6. §. 1. *quemadm. serv. am.*

V I I.

Si l'usage d'une servitude n'est pas continuel , mais par intervalles de quelques années , comme une servitude d'un passage pour aller à un bois taillis , de laquelle on n'use que lorsqu'il est en coupe , ou tous les cinq ans , ou tous les dix ans , ou aprés un autre long intervalle , &

6. *Differentes manieres de prescrire, selon les differences des servitudes.*

7. *Prescription des servitudes dont l'usage est interrompu par un long temps.*

seulement pendant le temps necessaire pour couper &
transporter le bois ; la prescription d'une telle servitude
ne s'acquiert pas par le temps ordinaire de dix ans, dans
les lieux ou la prescription n'est que de dix ans ; mais le
temps doit être reglé ou à vingt ans, ou à plus ou moins,
selon les prescriptions des lieux, & leur usage, s'il y en a,
& selon la qualité & les intervalles de la servitude, & autres circonstances *a*.

a Si alternis annis, vel mensibus quis aquam habeat, duplicato constituto tempore amittitur. Idem & de itinere custoditur. *l. 7. ff. quemadm. serv. amit.* Cùm
talis quæstio in libris Sabinianis volveretur, quidam enim pactus erat cum vicino suo, ut liceret ei vel per se, vel per suos homines, per agrum vicini transitum
facere, iterque habere uno tantummodò die per quinquennium, quatenus ei licentia esset in suam sylvam inde transire, & arbores excidere, vel facere quidquid
necessarium ei visum fuisset : & quæreretur, quando hujusmodi servitus non utendo amitteretur ? Et quidam putarent, si in primo vel secundo quinquennio per
eam viam itum non esset, eamdem servitutem penitus tolli, quasi per biennium
ea non utendo deperdita, singulo die quinquennii pro anno numerando : aliis autem aliam sententiam eligentibus, nobis placuit ita causam dirimere, ut, quia
jam per legem latam à nobis prospectum est, ne servitutes per biennium non utendo depereant, sed per decem, vel viginti annorum curricula : & in proposita specie, si per quatuor quinquennia nec uno die, vel ipse, vel homines ejus, eadem
servitute usi sunt, tunc eam penitus amitti, viginti annorum desidia. Qui enim
in tam longo prolixoque spatio suum jus minimè consecutus est, sera pœnitentia
ad pristinam servitutem reverti desiderat. *l. ult. C. de servit.*

VIII.

*8. Continuation de prescription d'un pos-
sesseur à son successeur.*

Si un droit de servitude passe d'une proprietaire à un
autre, le temps de la prescription qui avoit couru contre
le premier, se joint au temps qui a couru contre le second,
& la prescription s'acquiert contre luy par ces deux
temps joints *b*. Comme au contraire un second possesseur
acquiert une servitude par la possession de son prédeces-
seur jointe avec la sienne.

b Tempus quo non est hujus præcedens fundi dominus, cui servitus debetur,
imputatur ei qui in ejus loco successit. *l. 18. §. 1. ff. quemadm. servit. am.*

IX.

*9. Les decrets ne
font pas cesser les ser-
vitudes.*

Si l'heritage asservi est decreté, la servitude ne laisse pas
de se conserver, car il est vendu comme il se comporte.
Et elle se conserve à plus forte raison, si c'est le fonds pour
lequel elle est duë, qui soit decreté *c*.

c Si fundus serviens, vel is cui servitus debetur publicaretur, utroque casu
durant servitutes, quia cum sua conditione quisque fundus publicaretur. *l. 23.*
§. 2. ff. de servit. præd. rusti.

TITRE

TITRE XIII.

DES TRANSACTIONS.

IL y a deux manieres de terminer de gré à gré les procez, ou les prévenir. La premiere eſt la voye d'une convention entre les parties, qui reglent par elles-mêmes ou par le conſeil & l'entremiſe de leurs amis, les conditions d'un accommodement, & qui s'y ſoûmettent par
un traité ; & c'eſt ce qu'on appelle Tranſaction. La ſeconde eſt un jugement d'arbitres dont on convient par
un compris. Ainſi les tranſactions, & les compromis ſont
deux eſpeces de conventions, dont la premiere ſera la
matiere de ce Titre, & celle des compromis ſera expliquée dans le Titre ſuivant.

SECTION I.

De la nature , & de l'effet des tranſactions.

SOMMAIRES.

1. *Definition.*
2. *Diverſes manieres de tran-
ſiger.*
3. *Les tranſactions ſont bor-
nées à leur ſujet.*
4. *Tranſaction avec l'un des
intereſſez , ne fait pas de
préjudice à l'égard des au-
tres.*
5. *Tranſaction avec autre*
que la partie.
6. *Tranſaction ſur un droit
ne fait pas de préjudice à
un autre droit ſemblable
ſurvenu depuis.*
7. *Tranſaction avec ſtipula-
tion de peine.*
8. *Tranſaction avec la caution.*
9. *Les tranſactions ont la for-
ce des choſes jugées.*

I.

LA tranſaction eſt une convention entre deux ou pluſieurs perſonnes, qui pour prévenir ou terminer un
procés, reglent leur different de gré à gré, de la ma-

niere dont ils conviennent ; & que chacun d'eux prefere à l'efperance de gagner, jointe au peril de perdre *.

a Qui tranfigit quafi de re dubia, & lite incerta, neque finita tranfigit. *l.* 1. *ff. de tranf.* Propter timorem litis, *l.* 2. *C. eod.* Litigiis jam motis & pendentibus. feu poftea.... movendis. *l. ult. C. eod.* (controverfia) certa lege finita. *l.* 14. *ff. eod.*

I I.

2. Diverfes manieres de tranfiger.

Les tranfactions terminent ou préviennent les procez en plufieurs manieres, felon la nature des differens, & les diverfes conventions qui y mettent fin. Ainfi, celuy qui avoit quelque prétention, ou s'en defifte par une tranfaction, ou en obtient une partie, ou même le tout. Ainfi, celuy à qui on demande une fomme d'argent, ou paye, ou s'oblige, ou eft déchargé en tout, ou en partie. Ainfi, celuy qui conteftoit une garentie, une fervitude, ou quelqu'autre droit, ou s'y affujettit, ou s'en affranchit. Ainfi, celuy qui fe plaignoit d'une condamnation, ou la fait reformer, ou y acquiefce. Et on tranfige enfin aux conditions dont on veut convenir, felon les regles generales des conventions *b*.

b Tranfactio nullo dato, vel retento, feu promiffo, minimè procedit. *l.* 38. *C. de tranf.* Ut partem bonorum fufciperet, & à lite difcederet. *l.* 6. *eod.* Nihil ita fidei congruit humanæ, quàm ea quæ placuerant cuftodiri. *l.* 20. *eod.* Toto tit. *ff. & C. de tranf.*

Ce qui eft dit dans cette loy. 38. *C. de tranf. qu'il n'y a point de tranfaction, fi l'on ne donne, & ne promet rien, ou fi on ne retient quelque chofe, ne doit pas être pris à la lettre. Car on peut tranfiger fans rien donner, & fans rien promettre, ny rien retenir. Ainfi celuy qu'on prétendroit être caution d'un autre, pourroit être déchargé de cette demande par une tranfaction, fans que de part ny d'autre, il fût rien donné, rien promis, ny rien retenu.*

I I I.

3. Les tranfactions font bornées à leur fujet.

Les tranfactions ne reglent que les differens qui s'y trouvent nettement compris par l'intention des parties, foit qu'elle fe trouve expliquée par une expreffion generale, ou particuliere : ou qu'elle foit connuë par une fuite neceffaire de ce qui eft exprimé, & elles ne s'étendent pas aux differens où l'on n'a point penfé *c*.

c Tranfactio quæcunque fit, de his tantùm, de quibus inter convenientes placuit, interpofita creditur. *l.* 9. *§.* 1. *ff. de tranf.* Ei, qui nondum certus, ad fe querelam contra patris teftamentum pertinere, de aliis caufis cum adverfario pacto tranfegit, tantùm in his interpofitum pactum nocebit, de quibus inter eos actum esse probatur. *d. l. §. 3.* Iniquum est perimi pacto, id de quo cogitatum non docetur. *d. l. in fine l. 5. eod.*

IV.

Si celuy qui avoit, ou pouvoit avoir un different avec plusieurs autres, transige avec un d'eux pour ce qui le regarde, la transaction n'empêchera pas que son droit ne subsiste à l'égard des autres : & qu'il ne puisse ou le faire juger, ou en transiger d'une autre maniere. Ainsi, celuy à qui deux tuteurs rendent compte d'une même administration, peut transiger avec l'un pour son fait, & plaider contre l'autre. Ainsi, le creancier d'un défunt, ou le legataire peuvent transiger de leur droit avec l'un de deux heritiers pour sa portion, & poursuivre l'autre pour la sienne *a*.

a Neque pactio, neque transactio cum quibusdam ex curatoribus, sive tutoribus facta, auxilio cæteris est, in his quæ separatim communiterve gesserunt, vel gerere debuerunt. Cùm igitur tres curatores habueris, & cum duobus ex his transegeris, tertium convenire non prohiberis. *l. 1. C. de transf. l. 15. ff. de tut. & rat. distr.*

V.

Si la personne qui a un different, en transige avec celuy qu'il croit être sa partie, & qui ne l'est pas, cette transaction sera inutile. Ainsi, par exemple, si un creancier d'une succession, transige avec celuy qu'on croyoit être l'heritier, & qui ne l'étoit pas, cette transaction sera sans effet, & à l'égard de ce creancier, & à l'égard du vray heritier *b*. Car le vray heritier n'a pû être obligé par le fait d'un autre : & le creancier n'a pas été obligé de sa part envers cet heritier, avec qui il n'a point traitté, & pour qui il pouvoit avoir moins de consideration, que pour celuy qu'il avoit crû être l'heritier.

b Debitor, cujus pignus creditor distraxit, cum Mævio qui se legitimum creditoris heredem esse jactabat, minimo transfegit : posteà, testamento prolato, Septicium heredem esse apparuit. Quæsitum est, si agat pigneratitia debitor cum Septicio, an is uti possit exceptione transactionis factæ cum Mævio, qui heres eo tempore non fuerit, possitque Septicius pecuniam, quæ Mævio, ut heredi, à debitore numerata est, conditione repetere, quasi sub prætextu hereditatis acceptam. Respondit, secundùm ea quæ præponerentur, non posse, quia neque cum eo ipse transegit, nec negotium Septicii Mævius gerens accepit. *l. 3. §. 2. ff. de transf.*

VI.

Si celuy qui avoit transigé d'un droit qu'il avoit de son

4. *Transaction avec l'un des interessez ne fait pas de préjudice à l'égard des autres.*

5. *Transaction avec autre que la partie.*

6. *Transaction*

fur un droit ne fait
pas de préjudice à un
autre droit femblable
furvenu depuis.

chef, acquiert par la fuite un pareil droit du chef d'une
autre perfonne, la tranfaction ne fera pas de préjudice à
ce fecond droit. Ainfi, par exemple, fi un majeur a tranfigé avec fon tuteur fur le compte de fa portion des biens
de fon pere, & qu'il fuccede enfuite à fon frere à qui le
même tuteur devoit rendre compte de fa portion ; la
tranfaction n'empêchera pas que les mêmes queftions
qu'elle avoit reglées pour une portion, ne fubfiftent pour
l'autre : & ce fecond droit refte en fon entier *a*.

a Qui cum tutoribus fuis de fola portione adminiftratæ tutelæ fuæ egerat, &
tranfegerat, adverfus eofdem tutores ex perfona fratris fui, cui heres extiterat,
agens præfcriptione factæ tranfactionis non fummovetur. *l. 9. ff. de tranf.*

VII.

On peut ajoûter à une tranfaction la ftipulation d'une
peine contre celuy qui manquera de l'executer. Et en ce
cas l'inexecution de ce qui eft reglé donne le droit d'exiger la peine, felon qu'il en a été convenu *b*, & fuivant les
regles expliquées dans le Titre des conventions.

b Promiffis tranfactionis caufa non impletis, pœnam in ftipulationem deductam, fi contrà factum fuerit, exigi poffe conftat. *l. 37. C. de tranf. l. 16. ff. eod.*
V. les articles 4. & 15. de la Section 3. des conventions.

VIII.

Le creancier qui tranfige avec la caution de fon debiteur
peut ne décharger que la caution, & la tranfaction ne luy
fera pas de préjudice à l'égard de ce debiteur. Mais fi c'eft
avec le debiteur même qu'il ait tranfigé, la tranfaction
fera commune à la caution ; parce que fon obligation
n'eft qu'un acceffoire de celle du principal debiteur *c*.

c Si fidejuffor conventus & condemnatus fuiffet, mox reus tranfegiffet cum
eo cui erat fidejuffor condemnatus, tranfactio valeat quæritur. Et puto valere,
quafi omni caufa & adverfus reum, & adverfus fidejufforem diffoluta. Si tamen
ipfe fidejuffor condemnatus tranfigit, tranfactione non peremit rem judicatam.
l. 7. §. 1. ff. de tranf.

IX.

Les tranfactions ont une force pareille à l'authorité des
chofes jugées, parce qu'elles tiennent lieu d'un jugement
d'autant plus ferme que les parties y ont confenti : & que
l'engagement qui délivre d'un procés eft tout favorable *d*.

d Non minorem auctoritatem tranfactionum quam rerum judicatarum effe,
recta ratione placuit. *l. 20 C. de tranf.* Propter timorem litis, tranfactione interpofita, pecunia rectè cauta intelligitur. *l. 2. C. eod. l. 65. §. 1. ff. de cond. ind.*

SECTION II.

De la resolution, & des nullitez des transactions.

SOMMAIRES.

I.

Les transactions où l'un des contractans a été engagé, par le dol de l'autre, n'ont aucun effet. Ainsi celuy qui par une transaction abandonne un droit qu'il n'a pû soûtenir, faute d'un titre retenu par sa partie, rentreroit dans son droit, si cette verité venoit à paroître. Et il en seroit de même d'un heritier qui auroit transigé avec son coheritier, dont le dol luy auroit ôté la connoissance de l'état des biens *.

1. Le dol annulle les transactions.

a Si per se vel per alium subtractis instrumentis, quibus veritas argui potuit, decisionem litis extorsisse prodetur, si quidem actio supereft, replicationis auxilio doli mali, pacti exceptio removetur. *l. 19. C. de transf.* Qui per fallaciam coheredis, ignorans universa quæ in vero erant, instrumentum transactionis, sine aquiliana stipulatione interposuit, non tam paciscitur, quàm decipitur. *l. 9. §. 2. ff. cod. v. l. 65. §. 1. ff. de cond. ind.*

II.

Si celuy qui avoit un droit acquis par un testament qu'il ignoroit, déroge à ce droit par une transaction avec l'heritier, cette transaction sera sans effet, lorsque le testament viendra à paroître ; quand même il auroit été inconnu à l'heritier. Ainsi, par exemple, si un debiteur d'une succession transige, & paye une dette qui luy étoit remise par le testament: si un legataire, ou un fideicommissaire transige d'un droit qui étoit reglé par un codicille, ils pourront

2. L'erreur fait le même effet.

faire refoudre la tranfaction. Car le teftament, ou le codicille étoit un titre commun aux parties, & il ne doit pas
perdre fon effet par une tranfaction qui n'a été qu'une
fuite de l'ignorance de cette verité *a*.

a Cum tranfactio propter fideicommiffum facta effet, & poftea codicilli re-
perti funt. Quæro an quanto minus ex tranfactione confecuta mater defuncti fuerit, quàm pro parte fua eft, id ex fideicommiffi caufa confequi debeat? Refpondi
debere. *l.* 3 §. 1. *ff. de tranf.* Si poftea codicilli proferuntur, non improbè mihi
dicturus videtur, de eo dumtaxat fe cogitaffe, quod illarum tabularum, quas
tunc noverat fcriptura contineretur. *l.* 12. *in fine eod.* De his controverfiis quæ ex
teftamento proficifcuntur, neque tranfigi, neque exquiri veritas aliter poteft,
quàm infpectis, cognitifque verbis teftamenti. *l. 6. eod.*

III.

3. Si la tranfaction déroge à un droit dont le titre foit inconnu.

Si celuy qui par une tranfaction déroge à un droit acquis par un titre qu'il ignoroit, mais qui n'étoit pas retenu par fa partie, vient enfuite à recouvrer ce titre, la
tranfaction pourra ou fubfifter, ou être annullée, felon
les circonftances. Ainfi dans le cas de l'article précédent
elle eft annullée. Ainfi au contraire fi c'étoit une tranfaction generale fur toutes les affaires que les parties pourroient avoir enfemble, les nouvelles pieces qui regarde-
roient l'un des differens, & qui auroient été ignorées de
part & d'autre, n'y changeroient rien, car l'intention a
été de compenfer, & d'éteindre toute forte de prétentions *b*.

b Sub prætextu fpecierum poft repertarum, generali tranfactione finita refcindi prohibent jura. *l. 29. C. de tranf. l. 19. eod. v. l. 31. ff. de jurejur. l. 1. C. de
reb. cred. & jurejur.*

IV.

4. Tranfaction fur pieces fauffes.

Si on a tranfigé fur un fondement de pieces fauffes qui
ayent paffé pour vrayes, & que la fauffeté fe découvre
dans la fuite, celuy qui s'en plaindra pourra faire refoudre la tranfaction, en tout ce qui aura été reglé fur ce fondement. Mais s'il y avoit dans la tranfaction d'autres
chefs qui en fuffent indépendans, ils fubfifteroient. Et il
ne feroit point fait d'autres changemens, que ceux où
obligeroit la connoiffance de la verité que les pieces fauffes tenoient inconnuë *c*.

c Si de falfis inftrumentis tranfactiones, vel pactiones initæ fuerint, quamvis jusjurandum de his interpofitum fit, etiam civiliter falfò revelato eas re-

tractari præcipimus : ita demum ut , si de pluribus causis , vel capitulis eædem pactiones, seu transactiones initæ fuerint : illa tantummodo causa vel pars retractetur, quæ ex falso instrumento composita convicta fuerit, aliis capitulis firmis manentibus. *l. pen. C. de transf. v. tit. C. si ex falsi instr.*

V.

Les transactions ne sont pas resoluës par la lesion que souffre l'un des contractans, en donnant plus que ce qu'il pouvoit devoir, ou recevant moins que ce qui luy étoit dû. Si ce n'est qu'il y eût du dol. Car on compense ces sortes de pertes avec l'avantage de finir un procés, & de prévenir l'incertitude de l'évenement. Et il est de l'interêt public, de ne pas donner d'atteinte aux transactions par des lesions dont l'usage seroit trop frequent *a*.

5. De la lesion dans les transactions.

a Heres ejus, qui post mortem suam rogatus erat universam hereditatem restituere, minimam quantitatem, quam solam in bonis fuisse dicebat, his quibus fidei commissum debebatur, restituit. Postea, repertis instrumentis, apparuit quadruplo amplius in hereditate fuisse : quæsitum est an in reliquum, fidei commissi nomine, conveniri possit ? Respondit, secundùm ea quæ proponerentur, si non transactum esset, posse. *l. 78. §. ult. ff. ad Trebel*. *Il ne faut pas entendre cette loy en un sens contraire à ce qui a été dit dans l'article I. Car s'il y avoit eu du dol de cet heritier, il ne pourroit se servir de la transaction.*
Par l'Ordonnance de Charles IX. de 1560. la lesion sans dol ny force, ne suffit pas pour resoudre les transactions.

VI.

Les transactions qui ne sont faites que pour colorer un acte illicite, & pour faire passer sous le nom & l'apparence d'une transaction, une autre espece de convention défenduë par quelque loy, sont nulles. Ainsi, par exemple, si ceux qui ont l'administration des affaires d'une ville traittent avec un de ses debiteurs, qui par son credit se fasse donner une quittance, sous l'apparence d'une transaction simulée ; cette transaction sera annullée. Et il en seroit de même d'une donation faite sous le titre d'une transaction en faveur d'une personne à qui on ne pourroit donner *b*.

6. Transaction pour pallier un contract.

b Præses provinciæ existimabit utrùm de dubia lite transactio inter te & civitatis tuæ administratores facta sit, an ambitiosè id quod indubitatè deberi posset remissum sit. Nam priore casu, ratam manere transactionem jubebit : posteriore verò casu, nocere civitati, gratiam non sinet. *l. 12. C. de transf. v. l. 5. §. 5. ff. de donat. int. vir. & ux.*

VII.

Si aprés un procés jugé à l'insceu des parties, elles en

7. Transaction

transigent, la transaction subsistera, si on pouvoit appeller. Car le procés pouvant encore durer, l'évenement étoit incertain. Mais s'il n'y avoit point de voye d'appel, comme si l'affaire étoit jugée par un Arrêt, la transaction sera nulle. Car il n'y avoit plus de procés, & on ne transigeoit que parce qu'on présupposoit que le procés étoit indecis, & qu'aucune partie n'avoit son droit acquis. Ainsi cette erreur jointe à l'authorité des choses jugées, fait préferer ce que la justice a reglé, à un consentement que celuy qui s'est relâché de son droit, n'a donné que parce qu'il croyoit être dans un peril où il n'étoit point *a*.

a Post rem judicatam etiamsi provocatio non est interposita, tamen si negetur judicatum esse, vel ignorari potest an judicatum sit, quia adhuc lis subesse possit, transactio fieri potest. *L.* 11. *ff. de transact.* Post rem judicatam transactio valet, si vel appellatio intercesserit, vel appellare potueris. *l.* 7. *ff. eod.* Si causa cognita prolata sententia sicut jure traditum est appellationis, vel in integrum restitutionis solennitate suspensa non est, super judicato frustrà transigi non est opinionis incertæ. *l.* 32. *C. de transf.* Si post rem judicatam quis transegit, & solverit, repetere poterit idcircò quia placuit transactionem nullius esse momenti. Hoc enim Imperator Antoninus cum Divo patre suo rescripsit. *l.* 23. §. 1. *ff. de cond. ind.* Quid ergo, si appellatum? vel hoc ipsum incertum sit, an judicatum sit, vel an sententia valeat? magis est ut transactio vires habeat. Tunc enim rescriptis locum esse credendum est, cùm de sententia indubitata, quæ nullo remedio attentari potest, transigitur. *d.* §. *in fine.*

TITRE XIV.

DES COMPROMIS.

QUoy qu'il y ait des Juges établis pour regler tous les differens, & qu'une partie ne puisse obliger l'autre de plaider ailleurs; il est naturel qu'il soit libre aux deux parties de choisir d'autres personnes pour être leurs juges. Et ceux qui voulant s'accommoder ne peuvent convenir entre eux des conditions de leur accommodement, peuvent s'en remettre à des arbitres, qu'on appelle ainsi, parce que ceux qui les choisissent leur donnent le pouvoir d'arbitrer, & regler ce qui leur paroîtra

paroîtra jufte & raifonnable pour terminer les differens dont on les fait juges *.

On appelle compromis, cette convention par laquelle on nomme des arbitres, parceque ceux qui les nomment, fe promettent l'un à l'autre d'executer ce qui fera arbitré : & on appelle fentence arbitrale, le jugement que rendent les arbitres.

Authorité des fentences arbitrales.

L'authorité des fentences arbitrales a fon fondement fur la volonté de ceux qui ont nommé les arbitres. Car c'eft cette volonté qui engage ceux qui compromettent à executer ce qui fera arbitré par les perfonnes qu'ils ont choifies pour être leurs Juges. Mais parce que l'effet des fentences que rendent les arbitres ne peut pas être le même que de celles que rendent les Juges qui ont l'authorité de juger, & de faire executer leurs jugemens, & que d'ailleurs les parties qui choififfent des arbitres ne fe privent pas du droit de faire reformer ce qui aura été mal arbitré ; ceux qui compromettent ne s'obligent pas abfolument à executer ce qui fera ordonné, mais ils s'engagent feulement ou à s'en tenir à la fentence des arbitres, ou à une certaine peine que le contrevenant fera tenu de payer à l'autre.

Temps donné aux arbitres pour juger.

Il eft de l'ufage, & même neceffaire dans les compromis, de marquer un temps dans lequel les arbitres rendront leur fentence ; car d'une part il faut un délay pour les inftruire, & mettre les chofes en état qu'ils puiffent juger,

---

a Il ne faut pas confondre les arbitres compromiffaires, dont il eft parlé dans ce Titre, avec les tierces perfonnes à qui on fe rapporte de quelque eftimation. V. l'art. 11. de la fect. 3. des conventions, & l'art. 11. de la fect. 2. de la focieté. Arbitrorum genera funt duo. Unum ejufmodi, ut five æquum fit, five iniquum, parere debeamus, quod obfervatur, cùm ex compromiffo ad arbitrium itum eft. Alterum ejufmodi, ut ad boni viri arbitrium redigi debeat, etfi nominatim perfona fit comprehenfa, cujus arbitratu fiat. l. 76. ff. pro focio.

Par l'Ordonnance de François II. en 1560. confirmée par celle de Moulins art. 83. les parties qui ont des differens pour des partages de fucceffion entre proches, pour des comptes de tutelle, & autres adminiftrations, reftitution de dot, & doüaire, font tenus de nommer des arbitres parens, amis, ou voifins, & fi l'une des parties étoit refufante, elle y fera contrainte par les Juges.

Cette Ordonnance de 1560. ordonnoit la même chofe entre Marchands, pour les differens fur le fait de leur marchandife. C'eft par cette même Ordonnance que les appellations des fentences arbitrales fe relevent aux Cours fuperieures. Par l'Ordonnance de 1673. au Titre des focietez. art. 9. & fuivans, les affociez font obligez de fe foumettre à des arbitres pour leurs conteftations.

Tome I.   K k k

& de l'autre ce temps doit être borné. Parce qu'il ne feroit pas jufte que les arbitres ni les parties pûffent differer jufqu'à l'infini : Ainfi le pouvoir des arbitres finit avec le temps reglé par le compromis.

SECTION I.

De la nature des compromis & de leur effet.

SOMMAIRES.

I.

1. Définition du compromis.

LE compromis eft une convention par laquelle des perfonnes qui ont un procés, ou un different, nomment des arbitres pour le terminer ; & s'obligent reciproquement, ou à executer ce qui fera arbitré, ou à une certaine peine, d'une fomme que celuy qui contreviendra à la fentence arbitrale fera tenu de payer à l'autre qui voudra s'y tenir *a*.

a Inter Caftellianum & Seium controverfia de finibus orta eft , & arbiter electus eft , ut arbitratu ejus res terminetur. Ipfe fententiam dixit præfentibus partibus , & terminos pofuit. Quæfitum eft , an fi ex parte Caftelliani , arbitro paritum non effet , pœna ex compromiffo commiffa eft ? Refpondi, fi arbitrio paritum non effet in eo, quod utroque præfente arbitratus effet pœnam commiffam. *l.* 44. *ff. de recept.* Ex compromiffo placet exceptionem non nafci, fed pœnæ petitionem. *l. 2. eod.*

II.

2. Procedures dans les compromis.

Les parties qui font en compromis expliquent leurs prétentions , & les inftruifent, comme on fait en juftice, par des écritures , & productions , en y obfervant l'ordre dont ils conviennent de gré à gré, ou qui est reglé par les arbitres *.

a Compromissum ad similitudinem judiciorum redigitur, & ad finiendas lites pertinet. *l.* 1. *ff. de recept. l.* 14. §. 1. *C. de jud.*

III.

L'effet du compromis est d'obliger au payement de la peine celuy qui refusera d'executer la sentence arbitrale *b*.

3. *Le compromis n'oblige qu'à la peine.*

b Ex compromisso placet exceptionem non nasci, sed pœnæ petitionem. *l.* 2. *ff. de recept.*

IV.

On peut compromettre, ou en general, de tous diffe-rens, ou seulement de quelques-uns en particulier. Et le pouvoir des arbitres est borné à ce qui est expliqué par le compromis *c*.

4. *Compromis ge-neral, ou particulier.*

c Plenum compromissum appellatur, quod de rebus omnibus controversisve compositum est. Nam ad omnes controversias pertinet. Sed si forte de una re sit disputatio, licet pleno compromisso actum sit, tamen ex cæteris causis actiones superesse. Id enim venit in compromissum, de quo actum est, ut veniret. *l.* 21. §. 6. *ff. de recept.*

V.

Le compromis & le pouvoir qu'il donne aux arbitres finit lorsque le temps qu'il donnoit est expiré, quoyque la sentence n'ait pas été renduë *d*.

5. *Le compromis finit quand le temps en est expiré.*

d Si ultra diem compromisso comprehensum judicatum est, sententia nulla est. *l.* 1. *C. de recept.*

VI.

Le compromis finit aussi par la mort de l'une des par-ties, & il n'oblige point celuy qui survit envers les heri-tiers de l'autre, ni ces heritiers envers luy ; si ce n'est qu'il eût été autrement convenu par le compromis *e*.

6. *Le compromis finit par la mort.*

e Si heredis mentio, vel cæterorum facta in compromisso non fuerit, morte solvetur compromissum. *l.* 17. §. 1. *ff. de recept.*

L'engagement du compromis peut avoir pour motif la consideration que l'un des compro-mettans peut avoir pour l'autre ; ce qui ne passe point à des heritiers.

VII.

Les arbitres n'ayant pas d'autre pouvoir que celuy que les parties peuvent leur donner, on ne peut mettre en arbitrage de certaines causes que les loix & les bonnes mœurs ne permettent pas qu'on expose à un autre évene-

7. *On ne peut com-promettre sur des ac-cusations de crimes.*

ment, qu'à celuy que doit leur donner l'authorité naturelle de la justice, & qu'on ne peut commettre à d'autres Juges, qu'à ceux qui en exercent le ministere. Ainsi on ne peut compromettre sur des accusations de crimes, comme d'un homicide, d'un vol, d'un sacrilege, d'un adultere, d'une fausseté, & d'autres semblables *a*. Car d'un côté ces sortes de causes renferment l'interêt public qui y rend partie le Procureur du Roy, dont la fonction est de poursuivre la vengeance du crime, indépendamment de ce qui se passe entre les parties : Et de l'autre l'accusé ne peut défendre ni son honneur, ni son innocence attaquée dans le public, que dans le public, & devant les Juges qui ont le ministere de la justice : & il seroit contre les bonnes mœurs, & d'ailleurs inutile, qu'il soûmit volontairement sa justification devant des arbitres qui n'ayant aucune part à ce ministere, ne pourroient ni le justifier, ni le condamner.

a Julianus indistinctè scribit, si per errorem de famoso delicto ad arbitrum itum est, vel de ea re de qua publicum judicium sit constitutum, veluti de adulteriis, sicariis, & similibus : vetare debet prætor sententiam dicere, nec dare dictæ executionem, l. 32. §. 6. ff. de recept. V. l'art. suivant.

VIII.

8. Ni sur une cause où il s'agit de l'état d'une personne ou de son honneur.

On ne peut non plus compromettre des causes qui regardent l'état des personnes *b*. Comme s'il s'agissoit de sçavoir si un homme est legitime, ou s'il est bâtard, s'il est Religieux profés, ou s'il ne l'est point, s'il est Gentilhomme ou Roturier : ni de celles dont la consequence peut interesser l'honneur ou la dignité de telle maniere, que les bonnes mœurs ne permettent ni d'en commettre l'évenement, ni de se choisir des Juges pour les décider.

b De liberali causa compromisso facto, rectè non compelletur arbiter sententiam dicere : quia favor libertatis est, ut majores judices habere debeat. l. 32. §. 7. ff. de recept. l. ult. C, ubi cauf. stat, agi deb.

SECTION II.

Du pouvoir & de l'engagement des arbitres , &
qui peut être arbitre, ou non.

SOMMAIRES.

1. *Sentence arbitrale doit être rendüe dans le temps porté par le compromis.*
2. *Pouvoir aux arbitres de proroger le temps.*
3. *Delay pour l'instruction.*
4. *Arbitres ne peuvent changer leur sentence.*
5. *Arbitres ne peuvent juger les uns sans les autres.*
6. *Pouvoir des arbitres reglé par le compromis.*
7. *Qui peut être arbitre ou non.*
8. *Les femmes ne peuvent être arbitres.*

I.

Es arbitres doivent rendre leur sentence dans le temps reglé par le compromis, & elle seroit nulle, si elle étoit rendüe après ce temps expiré. Car leur pouvoir est alors fini, & ils ne sont plus arbitres [a].

1. Sentence arbitrale doit être rendüe dans le temps porté par le compromis.

[a] Si ultrà diem compromisso comprehensum judicatum est, sententia nulla est. *l. 1. C. de recept.*

II.

Les parties peuvent donner pouvoir aux arbitres de proroger le temps, & en ce cas leur pouvoir dure pendant le temps de la prorogation [b].

2. Pouvoir aux arbitres de proroger le temps.

[b] Hæc clausula *diem compromissi proferre* nullam aliam dat arbitro facultatem, quam diem prorogandi. *l. 25. §. 1. ff. de recept. l. 32. §. ult. cod.* Arbiter ita sumptus ex compromisso, ut & diem proferre possit hoc quidem facere potest. *l. 33. eod.*

III.

Si le compromis regle un certain temps pour l'instruction de ce que les arbitres auront à juger, ils ne pourront rendre leur sentence avant ce delay [c].

3. Delay pour l'instruction.

[c] Arbiter ita sumptus ex compromisso, ut & diem proferre possit, hoc quidem facere potest, referre autem contradicentibus litigatoribus, non potest. *l. 33. ff. de recept.*

IV.

Les arbitres ayant une fois donné leur sentence, ne peuvent plus la retracter, ni y rien changer. Car le compromis n'étoit que pour leur donner pouvoir de rendre une sentence, & il est fini quand ils l'ont renduë. Mais leur pouvoir n'est pas fini par une sentence interlocutoire, & ils peuvent interloquer differemment selon le besoin *a*.

a Arbiter & si erraverit in sententia dicenda, corrigere eam non potest. *l. 20. ff. de recept.* Videndum erit an mutare sententiam possit. Et aliàs quidem est agitatum, si arbiter jussit dari, mox vetuit : utrùm eo quod jussit, an eo quod vetuit, stari debeat. Et Sabinus quidem putavit posse. Cassius sententiam magistri sui benè excusat, & ait, Sabinum non de ea sensisse sententia quæ arbitrium finiat, sed de præparatione causæ : ut puta si jussit litigatores Calendis adesse, mox Idibus jubeat. Nàm mutare eum diem posse. Cæterum si condemnavit, vel absolvit, dum arbiter esse desierit, mutare (se) sententiam non posse. *l. 19. §. ult. eod.*

V.

S'il y a plusieurs arbitres nommez par le compromis, ils ne pourront rendre leur sentence sans que tous voyent le procés, & le jugent ensemble. Et quoyque la pluralité eût rendu la sentence en l'absence d'un de ceux qui étoient nommez, elle seroit nulle ; car l'absent devoit être du nombre des juges, & son sentiment auroit pû ramener les autres à un autre avis *b*.

b Si plures sunt qui arbitrium receperunt, nemo unus cogendus erit sententiam dicere, sed aut omnes, aut nullus. *l. 17. §. 2. ff. de recept.*

Celsus libro secundo Digestorum scribit, si in tres fuerit compromissum, sufficere quidem duorum consensum, si præsens fuerit & tertius. Alioquin absente eo, licet duo consentiant, arbitrium non valere : quia in plures suit compromissum, & potuit præsentia ejus trahere eos in ejus sententiam : sicuti tribus judicibus datis, quod duo ex consensu, absente tertio judicaverint, nihil valet : quia id demum quod major pars judicavit, ratum est, cùm & omnes judicasse palam est. *d. l. 17. §. ult. & l. 18. eod.*

VI.

Les arbitres ne peuvent connoître que de ce qui est soûmis à leur jugement par le compromis, & en gardant les conditions qui y sont reglées : & s'ils jugent autrement, leur sentence est nulle *c*.

c De officio arbitri tractantibus sciendum est, omnem tractatum ex ipso compromisso sumendum. Nec enim aliud illi licebit, quàm quod ibi ut efficere possit, cautum est. Non ergo quodlibet statuere arbiter poterit, nec in qua re libet, nisi de qua re compromissum est, & quatenus compromissum est. *l. 32. §. 15. ff. de recept.*

VII.

Toutes perfonnes peuvent être arbitres, à la referve de ceux qui fe trouvent dans quelque incapacité, ou infirmité qui ne leur permettroit pas cette fonction *a*.

7. Qui peut être arbitre, ou non.

a Neque in pupillum , neque in furiofum, aut furdum aut mutum compromittitur. *l. 9. §. 1. ff. de recept.*

VIII.

Les femmes qui à caufe du fexe ne peuvent être juges, ne peuvent auffi être nommées arbitres par un compromis *b* ; quoy qu'elles puiffent exercer la fonction de perfonnes expertes, en ce qui peut être de leur connoiffance dans quelque art ou profeffion qui foit de leur fait. Car cette fonction n'eft pas du caractere de celle de Juge.

8. Les femmes ne peuvent être arbitres.

b Sancimus mulieres fuæ pudicitiæ memores , & operum quæ eis natura permifit , & à quibus eas juffit abftinere , licet fummæ atque optimæ opinionis conftitutæ , in fe arbitrium fufceperint , vel fi fuerint patronæ , etiam fi inter libertos fuam interpofuerint audientiam , ab omni judiciali agmine feparari ut ex earum electione nulla pœna , nulla pacti exceptio , adverfus juftos earum contemptores habeatur. *l. ult. C. de recept.*

TITRE XV.

DES PROCURATIONS,
Mandemens, & Commiffions.

Origine & ufage des procurations , mandemens, & commiffions.

L Es abfences , les indifpofitions , & plufieurs autres empêchemens font fouvent qu'on ne peut vaquer foy même à fes affaires , & dans ces cas celuy qui ne peut agir, choifit une perfonne à qui il donne le pouvoir de faire ce qu'il feroit luy-même, s'il étoit prefent.

Ainfi , ceux qui ont à traiter quelque affaire où ils ne peuvent être prefens, comme une vente , une focieté, une tranfaction , ou autres affaires de toute nature, donnent pouvoir à une perfonne de traiter pour eux. Et on appelle celuy à qui ils donnent ce pouvoir , un Procu-

reur conſtitué, parce qu'il eſt établi pour prendre ſoin de
l'interêt, & procurer l'avantage de celuy qui l'a prépoſé.

Ainſi ceux que leur dignité, ou leurs grands emplois empêchent de s'appliquer à leurs affaires domeſtiques, choiſiſſent des perſonnes à qui ils donnent pouvoir d'en prendre le ſoin ; & on appelle ces perſonnes Intendans, Gens
d'affaires, ou d'autres noms, ſelon la qualité de ceux qui
les employent, & les affaires ou ils les appliquent.

Ainſi ceux qui ont des charges ou des emplois dont les
fonctions peuvent s'exercer par d'autres qu'eux-mêmes,
comme les Receveurs, les Fermiers du Roy, & pluſieurs
autres prépoſent des Commis à ces fonctions.

Ainſi ceux qui font des commerces ſur terre, ou ſur
mer, ſoit en leur particulier ou en ſocieté, ont auſſi leurs
commis & prépoſez pour le détail où ils ne peuvent s'appliquer eux-mêmes.

Ce qu'il y a de commun aux procurations, & commiſſions. Toutes ces manieres de prépoſer d'autres perſonnes au
lieu des maîtres, ont cela de commun : qu'il ſe paſſe une
convention entre ceux qui commettent à d'autres le ſoin
de leurs affaires, & ceux qui s'en chargent, par laquelle
le maître de ſa part regle le pouvoir qu'il donne à celuy
qu'il conſtituë ſon Procureur, ou qu'il commet pour ſes
affaires, ou pour ſes fonctions ; & celuy qui s'en charge
accepte de la ſienne le pouvoir & la charge qu'on luy confie : Et l'un & l'autre entrent dans les engagemens qui
ſuivent de cette convention.

Matiere de ce titre. C'eſt cette eſpece de convention, & ces engagemens,
qui ſeront la matiere de ce Titre. Et comme les regles des
procurations ſont preſque toutes communes aux commiſſions, & aux autres manieres ſemblables de commettre & prépoſer une perſonne à la place d'une autre; il ſera
facile d'appliquer à chacune ce qui ſera dit des procurations.

On a ajoûté dans l'intitulé de ce Titre le mot de Mandemens, parce que c'eſt le mot du Droit Romain, qui ſignifie les Procurations, & que dans nôtre uſage il ſignifie auſſi une maniere de donner quelque ordre, comme
fait celuy qui par un billet mande à ſon debiteur, ou à
ſon

fon commis de donner, ou payer une fomme, ou autre chofe à quelque perfonne, le mandement en ce fens eft une efpece de convention, de la nature de celles qui font la matiere de ce titre. Car ce creancier, par exemple, qui mande à fon debiteur de payer à un autre, s'oblige d'acquiter ce debiteur de ce qu'il aura payé fur cet ordre. Et le debiteur qui de fa part accepte cet ordre, s'oblige envers fon creancier à l'executer.

Il faut remarquer fur ce mot de mandement, qu'il avoit encore dans le droit Romain d'autres fens pour fignifier d'autres fortes de conventions, qui fe rapportent à celles qui font la matiere de ce Titre. Ainfi on appelloit de ce nom la convention qui fe paffe entre un debiteur, & celui qui fe rend fa caution, parce que le debiteur étoit confideré comme chargeant, ou priant fa caution de s'obliger pour lui. Ainfi on exprimoit par ce même nom de mandement, la convention qui fe paffe entre celui qui fait un tranfport de quelque dette, & celui qui l'accepte; confiderant celui qui tranfporte comme donnant ordre à fon debiteur de payer à un autre, & celui qui accepte le tranfport comme étant prépofé au droit du cedant, pour recevoir ce qui lui eft cedé.

Mais comme cette matiere des tranfports n'eft pas de ce lieu, & qu'il en a été parlé dans le contract de vente, dont la ceffion des droits eft une efpece, & que la matiere des cautions ou fidejuffeurs eft auffi d'une autre nature, & d'un autre lieu ; on ne comprendra pas ces matieres fous ce Titre.

On ne parlera pas ici des Procureurs pour l'inftruction des procés, car ce font des Officiers qui ont leurs fonctions reglées, & dont la plûpart ne dépendent pas de la volonté de ceux qui les conftituent, mais de l'ordre judiciaire, qui eft une matiere qui n'eft pas de ce deffein. Et pour ce qui eft des fonctions où ils doivent fuivre la volonté de leurs parties, on peut y appliquer les regles qui feront expliquées dans ce Titre.

SECTION I.

De la nature des procurations, mandemens, & commiffions.

SOMMAIRES.

I.

1. Définition de la procuration.

LA procuration eft un acte, par lequel celuy qui ne peut vaquer luy-même à fes affaires, donne pouvoir à un autre de le faire pour luy, comme s'il étoit luy-même prefent. Soit qu'il faille fimplement gerer, & prendre foin de quelque bien, ou de quelque affaire, ou que ce foit pour traiter avec d'autres *a*.

a Ufus procuratoris per quàm neceffarius eft, ut qui rebus fuis ipfi fupereffe vel nolunt, vel non poffunt, per alios poffint vel agere, vel conveniri. *l.* 1. §. 2. *ff. de procur.* Id facere quod dominus faceret. *l.* 35. §. 3. *eod.* Ad agendum, ad adminiftrandum. *l.* 43. *eod.*

II.

2. Définition du Procureur.

Le Procureur conftitué eft celuy qui fait l'affaire d'un autre ayant pouvoir de luy *b*.

b Procurator eft qui aliena negotia, mandatu domini adminiftrat. *l.* 1. *ff. de procur.*

III.

3. Comment fe for-

La convention qui fait les engagemens entre le Procureur conftitué, & celui qui le conftituë, fe forme lorfque la procuration eft acceptée. Et fi l'un & l'autre ne font pas prefens, la convention eft accomplie lorfque le Procureur conftitué fe charge de l'ordre porté par la procuration, ou qu'il l'execute. Car alors fon confentement fe lie à celui de la perfonne qui l'a conftitué *a*. *me la convention entre celuy qui conftituë un Procureur & le Procureur conftitué.*

a Dari procurator & abfens poteft. *l.* 1. §. *ult. ff. de procur.* Ea obligatio quæ inter dominum & procuratorem confiftere folet, mandati actionem parit. *l.* 42. §. 2. *eod.* Si mandavi tibi ut aliquam rem mihi emeres.... túque emifti, utrimque actio nafcitur. *l.* 3. §. 1. *ff. mand.* Obligatio mandati, confenfu contrahentium confiftit. *l.* 1. *ff. mand.*

I V.

Si le Procureur conftitué eft prefent, & fe charge dans la procuration même de l'executer, la convention fe forme en même temps *b*. *4. Si le Procureur eft prefent.*

b (Procurator) conftitutus coram. *l.* 1. §. 1. *ff. de procur.*

V.

On peut donner pouvoir de traiter, agir, ou faire autre chofe, non feulement par une procuration en forme, mais par une fimple lettre, ou par un billet, ou par une perfonne tierce qui faffe fçavoir l'ordre, ou par d'autres voyes qui expliquent la charge ou le pouvoir qu'on donne : & fi celui à qui on le donne l'accepte, ou l'execute, le confentement reciproque forme en même temps la convention, & les engagemens qui en font les fuites *c*. *5. Forme du pouvoir.*

c Obligatio mandati, confenfu contrahentium confiftit. *l.* 1. *ff. mand.* Vel per nuntium, vel per epiftolam. *l.* 1. §. 1. *ff. de procur.*

V I.

La procuration peut être conditionelle, & avec les modifications, referves, & autres claufes qu'on veut ; pourvû feulement qu'il n'y ait rien d'illicite, & de malhonnête *d*. *6. Procuration conditionelle.*

d Mandatum & in diem differri, & fub conditione contrahi poteft. *l.* 1. §. 3. *ff. mand.* §. 12. *i. ft. eod.* Rei turpis nullum mandatum eft. *l.* 6. §. 3. *eod. l.* 22. §. 6. *eod.* §. 7. *inft. eod.*

V I I.

On peut conftituer un Procureur, ou pour toutes affaires generalement, ou pour quelques-unes, ou pour une *7. Procuration generale ou fpeciale.*

feule. Et le Procureur conftitué a fon pouvoir reglé felon l'étenduë & les bornes qu'y donne la procuration ª.

ª Procurator vel omnium rerum, vel unius rei effe poteft. *l.* 1. §. 1. *ff. de procur.* Verius eft eum quoque procuratorem effe, qui ad unam rem datus fit. *d.* §. *in fine.*

VIII.

8. Pouvoir indéfini, ou reglé, & limité.

La procuration peut contenir ou un pouvoir indéfini de faire ce qui fera avifé par le Procureur conftitué, ou feulement un pouvoir borné à ce qui fera précifément exprimé par la procuration ᵇ. Et les engagemens du maître, & du Procureur font differens, felon cette difference des procurations, & fuivant les regles qui feront expliquées dans les Sections 2. & 3.

ᵇ Cùm mandati negotii contractum certam accepiffe legem adfeveres, eam integram, fecundùm bonam fidem, cuftodiri convenit. *l.* 12. *C. mand.*

Igitur commodiffimè illa forma in mandatis fervanda eft, Ut quoties certum mandatum fit, recedi à forma non debeat : at quoties incertum vel plurium caufarum : tunc licet aliis præftationibus exoluta fit caufa mandati, quàm quæ ipfo mandato inerant, fi tamen hoc mandatori expedierit, mandati erit actio. *l.* 46. *ff. mand.*

IX.

9. Fonction du Procureur gratuite.

Les Procureurs conftituez exerçant d'ordinaire une honnêteté, & un office d'ami, leur fonction eft gratuite : & fi on convenoit de quelque falaire, ce feroit une efpece de loüage, où celui qui agiroit pour un autre donneroit pour un prix l'ufage de fon induftrie, & de fon travail ᶜ. Mais la récompenfe qui fe donne fans convention, & par honneur pour reconnoître un bon office, eft d'un autre genre, & ne change pas la nature de la procuration ᵈ.

ᶜ Mandatum nifi gratuitum nullum eft, nam originem ex officio, atque amicitia trahit. Contrarium ergo eft officio merces, interveniente enim pecunia, res ad locationem & conductionem potius refpicit. *l.* 1. §. *ult. ff. mand.* §. *ult. inft. eod.*

ᵈ Si remunerandi gratia honor intervenit, erit mandati actio. *l.* 6. *eod.*

X.

10. Procureur pour l'affaire où il a interêt.

On peut conftituer un Procureur non feulement pour l'interêt feul de celui qui le conftitué, mais quelquefois auffi pour l'interêt même de celui qui eft conftitué, fi l'un & l'autre fe trouvent intereffez en la même chofe ᵉ. Ainfi,

ᵉ (Mandatum) tua & mea (gratia.) *l.* 2. *S.* 4. *ff. mand.* §. 2. *Inft. eod.* Si quis in rem fuam procuratorio nomine agit, veluti emptor hereditatis. *l.* 34. *ff. de procur. l.* 42. §. 2. *eod. l.* 55. *eod.*

dans un contract de vente, le vendeur peut conſtituer l'acheteur ſon Procureur, pour retirer des mains d'un tiers les titres de ſon droit ſur l'heritage vendu : & l'acheteur peut conſtituer le vendeur ſon Procureur, pour recevoir d'un dépoſitaire, ou d'un debiteur de l'acheteur, l'argent qu'il deſtine au payement du prix de la vente.

XI.

On peut par une procuration, mandement, ou commiſſion charger une perſonne de l'affaire d'un tiers, ſoit que celui qui donne l'ordre, & celui qui l'accepte y ayent interêt, ou non *a*. Et cet ordre met celui qui le donne dans un double engagement, car il l'oblige envers ce tiers de lui répondre de ce qui aura été mal geré par celui qu'il commet *b*, & envers ce prépoſé de lui répondre des ſuites de l'engagement où il le fait entrer; comme de faire ratifier ce qu'il aura bien geré, & de le faire rembourſer des dépenſes raiſonnables qu'il pourra avoir faites *c*.

a Mandatum inter nos contrahitur ſive mea tantùm gratia, tibi mandem, ſive aliena tantùm, ſive mea & aliena, ſive mea & tua, ſive tua & aliena. *l. 2. ff. mand. inſt. de mand.*

Aliena tantum cauſa intervenit mandatum, veluti ſi tibi aliquis mandet, ut Titii negotia gereres. *§. 3. inſt. de mand. l. 2. §. 2. eod.*

b Mandatu tuo negotia mea Lucius Titius geſſit : quod is non rectè geſſit, tu mihi actione negotiorum geſtorum teneris, non in hoc tantùm ut actiones tuas præſtes, ſed etiam quod imprudenter eum elegeris : ut quidquid detrimenti negligentia ejus fecit, tu mihi præſtes. *l. 21. §. vlt. ff. de neg. geſt.*

c Ne damno afficiatur is qui ſuſcipit mandatum. *l. 15. in f. eod.*

Impendia mandati exequendi gratia facta, ſi bona fide facta ſunt, reſtitui omnino debent. *l. 27. §. 4. ff. mand.* V. l'article ſuivant.

XII.

Quoyque perſonne ne puiſſe faire de conventions pour d'autres *d*, ſi celui qui s'eſt chargé envers l'ami d'un abſent de gerer une affaire, cultiver un heritage, ou faire autre choſe pour cet abſent, manque, ſans juſte cauſe, à exécuter ce qu'il a promis; il ſera tenu des ſuites de l'inexécution de cet engagement ſelon les circonſtances. Car encore que cet abſent n'ait rien ſtipulé, & qu'à ſon égard il n'y eût point de convention, le dommage qu'il ſouffre

d Alteri ſtipulari nemo poteſt. *l. 38. §. 17. ff. de verb. obl.* V. l'article 3. de la Sect. 2. des Conventions.

par la faute de celui qui s'étant chargé de son affaire,
qu'on auroit commise à d'autres, n'y a pas pourvû, luy
donne le droit d'un dédommagement, comme l'ont tous
ceux qui souffrent quelque perte par le délit, ou la faute
des autres *.

a Mandatum inter nos contrahitur, sive mea tantùm gratia tibi mandem, sive
aliena tantùm. *l. 2. ff. mand.* Aliena tantùm veluti si tibi mandem, ut Titii negotia gereres. *d. l §. 2. l. 6. §. 4. eod.* In damnis quæ lege Aquilia non tenentur,
in factum datur actio. *l. 33. in f. ff. ad leg. Aquil.* Sed si non corpore damnum
fuerit datum, neque corpus læsum fuerit, sed alio modo alicui damnum contigerit, cùm non sufficiat neque directa, neque utilis legis Aquiliæ actio, placuit
eum qui obnoxius fuerit in factum actione teneri. *S. ult. inst. de lege Aquil. l. 11. ff.
de præscr. verb.*

XIII.

Il faut distinguer les procurations, mandemens, & commissions où l'on donne une charge expresse avec dessein
de former une convention qui oblige, & les manieres d'engager par un conseil, par une recommandation, ou par
d'autres voyes qui ne renferment aucun dessein de former
une convention ; mais qui regardent seulement l'interêt
de la personne à qui le conseil est donné, ou celui d'une
personne qu'on recommande : Et qui laissent la liberté
entiere de faire ou ne pas faire ce qui est conseillé, ou ce
qui est recommandé. Car dans ces cas il ne se forme point
d'engagement, & celui qui suit un conseil, ou qui accorde quelque chose à une recommandation, ne s'attend
pas qu'on lui réponde de l'évenement *b*. Mais s'il y avoit
du dol de la part de celui qui conseille, ou qui recommande; ou s'il engage à quelque perte qu'on puisse lui
imputer, comme s'il fait prêter de l'argent à un inconnu, à qui on ne prête que sur l'asseurance qu'il donne
qu'on sera bien payé, il en répondra *.

b Tua autem gratia intervenit mandatum : veluti si mandem tibi ut pecunias
tuas potius in emptiones prædiorum colloces, quàm fœneres ; vel ex diverso ut
fœneres, potius quàm in emptiones prædiorum colloces, cujus generis mandatum magis consilium est, quàm mandatum, & ob id non est obligatorium quia
nemo ex consilio obligatur, etiam si non expediat ei cui dabatur, quia liberum
est cuique apud se explorare, an expediat sibi consilium. *l. 2. §. ult. ff. mand. §. 6.
inst. eod.* Cùm quidam talem epistolam scripsisset amico suo : rogo te commenda-
tum habeas Sextilium Crescentem amicum meum, non obligabitur mandati :
quia commendandi magis hominis, quàm mandandi causa, scripta est. *l. 14. §.
ult. ff. eod.*

c Consilii non fraudulenti nulla obligatio est. Cæterùm si dolus & calliditas intercessit , de dolo actio competit. *l.* 47. *ff. de reg. jur.* Si tibi mandavero quod tua intererat , nulla erit mandati actio , nisi mea quoque interfuit : aut si non esses facturus , nisi ego mandassem , & si mea non interfuit , tamen erit mandati actio, *l.* 6. §. 5. *ff. mand. v. l.* 10. §. 7. *eod.* Nam quodammodò cum eo contrahitur , qui jubet. *l.* 1. *ff. quod jussu.*

SECTION II.

Des engagemens de celuy qui prépose, charge, ou commet un autre.

SOMMAIRES.

1. *Comment se forme l'engagement entre le Procureur & celuy qui le constituë.*	4. *Interêts des deniers avancez par le Procureur constitué.*
2. *Dépenses faites par le Procureur constitué.*	5. *Si deux personnes ont constitué un Procureur.*
3. *Si le Procureur a plus dépensé, que n'auroit fait le maitre.*	6. *Des pertes qu'attire au Procureur constitué, l'affaire dont il se charge.*

I.

CEluy qui a donné une procuration, une commission, ou autre ordre à un absent commence d'être engagé envers luy, dés le moment que celuy à qui il a donné l'ordre a commencé de l'executer : & son premier engagement est d'approuver, & ratifier ce qui aura été fait suivant le pouvoir qu'il avoit donné *a*.

1. *Comment se forme l'engagement entre le Procureur & cel·y qui le constituë.*

a Si mandavi tibi , ut aliquam rem mihi emeres . . . . . . tûque emisti, utrimque actio nascitur. *l.* 3. §. 1. *ff. mand.* V. l'art. 1. de la Sect. 4.

II.

Si le Procureur constitué, ou autre préposé a fait quelque dépense pour executer l'ordre qui luy étoit commis, comme s'il a fait quelque voyage, ou fourni quelque argent, celuy qui l'a chargé sera tenu de le rembourser des dépenses raisonnables qu'il aura faites pour executer l'ordre ; quand même l'affaire n'auroit pas réüssi ; si ce n'est qu'il y eût de sa fau-

2. *Défenses faites par le Procureur constitué.*

te *a*. Mais il ne recouvrera pas les dépenses inutiles ou superfluës qu'il aura faites sans ordre *b*.

a Idem Labeo ait, & verum est reputationes quoque hoc judicium admittere. Et sicuti fructus cogitur restituere, is qui procurat, ita sumptum quem in fructus percipiendis fecit, deducere, eum oportet. Sed & si ad vecturas suas, dum excurrit in prædia, sumptum fecit, puto hos quoque sumptus reputare eum oportere. *l.* 10. *§.* 9. *ff.* mand. *l.* 20. *§.* 1. *C.* eod. Si nihil culpa tua factum est, sumptus quos in litem probabili ratione feceras, contraria mandati actione petere potes. *l.* 4. *C.* eod.

b Si quid procurator citrà mandatum in voluptatem fecit, permittendum ei auferre, quod sine damno domini fiat, nisi rationem sumptus istius dominus admittit. *d.l.* 10. *§.* 10. *ff.* mand.

III.

Si les dépenses faites par le Procureur constitué excedent ce que le maître de la chose y auroit employé, s'il s'y étoit appliqué lui-même; il ne laissera pas d'être tenu de tout ce qui aura été dépensé raisonnablement & de bonne foy, quoy qu'avec moins de précaution, & moins de ménage *c*.

c Impendia, mandati exequendi gratia, facta, si bona fide facta sunt, restitui omnimodo debent nec ad rem pertinet, quod is qui mandasset, potuisset, si ipse negotium gereret, minus impendere. *l.* 27. *§.* 4. *ff.* mand.

IV.

Celui de qui la procuration, ou autre ordre a obligé à des avances, soit que le Procureur constitué, ou autre préposé ait emprunté les deniers, ou qu'il ait fourni du sien, remboursera non seulement l'argent dépensé, mais aussi les interêts selon les circonstances; soit à cause des interêts que celui qui a fait l'avance a payé lui-même, s'il a emprunté: ou pour le dédommager de la perte que cette avance a pû lui causer. Car comme il ne doit pas profiter de l'office qu'il rend, il ne doit pas aussi en souffrir de perte *d*.

d Adversus eum cujus negotia gesta sunt, de pecunia, quam de propriis opibus, vel ab aliis mutuo acceptam, erogasti, mandati actione pro sorte, & usuris potes experiri. *l.* 1. *C.* mand. Nec tantùm id quod impendi, verùm usuras quoque consequar. Usuras autem non tantùm ex mora esse admittendas, verùm judicem æstimare debere . . . . . totum hoc ex æquo & bono judex arbitrabitur. *l.* 12. *§.* 9. *ff.* mand. *l.* 1. *C.* eod. Ex mandato apud eum qui mandatum suscepit, nihil remanere oportet: sicuti nec damnum pati debet. *l.* 20. *ff.* eod.

V.

Si plusieurs ont constitué un Procureur, ou donné
quelque

quelque ordre , chacun d'eux fera tenu folidairement de tout l'effet de la procuration, mandement ou commiffion envers le Procureur conftitué : & de le rembourfer , indemnifer , & dédommager s'il y en a lieu , de même que s'il avoit donné feul la procuration ou autre ordre ; encore qu'il n'y foit pas fait de mention de folidité. Car celuy qui a exécuté l'ordre l'a fait fur l'engagement de chacun de ceux qui l'ont donné : & il peut dire qu'il ne l'auroit pas fait fans cette feureté de l'obligation de chacun pour toutes les fuites de l'ordre qu'il donnoit *a*.

a Paulus refpondit unum ex mandatoribus in folidum eligi poffe , etiam fi non fit conceffum in mandato. *l.* 59.§. 3. *ff. mand.*

V I.

Si un Procureur conftitué fouffre quelque perte , ou quelque dommage à l'occafion de l'affaire dont il s'eft chargé, on jugera par les circonftances, fi la perte devra tomber ou fur luy , ou fur celuy de qui il faifoit l'affaire. Ce qui dépendra de la qualité de l'ordre qu'il falloit exécuter , du peril s'il y en avoit , de la nature de l'évenement qui a caufé la perte , de la liaifon de cet évenement à l'ordre qu'on exécutoit , du rapport de la chofe perduë ou du dommage fouffert à l'affaire qui en a été l'occafion , de la qualité des perfonnes , de celle de la perte , de la nature & valeur des chofes perduës , des caufes de l'engagement entre celuy qui avoit donné l'ordre & celuy qui l'exécutoit , & des autres circonftances qui peuvent charger l'un ou l'autre de la perte , ou l'en décharger. Sur quoy il faut balancer la confideration de l'équité, & les fentimens d'humanité que doit avoir celuy dont l'interêt a été une caufe ou une occafion de perte à un autre *b*.

b V. les articles 12. 13. *& 14. de la Sect. 4. de la fociété , & la remarque fur cet article 12.*

Non omnia quæ impenfurus non fuit , mandatori imputabit. Veluti quod fpoliatus fit à latronibus , aut naufragio res amiferit , vel languore fuo fuorumque apprehenfus , quædam erogaverit. Nam hæc magis cafibus , quàm mandato imputari oportet. *l.* 26. §. 6. *ff. mand.* Sed cùm fervus quem mandatu meo emeras , furtum , tibi feciffet , Neratius ait , mandati actione te confecuturum , ut fervus tibi noxæ dedatur. *d. l.* 26. §. 7. Quod verò ad mandati actionem attinet , dubitare fe ait , uum æquè dicendum fit , omnimodo damnum præftari debere.

Et quidem hoc amplius quàm in superioribus causis servandum, ut etiam si ignoraverit is qui certum hominem emi mandaverit, furem esse, nihilominus tamen damnum decidere cogetur. Justissimè enim procuratorem allegare, non fuisse se id damnum passurum, si id mandatum non suscepisset. Idque evidentius in causa depositi apparere. Nam licet alioquin æquum videatur, non oportere cuiquam plus damni per servum evenire, quàm quanti ipse servus sit: multò tamen æquius esse nemini officium suum, quod etiam ejus cum quo contraxerit non etiam sui commodi causa susceperit, damnosum esse. *l. 61. §. 5. ff. de furtis.* Nam certè mandantis culpam esse, qui talem servum emi sibi mandaverit. *d. §. 5.*

On n'a pas mis dans cet article d'exemples particuliers, pour ne pas embarrasser la regle. Mais en voicy quelques-uns qui peuvent donner des vûës pour aider à en faire l'application.

Si celuy qui se charge des affaires d'un autre, en prend un tel soin, qu'il n'ait pas le temps necessaire pour pourvoir aux siennes; les pertes qui pourront luy en arriver seront des évenemens qu'il doit s'imputer. Car il a dû prendre ses mesures pour ses affaires, en se chargeant de celles des autres. ✱

✱ V. l'art. 13. de la Sect. 4. de la Societé.

Si une personne se chargeant d'aller pour une autre à un lieu où son affaire propre l'oblige de porter quelque argent, & que se servant de l'occasion, & le portant, il luy soit volé; celuy qui l'avoit engagé à ce voyage, ne sera pas tenu de cette perte, qui ne le regarde en façon quelconque.

Si quelqu'un étant obligé à un voyage que des voleurs, une navigation difficile ou d'autres dangers rendent perilleux, engage à ce voyage une personne qui veut bien s'exposer à ce peril, soit par necessité pour la récompense qu'il peut en avoir, ou par pure generosité, & que par un vol, ou par un naufrage il perde ses hardes, ou que même il soit blessé; celuy qui l'avoit exposé à un tel évenement pour s'en garentir, n'y prendra-t-il aucune part, & ne sera-t-il pas tenu de porter ou toute la perte, ou une partie selon les circonstances?

Si un amy prétant à son amy de l'argent qu'il faut porter à la campagne pour faire un payement, se charge aussi du voyage, & y portant cet argent qu'il prête, est volé en chemin; portera-t-il la perte de ce cas fortuit & imprévû, & ne recouvrera-t-il pas cet argent, que non seulement il avoit promis & destiné pour ce payement, mais qu'il portoit même pour l'executer? ✱✱

✱✱ V. l'art. 14. de la Sect. 4. de la societé.

Si le pere d'un fils débauché ayant engagé un de ses amis à le tenir dans sa maison pendant quelque temps, ce fils vole cet amy; le pere ne sera-t-il pas tenu de réparer ce vol?

Si une personne riche, ou de qualité engage un homme d'une condition mediocre, & de peu de bien à un voyage pour quelque affaire, & qu'il y soit volé, & blessé; la Justice ne demandera-t-elle pas de cette personne un dédommagement qui luy seroit un devoir indispensable d'humanité?

SECTION III.

Des engagemens du Procureur conſtitué & des autres prépoſez, & de leur pouvoir.

SOMMAIRES.

I.

COmme le Procureur conſtitué, & les autres prépoſez peuvent ne pas accepter l'ordre & le pouvoir, qui leur eſt donné ; ils ſont obligez s'ils l'ont accepté de l'exécuter : & s'ils y manquent, ils ſeront tenus des dommages & interêts qu'ils auront cauſez, pour n'avoir point agi. Si ce n'eſt qu'une excuſe legitime comme une maladie ou autre juſte cauſe les en déchargeât *a*.

1. Liberté d'accepter l'ordre, neceſ-ſité de l'exécuter.

a Sicut liberum eſt mandatum non ſuſcipere, ita ſuſceptum conſummare oportet. *l.* 22. §. *ult. . . . . eod.* Si ſuſceptum non impleverit, tenetur. *l.* 5. §. 1. *eod.* Quod mandatum ſuſceperit, tenetur etſi non geſſiſſet. *l.* 6. §. 1. *eod.* §. 11. *inſt. eod.*

Sanè si valetudinis adversæ, vel capitalium inimicitiarum, seu ob inanes rei actiones, seu ob aliam justam causam excusationes alleget, audiendus est. *l.* 23. 24. & 25. *ff. mand.*

II.

2. Exécution de l'ordre en son entier.

La procuration, ou autre ordre doit être exécuté en son entier, suivant l'étenduë ou les bornes du pouvoir donné *a*.

a Diligenter fines mandati custodiendi sunt, nam qui excessit, aliud quid facere videtur. *l.* 5. *ff. mand.* Si is, qui mandatum suscepit, egressus fuerit mandatum, ipsi quidem mandati judicium non competit : at ei qui mandaverit, adversus eum competit. *l.* 43. *eod.* §. 8. *inst. eod.*

III.

3. Etenduë & bornes du pouvoir.

Si l'ordre ou le pouvoir marquent précisément ce qui est à faire, celuy qui l'accepte & qui l'exécute doit s'en tenir exactement à ce qui est prescrit. Et si l'ordre ou le pouvoir est indéfini, il peut y donner les bornes, & l'étenduë qu'on peut raisonnablement présumer conforme à l'intention de celuy qui le donne; soit pour ce qui regarde la chose même qui est à faire, ou pour les manieres de l'exécuter *b*.

b Diligenter fines mandati custodiendi sunt. *l.* 5. *ff. mand.* Cùm mandati negotii contractum, certam accepisse legem asseveres, eam integram secundùm bonam fidem, custodiri convenit. *l.* 12. *C. eod.* Igitur commodissimè illa forma in mandatis servanda est, ut quoties certum mandatum sit, recedi à forma non debeat: at quoties incertum, vel plurium causarum, tunc licet aliis præstationibus exoluta sit causa mandati, quàm quæ ipso mandato inerant, si tamen hóc mandatori expedierit, mandati erit actio. *l.* 46. *ff. eod.* V. l'art. 4, de la Sect. 1. des Conventions.

IV.

4. Soin des Procureurs & autres préposez.

Les Procureurs constituez, & autres préposez sont obligez & par honneur, & par devoir de prendre soin des affaires dont ils se sont chargez, & d'y apporter non seulement la bonne foy, mais aussi la diligence & l'exactitude. Et si dans leurs propres affaires, ils negligent impunément, ils doivent avoir pour les affaires des autres dont ils se chargent, plus de vigilance que dans les leurs: & ils répondent du dommage que leur negligence aura pû causer ; mais non des cas fortuits *c*.

c Contractus quidam dolum malum dumtaxat recipiunt, quidam & dolum & culpam. . . . dolum & culpam mandatum. *l.* 23 *ff. de reg. jur.* A procuratore dolum & omnem culpam, non etiam improvisum casum præstandum esse, juris authoritate manifestè declaratur. *l.* 13. *C. mand. l.* 11. *C. eod. l.* 8. §. 10. *ff. eod. l.* 29. *eod. l.* 9. *C. eod.* In re mandata non pecuniæ solùm, cujus est certissimum mandati judicium, verùm etiam existimationis periculum est. Nam suæ quidem quifque rei moderator atque arbiter non omnia negotia, fed pleraque ex proprio animo facit : aliena vero negotia exacto officio geruntur. Nec quicquam in eoru m administratione neglectum , ac declinatum culpa vacuum est. *l.* 21. *C.* *eod.*

V.

On ne peut pas imputer pour une faute au Procureur conftitué, ou autre prépofé, fi dans la difcuffion de l'affaire qui luy eft commife, comme de tranfiger ou pourfuivre en juftice, il ne recherche pas jufqu'aux dernieres fubtilitez pour l'interêt de celuy qui l'a prépofé. Mais il fuffit qu'il y apporte une application raifonnable, & la conduite que le bon fens, & la bonne foy peuvent demander *a*.

5. *Bornes de ce foin.*

a Nihil amplius quam bonam fidem præftare eum oportet, qui procurat. *l.* 10. *ff. mand.* De bona fide enim agitur, cui non congruit de apicibus juris difputare. *l.* 29. §. 4. *eod.*

Quoyque ce dernier texte regarde un Fidejuffeur, on peut l'appliquer au Procureur conftitué. Et auffi cette loy eft placée dans le Titre mandati, parce que le Fidejuffeur eft comme un Procureur conftitué, ainfi qu'il a été remarqué dans le preambule de ce Titre. V. l'art. 9. de la Sect. 3. des Cautions.

VI.

Le Procureur conftitué, ou autre prépofé, peut faire meilleure la condition de celuy de qui il a charge, mais non l'empirer. Ainfi il peut acheter à un moindre prix que ce qu'il avoit pouvoir de donner, mais non plus cherement *b*.

6. *On peut faire meilleure la condition de celuy dont on exécute l'ordre, mais non l'empirer.*

b Caufa mandantis fieri poffit interdum melior, deterior vero numquàm. *l.* 3. *ff. mand. d. l.* §. 2. §. 8. *Inft. eod.* Ignorantis domini conditio deterior per procuratorem fieri non debet. *l.* 49. *ff. de procur.* Diligenter fines mandati cuftodiendi funt. *l.* 5. *ff. mand. v. l.* 3. §. 2. *eod.*

VII.

Si celuy qui avoit le pouvoir d'acheter à un certain prix, achete plus cher, & que celuy qui avoit donné le pouvoir refufe de ratifier ; il fera libre au Procureur conftitué de fe reftreindre à recouvrer le prix qu'il avoit pouvoir de donner : & en ce cas la ratification ne pourra luy être refufée *c*, s'il n'y a pas d'autres circonftances.

7. *Si le Procureur achete au deffus du prix reglé par fon pouvoir.*

c Quod fi pretium ftatui, tuóque pluris emifti, quidam negaverunt te mandati habere actionem, etiam fi paratus effes, id quod excedit remittere. Námque iniquum eft, non effe mihi cùm illo actionem, fi nolit : illi vero fi venit mecum effe. Sed Proculus rectè eum ufque ad pretium ftatutum, acturum exiftimat : quæ fententia fanè benignior eft. *l.* 3. §. *ult.* & *l.* 4. *ff. mand.* §. 8. *Inft. eod.*

VIII.

Les Procureurs conftituez, & les autres prépofez à la conduite & adminiftration de quelque affaire, font tenus de rendre compte de leur maniement, & de reftituer de bonne foy ce qu'ils ont receu, comme les joüiffances, s'il y en a eu, & les autres profits, & tout ce qui peut être provenu de ce qu'ils ont geré : & ils recouvrent auffi leurs dépenfes. Et s'il a été convenu d'un falaire, ou qu'il en foit dû, comme fi c'eft un Commis ou un homme d'affaires, il leur fera payé. Et en ce cas ils ne recouvreront pas les dépenfes qui doivent être prifes fur les falaires *a*.

a Procurator in cæteris quoque negotiis gerendis, ita & in litibus ex bona fide, rationem reddere debet. Itaque quod ex lite confecutus fuerit, five principaliter ipfius rei nomine, five extrinfecus ob eam rem debet mandati judicio reftituere. *l.* 46. §. 4. *ff. de procur.* Reputationes quoque hoc judicium admittere, & ficuti fructus cogitur reftituere is qui procurat, ita fumptum quem in fructus percipiendos fecit, deducere eum oportet. Sed etfi ad vecturas fuas dum excurrit in prædia, fumptus fecit, puto hos quoque fumptus reputare eum oportere, nifi fi falariarius fuit, & hoc convenit, ut fumptus de fuo faceret, ad hæc itinera, hoc eft de falario. *l.* 10. §. 9. *ff. mand. l.* 20. §. 1. *C. eod.*

IX.

Quoy qu'un Procureur conftitué puiffe recevoir un falaire ; celuy qui eft Procureur dans un procés ne peut ftipuler une portion de ce qui eft en conteftation, car il eft contre les bonnes mœurs qu'il s'intereffe par un tel motif dans un procés où il doit fervir fa partie par fon miniftere : & les Avocats & les Procureurs ne peuvent traitter de cette maniere *b*, non plus qu'acheter des droits litigieux *c*.

b Sumptus quidem prorogare litiganti honeftum eft, pacifci autem, ut non quantitas eo nomine expenfa cum ufuris licitis reftituatur, fed pars dimidia ejus quod ex ea lite datum erit, non licet. *l.* 53. *ff. de pact.* Si quis Advocatorum exiftimationi fuæ immenfa atque illicita compendia prætuliffe, fub nomine honorariorum, ex ipfis negotiis quæ tuenda fufceperint, emolumenta fibi certæ partis cum gravi damno litigatoris, & deprædatione pofcentes fuerint inventi, placuit ut omnes qui in hujufmodi fævitate permanferint, ab hac profeffione penitus arceantur. *l.* 5. *C. de poftul.* Salarium Procuratori conftitutum fi extra ordinem peti cœperit, confiderandum erit, laborem dominus remunerare voluerit, atque ideo fidem adhiberi placitis oporteat, an eventum litium majoris pecuniæ præmio contra bonos mores procurator redemerit. *l.* 7. *ff. mand.*

C'eft cette convention fi odieufe, & fi juftement condamnée qu'on appelle vulgairement pactum de quota litis, dont il eft facile de reconnoître l'iniquité, & la confequence pour le public.

c Litem te redemiffe contra bonos mores precibus manifefté profeffus es, cùm procurationem quidem suscipere, quod officium gratuitum esse debet, non sit res illicita : hujusmodi autem officia non sine reprehensione suscipiuntur. *l.* 15. *C. de procur.* Si contra licitum, litis incertum redemisti, interdictæ conventionis tibi fidem impleri, frustra petis. *l.* 20. *C. mand.*

V. le preambule de la Sect. 8. du contract de vente.

X.

Celuy qui a une procuration generale pour l'administration de toutes les affaires, & de tous les biens, peut exiger les dettes, déferer un serment en justice, recevoir les revenus, payer ce qui est dû [a]. Et en general tout Procureur constitué peut faire tout ce qui se trouve compris ou dans l'expression, ou dans l'intention de celuy qui l'a préposé, & tout ce qui suit naturellement du pouvoir qui luy est donné, ou qui se trouve necessaire pour l'executer [b]. Ainsi, le pouvoir de recevoir ce qui est dû renferme celuy de donner quittance : ainsi le pouvoir d'exiger une dette renferme celuy de saisir les biens du debiteur.

a Procurator cui generaliter libera administratio rerum commissa est, potest exigere. *l.* 58. *ff. de procur.* Procurator quoque quod detulit (jusjurandum) ratum habendum est : scilicet si aut universorum bonorum administrationem sustinet, aut si idipsum nominatim mandatum sit. *l.* 17. §. *ult. ff. de jurejur.* Sed & id quoque ei mandari videtur, ut solvat creditoribus. *l.* 59. *eod.*

b Ad rem mobilem datus Procurator, ad exhibendum rectè aget. *l.* 56. *ff. de procur. v. l. ult.* §. *ult. ff. mand.*

XI.

La procuration generale ne suffit pas pour donner pouvoir de faire une demande en rescision, ou restitution en entier ; car il y faut un changement de volonté qui doit être exprimé. Et elle ne suffit pas non plus pour transiger, ou aliener ; mais il en faut un pouvoir exprés. Car transiger, & aliener, c'est d'ordinaire diminuer les biens. Et il n'y a que celuy qui en est le maître qui puisse en disposer de cette maniere. Mais ce Procureur peut vendre les fruits, & les autres choses qui peuvent facilement se corrompre, & qu'un bon pere de famille ne doit point garder [c].

c Si talis intervenit juvenis cui præstanda sit restitutio : ipso postulante præstari debet, aut procuratori ejus, cui idipsum nominatim mandatum sit. Qui verò generale mandatum de universis negotiis gerendis alleget, non debet audiri. *l.* 25. §. 1. *ff. de min.* Mandato generali non contineri etiam transactionem. *l.* 60. *ff. de procur.* Procurator totorum bonorum, cui res administrandæ mandatæ funt, res domini neque mobiles, vel immobiles, neque servos, sine speciali domini mandatu alienare potest, nisi fructus aut alias res quæ facilé corrumpi possunt. *l. 63. eod.*

XII.

12. *Inexecution de la procuration les choses étant entieres.*

Si le Procureur constitué, ou autre préposé a manqué d'exécuter l'ordre qu'il avoit accepté, les choses étant en état qu'il n'en arrive aucun préjudice à celuy qui l'avoit constitué, la simple inexécution de l'ordre ne l'engage à rien *a*.

a Mandati actio tunc competit, cùm cœpit interesse ejus qui mandavit. Cæterùm si nihil interest, cessat mandati actio, & eatenus competit, quatenus interest. *l. 8. §. 6. ff. mand.*

XIII.

13. *Deux Procureurs pour la même chose.*

Si deux personnes ont été constituez Procureurs, ou préposez à une même affaire, & que l'un & l'autre s'en chargent ; ils en seront tenus solidairement, si leur pouvoir ne le regle autrement. Car l'affaire est commise à l'un & à l'autre : & chacun en répond, quand il accepte l'ordre *b*.

b Duobus quis mandavit negotiorum administrationem. Quæsitum est, an unusquisque mandati judicio in solidum teneatur? Respondi, unumquemque pro solido conveniri debere ; dummodò ab utroque non amplius debito exigatur. *l. 60. §. 2. ff. mand.*

XIV.

14. *Deux Procureurs l'un à l'insceu de l'autre.*

Si de deux qui étoient constituez Procureurs ensemble pour faire une chose que l'un pouvoit faire sans l'autre, comme pour recevoir un payement, ou pour faire une demande en justice, l'un l'a faite seul ; il a consommé le pouvoir des deux : & le second n'a plus de pouvoir pour ce qui est déja fait *c*. Mais si les deux étoient nommez pour traitter quelque affaire ensemble, & non l'un sans l'autre ; rien n'engageroit le constituant, que ce qui seroit geré par les deux. Car ils n'ont pû diviser le pouvoir qu'ils n'avoient qu'ensemble. Ainsi, par exemple, si deux personnes avoient un pouvoir indéfini de transiger sur un procés du constituant, & que l'un ait transigé sans l'autre, il pourra être desavoüé. Car il n'avoit pas le pou-

c Pluribus Procuratoribus in solidum simul datis, occupantis melior conditio erit. Ut posterior non sit in eo, quod prior petit, Procurator. *l. 32. ff. de procur.*

voir

voir de tranfiger feul : & la prefence de l'autre auroit pû
rendre la condition du conftituant plus avantageufe *a*.

a Diligenter fines mandati cuftodiendi funt. *l. 5. ff. mand.*

SECTION IV.

Comment finit le pouvoir du Procureur conftitué,
ou autre prépofé.

SOMMAIRES.

1. *Le pouvoir du Procureur fi-*
nit par la revocation.

2. *Conftitution d'un fecond*
Procureur revoque le pre-
mier.

3. *Le Procureur peut fe dé-*
charger aprés avoir accepté
la procuration.

4. *Il doit faire fçavoir fon*
changement.

5. *Si le Procureur ne peut fai-*
re fçavoir fon changement.

6. *Les Procurations finiffent*
par la mort de l'un ou de
l'autre.

7. *Du Procureur qui gere igno-*
rant la mort de celuy qui
l'a conftitué.

8. *Si l'heritier du Procureur*
décedé gere aprés fa mort.

I.

LE pouvoir, & la charge de Procureur conftitué, ou
autre prépofé finiffent par le changement de la volonté de celui qui l'avoit choifi. Car ce choix eft libre,
& il peut revoquer fon ordre lorfque bon lui femble,
pourvû qu'il faffe connoître fa revocation à celui qu'il
revoque, & que les chofes foient encore entieres. Mais fi
le Procureur conftitué, ou autre prépofé avoit déja executé l'ordre, ou commencé de l'executer, avant que la
revocation lui fût connuë, elle fera fans effet à l'égard de
ce qui aura été executé : & il fera indemnifé de l'engagement où cet ordre l'avoit fait entrer *b*.

1. Le pouvoir du
Procureur finit par
la revocation.

b Si mandavero exigendam pecuniam deinde voluntatem mutavero, an fit
mandati actio, vel mihi, vel heredi meo? Et ait Marcellus ceffare mandati actionem, quia extinctum eft mandatum, finita voluntate. *l. 12. §. 16. ff. mand. §. 9.*
inft. eod. Si mandaffem tibi ut fundum emeres, poftea fcripfiffem ne emeres :

tu, antequàm ſcias me vetuiſſe emiſſes, mandati tibi obligatus ero, ne damno afficiatur, is qui ſuſcipit mandatum. *l.* 15. *eod.*
V. l'art. 1. de la Sect. 2.

II.

Celui qui ayant conſtitué un Procureur en conſtituë enſuite un autre pour la même affaire, revoque par là le pouvoir qu'il avoit donné au premier *a*. Mais ſi le premier avoit déja executé l'ordre, avant que la revocation lui fût connuë, celui qui l'avoit conſtitué ne pourra le deſavoüer.

a Julianus ait eum qui dedit diverſis temporibus procuratores duos, poſteriorem dando, priorem prohibuiſſe videri. *l.* 31. §. *ult. ff. de procur.*

III.

Le Procureur conſtitué, ou autre prépoſé peut ſe décharger de ſon engagement, aprés avoir même accepté la procuration, ou commiſſion, ſoit qu'il en ait des cauſes particulieres, comme s'il lui eſt ſurvenu une maladie, ou des affaires qui l'en empêchent : ou quand même il n'en auroit pas d'autre cauſe que ſa volonté. Mais il faut, s'il manque d'executer l'ordre dont il s'étoit chargé, que ce ſoit ſans fraude, & qu'il laiſſe les choſes entieres, & en tel état que le maître puiſſe y pourvoir ou par ſoy-même, ou par quelque autre. Et ſi le Procureur conſtitué, ou autre prépoſé abandonne & laiſſe l'affaire en peril, il ſera tenu du dommage qui en arrivera *b*, ſelon les regles qui ſuivent.

b Sicut autem liberum eſt mandatum non ſuſcipere, ita ſuſceptum conſummari oportet : niſi renuntiatum ſit. Renuntiari autem ita poteſt : ut integrum jus mandatori reſervetur, vel per ſe, vel per alium eamdem rem commodè explicandi. *l.* 22. §. *ult. ff. mand.* Hoc amplius tenebitur ſi per fraudem renuntiaverit. *l.* §. *in fine.* Qui mandatum ſuſcepit, ſi poteſt id explere, deſerere promiſſum officium non debet. Alioquin quanti mandatoris interſit, damnabitur. *l.* 27. §. 2. *eod.* Si valetudine, vel majore re ſua diſtringatur. *l.* 20. *ff. de procur.* V. *l.* 17. §. *ult. & ll. ſeq. ff. eod. l.* 22. *& ſeq. ff. mand.*
V. les articles ſuivans.

IV.

Si le Procureur conſtitué, ou autre prépoſé veut ſe décharger de la procuration, ou commiſſion qu'il avoit acceptée, il ne le pourra qu'en le faiſant ſçavoir à celui qui l'avoit prépoſé. Et s'il y manque, il ſera tenu de

tous ses dommages & interêts. Car s'étant chargé de son
affaire, ce seroit le tromper, s'il l'abandonnoit sans l'en
avertir *a*.

a Si verò intelligit explere se id officium non posse, idipsum, cùm primùm
poterit, debet mandatori nuntiare : ut is, si velit, alterius opera utatur. *l.* 27. §.
2. *ff. mand.* Quod si, cum possit nuntiare, cessaverit, quanti mandatoris inter-
sit, tenebitur. *d.* §. *V.* l'article suivant.

V.

5. Si le Procureur
ne peut faire sçavoir
son changement.

Si celui qui avoit accepté une procuration, ou un
autre ordre ne peut l'executer à cause d'un empêchement qui lui soit survenu, & qu'il ne puisse le faire sçavoir, comme si dans un voyage qu'il s'étoit obligé de faire il tombe malade en chemin, & qu'il ne puisse en donner avis, ou que l'avis se trouve inutile, arrivant trop
tard ; les pertes qui pourront suivre de l'inexecution de
l'ordre en de pareils cas, tomberont sur celui qui l'avoit
donné. Parce que ce sont des cas fortuits qui regardent
le maître *b*.

b Si aliqua ex causa non poterit nuntiare, securus erit. *l.* 27. §. 2. *in fin. ff.*
mand.

V I.

6. Les procurations
finissent par la mort
de l'un ou de l'au-
tre.

Les procurations & autres ordres finissent par la mort,
soit de celui qui avoit donné l'ordre, ou de celui qui
s'en étoit chargé. Ce qu'il faut entendre selon les règles
qui suivent *c*.

c Si adhuc integro mandato mors alterius interveniat, id est, vel ejus qui mandaverit, vel illius qui mandatum susceperit, solvitur mandatum. §. 10. *inst. de*
mand. l. 26. *l.* 27. §. 3. *l.* 58. *ff. eod. l. ult. ff. de solut.* Mandatum re integra domini morte finitur. *l.* 15. *C. mand. V.* les articles suivans.

V I I.

7. Du Procureur
qui gere ignorant la
mort de celuy qui l'a
constitué.

Si le Procureur constitué, ou autre préposé qui ignore la
mort de celui qui l'avoit chargé, ne laisse pas d'executer
l'ordre, ce qu'il aura fait de bonne foy dans cette ignorance sera ratifié. Car sa bonne foy donne à ce qu'il a geré l'effet du pouvoir que le défunt lui avoit donné *d*.

d Utilitatis causa receptum est, si eo mortuo qui tibi mandaverat, tu ignorans eum decessisse exequutus fueris mandatum, posse te agere mandati actione.
Alioqui justa & probabilis ignorantia, tibi damnum afferret. §. 10. *inst. de mand.*
l. 26. *ff. e d.* Si præcedente mandato Titium defenderas, quamvis mortuo eo
cùm hoc ignorares, ego puto mandati actionem adversus heredem Titio com-

petere : quia mandatum morte mandatoris, non etiam mandati actio folvitur. *l. 58. ff. mand.* Mandatum re integra morte domini morte finitur. *l. 15. C. eod.*

Mais ſi un Procureur conſtitué étoit chargé d'une affaire qui ne pût ſouffrir de retardement, comme ſeroit le ſoin d'une recolte, ou autre affaire preſſée & importante, & qu'étant ſur le point d'executer ſon ordre, ou l'ayant même commencé, il apprit la mort de celuy qui l'avoit chargé, & qu'il ne pût avertir des heritiers qui ſeroient abſens ; ne pourroit-il pas, & ne devroit-il pas même executer l'ordre ?

VIII.

Si le Procureur conſtitué, ou autre prépoſé, vient à mourir avant que d'avoir commencé d'executer l'ordre, & que ſon heritier ignorant que le pouvoir étoit fini par cette mort, s'ingere à l'executer ; ce qu'il aura fait ne pourra nuire au maître, & ſera annullé. Car cette ignorance n'a pas donné à cet heritier un droit qu'il n'avoit point, & qui ne paſſoit pas la perſonne qui avoit été choiſie a.

a (Cùm non) oporteat, eum qui certi hominis fidem elegit, ob errorem aut imperitiam heredum affici damno. *l. 57. ff. mand.*

Mais ſi l'heritier du Procureur conſtitué ſçachant l'ordre qui luy avoit été donné, & voyant d'ailleurs que le maître abſent ne pourroit pourvoir à ſon affaire, & qu'il y auroit du peril de quelque perte s'il n'en prenoit ſoin ; ne ſeroit-il pas obligé d'y faire ce qui pourroit dépendre de luy ; comme de continuer une culture d'heritages, ou faire une recolte.

TITRE XVI.

DES PERSONNES QUI exercent quelques commerces publics, & de leurs Commis ou autres prépoſez : & des lettres de change.

LEs conventions dont on a parlé juſqu'à cette heure, à la reſerve du dépôt neceſſaire, ſe paſſent de gré à gré entre les perſonnes qui veulent traiter enſemble : & les engagemens que forment ces conventions, ſont précedez d'une liberté reciproque qu'ont les contractans de traiter l'un avec l'autre, & de ſe choiſir ;

c'eſt à dire, que ſi on ne peut s'accommoder avec une perſonne, on peut traiter avec une autre, ou s'abſtenir de traiter & de s'engager. Mais il y a d'autres conventions où l'on n'a pas le choix des perſonnes, ni la liberté de s'abſtenir de l'engagement : & où la neceſſité oblige d'avoir à faire à de certaines perſonnes qui exercent des commerces publics, dont les loix par cette raiſon ont reglé les conditions ; afin que ces perſonnes n'abuſent pas de la neceſſité où l'on eſt de traiter avec eux, & s'y confier.

Ainſi ceux qui ſont en voyage ſe trouvent obligez à confier leurs hardes & leurs équipages dans les hôteleries ; ce qui fait un engagement entre eux & les hôteliers.

Ainſi ceux qui ont à faire quelque voyage par des routes où il y a des voitures publiques ſur terre, ſur mer, ou ſur des rivieres, & qui n'ont pas à eux d'équipages pour voyager, ſont obligez de ſe ſervir de ces voitures publiques & pour leurs perſonnes, & pour leurs hardes & marchandiſes : ce qui forme un engagement reciproque entre eux & ceux qui font ces voitures. Et il en eſt de même de ceux qui ſans voyager ont des hardes, ou des marchandiſes à faire porter d'un lieu à un autre.

Quoy qu'il ſemble que les engagemens des hôteliers & des voituriers ne ſoient que les mêmes que ceux du loüage & ceux du dépôt, puiſque c'eſt par une eſpece de loüage qu'on traite avec eux, & qu'ils ſe rendent dépoſitaires de ce qui leur eſt confié : & qu'ainſi on n'ait pas beſoin pour eux d'autres regles que de celles de ces deux eſpeces de conventions ; la conſequence de la fidelité neceſſaire dans ces ſortes de profeſſions les aſſujettit à d'autres regles qui leur ſont propres. Et il y a encore cela de particulier dans ces ſortes de commerces, que ceux qui les exercent ne pouvant ſeuls ſuffire chacun au ſien à cauſe de la multitude de perſonnes qui ont à faire à eux, & à toutes heures ; ils ſont obligez d'y prépoſer d'autres perſonnes : ce qui les oblige à répondre du fait de ces prépoſez. Et quoyque cet engagement, à l'égard de ces prépoſez, ait pluſieurs regles qui luy ſont communes avec les procurations & les commiſſions ; il y en a quelques-unes qui lui ſont propres. Ainſi toutes ces regles qui regardent particulierement les hôteliers & les voituriers demandent d'être diſtinguées , & elles feront expliquées dans ce Titre.

Il y a encore des commerces d'autres natures, que l'utilité & la commodité publique rendent neceſſaires , & qui ont ce rapport à ceux dont on vient de parler , que ceux qui exercent ces commerces contractent & par eux-mêmes , & par leurs Commis des engagemens dont la feureté intereſſe le public ; comme font les commerces de banque & de change , & autres qui ſont exercez par des banquiers & autres negocians. Ce qui oblige à placer auſſi dans ce Titre quelques regles qui regardent en general toutes ces ſortes de commerces , & les engage-mens qui leur ſont propres. Et parce que l'un de ces commerces , qui eſt celui des lettres de change , fait une eſpece de convention diſtinguée de toutes les autres ; on en expliquera la nature , & les principes eſſentiels , & ce qu'elle a de regles qui foient tout enſemble & du Droit Romain , & de nôtre uſage , ſans entrer dans ce qu'il y a de reglé ſur cette matiere par les Ordonnan-ces.

Il faut remarquer ſur le ſujet des loix citées dans ce Titre , que la plûpart des regles des engagemens des hôteliers , voituriers , & autres dont il y ſera parlé , font mêlées dans les Titres du Droit Romain ſur ces ma-tieres , de ſorte que quelques-unes qui regardent , par exemple , les hôteliers , ne ſont rapportées qu'aux voi-turiers , & que d'autres qui ſont communes non ſeule-ment aux hôteliers & aux voituriers , mais auſſi à toutes les autres ſortes d'engagemens dont il ſera parlé dans ce Titre , ne ſont appliquées qu'à quelques-uns en particu-lier. Ainſi on a été obligé d'appliquer ces regles des uns aux autres , ſelon qu'elles peuvent leur convenir.

SECTION I.

Des engagemens des hôteliers.

SOMMAIRES.

I.

IL se forme une convention entre l'hôtelier & le voyageur, par laquelle l'hôtelier s'oblige au voyageur de le loger, & de garder ses hardes, chevaux, & autres équipages *a*, & le voyageur de sa part s'oblige de payer sa dépense.

1. Engagemens des hôteliers.

a Ait Prætor, nautæ, caupones, stabularii, quod cujusque salvum fore receperint, nisi restituant, in eos judicium dabo. *l. 1. ff. naut. caup. stab.*

II.

Cet engagement se forme d'ordinaire sans convention expresse, par la seule entrée du voyageur dans l'hôtellerie, & par le dépôt des hardes, & autres choses mises entre les mains ou de l'hôtelier, ou de ceux qu'il charge du soin de l'hôtellerie *b*.

2. Convention expresse ou tacite avec l'hôtelier.

b Sunt quidam qui custodiæ gratia navibus præponuntur, ut ναυφύλακες, id' est, navium custodes & diætarii. Si quis igitur ex his receperit, puto in exercitorem dandam actionem quia is qui eos hujusmodi officio præponit, committitis permittit. *l. 1 §. 3. ff. naut. caup.*

III.

L'hôtelier est tenu du fait des personnes de sa famille, & de celui de ses domestiques, selon les fonctions qui leur sont commises. Ainsi lors qu'un voyageur donne aux

3. Comment l'hôtelier est chargé des choses par le fait de ses domestiques.

domeſtiques qui ont les clefs des chambres, une valize ou d'autres hardes, ou qu'il met ſon cheval dans l'écurie à la garde du palefrenier, le maître en répond. Mais ſi un voyageur mettant pied à terre, donne un ſac d'argent à un enfant, à un marmiton, hors de la vûë du maître & de la maîtreſſe, l'hôtelier ne ſera pas tenu d'un ſac de cette conſequence dépoſé de cette maniere *a*.

a Caupo præſtat factum eorum qui in ea caupona ejus cauponæ exercendæ cauſa ibi ſunt. *l. un. §. ult. ff. furt. adv. naut. caup.*

Quia is, qui eos hujuſmodi officio præponit, committi eis permittit. *l. 1. §. 3.* *ff. naut. caup. ſtab.* Caupones autem, & ſtabularios, æquè eos accipiemus, qui cauponam vel ſtabulum exercent : inſtitoréſve eorum. Cæterum, ſi quis opera mediaſtini fungitur, non continetur : ut puta atrarii, & focarii, & his ſimiles. *d. l. 1. §. 5.*

IV.

L'hôtelier eſt obligé de garder ou faire garder avec tout le ſoin poſſible, toutes les choſes que le voyageur met & confie dans l'hôtellerie, ſoit en ſa preſence, ou en ſon abſence. Ainſi, il eſt tenu non ſeulement de ſes fautes, mais de la moindre negligence, ſoit de ſa part, ou de ſes gens : & il n'eſt déchargé que de ce qui peut arriver par des cas fortuits que la vigilance ne peut prévenir *b*.

b In locato conducto culpa, in depoſito dolus dumtaxat præſtatur. At hoc edicto omnimodo qui recepit tenetur, etiamſi ſine culpa ejus res perierit vel damnum datum eſt. Niſi, ſi quid damno fatali contingit. *l. 3. §. 1. ff. naut. caup.* V. l'article ſuivant.

Il doit avoir un plus grand ſoin qu'un ſimple dépoſitaire. V. la Sect. 3. du Dépôt.

V.

Quoyque les hôteliers ne ſoient pas payez en particulier pour la garde de ce qui eſt dépoſé dans l'hôtellerie, mais ſeulement pour le logement, & les autres choſes qu'ils peuvent fournir aux voyageurs ; ils ne laiſſent pas d'être tenus du même ſoin que s'ils étoient expreſſément payez pour la garde. Car c'eſt un acceſſoire de leur commerce : & il eſt de l'interêt public, que dans la neceſſité où l'on eſt de ſe fier à eux, ils ſoient tenus d'une garde exacte & fidelle : & qu'ils répondent même des larcins. Autrement ils pourroient commettre impunément les larcins eux-mêmes *c*.

c Maxima utilitas eſt hujus edicti : quia neceſſe eſt plerumque eorum fidem

ſequi :

fequi, & res cuftodiæ eorum committere. Nec quifquam putet graviter hoc adverfus eos conftitutum : nam eft in ipforum arbitrio, ne quem recipiant, & nifi
hoc effet ftatutum, materia daretur cum furibus, adverfus eos quos recipiunt,
coëundi : cùm ne nunc quidem abftineant hujufmodi fraudibus. *l. 1. §. 1. ff. naut.*
cau. ftabul. Nauta, & caupo, & ftabularius mercedem accipiunt, non pro cuftodia, fed nauta, ut trajiciat vectores : caupo, ut viatores manere in caupona patiatur : ftabularius, ut permittat jumenta apud eum ftabulari. Et tamen cuftodiæ nomine tenentur. Nam & fullo, & farcinator non pro cuftodia, fed pro arte mercedem accipiunt : & tamen cuftodiæ nomine ex locato tenentur. *l. 5. ff. naut. caup.*
Cùm in caupona vel navi res perit, ex edicto prætoris obligatur exercitor navis,
vel caupo : ita ut in poteftate fit ejus cui res fubrepta fit, utrum mallet cum exercitore, honorario jure, an cum fure, jure civili, experiri. *l. un. §. 3. ff. furt. adv.*
naut. caup. ftab. V. l'art. 3. de la fect. 8. du loüage.

VI.

Si quelqu'un des domeftiques, ou de la famille de l'hôtelier caufe quelque perte à un voyageur, comme s'il luy
dérobe, de ce qui n'étoit pas même donné à garder dans
l'hôtellerie, ou s'il endommage fes hardes; l'hôtelier fera tenu de la valeur de la chofe perduë, ou du dommage
qui fera arrivé *a*.

6. Répondent du fait de leur famille & de leurs domeftiques.

a In eos qui naves, cauponas, ftabula exercent, fi quid à quoquo eorum quòdfve
ibi habebunt, furtum factum effe dicetur, judicium datur : five furtum ope con-
filio exercitoris factum fit, five eorum cujus qui in ea navi navigandi caufa effet:
navigandi autem caufa accipere debemus eos qui adhibentur ut navis naviget, hoc
eft nautas. *l. un. ff. furti adv. naut.*

Caupo præftat factum eorum, qui in ea caupona, ejus cauponæ exercendæ
caufa, ibi funt : item eorum qui habitandi caufa ibi funt : viatorum autem factum
non præftat. Namque viatorem fibi eligere caupo, vel ftabularius non videtur :
nec repellere poteft iter agentes. Inhabitatores verò perpetuos, ipfe quodammodo elegit, qui non rejecit, quorum factum oportet eum præftare. *d. l. un. §. ult.*
ff. furti adv. naut. caup. l. 6. §. 3. ff. naut. caup.

Quæcumque de furto diximus, eadem & de damno debent intelligi. Non enim
dubitari oportet, quin is, qui falvum fore recipit, non folum à furto, fed etiam
à damno recedere videatur. *l. 5. §. 1. ff. naut. caup. v. l. 1. §. 2. ff. de exercit. act.*

Item exercitor navis, aut cauponæ, aut ftabuli, de dolo aut furto quod in navi, aut caupona, aut ftabulo factum erit, quafi ex maleficio, teneri videtur, fi
modo ipfius nullum eft maleficium, fed alicujus eorum, quorum opera navem
aut cauponam aut ftabulum exercet. *§. ult. inft. de obl. quæ quaf. ex del. nafc.*

VII.

L'engagement de l'hôtelier pour le fait de fes domeftiques, eft borné à ce qui fe paffe dans fon hôtellerie : & fi quelqu'un de fes domeftiques dérobe, ou fait
quelque dommage en quelque autre lieu, il n'en eft point
tenu *b*.

7. Ils ne répondent de leurs domeftiques, que pour ce qui fe paf-fe dans l'hôtellerie.

b Non alias præftat factum nautarum fuorum, quàm fi in ipfa nave damnum

datum ſit. Cæterum ſi extra navem, licet à nautis non præſtabir. *l. ult. ff. naut.*
caup. ſtab.

SECTION II.

Des engagemens des voituriers par terre, & par eau.

ON ne parlera dans cette Section que des engagemens
qui regardent le ſoin que les voituriers doivent avoir
des hardes, & des marchandiſes dont ils ſe chargent.
Pour leurs autres engagemens, V. la Sect. 8. du loüage, &
les art. 10. & 11. de la Sect. 2. des engagemens qui ſe
forment par des cas fortuits.

SOMMAIRES.

1. *Engagemens des voituriers par mer, & leur ſoin.*
2. *Ils répondent du fait de leurs gens.*
3. *Voituriers par terre, & ſur des rivieres.*
4. *Fautes des voituriers.*

I.

1. Engagemens des voituriers par mer, & leur ſoin.

LE maître d'un vaiſſeau, ou autre bâtiment qui ſe
charge de voiturer ſur mer des perſonnes, des hardes, ou des marchandiſes, répond de ce qui eſt reçû dans
ſon bord par luy, ou ſes prépoſez. Ce qui ne s'entend pas
des rameurs, par exemple, dans une galere, car ils ne
ſont pas commis pour ce ſoin. Et il eſt tenu de tout ce
qui peut arriver de perte, ou de dommage dans ſon bâtiment, ou ſur le port, ſi les hardes ou marchandiſes y ont
été reçûës. De même que ſont tenus les hôteliers, comme il a été dit dans la Section précedente *a*.

a Qui ſunt igitur qui teneantur videndum eſt. Ait Prætor, nautæ, nautam
accipere debemus eum qui navem exercet : quamvis nautæ appellantur omnes
qui navis navigandæ cauſa in nave ſint. Sed de exercitore ſolummodo Prætor
ſentit ; nec enim debet, inquit Pomponius, per remigem, aut meſonautam
obligari : ſed per ſe, vel per navis magiſtrum. Quamquàm, ſi ipſe alicui è nautis
committi juſſit, ſine dubio debeat obligari. Et ſunt quidam in navibus, qui cuſtodiæ gratia navibus præponuntur ut ναυφύλακες, id eſt, navium cuſtodes, &
diætarii. Si quis igitur ex his receperit, puto in exercitorem dandam actionem.
Quia is, qui eos hujuſmodi officio præponit, committi eis permittit. *l. 1. §. 2.*
& 3. ff. naut. caup. Idem ait, etiamſi nondum ſint res in navim receptæ,

sed in litore perierint, quas semel recepit, periculum ad eum pertinere. *l.* 3. *ff. naut. caup.*

I I.

Le maître du vaisseau est tenu du fait de ses commis, & autres préposez, & des personnes qu'il employe à l'usage du vaisseau, & de la navigation. Et si quelqu'un d'eux cause quelque perte, ou quelque dommage dans son bord, il en répondra *a*.

a Si cum quolibet nautarum sit contractum, non datur actio in exercitorem: quamquàm ex delicto cujusvis eorum, qui navis navigandæ causa in nave sint, d tur actio in exercitorem. Alia enim est contrahendi causa, alia delinquendi. Siquidem, qui magistrum præponit, contrahi cum eo permittit qui nautas adhibet, non contrahi cum eis permittit. Sed culpa, & dolo carere eos curare debet. *l.* 1. §. 2. *ff. de exerc. act.* Debet exercitor omnium nautarum suorum, sive liberi, sive servi factum præstare. Nec immeritò factum eorum præstat, cùm ipse eos suo periculo adhibuerit: sed non alias præstat, quàm si in ipsa nave damnum datum sit. Cæterum si extra navem, licet à nautis, non præstabit. *l. ult. ff. naut. caup.* V. les art. 6. & 7. de la sect. précedente.

I I I.

Ceux qui entreprennent de voiturer par terre, ou sur des rivieres, répondent des hardes, & des marchandises dont ils se chargent, suivant les regles expliquées dans cette Section, & la précedente *b*.

b Quia necesse est plerumque eorum fidem sequi, & res custodiæ eorum committere *l.* 1. *ff. naut. caup.*

I V.

Tous les voituriers par mer, par terre, ou sur des rivieres sont tenus du soin, de l'industrie, & de l'experience que demande leur profession. Ainsi, celuy qui navigeroit sans un pilote, & celuy qui sur terre seroit volé voiturant la nuit, ou hors la route en lieux perilleux, seroient responsables des cas fortuits, si de telles fautes y avoient donné lieu *c*.

c Imperitia culpæ adnumeratur. §. 7. *inst. de lege Aquil. l.* 8. §. 1. *ff. eod.* Culpa autem abest, si omnia facta sunt, quæ diligentissimus quisque observaturus fuisset. *l.* 25. §. 7. *ff. locat.* Si magister navis sine gubernatore in flumen navem immiserit, & tempestate orta, temperare non potuit, & navem perdiderit, vectores habebunt adversus eum ex locato actionem. *l.* 13. §. 2. *ff. loc.* (Si) quo non debuit tempore, aut si minus idoneæ navi imposuit, tunc ex locato agendum. *d. l.* §. 1. Culpa non intelligitur, si navem petitam, tempore navigationis trans mare misit, licet ea perierit: nisi si minus idoneis hominibus eam commisit. *l.* 16. §. 1. *ff. de rei vind.* Culpæ reus est possessor qui per insidiosa loca servum misit, si is periit. *l.* 36. §. 1. *eod.* Et qui navem à se petitam adverso tempore

Marginal notes:

2. *Ils répondent du fait de leurs gens.*

3. *Voituriers par terres, & sur des rivieres.*

4. *Fautes des voituriers.*

navigatum mifit, fi ea naufragio perempta aft. *d. §. in f.* V. l'art. 5. de la fect. 8.
du loüage, & l'art. 4. de la fect. 4. des dommages caufez par des fautes.

SECTION III.

Des engagemens de ceux qui exercent quelque autre
commerce public fur terre, ou fur mer.

SOMMAIRES.

I.

1. Engagemens des maîtres par le fait de leurs prépofez.

CEux qui tiennent des vaiffeaux marchands, pour quelques commerces, ceux qui pour quelques trafics ont des magafins, boutiques, ou bureaux ouverts, les Banquiers, & generalement tous ceux qui pour leurs commerces fur terre, ou fur mer, fe fervent de Commis, Agens, & autres prépofez, font reprefentez en ce qui regarde ces commerces, par ceux qu'ils commettent, de telle forte que le fait de ces prépofez eft le leur propre. Ainfi, ils font obligez de ratifier ce qui a été traité avec leur Commis. Ainfi, ils répondent du fait, du dol, & des tromperies des perfonnes qu'ils ont prépofées *a*.

a Inftitor appellatus eft, ex eo quod negotio gerendo inftet. Nec multùm facit, tabernæ fit præpofitus, an cuilibet alii negotiationi. *l.* 3. *ff. de inft. act.* Inftitor eft qui tabernæ locóve ad emendum, vendendúmve præponitur. Quique fine loco ad eumdem actum proponitur. *l.* 18. *ff. eod.*

Cuicumque igitur negotio præpofitus fit, inftitor rectè appellabitur. *l.* 5. *eod.* Quem quis ædificio præpofuit, vel frumento coëmendo, pecuniis fœnerandis, agris colendis, mercaturis, redempturifque faciendis. *l.* 5. *§.* 1, & 2. *eod.* Magiſtrum navis accipere debemus, cui totius navis cura mandata eſt. *l.* 1. §. 1. *ff. de exercit. act.*

Æquum prætori viſum eſt, ſicut commoda ſentimus, ex actu inſtitorum, ita etiam obligari nos ex contractibus ipſorum, & conveniri. *l.* 1. *ff. de inſt. act.*

Utilitatem hujus edicti patere, nemo eſt qui ignoret. Nam cùm interdum ignari cujus ſint conditionis, vel quales, cum magiſtris, propter navigandi neceſſitatem contrahamus, æquum fuit, cum qui magiſtrum navi impoſuit, teneri ut tenetur qui inſtitorem tabernæ, vel negotio præpoſuit *l.* 1. *ff. de exercit. act.* Sed etſi in pretiis rerum emptarum fefellit magiſter, exercitoris erit damnum, non creditoris. *l.* 1. §. 10. *ff. de exercit. act.* Sed etſi in menſa habuit quis ſervum præpoſitum, nomine ejus tenebitur. *l.* 5. §. 3. *ff. de inſt. act.* V. l'art. 5. de la ſect. 2. des Conventions.

I I.

Les prépoſez n'obligent par leur fait ceux qui les ont commis, qu'en ce qui regarde le commerce, ou l'affaire pour laquelle ils ſont prépoſez. Ainſi, celuy qui eſt prépoſé à un vaiſſeau, pour trafiquer, acheter, vendre, échanger, engage le maître en tout ce qui regarde ces commerces. Ainſi, celuy qui eſt prépoſé à un vaiſſeau, pour voiturer les perſonnes & les marchandiſes, engage le maître pour ce qui regarde ces voitures. Et l'un & l'autre engagent auſſi le maître pour tout ce qui dépend de ces commerces, & de ces voitures; comme ce qui eſt neceſſaire pour équiper le vaiſſeau, ou le radouber. Ainſi, tous autres prépoſez ont leur pouvoir reglé par la qualité de leur commiſſion *.

2. *Bornes du pouvoir des commis & autres prépoſez.*

a Non tamen omne, quod cum inſtitore geritur, obligat eum qui præpoſuit: ſed ita, ſi ejus rei gratia cui præpoſitus fuerit, contractum eſt. Id eſt, dumtaxat ad id, quod eum præpoſuit. Proinde ſi præpoſui ad mercium diſtractionem, tenebor nomine ejus, ex empto actione. Item, ſi fortè ad emendum eum præpoſuero, tenebor dumtaxat ex vendito. Sed neque, ſi ad emendum & ille vendiderit, neque ſi ad vendendum, & ille emerit, debebit teneri. Idque Caſſius probat. *l.* 5. §. 11. & 12. *ff. de inſt. act.* Non autem ex omni cauſa, Prætor dat in exercitorem actionem, ſed ejus rei nomine, cujus ibi præpoſitus fuerit. Id eſt, ſi in eam rem præpoſitus ſit: ut purà, ſi ad onus vehendum locatus ſit, aut aliquas res emerit utiles naviganti: vel ſi quid, reficiendæ navis cauſa, contractum, vel impenſum eſt. Vel ſi quid nautæ, operarum nomine, petent. *l.* 1. §. 7. *ff. de exercitoria actio &c.* Sed etiam ſi mercibus emendis, vel vendendis fuerit, præpoſitus, etiam hoc nomine obligat exercitorem. *l.* 1. §. 3. *ff. de exerc. act.* Igitur præpoſitio certam legem dat contrahentibus. Quare ſi cum præpoſuit navi ad hoc ſolùm, ut vecturas exigat, non ut locet quod forte ipſe locaverat, non tenebitur exercitor, ſi magiſter locaverit: vel ſi ad locandum tantùm, non ad exigendum idem erit dicendum: aut ſi ad hoc ut vectoribus locet, non ut mercibus navem præſtet, vel contra. Modum egreſſus, non obligabit exercitorem. *d. l.* §. 12.

I I I.

3. De celuy qui est commis par le préposé.

Si celuy qui est préposé sur un vaisseau, soit pour les voitures, ou pour le commerce, en commet un autre en sa place pour exercer sa fonction ; le fait de ce second, qui est commis par le premier, obligera le maître, de même que le fait du premier ; quoy qu'il n'eût pas le pouvoir d'en commettre un autre. Car la necessité de traiter avec celuy qui paroît chargé du vaisseau, jointe au pouvoir qu'il a du premier préposé, & à la juste présomption, qu'il n'exerce cette fonction que par l'ordre du maître, donne à ce qu'il fait la même force, que si c'étoit le maître qui exerçât luy-même. Autrement les particuliers se trouveroient trompez sur la foy publique. Mais cette regle ne s'étend pas indistinctement aux commis, & autres préposez à des commerces, & autres affaires sur terre, où la necessité de traiter n'est pas la même, & où il est plus facile de sçavoir qui est le commis, & quel est son pouvoir *a*.

a Magistrum autem accipimus non solùm quem exercitor præposuit, sed & eum quem magister. Et hoc consultus Julianus in ignorante exercitore respondit: cæterùm si scit, & passus est eum in nave magisterio fungi, ipse eum imposuisse videtur. Quæ sententia mihi videtur probabilis. Omnia enim facta magistri debet præstare, qui eum præposuit. Alioquin contrahentes decipiuntur. Et facilius hoc in magistro, quàm institore admittendum, propter utilitatem. Quid tamen si sic magistrum præposuit, ne alium ei liceret præponere ? An adhuc Juliani sententiam admittimus, videndum est. Finge enim, & nominatim eum prohibuisse, ne Titio Magistro utaris ? Dicendum tamen erit, eoúsque producendam utilitatem navigantium. *l. 1. §. 5. ff. de exercit. act.* Cùm sit major necessitas contrahendi cum magistro, quàm institore. Quippe res patitur ut de conditione quis institoris dispiciat, & sic contrahat : in navis magistro, non ita. Nam interdum locus, tempus non patitur plenius deliberandi consilium. *d. l. 1.*

I V.

4. Mineur, ou femme préposée.

Si le préposé étoit un mineur, ses engagemens obligeront le maître, de même que s'il étoit majeur. Car celuy qui l'a choisi, doit s'imputer les suites du choix qu'il a fait. Et il en seroit de même si on avoit préposé une femme à un commerce qu'elle pût exercer *b*.

b Pupillus institor obligat eum qui eum præposuit institoria actione. Quoniam sibi imputare debet qui eum præposuit. Nam & plerique pueros, puellásque tabernis præponunt. *l. 7. §. ult. l. 8. ff. de inst. act.* Nec cujus ætatis sit, intererit, sibi imputaturo qui præposuit. *l. 1. §. 4. ff. de exerc. act.* Parvi autem refert quis fit inftitor, mafculus, an fœmina..... nam etfi mulier præpofuit, competet inftitoria, exemplo exercitoriæ actionis. Et fi mulier fit præpofita, tenebitur etiam ipfa. *l.* 7. *§.* 1. *ff. de inft. act. l.* 1. *§.* 16. *ff. de exerc. act. l.* 4. *C. de exerc. & inft. act.*

V.

Les femmes, & les mineurs peuvent entrer dans tous les engagemens dont il a été parlé dans ce Titre. Et s'ils tiennent une banque, ou exercent quelque autre commerce, leurs engagemens feront les mêmes que ceux des majeurs *a*.

a Si mulier præpofuit, competet inftitoria, exemplo exercitoriæ actionis. Et fi mulier fit præpofita, tenebitur etiam ipfa. *l.* 7. *§.* 1. *ff. de inft. act. l.* 1. *§.* 16. *ff. de exercit. act.* Et fi à muliere magifter navi præpofitus fuerit, ex contractibus ejus ea exercitoria actione, ad fimilitudinem inftitoriæ, tenetur. *l.* 4. *C. de exerc. & inft. act.* Sed etfi minor viginti quinque annis erit qui præpofuit, auxilio ætatis utetur non fine caufæ cognitione. *l.* 11. *§.* 1. *ff. de inft. act.* Par l'Ordonnance de 1673. au Titre des Apprentifs, negocians, &c. art. 6. *Tous Negocians & Marchands en gros ou en détail, comme auffi les Banquiers, font reputez majeurs pour le fait de leur commerce & banque, fans qu'ils puiffent être reftituez fous prétexte de minorité.*

V I.

Si plufieurs maîtres d'un commerce, ou autre affaire commune entr'eux, fe font fervis d'un feul prépofé; fon fait obligera chacun des maîtres folidairement. Car chacun l'a commis: & celuy qui a traité avec le prépofé, a pû ne confiderer qu'un feul des maîtres, & traiter fur la feureté de fon engagement *b*.

b Paulus refpondit, unum ex mandatoribus in folidum eligi poffe, etiamfi non fit conceffum in mandato. *l.* 59. *§.* 3. *ff. mand. 1. l.* 2. *ff. de duob. reis confit.* Si duo plurefve tabernam exerceant, & fervum, quem ex difparibus partibus habebant, inftitorem præpofuerint, utrùm pro dominicis partibus teneantur, an pro æqualibus, an pro portione mercis, an verò in folidum ? Julianus quærit, & verius effe ait, exemplo exercitorum, & de peculio actionis, in folidum unumquemque conveniri poffe. *l.* 13. *§.* 2. *ff. de inft. 1or. act. l.* 6. *§.* 1. *eod.* Si plures exerceant, unum autem de numero fuo magiftrum fecerint, hujus nomine in folidum poterunt conveniri. Sed fi fervus plurium navem exerceat, voluntate eorum, idem placuit quod in pluribus exercitoribus. Planè fi unius ex omnibus voluntate exercuit, in folidum ille tenebitur. Et ideo puto & in fuperiore cafu in folidum omnes teneri. *l.* 4. *§.* 1. *& 2. ff. de exercit. act.* V. l'art. 16. de la fect. 4. de la focieté.

V I I.

Si deux, ou plufieurs maîtres exercent eux-mêmes en focieté de ces fortes de commerces publics; celuy qui

exercent ensemble un commerce.

aura traité avec l'un des associez faisant pour la compagnie, aura l'obligation solidaire de tous *a*.

a Si plures navem exerceant, cum quolibet eorum in solidum agi potest. Ne in plures adversarios distringatur, cui cum uno contraxerit. *l.* 1. §. *ult.* & *l.* 2. ff. *de exercit. act.* V. l'art. 7. du Titre des societez de l'Ordonnance de 1673.

VIII.

8. *Le préposé n'est pas obligé en son nom.*

Les préposez qui ne traitent qu'en cette qualité, ne sont pas tenus en leurs noms des engagemens où ils entrent, pour le fait de leurs commissions, & au nom des maîtres *b*.

b Lucius Titius mensæ numulariæ, quam exercebat, habuit libertum præpositum. Is Gaio Seio cavit in hæc verba. Octavius Terminalis, rem agens Octavii Felicis Domitio Felici, salutem. Habes penes mensam patroni mei, denarios mille, quos denarios vobis numerare debebo, pridie Kalendas Maias. Quæsitum est, Lucio Titio defuncto sine herede, bonis ejus venditis, an ex epistola jure conveniri Terminalis possit? Respondit, nec jure his verbis obligatum, nec æquitatem conveniendi eum, superesse. Cum id institoris officio, ad fidem mensæ protestandam scripsisset. *l. ult. ff. de inst. act.*

IX.

9. *Comment finit le pouvoir du préposé.*

Le pouvoir des préposez est fini par leur revocation. Mais si aprés qu'ils sont revoquez, ils traitent avec des personnes qui ignorent la revocation, ce qu'ils auront geré, obligera le maître; si ce n'est que la revocation eût été publiée, si c'étoit l'usage : ou que par d'autres circonstances, celuy qui a traité avec le préposé, dût se l'imputer *c*.

c De quo palam proscriptum fuerit, ne cum eo contrahatur, is præpositi loco non habetur. Non enim permittendum erit cum institore contrahere. Sed si quis nolit contrahi, prohibeat. Cæterùm qui præposuit tenebitur ipsa præpositione. *l.* 11. §. 2. & *seq. ff. de inst. act.*

SECTION

SECTION IV.

Des lettres de change.

LE commerce de changer de l'argent pour de l'argent se fait en deux manieres. La premiere est celle de changer des especes d'argent pour d'autres de même valeur, comme des pieces d'argent pour de l'or, & des especes d'un païs pour celles d'un autre. La seconde est celle où l'on donne de l'argent à un banquier ou autre dans un lieu pour le faire remettre à un autre lieu ; soit dans le Royaume, ou dans les Païs étrangers. Et c'est seulement de cette seconde espece dont on parle ici. Car l'autre n'est qu'une simple espece d'échange qui est un contract dont on a expliqué les regles en son lieu. Ce commerce de remettre de l'argent d'un lieu à un autre se fait par l'usage des lettres de change. Et pour bien entendre la nature & les regles de cette matiere, il faut considerer dans ce commerce les diverses personnes qui s'y rencontrent, & ce qui se passe à l'égard de chacune.

Explication de la nature des lettres de change.

Il y a d'ordinaire dans le commerce des lettres de change trois personnes qu'il faut distinguer. Celui qui a besoin de remettre son argent d'un lieu à un autre : Celui qui le reçoit, comme fait un banquier qui se charge de remettre cet argent : Et celui qui le délivre dans le lieu où il doit être remis, comme est le correspondant du banquier : Et il y a souvent un quatriéme à qui celui qui a donné l'argent donne son ordre pour le recevoir, & ce quatriéme peut encore faire passer son droit à d'autres à qui il donne son ordre. Il se pourroit faire aussi qu'il n'y auroit que deux personnes, celui qui donne l'argent, & celui qui le recevant en un lieu le délivreroit lui-même en un autre lieu à celui qui l'auroit donné à cette condition. Il faut maintenant considerer les differentes conventions qui se passent entre ces personnes.

La convention qui se passe entre celui qui donne de l'argent, & celui qui se charge de le remettre en un autre

Tome I.   P p p

lieu, a des caractères particuliers qui la diſtinguent de toutes les autres ſortes de conventions qui pourroient y avoir quelque rapport. Ce n'eſt pas une vente, car perſonne n'y vend ni n'achete, & dans le contract de vente il y a un vendeur qui donne autre choſe que de l'argent, comme il y a un acheteur qui ne donne que de l'argent. Ce n'eſt pas un échange, car ceux qui font des échanges donnent des choſes differentes de celles qu'ils prennent : & chacun prend pour ſon uſage une choſe dont il a beſoin, & en donne une autre dont il ſe paſſe ; mais dans le commerce des lettres de change, celui qui donne ſon argent ne prend rien en contre-échange, & ne donne pas une choſe pour une autre differente ; puis qu'on peut lui rendre les mêmes eſpeces qu'il avoit données. Ce n'eſt pas un dépôt, car celui qui a reçû l'argent en demeure reſponſable, quand il periroit par un cas fortuit. Ce n'eſt pas un prêt, car celui qui reçoit l'argent ne l'emprunte pas. Ce ſeroit un loüage ſi celui qui reçoit l'argent ne faiſoit autre choſe que le faire porter au lieu où il doit être remis, moyennant un droit pour le port, comme font les maîtres des meſſageries, & ceux des coches & caroſſes de la campagne qui ſe chargent d'un ſac d'argent pour le voiturer d'un lieu à un autre, ſans répondre des cas fortuits, & ſelon les regles qui ont été expliquées dans le Titre du loüage ; mais lorſque celui qui reçoit l'argent ſe charge par une lettre de change de le remettre à un autre lieu, cet argent demeure en ſes mains, à ſes perils, & ce n'eſt plus l'argent de celui qui l'avoit donné : Ainſi ce n'eſt pas un loüage, & c'eſt par conſequent une convention differente de toutes les autres qui conſiſte au commerce, qui fait paſſer l'argent d'une perſonne d'un lieu à un autre : & qui eſt diſtingué de toutes ces autres eſpeces de conventions par les caractères qu'on vient de remarquer.

La convention qui ſe fait entre celui qui a reçû l'argent, banquier ou autre, & celui à qui il donne ordre de le payer en un autre lieu, eſt une ſocieté ; ſi ce ſont des aſſociez correſpondans l'un de l'autre : ou c'eſt une procuration, ou commiſſion, ſi ce correſpondant n'eſt que le commis ou

l'agent de celui qui a reçû l'argent. Ainfi cette convention a fes regles qui ont été expliquées dans le Titre de la
focieté, & dans celui des procurations.

La convention entre celui qui a donné l'argent, & celui à qui il donne fon ordre pour le recevoir, eft ou un
tranfport, s'il le met en fa place & lui cede fon droit, ou
une procuration s'il lui donne fimplement le pouvoir de
recevoir pour lui. Ainfi cette convention a fes regles dans
le Titre du contract de vente, où il a été parlé des tranfports, ou dans celui des procurations.

Il y a enfin une derniere convention qui fe paffe entre
celui qui a donné l'argent, & celui qui a l'ordre de l'acquiter, lorfqu'il accepte cet ordre. Et cette convention eft
la même que celle qui s'eft paffée entre celui qui a donné
l'argent, & celui qui l'a reçû ; car elle ne fait autre chofe
qu'ajoûter l'obligation de celui qui accepte à l'obligation de celui qui a donné la lettre de change : & elle l'o-
blige à acquiter au jour & au lieu porté par la lettre.

Il fera facile de comprendre par ces remarques en quoy
confifte la nature des lettres de change, & quelles font
les regles qu'il faut tirer des autres efpeces de conventions, pour les appliquer à ce qui fe paffe dans celle-ci. Il
ne refteroit que d'expliquer ici les regles qui font propres
& particulieres aux lettres de change ; Mais parce que
le détail de cette matiere eft reglé par l'ordonnance de
1673. dans le Titre des lettres & billets de change, &
dans celui des interêts du change & rechange, il fuffit d'ajoûter aux remarques qu'on vient de faire, une
feule regle, qui comprend tout ce qu'il y a dans le Droit
Romain fur cette matiere, qui foit naturel & de nôtre
ufage.

On n'a pas voulu fe fervir ici des mots propres qui
font en ufage pour le commerce des lettres de change,
comme font les mots de tireur, endoffeur, accepteur,
afin de rendre les chofes qu'on avoit à dire plus intelli-
gibles pour ceux qui commencent, en fubftituant au lieu
de ces mots que les autres fçavent affez, les chofes mêmes qu'ils fignifient.

SOMMAIRES.

1. *Engagemens de ceux qui* | *acquiter la même somme*
reçoivent de l'argent pour | *dans un autre lieu.*

I.

LEs banquiers où autres qui reçoivent de l'argent à condition de faire délivrer la même somme dans un certain temps, & un autre lieu, par eux ou leurs correspondans, sont obligez de l'acquiter ou faire acquiter au jour & au lieu : & s'ils y manquent, ils sont tenus des dommages & interêts de celui qui avoit donné l'argent à cette condition, selon que ces dommages & interêts sont reglez ou par les loix, ou par les usages *a*.

a Si certo loco traditurum se quis stipulatus sit, hac actione utendum erit. *l. 7. §. 1. ff. de eo quod cert. loc.* Is qui certo loco dare promittit, nullo alio loco, quàm in quo promisit, solvere invito stipulatore potest. *l. 9. eod. v. l. un. C. ubi conv. qui cert. loc. d. p.* V. les Titres de l'Ordonnance de 1673. citez à la fin du préambule.

TITRE XVII.

DES PROXENETES
ou Entremetteurs.

ON peut ajoûter à toutes les differentes especes de conventions une matiere qui en est comme un accessoire ; c'est l'usage des Proxenetes, ou Entremetteurs qui font profession d'approcher & assortir ceux qui selon leur besoin cherchent l'un à vendre, l'autre à acheter, ou échanger, loüer, & faire d'autres commerces, ou affaires de toute nature.

Cet usage des Proxenetes est principalement necessaire dans les ports, & dans les villes de commerce, pour faciliter aux étrangers, & à tous autres, les commerces qu'ils ont à traiter, en les addressant aux personnes à qui ils doivent avoir à faire, expliquant les intentions

des uns aux autres : fervant de truchement, s'il en eft befoin : & leur rendant les autres fervices de leur entremife.
Et il y a même des officiers publics, dont les fonctions
font de cette nature, comme les courretiers.

Cette matiere eft de ce lieu, non feulement comme
une fuite des conventions, mais encore parce qu'elle renferme une efpece de convention qui fe paffe entre les Entremetteurs & ceux qui les employent, par laquelle ils
reglent entre eux les conditions de l'ufage, & des fuites
de l'entremife.

SECTION I.

Des engagemens des Entremetteurs.

SOMMAIRES.

1. Fonction d'un Entremetteur. | 3. Engagement des Entremet-
2. Ufage licite des entremifes. | teurs.

I.

L'Engagement d'un Entremetteur eft femblable à celui d'un Procureur conftitué, d'un commis, ou autre
prépofé; avec cette difference, que l'Entremetteur étant
employé par des perfonnes qui ménagent des interêts oppofez, il eft comme commis de l'un & de l'autre, pour
negocier le commerce, ou l'affaire dont il s'entremet.
Ainfi, fon engagement eft double, & confifte à conferver
envers toutes les parties la fidelité dans l'execution de ce
que chacun veut lui confier. Et fon pouvoir n'eft pas de
traiter, mais d'expliquer les intentions de part & d'autre, & de negocier pour mettre ceux qui l'employent en
état de traiter eux-mêmes *a*.

1. *Fonction d'un Entremetteur.*

a Sunt enim hujufmodi hominum ut tam in magna civitate officinæ. Eft enim
proxenetarum modus, qui emptionibus, venditionibus, commerciis, contractibus licitis utiles, non improbabili more fe exhibent. *l.* 3. *inf. ff. de proxenet.* Vel
cujus alterius hujufcemodi proxeneta fuit. *d. l.*

II.

Tout Entremetteur a fes fonctions bornées aux com-

2. *Ufage licite des entremifes.*

merces, & affaires licites & honnêtes, & aux voyes permises pour les traiter, & les faire réüsfir. Et toute entremise pour des commerces, & autres choses illicites, ou par de mauvaises voyes dans celles qui sont permises, ne forme pas d'autre engagement que celui de reparer le mal qui en est suivi, & de subir les peines que pourroit meriter l'entremise illicite, selon la qualité du fait, & les circonstances *a*.

a Contractibus licitis, non improbabili more. *l* 3. *in f. ff. de proxenct.* V. les articles 3. & 4. de la Sect. 4. des vices des conventions.

III.

Les Entremetteurs ne sont pas responsables des évenemens des affaires dont ils s'entremettent, si ce n'est qu'il y eût du dol de leur part, ou quelque faute qui pût leur être imputée, & ils ne sont pas non plus garents de l'insolvabilité de ceux à qui ils font prêter de l'argent, ou autre chose, quoy qu'ils reçoivent un salaire de leur entremise, & qu'ils parlent en faveur de celui qui emprunte; si ce n'est qu'il y eût, ou une convention expresse qui les rendît garents de leur fait, ou du dol de leur part *b*.

b Si proxeneta intervenerit faciendi nominis, ut multi solent, videamus an possit quasi mandator teneri; & non puto teneri. Quia hic monstrat magis nomen, quàm mandat: tametsi laudet nomen. Idem dico, etsi aliquid philanthropi nomine acceperit: nec ex locato conducto erit actio. Planè si dolo, & calliditate creditorem circumvenerit, de dolo actione tenebitur. *l.* 2. *ff. de proxenet.*

SECTION II.

Des engagemens de ceux qui employent les Entremetteurs.

SOMMAIRES.

1. *Engagement de ceux qui employent des Entremet-* | *teurs.*
2. *Salaire des Entremetteurs.*

I.

COmme ceux qui employent des Entremetteurs, leur donnent leurs ordres, ils font obligez de ratifier ce qui fe trouve fait fuivant le pouvoir qu'ils avoient donné, de même que ceux qui conftituent des Procureurs, ou qui donnent des commiffions, & d'autres mandemens *a*.

1. Engagement de ceux qui employent des Entremetteurs.

a V. l'art. 1. de la Sect. 2. des Procurations.

II.

Si l'entremife n'eft pas gratuite, celui qui a employé un Entremetteur lui doit un falaire, ou tel qu'il a été convenu, ou felon qu'il eft reglé, comme fi l'Entremetteur eft un officier qui ait fon droit taxé, ou tel qu'il fera ordonné, s'ils n'en conviennent de gré à gré. Car cette fonction étant licite, doit avoir fon falaire proportionné à la qualité du commerce ou autre affaire, à celle des perfonnes, au temps que dure l'entremife, & au travail de l'Entremetteur *b*.

2. Salaire des Entremetteurs.

b Proxenetica jure licito petuntur. *l. 1. ff. de proxenet.*
De proxenetico, quod & fordidum, folent præfides cognofcere. Sic tamen ut in his modus effe debeat, & quantitatis, & negotii in quo operula ifta defuncti funt, & minifterium quale quale accommodaverunt. *l. 3. ff. de proxenet. v. l. 7. ff. mand. l. 1. C. eod. v. l. 15. ff. de præf. verb.*

TITRE XVIII.

DES VICES DES
Conventions.

ON appelle vices des conventions ce qui bleffe leur nature, & leurs caracteres effentiels. Ainfi, c'eft un caractere effentiel à toute forte de conventions, que ceux qui les font ayent affez de raifon, & de connoiffance de ce qu'il faut fçavoir pour former l'engagement où ils doivent entrer *a*. Et c'eft un vice dans une convention, fi un des contractans a manqué de cette connoiffance; foit par un défaut naturel, comme fi c'étoit un infenfé, ou par quelque erreur, de la nature de celles dont il fera parlé dans la fuite.

Ainfi, c'eft un caractere effentiel à toutes conventions, qu'elles foient faites avec liberté *b*: & c'eft un vice dans une convention, fi un des contractans y a été forcé par quelque violence.

Ainfi, c'eft un autre caractere effentiel à toutes les conventions, que l'on y traite avec fincerité, & fidelité *c*: & c'eft un vice dans une convention, fi l'un trompe l'autre par quelque dol & quelque furprife.

Ainfi, c'eft encore un caractere effentiel aux conventions, qu'elles n'ayent rien d'illicite, & de mal-honnête *d*: & c'eft un vice dans une convention, fi on y mêle quelque chofe de contraire aux loix, & aux bonnes mœurs.

Ainfi, enfin c'eft un caractere effentiel à toutes les conventions, que les perfonnes qui les font foient capables de contracter *e*: & la convention eft vitieufe, fi un des

a V. l'art. 2. de la Sect. 2. des *Conventions.*
b V. ce même article 2. de la Sect. 2 des *Conventions.*
c V. l'art. 8. de cette même Section 2. des *Conventions* & l'article 12. de la Sect. 3. du même Titre.
d V. l'art. 1. de la Sect. 2. des *Conventions.*
e V. l'art. 3. & les fuivans de la Sect. 5. des *Conventions.*

contractans

contractans étoit incapable de l'engagement où il eſt entré.

Ces vices des conventions peuvent s'y trouver en differens degrez : & ſelon le plus ou le moins, ils annullent, ou n'annullent pas les conventions, & ils engagent à des ſuites de dommages & interêts, ou n'y engagent pas.

Difference entre le plus ou le moins pour l'effet des vices des conventions.

Ainſi, le défaut de connoiſſance peut être tel qu'il annulle la convention, ou tel qu'il n'empêche pas qu'elle ne ſubſiſte. Car, par exemple, ſi un legataire, à qui il a été donné par un codicille qui ſe trouve nul, traite ſur ſon legs, & l'abandonne à l'heritier, ne ſçachant pas qu'il y avoit un ſecond codicille qui confirmoit ce legs, & qui n'étoit pas nul ; ce legataire ne perdra pas le droit que luy donnoit ce ſecond codicille qui luy étoit inconnu : & ce traité demeurera nul par le défaut de la connoiſſance de ce fait. Mais ſi le défaut de connoiſſance n'empêche pas qu'on ne ſçache aſſez à quoy on s'oblige, ce défaut ne ſuffira pas pour rendre nulle la convention. Ainſi, celuy qui a traité avec ſes coheritiers de leurs portions de l'heredité, pendant qu'ils ignorent tous quelques dettes, ou d'autres charges qui ſe découvriront dans la ſuite, ne pourra pas prétendre que ce défaut de connoiſſance ſuffiſe pour annuller la convention, lorſque ces dettes, & ces charges viendront à paroître. Car ce n'étoit pas ſur une connoiſſance exacte, & entiere du détail des droits, & des charges de la ſucceſſion qu'étoit fondé ſon engagement ; mais il ſuffit pour l'affermir & le rendre irrevocable, qu'il connût qu'une heredité conſiſte en droits, & en charges, qui ſouvent ſont inconnuës aux heritiers les plus clairs-voyans : & que dans l'incertitude du plus ou du moins qu'on ne pouvoit connoître, il ait pris le parti du hazard de perdre, ou de profiter dans une nature de bien qui étoit incertain.

Ainſi, le défaut de liberté peut être tel qu'il annulle la convention, comme ſi un des contractans a été enlevé, & menacé de la mort, s'il ne s'obligeoit. Mais s'il ſe plaint ſeulement que la dignité, ou l'authorité de la perſonne avec qui il a traité luy a fait des impreſſions qui l'ont porté à donner un consentement, qu'il n'auroit pas donné sans cette circonstance ; ces sortes d'impressions n'étant accompagnées ni de force, ni de menaces, laissent la liberté entiere, & n'annullent pas la convention.

Ainsi le dol n'est pas toûjours tel qu'il suffise pour annuller les conventions ; car il n'a cet effet que lors qu'on use de quelque mauvaise voye, dans le dessein de tromper, & qu'on engage celuy qui est trompé à donner un consentement qu'il n'auroit pas donné, si cette tromperie luy eût été connuë. Comme, si celuy qui a en sa puissance le titre d'une servitude établie sur son heritage, cache ce titre, & transige avec celuy à qui il doit cette servitude, & l'en fait desister ; ce dol annullera la transaction. Mais si le dol n'est pas ce qui engage, & qu'on pût se défendre de la tromperie, il pourra être tel qu'il ne suffira pas pour annuller la convention ; comme si celuy qui vend un cheval n'explique pas à l'acheteur que ce cheval n'est point sensible, ou qu'il a d'autres pareils défauts qui ne soient pas suffisans pour annuller la vente. Car cette espece de dol n'est pas reprimée, non plus que l'injustice de ceux qui vendent plus cher, ou qui achettent à meilleur marché que le juste prix ; si ce n'est que ce prix fût reglé, comme il l'est de certaines choses par la police, ou par l'usage commun du commerce. Mais hors ces cas il n'est pas possible de fixer le juste point entre le plus ou le moins du prix. C'est pourquoy il est dit dans une loy du Droit Romain, qu'il est naturellement permis de vendre plus cher, & d'acheter à meilleur marché que le juste prix : & ainsi se tromper l'un l'autre *a*. C'est l'expression de cette loy, qui signifie, que l'avantage que le vendeur, ou l'acheteur peuvent emporter l'un sur l'autre pour le prix, ou n'est pas en effet une tromperie, ou que s'il n'y a pas d'autres circonstances, elle est impunie *b*.

a Quemadmodum in emendo, & vendendo naturaliter concessum est, quod pluris sit, minoris, quod minoris sit, pluris vendere : & ita invicem se circumscribere : ita in locationibus quoque, & conductionibus juris est. *l.* 22. § *ult. ff. loc.*

b V. le commencement de la Sect. 3. & l'art. 5. de la Sect. 5. du contract de vente, & l'art. 2. de la Sect. 3. de ce Titre.

Ainfi l'incapacité des perfonnes peut être telle qu'elle annulle toutes leurs conventions, comme eft celle d'un infenfé, ou feulement telle qu'ils foient incapables de quelque conventions, mais non pas de toutes indiftinctement; comme les femmes mariées en quelques Provinces, & les mineurs qui ne peuvent s'obliger, fi l'obligation ne tourne à leur avantage.

Il n'y a que les conventions illicites, & contraires aux loix, & aux bonnes mœurs, qui font toutes nulles fans temperament; car ce vice ne peut être fouffert en aucun degré.

Les vices des conventions qui fuffifent pour les annuller ont deux effets, l'un de donner lieu à faire refoudre la convention, fi celuy qui s'en plaint le defire ainfi : & l'autre d'engager celuy qui a ufé de quelque mauvaife voye, à reparer le dommage qu'il peut avoir caufé, foit qu'on annulle, ou qu'on laiffe fubfifter la convention. Et quelquefois auffi les vices qui ne fuffifent pas pour annuller les conventions, peuvent donner lieu à des dommages & interêts, felon les circonftances.

On ne parlera pas icy des conventions qui font vicieufes par l'ufure, & qu'on appelle contracts ufuraire, comme font les obligations à caufe de prêt où l'on accumule les interêts au principal, les contracts d'engagement qui ne font faits que pour pallier l'ufure, & donner une joüiffance de fruits pour de l'argent prêté, & les autres femblables. Car, comme il a été remarqué dans le Titre du prêt, que la défenfe de l'ufure n'eft pas du Droit Romain, cette matiere n'eft pas de ce deffein, & elle a fes regles dans les loix de l'Eglife, dans les ordonnances, dans les coûtumes, & dans nôtre ufage.

Pour les autres vices, on reduira ceux dont il fera parlé dans ce Titre à quatre efpeces. La premiere de ceux qui font oppofez à la connoiffance neceffaire pour contracter : la feconde de ceux qui bleffent la liberté : la troifiéme de ceux qui font contraires à la fincerité & à la bonne foy : la quatriéme de ceux qui bleffent les loix & les

a V. l. 1. §. 3. l. 11. §. 1. ff. de pign. l. 39. ff. de pign. act. l. 14. C. de ufur.

bonnes mœurs : & ce fera la matiere des quatre Sections.
qui divifent ce Titre.

On n'y parlera point du vice qui vient de l'incapacité
des perfonnes ; car comme il y a de differentes incapacitez, des mineurs, des femmes qui étant en puiffance de
mari, ne peuvent en quelques lieux s'obliger du tout, ni
dans les autres qu'avec l'authorité de leurs maris, des prodigues qui font interdits, des infenfez, & autres ; chacune
de ces incapacitez fera expliquée en fon lieu. Et on peut
voir fur cette matiere le Titre des Perfonnes, la Sect. 5.
de celuy des Conventions, le Titre des Tuteurs, celuy
des Curateurs, & celuy des Dots.

SECTION I.

De l'ignorance ou erreur de fait, ou de droit. *

* V. fur cette matiere la Sect. 1. du Titre de ceux qui reçoivent ce qui ne leur eft pas dû.

SOMMAIRES.

I.

L'Erreur ou ignorance de fait, consiste à ne pas sçavoir une chose qui est. Comme si un heritier institué ignore le testament qui le fait heritier: ou si sçachant le testament, il ignore la mort de celuy à qui il succede *a*.

a Si quis nesciat decessisse eum , cujus bonorum possessio defertur. *l.* 1. §. 1. *ff. de jur. & fact. ign.* Si nesciat esse tabulas ,in facto errat. *d. l.* §. *ult.*

1. Définition de l'erreur de fait.

I I.

L'erreur ou ignorance de droit consiste à ne pas sçavoir ce qu'une loy ordonne. Comme si un donataire ignore qu'il faut insinuer la donation : si un heritier ignore quels sont les droits que donne cette qualité *b*.

b Si ex asse heres institutus non putet se bonorum possessionem petere posse, ante apertas tabulas , (in jure errat.) *l.* 1. §. *ult. ff. de jur. & fact. ign.*

2. Définition de l'erreur de droit.

I I I.

L'ignorance de droit ne doit s'entendre que du droit positif , & non du droit naturel que personne ne peut ignorer *c*.

c Nec in ea re rusticitati venia præbeatur, *cùm naturali ratione* honor hujusmodi personis *debeatur. l.* 2. *C. de in jus voc.* V. l'art. 9. de la section 1. des regles du Droit.

3. On ne peut ignorer le droit naturel.

I V.

Celuy qui ignore qu'un certain droit luy est acquis, peut se trouver dans cette ignorance , ou par une erreur de fait, ou par une erreur de droit. Car si , par exemple, il ignore qu'il soit parent de celuy de qui la succession luy est échûë , il ignore son droit, mais par une ignorance de fait : & si sçachant qu'il est parent , il croit qu'un plus proche l'exclut , ne sçachant pas que le droit de representation l'appelle à la succession , c'est par une ignorance de droit qu'il ignore qu'il doit succeder *d*.

d Interdum in jure , interdum in facto errat. Nam si liberum se esse , & ex quibus natus sit sciat , jura autem cognationis habere se nesciat , in jure errat. At si quis forte expositus, quorum parentum esset , ignorat, fortasse, & serviat alicui putans se servum esse, in facto magis quàm in jure errat. *l.* 1. §. 2. *ff. de jur. & fact. ign.*

4. Difference entre celuy qui erre dans le fait, & celuy qui erre dans le droit.

V.

Les mineurs n'ayant pas acquis par l'experience une

5. Erreur des mi...

neurs, foit dans le fait, ou dans le droit, ne leur nuit jamais.

connoiſſance aſſez ferme, & aſſez entiere pour diſcerner la conſequence, & les ſuites des engagemens où ils peuvent entrer ; ils ſont relevez des conventions qui tournent à leur préjudice, ſoit qu'ils errent dans le droit, ou dans le fait *a*. De même que lors qu'ils ſe trouvent leſez par leur foibleſſe, ou par quelque défaut de conduite ; ainſi qu'il ſera expliqué dans le Titre des Reſciſions & reſtitutions en entier.

a Minoribus viginti quinque annis jus ignorare permiſſum eſt. *l. 9. ff. de juris & facti ign.*

V I.

6. *Erreur des majeurs dans le fait ou dans le droit, a divers effets.*

Les majeurs qui ont la liberté de toutes ſortes de conventions, quoy qu'elles leur ſoient même déſavantageuſes, ne peuvent pas toûjours, comme les mineurs, reparer le préjudice que peut leur faire dans leurs conventions l'ignorance de droit, ou l'erreur de fait. Mais en quelques cas ils peuvent reparer ce préjudice, & dans les autres il faut qu'ils le ſouffrent *b*, comme il ſera expliqué dans les regles qui ſuivent.

b In omni parte error in jure, non eodem loco quo facti ignorantia haberi debebit. *l. 2. ff. de jur. & facl. g?.*

V I I.

7. *De l'erreur de fait qui eſt la cauſe unique de la convention.*

Si l'erreur de fait eſt telle, qu'il ſoit évident, que celuy qui a erré n'a conſenti à la convention, que pour avoir ignoré la verité d'un fait, & de ſorte que la convention ſe trouve n'avoir pas d'autre fondement qu'un fait contraire à cette verité qui étoit inconnuë ; cette erreur ſuffira pour annuller la convention, ſoit qu'il ſe ſoit engagé dans quelque perte, ou qu'il ait manqué d'uſer d'un droit qui luy étoit acquis. Car non ſeulement la convention ſe trouve ſans cauſe *c*, mais elle n'a pour fondement qu'une fauſſe cauſe. Ainſi, s'il arrive que l'heritier d'un debiteur qui de ſon vivant avoit payé, & dont la quittance ne s'eſt pas trouvée, s'oblige envers l'heritier du creancier dans l'ignorance de ce payement ; l'obligation ſera ſans effet, lorſque la quittance aura été trouvée. Ainſi, s'il arrive

c V. l'art. 5. de la Section 1. des Conventions.

que deux heritiers partageant une fucceffion, l'un laiffe à l'autre des biens qui luy étoient donnez par un codicille, & que dans la fuite ce codicille fe trouve faux ; il pourra demander un nouveau partage *a*.

a Non videntur qui errant confentire. *l.* 116. §. 2. *ff. de reg. jur.*
Error facti, ne maribus quidem in damnis, vel compendiis obeft. *l.* 8. *ff. de jur.* &c *f act. ign.*
Regula eft facti ignorantiam non nocere. *l.* 9. *eod.* Eleganter Pomponius quærit. Si quis fufpicetur tranfactionem factam vel ab eo cui heres eft, vel ab eo qui procurator eft : & quafi ex tranfactione dederit, quæ facta non eft, an locus fit repetitioni ? & ait reperi poffe. Ex falfà enim caufà datum eft. *l.* 23. *ff. de condict. ind.*
Si poft divifionem factam teftamenti vitium in lucem emerferit, ex his quæ per ignorantiam confecta funt, præjudicium tibi non comparabitur. *l.* 4. *C. de jur.* & *fact. ign. l.* 3. §. 1. *ff. de tranf. l.* 12. *in fine eod. l.* 6. *eod.* V. l'art. fuivant.

VIII.

Si l'erreur de fait n'a pas été la feule caufe de la convention, & qu'elle en ait quelque autre indépendante du fait qu'on a ignoré, cette erreur n'empêchera pas que la convention n'ait tout fon effet. Ainfi, ceux qui tranfigent de toutes affaires en general, ne peuvent fe plaindre d'avoir erré dans le fait de quelqu'une en particulier : Ainfi, l'heritier qui a vendu l'heredité n'en fera pas relevé pour avoir ignoré des effets qui en faifoient partie *b*.

8. Si l'erreur de fait n'eft pas la feule caufe de la convention.

b Sub prætextu fpecierum poft repertarum generali tranfactione finita, refcindi prohibent jura. *l.* 29. *C. de tranf.*

IX.

L'ignorance des faits eft préfumée, lors qu'il n'y a pas de preuves contraires. Mais cette préfomption toûjours naturelle dans les faits qui ne nous touchent point, n'a pas lieu de même pour ceux qui nous regardent. Et chacun eft préfumé fçavoir ce qui eft de fon fait *c*.

9. Ignorance des faits eft préfumée.

c In alieni facti ignorantia tolerabilis error eft. *l. ult. in f. ff. pr)* fuo *l.* 2. *ff. de jur.* &c *f. ig .* Plurimum intereft, utrum quis de alterius caufà & facto non fciret, an de jure fuo ignorat. *l.* 3. *eod.*

X.

Si c'eft par le dol de l'un des contractans que l'autre a été trompé par une erreur de fait ; comme fi l'un retenoit caché le titre de l'autre, la convention fera annullée :

10. Erreur caufée par un dol.

& celuy qui a retenu ce titre sera tenu de tous les dommages & interêts qui auront été les suites de ce dol *a*.

a Sanè si per se vel per alium subtractis instrumentis, quibus veritas argui potuit, decisionem litis extorsisse probetur ; si quidem actio superest, replicationis auxilio doli mali, pacti exceptio removetur ,: si verò jam perempta est, intra constitutum tempus tantùm actionem de dolo potes exercere. *l. 19. C. de transf.*

X I.

Dans tous les cas où l'un des contractans se plaint d'une erreur de fait, il en faut juger par les regles précedentes, selon les circonstances ; comme de la qualité & de la consequence de l'erreur : de l'égard qu'ont eu les contractans au fait qui leur a paru, & qui étoit contraire à la verité : de l'effet qu'auroit produit la verité qui leur étoit cachée, si elle avoit été connuë : de la facilité, ou difficulté qu'il pouvoit y avoir de connoître cette verité : si elle a été cachée par le dol d'une des parties : si ce qu'on prétend avoir ignoré étoit du fait même de celuy qui allegue l'erreur, ou si c'étoit un fait qu'il pût ignorer. Si l'erreur est telle, qu'il soit naturel qu'on y soit tombé, ou qu'elle soit si grossiere qu'on ne doive pas la présumer *b* : & par les autres circonstances qui pourront faire, ou qu'on écoute la plainte de l'erreur, ou qu'on la rejette.

b In omni parte error in jure non eodem loco, quo facti ignorantia haberi debebit. Cum jus finitum & possit esse, & debeat : facti interpretatio plerumque etiam prudentissimos fallat. *l. 2. ff. de jur. & f. ign.* Plurimùm interest, utrùm quis de alteris causa & facto non sciret, an de jure suo ignorat. *l. 3. eod.* Quia in alieni facti ignorantia tolerabilis error est. *l. ult. in f. ff. pro sic.* Nec supina ignorantia ferenda est factum ignorantis, ut nec scrupulosa inquisitio exigenda. Scientia enim hoc modo æstimanda est, ut neque negligentia crassa, aut nimia securitas satis expedita sit, neque delatoria curiositas exigatur. *l. 6. eod. l. 3. §. 1. eod. l. 9. §. 2. eod.*

X I I.

L'erreur de calcul est la méprise qui fait qu'en comptant on met un nombre au lieu d'un autre qui étoit le vray, qu'on auroit mis sans cette méprise. Ce qui est une espece d'erreur de fait differente de toute autre erreur, en ce qu'elle est toûjours reparée *c*. Car il est toûjours certain que les parties n'ont voulu mettre que le juste nombre, & n'ont pû faire qu'aucun autre pût en tenir la place.

c Errorem calculi sive ex uno contractu, sive ex pluribus emerserit, veritati non afferre præjudicium, sæpè constitutum est. *l. un. C. de err. calc.*

XIII.

X I I I.

L'erreur du droit ne fuffit pas de même que l'erreur de fait pour annuller les conventions *a*. Car les plus habiles peuvent ignorer les faits *b* ; mais perfonne n'eft difpenfé de fçavoir les loix, & l'on y eft affujetti, quoy qu'on les ignore *c*. Cette erreur ou ignorance du droit a fes effets differens dans les conventions par les regles qui fuivent.

a In omni parte error in jure non eodem loco, quo facti ignorantia haberi debebit. *l. 2. ff. de jur. & fact. ign.*
b Facti interpretatio plerumque etiam prudentiffimos fallit. *d. l. 2.*
c V. l'article 9. de la Section 1. des regles du Droit.

X I V.

Si l'ignorance ou l'erreur de droit eft telle qu'elle foit la caufe unique d'une convention, où l'on s'oblige à une chofe qu'on ne devoit pas, & qu'il n'y ait eu aucune autre caufe qui pût fonder l'obligation ; fa caufe fe trouvant fauffe, elle fera nulle. Ainfi, par exemple, fi celui qui achete un fief dans une coûtume où il n'eft dû aucun droit pour cette acquifition, va trouver le Seigneur du fief dominant, & compofe avec lui d'un droit de relief, qu'il croit être dû ; cette convention qui n'a aucun fondement que cette erreur feule, n'obligera pas à ce droit de relief qui n'étoit point dû *d*.

14. Si l'erreur de
droit eft la caufe uni-
que de la convention.

d Omnibus, juris error in damnis amittendæ rei fuæ, non nocet. *l. 8. ff. de jur. & fact. ign.* V. l'article fuivant.
Il faut remarquer fur l'exemple rapporté dans cet article, & fur celuy de l'article 16. que l'ignorance des difpofitions des coûtumes eft une ignorance de droit, de même que celle des Ordonnances, & des autres loix. Car encore que les difpofitions des coûtumes foient confidérées comme des faits, parce que n'étant que du droit pofitif, & differentes en divers lieux, il eft naturel qu'elles ne foient pas toutes connuës, même aux plus habiles ; elles ne laiffent pas d'avoir la force de loix, qui ont leur effet à l'égard de ceux qui les ignorent, comme à l'égard de ceux qui les fçavent.

X V.

La regle précedente n'a pas feulement lieu pour garentir celui qui erre de fouffrir une perte, comme dans le cas qui y eft expliqué ; mais elle a lieu auffi pour empêcher qu'il ne foit privé d'un droit qu'il ignore avoir. Ainfi, par exemple, fi le neveu d'un abfent prend foin de fes affaires, & que l'abfent venant à mourir, & fon frere comme heritier demandant à ce neveu le compte de ce

qu'il avoit geré des biens du défunt ; le neveu rende ce
compte, & reftituë à fon oncle tout ce qu'il avoit de cette
fucceffion, faute de fçavoir qu'il fuccedoit auffi avec lui,
par le droit de reprefentation de fon pere frere du défunt ; il pourra dans la fuite étant averti de fon droit,
demander fa part de la fucceffion *a*.

   a Juris ignorantia, fuum petentibus : non nocet. *l. 7. ff. de jur. & fact. ign.*
Condictionem earum rerum, quæ ei cefferunt, quem coheredem effe putavit,
qui fuit heres, competere dici poteft. *l. 36. in f. ff. fam. ercifc.*

XVI.

Si par une erreur ou ignorance de droit on s'eft fait
quelque préjudice qui ne puiffe être reparé fans bleffer le
droit d'une autre perfonne, cette erreur ne changera rien
au préjudice de cette perfonne. Ainfi, par exemple, fi celui qui a été élevé dans une coûtume où l'on eft majeur
à vingt ans, traite ailleurs avec un mineur de vingt-cinq
ans qu'il fçait en avoir plus de vingt, & que par cette
raifon il croit être majeur ; ou s'il lui prête de l'argent,
cette erreur n'empêchera pas la reftitution de ce mineur,
s'il y en a lieu. Car c'eft un droit qui lui eft acquis par
une loy, dont cette ignorance ne change pas l'effet à fon
préjudice. Et fi cet argent n'a pas été utilement employé,
l'erreur de celui qui l'a prêté n'empêchera pas qu'il n'en
fouffre la perte. Ainfi celui qui auroit donné un heritage en payement par une tranfaction, dans la penfée de le
ravoir par la lefion de plus de moitié du jufte prix, ne
pourroit fous ce prétexte rentrer dans cet heritage acquis à fa partie par un titre que les loix ne permettent
pas qu'on annulle par cette lefion *b*.

   b Si quis patremfamilias effe credidit, non vana fimplicitate deceptus, nec
juris ignorantia, fed quia publicè paterfamilias plerifque videbatur: fic agebat,
fic contrahebat, fic muneribus fungebatur: ceffabit Senatufconfultum. *l. 3. ff.
de Senatufc. Maced.*

   On voit par cette loy, que fi ce creancier avoit erré dans le droit, il eût perdu fa dette.
V. la remarque fur l'article 14.

XVII.

Si l'erreur de droit n'a pas été la caufe unique de la
convention, & que celui qui s'eft fait quelque préjudice
puiffe avoir eu quelque autre motif, l'erreur ne fuffira
pas pour annuller la convention. Ainfi, par exemple, fi

un heritier traite avec un legataire, & qu'il lui paye,
ou s'oblige de lui payer son legs entier, ignorant le droit
qu'il avoit d'en retrancher une partie, parce que le testateur avoit legué au delà de ce qu'il lui étoit permis de
leguer, ou par la loy, ou par la coûtume ; cette convention ne sera pas nulle. Car cet heritier a pû s'obliger à
payer les legs entiers, par le motif d'executer pleinement
la volonté du défunt à qui il succede. Et il en seroit de
même de l'heritier d'un donateur qui auroit executé, ou
approuvé une donation, qu'il ignoroit être nulle par le
défaut d'insinuation *a*.

a Is qui sciens se posse retinere, universum restituit, conditionem non habet :
quin etiam si jus ignoraverit cessat repetitio. *l. 9. C. ad leg. falc.* Si quis jus
ignorans, lege falcidia usus non sit, nocere ei, dicit Epistola Divi Pii. *l. 9. §. 5.*
ff. de jur. & fact. ign.

SECTION II.

De la force.

POur discerner quel est dans les conventions l'effet de
la force, & quelle elle doit être pour les annuller ;
il faut connoître quelle est la liberté necessaire dans les
conventions : & remarquer qu'il y a bien de la difference
entre le caractere de la liberté qui suffit pour rendre nos
actions bonnes ou mauvaises, & le caractere de la liberté
necessaire dans les conventions.

Nature & effets de
la force sur la liberté.

Quand il s'agit de la liberté de faire le bien ou le mal,
de commettre un crime, une injustice, une méchante
action, la violence peut bien affoiblir, mais non pas ruiner cette liberté. Et celui qui cedant à la force se porte
à un crime, choisit volontairement d'abandonner son devoir, pour éviter un mal d'une autre nature. Ainsi la force
n'empêche pas qu'il ne se porte librement au mal. Mais
dans les conventions, lorsqu'un des contractans a été forcé pour y consentir, l'état où étoit sa liberté ne lui en
laissoit pas l'usage necessaire pour donner un consentement qui pût l'engager, & valider la convention.

La difference de ces manieres dont la force est confiderée à l'égard de la liberté necessaire dans les actions, & à l'égard de la liberté qu'on doit avoir dans les conventions, consiste en ce que dans les actions, lors qu'il s'agit de ne pas commettre un crime, ou contre la foy, ou contre les mœurs, celui qui dans une telle conjoncture cede à la force,& se porte au mal, pouvoit & devoit souffrir plûtôt les maux dont il étoit menacé,que de manquer à ce qu'il devoit où à la verité, ou à la justice, dont l'attrait, s'il l'avoit aimée, l'auroit tenu ferme contre la terreur de tout autre mal, que celui d'abandonner un devoir si essentiel. Ainsi la force n'a pas ruiné sa liberté, mais l'affoiblissant, l'a engagé à en faire un mauvais usage, & à choisir librement le parti de faire le mal, pour ne point souffrir. Mais quand il s'agit d'une force qui ne met pas à l'épreuve de violer quelque devoir, & qui met seulement dans la necessité de faire une perte, celui qui se trouve dans une telle conjoncture, qu'il faut ou qu'il abandonne son interêt, ou que pour le conserver il s'expose aux effets de la violence, est dans un état où il ne peut user de sa liberté pour prendre le parti de conserver ce qu'on veut lui faire perdre. Car encore qu'il soit vray qu'il pût, s'il vouloit, souffrir le mal dont on le menace; la raison détermine sa liberté au parti de souffrir la perte, & se délivrer par ce moindre mal de l'autre plus grand, que sa resistance auroit attiré. Ainsi on peut dire qu'il n'est pas libre, & qu'il est forcé a; puis qu'il ne pourroit sagement user de sa liberté, pour choisir le parti de resister à la violence, & de s'exposer ou à la mort, ou à d'autres maux pour conserver son bien. Car enfin ce qui blesse la prudence est contraire au bon usage de la liberté; puisque ce bon usage est inseparable de la raison, comme la volonté est inseparable de l'entendement.

On peut juger par cette remarque sur la liberté necessaire dans les conventions, que si la violence est telle que la prudence & la raison obligent celui que l'on veut.

<hr />

a Quamvis, si liberum esset, noluissem, tamen coactus volui, sed per prætorem restituendus sum. l. 21. §. 5. ff. quod met. cauf.

forcer d'abandonner quelque bien, quelque droit, ou autre interêt, plûtôt que de refifter ; le confentement qu'il
donne à une convention qui le dépoüille de fon bien,
pour fe garentir d'une telle force, n'a pas le caractere de
la liberté neceffaire pour s'engager, & que ce qu'il fait
dans cet état contre fon interêt doit être annullé.

Il faut encore remarquer fur ce même fujet de l'effet
de la force dans les conventions, que toutes les voyes
de fait, toutes les violences, toutes les menaces font illicites : & que les loix condamnent non feulement celles
qui mettent en peril de la vie, ou de quelque tourment
fur le corps ; mais toute forte de mauvais traitemens, &
de voyes de fait. Et il faut enfin remarquer, que comme
toutes les perfonnes n'ont pas la même fermeté pour refifter à des violences & à des menaces, & que plufieurs
font fi foibles & fi timides, qu'ils ne peuvent fe foûtenir
contre les moindres impreffions ; on ne doit pas borner
la protection des loix contre les menaces & les violences,
à ne reprimer que celles qui font capables d'abbattre les
perfonnes les plus intrepides. Mais il eft jufte de proteger auffi les plus foibles & les plus timides : & c'eft même
pour eux principalement que les loix puniffent toute
forte de voyes de fait, & d'oppreffions [a]. Ainfi, comme
elles repriment ceux qui par quelque dol, ou quelque
furprife ont abufé de la fimplicité des autres, encore que
le dol n'aille pas jufqu'à des fauffetez, ou à d'autres excés [b], elles s'élevent à plus forte raifon contre ceux qui
par quelque violence impriment de la terreur aux perfonnes foibles, encore que la violence n'aille pas à mettre la vie en peril.

Il s'enfuit de tous ces principes, que fi une convention
a été précedée de quelque voye de fait, de quelque violence, de quelques menaces qui ayent obligé celui qui
s'en plaint à donner un confentement contre la juftice &
fon interêt ; il ne fera pas neceffaire pour l'en relever,

*Quelle force annul-
le les conventions.*

---

[a] Vel vi aliquid extorferit, &c. *Levit.* 6. 2. 19. 13.
[b] Ne vel illis malitia fua fit lucrofa, vel iftis fimplicitas damnofa. *l.* 1. *ff. de
dolo.*

qu'il prouve qu'on l'ait exposé au peril de sa vie, ou de quelque autre grande violence sur sa personne. Mais s'il paroît par les circonstances de la qualité des personnes, de l'injustice de la convention, de l'état où étoit la personne qui se plaint, des faits de la violence, ou des menaces, qu'il n'ait donné son consentement, qu'en cedant à la force; il sera juste d'annuller une convention qui n'aura pour cause que cette mauvaise voye de la part de celui qui l'a exercée, & la foiblesse de celui qu'on a engagé contre la justice & son interêt.

On a fait ici toutes ces remarques, pour établir les principes naturels des regles de cette matiere : & pour rendre raison de ce qu'on n'a pas mis parmi les regles de cette Section, la regle du Droit Romain qui veut qu'on ne considere pas comme des violences suffisantes pour annuller un consentement, celles qui ne pourroient troubler que des personnes foibles & timides; mais qu'il faut que la violence soit telle, qu'elle imprime une terreur capable d'intimider les personnes les plus courageuses *a* ; ce qu'une autre regle réduit au peril de la vie, ou à des tourmens sur la personne *b* : car il est tres-juste, & c'est nôtre usage, que toute violence étant illicite, on reprime celles même qui ne vont pas à de tels excés, & qu'on repare tout le préjudice que peuvent causer des violences qui engagent les plus foibles à quelque chose d'injuste, & de contraire à leur interêt. Ce qui se trouve même fondé sur quelques regles du Droit Romain, où toute force étoit illicite, & où les voyes de fait étoient défenduës, lors même qu'on les employoit à se faire justice à soy-même *c*. Et ces regles sont tellement du droit naturel, qu'il ne pourroit y avoir d'ordre dans la societé des hommes, si les moindres violences n'étoient reprimées.

a Metum autem non vani hominis, sed qui meritò & in hominem constantissimum cadat, ad hoc edictum pertinere dicemus. *l. 6. ff. quod met. cauf.*

b Nec tamen quilibet metus ad rescindendum ea quæ consensu terminata sunt, sufficit : sed talem metum probari oportet, qui salutis periculum, vel corporis cruciatum contineat. *l. 13. C. de Transf. l. 8. C. de resc. vend.*

c Extat enim decretum Divi Marci in hæc verba : optimum est ut si quas putas te habere petitiones, actionibus experiaris. Cùm Marcianus diceret, vim nullam feci : Cæsar dixit : tu vim putas esse solùm si homines vulnerentur? vis eft, & tunc quoties quis id quod deberi fibi putat, non per judicem repofcit. Quifquis igitur probatus mihi fuerit rem ullam debitoris vel pecuniam debitam, non ab ipfo fibi fponte datam, fine ullo judice temerè poffidere, vel accepiffe, ifque fibi jus in eam rem dixiffe; jus crediti non habebit. *l.* 13. *ff. quod met. cauf.*

SOMMAIRES.

I.

ON appelle force toute impreffion illicite qui porte une perfonne contre fon gré, par la crainte de quelque mal confiderable, à donner un confentement qu'elle ne donneroit pas, fi la liberté étoit dégagée de cette impreffion *a*.

1. Définition de la force.

a Vis eft majoris rei impetus, qui repelli non poteft. *l.* 2. *ff. quod met. cauf.* Vim accipimus atrocem, & eam quæ adverfus bonos mores fiat. *l.* 3. *§.* 1. *eod.* Metum accipiendum Labeo dicit, non quemlibet timorem, fed majoris malitatis. *l.* 5. *eod.* Propter neceffitatem impofitam, contrariam voluntati. *l.* 1. *eod.*

II.

Toute convention où l'un des contraƈtans n'a confenti que par force, eft nulle: & celui qui a exercé la force en fera puni felon la qualité du fait, & fera tenu de tous les dommages & interêts qu'il aura caufez *b*.

2. Effet de la force dans les conventions.

b Ait prætor, quod metus caufa geftum erit, ratum non habebo. *l.* 1. *ff. quod met. cauf.* Propter neceffitatem impofitam, contrariam voluntati. *d. l.* Si quis vi compulfus aliquid fecit, per hoc Edictum reftituitur. *l.* 3. *eod.* Violentia factas, & extortas metu venditiones, & cautiones, vel fine pretii numeratione, prohibeat præfes provinciæ, *l.*6. *ff. de off.præf.* Nihil confenfui tam contrarium eft, qui & bonæ fidei judicia fuſtinet , quàm vis atque metus: quam comprobare contra bonos mores eſt. *l. 116. ff. de reg. jur.*

Toute ſorte de force , toutes violences , & oppreſſions ſont défenduës par diverſes Ordonnances.

III.

Quoy qu'on ne ſe porte pas à des violences, ni à des menaces qui mettent la vie en peril, ſi on uſe d'autres voyes illicites, comme ſi on retient une perſonne enfermée juſqu'à ce qu'elle accorde ce qu'on lui demande : ſi on la met en peril de quelque mal, dont la juſte crainte l'oblige à un conſentement forcé ; ce conſentement ſera ſans effet : & celui qui aura uſé d'une telle voye ſera condamné aux dommages & intérêts, & aux autres peines qu'il pourra meriter ſelon les circonſtances. Ainſi, ſi celui qui tient en dépôt des papiers, ou d'autres choſes, nie le dépôt, & menace de brûler ce qu'il eſt obligé de rendre, à moins que celui à qui le dépôt doit être rendu ne lui donne une ſomme d'argent, ou autre choſe qu'il exige injuſtement ; ce qu'on aura conſenti de cette maniere ſera annullé : & ce dépoſitaire ſera puni de ſon infidelité, & de cette exaction, ſelon les circonſtances *a*.

a Si is accipiat pecuniam qui inſtrumenta ſtatus mei interverſurus eſt, niſi dem, non dubitatur quin maximo metu compellat. *l. 8. §. 1. ff. quod met. cauſ.* Propter neceſſitatem impoſitam , contrariam voluntati , metus inſtantis , vel futuri periculi cauſa , mentis trepidatione. *l. 1. eod.* Qui in carcerem quem detruſit , ut aliquid ei extorqueret , quidquid ob hanc cauſam factum eſt , nullius momenti eſt. *l. 22. eod.* Si fœnerator inciviliter cuſtodiendo athletam , & à certaminibus prohibendo, cavere compulerit ultrà quantitatem debitæ pecuniæ , his probatis competens judex rem ſuæ æquitati reſtitui decernat. *l. ult. §. 2. eod.*

Les loix ne ſouffrent aucune ſorte de violence, ni l'uſage d'aucune force aux particuliers, non pas même pour ſe faire juſtice. Ainſi elles ſouffrent encore moins qu'on force, qu'on menace , qu'on intimide pour extorquer un conſentement à une prétention injuſte. V. à la fin du préambule de cette Section la loy citée ſous la lettre f. v. l'art. 7. de cette Section , & l'art. 16. de la ſect. 5 des conventions.

Anima quæ peccaverit , & contempto Domino negaverit proximo ſuo depoſitum quod fidei ejus creditum fuerat , *vel vi aliquid extorſerit* . . . . convicta delicti reddet omnia quæ per fraudem voluit obtinere : & quintam inſuper partem Domino cui damnum intulerat. Pro peccato autem ſuo &c. *Levit. 6. 2.*

IV.

Si un Magiſtrat, ou autre Officier uſe de ſon autorité contre la juſtice, & que par des menaces, ou d'autres mauvaiſes voyes, ſoit pour l'interêt d'autres perſonnes, ou pour le ſien, il engage quelque perſonne à donner un conſentement

confentement qui ne foit donné que par la crainte du mal
qu'il peut faire ; ce confentement extorqué par cette violence fera annullé : & l'Officier tenu du dommage qu'il
aura caufé *a* , & des autres peines qu'une telle malverfation pourra meriter.

a Si per injuriam quid fecit populi Romani magiftratus , vel Provinciæ præfes,
Pomponius fcribit , hoc Edictum locum habere, fi fortè , inquit , mortis , aut ver-
berum terrore pecuniam alicui extorferit. *l. 3. §. 1. quod met. cauf.* Venditiones ,
donationes , tranfactiones quæ per potentiam extortæ funt, præcipimus infirmari.
l. ult. C. de his quæ vi metúfve. c. g. f. V. la fect. 8. du contract de vente , dans le
préambule.

Non ement in Ballivia, *dolofa impreffone* ; quod fi fecerint , contractus reputa-
bitur nullus : & poffeffiones dominio noftro , vel Prælatis, Baronibus & aliis fub-
ditis applicabuntur : nifi de noftra procefferint voluntate. *Ordonnance de Philippes
le Bel en 1320.*

V.

5. *Violence fur
d'autres perfonnes que
celuy qu'on veut con-
traindre.*

Si la violence , les menaces , ou autres voyes femblables
font exercées fur d'autres perfonnes que celuy de qui on
veut extorquer un confentement , & qu'on l'intimide par
l'impreffion que fera fur luy la crainte de voir ces perfonnes expofées à quelque mauvais traitement , comme
fi c'eft fa femme , ou fon fils , ou une autre perfonne de
qui le mal doive le toucher ; le confentement donné par
de telles voyes fera annullé, avec les dommages & interêts , & les autres peines felon les circonftances *b*.

b Hæc quæ diximus ad Edictum pertinere,nihil intereft in fe quis veritus fit,an
liberis fuis,cùm pro affectu parentes magis in liberis terreantur. *l.3.§. ult. ff. quod
met. cauf.* Penè per filii corpus pater magis quam filius periclitatur. *§. ult. inft. de
noxal. act.*

VI.

6. *Ce qui eft fait
par force eft nul à l'é-
gard de ceux même
qui ne l'ont pas exer-
cée.*

Tout ce qui aura été fait par force ne fera pas feulement nul à l'égard de ceux qui l'auront exercée ; mais
auffi à l'égard de toute autre perfonne qui prétendroit
s'en fervir. Car ce qui de foy-même eft illicite , ne peut
fubfifter pour qui que ce foit , quoyque même ceux qui
ont exercé la violence n'en profitent point *c*.

c In hac actione non quæritur utrùm is qui convenitur , an alius metum fecit.
Sufficit enim hoc docere , metum fibi illatum , vel vim , & ex hac re cum qui convenitur , etfi crimine caret , lucrum tamen fenfiffe. *l. 14. §. 3. ff. quod met. c. l. 9.
§. 1. eod. l. 5. C. eod.*

VII.

Dans tous les cas où il s'agit de donner atteinte à une 7. *Les effets de la force se jugent par les circonstances.*

convention , ou à quelque consentement qu'on prétend
donné par la crainte de quelque violence, ou autre mauvais traitement , il en faut juger par les circonstances ;
comme de l'injustice qui a été faite à celuy qui prétend
avoir été forcé de la qualité des personnes , de celle des
menaces , ou autres impressions , comme si on a mis une
femme en peril de son honneur : si des personnes violentes
ont usé de menaces contre une personne foible , & l'ont
exposée à quelque peril : si c'étoit le jour ou la nuit, dans
une ville ou à la campagne. Et c'est par ces sortes de circonstances , & les autres semblables,& par la consequence de reprimer toutes sortes de violences & de mauvaises
voyes , qu'il faut juger de l'égard qu'on doit avoir à la
crainte où s'est trouvé celuy qui se plaint,& à l'impression
qu'elle a pû faire sur sa raison & sa liberté a.

a Metus autem causa abesse videtur , qui justo timore mortis, vel cruciatus
corporis conterritus abest : & hoc ex *affectu ejus intelligitur.* Sed non sufficit quolibet
terrore abductum timuisse : sed *hujus rei disquisitio judicis est. l. 3. ff. ex quib. cauf.*
maj. Quod si dederit ne stuprum patiatur vir seu mulier , hoc Edictum locum
habet. Cùm viris bonis iste metus major quàm mortis esse debet. *l. 8. §. 2. eod.*
Non est verisimile compulsum in urbe , iniquè indebitum solvisse , eum qui cla-
ram dignitatem se habere prætendebat. Cùm potuerit jus publicum invocare , &
adire aliquem potestate præditum qui utique vim eum pati prohibuisset. Sed hujusmodi præsumptioni debet apertissimas probationes , violentiæ opponere. *l. ulta*
eod. Cùm Marcianus diceret vim nullam feci : Cæsar dixit , tu vim putas esse solùm si homines vulnerentur , Vis est & tunc quoties quis id quod deberi sibi putat , non per judicem reposcit. *l. 13. ff. quod met. cauf.* Voyez l'article 3. de cette
Section.

VIII.

*8. Forces pour obli-
ger à une chose juste.*

Si la violence a été exercée au lieu des voyes de la justice , pour forcer celuy qui refusoit une chose juste, comme un débiteur de payer ce qu'il devoit ; ceux qui en auront usé seront tenus des dommages & interêts , & punis
des peines que la voye de fait pourra meriter , & de la
perte même d'une dette exigée par de telles voyes, selon
que la qualité du fait pourra y donner lieu b.

b. Julianus ait eum qui vim adhibuit debitori suo ut ei solveret ; hoc Edicto
non teneri , propter naturam metus causa actionis , quæ damnum exigit : quamvis negari non possit in Juliam eum de vi incidisse , & jus crediti amisisse. *l. 12.*
§. 2. ff. quod met. c. Quisquis igitur probatus mihi fuerit rem ullam debitoris , vel pecuniam debitam , non ab ipso sibi sponte datam , sine ullo judice
temerè possidere , vel accepisse , isque sibi jus in eam rem dixisse : jus crediti

non habebit. *l. 13. in f. eod.* Negantes debitores non oportet armata vi terreri . . . . convictos autem condemnari, ac juris remediis ad folutionem urgeri convenit. *l. 9. C. de oblig. & act.* V. la remarque fur l'art. 3. de cette Section.

IX.

Toutes les voyes qui n'ont rien de la violence & de l'injuſtice, mais qui font feulement des impreſſions pour engager par d'autres motifs licites & honnêtes, ne fuffiſent pas pour donner atteinte aux conventions. Ainſi, le conſeil & l'authorité des perſonnes dont le reſpect engage à quelque condeſcendance, comme d'un pere, d'un Magiſtrat, ou d'autres perſonnes qui font dans quelque dignité, & qui s'intereſſent à exhorter, & engager à quelque convention, ſans violence, ſans menaces, font des motifs dont l'impreſſion n'a rien de contraire à la liberté: & ne donnent pas d'atteinte aux conventions. Ainſi, le fils qui par l'induction de ſon pere, s'oblige pour luy, ne peut pas ſe plaindre que le reſpect qu'il a eu pour l'authorité paternelle l'ait engagé par force. Ainſi, celuy qui s'oblige envers une perſonne de grande dignité, ne peut pas prétendre que ſon obligation en ſoit moins valide *a*.

9. Conſeil & authorité ne forcent point.

a Ad invidiam alicui nocere nullam dignitatem oportet. Unde intelligis, quod ad metum arguendum, per quem dicis initum eſſe contractum, Senatoria dignitas adverſarii tui ſola non eſt idonea. *l. 6. C. de his quæ vi metuſve. c. g. ſ. v. l. 2. C. ne fiſcus vel reſp.* Pater Seio emancipato filio facile perſuaſit, ut, quia mutuam quantitatem acciperet à Septitio creditore, chirographum perſcriberet ſua manu filius ejus, quod ipſe impeditus eſſet ſcribere, ſub commemoratione domus ad filium pertinentis, pignori dandæ. Quærebatur an Seius, inter cætera bona, etiam hanc domum jure optimo poſſidere poſſit: cùm patris ſe hereditate abſtinuerit, nec metuiri, ex hoc ſolo quod mandante patre manu ſua perſcripſit inſtrumentum chirographi, cùm neque conſenſum ſuum accommodaverat patri aut digno ſuo, aut alia ſcriptura. Modeſtinus reſpondit, cùm ſua manu pignori domum ſuam futuram Seius ſcripſerat, conſenſum ei obligationi dediſſe manifeſtum eſt. *l. 26. §. 1. ff. de pign.*

On voit par cette loy, qu'il ne faut pas entendre indéfiniment cette autre regle qui dit, que l'on ne doit pas prendre pour la volonté d'un fils ce qu'il fait par obéïſſance à celle de ſon pere. Velle non creditur qui obſequitur imperio patris. *l. 4. ff. de reg. jur.*

X.

Tout ce qui ſe fait par l'obéïſſance qu'on doit à l'authorité de la juſtice, & à l'ordre du Juge dans l'étenduë de ſon miniſtere, ne peut être prétendu fait par violence; car la raiſon veut qu'on y obéïſſe *b*.

10. Ordre de juſtice n'eſt pas force.

b Vim accipimus atrocem, & eam quæ contra bonos mores fiat, non eam quam

magiſtratus rectè intulit , ſcilicet jure licito , & jure honoris quem ſuſtinet.
l. 3. §. 1. ff. quod met, cauſ. V. la ſection 13. du contract de vente ſur les ventes
forcées.

SECTION III.

Du Dol, & du Stellionat.

Stellionat.

ON diſtingue le Stellionat du dol en general : car
encore que ce n'en ſoit qu'une eſpece, elle a ſon
nom propre. Ce nom de Stellionat a ſon origine dans le
Droit Romain, où l'on appelloit de ce nom les fourbe-
ries , impoſtures , & autres tromperies criminelles , qui
n'avoient pas de nom propre. Mais on donnoit principalement ce nom à cette eſpece de dol , ou de crime, que
commettent ceux qui ayant engagé une choſe à une perſonne , la vendent à une autre, luy diſſimulant cet engagement *a*.

Nous avons reſtreint en France l'uſage du nom de Stellionat à ce dernier ſens ; & à cette eſpece de dol, de ceux
qui ayant vendu , cedé , ou hypothequé une certaine choſe , la vendent enſuite , cedent ou engagent à une autre,
ſans luy faire ſçavoir leur engagement. Ce qui fait un
caractere de dol qui va juſqu'au crime,& qui eſt reprimé
par des peines ſelon les circonſtances.

a Stellionatum autem objici poſſe his qui dolo quid fecerunt, ſciendum eſt :
ſcilicet , ſi aliud crimen non ſit , quod objiciatur. Quod enim in privatis judiciis
eſt de dolo actio, hoc in criminibus ſtellionatus perſecutio. Ubicumque igitur
titulus criminis deficit , illic ſtellionatus objiciamus. Maximè autem in his locum
habet , ſi quis fortè rem alii obligatam , diſſimulata obligatione , per calliditatem
alii diſtraxerit , vel permutaverit,vel in ſolutum dederit. Nam hæ omnes ſpecies
ſtellionatum continent. *l. 3. §. 1. ff. Stellion.*

SOMMAIRES.

1. *Définition du dol.*
2. *Le dol ſe juge par la qua-*
lité du fait , & les circon-
ſtances.
3. *Le dol n'eſt pas préſumé ,*
mais doit être prouvé.
4. *Difference entre le dol per-*
ſonel & ce qu'on appelle
dolus re ipſa.
5. *Définition du Stellionat.*
6. *Exception de la regle préce-*
dente.
7. *Effets du Stellionat.*

I.

ON appelle dol toute surprise, fraude, finesse, fein- tise, & toute autre mauvaise voye pour tromper quelqu'un *a*.

1. *Définition du dol.*

a Itaque ipse (Labeo) sic definit, dolum malum esse omnem calliditatem, fallaciam, machinationem, ad circumveniendum, fallendum, decipiendum alte- rum adhibitam. *l.* 1. §. 2. *ff. de dolo.* Dolo malo pactum fit, quoties circumscri- bendi alterius causa aliud agitur, & aliud agi simulatur. *l.* 7. §. 9. *ff. de pact.*

I I.

Les manieres de tromper étant infinies, il n'est pas pos- sible de reduire en regle quel doit être le dol qui suffise pour annuller une convention, ou pour donner lieu à des dommages & interêts, & quelles sont les finesses que les loix dissimulent. Car quelques-unes sont impunies, & ne donnent aucune atteinte aux conventions, & d'autres les annullent. Ainsi dans un contract de vente, ce que dit vaguement un vendeur pour faire estimer la chose qu'il vend, quoyque souvent contre la verité, & par consequent contre la justice, n'est pas consideré comme un dol qui puissent annuller la vente, si ce ne sont que des finesses dont l'acheteur puisse se défendre, & dont la vente ne dé- pende pas. Mais si le vendeur declare une qualité de la chose qu'il vend, & qu'il engage par là l'acheteur ; comme s'il vend un fonds avec un droit de servitude qui n'y soit pas dû, ce sera un dol qui pourra suffire pour annuller la vente. Ainsi, dans tous les cas où il s'agit de sçavoir s'il y a du dol, il dépend de la prudence du Juge de le recon- noître, & le reprimer, selon la qualité du fait, & les cir- constances. Et comme on ne doit pas donner facilement atteinte aux conventions, pour tout ce qui ne seroit pas dans les bornes d'une parfaite sincerité ; on ne doit pas aussi souffrir que la simplicité & la bonne foy soient ex- posées à la duplicité & aux tromperies *b*.

2. *Le dol se juge par la qualité du fait, & les circon- stances.*

b Quæ dolo malo facta esse dicentur, si de his rebus alia actio non erit, & justa causa esse videbitur, judicium dabo. *l.* 1. §. 1. *ff. de dolo.* Sed an dolo quid factum sit, ex facto intelligitur. *l.* 1. §. 2. *ff. de doli mali & met. except.* Hoc edicto prætor adversus varios, & dolosos, qui aliis, offuerunt calliditate quadam, sub- venit : ne vel illis malitia sua sit lucrosa, vel istis simplicitas damnosa. *l.* 1. *ff. de dolo.* Quod venditor, ut commendet, dicit : sic habendum quasi neque dictum neque promissum est. Si verò decipiendi emptoris causa dictum est, æquè sic habendum est, ut non nascatur adversùs dictum, promissúmve actio, sed de dola action. *l. 17. ff. de dolo. l. 19. ff. de adil. ed.* V. l'art. 12. de la Sect. 11. du contract de vente.

III.

3. Le dol n'est pas présumé, mais doit être prouvé.

Comme le dol est une espece de delit, il n'est jamais présumé, s'il n'y en a des preuves [a].

[a] Dolum ex indiciis perspicuis probari convenit. *l. 6. C. de dol.*

IV.

4. Difference entre le dol personel, & ce qu'on appelle dolus re ipsa.

Il faut distinguer le dol dont on parle icy, de la lesion qui arrive sans le fait des contractans. Comme si un des copartageans se trouve lesé par une estimation excessive de ce qui luy est échû, ou un acheteur par le vice de la chose venduë, quoyque le vendeur ignorât ce vice. C'est cette lesion, sans dol de personne, qu'on appelle *dolus re ipsa*, parce que l'un des contractans se trouve trompé par la chose même, sans le dol de l'autre [b]. Mais le dol personel, qui est celuy dont on parle dans ce Titre, renferme le dessein de l'un des contractans de surprendre l'autre, & l'évenement effectif de la tromperie [c]. Comme si un fils supprimant le testament de son pere, transige avec un creancier qui avoit perdu le titre de sa créance reconnuë par ce testament, & la luy fait perdre. Il y a cette difference entre ces deux especes de lesion, que celle où il n'y a point de dol personel, fait simplement resoudre les conventions, avec les dommages & interêts, s'il y en a lieu [d]: & que le dol personel peut quelquefois être reprimé par des peines, selon les circonstances.

[b] Si nullus dolus intercessit stipulantis, sed ipsa res in se dolum habet, *l. 36. ff. de verb. obl.* V. l'art. 10. de la Sect. 6. des Conventions.

[c] Si eventum fraus habuit. *l. 10. §. 1. ff. qua in fraud. cred.* Fraus cum effectu. *l. 1. in f. ff. de statu lib.* Fraudis interpretatio semper in jure civili non ex eventu duntaxat, sed ex consilio quoque desideratur. *l. 79. ff. de reg. jur.*

[d] V. l'art. 6. de la Sect. 11. du contract de vente.

V.

5. Définition du Stellionat.

Le Stellionat est cette espece de dol dont use celuy qui cede, vend, ou engage la même chose qu'il avoit déja cedée, venduë ou engagée ailleurs, & qui dissimule cet engagement [e]. Et c'est aussi un Stellionat de donner en gage

[e] Maximè in his locum habet *Stellionatus*, si quis fortè rem alii obligatam, dissimulata obligatione, per calliditatem alii distraxerit, vel permutaverit, vel in solutum dederit. Nam hæ omnes species Stellionatum continent. *l. 3. §. 1. ff. Stell. l. 1. C. eod.*

une chofe pour une autre, fi elle vaut moins, comme du cuivre doré pour vermeil doré *a* : Ou de donner en gage la chofe d'autruy *b*.

a Si quis in pignore pro auro æs fubjeciffet creditori .... extra ordinem Stellionatus nomine plectetur. *l. 36. ff. de pign. act.*

b Sed & fi quis rem alienam mihi pignori dederit fciens, vel fi quis alii obligatam mihi obligavit, nec me de hoc certioraverit, eodem crimine plectetur. *l. 36.* §. 1. *eod.* V. l'art. fuivant.

VI.

Si la chofe engagée à un fecond creancier aprés avoir été engagée à un autre, fuffit pour les deux, ce ne fera pas un Stellionat *c*.

c Planè fi ea res ampla eft, & ad modicum æris fuerit pignorata, dici debebit, ceffare non folùm Stellionatus crimen, fed etiam pigneraticiam, & de dolo actionem : quafi in nullo captus fit qui pignori fecundo loco accepit. *l. 36.* §. 1. *ff. d. pign. act.*

On ne regarde pas comme Stellionat toute obligation où un debiteur affecte tous fes biens à divers creanciers, ni même toutes celles où le même fonds fe trouve hypothequé à plufieurs perfonnes ; fi le debiteur n'eft d'ailleurs folvable. Mais on en juge par les circonftances qui ont pû engager le creancier, s'il fe trouve trompé.

VII.

Le Stellionat n'annulle pas feulement les conventions où il fe rencontre ; mais il eft de plus reprimé, & puny felon les circonftances *d*.

d Pœnâ ftellionatus nulla legitima eft, cùm nec legitimum crimen fit. Solent autem ex hoc extra ordinem plecti. *l. 3.* §. 2. *ff. Stellion.*

SECTION IV.

Des conventions illicites & malhonnêtes.

SOMMAIRES.

I.

Es conventions illicites font celles qui bleffent les loix. Et comme il y a deux fortes de loix, celles qui font du droit naturel, & celles qui font du droit pofitif ;

il y a aussi deux sortes de conventions illicites ; celles qui blessent le droit naturel & les bonnes mœurs, & celles qui sont contraires au droit positif. Ainsi, il est contre le droit naturel & les bonnes mœurs, de traiter pour commettre un vol, ou un assassinat : & ces sortes de conventions sont d'elles-mêmes criminelles, & toûjours nulles *a*. Ainsi il est illicite par le droit positif de vendre aux étrangers de certaines marchandises, lors qu'il y en a des défenses par quelque loy *b*.

a Pacta quæ contra leges, constitutionesque, vel contra bonos mores fiunt, nullam vim habere, indubitati juris est. *l. 6. C. de pact.*
b V. l'art. 9. de la Sect. 9. du contract de vente.

I I.

2. *Comment une convention est contraire aux loix.*

Il ne faut pas mettre indistinctement au nombre des conventions illicites, comme contraires aux loix, toutes celles où l'on convient de quelque chose de contraire à une loy ; mais seulement celles où l'on blesse l'esprit & l'intention de la loy, & qui sont telles que la loy les défend. Ainsi, cette convention, qu'un vendeur ne garentira que de ses faits & promesses, fait entre le vendeur & l'acheteur une regle contraire à celle de la loy, qui veut que le vendeur garentisse de toutes évictions. Mais cette convention ne laisse pas d'être licite : car cette loy n'étant qu'en faveur de l'acheteur, il peut renoncer à ce qu'elle ordonnoit pour luy : & c'est ce que les loix ne défendent pas *c*.

c Omnes licentiam habent, his quæ pro se introducta sunt, renuntiare. *l. 29. C. de pact.*
Nec esse periculum, ne pactio privatorum, jussui prætoris anteposita videatur. Quid enim aliud agebat prætor, quàm hoc ut controversias eorum dirimeret ? à quibus si sponte recesserunt, debebit id ratum habere. *l. 1. §. 10. ff. de oper. nov. nunt.*
V. l'art. 27. de la sect. 2. des regles du droit en general.

I I I.

3. *Conventions punissables.*

Les conventions illicites ne sont pas seulement nulles, mais elles sont punissables selon qu'elles blessent les défenses, & l'esprit des loix *d*.

d. Legis virtus hæc est imperare, vetare, permittere, punire. *l. 7. ff. de legib.*

IV.

IV.

Les conventions illicites n'obligent à rien qu'à reparer le mal qui en suit, & aux peines que peuvent meriter ceux qui les ont faites *a*.

a C'eſt une ſuite de l'article précedent.

V.

Si la convention eſt illicite ſeulement de la part de celui qui reçoit, & non de celui qui donne, comme ſi un dépoſitaire exige de l'argent pour rendre le dépôt, ou un larron pour reſtituer ce qu'il a dérobé, celui qui a donné cet argent peut le faire rendre, encore que celui qui l'a reçû ait executé la convention *b*. Mais ſi la convention eſt illicite de part & d'autre, comme ſi une partie donne de l'argent à ſon Juge pour lui faire gagner ſa cauſe : ou qu'une perſonne donne à un autre pour l'engager à quelque méchante action ; celui qui a donné eſt juſtement dépoüillé de ce qu'il avoit employé pour un tel commerce, & il ne peut le repeter. Et celui qui a reçû ne peut profiter du prix de ſon crime : mais l'un & l'autre ſeront punis par les reſtitutions & les autres peines qu'ils pourront meriter *c*.

b Quod ſi turpis cauſa accipientis fuerit, etiamſi res ſecuta ſit, repeti poteſt. Ut puta dedi tibi ne ſacrilegium facias, ne furtum, ne hominem occidas. In qua ſpecie Julianus ſcribit : ſi tibi dedero ne hominem occidas, condici poſſe. Item, ſi tibi dedero, ut rem mihi reddas depoſitam apud te, vel inſtrumentum mihi redderes. *l.* 1. §. *ult.* & *l.* 2. ff. *de condict. ob turpem vel injuſt. ca: ſ.* Ob reſtituenda ea quæ ſubtraxerat accipientem pecuniam, cùm ejus tantùm interveniat turpitudo, condictione conventum hanc reſtituere debere convenit. *l.* 5. C. *eod.*

c Ubi autem & dantis & accipientis turpitudo verſatur, non poſſe repeti dici‌mus. Veluti ſi pecunia detur ut malè judicetur. *l.* 3. ff. *eod.*

On ne met pas dans cet article ce qui eſt dit dans quelques loix, que dans les cas où la convention eſt illicite de part & d'autre, la condition de celui qui a reçû eſt meilleure que celle de celuy qui a donné ; ce qui ſignifie qu'on ne l. y fa't pas rendre ce qu'il a reçû, & qu'en ce ſens ſi condition eſt plus avantageuſe. Si & dantis, & accipientis turpis cauſa ſit, poſſeſſorem potiorem eſſe. Et ideo repetitionem ceſſare. *l.* 8. i. f. ff. *de cond. ob. turp. cauſ. l.* 2. C. *eod. l.* 9. ff. *de dil. mal.* & *met. except.* Ce n'eſt pas la juſtice ni la raiſon qui rendent ſa condition meilleure : & il eſt au contraire de la raiſon & de la juſtice qu'il ſoit puni non ſeulement de la privation a'un tel gain, mais des autres peines qu'il peut avoir meritées. Et auſſi voit-on dans le même Droit Romain où ſe trouvent ces loix, que dans un autre, il eſt dit, que ceux qui reçoivent de l'argent pour faire à quelqu'un une chicane, un procés, ou une accuſation, ou pour n'en pas faire, ſont con‌damnez au quatruple. V. *l.* 1. ff. *de calumniat. d. l.* §. 1.

FIN.

PRIVILEGE DU ROY.

LOUIS PAR LA GRACE DE DIEU, ROY
DE FRANCE ET DE NAVARRE : A nos amez & feaux
Conseillers les Gens tenans nos Cours de Parlement, Maîtres
des Requêtes ordinaires de nôtre Hôtel, Grand Conseil, Prevôt
de Paris, Baillifs, Sénéchaux, leurs Lieutenans Civils, & autres
nos Justiciers qu'il appartiendra : Salut. JEAN-BAPTISTE
COIGNARD, nôtre Imprimeur ordinaire, & de l'Académie Françoi-
se à Paris : Nous ayant fait remontrer qu'il auroit ci devant imprimé
en vertu de nos Lettres de Privilege, *Les Oeuvres du Sieur* DOMAT;
lesquelles Oeuvres il desireroit réimprimer, s'il Nous plaisoit lui en
accorder nos Lettres sur ce necessaires : Nous lui avons permis & accordé, permettons & accordons par ces Presentes, de réimprimer
lesdites Oeuvres, par tel Libraire ou Imprimeur, en telle forme,
marge, caractere, & autant de fois que bon lui semblera, pendant
le tems de DOUZE ANNE'ES consecutives, à compter du jour de la
date des Presentes, & de les vendre, ou faire vendre & distribuer
par tout nôtre Royaume ; faisant défense à tous Libraires, Impri-
meurs & autres, d'imprimer, faire imprimer, vendre & distribuer
lesdites Oeuvres, sous quelque prétexte que ce soit, même d'impression étrangere & autrement, sans le consentement de l'Exposant
ou de ses ayans cause, sur peine de confiscation des Exemplaires
contrefaits, de trois mille livres d'amende contre chacun des Con-
trevenans, applicable un tiers à Nous, un tiers à l'Hôtel-Dieu de
Paris, l'autre audit Exposant, & de tous dépens, dommages & interêts : à la charge de mettre deux Exemplaires de chacun desdites Oeuvres en nôtre Biblioteque publique, un autre dans le Cabinet des Livres de nôtre Château du Louvre, & un en celle de nôtre tres-cher &
feal Chevalier Chancelier de France, le Sieur PHELYPPEAUX
Comte de Pontchartrain, Commandeur de nos Ordres, avant de les
exposer en vente ; de faire réimprimer lesdites Oeuvres dans nôtre
Royaume & non ailleurs, en beau caractere & papier : suivant ce
qui est porté par les Reglemens des années 1618. & 1686. & de faire
enregistrer les Presentes és Registres de la Communauté des Marchands Libraires de nôtre bonne ville de Paris, le tout à peine de
nullité d'icelles : du contenu desquelles, Nous vous mandons & en-
joignons de faire joüir l'Exposant ou ses ayans cause, pleinement &
paisiblement, cessant & faisant cesser tous troubles & empêchemens
contraires : Voulons que la copie ou extrait desdites Presentes, qui
sera au commencement ou à la fin desdites Oeuvres, soit tenuë pour
düëment signifiée, & qu'aux copies collationnées par l'un de nos,

amez & féaux Confeillers Secretaires, foy foit ajoûtée comme à l'original : Commandons au premier nôtre Huiffier ou Sergent de faire pour l'execution des Prefentes, toutes fignifications, défenfes, faifies, & autres actes requis & neceffaires, fans demander d'autre permiffion, & nonobftant clameur de Haro, Chartre Normande, & Lettres à ce contraires. Car tel eft noftre plaifir. Donné à Ver-failles, le premier jour de May l'an de grace mil fept cent un, & de noftre Regne le cinquante-huitiéme. Signé, Par le Roy, en fon Confeil, LE COMTE.

Regiftré fur le Livre de la Communauté des Libraires & Impri-meurs, conformément aux Reglemens. A Paris ce 14. jour de Janvier 1702. Signé, P. TRABOUILLET, Syndic.

Et ledit Jean-Baptifte Coignard a affocié au prefent Privilege Pierre Aubouyn, Pierre Emery, Guillaume Cavelier, Michel David, Jacques le Fevre, Pierre Heriffant, Pierre Debats, Michel Brunet, Nicolas Pepie, Pierre Ribou & Nicolas Goffelin, Librai-res à Paris, pour les parts convenuës entre eux.